Höhn · Die Geschäftsleitung der GmbH

Die Geschäftsleitung der GmbH

Organisation, Führung und Verantwortung

Kontrolle durch Aufsichtsrat und Beirat

von

Prof. Dr. jur. Reinhard Höhn

Bad Harzburg

2., überarbeitete und erweiterte Auflage

Verlag Dr. Otto Schmidt Köln

Die Deutsche Bibliothek – CIP-Einheitsaufnahme

Höhn, Reinhard:

Die Geschäftsleitung der GmbH: Organisation, Führung und Verantwortung; Kontrolle durch Aufsichtsrat und Beirat / von Reinhard Höhn. 2., überarb. und erw. Aufl. – Köln: O. Schmidt, 1995

ISBN 3-504-32153-9

Verlag Dr. Otto Schmidt KG
Unter den Ulmen 96–98, 50968 Köln
Tel.: 02 21/9 37 38-01, Fax: 02 21/9 37 38-9 21

Gesamtherstellung: Bercker Graphischer Betrieb GmbH, Kevelaer

Printed in Germany

Vorwort zur 2. Auflage

Die erste Auflage dieses Buches wurde äußerst positiv aufgenommen.

Die Absicht des Verfassers, den Führungskräften der GmbH die Prinzipien eines modernen Managements in Verbindung mit dem GmbH-Gesetz nahezubringen, hat großen Anklang gefunden. Dabei ging es dem Verfasser darum, die mit Organisation, Führung und Verantwortung der Geschäftsleitung verbundenen Rechtsfragen so darzustellen, daß sie auch dem Nicht-Juristen ohne Schwierigkeiten verständlich sind und es ihm ermöglicht wird, daraus Konsequenzen für die Praxis zu ziehen. Dazu dienten insbesondere die über 200 Beispiele aus dem betrieblichen Alltag, mit deren Hilfe die angesprochenen Probleme und ihre Lösungen für den Praktiker verdeutlicht wurden.

Diese Form der Darstellung hat sich bewährt und ist deshalb auch in der zweiten völlig neu bearbeiteten Auflage beibehalten worden.

Eine Reihe wesentlicher neuer Themen ist hinzugekommen, wie z. B. „Die kollegiale Zusammenarbeit innerhalb der Geschäftsführung und auf der Ressortebene", „Die Regeln für Einweisung und Einarbeitung neuer Mitarbeiter", „Die Kriterien für die Beurteilung eines Stelleninhabers in seiner Eigenschaft als Mitarbeiter und als Vorgesetzter", „Das Verhalten der Geschäftsführer in der Krisensituation des Unternehmens", „Die Neuregelung der Haftung für Arbeitnehmer in ihrer Auswirkung auf die Geschäftsführer" und „Die Bedeutung der Stellenbeschreibung für die Erfüllung der öffentlich-rechtlichen Pflichten der Geschäftsführer".

In einem besonderen Kapitel wird nunmehr auch der *fakultative Aufsichtsrat der GmbH* behandelt.

Die Wandlung des Geschäftsführers einer GmbH zum Manager hat für den Aufsichtsrat eine entsprechende Wandlung seiner Überwachungsaufgabe zur Folge. Auf die Aufgabe, die Geschäftsführer in ihren Managementfunktionen zu überwachen, ist der Aufsichtsrat gewöhnlich nicht vorbereitet. Die Kommentare beschränken sich, wenn sie von der „Überwachung der Leitung der Gesellschaft" sprechen, in der Regel auf die fachlichen Aufgaben der Geschäftsführer. Ihre Führungsaufgaben, also diejenigen, die sie als Vorgesetzte ihren unmittelbar unterstellten Mitarbeitern gegenüber zu erfüllen haben, kommen zu kurz. Dabei sind sie ein entscheidender Bestandteil der Leitungsfunktion der Geschäftsführer. Dies führt zu einer nicht zu rechtfertigenden *Teilüberwachung* der Aufgaben der Geschäftsführer durch den Aufsichtsrat.

Der gegenwärtige Zustand der Überwachung der Geschäftsführer durch den Aufsichtsrat ist nicht nur unbefriedigend, er verstößt auch gegen die Anforderungen, die das Gesetz an die Überwachung des Aufsichtsrats stellt. Hiernach hat der Aufsichtsrat mit der Sorgfalt eines ordentlichen und gewissenhaften Überwachers den gesamten Aufgabenbereich der Geschäftsführer zu überwachen, d. h. nicht nur ihre Fach-, sondern auch ihre Führungsaufgaben.

Die Aufsichtsratsmitglieder befinden sich demnach heute in einer Situation des ständigen *Kontrollverschuldens,* ohne sich dessen bewußt zu sein, einschließlich der sich daraus ergebenden Haftungsfolgen für sie persönlich.

Hier will das vorliegende Buch Abhilfe schaffen. Dem Verfasser ging es darum, die Überwachungsaufgabe des Aufsichtsrats in einem nach Managementprinzipien geführten Unternehmen im einzelnen darzulegen, die vorhandenen Mängel aufzuzeigen und gleichzeitig Überlegungen darüber anzustellen, wie man dies ändern könne, um so dem Aufsichtsrat seine schwierige Überwachungsaufgabe zu erleichtern.

Auch in der zweiten Auflage hat sich der Verfasser bei den Hinweisen auf die Literatur auf die wichtigsten Kommentare und grundlegende weiterführende Abhandlungen beschränkt. Die höchstrichterlichen Entscheidungen wurden, soweit es für das Verständnis erforderlich ist, herangezogen (Stand: 30. Oktober 1994).

Der Verfasser dankt all denen herzlich, die ihn durch ihre Stellungnahmen zur Überarbeitung und Ergänzung der ersten Auflage angeregt haben.

Sein besonderer Dank gilt Frau Gisela Böhme, Bad Harzburg, die wesentlich an der Formulierung des Gesamtmanuskripts mitgewirkt sowie Fahnen und Umbruch gelesen hat. Herrn Assessor Otto Roller, Bad Harzburg, ist der Verfasser zu großem Dank verpflichtet für die kritische Durchsicht des Manuskripts und die wertvollen Hinweise für seine endgültige Fassung; er hat auch das Sachregister erstellt. Herrn Oberregierungsrat Dr. Michael Hein, München, dankt der Verfasser für seine Hinweise zur Verbesserung der ersten Auflage.

Herrn Professor Dr. U. H. Schneider, Darmstadt, schuldet der Verfasser besonderen Dank dafür, daß er ihm bereits die Fahnen seines Beitrags zum Aufsichtsrat in der 8. Auflage von Scholz, Kommentar zum GmbH-Gesetz, Band II, zur Verfügung gestellt hat.

Bad Harzburg, im Januar 1995 Reinhard Höhn

Aus dem Vorwort zur 1. Auflage

Das vorliegende Buch beschäftigt sich mit den Problemen einer zeitgemäßen Führung und Organisation der GmbH. Es geht dabei von den Prinzipien eines modernen Managements aus, deren Anwendung für eine erfolgreiche Unternehmensführung unerläßlich ist.

Dem steht die Grundstruktur des GmbH-Gesetzes entgegen. Es stammt aus dem Jahre 1892 und entspricht mit seinen Vorstellungen von Führung und Organisation den kleinen und mittleren Unternehmen der damaligen Zeit. Hiernach sind die Geschäftsführer den Weisungen der Gesellschafter als den Herren der Gesellschaft unterworfen. Die Gesellschafter steuern die Aktivitäten der Geschäftsführer und setzen ihnen ihre Grenzen. Die Geschäftsführer dürfen demgemäß grundsätzlich keine eigenverantwortlichen Entscheidungen treffen. Es ist der autoritäre Führungsstil, der das Verhältnis zwischen Gesellschaftern und Geschäftsführern bestimmt.

In der Auseinandersetzung mit dem Strukturprinzip der GmbH unter dem Blickpunkt moderner Managementprinzipien ist damit ein Handbuch für die Praxis entstanden, das für Geschäftsführer wie Gesellschafter eine Hilfe bei ihren Bemühungen um eine optimale Führung und Organisation ihres Unternehmens sein will.

Dabei kam es dem Verfasser darauf an, Wissenschaft und Praxis, Recht und Organisationslehre, Theorie und Erfahrung zusammenzuführen. Das Schwergewicht des Buches liegt dem Titel entsprechend auf der Unternehmensleitung und ihren Problemen. Es handelt sich also nicht um ein allgemeines Lehrbuch über das GmbH-Gesetz.

Hier wird unter anderem Antwort auf folgende Fragen gegeben:

- Welche Anforderungen sind an die Qualifikation eines Geschäftsführers mit Ressortbereich zu stellen, welche an dessen Stellvertreter?
- Worin besteht die Fach- und die Führungsverantwortung der Gesamtgeschäftsführung?
- Wie kann der Freiraum des Geschäftsführers und die Zielsetzung für die Geschäftsführung festgelegt werden?
- Welchen Inhalt muß bzw. kann die Stellenbeschreibung des Geschäftsführers, die seine Aufgaben und Kompetenzen festlegt, haben?
- Welche Bedeutung besitzt die Unterscheidung zwischen Geschäftsführungs- und Ressortaufgaben für die tägliche Praxis?
- Worin liegen die Mängel der gängigen Geschäftsführerverträge und der Geschäftsverteilung? Mit welchen Folgen?

- Worin besteht die Beratungsverantwortung der Geschäftsführer sowie der Leiter der einzelnen Geschäftsbereiche (Ressorts)?
- Auf welche Weise erfolgt die Kontrolle der Geschäftsführung über die ihr unterstellten Mitarbeiter in deren Fach- und Führungsbereichen?
- Wie läßt sich ein Kontrollplan zur Systematisierung der Kontrolle der Geschäftsführung über die ihnen unterstehenden Mitarbeiter erstellen?
- Welches sind die Hauptgründe, die einen Geschäftsführer zur Niederlegung seines Amtes aus wichtigem Grunde veranlassen können?
- Welche Rolle spielt der Vorsitzende der Geschäftsführung gegenüber seinen Kollegen und den Gesellschaftern?
- Auf welche Weise erfolgt die Kontrolle der Gesellschafter über die Geschäftsführer?

Dabei sei auf folgendes besonders hingewiesen:

Wenn von den Aufgaben der Geschäftsführer wie der Gesellschafter im Rahmen des Managements gesprochen wird, taucht die berechtigte Frage auf: Handelt es sich im Einzelfall um eine Aufgabe, deren Nichterfüllung rechtliche Folgen nach sich zieht, die also rechtlich bindend ist, oder nur um eine Handlungsanleitung im Sinne einer unverbindlichen Empfehlung?

In diesem Zusammenhang gilt es, auf folgendes interessantes Phänomen aufmerksam zu machen: Rechtsprechung und Rechtslehre haben eine Reihe von Aufgaben, die als Eckpfeiler des Managements gelten, als rechtlich bindend anerkannt. Dies gilt insbesondere für

- die Unterscheidung der Aufgaben für die Geschäftsführung als Ganzes und der Aufgaben jedes Mitglieds der Geschäftsführung in seiner Eigenschaft als Leiter eines Geschäftsbereichs (Ressorts) sowie der Notwendigkeit der schriftlichen Festlegung dieser Aufgaben;
- den Gesamtkomplex der Verantwortung, und zwar
  die Gesamtverantwortung bei einer aus mehreren Geschäftsführern bestehenden Geschäftsführung, denen gleichzeitig ein Ressort anvertraut ist;

  die Unterscheidung zwischen Handlungs- und Führungsverantwortung;

  die Beratungsverantwortung der Geschäftsführer gegenüber den Gesellschaftern;
- das Verbot der Weiterdelegation (Überlassungsverschulden);
- die Berichtspflicht der Geschäftsführer gegenüber den Gesellschaftern.

Andererseits bewegt sich die Managementlehre in wichtigen Bereichen im Rahmen der von Rechtsprechung bzw. Rechtslehre seit langem entwickelten Vorstellungen. Dies gilt insbesondere für den Bereich der Kontrolle. Die Managementlehre hat jedoch die Art und Weise, wie die Kontrolle wahrzunehmen ist, weiter ausgebaut und damit gleichzeitig Rechtsprechung wie Rechtslehre wichtige Denkanstöße gegeben.

Darüber hinaus haben Rechtsprechung und Rechtslehre dem Management wichtige Erkenntnisse darüber verschafft, was die Sorgfalt eines Geschäftsführers als ordentlicher Geschäftsleiter beinhaltet oder was als wichtiger Grund bei der Abberufung eines Geschäftsführers zu gelten hat oder zur Loyalitätspflicht eines Geschäftsführers gehört.

Es gibt jedoch eine Reihe grundlegender Managementaufgaben, mit denen sich weder Rechtsprechung noch Rechtslehre beschäftigt haben, deren Erfüllung jedoch für die jeweiligen Unternehmen von größter Bedeutung ist. Hier kann die Praxis nicht darauf warten, bis aus gegebenem Anlaß im Einzelfall eine höchstrichterliche Entscheidung gefällt wird. Sie kann sich aber damit helfen, daß sie ebenso, wie dies mit dem Erlaß einer Geschäftsordnung geschieht, durch Gesellschafterbeschluß innergesellschaftliches Recht setzt. Dies kann hinsichtlich der fachlichen Aufgaben des Geschäftsführers durch eine Stellenbeschreibung und bezüglich seiner Führungsaufgaben durch den Erlaß einer Allgemeinen Führungsanweisung (Führungsrichtlinie) geschehen. Von dieser Möglichkeit haben die Unternehmen weitgehend Gebrauch gemacht. Auf diese Weise erhalten in der Praxis erprobte Management-Grundsätze normativen Charakter. Ihre Einhaltung gehört zur Sorgfaltspflicht des Geschäftsführers im Sinne des § 43 Abs. 1 mit allen sich daraus ergebenden Folgen.

In der Darstellung spielen die Beispiele aus dem betrieblichen Alltag eine wichtige Rolle. Sie verdeutlichen für den Praktiker die angesprochenen Probleme und ihre Lösungen.

Die mit Organisation, Führung und Verantwortung der Geschäftsleitung verbundenen Rechtsfragen hat der Verfasser so darzustellen, daß sie auch dem Nicht-Juristen ohne Schwierigkeiten verständlich sind und es ihm ermöglicht wird, daraus die Konsequenzen für die Praxis zu ziehen.

Bei den Hinweisen auf die Literatur hat sich der Verfasser auf die wichtigsten Kommentare und die grundlegenden weiterführenden Abhandlungen beschränkt, wie es einem weitgehend für die Praxis bestimmten Handbuch entspricht. Die höchstrichterlichen Entscheidungen wurden, soweit es für das Verständnis erforderlich ist, herangezogen.

Bad Harzburg, im Mai 1987 Reinhard Höhn

Inhaltsübersicht

Inhaltsverzeichnis

Abkürzungsverzeichnis

Vorbemerkung:
§§-Bezeichnungen ohne Zusatz sind solche des GmbH-Gesetzes

a. a. O.	am angegebenen Ort
Abs.	Absatz
AFG	Arbeitsförderungsgesetz vom 25. 6. 1969
AG	Aktiengesellschaft; Die Aktiengesellschaft (Zeitschrift, O. Schmidt, Köln)
AktG	Aktiengesetz vom 6. 9. 1965
AngKSchG	Angestellten-Kündigungsschutz-Gesetz vom 9. 7. 1926
Anm.	Anmerkung
AO	Abgabenordnung vom 16. 3. 1976
AVG	Angestelltenversicherungsgesetz vom 28. 5. 1924
BAG	Bundesarbeitsgericht
BayObLG	Bayerisches Oberstes Landesgericht
BB	Betriebs-Berater (Zeitschrift, Recht und Wirtschaft, Heidelberg)
BetrVG 1952	Betriebsverfassungsgesetz vom 11. 10. 1952
BFH	Bundesfinanzhof
BGB	Bürgerliches Gesetzbuch vom 18. 8. 1896
BGH	Bundesgerichtshof
BGHZ	Entscheidungssammlung des Bundesgerichtshofs in Zivilsachen
bzw.	beziehungsweise
DB	Der Betrieb (Zeitschrift, Handelsblatt, Düsseldorf)
ders.	derselbe
d. h.	das heißt
dies.	dieselbe(n)
EDV	Elektronische Datenverarbeitung
f., ff.	folgende
FS	Festschrift
GenG	Genossenschaftsgesetz vom 1. 5. 1889
GmbHG	Gesetz betreffend die Gesellschaften mit beschränkter Haftung (GmbH-Gesetz) vom 20. 4. 1892

GmbHR	GmbH-Rundschau (Zeitschrift, O. Schmidt, Köln)
hin.	hinten
i. V. m.	in Verbindung mit
KAGG	Gesetz über Kapitalanlagegesellschaften vom 14. 1. 1970
KG	Kommanditgesellschaft
KSchG	Kündigungsschutzgesetz vom 25. 8. 1969
LG	Landgericht
LM	Lindenmaier/Möhring u. a. (Hrsg.), Das Nachschlagewerk des Bundesgerichtshofs in Zivilsachen (Loseblattsammlung, C. H. Beck, München)
MitbestG	Mitbestimmungsgesetz vom 4. 5. 1976
NJW	Neue Juristische Wochenschrift (Zeitschrift, C. H. Beck, München)
Nr.	Nummer
OHG	Offene Handelsgesellschaft
OLG	Oberlandesgericht
RG	Reichsgericht
RGZ	Entscheidungssammlung des Reichsgerichts in Zivilsachen
RVO	Reichsversicherungsordnung vom 15. 12. 1924
s.; S.	siehe; Seite; Satz (bei Gesetzesangaben)
SchwbG	Gesetz zur Sicherung der Eingliederung Schwerbehinderter in Arbeit, Beruf und Gesellschaft (Schwerbehindertengesetz) vom 8. 10. 1979
sog.	sogenannte(r)
Sp.	Spalte
str.	streitig
StVG	Straßenverkehrsgesetz vom 19. 12. 1952
TÜV	Technischer Überwachungsverein
u. a.	unter anderem
u. a. m.	und andere mehr; und anderes mehr
u. U.	unter Umständen

VG	Verwaltungsgericht
vgl.	vergleiche
WM	Wertpapiermitteilungen (Zeitschrift, Frankfurt)
WUB	Wirtschafts- und Bankrecht (Entscheidungssammlung, Wertpapiermitteilungen, Frankfurt)
z. B.	zum Beispiel
ZfbF	Zeitschrift für betriebswirtschaftliche Forschung
ZfG	Zeitschrift für das gesamte Genossenschaftswesen (Vandenhoeck & Ruprecht, Göttingen)
ZGR	Zeitschrift für Unternehmens- und Gesellschaftsrecht (De Gruyter, Berlin)
ZHR	Zeitschrift für das gesamte Handels- und Wirtschaftsrecht (Recht und Wirtschaft, Heidelberg)
ZIP	Zeitschrift für Wirtschaftsrecht (RWS, Köln)

Literaturverzeichnis

Bastuck	Enthaftung des Managements, Köln 1986
Baumbach/Hueck	GmbH-Gesetz, Kurzkommentar, 15. Aufl., München 1988
Centrale für GmbH Dr. Otto Schmidt (Hrsg.)	GmbH-Handbuch, 13. Aufl., Köln 1992 ff. (zitiert: Autor in)
Danert	Betriebskontrollen, Essen 1952
Dose	Die Rechtsstellung der Vorstandsmitglieder einer Aktiengesellschaft, 3. Aufl., Köln 1975
Espey/von Bitter	Haftungsrisiken des GmbH-Geschäftsführers und Absicherungsmöglichkeiten, Kissing/Zürich/Paris/Mailand 1990
Gadow/Heinichen	Aktiengesetz, Großkommentar, 3. Aufl., Berlin 1970 ff. (zitiert: Autor in)
Geßler/Hefermehl/ Eckardt/Kropff	Aktiengesetz, Kommentar, München 1974 ff.
v. Godin/Wilhelmi	Aktiengesetz, Kommentar, Band 1, 4. Aufl., Berlin 1971
Hachenburg	Großkommentar zum Gesetz betreffend die Gesellschaften mit beschränkter Haftung, 8. Aufl., Berlin 1990 ff. (zitiert: Hachenburg/ Autor)
Handbuch des Aufsichtsrats	2. Aufl., München 1977 (zitiert: Autor in)
Handwörterbuch der Organisation	2. Aufl., Stuttgart 1980 (zitiert: Autor in)
Heisse	Die Beschränkung der Geschäftsführerhaftung gegenüber der GmbH, Köln 1988

Hill — Unternehmensplanung, Stuttgart 1960

Höhn — Die Führung mit Stäben in der Wirtschaft, Bad Harzburg 1961

Die Stellvertretung im Betrieb, 3. Aufl., Bad Harzburg 1971

Die Dienstaufsicht und ihre Technik, 3. Aufl., Bad Harzburg 1972

Ressortlose Unternehmensführung, Bad Harzburg 1972

Stellenbeschreibungen – aber richtig, Bad Harzburg 1977

Wofür haftet der Vorstand einer Genossenschaftsbank persönlich?, Bad Harzburg 1979

Wofür haftet der Aufsichtsrat einer Genossenschaft persönlich?, Bad Harzburg 1981

Brevier für Vorstände von Genossenschaften, Bad Harzburg 1985

Brevier für Aufsichtsräte von Genossenschaften, Bad Harzburg 1987

Das Nein des Aufsichtsrats, Bad Harzburg 1982

Die Technik der geistigen Arbeit, 3. Aufl., Bad Harzburg 1985

Führungsbrevier der Wirtschaft, 12. Aufl., Bad Harzburg 1986

Das tägliche Brot des Managements, 3. Aufl., Bad Harzburg 1985

Die innere Kündigung im Unternehmen, Ursache – Folgen – Gegenmaßnahmen, 3. Aufl., Bad Harzburg 1986

Die innere Kündigung in der öffentlichen Verwaltung, Stuttgart/München 1989

Höhn/Böhme — Der Weg zur Delegation von Verantwortung im Unternehmen – Ein Stufenplan, 5. Aufl., Bad Harzburg 1979

Immenga — Die personalistische Kapitalgesellschaft, Bad Homburg 1970

Lang/Weidmüller	Genossenschaftsgesetz, Kommentar, 32. Aufl., Berlin 1988
Lehmann	Die ergänzende Anwendung von Aktienrecht auf die Gesellschaft mit beschränkter Haftung, Köln 1969
Lutter	Information und Vertraulichkeit im Aufsichtsrat, 2. Aufl., Köln 1984
Lutter/Hommelhoff	GmbH-Gesetz, Kommentar, 14. Aufl., Köln 1995
Lutter/Ulmer/Zöllner	Festschrift 100 Jahre GmbH-Gesetz, Köln 1992
Meyer	Die Verantwortlichkeit des Vorstandes der eingetragenen Genossenschaft aus § 34 GenG, Nürnberg 1985
Meyer/Meulenbergh/ Beuthien	Genossenschaftsgesetz, Kommentar, 12. Aufl., München 1983
Möhring/Nirk/Tank u. a.	Handbuch der Aktiengesellschaft, 2. Aufl., Köln 1982 ff.
Mutter	Unternehmerische Entscheidungen und Haftung des Aufsichtsrats, Köln 1994
Müller	Kommentar zum Gesetz betreffend die Erwerbs- und Wirtschaftsgenossenschaften, Band 1, Bielefeld 1991
Ossola-Haring	Der Anstellungsvertrag des GmbH-Geschäftsführers, Freiburg 1985
Roth	Gesetz betreffend die Gesellschaften mit beschränkter Haftung (GmbHG), Kommentar, 2. Aufl., München 1987
Rowedder u. a.	Gesetz betreffend die Gesellschaften mit beschränkter Haftung (GmbHG), Kommentar, 2. Aufl., München 1990 (zitiert: Rowedder/ Autor)

Scholz — Kommentar zum GmbH-Gesetz, Band 1 (§§ 1–40), 8. Aufl., Köln 1993; Band 2, 8. Aufl., Köln 1995 (zitiert: Scholz/Autor)

Schumpeter — Kapitalismus, Sozialismus und Demokratie, Bern 1950

Sudhoff — Rechte und Pflichten des Geschäftsführers einer GmbH, 14. Aufl., Köln 1994

Sudhoff/Sudhoff — Der Gesellschaftsvertrag der GmbH, 8. Aufl., München 1992

Tietze — Die Informationsrechte des GmbH-Gesellschafters, Köln 1985

Tillmann — Der Geschäftsführervertrag der GmbH und GmbH & Co., 5. Aufl., Köln 1989

Wiedemann — Gesellschaftsrecht, Band 1, München 1980

Zöllner — Kölner Kommentar im Aktiengesetz, 2. Aufl., Köln 1987 ff. (zitiert: Autor in)

A. Von der autoritären Führung zum Management der GmbH

Als aufgrund des GmbH-Gesetzes vom 20. 4. 1892 die ersten Gesellschaften dieser Art ins Leben traten, waren es die Mittel- und Kleinbetriebe, die das Gesicht der Wirtschaft weitgehend bestimmten. Der hier herrschende Führungsstil ist durch folgendes gekennzeichnet:

- Alle Entscheidungen werden vom Unternehmer selbst getroffen, der als Meister seines Fachs für sich in Anspruch nimmt, mehr zu wissen und zu können als seine Untergebenen, und sich daher für verpflichtet hält, durch seine Weisungen ihr Verhalten zu bestimmen.
- Die Untergebenen handeln daher nur auf Weisungen. Sie besitzen keinen Bereich, innerhalb dessen sie selbständig handeln und entscheiden können. Sie sind lediglich ausführend tätig.
- Soweit innerhalb des Unternehmens hierarchische Stufen (Abteilungsleiter, Gruppenleiter, Meister, Vorarbeiter, Arbeiter) vorhanden sind, hat die Unternehmensführung das Recht, unabhängig von den bestehenden Vorgesetztenverhältnissen unmittelbare Weisungen zu geben und damit *durchzuregieren.*

Die autoritäre Führung vollzieht sich in ihrer klassischen Form in folgender Weise:

- Klare, bis ins einzelne gehende Anordnungen.
  Der Weisungsempfänger besitzt keinerlei Ermessensspielraum.
- Wiederholung der jeweiligen Anordnung.
  Damit besteht die Garantie, daß die Weisung richtig verstanden worden ist.
- Vollzugsmeldung.
  Dadurch weiß der Vorgesetzte, daß überhaupt gehandelt wurde.
- Totalkontrolle.
  Auf diese Weise kann der Vorgesetzte feststellen, ob der Auftrag weisungsgemäß durchgeführt worden ist.

Der Unternehmer, der seine Untergebenen in dieser Weise führt, hat

- keine Organisationsprobleme.
  Eine exakte Organisation unter Festlegung der Aufgaben und Kompetenzen für die einzelnen Stelleninhaber ist überflüssig. Der Unternehmer führt mit *Einzelaufträgen,* wobei er jeweils bestimmt, wer was zu tun hat. Es gibt daher keine Delegation von Aufgaben und Kompetenzen mit der

sich daraus ergebenden Verantwortung, sondern nur *Delegation von Arbeit;*

- keine Informationsprobleme.
  Die Information von unten nach oben ergibt sich aus dem Ablauf. Sie braucht nicht besonders organisiert zu werden. Die Information von oben nach unten ist, soweit erforderlich, Bestandteil der Weisung;
- keine Kontrollprobleme.
  Die Kontrolle ergibt sich ebenfalls aus dem Ablauf des Betriebsgeschehens und erfordert keine besonderen organisatorischen Maßnahmen;
- keine Beratungsprobleme.
  Die Beratung entfällt. Jede Art von Beratung durch die Untergebenen wird bei autoritärer Führung als *Anmaßung* gewertet, durch die das Mehrwissen und Mehrkönnen des Unternehmers in Frage gestellt und seine Stellung als Meister angezweifelt wird. Für den Untergebenen gilt es als ehernes Gesetz, den Vorgesetzten auf keinen Fall zu belehren. Goethe hat diese Situation in seinen Gesprächen mit Eckermann treffend gekennzeichnet, wenn er erklärt:

  „Ein Vorgesetzter erlaubt wohl, daß man ihm hilft,
  aber daß man ihn übertrifft, niemals";
- keine Zielsetzungsprobleme.
  Da der Untergebene nur auf Weisung im Einzelfall handelt, braucht er auch nicht zu wissen, welche Ziele der Unternehmer mit seiner Anordnung verfolgt. *Das Ziel bleibt das Geheimnis der Spitze.*

Der Unternehmer betrachtet sich selbst als „Mädchen für alles". Er ist sein eigener Einkaufs-, Verkaufs-, Produktions-, Finanz-, Personal- und Organisationschef. Darauf ist er stolz. Es macht ihm Freude, selbst mit Hand anzulegen und sein fachliches Können immer wieder vor seinen Untergebenen unter Beweis zu stellen. Er beansprucht aufgrund seiner fachlichen Überlegenheit daher auch die absolute Autorität für sich und seine Anordnungen.

Der Unternehmer ist daher auch folgerichtig für alles verantwortlich, was in seinem Betrieb geschieht. Seine allumfassende Zuständigkeit begründet seine totale Verantwortung.

Es ist der *handwerksmeisterliche Führungsstil,* der das Verhältnis zwischen Vorgesetzten und Untergebenen in den kleinen und mittleren Betrieben des 19. Jahrhunderts bestimmt.

Auf diese autoritäre Führungsform ist das GmbH-Gesetz von 1892 im Hinblick auf das Verhältnis der Gesellschafter zu den Geschäftsführern, ihren Untergebenen, abgestellt. Daran hat sich bis heute rechtlich nichts geändert.

I. Der weisungsgebundene Geschäftsführer

Im Gegensatz zum Aktiengesetz, nach dem gemäß § 76 der Vorstand die Aktiengesellschaft „unter eigener Verantwortung" leitet, fehlt im GmbH-Gesetz eine derartige Bestimmung hinsichtlich der Stellung der Geschäftsführer. Vielmehr bestimmt § 37 Abs. 1 folgendes:

> „Die Geschäftsführer sind der Gesellschaft gegenüber verpflichtet, die Beschränkungen einzuhalten, welche für den Umfang ihrer Befugnis, die Gesellschaft zu vertreten, durch den Gesellschaftsvertrag oder, soweit dieser nicht ein anderes bestimmt, durch die Beschlüsse der Gesellschaft festgesetzt sind."

Dies hat beachtliche Konsequenzen:

- Die Geschäftsführer sind der Gesellschafterversammlung, in der der Wille der Gesellschafter zum Ausdruck kommt, unterstellt.
- Die Gesellschafter können kraft Gesetzes in jeder beliebigen Angelegenheit, auch soweit die laufende Geschäftsführung in Frage steht, dem Geschäftsführer bzw. der aus mehreren Personen bestehenden Geschäftsführung Weisungen geben und sich damit in die Geschäftsführung einschalten.

  Weisungen der Gesellschafter erfolgen durch Gesellschafterbeschlüsse (§ 47 Abs. 1) in Gesellschafterversammlungen (§ 48 Abs. 1). Sie sind nur unter dieser Voraussetzung bindend. Jedoch können im Gesellschaftsvertrag dem einzelnen Gesellschafter Weisungsrechte als Sonderrechte eingeräumt oder auf einen Aufsichtsrat bzw. Beirat übertragen werden.
- Für die tägliche Praxis, bei der es in dieser Hinsicht oft recht chaotisch zugeht, ist es wichtig, folgendes festzuhalten:

  Kein Gesellschafter, auch nicht der Mehrheitsgesellschafter, ist berechtigt, den Geschäftsführern irgendwelche Weisungen zu geben. Sie haben sie als rechtswidrig abzulehnen[1].

  Führt ein Geschäftsführer eine solche Weisung durch, so handelt er selbst rechtswidrig und ist der Gesellschaft für den daraus entstehenden Schaden persönlich haftbar.

  Beispiel:
  In der Geschäftsstelle der GmbH erschien der Mehrheitsgesellschafter und verlangte die sofortige Entlassung eines auf Probe eingestellten Mitarbeiters, den er für gänzlich unfähig hielt. Dies führte zu folgendem Gespräch:

---

1 A. A. *Scholz/U. H. Schneider,* § 43 Anm. 97; dazu S. 200.

Frage des Geschäftsführers, der über das Verhältnis von Gesellschaftern und Geschäftsführern genau orientiert war:
„Liegt ein entsprechender Beschluß der Gesellschafterversammlung vor?"

Antwort:
„Sie wissen doch, daß ich Mehrheitsgesellschafter bin. Das dürfte Ihnen genügen."

Erwiderung:
„Das ist mir bekannt. Trotzdem bin ich ohne einen Beschluß der Gesellschafterversammlung nicht zu handeln berechtigt."

Antwort:
„Sie wollen also meiner Weisung nicht Folge leisten?"

Erwiderung:
„Ich darf es nicht."

Antwort:
„Mit einem Geschäftsführer, der sich weigert, den Weisungen des Mehrheitsgesellschafters zu folgen, ist für mich eine weitere Zusammenarbeit unzumutbar. Ich kündige Ihnen hiermit aus wichtigem Grund und ersuche Sie, Ihre Sachen zusammenzupacken und die Geschäftsstelle zu verlassen!"

Erwiderung:
„Das werde ich nicht tun. Auch für die Abberufung des Geschäftsführers aus wichtigem Grund bedarf es des Beschlusses der Gesellschafterversammlung."
In der Gesellschafterversammlung setzte der Mehrheitsgesellschafter sich durch.

Das Gericht entsprach der Klage des Geschäftsführers, daß ein wichtiger Grund zu Abberufung nicht gegeben sei, wenn ein Geschäftsführer den Weisungen des Mehrheitsgesellschafters nicht Folge leiste.

Der Geschäftsführer legte nunmehr sein Amt aus wichtigem Grund nieder und kündigte, ebenfalls aus wichtigem Grund, seinen Anstellungsvertrag mit der Begründung, daß ihm nicht zuzumuten sei, in einer Gesellschaft das Amt eines Geschäftsführers zu bekleiden, in dem die Regeln für das Zusammenspiel zwischen den Gesellschaftern und den Geschäftsführern gröblich mißachtet werden[1a].

Darüber hinaus machte er Schadensersatzansprüche im Sinne des § 628 Abs. 2 BGB geltend. –

Dies zu Recht.

- Empfehlungen der Gesellschafter werden von beiden Seiten weitgehend als in freundliche Formen gekleidete Weisungen betrachtet.

Beispiel:
In einem Seminar für Geschäftsführer und Gesellschafter der GmbH erklärte ein Gesellschafter, mit Weisungen und Anordnungen arbeite er nicht. Solche Begriffe paßten nicht mehr in die heutige Zeit. Er spreche nur von Empfehlungen oder Ratschlägen.
Auf die Frage eines Teilnehmers:

1a Vgl. dazu S. 235 Nr. 2.

„Haben Sie schon einmal erlebt, daß Ihr Geschäftsführer eine derartige Empfehlung nicht befolgt hat?",
lautete die Antwort:
„Noch nie, und das wird es auch in Zukunft nicht geben. Andernfalls wäre damit die vertrauensvolle Zusammenarbeit zwischen uns beendet."

- Die den Geschäftsführern übertragenen Befugnisse stehen stets unter dem Vorbehalt, daß die Gesellschafter im Einzelfall keine andere Weisung geben, an die der Geschäftsführer gebunden ist[2].

  Die Gesellschafter können von den Geschäftsführern verlangen, daß sie über jede von ihnen zu treffende Entscheidung informiert werden, damit sie sich darüber schlüssig werden können, ob sie von ihrem Weisungsrecht Gebrauch machen wollen (Prinzip der Totalinformation).

- Die Gesellschafter können unmittelbare Weisungen an die den Geschäftsführern unterstehenden Mitarbeiter geben. Ihre Weisungsbefugnis gilt für den gesamten Betrieb. Sie können mithin „überall kontrollierend, anordnend, verbietend, ersetzend eingreifen" und die Überwachung der Geschäftsführer umfassend mit Hilfe der Totalkontrolle vornehmen. Sie können die Geschäftsführer durch Einzelweisungen, die die gesamte laufende Geschäftsführung umfassen, zum *reinen Ausführungsorgan* machen[3].

---

2 *Roth,* § 45 Anm. 2.1.2.

3 *Scholz/U. H. Schneider,* § 37 Anm. 38; *Eder,* in GmbH-Handbuch I Anm. 590; *Hachenburg/Mertens,* § 37 Anm. 8; OLG Düsseldorf vom 15. 11. 1984 –, ZIP 1984, 1476; *Konzen,* Geschäftsführung, Weisungrecht und Verantwortlichkeit in der GmbH und GmbH & Co. KG, NJW 1989, 2977 (2979). Dem widerspricht *Baumbach/Hueck/Zöllner,* § 37 Anm. 9. Er meint, eine Regelung, die den Geschäftsführern jede eigene Geschäftsführungsentscheidung nimmt, „sei unzulässig". Aufgrund der Struktur der GmbH mit der dominierenden Stellung der Gesellschafter können diese jedoch die Funktion der Geschäftsführer darauf beschränken, daß diese bei allen Entscheidungen der Gesellschafter lediglich beratend tätig werden, also ihnen entscheidungsreife Vorschläge vorzulegen und damit ebenfalls eine wichtige Aufgabe zu erfüllen haben (vgl. zur Bedeutung der Beratung S. 82 ff.). Sie sind in diesem Falle alles andere als „reine Vertretungsmarionetten", wie *Zöllner* meint, sondern beratende Unternehmer. Des weiteren weist *Zöllner* darauf hin, daß bei Fehlen der Entscheidungsbefugnisse der Geschäftsführer „ohne jede Autorität gegenüber dem Personal des Unternehmens" sei. Dies beruht auf der irrigen Annahme, daß nur derjenige Autorität besitzt, dem Entscheidungsbefugnis zusteht. Ein Geschäftsführer, der die Gesellschafter sachgerecht bei allen die Geschäftsführung betreffenden Entscheidungen berät, so daß diese qualifizierte Entscheidungen treffen können, besitzt nicht nur hohe Autorität bei den Gesellschaftern, sondern ebenfalls bei seinen Mitarbeitern. Im übrigen finden wir vielfach Konzernen angegliederte GmbHs, deren alleiniger Zweck die Beratung auf bestimmten Gebieten ist, die mit hervorragenden Leuten besetzt sind und bei denen der Geschäftsführer keine Entscheidungsbefugnis, aber als beratender Unternehmer hohes Ansehen bei der Konzernleitung wie seinen eigenen Mitarbeitern besitzt.

Zu beachten:
Das Mitbestimmungsgesetz 1976 ändert nichts daran, daß die Gesellschafter über Maßnahmen der Geschäftsführer entscheiden und die Geschäftsführer weisungsabhängig bleiben[4].

- Die Geschäftsführer haben die Weisungen der Gesellschafter auch dann zu befolgen, wenn sie ihnen unzweckmäßig erscheinen. Ein Begründungszwang besteht für die Gesellschafter hinsichtlich ihrer Weisungen nicht. Für das angewiesene Geschäft sind die Gesellschafter verantwortlich[5].

Das GmbH-Gesetz geht nach alldem von der Vorstellung aus, daß nur auf diese Weise die „Gesellschafter die Herren der Gesellschaft"[6] bleiben können. Es entspricht damit der Vorstellung von der Führung eines Unternehmens in der damaligen Zeit. Der autoritäre Führungsstil ist durch das GmbH-Gesetz zur Norm erhoben[7].

Diese Abhängigkeit eines Geschäftsführers wird auch heute noch oft in seinem Anstellungsvertrag klar zum Ausdruck gebracht. So heißt es z. B. in einem solchen Vertrag:

> „Hinsichtlich Ihres Aufgabenbereiches sind Sie an die Weisungen der Gesellschafter gebunden. In allen Zweifelsfragen haben Sie die Zustimmung der beiden Gesellschafter einzuholen."

In einem anderen Vertrag findet sich die Formulierung:

> „Er hat sein Geschäftsführeramt eigeninitiativ, ähnlich einem freien Unternehmer, zu führen und seine Entscheidungen nach pflichtgemäßem fachlichem Ermessen zu treffen."

Dies klingt zwar gut, und man könnte daraus entnehmen, daß die Gesellschafter ihrem Geschäftsführer die Vollmachten eines Unternehmers,

---

Auch der Behauptung *Zöllners,* durch den Entzug jeder Entscheidungsbefugnis der Geschäftsführer sei „die vom Gesetz zugrunde gelegte GmbH-Verfassung pervertiert", muß widersprochen werden. Das Gegenteil ist richtig. Es ist die letzte Konsequenz der Vorstellung von der Führung eines Unternehmens aus dem zu Ende gehenden 19. Jahrhundert, der das GmbH-Gesetz von 1892 entspricht. Daß uns dies heute nicht mehr zusagt und wir nach Auswegen suchen, ist verständlich und richtig. Dies kann jedoch nicht dadurch geschehen, daß man das GmbH-Gesetz in einer Form interpretiert, die seiner Struktur widerspricht, sondern durch Festlegung eines weitgehenden Freiraums für die Geschäftsführer im Gesellschaftsvertrag aufgrund freier Entscheidung der Gesellschafter (vgl. dazu S. 41 ff.).

4 Dazu die Ausführungen bei *Scholz/U. H. Schneider,* § 37 Anm. 42.

5 *Scholz/K. Schmidt,* § 45 Anm. 4.

6 *Hachenburg/Mertens,* § 37 Anm. 9.

7 Dementsprechend sind auch die Bemühungen, den Geschäftsführern kraft zwingenden Rechts einen durch die Struktur der GmbH bedingten autonomen Entscheidungsbereich zu sichern, mit Recht weitgehend abgelehnt worden. Vgl. dazu die Auseinandersetzung von *Hachenburg/Mertens,* § 37 Anm. 8 mit *Hommelhoff.*

dem Vorstand einer Aktiengesellschaft entsprechend (§ 76 AktG), geben wollen. Im nächsten Absatz werden wir jedoch eines Besseren belehrt. Hier heißt es:

> „Bei seinen Entscheidungen hat er die Beschlüsse der Gesellschafter zu beachten."

Damit wird der Geschäftsführer wieder an die kurze Leine genommen.

II. Weisungsfreie Geschäfte

Den Geschäftsführern ist weigehend unbekannt, daß Weisungen der Gesellschafter in bestimmten Fällen rechtswidrig sind. Dies gilt z. B. für den so wichtigen Bereich der Buchführung und die Entscheidung über die Eröffnung des Konkurses sowie die Beschränkung der Vertretungsmacht.

1. Die weisungsfreie Buchführungspflicht

In § 41 heißt es:

> „Die Geschäftsführer sind verpflichtet, für die ordnungsgemäße Buchführung der Gesellschaft zu sorgen."[8]

Dies besagt, daß die Geschäftsführung und kein anderer, also auch nicht die Gesellschafterversammlung, diese Sorgepflicht hat. Das Gesetz hat „diese höchstpersönliche Amtspflicht jedem Geschäftsführer im öffentlichen Interesse, vornehmlich zum Gläubigerschutz, auferlegt"[9].

Sie ist „zwingendes öffentliches Recht"[10].

Weder Gesellschaftsvertrag noch Gesellschafterbeschluß noch Anstellungsvertrag können den Geschäftsführer von der Buchführungspflicht befreien[11].

Dabei kommt es nicht darauf an, ob der Geschäftsführer über eigene Kenntnisse der Buchführung verfügt oder nicht.

---

8 Die Buchführungspflicht umfaßt die Pflicht zur Aufzeichnung der Geschäftsvorfälle, zur Errichtung von Inventaren, zur Aufstellung der Eröffnungsbilanz, des Jahresabschlusses und des Lageberichts sowie zur Aufbewahrung der damit zusammenhängenden Unterlagen. Sie wird – bei prüfungspflichtigen Geschäften ergänzt durch die Pflicht zur Erteilung des Prüfungsauftrags und zur Mitwirkung durch Vorlagen und Auskünfte an den Abschlußprüfer sowie durch die Pflicht zur Offenlegung des Jahresabschlusses (*Baumbach/Hueck/Schulze-Osterloh*, § 41 Anm. 24).

9 *Lutter/Hommelhoff*, § 41 Anm. 2; *Rowedder*, § 41 Anm. 2.

10 *Scholz/Crezelius*, § 41 Anm. 3.

11 So eindeutig *Baumbach/Hueck/Schulze-Osterloh*, § 41 Anm. 2.

Der Geschäftsführer kann jedoch seiner Sorgepflicht durch „Einstellung geeigneter Mitarbeiter aufgrund sorgfältiger Auswahl und durch deren Überwachung“[12] nachkommen.

Dies bedeutet:

- Die Auswahl der betreffenden Mitarbeiter ist allein Sache des Geschäftsführers.
- Die Gesellschaft kann also dem Geschäftsführer keinerlei Weisungen in dieser Hinsicht geben, sie kann weder verlangen, daß ein von ihr vorgeschlagener Mitarbeiter eingestellt oder ein bereits eingestellter entlassen wird.
- Der Geschäftsführer hat von sich aus mit der Sorgfalt eines ordentlichen und gewissenhaften Geschäftsleiters die notwendigen Entscheidungen zu treffen (§ 43 Abs. 1).
- Bestimmungen im Anstellungsvertrag, daß die Geschäftsführung der Zustimmung der Gesellschafterversammlung bei Einstellungen und Entlassungen bedarf, gelten für den Bereich der Buchführung nicht.
- Hinsichtlich der Überwachung des mit der Buchführung von ihm Beauftragten gilt Folgendes:

  Die Überwachung ist allein Sache des Geschäftsführers. Richtig heißt es bei *Rowedder*:

  > „Eine Überwälzung der ihnen obliegenden Überwachungspflicht ist den Geschäftsführern der Gesellschaft nicht möglich.“[13]

  Der Geschäftsführer kann sich jedoch von einem sorgfältig ausgesuchten Dritten bei der Überwachung helfen lassen.

Hat der Geschäftsführer

- geeignete Mitarbeiter aufgrund sorgfältiger Auswahl zur Buchführung eingestellt,
- hat er des weiteren von sorgfältig ausgesuchten Dritten, etwa einer Steuerberatungsfirma, sich bei der Überwachung unterstützen lassen,

so hat er seine Sorgfaltspflicht für eine ordnungsgemäße Buchführung erfüllt und ist von jeder Haftung frei.

---

12 RG, Juristische Wochenschrift 1925, 261 (262); *Baumbach/Hueck/Schulze-Osterloh*, § 41 Anm. 22; *Lutter/Hommelhoff*, § 41 Anm. 5.

13 *Rowedder*, § 41 Anm. 21.

2. Die Weisungsfreiheit des Geschäftsführers hinsichtlich des Antrags auf Konkurseröffnung

In § 64 heißt es:

> „Wird die Gesellschaft zahlungsunfähig, so haben die Geschäftsführer ohne schuldhaftes Verzögern, spätestens aber drei Wochen nach Eintritt der Zahlungsunfähigkeit, die Eröffnung des Konkursverfahrens oder die Eröffnung des gerichtlichen Vergleichsverfahrens zu beantragen."

Dies bedeutet, daß Weisungen der Gesellschafter, selbst wenn sie auf einem von allen Gesellschaftern getragenen Beschluß beruhen, für den Geschäftsführer unbeachtlich sind[14].

Der Geschäftsführer befindet sich dabei vielfach in der unangenehmen Lage, daß die Gesellschafter ihn drängen, keinen Konkursantrag zu stellen, weil sie der Ansicht sind, daß eine Überschuldung nicht besteht oder daß eine Sanierung noch erfolgen könne. Er ist jedoch verpflichtet, mit der Sorgfalt eines ordentlichen und gewissenhaften Geschäftsleiters zu entscheiden, ob er die Eröffnung des Konkursverfahrens beantragt oder nicht. Trifft er diese Entscheidung und stellt sich nachträglich heraus, daß im letzten Moment noch eine Sanierung erfolgen konnte, ein Konkursgrund also entfallen war, so machen ihm die Gesellschafter vielfach den Vorwurf, daß er durch vorzeitigen Antrag auf Konkurseröffnung das Ansehen der Gesellschaft zutiefst geschädigt habe. Für die weitere Zusammenarbeit ist dies ein höchst unerfreulicher Zustand. Aber dieses Risiko muß er eingehen.

Dem steht das Risiko gegenüber, daß der Geschäftsführer, der es unterläßt, bei Zahlungsunfähigkeit oder Überschuldung Konkurs- oder Vergleichsantrag zu stellen, gemäß § 84 Abs. 1 Nr. 2 sich strafbar macht. Er haftet bereits bei fahrlässiger Verkennung der Konkurslage[15].

3. Keine Beschränkung der Geschäftsführer in ihrer Vertretungsmacht

Während die Geschäftsführer hinsichtlich des gesamten inneren Betriebs den Weisungen der Gesellschafter – mit Ausnahme der weisungsfreien Geschäftstätigkeit – unterworfen sind, ist dies bezüglich ihrer Stellung nach außen, in der sie als Organ der Gesellschaft den Willen der GmbH als juristische Person zum Ausdruck bringen, anders[16]. Hier gilt unverändert seit dem GmbH-Gesetz von 1892 folgendes:

---

14 *Scholz/K. Schmidt,* § 64 Anm. 4, 20.

15 Vgl. zum Gesamtkomplex der strafrechtlichen Verantwortung *Schäfer,* GmbHR 1993, S. 780.

16 Vgl. hierzu *Roth,* § 35 Anm. 2.2.1; *Scholz/U. H. Schneider,* § 35 Anm. 21 ff.; *Lutter/Hommelhoff,* § 35 Anm. 3, 4; *Hachenburg/Mertens,* § 35 Anm. 16, 212 ff.; *Rowedder,* § 35 Anm. 9; *Baumbach/Hueck/Zöllner,* § 35 Anm. 37 ff.

- Die Geschäftsführer sind die geborenen gesetzlichen Vertreter der Gesellschaft. In § 35 Abs. 1 heißt es:

  „Die Gesellschaft wird durch die Geschäftsführer gerichtlich und außergerichtlich vertreten."

- Diese Vertretung ist ausschließlich. Sie kann in keiner Weise, weder generell noch im Einzelfall, etwa auf eine Filiale, beschränkt werden. Sie kann auch nicht durch Gesellschafterbeschluß auf andere Personen oder Institutionen, etwa den Aufsichtsrat oder Beirat, ganz oder teilweise übertragen werden. Sie umfaßt alle Maßnahmen der Geschäftsführung. Sie ist unabdingbar[17].

Dies besagt

- *für die Geschäftsführer:*
  Sie können ihre Vertretungsbefugnis weder ganz – etwa durch eine Generalvollmacht – noch teilweise an dritte Personen übertragen;
- *für die Gesellschafter:*
  Sie können die Vertretungsbefugnis der Geschäftsführer nicht an sich ziehen und etwa im Prozeß im Namen der Gesellschaft auftreten. Eine Klage der Gesellschafter müßte zurückgewiesen werden, da ihnen die Aktivlegitimation zur Führung des Prozesses fehlt. Der Geschäftsführer schließt die Arbeits- und Anstellungsverträge für die GmbH ab, vertritt die Gesellschaft bei Behörden, stellt Strafanträge[18], nimmt Kredite auf und gewährt sie, kann auch ohne Gesellschafterbeschluß (§ 46 Nr. 7) Prokuristen oder Handlungsbevollmächtigte bestellen bzw. die Bestellung widerrufen[19]. Die Gesellschafter können also ihre eigenen Entscheidungen nicht ausführen.
- *für dritte Personen:*
  Sie können sich auf die Vertretungsmacht der Geschäftsführer verlassen. In § 37 Abs. 2 ist bestimmt:

  „Gegen dritte Personen hat eine Beschränkung der Befugnis der Geschäftsführer, die Gesellschaft zu vertreten, keine rechtliche Wirkung. Dies gilt insbesondere für den Fall, daß die Vertretung sich nur auf gewisse Geschäfte oder Arten von Geschäften erstrecken oder nur unter gewissen Umständen oder für eine gewisse Zeit oder an einzelnen Orten stattfinden soll oder daß die Zustimmung der Gesellschafter oder eines Organs der Gesellschaft für einzelne Geschäfte erfordert ist."

- Bestimmungen, die die Vertretungsbefugnis der Geschäftsführer einschränken, sind nichtig, gleichgültig, ob sie im Gesellschaftsvertrag ihren Niederschlag finden oder auf einem Gesellschafterbeschluß beru-

17 *Scholz/U. H. Schneider,* § 35 Anm. 23; *Roth,* § 35 Anm. 3.1.
18 BGH vom 8. 1. 1954 – 1 StR 260/53, GmbHR 1954, 140.
19 *Scholz/U. H. Schneider,* § 35 Anm. 33.

hen. Beschränkungen der Vertretungsbefugnis (§ 37 Abs. 1) haben nur interne Wirkung, auch wenn sie in der Satzung verankert sind.

Daß ein Geschäftsführer seine Vertretungsmacht nicht gegen den „mutmaßlichen Willen der Gesellschafter" gebrauchen darf und in diesem Fall als Geschäftsführer ohne Auftrag (§ 678 BGB) schadensersatzpflichtig ist, ist eine andere Frage[20]. Das Risiko trägt die Gesellschaft.

- Kennt der Dritte die internen Beschränkungen, gleichgültig, ob sie auf der Satzung oder Weisungen der Gesellschafter oder dem Widerspruch des Mitgeschäftsführers beruhen, so muß er den Mißbrauch der Vertretungsmacht gegen sich gelten lassen[21]. Mißbrauch der Vertretungsmacht liegt auch dann vor, wenn der Vertreter seinem Geschäftspartner Tatsachen vorenthalten hat, bei deren Kenntnis es nicht zu einem Vertragsabschluß gekommen wäre.
- Der Geschäftsführer einer GmbH kann nicht zugleich Prokurist sein. Gesetzliche und rechtsgeschäftliche Vertretung im selben Bereich schließen sich aus.

III. Die Entwicklung zum Management in der GmbH

Die auf das Prinzip von Befehlen und Gehorchen abgestellte Führung einer GmbH hat nur solange Sinn, wie die Gesellschaft klein und damit überschaubar ist, die Spitze ein umfassendes Wissen auf allen Fachgebieten besitzt, somit als Meister in sämtlichen Unternehmensbereichen auftreten und allenthalben korrigierend eingreifen kann.

Diese Form der Führung wird jedoch unmöglich, sobald die Gesellschaft wächst und Abteilungen oder Filialen entstehen. Mit dem „Vormachen", dem Kennzeichen des handwerksmeisterlichen Führungsstils, ist es jetzt schon aus technischen Gründen vorbei. Die autoritäre Führung ist durch die Entwicklung überholt.

Dazu verlangen sachgerechte Entscheidungen an der Spitze bei den immer komplizierter werdenden wirtschaftlichen und technischen Zusammenhängen ein wachsendes Maß an Spezialwissen, das die Spitze eines Unternehmens nicht mehr besitzt. Sie ist heute zu einem Gremium geworden, das von immer mehr Dingen immer weniger versteht und Vorgänge, die sich auf nachgeordneten Ebenen vollziehen, im einzelnen weder völlig überblicken noch sachlich beurteilen kann. Die Spitze ist daher auf die Hilfe von Spezialisten auf den verschiedenen Fachgebieten

20 BGH vom 5. 12. 1983 – II ZR 56/82, GmbHR 1984, 96 (97).
21 *Scholz/U. H. Schneider*, § 35 Anm. 24.

angewiesen. Spezialisten kann man nicht mehr nach dem Prinzip von „Befehlen und Gehorchen" führen. Wer dies dennoch versucht, bedient sich damit eines Führungsstils, für den heute die technischen und geistigen Voraussetzungen nicht mehr gegeben sind. Der ehemalige Untergebene ist zum Mitarbeiter geworden. Die Gesellschafter sind damit gezwungen, den entscheidenden Schritt von der handwerksmeisterlichen Führung zum Management zu tun.

Management bedeutet eine bestimmte Form der Organisation, in der festgelegt werden muß,

- welche Aufgaben und Kompetenzen unter welcher Zielsetzung sich die Gesellschafter selbst vorbehalten wollen;
- welche Aufgaben mit welchen Kompetenzen unter welcher Zielsetzung dem Geschäftsführer bzw. der Geschäftsführung als Gremium übertragen werden sollen;
- welche Aufgaben mit welchen Kompetenzen unter welcher Zielsetzung den Mitarbeitern der nachfolgenden Stufen zu übertragen sind.

Der Geschäftsführer selbst wird damit zum Manager der GmbH[22].

Die auf die Gesellschaft im Rahmen des Managements zukommenden neuen Anforderungen bedingen organisatorisch die Delegation von Aufgaben und Kompetenzen mit der sich daraus ergebenden Verantwortung und damit zugleich einen neuen Führungsstil, der die handwerksmeisterliche autoritäre Führung ablöst und eine Antwort auf die Frage gibt:

> Wie kann man Menschen führen, von denen man Selbständigkeit im Denken und Handeln erwartet?

Diese Antwort ist zugleich von entscheidender Bedeutung für die Konkurrenzfähigkeit des Unternehmens, denn über eines muß man sich klar sein:

> Die Unternehmen konkurrieren heute nicht lediglich mit der Güte ihrer Produkte oder Dienstleistungen. Dieser Vorsprung ist rasch aufgeholt. Sie konkurrieren durch ihre bessere Organisation, ihre bessere Führung und die dadurch bewirkte Mobilisierung der Intelligenz und Kreativität ihrer Mitarbeiter.

22 *Scholz/U. H. Schneider,* § 43 Anm. 73, spricht von den „typischen Managementfunktionen", die dem Geschäftsführer zufallen.

B. Die Organisation der GmbH im Rahmen des Managements

Eine Organisation zu schaffen, bei der die Aufgaben und Kompetenzen der Gesellschafter wie der Geschäftsführer und der diesen unterstellten Mitarbeiter festgelegt sind, ist Sache der Gesellschafter, soweit diese Aufgabe nicht von ihnen auf die Geschäftsführung übertragen worden ist. Sie findet ihren Niederschlag in den sogenannten Stellenbeschreibungen[1].

I. Die Aufgaben und Kompetenzen der Gesellschafter

Hinsichtlich der Aufgaben der Gesellschafter heißt es in § 46:

„Der Bestimmung der Gesellschafter unterliegen:

1. die Feststellung der Jahresbilanz und die Verteilung des aus derselben sich ergebenden Reingewinns;
2. die Einforderung von Einzahlungen auf die Stammeinlagen;
3. die Rückzahlung von Nachschüssen;
4. die Teilung sowie die Einziehung von Geschäftsanteilen;
5. die Bestellung und die Abberufung von Geschäftsführern sowie die Entlastung derselben;
6. die Maßregeln zur Prüfung und Überwachung der Geschäftsführung;
7. die Bestellung von Prokuristen und von Handlungsbevollmächtigten zum gesamten Geschäftsbetrieb;
8. die Geltendmachung von Ersatzansprüchen, welche der Gesellschaft aus der Gründung oder Geschäftsführung gegen Geschäftsführer oder Gesellschafter zustehen, sowie die Vertretung der Gesellschaft in Prozessen, welche sie gegen die Geschäftsführer zu führen hat."

Diese Bestimmungen sind jedoch weitgehend dispositiver Natur. Dies bedeutet:

- Die Gesellschafter in ihrer Gesamtheit können als das oberste Willensbildungsorgan der GmbH im Gesellschaftsvertrag (Satzung, Statut) ihre Befugnisse erweitern oder einschränken oder auch mit bestimmten Befugnissen andere Organe, z. B. Geschäftsführer, Aufsichtsrat, Beirat, betrauen. Dies ergibt sich aus § 45, wo es heißt:

  „Die Rechte, welche den Gesellschaftern in den Angelegenheiten der Gesellschaft, insbesondere in bezug auf die Führung der Geschäfte, zustehen sowie die Ausübung derselben bestimmen sich, soweit nicht gesetzliche Vorschriften entgegenstehen, nach dem *Gesellschaftsvertrag.*

1 Vgl. dazu S. 25 ff.

In Ermangelung besonderer Bestimmungen des Gesellschaftsvertrages finden die Vorschriften der §§ 46 bis 51 Anwendung."

Die Gesellschafter müssen also einen Beschluß darüber fassen, welche Aufgaben sie sich in Abänderung der Bestimmungen des § 46 vorbehalten wollen. Dieser Beschluß muß seinen Niederschlag im Gesellschaftsvertrag finden.

- Zu den Aufgaben der Gesellschafter gehören zunächst die *Grundsatzentscheidungen*[2], die als sog. „Muß-Aufgaben" von ihnen selbst wahrgenommen werden müssen[3]. Dazu gehört z. B.
  - die Festlegung der Grundsätze der Unternehmenspolitik;
  - die mittel- und langfristige Zielsetzung;
  - die Organisationsstruktur der GmbH;
  - die Aufnahme neuer bzw. die Aufgabe bestehender Geschäftszweige; allerdings können die Gesellschafter derartige Grundsatzentscheidungen auch den Geschäftsführern aufgrund des Gesellschaftsvertrages oder in der von ihnen gegebenen Geschäftsordnung zuweisen und damit deren Zuständigkeit begründen[4]. Nur müssen sie sich über das damit verbundene Risiko im klaren sein.
- Neben den Grundsatzentscheidungen gibt es eine Reihe von Aufgaben, bei denen sich jede Unternehmensführung darüber klar werden muß, ob sie sich diese Aufgaben selbst vorbehalten oder sie auf die nächste Ebene delegieren will. Es sind die sog. „Kann-Aufgaben". Die Gesellschafter müssen sorgfältig prüfen, ob sie selbst oder die Geschäftsführer damit befaßt werden sollen. Vielfach übernimmt die Unternehmensführung von diesen Kann-Aufgaben z. B. noch die folgenden:
  - Den An- und Verkauf sowie die Belastung von Grundstücken und grundstücksgleichen Rechten;
  - die Gründung, den Erwerb, die Verlegung und die Veräußerung von Zweigniederlassungen;
  - die Einrichtung neuer Planstellen ab einer bestimmten Stufe;
  - die Einstellung und Entlassung von Mitarbeitern ab einer bestimmten Stufe;

2 Dazu *Roth*, § 35 Anm. 1.
3 Vgl. dazu *Höhn*, Ressortlose Unternehmensführung, S. 11 ff.; zu den „Muß-Aufgaben" der Spitze s. *Meyer*, Die Verantwortlichkeit des Vorstandes der eingetragenen Genossenschaft, S. 288 f.
4 *Scholz/U. H. Schneider*, § 37 Anm. 10.

- die Einleitung und Fortführung von Prozessen bzw. der Abschluß von Vergleichen ab einem Streitwert von __________ DM;
- Geschäfte, die von erheblicher Bedeutung für die Rentabilität oder Liquidität des Unternehmens sein können.

Dabei hängt es in erster Linie von der Größe der GmbH ab, wie weit die Gesellschafter bei der Übernahme von Kann-Aufgaben der Unternehmensführung gehen. Der Umfang der Geschäfte und das Risiko, das die Gesellschafter durch die Delegation von Aufgaben und Kompetenzen einzugehen bereit sind, spielen ebenfalls eine wichtige Rolle.

Bei jeder dieser Aufgaben müssen die Gesellschafter die entscheidende Frage beantworten:

- Ist es, um die Interessen der Gesellschaft zu wahren, notwendig, daß diese Aufgabe bei den Gesellschaftern verankert wird,
- oder ist es im Interesse der GmbH zweckmäßiger, wenn sie auf den Geschäftsführer bzw. auf die Geschäftsführung als Ganzes verlagert wird?

Bei dieser Entscheidung ist natürlich auch die Zahl der Gesellschafter von Bedeutung.

Beispiel:
Eine GmbH, die 80 und mehr Gesellschafter besitzt und laut Satzung viermal im Jahr eine Gesellschafterversammlung abhält, verstößt gegen das Prinzip der Wirtschaftlichkeit, wenn sie sich Aufgaben vorbehält, die nicht unbedingt von diesem Gremium wahrgenommen werden müssen.
Eine GmbH mit zwei oder drei Gesellschaftern dagegen, die ständig präsent sind, ist in dieser Hinsicht in einer ganz anderen Lage. Sie kann, wenn Gesellschafterbeschlüsse herbeigeführt werden müssen, jederzeit eine Gesellschafterversammlung einberufen und ist insofern stets handlungsfähig.

II. Die Aufgaben und Kompetenzen der Geschäftsführer

Mit der Festlegung der Aufgaben und Kompetenzen der Gesellschafter ist zugleich negativ bestimmt, daß der Geschäftsführer bzw. die Geschäftsführung als Ganzes hinsichtlich dieser Aufgaben keine Entscheidungsbefugnis besitzen sollen. Sie sind verpflichtet, sich strikt daran zu halten.

Beispiel:
Trotz wiederholter Aufforderung seitens der Geschäftsführer trafen die Gesellschafter keine Entscheidung über die Geschäftspolitik für das nächste Jahr. Die Geschäftsführer hielten sich daher für berechtigt, die Grundlinien der Geschäftspolitik festzulegen, die gesamte Planung des Unternehmens darauf abzustellen und die sich daraus ergebenden Entscheidungen im Vertrieb und Personalbereich zu treffen. Darüber kam es zu einer heftigen Auseinanderset-

zung mit den Gesellschaftern und in der Folge zu einer Abberufung des Geschäftsführers, der die treibende Kraft für die Entscheidung der Geschäftsführung war. –

Da die Entscheidung über die Geschäftspolitik zu den Grundsatzentscheidungen der Gesellschafter gehört, ist es den Geschäftsführern untersagt, irgendwelche Entscheidungen im Bereich der Geschäftspolitik zu treffen. Sie dürfen also nicht da entscheiden, wo die Gesellschafter dies unterlassen haben.

Pflicht der Geschäftsführer wäre es gewesen, da eine derartige Entscheidung „im Interesse der Gesellschaft" dringend erforderlich war, eine Gesellschafterversammlung einzuberufen (§ 49 Abs. 2), um Schaden von der Gesellschaft abzuwenden. Hier hätten sie ihrer Beratungsverantwortung entsprechend den Gesellschaftern nach Erörterung der verschiedenen Möglichkeiten einen entscheidungsreifen Vorschlag machen müssen[5]. Sie hätten damit pflichtgemäß als beratende Unternehmer[6] gegenüber den Gesellschaftern als entscheidenden Unternehmern gehandelt, anstatt, wie sie es getan haben, pflichtwidrig die Rolle des entscheidenden Unternehmers zu übernehmen[7].

Mit der Bestimmung dessen, was die Geschäftsführer nicht tun dürfen, ist jedoch noch nichts darüber gesagt, was in positiver Hinsicht im Innenverhältnis konkret zu ihrem Aufgabenbereich gehört, d. h. inwieweit die Geschäftsführer

- Entscheidungen zu treffen haben;
- Entscheidungen vorbereiten und damit beratend gegenüber den Gesellschaftern auftreten sollen; oder ob
- lediglich ausführend tätig werden.

Es muß also, nachdem die Aufgaben und Kompetenzen der Gesellschafter exakt bestimmt worden sind, ebenso sorgfältig geprüft und entschieden werden, welche Aufgaben mit welchen Kompetenzen unter welcher Zielsetzung bzw. Richtlinie dem alleinigen Geschäftsführer bzw. der Geschäftsführung als Ganzes übertragen werden sollen. Nur auf diese Weise kann die vielfach bestehende Unsicherheit über die Entscheidungsbefugnisse der Geschäftsführung beseitigt werden, die das Handeln der Geschäftsführer im täglichen Geschäftsbetrieb oft stark behindert. Die Stellenbeschreibung der Geschäftsführer leistet dabei eine wertvolle Hilfe[8].

---

5 Zustimmend *Scholz/U. H. Schneider,* § 37 Anm. 10.

6 Zur Beratung vgl. im einzelnen S. 81 ff.

7 Der Ansicht von *Baumbach/Hueck/Zöllner,* § 37 Anm. 6, daß die Geschäftsführer eine Entscheidung über „die Hauptlinien der Geschäftspolitik" treffen können, ohne „einen Gesellschafterbeschluß einzuholen", kann keinesfalls beigepflichtet werden. Ein derartiges Verhalten eines Geschäftsführers beinhaltet einen Eingriff in die Zuständigkeit der Gesellschafter und ist daher pflichtwidrig. Es widerspricht auch den Erfahrungen der Praxis. Umfangreiche Befragungen haben ergeben, daß kein Geschäftsführer es „wagen" würde, von sich aus die Hauptlinien der Geschäftspolitik festzulegen, ohne die Zustimmung der Gesellschafter einzuholen.

8 Vgl. dazu S. 25 ff.

1. Gesamtgeschäftsführung oder Geschäftsverteilung?

Bei einer aus mehreren Mitgliedern bestehenden Geschäftsführung ist folgende Grundsatzentscheidung zu treffen:

- Soll die Entscheidung über alle anfallenden Geschäfte gemeinsam von sämtlichen Geschäftsführern getroffen werden?

  So kann man natürlich bei kleineren Gesellschaften organisieren. Bei größeren mit vielfach drei und mehreren Geschäftsführern ist dies mit einem hohen Zeit- und Kraftverlust verbunden und als organisatorische Fehlkonstruktion zu betrachten, die den Interessen der Gesellschaft widerspricht.
- Oder will man, was rechtlich anerkannt ist, daß jeder Geschäftsführer einen eigenen Geschäftsbereich (Ressort) besitzt, innerhalb dessen er selbständig handelt und dafür nicht die Zustimmung seiner Kollegen vorher einzuholen braucht? Damit entscheidet man sich für eine ressortgebundene Geschäftsführung der GmbH, wie sie uns bei Aktiengesellschaften und Genossenschaften allenthalben begegnet.
- Oder soll der eine oder andere Geschäftsführer keinen Geschäftsbereich besitzen, will man ihn also ressortlos stellen? Dies nicht nur, weil er der Ressortaufgabe noch nicht gewachsen scheint[9], sondern auch, um ihn mit Rücksicht auf seine Aufgaben in der Gesamtgeschäftsführung von der zusätzlichen Ressortbelastung zu befreien. Dies erfolgt vielfach beim Vorsitzenden der Geschäftsführung[10].

Die Art der Geschäftsverteilung kann aufgrund einer Weisung der Gesellschafter oder in einer von den Gesellschaftern erlassenen Geschäftsordnung erfolgen oder den Geschäftsführern überlassen bleiben und ihren Niederschlag in einer Geschäftsordnung finden, die sich die Geschäftsführer aufgrund einstimmigen Beschlusses geben[11]. Dies, wenn der Gesellschaftsvertrag nichts darüber aussagt und die Gesellschafter keine Initiative entwickeln. Jedes Organ kann seine Arbeitsweise selbst regeln und begründet damit innergesellschaftliches Recht[12], soweit es sich nicht um Bereiche handelt, die im Gesetz oder in der Satzung geregelt sind.

Eine bloße tatsächliche Aufteilung der Geschäfte, „im Sinne einer internen Arbeitsteilung unter den Geschäftsführern" genügt nicht[13].

9 So *Scholz/U. H. Schneider*, § 37 Anm. 37.

10 *Höhn*, Ressortlose Unternehmensführung, S. 246 ff.; *ders.*, Brevier für Vorstände von Genossenschaften, S. 84 ff.

11 *Roth*, § 37 Anm. 3; *Lutter/Hommelhoff*, § 37 Anm. 36 f.; *Rowedder*, § 37 Anm. 40; *U. H. Schneider*, FS Mühl, 1981, S. 633 ff., 644; *Scholz/U. H. Schneider*, § 37 Anm. 62.

12 *U. H. Schneider*, FS Mühl, S. 644 ff., 648.

13 *Hachenburg/Mertens*, § 43 Anm. 35.

Dies stellt der Bundesfinanzhof in seinem Urteil vom 26. 4. 1984 ausdrücklich fest. Hier wird verlangt, daß bei Geschäftsverteilung

„eine – zumindest schriftliche – Aufteilung vorliegen muß, die jede einzelne Aufgabe in den Zuständigkeitsbereich mindestens eines Geschäftsführers verweist"[14].

Darauf Bezug nehmend, heißt es im Beschluß des Bundesfinanzhofs vom 4. 3. 1986:

„Die von den Geschäftsführern anzuwendende Sorgfalt . . . erfordert (aber) eine vorweg getroffene eindeutige – und damit schriftliche – Klarstellung, welcher Geschäftsführer für welchen Bereich zuständig ist, damit nicht im Haftungsfalle jeder Geschäftsführer auf die Verantwortlichkeit eines anderen verweist[15].

Für die Haftung der Geschäftsführung als Ganzes ist dies von erheblicher Bedeutung. Dazu heißt es im Urteil des Bundesfinanzhofs: Fehlt es an der „schriftlichen" Aufteilung, so

„bleibt es zumindest hinsichtlich eines Unterlassens bei der solidarischen Haftung aller Geschäftsführer (§ 43 Abs. 2 GmbHG) wegen Organisationsverschuldens".

Darüber hinaus haften die Mitglieder der Gesamtgeschäftsführung für die von einem Geschäftsführer in seiner Eigenschaft als Leiter eines Ressorts schuldhaft getroffenen Fehlentscheidungen gesamtschuldnerisch. Sie können sich nicht darauf berufen, daß sie eine stichprobenmäßige Überwachung vorgenommen haben. Der Rückzug auf die Stichprobenkontrolle ist nur möglich, wenn die Voraussetzungen dafür, eine eindeutige Festlegung der Aufgaben und Kompetenzen, geschaffen worden sind[16].

Was hier für den Finanzbereich gesagt wird, gilt richtigerweise ebenso für die Geschäftsverteilung in anderen Bereichen, so z. B. im Bereich des Vertriebs, des Personalwesens, der Produktion. Nur so kann man die so dringend notwendige organisatorische Klarheit bei Geschäftsverteilung erreichen.

Das Instrumentarium dafür, um die Aufgaben mit den entsprechenden Kompetenzen jedes Geschäftsführers bei Geschäftsverteilung festzulegen und damit die Haftung der Gesamtgeschäftsführung zu vermeiden, ist die Stellenbeschreibung.

Ein Mitglied der Geschäftsführung erhält also bei Geschäftsverteilung zwei Stellenbeschreibungen:
- Die Stellenbeschreibung der Geschäftsführung als Ganzes,

14 V R 128/79, GmbHR 1985, 30 (32) mit Anm. *Wilcke*, 309.
15 VII S 33/85, GmbHR 1986, 288.
16 *Hefermehl* in Geßler/Hefermehl/Eckhardt/Kropff, § 93 Anm. 20.

- die Stellenbeschreibung hinsichtlich seiner Aufgaben als Leiter eines Ressorts.

Bei einer Geschäftsverteilung entsteht hiernach folgende Hierarchie im Rahmen der Organisation der GmbH:

- Die Gesellschafter bilden die Spitze des Unternehmens.
- Ihnen unmittelbar unterstellt sind die Geschäftsführer, die gemeinsam die Geschäftsführung darstellen.
- Als Ressortleiter bilden die Geschäftsführer die nächste Stufe der Hierarchie und unterstehen in dieser Eigenschaft der Geschäftsführung als Ganzes.
- Die den Ressortleitern nachgeordneten Stufen sind z. B. die Hauptabteilungsleiter bzw. Abteilungsleiter, Gruppenleiter und Sachbearbeiter. Deren Aufgaben und Kompetenzen sind ebenfalls festzulegen. Inwieweit die Gesellschafter hier selbst tätig werden bzw. dies der Geschäftsführung als Ganzes oder dem betreffenden Ressortleiter übertragen, liegt in deren Ermessen.

  Zu beachten:
  Verweigern die Gesellschafter die Geschäftsverteilung und ist dadurch eine ordnungsmäßige Geschäftsführung nicht gewährleistet, so hat jeder Geschäftsführer das Recht zur Niederlegung seines Amtes aus wichtigem Grund[17].

2. Klare Unterscheidung zwischen Geschäftsführungs- und Ressortaufgaben in der Terminologie

- Im Interesse der Klarheit und Transparenz der Organisation ist es dringend notwendig, den Unterschied zwischen Geschäftsführungs- und Ressortaufgaben auch in der Terminologie und im allgemeinen Sprachgebrauch zum Ausdruck zu bringen.
  - Von Geschäftsführungsaufgaben sollte man nur dann sprechen, wenn es sich um Aufgaben handelt, die die Geschäftsführung als Ganzes wahrzunehmen hat.
  - Von Ressortaufgaben sollte die Rede sein, wenn es um Aufgaben geht, die das einzelne Mitglied der Geschäftsführung in seiner Eigenschaft als Leiter eines Ressorts zu erfüllen hat.
- Diese Unterscheidung ist nicht nur sachlich, sondern auch rechtlich einwandfrei und erforderlich:

---

17 Vgl. S. 235 ff.

- Aufgaben, die dem Leiter eines Ressorts von der Geschäftsführung oder den Gesellschaftern übertragen worden sind, sind aufgrund dieser Entscheidung keine Aufgaben der Geschäftsführung als Ganzes mehr. Hier handelt es sich um einen echten Fall der Delegation von Aufgaben, Kompetenzen und der sich daraus ergebenden Verantwortung[18]. Daß man statt dessen lediglich von „Zuweisung" spricht und von „Delegation" nur, wenn Aufgaben an nachgeordnete Mitarbeiter übertragen werden[19], liegt an der ungerechtfertigten Vorstellung, daß die zugewiesenen Aufgaben im Grunde weiterhin zum Bereich der Geschäftsführung als Ganzes gehören. Dies ist jedoch ein Irrtum. Der Ressortleiter hat für deren ordnungsgemäße Erfüllung einzustehen *(Handlungsverantwortung)*, aber nicht die Geschäftsführung als Ganzes. Diese trägt als Vorgesetzte die *Führungsverantwortung*, zu deren Kernstück die Kontrolle gehört[20]. Die Unterscheidung von Zuweisung und Delegation ist unter diesem Blickpunkt nicht mehr statthaft.
- Unterläßt man diese klare Trennung und spricht, soweit die Mitglieder der Geschäftsführung als Ressortleiter tätig sind, unterschiedslos von Geschäftsführungsaufgaben, so wie dies in der Literatur und den Kommentaren vielfach üblich ist, gibt dies ständig Anlaß zu Verwirrungen. Man muß sich dann stets fragen: Um welche Tätigkeit handelt es sich eigentlich im konkreten Fall? Um eine Aufgabe der gesamten Geschäftsführung oder um eine Ressortaufgabe? Die sich daraus ergebenden Konsequenzen sind ganz verschieden[21].
- Die Betrauung eines Mitglieds der Geschäftsführung mit einem Ressort als „aktive Geschäftsführung"[22] zu bezeichnen, erscheint wenig sinnvoll. Jede Geschäftsführung, ob ressortgebunden oder nicht, ist ihrem Wesen nach aktive Geschäftsführung. Bei der Gesamtgeschäftsführung handelt es sich um eine Aktivität, die im Einzelfall hohe Ansprüche an die Geschäftsführer stellt, mindestens ebenso hoch wie diejenigen, die an einen Ressortleiter zu stellen sind. Dies gilt z. B. für den Gesamtbereich der Aufgaben, die sich die Geschäftsführung als Ganzes auf den verschiedenen Gebieten vorbehalten hat, wie etwa:
- im Bereich Finanz- und Rechnungswesen die Aufnahme von Krediten bis zu einer bestimmten Höhe im Einzelfall; die Übernahme von Bürgschaften und Garantien;

18 So richtig *Lang/Weidmüller*, § 27 Anm. 20 f.
19 Vgl. dazu *Scholz/U. H. Schneider*, § 43 Anm. 35 f.
20 Vgl. zur Führungsverantwortung der Geschäftsführung S. 97 ff.
21 Vgl. dazu S. 111 ff., 128 ff., 163 ff.
22 So *Scholz/U. H. Schneider*, § 37 Anm. 37.

- im Bereich Produktion die Entscheidung über das jährliche Produktionsprogramm sowie die Einführung neuer Produktionsverfahren;
- im Bereich Vertrieb die Festlegung der Richtlinien der Vertriebs- und Preispolitik sowie die Werbekonzeption;
- im Bereich Personal die Bestimmung der Richtlinien für die Personalpolitik, den Stellenbesetzungsplan, die Errichtung neuer Planstellen, die Einstellung, Versetzung und Entlassung von Mitarbeitern ab einer bestimmten Stufe der Hierarchie.

Darüber hinaus hat die Geschäftsführung stets die Entscheidung zu treffen, wenn etwa im Ressort anfallende Entscheidungen die Kompetenz des Ressortleiters übersteigen. Sie muß hierbei oft eine nicht geringe Aktivität entwickeln.

Die Höchstform der Aktivität entwickelt die Geschäftsführung auf der Suche nach Wegen, die die Zukunft des Unternehmens sichern[23]. Dies ist zugleich das wichtigste Merkmal für die Beurteilung der Qualität der Geschäftsführer[24].

3. Die Wiederaufhebung der Geschäftsverteilung

Hier ist zu unterscheiden:

- Ist die Geschäftsverteilung im Gesellschaftsvertrag geregelt, so bedarf ihre Aufhebung einer Mehrheit von 3/4 der abgegebenen Stimmen und notarieller Beurkundung (§ 53 Abs. 2).
- Beruht die Geschäftsverteilung auf einem Beschluß der Gesellschafter, so kann eine Änderung der Geschäftsverteilung mit einfacher Mehrheit erfolgen.
- Gehört die Geschäftsverteilung zur Kompetenz der Geschäftsführer, so gilt folgendes:
  - Die Geschäftsführer können die Geschäftsverteilung nicht ohne weiteres durch einstimmigen Beschluß aufheben. Sie ist eine organisatorische Maßnahme, die von der Geschäftsführung unter dem Blickpunkt der Sorgfalt eines ordentlichen Geschäftsleiters im Interesse der Gesellschaft vorgenommen worden ist. Die Geschäftsführer, die die Rücknahme der Geschäftsverteilung planen, sind daher verpflichtet, die Gesellschafter darüber zu informieren, warum sie unter dem gleichen Gesichtspunkt wieder zur Gesamtgeschäftsführung überge-

23 Vgl. dazu „Die Überwachung der Kreativität der Geschäftsführer" S. 155.

24 Vgl. dazu den Abschnitt „Die Beurteilung der Geschäftsführer durch den Aufsichtsrat", S. 345 ff.

hen wollen. Die Angabe: „Wir sind zu der Überzeugung gekommen, daß wir am besten alle anfallenden Entscheidungen in Zukunft wieder gemeinsam treffen", ist kein ausreichender Grund, sondern ein Rückfall in handwerksmeisterliche Vorstellungen hinsichtlich der Organisation und Führung einer GmbH[25].

- Die Gesellschafter haben aufgrund ihrer Überwachungsaufgabe (§ 46 Nr. 6) zu prüfen, ob die von den Geschäftsführern vorgetragenen Argumente stichhaltig sind, und dementsprechend zu entscheiden, ob die Geschäftsverteilung zurückgenommen werden darf oder nicht. Bei Vorhandensein eines Aufsichtsrats ist dieser zu unterrichten.

III. Grundlegende Fehler bei der Abgrenzung von Aufgaben und Kompetenzen zwischen den Geschäftsführern und den Mitarbeitern der nachgeordneten Ebene

Bei der Verteilung der Aufgaben zwischen Geschäftsführern und Mitarbeitern der nächsten Stufe werden gewöhnlich drei entscheidende Fehler gemacht:

- **Die Geschäftsführer lehnen eine klare schriftlich fixierte Abgrenzung der Aufgabenbereiche ab.**

Sie vertreten die Auffassung, daß dies zur Starrheit und mangelnden Flexibilität im täglichen Arbeitsablauf führen würde und dem Betriebserfolg abträglich wäre. Im Grunde wollen sie von der Führung mit Einzelaufträgen, die für die autoritäre Führung kennzeichnend ist, nicht abgehen. Das hat für die Zusammenarbeit folgende Konsequenzen: Aus dem Nicht- oder Nicht-genau-Wissen, was zu dem Entscheidungsbereich der Geschäftsführer und zu dem der Mitarbeiter gehört, ergibt sich ein umständlicher zeit- und kostenaufwendiger Prozess:

- Anstatt zu entscheiden, fragen die Mitarbeiter zurück, um sicherzugehen, ob die Geschäftsführer nicht lieber selbst entscheiden möchten. Unnötige Besprechungen sind die Folge.
- Oder sie versuchen – oft mit geschickter psychologischer Behandlung – den Geschäftsführern die Entscheidungen wieder zuzuschieben, wenn ihnen die damit verbundene Verantwortung zu groß erscheint *(Rückdelegation).*
- Notwendige Entscheidungen werden verzögert, wenn die Geschäftsführer sich auf Reisen befinden oder sich mit anderen für sie wichtigeren

25 Vgl. S. 2.

Angelegenheiten beschäftigen. Allenthalben entstehen so Haltesignale mit dem damit verbundenen Leerlauf.

- **Die Geschäftsführer behalten sich zu viele Aufgaben und Kompetenzen selbst vor. Sie möchten am liebsten alles selber machen, weil sie zutiefst davon überzeugt sind, daß kein anderer so erfolgreich für das Unternehmen tätig sein kann wie sie.**

  Beispiel:
  Der Geschäftsführer eines Kaufhauses für Damen- und Herrenkonfektion berichtete stolz, daß er alle Anzeigen für die regionale Presse selbst entwerfe, sich im einzelnen mit der Gestaltung der Schaufenster beschäftige, mit den Lieferfirmen ausschließlich selbst verhandele und die Gespräche mit wichtigen Kunden auch am liebsten selbst führe, obwohl er, wie er selbst zugab, tüchtige Mitarbeiter habe und ihm die Arbeit oft zuviel würde.

Diese Grundhaltung, die uns häufig, insbesondere in kleinen und mittleren Unternehmen, begegnet, hat schwerwiegende Konsequenzen:

- Sie hemmt infolge der daraus entstehenden Überbelastung der Geschäftsführer die ordnungsgemäße Bewältigung ihrer eigentlichen Fach- und Führungsaufgaben, insbesondere der Kontrolle ihrer Mitarbeiter.
- Sie führt zur Unzufriedenheit der Geschäftsführer mit dem Ergebnis der eigenen Leistung. Typisch dafür sind Aussprüche wie:

  „Was ist eigentlich am heutigen Tag überhaupt herausgekommen?"
- Sie führt dazu, daß sich die Tätigkeit der Geschäftsführer in der Routinearbeit erschöpft und sie keine Zeit haben, sich mit kreativen, die Zukunft des Unternehmens bestimmenden Ideen zu beschäftigen. Das im Augenblick Dringliche verdrängt das wirklich Wichtige. Wer die oft schwerwiegenden Entscheidungen der Spitze treffen will, muß auch die Zeit haben, um sich mit den Faktoren, die dabei eine Rolle spielen, eingehend zu beschäftigen.
- Dieses Verhalten ist auch die Ursache dafür, daß führende Persönlichkeiten, Männer wie Frauen, im Alter zwischen 50 und 55 Jahren, wenn sie dem Unternehmen gerade aufgrund ihrer Erfahrungen die wertvollsten Dienste leisten können, plötzlich mit einem Herzinfarkt zusammenbrechen. *„Herzinfarktorganisation"* ist der bezeichnende Ausdruck für eine Organisation, die uns allenthalben in den Unternehmen begegnet.

- **Umgekehrt begegnen uns Geschäftsführer, die aufgrund einer mißverstandenen Forderung nach Delegation von Verantwortung Aufgaben und Kompetenzen an ihre Mitarbeiter auf der nächsten Stufe übertragen, die zum Wesen ihrer Geschäftsführertätigkeit gehören und die sie deshalb gar nicht weiterdelegieren dürften.**

Die Gründe dafür sind unterschiedlich: Die einen halten dies für eine besonders fortschrittliche Form des Umgangs mit ihren Mitarbeitern, die anderen denken dabei in erster Linie an die Möglichkeiten zu ihrer persönlichen Entlastung.

Beispiel:
So berichtete der Geschäftsführer eines mittelständischen Betriebes stolz, daß er seinen Mitarbeitern, denen er volles Vertrauen schenke, weitgehende Selbständigkeit bei der Gewährung von Lieferantenkrediten und Rabatten bei der Einführung neuer Produkte gewährt habe, so daß er sich darauf beschränken könne, mehr oder weniger nur noch Stichprobenkontrolle darüber auszuüben und dadurch spürbar entlastet sei. Das komme sowohl seiner Gesundheit als auch der kreativen Tätigkeit zugute. Er war sehr erstaunt darüber, als ihm auf der Gesellschafterversammlung vorgehalten wurde, daß eine Reihe gravierender Fehlentscheidungen bei gewährten Krediten und Rabatten zu unerwarteten Einbußen geführt hätten, und man ihm den Vorwurf machte, den Mitarbeitern unberechtigterweise Kompetenzen eingeräumt zu haben, die ihm als Geschäftsführer vorbehalten bleiben mußten.

Will man hinsichtlich der Probleme einer sachgerechten Abgrenzung der Aufgaben und Kompetenzen zwischen den Geschäftsführern und ihren Mitarbeitern auf der nächsten Ebene zu einer Lösung kommen, so muß man von der grundlegenden Frage ausgehen:

- Welche Aufgaben gehören zum Wesen einer Geschäftsführung und welche in den Bereich der ihr nachgeordneten Stufen?
- Welche Kompetenzen müssen jeweils mit den betreffenden Aufgaben verbunden sein, damit sie optimal erfüllt werden können?

Diese Grundsatzentscheidungen sind die Voraussetzung für die Entwicklung einer sachgerechten Organisation, die dann in Stellenbeschreibungen ihren Niederschlag findet.

C. Die Stellenbeschreibung in ihrer Bedeutung für die Transparenz der Organisation

In den Stellenbeschreibungen finden die von den Gesellschaftern bzw. den Geschäftsführern getroffenen Entscheidungen über die Zuordnung der Aufgaben und Kompetenzen, die mit jeder Position im Unternehmen verbunden sein sollen, ihren Niederschlag[1]. Sie leisten insofern Gesellschaftern bzw. Geschäftsführern eine wichtige Hilfe bei der Schaffung der Transparenz der Organisation der GmbH[2]. Dabei geht es im einzelnen um folgendes:

I. Die Erfassung der Aufgaben jedes Stelleninhabers

Hier gilt es, einige weitverbreitete irrige Vorstellungen zu berichtigen:

1. Die Verantwortung – ein falscher Ausgangspunkt

Um festzustellen, wofür ein Stelleninhaber im Rahmen der Hierarchie verantwortlich ist, muß man von den Aufgaben, die er zu erfüllen hat, ausgehen. Daraus ergibt sich automatisch seine Verantwortung. In der Stellenbeschreibung wird dies mit dem grundlegenden Satz zum Ausdruck gebracht:

> „Folgende fachliche Aufgaben hat der Stelleninhaber *selbst* zu erfüllen:. . ."

Statt dessen ist es weitgehend üblich, von der Verantwortung des Stelleninhabers zu sprechen. Damit ist jedoch die Unklarheit vorprogrammiert. Für etwas verantwortlich zu sein kann zweierlei bedeuten:

- Der Stelleninhaber handelt und entscheidet selbst. Dann trägt er die *Handlungsverantwortung.*
- Der Stelleninhaber handelt und entscheidet nicht. Dies tun vielmehr die ihm unterstellten Mitarbeiter. Dann trägt er die *Führungsverant-*

1 Stellenbeschreibungen sind aufgrund der Entscheidung des BAG vom 31. 1. 1984 – 1 ABR 63/81, NJW 1984, 1709, nicht mitbestimmungspflichtig. Vgl. dazu *Höhn.* Das tägliche Brot des Managements, S. 72 ff.

2 Zum Unterschied der Stellenbeschreibung zu Funktionsdiagrammen und Organisationsplänen, die keinesfalls den mit der Stellenbeschreibung verfolgten Zweck erfüllen können, im einzelnen *Höhn,* Stellenbeschreibungen – aber richtig, S. 12 ff.

wortung[3], d. h. er setzt die Ziele, gibt Richtlinien, informiert und kontrolliert, um nur einige seiner wichtigsten Führungsaufgaben zu nennen.

> *Beispiel:*
> Heißt es:
> „Der Geschäftsführer ist für das Finanz- und Rechnungswesen verantwortlich",
>
> dann ist nicht klar, ob er z. B. überhaupt und in welcher Höhe Kredite im Rahmen des Kreditvolumens aufnehmen darf oder ob sich dies die Gesellschafter vorbehalten haben und er ihnen entsprechende Vorschläge zu machen hat, also beratend tätig wird[4].
>
> Klarheit besteht jedoch sofort, wenn es heißt:
> „Der Geschäftsführer entscheidet über die Aufnahme von Krediten bis zur Höhe von DM 500 000,–."
>
> Dann trägt er dafür die Handlungsverantwortung. Die Gesellschafter haben zu kontrollieren, ob er bei der Aufnahme eines Kredits in diesem Rahmen mit der Sorgfalt eines ordentlichen Geschäftsleiters (§ 43 Abs. 1) verfahren ist (Führungsverantwortung).

Nur wenn die Aufgaben und Kompetenzen des Stelleninhabers im einzelnen exakt festgelegt sind, weiß man, wofür er jeweils verantwortlich ist und damit persönlich einstehen muß. Mit Formulierungen wie:

> „Der Geschäftsführer ist allein verantwortlich für die Bereiche Kaufmännische Verwaltung, Steuern und Finanzen sowie die Personalverwaltung[5]",

ist wenig anzufangen. Die bloße Festlegung des „Aufgabengebiets"[6] genügt also nicht.

2. Die Zuständigkeit des Stelleninhabers – ein Begriff ohne Aussagekraft

In die gleichen Schwierigkeiten gerät man, wenn man, anstatt die Aufgaben festzulegen, von der Zuständigkeit des Stelleninhabers ausgeht. Aus Formulierungen wie:

> „Er ist zuständig für den Vertrieb, die Gesamtproduktion, Personal und Organisation sowie die Öffentlichkeitsarbeit",

wird nicht deutlich, welche Aufgaben mit welchen Kompetenzen unter welcher Zielsetzung der Stelleninhaber in den Bereichen, für die er zuständig ist, selbst zu erfüllen hat.

---

3 Vgl. dazu S. 97 ff.
4 Vgl. zur Beratung S. 81 ff.
5 *Tillmann*, Der Geschäftsführervertrag der GmbH und GmbH & Co., Rz. 1.
6 So aber *Eder* in GmbH-Handbuch I Anm. 559.

Beispiel:
Heißt es in der Stellenbeschreibung für einen Geschäftsführer:
„Der Geschäftsführer ist für den Einkauf zuständig",
so ist folgendes unklar:
- Entscheidet der Geschäftsführer selbst über den Einkauf und trägt dafür die Handlungsverantwortung?
- Oder entscheidet darüber der ihm unterstellte Hauptabteilungsleiter bzw. Abteilungsleiter, wenn ja, bis zu welcher Höhe?
  Dann trägt der Hauptabteilungsleiter bzw. Abteilungsleiter die Handlungsverantwortung, während der Geschäftsführer dafür verantwortlich ist, daß er seine Vorgesetztenpflichten, insbesondere seine Kontrollpflicht, gegenüber dem Hauptabteilungsleiter bzw. Abteilungsleiter erfüllt (Führungsverantwortung).
- Oder haben sich die Gesellschafter bzw. der Aufsichtsrat ab einer bestimmten Höhe die Entscheidung vorbehalten? Dann wird der Geschäftsführer lediglich beratend ihnen gegenüber tätig und trägt dafür die Beratungsverantwortung.

Verwirrend wirkt auch die vielfach gebrauchte Formulierung, daß der Geschäftsführer die Zuständigkeit für die „gewöhnlichen Geschäfte" im Rahmen der laufenden Geschäftsführung besitzt. Dies aus folgenden Gründen:

- Was zu dem laufenden Geschäft im Einzelfall gehört, hängt weitgehend von der Branche sowie der Größe des Unternehmens und dem Umfang seiner Geschäfte ab.
- Geschäftsführer wie Gesellschafter sind sich gewöhnlich nicht darüber klar, was für sie im konkreten Fall ein laufendes Geschäft ist und was nicht.

Viel zweckmäßiger und streitvermeidend ist es daher, festzulegen, worüber der Geschäftsführer im Einzelfall zu entscheiden hat, und dies in seiner Stellenbeschreibung aufzuführen[7]. Daraus ergibt sich, daß diese Aufgaben zu den laufenden Geschäften gehören.

Damit ist zugleich eine wichtige Richtlinie dafür geschaffen, daß der Geschäftsführer bei vernünftiger Würdigung eines nicht erwähnten Sachverhalts sich darüber klar werden kann, ob er berechtigt ist, selbst zu entscheiden, oder ob er die Gesellschafterversammlung zu informieren und ihr einen entscheidungsreifen Vorschlag vorzulegen hat.

7 In diesem Sinne auch *Tillmann,* Der Geschäftsführervertrag der GmbH und GmbH & Co., Rz. 35, der empfiehlt, einen „Katalog" aufzustellen, „der den Geschäftsführern klare Richtlinien an die Hand gibt, welche Rechtsgeschäfte insbesondere von der Gesellschaft als außergewöhnliche Rechtsgeschäfte angesehen werden", die der vorherigen Zustimmung der Gesellschafter bedürfen.

Zu beachten:
Nur da, wo dem Stelleninhaber keine Mitarbeiter unterstellt sind, ergibt sich aus der Formulierung „Er ist verantwortlich für" oder „Er ist zuständig für", daß er die Tätigkeit, für die er verantwortlich bzw. zuständig ist, auch selbst durchzuführen hat. Dies ist z. B. der Fall, wenn es in der Stellenbeschreibung eines Sachbearbeiters heißt:

„Er ist verantwortlich für die Ergänzung der Kundenkartei sowie die Weiterleitung von Kundenaufträgen an die EDV."

Aber auch in solchen Fällen bleibt es vielfach unklar, welche Kompetenzen mit der Feststellung, daß der Stelleninhaber verantwortlich bzw. zuständig ist, verbunden sind. Darf er entscheiden, oder wird er beratend oder lediglich ausführend tätig?

Beispiel:
Heißt es in der Stellenbeschreibung für einen Sachbearbeiter: „Er ist für die Umsatzstatistik verantwortlich", so ist nicht klar:
- Soll er lediglich das rechnerische Ergebnis vorlegen, oder
- soll er die Umsatzstatistik dahingehend auswerten, daß er seinem Vorgesetzten Vorschläge für die sich daraus ergebenden Konsequenzen macht und damit ihm gegenüber beratend tätig wird?

II. Die Festlegung der Kompetenzen

Immer wieder begegnet man insbesondere bei Geschäftsführern der Annahme, daß mit der Übertragung einer Aufgabe, z. B. der Leitung des Vertriebs oder des Bereichs Technik, auf den Geschäftsführer für diesen bereits die Ermächtigung verbunden sei, alle hier notwendigen Entscheidungen zu treffen. Das ist jedoch ein grundlegender Irrtum. Richtigerweise ist es Sache der Gesellschafter, zu bestimmen,
- welche Kompetenzen mit der Position eines Geschäftsführers bzw. der Gesamtgeschäftsführung verbunden sein sollen. Sie können auch bestimmen,
- welche Aufgaben mit welchen Kompetenzen ein Ressortleiter oder ein der Geschäftsführung bzw. dem Ressortleiter unterstellter Mitarbeiter (Hauptabteilungsleiter bzw. Abteilungsleiter) haben soll.

Sie können diese Organisationsaufgabe auch der Geschäftsführung bzw. dem Ressortleiter übertragen. Damit treffen die Gesellschafter zugleich die unternehmerische Entscheidung, sich aus der Organisation herauszuhalten bzw. sich auf die Kontrolle hierüber zu beschränken.

Sind die Kompetenzen nicht exakt festgelegt, so kann man dem Stelleninhaber keinen Vorwurf daraus machen, wenn er das nicht tut, was man von ihm erwartet, oder gerade das tut, was er nicht tun soll.

1. Linien-, Stabs- und Dienstleistungsfunktionen

Jeder Stelleninhaber muß also wissen,

- ob und inwieweit er befugt ist, Entscheidungen zu treffen und damit in Linienfunktion tätig zu werden.

  In der Stellenbeschreibung kommt dies am besten durch Formulierungen zum Ausdruck wie:

  > „Er entscheidet; er bestimmt; er ordnet an; er legt fest; er genehmigt";

- ob er Entscheidungen anderer Stellen vorzubereiten hat, indem er sie informiert und berät, sie also bei ihrer Entscheidungsfindung unterstützt und damit Stabsfunktionen wahrnimmt.

  In der Stellenbeschreibung kann es dann heißen:

  > „Er berät, er schlägt vor, er empfiehlt, er informiert, er arbeitet aus und legt zur Entscheidung vor";

- ob er bei der Erledigung seiner Aufgaben lediglich ausführend und damit in *Dienstleistungsfunktion* tätig wird.

  Beispiel:
  Dies ist der Fall, wenn ein Mitarbeiter z. B. die Ablage, Wiedervorlage oder Postverteilung gemäß Verteilungsschlüssel vornimmt, die Steuerakten verwaltet und die fälligen Zahlungen pünktlich reguliert, Dienstfahrten gemäß Einsatzplan erledigt, das Spesenkonto des Vorgesetzten führt, die Fernsprechgebühren überweist, als Protokollführer tätig wird.

2. Mißverständliche Formulierungen bei der Bestimmung von Aufgaben und Kompetenzen des Stelleninhabers

In der Praxis liegt hinsichtlich der Aussagefähigkeit von Stellenbeschreibungen vieles im argen. Anstelle von Formulierungen, die klar erkennen lassen, was der Stelleninhaber bei der Wahrnehmung seiner fachlichen Aufgaben tatsächlich zu tun und zu lassen hat, begegnet man immer wieder völlig irreführenden Begriffen. Dies gilt z. B. von Aussagen wie:

- „Er *sorgt* für . . ."

  Heißt es in der Stellenbeschreibung eines Personalleiters:

  > „Er sorgt dafür, daß das Unternehmen auf allen der Geschäftsführung unterstehenden Stufen mit geeigneten Mitarbeitern besetzt ist",

so ist nicht klar:

- Darf der Personalleiter die Entscheidungen für die Einstellung von Abteilungsleitern, Gruppenleitern oder Sachbearbeitern selbst treffen oder
- nur Vorschläge machen, damit die Geschäftsführung die anfallenden Entscheidungen sachgerecht zu treffen vermag?

- „Er *stimmt* sich ab . . ."

  Heißt es in der Stellenbeschreibung:

  > „Der Leiter des Einkaufs stimmt sich hinsichtlich der Qualität des einzukaufenden Materials mit dem Leiter der Produktion ab",

  so ist unklar:

  - Entscheidet der Einkaufsleiter, nachdem er den Produktionsleiter gehört hat, und wird dieser nur beratend tätig?
  - Oder treffen beide eine gemeinsame Entscheidung und entsteht, wenn sie nicht übereinstimmen, eine Patt-Situation, so daß der Vorgesetzte die Entscheidung treffen muß?

- „Er übt seine Tätigkeit unter *Mitspracherecht* von . . . aus."

  Auch hier bleibt offen, ob diejenige Stelle, der ein Mitspracherecht eingeräumt wird, dem Stelleninhaber gegenüber lediglich beratend, also stabsmäßig, tätig wird oder ob ohne ihre Zustimmung keine Entscheidung getroffen werden kann.

- „Unter *Einflußnahme* von . . ."

  Hier ist nicht klar:

  - Bedeutet Einflußnahme nur eine Umschreibung der Anweisungsbefugnis desjenigen, dem der Einfluß eingeräumt ist, so daß keine Entscheidung ohne die Zustimmung des Betreffenden gefällt werden kann?
  - Oder ist mit der Einflußnahme lediglich eine beratende Tätigkeit verbunden?

- „Unter *Einschaltung* von . . ."

  Auch hier ist nicht gesagt, ob der Einzuschaltende lediglich zur Beratung oder Information heranzuziehen ist oder ob Einschaltung Zustimmung oder gar Weisungsbefugnis beinhaltet.

- Weitere unklare Formulierungen dieser Art sind z. B.:

  „Er *kümmert* sich um . . ., er *bemüht* sich um . . ., er *veranlaßt* . . .".

  Es ist verständlich, daß jeder Stelleninhaber aus solchen Formulierungen das herausliest, was ihm angenehm ist, Kompetenzen für sich in

Anspruch nimmt, die man ihm gar nicht zubilligen will, oder es unterläßt, Kompetenzen wahrzunehmen, die er hätte wahrnehmen müssen.

Meist zeigt sich erst bei der Kontrolle des Vorgesetzten über den betreffenden Stelleninhaber, wie problematisch solche Formulierungen sind. Gewöhnlich hat man sich aus folgenden Gründen dazu verleiten lassen:

- Man befürchtet, auf Widerstand zu stoßen, wenn mit der exakten Festlegung von Aufgaben und Kompetenzen Gewohnheitsrechte verändert und Tabus gebrochen werden. Das möchte man sich ersparen, indem man die wahren Sachverhalte durch unverfänglich klingende Formulierungen verschleiert.
- Auf diese Weise will man die Stellenbeschreibungen zunächst einmal ohne viel Aufhebens „über die Runden" bringen. Man hofft, daß sich „alles schon einspielen wird". Kommt Zeit, kommt Rat.

Damit begibt man sich jedoch auf einen gefährlichen Weg. Die Kompetenzstreitigkeiten, die aus solchen Unklarheiten erwachsen, führen leicht zu einem *latenten Kriegszustand* zwischen den betroffenen Stelleninhabern, der sich wesentlich schlimmer für alle Beteiligten auswirkt als eine einmal getroffene Entscheidung, selbst wenn sie für die Betroffenen unangenehm ist.

Der Verfasser hat in seiner langjährigen Beratungstätigkeit beobachten können, welche Schwierigkeiten sich in der Praxis des Alltags aus derartigen nicht aussagekräftigen Begriffen ergeben. Um sie zu vermeiden, ist folgendes zu empfehlen:

- Jede Formulierung ist seitens der Geschäftsführung daraufhin zu überprüfen, ob sie keinen Zweifel daran läßt, was der Stelleninhaber zu tun hat, d. h. ob er zu entscheiden verpflichtet ist oder beratend bzw. ausführend tätig werden muß.
- Jeder Stelleninhaber, der eine Stellenbeschreibung mit nicht aussagekräftigen Formulierungen erhält, muß darauf drängen, daß Klarheit geschaffen wird.
- Jeder Vorgesetzte, der auf derartige Formulierungen stößt, sollte in der gleichen Weise vorgehen.
- Keinesfalls kann sich eine Geschäftsführung mit der so beliebten Erklärung entschuldigen:

  „Unsere Mitarbeiter wissen ja, was damit gemeint ist und worauf es ankommt. Das genügt."

Die Mitarbeiter wissen es eben in den meisten Fällen nicht, sondern legen solche Formulierungen verständlicherweise so aus, wie es ihnen am günstigsten erscheint. Auf keinen Fall kann ein neueintretender Mitarbeiter wissen, was gemeint ist.

Nicht aussagefähige Stellenbeschreibungen begründen ein *Organisationsverschulden* desjenigen, der die Kompetenz besitzt, über die Stellenbeschreibungen zu entscheiden.

III. Geschäftsverteilungspläne ohne Aussagekraft

Auch die üblichen Geschäftsverteilungspläne weisen in der Regel den schwerwiegenden Mangel auf, daß sie mit Begriffen wie „Verantwortung" und „Zuständigkeit" arbeiten, denen, wie dargelegt, die erforderliche Aussagekraft fehlt[8].

Beispiel:
In dem Geschäftsverteilungsplan einer GmbH heißt es: „Die Geschäftsführung ist für die ordnungsgemäße Wahrnehmung ihrer Geschäfte verantwortlich. Von den beiden hauptamtlichen Geschäftsführern trägt Herr Müller die Verantwortung für den Bereich der Produktion, Herr Meyer für die Bereiche Vertrieb, Personal und Organisation sowie für das Finanz- und Rechnungswesen." –

Dazu folgendes:

- Daß die Geschäftsführung für die ordnungsgemäße Wahrnehmung ihrer Geschäftsführung verantwortlich ist, ist unstreitig. Das geht aus § 43 Abs. 1 hervor. Was aber nicht festliegt und dringend geklärt werden muß, ist, welche Entscheidungsbefugnis die Geschäftsführung als Ganzes in den Bereichen Produktion, Vertrieb, Personal, Organisation sowie Finanz- und Rechnungswesen besitzt.
  Dies ist auch für die Gesellschafter von großer Bedeutung, wenn sie bei ihrer Überwachung feststellen wollen, ob die Geschäftsführer die ihnen obliegenden Aufgaben mit der Sorgfalt eines ordentlichen Geschäftsleiters erfüllt haben. Ohne exakte Festlegung des Solls ist kein Soll-Ist-Vergleich möglich.
- Daß ein Mitglied der Geschäftsführung als Leiter eines Ressorts für das ihm übertragene Ressort die Verantwortung tragen muß, ist ebenfalls selbstverständlich. Völlig unklar ist jedoch, welche Aufgaben und Kompetenzen der Betreffende als Ressortleiter in Abgrenzung zu den Kompetenzen der Geschäftsführung als Ganzes auf der einen und den ihm unterstellten Mitarbeitern (Hauptabteilungsleiter bzw. Abteilungsleiter) auf der anderen Seite besitzt.

Die Notwendigkeit, hier Klarheit zu schaffen, hat der Bundesfinanzhof erkannt, wenn er die Festlegung der Zuständigkeit jedes Geschäftsführers nicht als ausreichend ansieht, sondern verlangt, daß „jede einzelne Aufgabe" im Zuständigkeitsbereich eines Geschäftsführers ausgewiesen wird[9].

8 Vgl. dazu *Höhn,* Wofür haftet der Vorstand einer Genossenschaftsbank persönlich?, S. 83 ff.

9 BFH vom 26. 4. 1984 – V R 128/79, GmbHR 1985, 30 (32). Dazu S. 17 f.

Dabei gilt es, auf Folgendes besonders hinzuweisen:

Die Verantwortung für einen bestimmten Bereich, etwa das Finanz- und Rechnungswesen, zu tragen, bedeutet nämlich noch nicht, daß der Betreffende sämtliche hier anfallenden Entscheidungen selbst treffen darf und damit Entscheidungsverantwortung besitzt. Es kann auch bedeuten, daß er die Entscheidungen der Geschäftsführung in diesem Bereich vorzubereiten und sie dabei zu beraten hat, damit als beratender Unternehmer gegenüber der Geschäftsführung als dem entscheidenden Unternehmer auftritt.

IV. Mangelhafte Geschäftsführerverträge

Ebenso wie die Geschäftsverteilungspläne bedürfen die Geschäftsführerverträge dringend einer Konkretisierung, um sie für die Praxis brauchbar zu machen. Die Geschäftsführerverträge, die uns in der Praxis begegnen, sind weitgehend durch ihre mangelnde Aussagekraft gekennzeichnet. Vielfach erschöpfen sie sich in Leerformeln. Dafür einige *Beispiele:*

1. Beispiel:
In dem Geschäftsführervertrag einer aus zwei Mitgliedern bestehenden Geschäftsführung heißt es:

„Die Geschäftsführung gliedert sich in ein technisches und ein kaufmännisches Ressort.
- Das technische Ressort: Es umfaßt alle die technischen Belange betreffenden Maßnahmen.
- Das kaufmännische Ressort: Es umfaßt neben Personal und Rechnungswesen alle die kaufmännischen Belange betreffenden Maßnahmen.

Jedes Ressort wird von dem zuständigen Geschäftsführer verantwortlich geleitet."

Dazu folgendes:
- Daß das technische Ressort alle technischen Maßnahmen und das kaufmännische Ressort alle die kaufmännischen Belange betreffenden Maßnahmen umfaßt, ist selbstverständlich, dazu bedarf es keiner besonderen Feststellung. Warum schafft man sonst derartige Ressorts?
- Vergessen wurde – worauf es in der Praxis ankommt –, die Aufgaben und Kompetenzen der Geschäftsführer bei der Verwirklichung solcher Maßnahmen, z. B. in der Produktion, im Vertrieb, im Rechnungswesen und Personalbereich, festzulegen.
- Die Annahme eines solchen Vertrages bedeutet eine Fahrt ins Ungewisse. Die Auseinandersetzung mit dem Geschäftsführer-Kollegen sowie den Gesellschaftern darüber, wer konkret in welchem Bereich welche Entscheidungen zu treffen hat, ist vorprogrammiert. Weder aus dem Gesellschaftsvertrag noch aus der Geschäftsordnung ergaben sich überdies Anhaltspunkte dafür, worüber die Geschäftsführung als Ganzes zu entscheiden hat.

2. Beispiel:
Im Geschäftsführervertrag einer Gesellschaft, deren Geschäftsführung aus zwei Mitgliedern bestand, war unter „Zuständigkeiten" folgendes zu lesen: „Jeder der beiden Geschäftsführer hat das Interesse der Gesellschaft nach besten Kräften zu fördern und den Gesellschaftszweck in der jeweils zweckmäßigsten Weise wahrzunehmen."

Hier bleibt folgendes unklar:
- Sollen alle anfallenden Entscheidungen von den beiden Geschäftsführern gemeinsam getroffen werden, findet also keine Geschäftsverteilung statt?
- Oder besteht eine solche? Welches Ressort nimmt dann Herr X, welches Herr Y mit welchen Kompetenzen wahr?

3. Beispiel:
In einem Geschäftsführervertrag war unter „Tätigkeit und Aufgabengebiet" folgendes bestimmt:

„Dem Geschäftsführer obliegt gemeinsam mit seinen Kollegen die eigenverantwortliche Leitung des Unternehmens als Ganzes." Die beiden Gesellschafter meinten, damit sei das Nötige gesagt, um den Geschäftsführern die erforderliche Entscheidungsfreiheit zum Wohle des Unternehmens zu sichern. Die Geschäftsführer waren stolz auf ihre umfassende Position und schwer enttäuscht, als sie folgendes erfuhren:
- In einer GmbH obliegt die eigenverantwortliche Leitung des Unternehmens den Gesellschaftern und nicht den Geschäftsführern. Dies im Gegensatz zum Aktiengesetz (§ 76) und dem Genossenschaftsgesetz (§ 27), wonach der Vorstand die Gesellschaft unter eigener Verantwortung zu leiten hat.
  Wollen die Gesellschafter ihren beiden Geschäftsführern wirklich eine derartige Position geben, so bedarf dies einer entsprechenden Bestimmung im Gesellschaftsvertrag unter notarieller Beurkundung (§ 53 Abs. 2). Eine diesbezügliche Erklärung im Geschäftsführervertrag hat keine die Gesellschafter hinsichtlich der Organisation der Gesellschaft rechtlich bindende Wirkung.
- Wahrscheinlich wollten die Gesellschafter aber ihren Geschäftsführern eine dem Vorstand einer Aktiengesellschaft oder Genossenschaft entsprechende Stellung gar nicht geben. Sie bedienten sich lediglich gegenüber den Geschäftsführern der gebräuchlichen Redewendungen.

Bei Formulierungen wie:

„Sie übernehmen die Leitung und tragen dafür die volle Verantwortung",

besteht völlige Unklarheit über die Aufgaben und Kompetenzen der Geschäftsführung als Ganzes, ferner über die Frage, ob eine Geschäftsverteilung vorgesehen ist und inwieweit den Geschäftsführern ein Freiraum eingeräumt wird.

Ebenso mangelhaft sind Geschäftsführerverträge, in denen es heißt, daß der Geschäftsführer „bei allen Geschäften, die den täglichen Geschäftsbetrieb des Unternehmens überschreiten", der Zustimmung der Gesellschafter bedarf. Mit dieser Formulierung ist der Konflikt zwischen Geschäftsführung und Gesellschaftern vorprogrammiert, denn das, was zum täglichen Geschäftsbetrieb gehört, kann sehr verschieden ausgelegt werden. Erst wenn, wie bereits gesagt, in der Stellenbeschreibung des Geschäftsführers dargelegt ist, worüber er zu entscheiden hat, steht fest, daß die Gesellschafter diese Geschäfte als zum täglichen Geschäftsbetrieb des Unternehmens gehörend betrachtet wissen wollen.

Nachstehend das *Beispiel einer Stellenbeschreibung,* in der jeweils *einige Aufgaben* einer Geschäftsführung mit den entsprechenden Kompetenzen in den verschiedenen Bereichen ihrer Tätigkeit angegeben worden sind.

Beispiel:
„Folgende fachliche Aufgaben hat die Geschäftsführung *selbst* zu erfüllen:
Sie entscheidet über

1. **im Bereich Produktion:**
   - das jährliche Produktionsprogramm
   - die Produktionsverfahren
   - die Durchführung von Großreparaturen und Generalüberholungen an Produktionsanlagen mit Kosten von mehr als DM ___________ im Einzelfall
   - die Außerdienststellung von Produktionsanlagen sowie deren Veräußerung und anderweitige Verwertung, sofern der ursprüngliche Anschaffungswert mehr als DM ___________ beträgt
2. **im Bereich Entwicklung/Qualitätssicherung:**
   - die Richtlinien für die Entwicklung/Qualitätssicherung
   - die Festlegung des Entwicklungsprogramms
   - die Vergabe von Entwicklungsaufträgen an externe Unternehmen bzw. Institute bei einem Auftragswert in Höhe von mehr als DM ___________ im Einzelfall
   - die Freigabe neuer Produkte
3. **im Bereich Marketing:**
   - die Marketingkonzeption
   - die Durchführung von Marktuntersuchungen bei Kosten von mehr als DM ___________ im Einzelfall
   - die Produktgestaltung/-ausstattung
   - die Auswahl der Werbeträger
   - die Vergabe von Werbegeschenken an Großkunden bzw. besonders wichtige Kunden
4. **im Bereich Public Relations:**
   - die Herausgabe von Pressemitteilungen (ggf. beschränkt auf solche von besonderer Bedeutung)
   - die Einberufung und Durchführung von Pressekonferenzen und die Durchführung sonstiger PR-Veranstaltungen, wie Tag der Offenen Tür, Ausstellungen u. ä., unter PR-Gesichtspunkten
   - Spenden ab DM ___________ im Einzelfall
5. **im Bereich Einkauf/Lagerhaltung (Materialwirtschaft):**
   - die Auswahl der Lieferanten
   - den Abschluß von Rahmenverträgen mit Vertragslieferanten
   - die Konzeption für die Lagerhaltung
6. **im Bereich Finanz- und Rechnungswesen:**
   - die Richtlinien für das Finanz- und Rechnungswesen

- die Aufnahme von Krediten bis zu DM ___________ im Einzelfall
- die Anlage liquider Mittel ab DM ___________
- die Auswahl der Banken, mit denen Geschäftsbeziehungen unterhalten werden sollen
- die Ausbuchung von Forderungen in Höhe von mehr als DM ___________ im Einzelfall

7. **im Bereich Personal- und Sozialwesen:**
   - die Allgemeinen Arbeitsbedingungen
   - die Einstellung, Versetzung und Entlassung von ___________
   - Gratifikationen und sonstige Sonderzulagen
8. **im Bereich Organisation:**
   - die Aufbauorganisation (bis zu ___________)
   - die Ablauforganisation (bis zu ___________)
   - die Einrichtung neuer und die Aufhebung bestehender Planstellen bis zur Ebene der ___________
9. **im Bereich Allgemeine Verwaltung:**
   - Neu-, Um- und Erweiterungsbauten mit voraussichtlichen Kosten ab DM ___________ bis zu DM ___________ im Einzelfall
   - die Auswahl des Architekten
10. **im Bereich Datenschutz:**
    - die Richtlinien für den Datenschutz
    - die Bestellung des Datenschutzbeauftragten
    - die Maßnahmen, die der Geschäftsführung aufgrund des Datenschutzgesetzes obliegen.

V. Die Haftungsfolgen aus der mangelhaften Festlegung von Aufgaben und Kompetenzen

Gesellschafter wie Geschäftsführer sind sich gewöhnlich nicht bewußt, welche Folgen sich aus der Unklarheit von Aufgaben und Kompetenzen auch hinsichtlich ihrer Haftung im Schadensfall ergeben können:

- Gehen nicht aussagefähige Geschäftsverteilungspläne auf eine Entscheidung der Gesellschafter zurück, so sind die Geschäftsführer verpflichtet, sie darauf aufmerksam zu machen und um Klarstellung ihrer Aufgaben und Kompetenzen zu bitten.
- Reagieren die Gesellschafter nicht darauf, so sind die Geschäftsführer verpflichtet, eine Gesellschafterversammlung einzuberufen (§ 49 Abs. 2) und aufgrund ihrer Beratungspflicht einen entscheidungsreifen Vorschlag vorzulegen. Bleiben die Geschäftsführer hinsichtlich der Schaffung einer sachgerechten Organisation untätig, so verstoßen sie gegen ihre *Sorgfaltspflicht* (§ 43 Abs. 1).

- Weigern sich die Gesellschafter, eine sachgerechte Organisation zu schaffen, so ist dies für die Geschäftsführer ein wichtiger Grund zur *Niederlegung ihres Amtes.* Ihnen kann nicht zugemutet werden, ihre Tätigkeit im Rahmen einer unzulänglichen Organisation auszuüben, aufgrund deren sie einer weitgehenden persönlichen Haftung ausgesetzt sind[10].
- Ist nicht bestimmt, welche Aufgaben mit welchen Kompetenzen ein der Geschäftsführung unterstellter Mitarbeiter wahrzunehmen hat, so trägt die Geschäftsführung für Fehlentscheidungen, die aufgrund dieser Unklarheit getroffen werden, die Verantwortung und haftet im Einzelfall persönlich *(Organisationsverschulden),* wenn ihr die Festlegung der Aufgaben und Kompetenzen delegiert war.
- Kümmern sich die Gesellschafter nicht um eine derartige fehlerhafte Organisation des Unternehmens, so liegt von ihrer Seite *Überwachungsverschulden*[11] vor mit den sich daraus ergebenden Folgen.

  Beispiel:
  In dem Betrieb einer GmbH ereignete sich ein Unfall, bei dem schwerer Sachschaden entstand und mehrere Mitarbeiter erhebliche Verletzungen davontrugen. Bei der Frage nach der Schuld stellte sich heraus, daß die Kompetenzen des für die Sicherheit zuständigen Hauptabteilungsleiters völlig unklar waren. Im Schadensersatzprozeß wurden die Geschäftsführer wegen Organisationsverschulden, im Strafprozeß wegen fahrlässiger Körperverletzung verurteilt.
  Die beiden Gesellschafter, die zugeben mußten, daß sie jede Art von Kontrolle über ihre Geschäftsführung unterlassen und sich daher auch nicht darum gekümmert hatten, ob die Kompetenzen des Hauptabteilungsleiters – eine für die Gewährleistung der Sicherheit des Unternehmens ausschlaggebende Voraussetzung – exakt festgelegt waren, sind der fahrlässigen Körperverletzung aufgrund Überwachungsverschuldens schuldig.

- Haben sich die Gesellschafter die Entscheidung über die Kompetenzen eines der Geschäftsführung unmittelbar unterstellten Mitarbeiters vorbehalten, werden aber nicht tätig oder treffen keine aussagefähigen Entscheidungen, so sind die Geschäftsführer verpflichtet, sie darauf aufmerksam zu machen und entsprechende Vorschläge vorzulegen. Andernfalls liegt bei den Gesellschaftern Organisationsverschulden und bei den Geschäftsführern *Beratungsverschulden* vor[12].

10 Vgl. S. 235.
11 Vgl. dazu S. 235.
12 Vgl. zur Beratung S. 81 ff.

VI. Die Festlegung des Ziels der Geschäftsführung

Vielfach glauben die Gesellschafter, sie würden ihrer Pflicht zur Schaffung der Transparenz der Organisation genügen, wenn sie die Aufgaben und Kompetenzen ihrer Geschäftsführer festgelegt haben. Dies ist jedoch ein Irrtum. Die Bestimmung des Ziels, d. h. der Wunschvorstellungen, die die Gesellschafter mit der Tätigkeit der Geschäftsführer im Interesse des Unternehmens verbinden, gehört dazu[13]. Durch die Festlegung des Ziels soll sichergestellt werden, daß sich die Geschäftsführer bei der Wahrnehmung ihrer Aufgaben innerhalb der Vorstellungen der Gesellschafter bewegen. Das Ziel ist der *Kompaß,* nach dem sich die Geschäftsführer bei ihrer Tätigkeit zu richten haben. Die Leistung der Geschäftsführer wird an der Zielvorgabe gemessen. Das Ergebnis ihrer Tätigkeit wird dabei transparent.

Fehlt die Zielsetzung für die Geschäftsführer, so legen diese die Ziele für den Gesamtbereich der Geschäftsführung und die einzelnen Ressorts (Vertrieb, Produktion, Personal u. a. m.) selbst fest. Dies kann zu unliebsamen Auseinandersetzungen mit den Gesellschaftern führen, an denen diese selbst schuld sind.

Die für die sachgerechte Ausübung der Geschäftsführung erforderliche Zielsetzung findet in der Literatur und den Kommentaren wenig Beachtung. Dies liegt wesentlich daran, daß der Zweck, also der Gegenstand des Unternehmens, und das Ziel, das mit seiner Tätigkeit erreicht werden soll, weitgehend gleichgesetzt werden. Dies ist jedoch ein Irrtum und wird dazu den Bedürfnissen der Praxis nicht gerecht[14].

Zweck der Gesellschaft kann z. B. die Errichtung eines Unternehmens des Maschinenbaus sein. Damit ist aber noch nicht gesagt, welche Ziele (Wunschvorstellungen) die Gesellschafter mit den hier investierten finanziellen Mitteln verfolgen. Diese Wunschvorstellungen finden in der Zielsetzung für die Geschäftsführung ihren Niederschlag, die sie zu verwirklichen hat. Hier kann es z. B. heißen:

> „Die Geschäftsführung hat unter Beachtung des Wirtschaftlichkeitsprinzips und des Sicherheitsgebotes das Unternehmen so zu führen und ihren Aufgabenbereich so wahrzunehmen, daß im Rahmen einer weitsichtigen Planung
> - das vorhandene und zukünftig eingebrachte Vermögen im Untrnehmen mindestens zum Realwert erhalten, wirtschaftlich verwaltet und mit steigendem Produktivitätsgrad genutzt wird;

13 Vgl. dazu im einzelnen *Höhn,* Stellenbeschreibungen – aber richtig, S. 140 ff.; *Hauschildt,* Zur Artikulation von Unternehmenszielen, ZfbF 1960, 545 (553).

14 Im Ergebnis zustimmend *Lutter/Hommelhoff,* § 1 Anm. 2, die im Zweck der Gesellschaft den „Oberbegriff" sehen, der Ziel und Gegenstand umfaßt, die aber jeweils einen verschiedenen Inhalt haben.

- eine höchstmögliche, jedoch mindestens dem Branchendurchschnitt entsprechende Gesamtkapitalrentabilität erreicht wird;
- der Marktanteil des Unternehmens vergrößert wird, mindestens aber erhalten bleibt;
- ein marktgerechtes Produktionsprogramm bzw. Verkaufssortiment einen zufriedenen und ständig wachsenden Kundenstamm sichert;
- durch eine geeignete Organisation Reibungsverluste ausgeschlossen bzw. auf ein Mindestmaß reduziert werden, bei gleichzeitiger Verbesserung von Information und Kommunikation;
- durch einen kooperativen Führungsstil die freie Entfaltung der Mitarbeiter im Rahmen ihrer Aufgabenbereiche ermöglicht wird und darüber hinaus ein wirkungsvolles Zusammenspiel zwischen Vorgesetzten und Mitarbeitern sowie der Mitarbeiter untereinander gesichert werden kann;
- durch ein fortschrittliches Personal- und Sozialwesen erreicht wird, daß der Gesellschaft qualifizierte Führungs- und Nachwuchskräfte zur Verfügung stehen und die Fluktuationsquote niedrig gehalten wird;
- die Gesellschaft bei den Kunden, aber auch in der Öffentlichkeit, als dynamisch geführtes, fortschrittliches, neuen Ideen gegenüber aufgeschlossenes Unternehmen gilt."

An diesem Beispiel zeigt sich deutlich, wie unterschiedlich Zweck und Ziel einer Gesellschaft sind. Die in der Stellenbeschreibung niedergelegte Zielsetzung ist für die Geschäftsführer *verbindlich.*

Beispiel:
Bei seiner Einstellung wurde der neue Geschäftsführer anhand der Zielsetzung für die Geschäftsführung[15] besonders darauf hingewiesen, daß es zu einem der wichtigsten Ziele der Gesellschaft gehöre, den kooperativen Führungsstil auf allen Stufen der Hierarchie zu verwirklichen. Hiernach habe jeder Mitarbeiter einen Bereich, innerhalb dessen er selbständig zu handeln und entscheiden verpflichtet sei, der Vorgesetzte habe sich auf die Kontrolle der Tätigkeit der ihm unmittelbar unterstellten Mitarbeiter zu beschränken.

Dem Geschäftsführer wurde die „Allgemeine Führungsanweisung" ausgehändigt, in der die sich aus einem kooperativen Führungsstil ergebenden Pflichten für Mitarbeiter und Vorgesetzte festgelegt waren.

Der Geschäftsführer hielt nichts von diesem Führungsstil. Er ging davon aus, daß er für alles verantwortlich sei, was im Unternehmen vor sich ging, und deshalb in der Lage sein müsse, in allen Bereichen seinen Willen durchzusetzen. Insbesondere war ihm die Bestimmung in der „Allgemeinen Führungsanweisung" ein Greuel, in der es hieß:

> „Wenn zwei Wege zum Ziele führen können, so entscheidet derjenige über dieWahl des Weges, dem Aufgabe, Kompetenzen und die sich daraus ergebende Verantwortung lt. Stellenbeschreibung delegiert sind."

Er griff daher allenthalben in die Bereiche seiner Mitarbeiter ein und korrigierte deren Entscheidungen im Sinne seiner eigenen Vorstellungen. Die Unruhe im Unternehmen war beträchtlich.

15 Zur Bedeutung der Zielsetzung bei der Einweisung bzw. Einarbeitung eines neuen Mitarbeiters vgl. S. 161, 164.

Als ein den Gesellschaftern besonders wichtiger Betriebsleiter mit der Kündigung bei Fortsetzung dieses Führungsstils drohte und sich ein weiterer dem anschloß, kam es zu einer Auseiandersetzung zwischen den Gesellschaftern und dem Geschäftsführer, der seinen Führungsstil unter Hinweis auf seine persönliche Verantwortung verteidigte.
Nach dieser Auseinandersetzung wurde der Geschäftsführer durch Gesellschafterbeschluß seines Amtes aus wichtigem Grund enthoben. –

Dies mit Recht. Der Geschäftsführer ist nicht berechtigt, seine Vorstellung von der Führung der Mitarbeiter der Auffassung der Gesellschafter entgegenzusetzen. Er hätte, wenn er die Zielsetzung der Gesellschafter mit seinen Vorstellungen für nicht vereinbar hielt, den Gesellschaftern dies sagen und die Übernahme des Amtes ablehnen müssen.

D. Der Verzicht der Gesellschafter auf Einmischung in die Geschäftsführung

Die Festlegung der Aufgaben und Kompetenzen der Geschäftsführer hat keinesfalls zur Folge, daß die Geschäftsführer in diesem Rahmen selbständig handeln und entscheiden dürfen, ihnen also eine ungestörte Ausübung ihrer Befugnisse garantiert ist. Die Befugnisse der Geschäftsführer bestehen immer nur vorbehaltlich einer Einmischung der Gesellschafter aufgrund eines Beschlusses der Gesellschafterversammlung[1]. Dies ergibt sich aus der durch das GmbH-Gesetz festgelegten Struktur der GmbH und des hier zur Norm erhobenen autoritären Führungsstils, bei dem die Geschäftsführer den Weisungen der Gesellschafter unterworfen sind (§ 37 Abs. 1)[2]. Dies gilt auch für die laufenden Geschäfte, das sogenannte Tagesgeschäft. Die Geschäftsführer nehmen vielfach irrtümlich an, sie seien auf diesem Gebiet weisungsfrei. Tatsächlich unterliegen sie jedoch auch hinsichtlich der tatsächlichen und rechtsgeschäftlichen Handlungen des Tagesgeschäfts der „übergreifenden Entscheidungskompetenz der Gesellschafterversammlung"[3].

I. Die gestaltende Kraft des Gesellschaftsvertrags

Dies bedeutet jedoch keineswegs, daß ein Verzicht der Gesellschafter auf das Recht der ständigen Einmischung in die Geschäftsführung nicht möglich ist. Das GmbH-Gesetz ist weitgehend dispositiver Natur. Die Gesellschafter sind als oberstes Willensorgan und damit als Herren der Gesellschaft jederzeit in der Lage, durch Beschluß die innere Verfassung der GmbH nach ihrem Willen zu gestalten[4]. Dieser Beschluß bedarf einer „Mehrheit von drei Vierteilen der abgegebenen Stimmen" und muß „notariell beurkundet" werden (§ 53 Abs. 2)[5]. Der entsprechende Passus im Gesellschaftsvertrag könnte etwa lauten:

---

1 *Roth*, § 45 Anm. 2.1.2.

2 Vgl. S. 3 ff.

3 *Roth*, § 37 Anm. 2.1.; 2.2.3.

4 *Roth*, § 37 Anm. 2.2.3.; § 45 Anm. 2.1.2.; RGZ 169, 65 (80); *Scholz/K. Schmidt*, § 45 Anm. 3.

5 Die Befugnis zur Änderung der Satzung ist nicht auf ein anderes Organ, etwa einen Beirat oder Aufsichtsrat, übertragbar, selbst wenn diesem ansonsten weitgehende Vollmachten erteilt worden sind (Grundsatz der Satzungsautonomie). Dazu *Lutter/Hommelhoff*, § 53 Anm. 5; *Roth*, § 53 Anm. 3.4.

„Hinsichtlich der in der Stellenbeschreibung bzw. im Anstellungsvertrag festgelegten Aufgaben und Kompetenzen der Geschäftsführung enthalten sich die Gesellschafter jeglicher Einmischung. Das gleiche gilt für die laufenden Geschäfte."

Letzteres ist deshalb wichtig, weil die Gesellschafter sich sonst jederzeit in die laufenden Geschäfte einmischen können[6]. Deshalb muß der Verzicht ausdrücklich mit in den Gesellschaftsvertrag aufgenommen werden. Voraussetzung für die erfolgreiche Handhabung dieses Beschlusses in der täglichen Praxis ist jedoch, daß die Aufgaben und Kompetenzen in der Stellenbeschreibung bzw. im Anstellungsvertrag exakt festgelegt sind und nicht die Fehler gemacht werden, die wir im einzelnen dargelegt haben[7]. Eine allgemeine Bestimmung derart, daß wesentliche Geschäftsführungsangelegenheiten den Gesellschaftern vorbehalten sind, genügt ebenfalls nicht. Daraus ist nicht ersichtlich, was die Gesellschafter als wesentlich betrachten.

Der Gesellschaftsvertrag besitzt also eine die innere Verfassung der GmbH gestaltende Kraft[8]. Mit seiner Hilfe ist es möglich, die Grundprinzipien des Managements in der GmbH zu verwirklichen und die aus der Vorstellungswelt von 1892 stammende Führungsstruktur, wie sie das GmbH-Gesetz vorschreibt, aufzugeben.

Dieser im Gesellschaftsvertrag verankerte Beschluß auf Nichteinmischung bedeutet gleichzeitig den Verzicht der Gesellschafter darauf, den nachgeordneten Mitarbeitern des Geschäftsführers Weisungen zu erteilen, und beinhaltet damit das *Verbot des Durchregierens* auf allen Stufen der Hierarchie. Durchregieren ist ein typischer Fall der Einmischung in die Geschäftsführung.

Ein Geschäftsführer, der im Rahmen des ihm gewährten Freiraums von Weisungen der Gesellschafter freigestellt ist, erhält insoweit eine dem Vorstand einer Aktiengesellschaft bzw. Genossenschaft vergleichbare Position[9].

Der Nichteinmischungsbeschluß der Gesellschafter ist so lange bindend, als keine Änderung des Gesellschaftsvertrags erfolgt, die gemäß § 53 wiederum einer Mehrheit von drei Vierteilen der abgegebenen Stimmen sowie notarieller Beurkundung bedarf.

6 Vgl. S. 3 ff.
7 Vgl. S. 25 ff.
8 *Roth,* § 45 Anm. 2.1.1.
9 *Lutter/Hommelhoff,* § 46 Anm. 18.

Eine spätere Änderung des Gesellschaftsvertrags, die die Nichteinmischung der Gesellschafter wieder aufhebt, berechtigt den Geschäftsführer zur sofortigen Amtsniederlegung und Kündigung des Anstellungsvertrags aus wichtigem Grund. Ihm kann nicht zugemutet werden, daß er von der Position eines im Rahmen seiner Aufgaben und Kompetenzen selbständig handelnden und entscheidenden Managers in die eines Weisungsempfängers zurückgestuft wird[10].

1. Die Rechte des Geschäftsführers gegenüber Eingriffen der Gesellschafter

- Weisungen, die trotz des Verzichts auf Einmischung seitens der Gesellschafter aufgrund eines Gesellschafterbeschlusses erfolgen, sind satzungswidrig und daher für den Geschäftsführer nicht bindend. Die Satzung geht einfachen Gesellschafterbeschlüssen vor[11].
  Im Rahmen der vertrauensvollen Zusammenarbeit zwischen Geschäftsführer und Gesellschaftern hat der Geschäftsführer derartige Weisungen dahingehend zu prüfen, ob ihre Durchführung mit der von ihm geforderten Sorgfalt eines ordentlichen Geschäftsleiters vereinbar ist (§ 43 Abs. 1). Andernfalls muß er sie mit entsprechender Begründung ablehnen.
- Folgt der Geschäftsführer einer Weisung oder einem Rat der Gesellschafter, obwohl er anderer Ansicht ist, und entsteht daraus für die GmbH ein Schaden, so kann er sich nicht darauf berufen, daß er dem Willen der Gesellschafter gefolgt sei. *Der Wille der Gesellschafter hat für ihn keine rechtliche Bedeutung.* Für ihn ist allein die Sorgfalt eines ordentlichen und gewissenhaften Geschäftsleiters maßgebend, die er gegenüber einer Weisung oder einem Rat der Gesellschafter zu beachten hat.
  Daran ändert auch die Tatsache nichts, daß die Gesellschafter den Geschäftsführer jederzeit abberufen können (§ 38 Abs. 1). Damit muß der Geschäftsführer einer GmbH leben und trotzdem seine Pflicht im Rahmen des ihm gewährten Freiraums erfüllen. Die Gesellschafter können den Geschäftsführer also haftbar machen, wenn er ihrer Weisung gemäß ein Geschäft abschließt, das mit seiner Sorgfaltspflicht nicht vereinbar war, so paradox dies zunächst klingen mag.
  Der Ansicht, daß in der Weisung ein „Verzicht auf Ersatzansprüche" liege[12], kann nicht zugestimmt werden. Andernfalls käme der Ge-

10 Zu den Folgen derart gravierender Eingriffe seitens der Gesellschafter *Scholz/K. Schmidt,* § 45 Anm. 85; *Tillmann,* Der Geschäftsführervertrag der GmbH und GmbH & Co., Rz. 18.

11 *Sudhoff,* Der Gesellschaftsvertrag der GmbH, S. 227; *Roth,* § 37 Anm. 2.2.3.

12 So *Roth,* § 45 Anm. 2.1.2.

schäftsführer leicht in Versuchung, sich auf diese Weisung zurückzuziehen und dadurch frei von jeder Haftung zu sein, statt seine Pflichten als unternehmerisch handelnder Geschäftsführer zu erfüllen.

- Widerrufen die Gesellschafter aufgrund der Tatsache, daß der Geschäftsführer ihren Weisungen nicht nachkommt, seine Bestellung, was ihnen jederzeit gemäß § 38 Abs. 1 möglich ist, so behält er die Ansprüche aus dem Anstellungsvertrag.
- Ständige Eingriffe der Gesellschafter in die Geschäftsführung sind für den Geschäftsführer ein wichtiger Grund zur sofortigen Niederlegung seines Amtes und außerordentlichen Kündigung des Anstellungsvertrags[13].

  Dem Geschäftsführer kann nicht zugemutet werden, daß er mit Gesellschaftern zusammenarbeitet, die das ihm satzungsgemäß zustehende Recht auf Nichteinmischung in Frage stellen und ihn zur Auseinandersetzung um seine Position zwingen. Das stört das Vertrauensverhältnis zutiefst. Er behält auch in diesem Fall seine Ansprüche aus dem Anstellungsvertrag.

2. Die Widerstände der Gesellschafter gegenüber dem Verzicht auf Einmischung

Gegenüber dem Verzicht auf Einmischung in die Geschäftsführung bestehen seitens der Gesellschafter oft erhebliche Widerstände, und zwar aus folgenden Gründen:

a) Die Gefährdung der Autorität

Die Gesellschafter sind vielfach der Überzeugung, daß die mit dem Verzicht auf Einmischung erfolgte Delegation von Verantwortung ihre Autorität gefährden würde. Hier wird jedoch seitens der Gesellschafter folgendes verkannt:

- Die Autorität einer Unternehmensführung von heute beruht nicht darauf, daß ihre Geschäftsführer nach ihren Weisungen handeln müssen und sie sich die Möglichkeit zur Einmischung gegenüber jeder Art von Entscheidungen der Geschäftsführer vorbehält. Ihre Autorität erwächst vielmehr daraus, daß sie nur die für die Spitze des Unternehmens spezifischen Aufgaben wahrnimmt, im übrigen aber sich so verhält, daß die ihr unterstellten Geschäftsführer und deren Mitarbeiter im Rahmen ihrer Aufgaben und Kompetenzen zur höchstmöglichen Entfaltung ihrer Fähigkeiten gelangen können.

---

13 Vgl. S. 235 Nr. 2.

Bei Delegation von Verantwortung entsteht eine neue Form der Autorität, die sich aus der Fähigkeit, selbständig handelnde und entscheidende Mitarbeiter zu führen, ergibt.
Diese Fähigkeit wird heute auch von den Mitarbeitern als wichtiges Merkmal für die Qualifikation eines Vorgesetzten betrachtet.

- Wenn die GmbH nicht außerhalb der Entwicklung zum Management stehen soll, wie sie für die gesamte Wirtschaft heute kennzeichnend ist, gilt es, die Gesellschafter davon zu überzeugen, daß sie sich von dem überkommenen Strukturprinzip der GmbH lösen müssen.
  Die Vorstellung, daß die Gesellschafter nur dann Herren der Gesellschaft bleiben können, wenn die Geschäftsführer an deren Weisungen gebunden sind, entspricht nicht mehr den wirtschaftlichen, technischen und gesellschaftspolitischen Erfordernissen unserer Zeit. Die Gesellschafter können in viel stärkerem Maße Einfluß auf das Geschehen in ihrer Gesellschaft nehmen und deren Geschicke lenken, wenn sie
- als Geschäftsführer starke Persönlichkeiten aussuchen, die unternehmerisch denken und handeln;
- ihnen Ziele setzen und Richtlinien geben;
- ihre Aufgaben und Kompetenzen festlegen und sie in diesem Rahmen selbständig handeln und entscheiden lassen;
- sie ordnungsgemäß informieren;
- Kontrolle über die Wahrnehmung der den Geschäftsführern übertragenen Fach- und Führungsaufgaben ausüben

und damit die Grundprinzipien des Managements in ihrer Gesellschaft verwirklichen.

Damit ergeben sich zugleich zwei Arten von Verantwortung, die das Verhältnis zwischen Geschäftsführern und Gesellschaftern bestimmen:

- Die Geschäftsführer tragen die **Handlungsverantwortung.** Sie haben also für alles einzustehen, was sie im Rahmen ihrer Aufgaben und Kompetenzen schuldhaft tun, dulden oder zu tun unterlassen.
- Die Gesellschafter tragen als Vorgesetzte der Geschäftsführer die **Führungsverantwortung**[14] und haben für die ordnungsgemäße Erfüllung der sich daraus ergebenden Pflichten einzustehen.

Spricht man mit den Gesellschaftern über die Notwendigkeit der Delegation von Verantwortung, so findet man im Prinzip weitgehend Zustimmung. So kann man immer wieder hören:

14 Vgl. S. 97 ff.

„Wir sind gar nicht in der Lage, in den verschiedenen Bereichen der Gesellschaft sachgerechte Entscheidungen zu treffen. Wir betrachten es als selbstverständlich, daß unsere Geschäftsführer uns die Entscheidungen abnehmen und dafür verantwortlich zeichnen. Wozu haben wir sie sonst bestellt?"

Nur scheuen sie sich vielfach, die notwendige Konsequenz zu ziehen. Sie sind der irrigen Meinung, Delegation von Verantwortung mit der sich daraus ergebenden Pflicht zum selbständigen unternehmerischen Handeln der Geschäftsführung und das unbegrenzte Weisungsrecht der Gesellschafter seien durchaus miteinander vereinbar. Sie sind sich jedoch nicht bewußt, daß eine unter dem Vorbehalt des ständigen Eingreifens der Gesellschafter stehende Delegation von Verantwortung eine *Farce* ist. In jedem einzelnen Fall muß sich ein Geschäftsführer, der den Eingriffsvorbehalt ernst nimmt, nämlich überlegen:

„Entspricht die von mir geplante Entscheidung dem wirklichen oder mutmaßlichen Willen der Gesellschafter?"

Er darf keine Entscheidung treffen, von der er annehmen muß, daß die Gesellschafter sie mißbilligen werden[15]. Im Zweifelsfall hat er die Gesellschafter zu informieren und um ihre Weisung zu bitten. Er ist und bleibt im Grunde Weisungsempfänger. Auf diesem Boden gedeihen keine unternehmerisch handelnden, kreativen Geschäftsführerpersönlichkeiten, wie sie die Gesellschaft dringend braucht.

Ein qualifizierter Geschäftsführer wird im übrigen nur bei Gewährung eines weitgehenden Freiraums gewillt sein, das ihm angebotene Amt anzunehmen oder davon abgehalten werden, sich zu verändern.

b) Die irrige Gleichsetzung von Verzicht auf Einmischung mit Verzicht auf Kontrolle

Eines der wichtigsten Argumente gegen den Verzicht auf Einmischung ist die Ansicht, daß ein solcher Verzicht gleichzeitig den Verzicht auf die Kontrolle der Geschäftsführung bedeute. Immer wieder kann man von Gesellschaftern hören:

„Wir haben also dann in unserer Gesellschaft überhaupt nichts mehr zu sagen, und das wollen wir nicht."

Dies ist jedoch ein schwerwiegender Irrtum. Kontrolle ist nicht mit Einmischung in die Geschäftsführung gleichzusetzen. Sie beinhaltet vielmehr Überwachung der Geschäftsführung dahingehend, ob diese inner-

15 *Scholz/U. H. Schneider,* § 37 Anm. 9.

halb des ihr gewährten Freiraums mit der Sorgfalt eines ordentlichen Geschäftsleiters (§ 43 Abs. 1) im Einzelfall verfährt. Dies gilt sowohl für die begleitende wie die nachträgliche Kontrolle. *Der Freiraum bedeutet also keinen Freibrief* für ordnungswidriges Verhalten.

II. Kein Verzicht auf Einmischung durch Gesellschafterbeschluß

- Vielfach glauben Gesellschafter wie Geschäftsführer, daß ein bloßer Beschluß der Gesellschafter oder eine entsprechende Bestimmung in der Geschäftsordnung genüge, um dem Geschäftsführer den erwünschten Freiraum zu verschaffen. Die Struktur des GmbH-Gesetzes, das den Gesellschaftern das Recht auf ständige Einmischung in die Geschäftsführung gewährt (§ 37 Abs. 1), kann jedoch nur durch den Gesellschaftsvertrag, der notariell beurkundet werden muß und der qualifizierten Mehrheit des § 53 Abs. 2 bedarf, aber nicht durch einen bloßen Beschluß der Gesellschafter[16] oder eine von den Gesellschaftern den Geschäftsführern gegebene Geschäftsordnung außer Kraft gesetzt werden[17].

Beispiel:
Im Auftrage der Gesellschafter teilte deren Sprecher dem Geschäftsführer mit:

„Ihrem Wunsch nach Neugestaltung Ihrer unternehmerischen Tätigkeit hat die Gesellschafterversammlung entsprochen und Ihnen in dem Schreiben, das ich Ihnen hiermit überreiche, bestimmte Aufgaben und Entscheidungskompetenzen übertragen. Betrachten Sie dies zugleich als den Ausdruck unseres besonderen Vertrauens."

In dem an die Gesellschafter gerichteten Dankschreiben bat der Geschäftsführer jedoch, eine entsprechende Änderung des Gesellschaftsvertrags vorzunehmen, da nach seiner Kenntnis auch ein in bester Absicht gefaßter Beschluß keine organisationsrechtliche Bedeutung habe.
Die Gesellschafter waren darüber überrascht und zugleich enttäuscht. Sie betrachteten die Bitte des Geschäftsführers als Ausdruck des Mißtrauens gegenüber dem von ihnen gefaßten Beschluß. Trotz verschiedentlicher freundlicher Mahnungen des Geschäftsführers unterließen die Gesellschafter daher die Änderung des Gesellschaftsvertrages.
Der Geschäftsführer kündigte daraufhin aus wichtigem Grund, da das Vertrauensverhältnis zwischen ihm und den Gesellschaftern durch dieses Vorkommnis erheblich gestört sei. Ihm sei nicht zuzumuten, in einer GmbH weiterhin eine Geschäftsführertätigkeit auszuüben, wenn ihm auf der einen Seite durch Gesellschafterbeschluß der von ihm angestrebte Freiraum eingeräumt werde, auf der anderen Seite sich die Gesellschafter jedoch weigerten, dafür die notwendigen rechtsverbindlichen Voraussetzungen zu schaffen. – Der Geschäftsführer befindet sich im Recht[18].

16 Dazu *Hachenburg/Mertens,* § 37 Anm. 8.
17 *Lutter/Hommelhoff,* § 45 Anm. 3; *Scholz/K. Schmidt,* § 45 Anm. 6.
18 Dazu S. 235 Nr. 4.

- Natürlich kann ein Beschluß der Gesellschafter auf Nichteinmischung eine starke tatsächliche Bedeutung haben, solange sich die Gesellschafter daran halten und sich nicht in die Geschäftsführung einmischen. Ob ein Geschäftsführer mit dem darin liegenden Risiko leben will, muß er selbst entscheiden.
- Macht man einen Geschäftsführer darauf aufmerksam, daß ihm die ungestörte Ausübung der übertragenen Befugnisse nur durch den Gesellschaftsvertrag garantiert werden könne und er sonst auf den guten Willen der Gesellschafter angewiesen sei, so kann man immer wieder hören:

  „Ich stehe in einem derartig engen Vertrauensverhältnis zu meinen Gesellschaftern, daß die durch ihren Beschluß garantierte Nichteinmischung auf jeden Fall gewährleistet ist. Sie vertrauen mir, und ich vertraue auf ihr Wort. Diese Sicherung genügt."

Das mag wohl sein, solange die augenblicklichen Gesellschafter Inhaber der Geschäftsanteile sind. Aber wie ist es, wenn die Gesellschafter ihre Anteile verkaufen oder diese im Erbgang auf ihre Rechtsnachfolger übergehen? Dann kommt es allein darauf an, ob zwischen den neuen Gesellschaftern und dem Geschäftsführer das gleiche Vertrauensverhältnis besteht wie zu ihren Rechtsvorgängern. Rechtlich hat der Geschäftsführer gegenüber dem Rechtsnachfolger keinerlei Ansprüche darauf, daß die Geschäftsführung in derselben Form gehandhabt wird wie bisher.

Wenn im übrigen wirklich ein so enges Vertrauensverhältnis zwischen dem Geschäftsführer und den Gesellschaftern besteht, wie es behauptet wird, so muß es für den Geschäftsführer ein leichtes sein, sie zu veranlassen, die ungestörte Ausübung der Geschäftsführung auch rechtlich im Gesellschaftsvertrag zu untermauern.

III. Kein Verzicht auf Einmischung durch Festlegung im Anstellungsvertrag

Weitverbreitet ist auch die irrige Auffassung, daß der im Anstellungsvertrag dem Geschäftsführer eingeräumte Freiraum eine Garantie für die ungestörte Ausübung seiner Geschäftsführertätigkeit bietet, noch dazu, wenn er durch die entsprechende Stellenbeschreibung im einzelnen konkretisiert wird. Dazu folgendes:

- Für den Verzicht auf die Einmischung im Anstellungsvertrag gilt das gleiche, was für den Verzicht aufgrund eines Beschlusses der Gesellschafter ohne entsprechende Änderung des Gesellschaftsvertrags gesagt worden ist. Richtig heißt es bei *Mertens:*

> „Soweit nicht der Anstellungsvertrag zugleich eine nach Form und beschließender Mehrheit gültige Satzungsänderung enthält, kann er daher nicht über die Satzung verfügen, so daß ihr widersprechende Bestimmungen unwirksam bleiben[19]."

U. H. Schneider erklärt:

> „Die organisationsrechtliche Weisungsbefugnis und Folgepflicht kann durch den Anstellungsvertrag nicht aufgehoben, erweitert oder sonst inhaltlich geändert werden[20]."

- Ein Geschäftsführer, der auf den Anstellungsvertrag vertraut, kann, wenn er dem widersprechend Weisungen der Gesellschafter ausgesetzt ist, sein Amt aus wichtigem Grund sofort niederlegen und den Anstellungsvertrag ebenfalls aus wichtigem Grund kündigen. Er verliert dabei in analoger Anwendung des § 38 Abs. 1 nicht das Recht auf seinen Anspruch aus dem Anstellungsvertrag[21]. Dem Geschäftsführer ist daher folgendes zu raten:
  - Bevor er den Anstellungsvertrag unterschreibt, sollte er sich vergewissern, ob der ihm zugesagte Freiraum in der Geschäftsführung durch eine entsprechende Bestimmung im Gesellschaftsvertrag rechtlich gesichert ist.
    Ist dies nicht der Fall, so sollte er darauf dringen, daß dies geschieht, und es zur Bedingung für seinen Amtsantritt machen.
  - Gelingt es den Gesellschaftern nicht, die dazu erforderliche Mehrheit von drei Vierteilen der abgegebenen Stimmen zu erreichen, so ist der unter dieser Bedingung geschlossene Vertrag unwirksam.
    Hat der Geschäftsführer in der Zwischenzeit bereits seine Geschäfte aufgenommen, so ist er berechtigt, sie ohne Einhaltung einer Kündigungsfrist niederzulegen.

Zu beachten ist:
Der Verzicht auf Einmischung der Gesellschafter kann nicht soweit gehen, daß damit das Verhältnis der Gesellschaft zu den Geschäftsführern in seiner Gesamtstruktur geändert würde.

> *Beispiel:*
> Der durch sein fachliches Wissen und seine Persönlichkeit überragende Geschäftsführer hatte in der Gesellschafterversammlung einen Beschluß durchgesetzt, der auch in der Satzung seinen Niederschlag fand und in dem es hieß:

---

19 *Hachenburg/Mertens*, § 35 Anm. 85; so auch *Lutter/Hommelhoff*, Anh. § 6, Anm. 14; *Rowedder/Koppensteiner*, § 37 Anm. 27; dazu die kritische Auseinandersetzung von *van Venrooy*, GmbHR 1982, 175 (176).

20 *Scholz/U. H. Schneider*, 6. Aufl., § 37 Anm. 68; § 35 Anmn. 135; dazu ausführlich 8. Aufl., § 37 Anm. 55.

21 *Hachenburg/Mertens*, § 37 Anm. 32; *Rowedder*, § 37 Anm. 27.

„Beschlüsse der Gesellschafterversammlung sind von dem Geschäftsführer als Empfehlungen zu betrachten, die er mit der Sorgfalt eines ordentlichen Geschäftsmannes zu überprüfen hat, bevor er seine Entscheidungen trifft.“

Dies bedeutete, daß er an Beschlüsse der Gesellschafterversammlung nicht gebunden sein sollte. Ein solcher Beschluß ist satzungswidrig und daher nichtig. Der dem Geschäftsführer zugestandene Freiraum seitens der Gesellschafter kann nicht so weit gehen, daß damit ihre Kompetenz zur Entscheidung in allen Fragen, die die Grundlagen der Gesellschaft betreffen, in eine Beratungskompetenz umgewandelt und der Geschäftsführer anstelle der Gesellschafter zum Herrn der Gesellschaft wird.

E. Die Stellung der Geschäftsführer einer GmbH zueinander

Hat eine Gesellschaft mehrere Geschäftsführer, so stehen diese gleichberechtigt nebeneinander.

- In ihrer Eigenschaft als Ressortleiter sind sie zur kollegialen Zusammenarbeit verpflichtet,
- als Mitglieder der Geschäftsführung, die sie gemeinsam bilden, gelten für sie die Regeln der Teamarbeit.

Dies bedeutet im einzelnen folgendes:

I. Die kollegiale Zusammenarbeit der Geschäftsführer als Ressortleiter[1]

- Die kollegiale Zusammenarbeit ist eine der wichtigsten Voraussetzungen für den störungsfreien Arbeitsablauf auf allen Ebenen. Von besonderer Bedeutung ist sie zwischen den Geschäftsführern in ihrer Eigenschaft als Leiter eines Ressorts. Die Leistungskraft des Unternehmens ist weitgehend von ihrer kollegialen Zusammenarbeit abhängig.
- Daß die Geschäftsführer freundschaftlich miteinander verbunden sind, ist ein Glücksfall, kann jedoch nicht verlangt werden. Dazu sind die menschlichen Naturen zu verschieden. Verlangt werden kann jedoch, daß die Geschäftsführer sich an die für die kollegiale Zusammenarbeit geltenden Spielregeln halten und gegenseitig die Pflichten erfüllen, die sich daraus ergeben.
- Die kollegiale Zusammenarbeit ist ein Wechsel auf Gegenseitigkeit. Sie ist gekennzeichnet durch die Grundsätze des *Fairplay.*

Die wichtigsten Grundsätze der kollegialen Zusammenarbeit sollen nachstehend kurz zusammengefaßt werden.

- Die Ressortleiter sind verpflichtet, sich gegenseitig über alle Angelegenheiten zu *informieren,* die sich in ihren Bereichen ergeben und für die Kollegen aufgrund deren Aufgabenstellung von Bedeutung sind.

  Kein Ressortleiter hat also Anspruch darauf, über *alles* informiert zu werden, was sich im Bereich der Ressortkollegen vollzieht (Prinzip der Totalinformation). Dies würde zu einer erheblichen Störung des Geschäftsbetriebs führen.

1 Vgl. dazu den Abschnitt: „Die Überwachung der kollegialen Zusammenarbeit der Geschäftsführer durch den Aufsichtsrat", S. 338.

Umgekehrt aber hat er ein *Recht* auf rechtzeitige und umfassende Information über diejenigen Vorgänge, die sich auf seine eigene Tätigkeit auswirken oder von grundsätzlicher Bedeutung sind.

- Jeder Ressortleiter hat dafür Sorge zu tragen, daß Ergebnisse und Erkenntnisse, die er in seiner Tätigkeit gewonnen hat, auch von den anderen Ressortleitern nutzbar gemacht werden können[2].
- Kein Ressortleiter darf sich aus persönlichem Ehrgeiz durch unterlassene Querinformation einen Wissens- und damit eventuellen Leistungsvorsprung verschaffen wollen. Ressortleiter dürfen sich nicht als *Konkurrenten* verstehen, sondern müssen eine *Gruppe* bilden, die gemeinsam zum Wohl der Gesellschaft arbeitet.
- Soweit die Tätigkeit eines Ressortleiters die seines Kollegen berührt oder beeinflußt oder dessen Mitwirkung erfordert, hat er die von ihm beabsichtigten Maßnahmen rechtzeitig mit diesem zu besprechen, um zu einer Übereinstimmung zu gelangen, bevor er sie in Angriff nimmt.

  Diese Art der *Selbstkoordination* ist Voraussetzung dafür, daß nicht durch Unkenntnis der Situation Lücken oder Überschneidungen im Arbeitsablauf entstehen oder im Nachbarressort Entscheidungen getroffen werden, die die Absichten des Kollegen ungewollt blockieren, so daß die Gesellschaft Schaden nimmt.
  Kommt es zu keiner Einigung unter den Kollegen, muß der Fall der Geschäftsführung bzw. der Gesellschafterversammlung zur Entscheidung vorgelegt werden.
- Jeder Ressortleiter hat seine Kollegen überall da zu beraten, wo diese Entscheidungen treffen müssen, die seinen Bereich berühren. Andererseits sind die Ressortleiter verpflichtet, diesen Rat in Anspruch zu nehmen.
- Jeder Ressortleiter muß zu einem *Gespräch* zur Verfügung stehen, wenn dies von seinen Kollegen aus fachlichen Gründen gewünscht wird.
  Er darf sich dem nicht mit dem *Hinweis auf Zeitmangel* oder mit der Behauptung entziehen, er habe in seinem eigenen Bereich schon genug zu tun und könne sich nicht noch um die Anliegen der Kollegen kümmern.

---

2 In diesem Sinne auch *Scholz/U. H. Schneider,* § 43 Anm. 111: „Insbesondere hat jeder Geschäftsführer die Mitgeschäftsführer über die wesentlichen Vorgänge in seinem Zuständigkeitsbereich, aber auch über sonstige Vorkommnisse zu informieren, soweit sie für die Gesellschaft, ihr Unternehmen und den Verantwortungsbereich der Mitgeschäftsführer von Bedeutung sind. Die Informationspflicht erstreckt sich auch auf Angelegenheiten, die dem Geschäftsführer außerhalb seiner Leitungstätigkeit bekannt geworden sind."

- Jeder Ressortleiter hat das Recht, einen Kollegen aufgrund dessen Fachwissens um seine *Beratung* zu bitten.

  Der Kollege ist verpflichtet, dieser Bitte zu folgen und den Kollegen durch sein Wissen und Können bei der Lösung seiner Probleme zu unterstützen.
- Kein Ressortleiter hat das Recht, einem Ressortkollegen Weisungen zu geben und damit in dessen Geschäftsbereich einzugreifen[3]. Es besteht kein Über- bzw. Unterstellungsverhältnis zwischen den Ressortleitern. Sie sind einander gleichgestellt. Jeder Ressortleiter ist zum selbständigen Handeln und Entscheiden in seinem Ressort verpflichtet. Die Kollegen haben sich aus dessen Geschäftsbereich herauszuhalten[4].
- Die Einflußnahme auf Verhalten und Vorgehen eines Kollegen vollzieht sich im Ressortbereich ausschließlich über die Beratung und Anregung.
- Kein Ressortleiter hat das Recht, einen Kollegen in dessen Ressort zu kontrollieren. Dies ist allein Sache der Geschäftsführung als Ganzes[5].
- Kein Ressortleiter hat das Recht, sich in die Entscheidungen eines anderen in dessen Ressort einzumischen[6]. Dies würde das Grundprinzip der Delegation von Verantwortung verletzen, nach dem der Ressortleiter in seinem Ressortbereich selbständig zu handeln und zu entscheiden verpflichtet ist, und einen unzulässigen Eingriff in den Bereich des Kollegen bedeuten.
- Kommt ein Ressortleiter aufgrund eines ihm in der täglichen Zusammenarbeit zur Kenntnis gelangten Sachverhalts zu der Überzeugung, daß eine von seinem Kollegen getroffene Maßnahme gegen die Sorgfalt eines ordentlichen und gewissenhaften Geschäftsleiters verstößt, so gilt folgendes:
  - Der Ressortleiter hat seinen Kollegen persönlich darauf aufmerksam zu machen und zu versuchen, die Angelegenheit mit ihm zu bereinigen.
  - Führt dies nicht zum Erfolg, so hat er nach entsprechender Mitteilung an den Kollegen die Geschäftsführung zu informieren, damit sie aufgrund ihrer Überwachungspflicht die erforderlichen Maßnahmen treffen kann[7].

3 *Hefermehl* in Geßler/Hefermehl/Eckardt/Kropff, § 77 Anm. 20; *Scholz/U. H. Schneider,* § 43 Anm. 35; *Lang/Weidmüller,* § 37 Anm. 19.

4 *Scholz/U. H. Schneider,* § 43 Anm. 35.

5 *Lang/Weidmüller,* § 34 Anm. 39.

6 *Baumbach/Hueck/Zöllner* will dem Ressortkollegen ein Widerspruchsrecht in Analogie zu § 115 HGB geben (§ 37 Anm. 17).

7 Vgl. S. 54.

- Erst wenn sich auf diese Weise keine Abhilfe schaffen läßt, sind die Gesellschafter und bei Vorhandensein eines Aufsichtsrats zunächst dieser zu informieren[8].
- Bei der durch die Besetzung der Geschäftsführung mit zwei Mitgliedern bestehenden Patt-Situation gilt das Gleiche.

Der Widerspruch eines Geschäftsführerkollegen gegenüber einer geplanten Maßnahme seines Ressortkollegen führt also keineswegs automatisch dazu, daß diese unterbleiben muß, sondern löst das dargestellte Verfahren aus[9].

- Das gleiche Vorgehen gilt, wenn sich ein Ressortleiter durch das Verhalten eines Kollegen in der ordnungsgemäßen Leitung seines Ressorts behindert fühlt.

  Der Ressortleiter darf also Informationen über den Bereich seines Kollegen oder über dessen Verhalten nicht unmittelbar an das Gremium der Geschäftsführung oder an die Gesellschafter geben, ohne vorher versucht zu haben, die Angelegenheit mit dem Betreffenden selbst zu bereinigen. Ein anderes Vorgehen verstößt gegen die Grundsätze der kollegialen Zusammenarbeit und die Prinzipien des Fairplay.

- Kein Ressortleiter hat das Recht, Weisungen an *Mitarbeiter* eines Kollegen zu geben und damit in dessen Geschäftsbereich einzugreifen. Tut er dies trotzdem, so gilt folgendes:
  - Die Mitarbeiter sind verpflichtet, unverzüglich auf dem Dienstweg ihren Vorgesetzten zu informieren, damit er das unzulässige Verhalten seines Kollegen unterbinden kann. Dessen Weisungen haben sie nicht zu befolgen.
  - Der von dem Fehlverhalten seines Kollegen betroffene Ressortleiter ist verpflichtet, die Geschäftsführung zu informieren, damit diese den Mißstand aufgrund eines Beschlusses abstellen kann, wenn der betreffende Kollege nicht bereit ist, sein Verhalten zu ändern.
  - Vermag sich der beschwerdeführende Ressortleiter beim Gremium der Geschäftsführung nicht durchzusetzen, so hat er das Recht und die Pflicht, die Gesellschafter zu informieren, damit diese als das für die Überwachung der Geschäftsführung zuständige Gremium die erforderlichen Maßnahmen treffen.
    Besteht ein Aufsichtsrat, so ist dieser zunächst der Ansprechpartner, bevor die Gesellschafter einzuschalten sind. Ist er nicht in der Lage, die Angelegenheit auf gütlichem Wege zu bereinigen, so bleibt, so-

8 Vgl. S. 348.

9 Dies im Gegensatz zur Übertragung bestimmter Aufgaben an ein Mitglied der Geschäftsführung innerhalb der Gesamtgeschäftsführung, S. 56.

weit der Aufsichtsrat keine Weisungsbefugnis besitzt, nur die Information an die Gesellschafter übrig[10].

II. Die Teamarbeit der Geschäftsführer im Gremium der Geschäftsführung

Unabhängig von der Zahl der Geschäftsführer, die in der GmbH tätig sind, bilden sie gemeinsam das Gremium der Geschäftsführung. Dieses Gremium ist seinem Wesen nach ein Team, in dem die Geschäftsführer nach den Regeln der Teamarbeit gemeinsam die Aufgaben der Gesamtgeschäftsführung erfüllen müssen.

Pflicht jedes Mitglieds der Geschäftsführung ist es, alles zu tun, um das Funktionieren der Teamarbeit zu gewährleisten.

1. Grundregeln für die Teamarbeit

- Jedes Mitglied der Geschäftsführung hat die übrigen Mitglieder als gleichberechtigte Partner anzuerkennen. Es hat ihre in den Sitzungen der Geschäftsführung vorgebrachten Meinungen und Gedanken vorurteilslos zu prüfen und sachlich dazu Stellung zu nehmen.

  Toleranz ist eine der wichtigsten Voraussetzungen für erfolgreiche Arbeit im Gremium der Geschäftsführung.
- Jedes Mitglied der Geschäftsführung ist verpflichtet, zu den anstehenden Fragen Stellung zu nehmen, ohne sich dabei von einer falschen Rücksichtnahme gegenüber andersdenkenden Kollegen leiten zu lassen.

  Dabei muß sich der betreffende Geschäftsführer jedoch einer Form bedienen, die den Kollegen nicht verletzt und beleidigt oder persönlich kränkt. Er muß in seiner Kritik sachlich und objektiv bleiben und darf die weitere Zusammenarbeit nicht durch unnötige Schärfe oder den anderen herabsetzende Äußerungen gefährden.
- Kein Mitglied der Geschäftsführung darf seine aktive Mitarbeit davon abhängig machen, inwieweit das Gremium seiner Ansicht folgt oder nicht.
- Jedes Mitglied der Geschäftsführung ist verpflichtet, Beschlüsse der Geschäftsführung Dritten gegenüber zu vertreten, ohne seine gegensätzliche Meinung, z. B. seinen Mitarbeitern im Ressort gegenüber oder in der Öffentlichkeit, darzulegen (Prinzip der Loyalität).

---

10 Vgl. S. 340.

- Ordnungsgemäß zustande gekommene Beschlüsse der Geschäftsführung hat jedes Mitglied durchzuführen[11], gleichgültig, ob sie seiner persönlichen Auffassung entsprechen oder nicht.

  Hält ein Mitglied der Geschäftsführung einen von dieser gefaßten Beschluß für eine schwerwiegende Fehlentscheidung, die es nicht mittragen kann und will, so muß es dies ausdrücklich dem Gremium der Geschäftsführung gegenüber feststellen und, falls diese auf dem Beschluß beharrt, die Gesellschafter bzw. den Aufsichtsrat informieren.
- Kein Mitglied der Geschäftsführung hat das Recht, einem anderen Mitglied bezüglich seiner Tätigkeit im Gremium Weisungen irgendwelcher Art zu geben.
- Werden *innerhalb der Gesamtgeschäftsführung* bestimmte Aufgaben einem Mitglied der Geschäftsführung übertragen, so bleibt die Gesamtverantwortung der Geschäftsführung bestehen. Es kann daher jeder Geschäftsführer Einspruch gegen die Maßnahmen erheben, die das betreffende Mitglied der Geschäftsführung im Rahmen seines Auftrags durchzuführen beabsichtigt. Diese Maßnahmen müssen dann unterbleiben[12]. Der Fall ist erneut in der Geschäftsführung zu behandeln.
- Gefährdet ein Mitglied der Geschäftsführung wiederholt durch sein Verhalten die Teamarbeit und damit die Voraussetzung für eine effiziente Geschäftsführung, so ist dies ein wichtiger Grund für dessen Abberufung (§ 38 Abs. 2). Dies gilt insbesondere bei schwerwiegenden Zerwürfnissen oder persönlicher Verfeindung[13] zwischen Mitgliedern der Geschäftsführung.

2. Die Kontrolle innerhalb der Geschäftsleitung

- Da das Funktionieren der Teamarbeit von dem Verhalten jedes einzelnen Mitglieds abhängig ist, trägt auch jedes Mitglied Verantwortung für den Erfolg der Gesamtgeschäftsführung. Jeder, der im Team der Gesamtgeschäftsführung mitarbeitet, hat deshalb darauf zu achten,
  - daß die Mitglieder der Geschäftsführung bei der Wahrnehmung ihrer fachlichen Aufgaben im Gremium[14] die Sorgfalt eines ordentlichen Geschäftsleiters beachten (§ 43 Abs. 1);

11 *Meyer-Landrut* in Großkommentar AktG, § 77 Anm. 4c.

12 *U. H. Schneider*, FS Mühl, S. 633; *Scholz/U. H. Schneider*, § 37 Anm. 26; *Baumbach/Hueck/Zöllner*, § 37 Anm. 17. Dies im Gegensatz zur Geschäftsverteilung, bei der jedem Mitglied der Geschäftsführung ein bestimmtes Ressort zugewiesen ist (vgl. S. 71 ff.).

13 Dazu *Baumbach/Hueck/Zöllner*, § 38 Anm. 8; *Scholz/U. H. Schneider*, § 38 Anm. 50; vgl. auch S. 218.

14 Über deren Inhalt vgl. S. 76 ff.

- daß die Geschäftsführung als Ganzes ihrer Führungsverantwortung gegenüber den einzelnen Mitgliedern der Geschäftsführung in ihrer Eigenschaft als Leiter eines Ressorts genügt[15] und insbesondere ihre Kontrollaufgaben sachgemäß erfüllt;
- daß die Geschäftsführung die ihr obliegende allgemeine Berichtspflicht gegenüber den Gesellschaftern bzw. dem Aufsichtsrat erfüllt[16];
- daß die Geschäftsführung dem Verlangen eines Gesellschafters nach Erteilung von Auskünften im Einzelfall ordnungsgemäß nachkommt.

Diese Kontrolle vollzieht sich weitgehend automatisch im Rahmen der täglichen Zusammenarbeit. Wichtig ist jedoch, daß sich das einzelne Mitglied der Geschäftsführung seiner Kontrollpflicht bewußt ist, bei Verstößen gegen das ordnungsgemäße Verhalten seiner Kollegen entsprechend handelt und nicht Handlungen zuläßt bzw. Unterlassungen duldet, die mit der Sorgfalt eines ordentlichen Geschäftsleiters nicht zu vereinbaren sind.

Wird ein von einem Geschäftsführer gerügter Mangel von der Gesamtgeschäftsführung nicht abgestellt, so hat er die Gesellschafter zu informieren. Eventuell hat er eine Gesellschafterversammlung einzuberufen (§ 49 Abs. 2). Andernfalls haftet der Geschäftsführer, wenn durch seine Unterlassung der Gesellschaft Schaden entsteht.

15 Vgl. dazu S. 111 ff., 138 ff.
16 Vgl. S. 89 ff.

F. Die Willensbildung innerhalb der Geschäftsführung

Die Entscheidungsfindung innerhalb der Geschäftsführung erfolgt mit Hilfe der Diskussion und gegenseitiger Beratung. Dabei geht es nicht darum, vorgefaßte Meinungen der einzelnen Mitglieder zur Kenntnis zu nehmen, sondern gemeinsam in Rede und Gegenrede Erkenntnisse zu erarbeiten, die zu einer fundierten Entscheidung führen. Auf diese Weise wird das geistige Potential, das die GmbH in ihrer Geschäftsführung besitzt, am wirkungsvollsten zum Einsatz gebracht. Die Entscheidung selbst wird durch Beschlußfassung im Wege der Abstimmung getroffen.

I. Einstimmigkeit oder Mehrheitsbeschluß?

Das GmbH-Gesetz enthält keine Regelung darüber, ob die Beschlüsse der Geschäftsführung Einstimmigkeit voraussetzen oder mit Majorität gefaßt werden können. Dies im Gegensatz zum Aktiengesetz, wonach Vorstandsbeschlüsse „gemeinschaftlich" zu fassen sind und damit grundsätzlich der Einstimmigkeit bedürfen (§ 77 Abs. 1). Allerdings sind auch hier aufgrund der Satzung oder Geschäftsordnung Beschlüsse mit Stimmenmehrheit möglich und allgemein üblich.

- Im Prinzip sollte man davon ausgehen, daß im Gremium der Geschäftsführung Stimmenmehrheit genügt, wenn nicht ausdrücklich in der Satzung oder Geschäftsordnung Einstimmigkeit vorgesehen ist. Dies entspricht den Bedürfnissen der Praxis[1], und zwar aus folgenden Gründen:
  - Einstimmigkeit bei einer mehrköpfigen Geschäftsführung kann zu einer Lahmlegung ihrer Funktionsfähigkeit bei wichtigen Entscheidungen führen.
  - In einem solchen Fall müßte die Geschäftsführung sich an die Gesellschafter wenden. Bezieht sich die Beschlußfassung auf den der Geschäftsführung gewährten Freiraum, so ist damit eine Weisung der Gesellschafter ausgeschlossen. Den Gesellschaftern bleibt dann nur übrig, das Mitglied der Geschäftsführung, wenn es auf seiner Ablehnung beharrt, gemäß § 38 Abs. 1, je nach Sachlage auch gemäß § 38 Abs. 2 (wichtiger Grund), abzuberufen.
  - Anders ist die Situation, wenn die Entscheidung desjenigen, der die Gegenstimme abgibt, nicht mit seiner Sorgfaltspflicht (§ 43 Abs. 1) vereinbar ist. Der Freiraum schützt nicht vor pflichtwidrigem Han-

1 *Lang/Weidmüller*, § 27 Anm. 24.

deln[2]. Die Gesellschafter können in diesem Fall von ihrem Weisungsrecht Gebrauch machen.

- Soweit der Beschluß den der Geschäftsführung eingeräumten Freiraum nicht betrifft, können die Gesellschafter die Angelegenheit aufgrund einer Weisung bereinigen.
- Besitz der Aufsichtsrat Weisungsbefugnis, so kann er in der gleichen Weise vorgehen, andernfalls müßte er die Angelegenheit den Gesellschaftern vortragen.

- Für bestimmte Beschlüsse kann durch die Satzung oder die Geschäftsordnung eine qualifizierte Mehrheit vorgesehen werden.
- Ein Mitglied der Geschäftsführung hat kein Stimmrecht, wenn es sich um seine Befreiung von einer Verbindlichkeit oder einen gegen das Mitglied gerichteten Anspruch handelt.
- Geheime Abstimmungen sind unzulässig. Die Offenlegung ist mit Rücksicht auf § 43 Abs. 2 nötig, wonach Mitglieder der Geschäftsführung zum Ersatz des aus ihrer Geschäftsführung entstandenen Schadens als Gesamtschuldner verpflichtet sind. Stimmenthaltungen gelten als Neinstimmen[3].

II. Die Verantwortung eines Mitglieds der Geschäftsführung für einen Beschluß des Gremiums

Vielfach wird von den Mitgliedern der Geschäftsführung, aber auch von den Gesellschaftern und Aufsichtsräten, irrtümlich angenommen, daß jedes Mitglied der Geschäftsführung für einen mit Majorität gefaßten Beschluß verantwortlich sei, gleichgültig, ob es zugestimmt habe oder nicht. Dies ist jedoch nicht der Fall. Es gilt vielmehr folgendes:

- Ein Mitglied der Geschäftsführung, das gegen einen Beschluß des Gremiums gestimmt hat, ist für diesen Beschluß nicht verantwortlich. Die gegenteilige Auffassung verstößt gegen den obersten Rechtssatz, wonach jeder nur für das verantwortlich ist und dafür einzustehen hat, was er schuldhaft tut, duldet oder zu tun unterläßt.
- Wirkt ein Mitglied der Geschäftsführung jedoch an der *Ausführung* eines Beschlusses mit[4], dem es nicht zugestimmt hat, so muß es so angesehen werden, als ob es dem Beschluß zugestimmt hätte.

2 Vgl. S. 47.

3 *Scholz/U. H. Schneider*, § 37 Anm. 21.

4 Vgl. zur Mitwirkung bei der Ausführung fehlerhafter Beschlüsse *Hefermehl* in Geßler/Hefermehl/Eckardt/Kropff, §93 Anm. 27; *Mertens* in Kölner Kommentar zum AktG, § 77 Anm. 22.

- Kommt ein Mitglied der Geschäftsführung zu der Überzeugung, daß ein Beschluß der Geschäftsführung nicht mit der Sorgfalt eines ordentlichen Geschäftsleiters zu vereinbaren ist,
  - so darf es sich nicht damit begnügen, dagegen gestimmt zu haben,
  - oder seine abweichende Meinung bzw. einen Protest gegen diesen Beschluß mit eingehender Begründung zu Protokoll geben;
  - es ist vielmehr verpflichtet, auf seine Kollegen im Gremium der Geschäftsführung einzuwirken, um sie zur Rücknahme des Beschlusses zu bewegen.
  - Gelingt dies nicht, so darf sich das widersprechende Mitglied der Geschäftsführung nicht damit zufriedengeben[5]. Es muß vielmehr die Gesellschafter informieren und notfalls die Gesellschafterversammlung einberufen (§ 49 Abs. 2).

  Führt auch diese Maßnahme nicht zum Erfolg, so ist der widersprechende Geschäftsführer entlastet[6].

  Ob ihm zu raten ist, sein Amt aus wichtigem Grund niederzulegen, hängt davon ab, ob ihn die Durchführung des Beschlusses zur Mitwirkung verpflichtet. Ist dies der Fall, so kann trotz erfolgter Entlastung in bezug auf den Beschluß die Durchführung zur Belastung führen.

  Durch die Niederlegung des Amtes aus wichtigem Grund werden die Ansprüche auf vertragsmäßige Vergütung nicht berührt[7].

III. Das Vetorecht gegen Mehrheitsentscheidungen

Es liegt im Belieben der Gesellschafter, einem Mitglied der Geschäftsführung oder einer Minderheit ein Vetorecht einzuräumen[8]. Dazu folgendes:

- Das Vetorecht bezieht sich nur auf positive, nicht auf negative Entscheidungen der Geschäftsführung[9]. Das Veto ist zu begründen, andernfalls ist es nicht zu beachten. Ein Veto mit der Begründung, daß der Betreffende sich kein Urteil über die Richtigkeit der zu treffenden

---

5 *Roth*, § 43 Anm. 3.5; *Hachenburg/Mertens*, § 43 Anm. 20; *Schilling* in Großkommentar AktG, § 93 Anm. 24; *Mertens* in Kölner Kommentar zum AktG §77 Anm. 21; *Lang/Weidmüller*, § 34 Anm. 41.

6 *Roth*, § 43 Anm. 3.5.

7 *Schilling* in Großkommentar AktG, § 93 Anm. 22.

8 Zum Vetorecht bei der Aktiengesellschaft vgl. *Hefermehl* in Geßler/Hefermehl/Eckhardt/Kropff, § 77 Anm. 11; *Meyer-Landrut* in Großkommentar AktG, § 77 Anm. 14; *Mertens* in Kölner Kommentar zum AktG, § 77 Anm. 8; hinsichtlich der Genossenschaft *Höhn*, Brevier für Vorstände von Genossenschaften, S. 65 ff.

9 *Hefermehl* in Geßler/Hefermehl/Eckhardt/Kropff, § 77 Anm. 11.

Entscheidung zu bilden vermag, ist gegenstandslos. Jedem Mitglied der Geschäftsführung ist eine Urteilsbildung darüber, wie sich eine Maßnahme für die Gesellschaft auswirkt, zuzumuten[10].

- Der dem Veto entgegenstehende Beschluß darf, solange das Veto besteht, nicht vollzogen werden. Das Veto hat also eine die Ausführung des Beschlusses verhindernde Wirkung.
- Das Vetorecht kann nicht willkürlich ausgeübt werden. Es steht unter dem Gebot des § 43 Abs. 1, der von jedem Mitglied der Geschäftsführung die Sorgfalt eines ordentlichen und gewissenhaften Geschäftsleiters bei allen seinen Handlungen verlangt.
- Kommen die Mitglieder der Geschäftsführung zu dem Ergebnis, daß ihr Kollege mit seinem Veto gegen diese Sorgfaltspflicht verstößt, so gilt folgendes:
  - Sie sind verpflichtet, die Gesellschafter zu informieren, wenn es sich um eine im Interesse der GmbH wichtige Angelegenheit handelt.
  - Sind die Gesellschafter der Meinung, daß der Geschäftsführer mit seinem Veto pflichtwidrig handelt, so sind sie verpflichtet, durch Gesellschafterbeschluß die Geschäftsführer anzuweisen, das Veto als gegenstandslos zu betrachten und das Geschäft durchzuführen.
- Entsteht aufgrund der pflichtwidrigen Ausübung des Vetorechts durch einen der Geschäftsführer der GmbH ein Schaden, so ist er ersatzpflichtig (§ 43 Abs. 2).

IV. Die Patt-Situation im Gremium der Geschäftsführung

Hier gilt es, zwischen der Patt-Situation bei einer mehrköpfigen und einer aus zwei Mitgliedern bestehenden Geschäftsführung zu unterscheiden.

1. Die Patt-Situation in einer mehrköpfigen Geschäftsführung

Patt-Situationen sollte man vermeiden, indem man eine ungerade Zahl von Mitgliedern der Geschäftsführung vorsieht oder in der Satzung bestimmt, daß ein Mitglied mit seiner Stimme den Ausschlag gibt *(Stichentscheid).* Andernfalls gilt das gleiche wie hinsichtlich der Patt-Situation bei einer aus zwei Mitgliedern bestehenden Geschäftsführung, die wir im folgenden behandeln.

10 *Hachenburg/Mertens,* § 43 Anm. 34.

2. Die Patt-Situation bei einer aus zwei Mitgliedern bestehenden Geschäftsführung

Hier können die Gesellschafter eine Patt-Situation ebenfalls dadurch vermeiden, daß sie eines der Mitglieder berechtigen, durch seine Stimme den Ausschlag zu geben[11]. Ist dies nicht der Fall, so gilt folgendes:

- Wird durch die Patt-Situation ein Beschluß der Geschäftsführung verhindert, so hat das Mitglied der Geschäftsführung, dessen Antrag nicht zur Durchführung kam, zu prüfen, ob es sich bei Wahrung der Sorgfalt eines ordentlichen Geschäftsleiters damit abfinden will.

  Beispiel:
  Bei der Frage, ob eine bestimmte Agentur mit einer Werbeaktion beauftragt werden soll, kam es zur Patt-Situation. Der Kollege fügte sich der für ihn negativen Entscheidung, weil es sich um eine aus seiner Sicht zweitrangige Angelegenheit handelte.

- Andernfalls ist das Mitglied der Geschäftsführung, das mit seinem Antrag nicht zum Zuge kam, verpflichtet, die Gesellschafter zu informieren bzw. eine Gesellschafterversammlung einzuberufen (§ 49 Abs. 2).

  Kommen die Gesellschafter zu dem Ergebnis, daß die Ablehnung mit der Sorgfalt eines ordentlichen Geschäftsleiters nicht vereinbar sei, so sind sie verpflichtet, den betreffenden Geschäftsführer darüber zu informieren und ihn zu bitten, seine ablehnende Haltung aufzugeben, nötigenfalls durch Weisung die Angelegenheit zu erledigen.

  Beispiel:
  Bezüglich der Frage, ob man sich der neuen Technologien in der gleichen umfassenden Weise bedienen solle wie die Konkurrenz, kam es in der Geschäftsführung zur Patt-Situation. Aufgrund der Bedeutung der Angelegenheit wurden die Gesellschafter informiert.

V. Der Vorsitzende in einer mehrköpfigen Geschäftsführung und seine Rolle bei der Willensbildung

Die Frage, ob es überhaupt einen Vorsitzenden der Geschäftsführung geben und welche Rolle er spielen soll, hängt von den Gesellschaftern ab. Entscheiden sie sich für einen Vorsitzenden,

– so können sie ihm eine überragende Position einräumen.

11 Dies im Gegensatz zum Genossenschaftsrecht (§ 24 Abs. 2 GenG), wonach ein Alleinentscheidungsrecht eines Mitglieds des Vorstands gesetzwidrig ist.

- Sie können ihm aber auch lediglich Repräsentationsaufgaben übertragen und damit z. B. dem Prestige-Bedürfnis eines langjährigen Mitglieds der Geschäftsführung unter gleichzeitiger Anerkennung seiner Verdienste Rechnung tragen.

1. Der Vorsitzende als der „starke Mann“ in der Geschäftsführung

Dies war er einmal gemäß dem Aktiengesetz von 1937, in dem seine Position dem Führerprinzip entsprechend gestaltet worden war. Er konnte eine Entscheidung, die im Vorstand anstand, an sich ziehen und sie gegen den Willen seiner Vorstandskollegen treffen. Nach dem Aktiengesetz vom 6. 9. 1965 besitzt er diese Stellung jedoch nicht mehr. Es geht vom *Kollegialprinzip* aus. Dementsprechend heißt es in § 77 Abs. 1 S. 2 AktG:

> „. . . es kann jedoch nicht bestimmt werden, daß ein oder mehrere Vorstandsmitglieder Meinungsverschiedenheiten im Vorstand gegen die Mehrheit seiner Mitglieder entscheiden.“

Dies ist zwingendes Recht und kann auch nicht durch eine entgegenstehende Bestimmung in der Satzung geändert werden[12].

Bei einer GmbH ist die Situation anders. Die Gesellschafter, die über die innere Verfassung der GmbH entscheiden, können dem Vorsitzenden der Geschäftsführung aufgrund der Satzung oder eines Gesellschafterbeschlusses eine überragende Stellung geben und ihn zu dem starken Mann machen, der er einstmals vor dem Aktiengesetz von 1965 in der Aktiengesellschaft war. Dies bedeutet:

- Die Gesellschafter können bestimmen, daß der Vorsitzende eine Angelegenheit an sich ziehen und entscheiden kann, wenn es darüber in einer mehrköpfigen Geschäftsführung zu keiner Einigung kommt.

  Eine solche Regelung hat natürlich schwerwiegende Folgen für die Zusammenarbeit innerhalb der Geschäftsführung. Die Geschäftsführer-Kollegen diskutieren dann nur solange, bis sie merken, daß der Vorsitzende ernsthaft auf seiner Meinung beharrt. Dann schwenken sie ein, um nicht durch eine von ihm entgegen ihrer Vorstellung getroffene Entscheidung das Gesicht zu verlieren. Wenn man von den Mitgliedern einer solchen Geschäftsführung hört:

12 Vgl. dazu *Hefermehl* in Geßler/Hefermehl/Eckhardt/Kropff, § 77 Anm. 9; *Meyer-Landrut* in Großkommentar AktG, § 77 Anm. 4.

> „Wir diskutieren so lange, bis wir zu einer Einigung kommen, und dies ist bis jetzt immer der Fall gewesen",

so muß man wissen, daß diese Übereinstimmung vielfach nur vorgetäuscht ist. Die Geschäftsführer *wurden geeinigt* aufgrund der überragenden Position ihres Vorsitzenden.

- Die Gesellschafter können weiterhin bestimmen, daß bei einer Patt-Situation innerhalb der Geschäftsführung die Stimme des Vorsitzenden den Ausschlag gibt.

  Die Gesellschafter wollen auf diese Weise vermeiden, daß sie mit der aus der Patt-Situation entstehenden Entscheidungsunfähigkeit der Geschäftsführung konfrontiert und gezwungen werden, selbst die anstehende Entscheidung zu treffen.

  Auch hier stellt sich in der Regel binnen kurzem heraus, daß es zu solchen Patt-Situationen nicht mehr kommt, da der Geschäftsführer-Kollege bzw. die Geschäftsführer-Kollegen genau wissen, in welche Situation sie geraten, wenn sie auf ihrer Meinung beharren.

  In all diesen Fällen, in denen es zu einem gemeinsamen Beschluß im Gremium der Geschäftsführung kommt, wenn auch unter dem mehr oder weniger großen Druck des Vorsitzenden, sind sie jedoch für ihren Beschluß verantwortlich und haften persönlich (§ 43 Abs. 2).

- Die Gesellschafter können dem Vorsitzenden der Geschäftsführung ein Vetorecht einräumen[13].

- Kommt ein Geschäftsführer zu der Überzeugung, daß die Entscheidung des Vorsitzenden nicht der Sorgfalt eines ordentlichen und gewissenhaften Geschäftsleiters entspricht, und gelingt es ihm nicht, die Angelegenheit mit dem Vorsitzenden selbst zu bereinigen, so ist er verpflichtet, die Gesellschafter zu informieren. Es genügt also nicht, daß er seine abweichende Meinung lediglich zu Protokoll gibt.

  In einem solchen Fall kommt es allerdings zu einer offenen Konfrontation mit dem Vorsitzenden der Geschäftsführung, die jeder Geschäftsführer verständlicherweise möglichst zu vermeiden sucht. Aus diesem Grunde wird vielfach ein Vorgehen unterlassen, das im Interesse der Gesellschaft notwendig wäre. Dies hat entsprechende Haftungskonsequenzen für den Geschäftsführer, der sich pflichtwidrig verhält (§ 43 Abs. 1).

- Des weiteren haben die Gesellschafter die Möglichkeit, dem Vorsitzenden die Kontrolle über die Mitglieder der Geschäftsführung in ihrer

13 *Scholz/U. H. Schneider,* § 37 Anm. 29; *Baumbach/Hueck/Zöllner,* § 37 Anm. 17. Dies gilt jedoch nicht für die mitbestimmte GmbH gemäß MitbestG 1976 mit Rücksicht auf die Rechtsstellung des Arbeitsdirektors.

Eigenschaft als Ressortleiter in fachlicher wie führungsmäßiger Hinsicht zu übertragen[14].

Sie können ihm darüber hinaus die Befugnis geben, bei Feststellung von Mängeln Weisungen an die einzelnen Leiter eines Ressorts zu geben, die ohne eine solche Regelung nur der Geschäftsführung als Ganzes vorbehalten bleiben. Sie verstärken damit die Machtposition des Vorsitzenden erheblich.

- Die Gesellschafter können überdies dem Vorsitzenden zu einer starken Hausmacht verhelfen, indem sie ihm besonders wichtige Ressorts in Personalunion übertragen, so z. B. Produktion, Einkauf und Finanzen.

  Dabei ist allerdings folgendes zu beachten:
  Eine solche Ausgestaltung der Position des Vorsitzenden der Geschäftsführung widerspricht den Grundprinzipien eines kooperativen Führungsstils innerhalb der Geschäftsführung und macht zugleich eine echte Teamarbeit an der Unternehmensspitze unmöglich. Die Gesellschafter müssen sich deshalb sehr überlegen, ob sie einem Vorsitzenden tatsächlich eine solche Machtposition geben wollen. Sie riskieren sonst, daß sich „gestandene" Geschäftsführer mit einer solchen Regelung nicht abfinden, das ihnen angebotene Amt nicht antreten oder es bald wieder niederlegen, wenn sie die Auswirkungen zu spüren bekommen.

- Den Gesellschaftern ist es jedoch nicht möglich, dem Vorsitzenden der Geschäftsführung die alleinige gerichtliche und außergerichtliche Vertretung der Gesellschaft zu übertragen. Dies würde dem § 35 widersprechen, nach dem „die Gesellschaft durch die Geschäftsführer gerichtlich und außergerichtlich" vertreten wird. Kein Geschäftsführer kann hiernach von der Vertretung ausgeschlossen werden[15].

2. Der Vorsitzende der Geschäftsführung aus Prestigegründen

Viel häufiger als dem starken Mann begegnet man in der Praxis einem Vorsitzenden, der von den Gesellschaftern mehr oder weniger aus Prestigegründen oder in Anerkennung seiner Verdienste dazu ernannt worden ist.

Beispiel:
Von den drei Mitgliedern einer Geschäftsführung schieden zwei aus Altersgründen kurz hintereinander aus. Die Gesellschafter bestellten zwei neue Herren im Alter von 38 und 41 Jahren. Gleichzeitig ernannten sie den aus der

14 Vgl. dazu S. 145 ff.
15 Vgl. S. 9 ff.

bisherigen Geschäftsführung übriggebliebenen Herrn, der in zehn Jahre die Altersgrenze erreichen würde, zum Vorsitzenden der Geschäftsführung, die bisher nur einen Sprecher besaß. In dem Bestellungsschreiben hieß es:
„Wir ernennen Sie in Anerkennung Ihrer langjährigen Verdienste zum Vorsitzenden der Geschäftsführung. In dieser Position betrauen wir Sie neben der Leitung der Sitzungen der Geschäftsführung insbesondere mit der Wahrnehmung der Repräsentationsaufgaben unserer Gesellschaft. Wir hoffen, daß das gute Verhältnis, das in den langen Jahren Ihrer Zusammenarbeit mit den ausgeschiedenen Herren bestand, auch die neue Geschäftsführung auszeichnen wird."

In einem solchen Fall rückt der Vorsitzende nicht in die Position des starken Mannes ein, die wir vorstehend gekennzeichnet haben. Jedoch ist in der Praxis oft zu beobachten, daß dem Vorsitzenden vom Gremium der Geschäftsführung bestimmte zusätzliche Funktionen übertragen werden, wenn es ihm gelingt das Vertrauen der Kollegen zu gewinnen und die Gesellschafter damit einverstanden sind. So kann z. B. folgendes geschehen:

- Der Vorsitzende wird durch den Beschluß der Geschäftsführung zum Empfangsorgan der Mitteilungen der Gesellschafter bzw. des Aufsichtsrats bestimmt. Dies bedeutet:
  - Aufgrund der sich daraus ergebenden ständigen Kontakte mit den Gesellschaftern oder deren Sprecher ist er in der Lage, das vertrauensvolle Verhältnis zwischen Gesellschaftern und Geschäftsführung entscheidend zu fördern, insbesondere diesen die von der Geschäftsführung gefaßte Beschlüsse zu erläutern[16].
  - Darüber hinaus vermag der Vorsitzende Meinungsverschiedenheiten zwischen Gesellschaftern und Geschäftsführung vor einer gemeinsamen Sitzung mit den Gesellschaftern zu besprechen und die Möglichkeiten eines Kompromisses auszuloten.

  Beides gilt, soweit ein Aufsichtsrat vorhanden ist, auch diesem gegenüber.
- Der Vorsitzende wird beauftragt, die Koordinierung der Arbeit hinsichtlich der im *Gremium der Geschäftsführung* anfallenden Aufgaben federführens vorzunehmen.

  Er kann dabei zwar keine Anordnungen treffen, sondern muß sich aufgrund seiner persönlichen Überzeugungskraft durchsetzen; doch kann er auf diese Weise wesentlich zu einem reibungslosen und effizienten Ablauf der Zusammenarbeit in der Geschäftsführung beitragen.

16 *Scholz/U. H. Schneider,* § 37 Anm. 29. Die Beschränkung des Vorsitzenden auf die Organisation der Meinungsbildung zwischen den Geschäftsführern und Erklärung der Beschlüsse der Geschäftsführung gegenüber den anderen Gesellschaftsorganen ist jedoch zu eng.

- Der Vorsitzende wird mit der Durchführung der vom Gremium der Geschäftsführung gefaßten Beschlüsse und dem entsprechenden Bericht an die Geschäftsführung beauftragt.
- Der Vorsitzende wird beauftragt, im Namen der Geschäftsführung *stabsmäßig* die Kontrolle über die Mitglieder der Geschäftsführung in ihrer Eigenschaft als Leiter eines Ressorts hinsichtlich der Erfüllung ihrer Fach- und Führungsaufgaben wahrzunehmen. Über das Ergebnis hat er der Geschäftsführung zu berichten und dabei Vorschläge über die gegebenenfalls zu ergreifenden Maßnahmen im Einzelfall zu machen[17].
- Die dem Vorsitzenden eingeräumte Kontrollfunktion bedeutet jedoch keineswegs, daß er in seiner Eigenschaft als Leiter eines Ressorts von der Kontrolle hinsichtlich seines eigenen Ressorts ausgenommen wird[18]. Das Gremium muß vielmehr bestimmen, wer in seinem Namen die Kontrolle über die ordnungsgemäße Wahrnehmung der Ressortaufgaben des Vorsitzenden übernehmen soll.

  Das Gremium kann sich natürlich vorbehalten, diese Kontrolle in einer Sitzung der Geschäftsführung selbst wahrzunehmen und die Ergebnisse im Protokoll festzuhalten.

  Daß der Vorsitzende es vielfach als eine Anmaßung betrachtet, wenn seine Kollegen Kontrolle über seine Tätigkeit als Leiter eines Ressorts ausüben, ist eine andere Frage. An der Pflicht zur Kontrolle sowie der Haftung der Geschäftsführung als Ganzes, wenn sie dieser Pflicht nicht genügt, ändert dies jedoch nichts.

Insgesamt verschaffen all diese Aufgaben dem Vorsitzenden eine überragende Position im Gremium der Geschäftsführung, die das Vertrauen seiner Kollegen voraussetzt, obwohl dies ursprünglich bei seiner Ernennung nicht vorgesehen war.

Beherrscht der Vorsitzende darüber hinaus die bei der Leitung einer Sitzung der Geschäftsführung geltenden Spielregeln, versteht er es, zuzuhören, um erst im richtigen Moment seine Ansicht in der Diskussion zu äußern, vermeidet er insbesondere den Anschein jedes autoritären Auftretens, so ist ihm damit auch ein entscheidender Einfluß auf die Beschlüsse des Gremiums sicher.

17 Vgl. dazu S. 145 ff.
18 So richtig hinsichtlich der Aktiengesellschaft *Dose,* Die Rechtsstellung der Vorstandsmitglieder einer Aktiengesellschaft, S. 157 f.; hinsichtlich der Genossenschaft, *Höhn,* Brevier für Vorstände von Genossenschaften, S. 81, 87.

3. Die Organisationsaufgabe des Vorsitzenden der Geschäftsführung

Gleichgültig, ob der Vorsitzende zum starken Mann in der Geschäftsführung von den Gesellschaftern bestimmt wird oder nicht, hat er bestimmte organisatorische Aufgaben zu erfüllen. Dazu gehört:

- Die Festlegung der turnusmäßigen Sitzungen sowie die Bildung von eventuellen Ausschüssen zur Vorbereitung der Beschlüsse der Geschäftsführung;
- die Vorbereitung der Sitzungen der Geschäftsführung sowie ihre ordnungsgemäße Einberufung und Durchführung. Das gleiche gilt für gemeinsame Sitzungen der Geschäftsführung mit den Gesellschaftern bzw. dem Aufsichtsrat;
- die Pflicht, für die Anfertigung eines ordnungsgemäßen Sitzungsprotokolls Sorge zu tragen. Es besitzt eine hohe Beweiskraft dafür, ob die Geschäftsführung die Sorgfalt eines ordentlichen und gewissenhaften Geschäftsleiters im Einzelfall erfüllt hat.

  Ob der Vorsitzende oder alle Mitglieder der Geschäftsführung das Protokoll unterzeichnen, ist eine Frage, die die Geschäftsordnung zu regeln hat.

4. Die besondere Verantwortung des Vorsitzenden der Geschäftsführung und seine persönliche Haftung

Aus den besonderen Aufgaben des Vorsitzenden ergibt sich zusätzlich eine besondere Verantwortung, der er mit der Sorgfalt eines ordentlichen und gewissenhaften Geschäftsleiters zu genügen hat. Die sich daraus ergebende persönliche Haftung trifft ihn, wenn er

- es unterläßt, ein Mindestmaß an Organisation innerhalb der Geschäftsführung vorzunehmen, aufgrund deren die Geschäftsführung zur ordnungsgemäßen Wahrnehmung ihrer Aufgaben erst fähig wird, also z. B. die Festlegung turnusmäßiger Sitzungen;
- die Pflichten nicht erfüllt, die dem Vorsitzenden eines Kollegiums obliegen, d. h. die Sitzungen vorzubereiten, wozu die ordnungsgemäße Ladung unter Bezeichnung des Gegenstandes der Beschlußfassung gehört, die Diskussion nach den allgemein anerkannten Regeln zu leiten, Anträge zur Abstimmung zu stellen sowie aussagekräftige Beschlüsse herbeizuführen und diese protokollarisch festzulegen;
- Vorgänge, die ihm aus dem engen Kontakt mit den Gesellschaftern bzw. dem Aufsichtsrat bekannt geworden sind, dem Gremium der Geschäftsführung nicht oder nur filtriert mitteilt;

- Willenserklärungen für die Geschäftsführung abgibt, zu denen er nicht befugt war (§§ 177–179 BGB);
- da, wo ihn die Geschäftsführung bevollmächtigt hatte, sie zu vertreten, diese Vertretung schuldhaft nicht im Sinne und Geist der Geschäftsführung vorgenommen hat.

5. Der Vorsitzende der Geschäftsführung im Bewußtsein der Öffentlichkeit

Im Bewußtsein der Öffentlichkeit gilt der Vorsitzende eines Vorstands weitgehend als der „Chef" des Unternehmens, ungeachtet dessen, daß es eine solche Position nach dem Aktiengesetz, wie dargelegt, gar nicht gibt[19]. Die Medien unterstützen mit ihrer Berichterstattung diese Auffassung. Sie sprechen z. B. vom „Chef der Deutschen Bank" oder dem „Chef von Daimler-Benz". Man kann sich offenbar schwer vorstellen, daß es ein Gremium gibt, an dessen Spitze niemand steht, der „das Sagen hat" und dem sich die anderen zu fügen haben. Die überkommene autoritäre Vorstellungswelt wirkt hier weiter.

Das Gleiche gilt auch für den Vorsitzenden der Geschäftsführung einer GmbH, gleichgültig, ob ihm die Gesellschafter eine Chefposition eingeräumt haben oder nicht. Für die breite Öffentlichkeit ist er der „Chef", ihm wird Erfolg oder Mißerfolg der Geschäftsführung in erster Linie zugerechnet. Er selbst verstärkt durch sein Verhalten oft noch diesen Eindruck. Auf das Unternehmen kann sich dies ebenso positiv wie negativ auswirken, je nach der Persönlichkeit des Betreffenden.

19 Vgl. S. 63.

G. Die Verantwortung der Geschäftsführung für die Wahrnehmung ihrer fachlichen Aufgaben

Wenn man allgemein von der Verantwortung der Geschäftsführung und der sich daraus ergebenden Haftung spricht, so sind damit die einzelnen Mitglieder der Geschäftsführung gemeint, die das Gremium als Organ bilden. Es gilt hier das gleiche Prinzip wie für den Vorstand einer Aktiengesellschaft oder einer Genossenschaft.

Die folgenden Ausführungen sind auf die Verantwortung der Geschäftsführung im Innenverhältnis abgestellt[1].

I. Keine Verantwortung der Geschäftsführung für das Geschehen im Gesamtbereich der Gesellschaft

Weitgehend ist bei den Geschäftsführern der GmbH noch die Auffassung vertreten, daß der alleinige Geschäftsführer bzw. die Geschäftsführung als Ganzes für alles verantwortlich sei, was im Gesamtbereich der GmbH geschieht, und dafür auch persönlich haftbar gemacht werden könne. Von seiten der Gesellschafter wird diese Auffassung noch genährt und den Geschäftsführern oft sehr deutlich zum Ausdruck gebracht, daß sie die Gesamtverantwortung für das Geschehen in der GmbH tragen[2].

Dies ist jedoch ein schwerwiegender, das unternehmerische Handeln des einzelnen Geschäftsführers wie der Geschäftsführung als Ganzes stark beeinflussender Irrtum.

Wenn die Vorstellung von der Gesamtverantwortung der Geschäftsführung für das Geschehen in den ihr unterstehenden Bereichen zuträfe, so wäre damit für die Geschäftsführung einer GmbH der oberste Rechtssatz außer Kraft gesetzt, wonach jeder nur für das einzustehen hat, was er schuldhaft tut, duldet oder zu tun unterläßt. Dies würde bedeuten, daß für die Geschäftsführer einer GmbH die Grundsätze der *Gefährdungshaftung* und damit der Haftung für Zufall eintreten würden, wie dies z. B. bei der Tierhalterhaftung gemäß § 833 BGB[3] oder der Kraftfahrzeughalterhaftung nach § 7 StVG[4] der Fall ist.

---

1 Zur Verantwortung des Geschäftsführers im Außenverhältnis vgl. S. 183 ff.

2 Vgl. dazu *Höhn,* Wofür haftet der Vorstand einer Genossenschaftsbank persönlich?, S. 133 ff.; *Scholz/U. H. Schneider,* § 43 Anm. 38.

3 Hier heißt es:
„Wird durch ein Tier ein Mensch getötet oder der Körper oder die Gesundheit

Eine derartige Haftung greift jedoch nur Platz, wenn dies, wie in den vorgenannten Fällen, jeweils ausdrücklich gesetzlich bestimmt ist. Dies ist weder im Aktiengesetz noch im GmbH-Gesetz der Fall. Im Gegenteil: In § 93 Abs. 1 AktG heißt es, daß der Vorstand bei seiner Geschäftsführung die „Sorgfalt eines ordentlichen und gewissenhaften Geschäftsleiters" anzuwenden hat. Für die Haftung des Vorstands ist damit Verschulden Voraussetzung. Das gleiche gilt gemäß § 43 Abs. 1 für die Haftung der Geschäftsführer einer GmbH in Angelegenheiten der Gesellschaft. Sie haben also nicht für fremdes Verschulden, sondern nur für eigene Pflichtverletzung einzustehen[5].

Daß es eine Gesamtverantwortung der Geschäftsführung als Ganzes gibt, ist nicht zu bestreiten. Es ist aber dringend notwendig, festzustellen, worin sie besteht und was sie beinhaltet. Dies wird in den folgenden Abschnitten geschehen.

II. Keine Verantwortung der Geschäftsführung für das Fehlverhalten eines Geschäftsführers als Leiter eines Geschäftsbereichs

Da die Geschäftsführung grundsätzlich nur für eigenes Verschulden verantwortlich ist, können Fehlentscheidungen eines Geschäftsführers in seiner Eigenschaft als Leiter eines Ressorts ihr nicht zugerechnet werden. Auch hier bestehen, wie man immer wieder feststellen kann, sowohl von seiten der Geschäftsführer als auch der Gesellschafter völlig irrige Auffassungen.

Eine Befragung von über 150 Geschäftsführern ergab:

> 93% der Geschäftsführer hielten es für selbstverständlich, daß die Geschäftsführung als Ganzes für Fehlentscheidungen eines Ressortkollegen sowie für Fehler von dessen Mitarbeitern einzustehen habe.

Zur Unterstützung dieser Ansicht wird auf folgende vielfach in den Geschäftsordnungen vorhandene Bestimmung verwiesen:

---

eines Menschen verletzt oder eine Sache beschädigt, so ist derjenige, welcher das Tier hält, verpflichtet, dem Verletzten den daraus entstehenden Schaden zu ersetzen."

4 Hier wird bestimmt:
„Wird bei dem Betrieb eines Kraftfahrzeugs ein Mensch getötet, der Körper oder die Gesundheit eines Menschen verletzt oder eine Sache beschädigt, so ist der Halter des Fahrzeugs verpflichtet, dem Verletzten den daraus entstehenden Schaden zu ersetzen."

5 *Roth,* § 43 Anm. 3.5; *Scholz/U. H. Schneider,* § 43 Anm. 30; *Meyer/Meulenbergh/Beuthien,* § 34 Anm. 6; *Lang/Weidmüller,* § 34 Anm. 38; *Müller,* § 34 Anm. 21.

- „Unbeschadet der Gesamtverantwortung der Geschäftsführer leitet jeder Geschäftsführer den ihm übertragenen Geschäftsbereich"; oder
- „Auf der Grundlage eines Geschäftsverteilungsplans ist jedes Mitglied der Geschäftsführung vorrangig für sein Arbeitsgebiet verantwortlich, ohne daß sich dadurch an der Gesamtverantwortung der Geschäftsführung etwas ändert."

Demgegenüber stellt *Mertens* in aller Deutlichkeit fest:

> „Ist einem Geschäftsführer durch Satzung, Geschäftsordnung, Anstellungsvertrag oder durch Gesellschafterbeschluß ein bestimmter Aufgabenbereich innerhalb der Geschäftsführung zugewiesen, so tragen die anderen Geschäftsführer nicht die volle Verantwortung für das betreffende Arbeitsgebiet."

Das Schwergewicht ihrer Tätigkeit liegt dann in der ordnungsgemäß vorgenommenen Überwachung[6].

- Die Geschäftsführung trägt also
  - die Verantwortung für die von ihr vorzunehmenden Handlungen und Entscheidungen in ihrem Bereich *(Handlungsverantwortung).*
  - Dazu trägt sie gegenüber den Geschäftsführern in ihrer Eigenschaft als Ressortleiter die *Führungsverantwortung,* deren Herzstück die Kontrolle ist[7].
- Für Fehler eines Geschäftsführers in seiner Eigenschaft als Ressortleiter hat die Geschäftsführung als Ganzes nur dann einzustehen, wenn sie es versäumt hat,
  - Kontrolle über den Ressortleiter in fachlicher wie führungsmäßiger Hinsicht auszuüben[8] oder Konsequenzen aus den Kontrollergebnissen zu ziehen *(Kontrollverschulden);*

---

6 *Hachenburg/Mertens,* § 43 Anm. 33; *Scholz/U. H. Schneider,* § 43 Anm. 35, 40; BFH vom 26. 4. 1984 – V R 128/79, GmbHR 1985, 30 (31).

7 So eindeutig *Hefermehl* in Geßler/Hefermehl/Eckardt/Kropff, § 93 Anm. 26: „Jedes Vorstandsmitglied trägt zunächst für sein ihm zugewiesenes Arbeitsgebiet die volle Verantwortung. Im übrigen tritt haftungsrechtlich eine weitgehende Entlastung ein, da es ihm aufgrund der Geschäftsverteilung verwehrt ist, in die anderen Mitgliedern zugewiesenen Tätigkeitsbereiche einzugreifen. Eine Arbeitsaufteilung bewirkt jedoch trotz größter Spezialisierung nicht, daß ein Vorstandsmitglied sich nur noch auf sein eigenes Arbeitsgebiet beschränken darf und sich um die Tätigkeit der anderen Mitglieder nicht mehr zu kümmern braucht. Von seiner Verantwortung für die gesamte Geschäftsführung wird ein Vorstandsmitglied durch eine Aufteilung der Tätigkeitsbereiche nicht befreit . . . Aber Inhalt und Ausmaß der allgemeinen Sorgfaltspflicht wandeln sich. Die Pflicht zur unmittelbar verwaltenden Tätigkeit beschränkt sich auf den eigenen Arbeitskreis, hinsichtlich der Arbeitskreise der anderen Vorstandsmitglieder ist sie eine Pflicht zur allgemeinen Beaufsichtigung (Überwachung) geworden."

8 *Baumbach/Hueck/Zöllner,* § 43 Anm. 17; *Roth,* § 43 Anm. 2.2.d.; *Hachenburg/Mertens,* § 43 Anm. 33; *Hefermehl* in Geßler/Hefermehl/Eckardt/Kropff, § 93 Anm. 20; vgl. dazu den Abschnitt „Die Kontrolle von Kollegen über Kollegen", S. 145 ff.

- im Rahmen der Gesamtzielsetzung Einzelziele (Solls) zu setzen, die Schwerpunkte für die Arbeit des Ressortleiters zu bestimmen oder Richtlinien zu geben, soweit sich diese die Gesellschafter nicht selbst vorbehalten haben[9];
- die Information des Ressortleiters ordnungsgemäß wahrzunehmen *(Informationsverschulden)*[10];
- Maßnahmen zu ergreifen, als sich herausstellte, daß der Ressortleiter seine Aufgaben nicht mehr ordnungsgemäß zu erfüllen vermochte *(Auswahlverschulden)*[11].

Die Führungsverantwortung der Geschäftsführung bedeutet also mehr als bloße Kontrollverantwortung, was vielfach übersehen wird.

- Für Fehler der Mitarbeiter eines Geschäftsführers in seiner Eigenschaft als Ressortleiter hat die Geschäftsführung nur einzustehen, wenn sie versäumt hat,
  - die Kontrolle darüber auszuüben, ob der Ressortleiter seine Vorgesetztenpflichten gegenüber den ihm unterstellten Mitarbeitern erfüllt hat *(Kontrolle der Kontrolle)*[12];
  - Maßnahmen zu ergreifen, wenn sich herausstellt, daß der Ressortleiter in seiner Eigenschaft als Vorgesetzter nicht in der Lage ist, diese Position ordnungsgemäß wahrzunehmen.
- Der Geschäftsführer ist in seiner Eigenschaft als Ressortleiter für Fehler eines seiner Mitarbeiter nur verantwortlich, wenn er es versäumt hat,
  - einen Mitarbeiter auszusuchen, der in der Lage ist, seine fachlichen Aufgaben und Vorgesetztenpflichten zu erfüllen *(Auswahlverschulden)*;
  - ihm Ziele zu setzen und Richtlinien zu geben;
  - ihn ordnungsgemäß einzuweisen;
  - ihn sachgerecht zu informieren und mit der nötigen Sorgfalt zu kontrollieren[13].

Beispiel:
Der dem Geschäftsführer einer GmbH unterstehende Einkaufsleiter hatte die Kompetenz, Einkäufe bis zu DM 300 000,– zu tätigen. Er traf eine Fehlentscheidung, die der GmbH einen Schaden von über DM 250 000,– ein-

9 Vgl. S. 122 ff.
10 Vgl. S. 128 ff.
11 Vgl. dazu den Abschnitt „Die Überwachung der fortdauernden Eignung der Ressortleiter durch die Geschäftsführung", S. 107 ff.
12 Vgl. dazu S. 145 ff.; *Scholz/U. H. Schneider,* § 43 Anm. 30, 38.
13 Vgl. dazu *Höhn,* Wofür haftet der Vorstand einer Genossenschaftsbank persönlich?, S. 133 ff.; *Scholz/U. H. Schneider,* § 43 Anm. 38.

brachte. Daraufhin teilten die Gesellschafter dem Geschäftsführer mit, sie würden den Schaden rechtlich gegen ihn geltend machen.
Der Geschäftsführer erwiderte, der Einkaufsleiter sei seit zehn Jahren in der GmbH beschäftigt. Er sei ein ausgezeichneter Mann, der sich nie etwas habe zuschulden kommen lassen. Als Geschäftsführer habe er den Einkaufsleiter regelmäßig durch Stichproben in seiner Tätigkeit kontrolliert und nie einen Fehler gefunden, was er jederzeit nachweisen könnte. Damit habe er seiner Pflicht als Vorgesetzter genügt, ihn treffe daher in dieser Angelegenheit kein Verschulden.
Die Gesellschaften entgegneten, mit derartigen Ausreden könne er sich nicht vor der Verantwortung drücken, und widerriefen seine Bestellung (§ 38 Abs. 1).
Daraufhin machte der Geschäftsführer seine Entschädigungsansprüche aufgrund des bestehenden Vertrages geltend. –
Der Geschäftsführer hat recht. Er hat seinen Pflichten als Vorgesetzter genügt, den Schaden trägt die Gesellschaft.

- Die Geschäftsführer sind hiernach auch nicht verpflichtet, Fehler im Bereich des Ressortkollegen zu decken. Im Gegenteil, sie müssen größtes Interesse daran haben, eindeutig festzustellen, worauf der entstandene Fehler zurückzuführen ist und auf wessen Seite ein Fehlverhalten vorliegt. Dies ist mit Rücksicht auf ihre persönliche Haftung von größter Bedeutung[14].

Zu beachten:
Der Ausschluß der Verantwortung und der sich daraus ergebenden persönlichen Haftung der Geschäftsführer für Fehlentscheidungen des einzelnen Geschäftsführers in seiner Eigenschaft als Ressortleiter im dargelegten Sinne ist nur dann gegeben, wenn die Geschäftsverteilung ordnungsgemäß stattgefunden hat, d. h. wenn Aufgaben und Kompetenzen des Ressortleiters exakt festgelegt worden sind und nicht nur eine interne Arbeitsteilung unter den Geschäftsführern stattgefunden hat[15].

III. Keine Haftung der Geschäftsführung für den Erfolg

Eingehende Befragungen von Geschäftsführern führten stets zu dem gleichen Ergebnis: Die überwiegende Mehrheit war der Ansicht, daß die Geschäftsführung als Ganzes für den Erfolg ihrer Geschäfte zu haften hätte.

Die gleiche Ansicht vertreten weitgehend die Gesellschafter. Zur Begründung führen sie gewöhnlich aus: Soweit sie sich die Geschäftsführung vorbehalten hätten, wäre es selbstverständlich, daß sie selbst für den

---

14 Vgl. dazu *Höhn,* Das tägliche Brot des Managements, S. 47 f.
15 Vgl. dazu die Ausführungen auf S. 17 ff.; BFH vom 26. 4. 1984 – V R 128/79, GmbHR 1985, 30 ff.; BGH vom 30. 4. 1986 – VIII ZR 90/85, WM 1986, 1024.

Mißerfolg hafteten. Das gleiche müßte natürlich auch für einen Geschäftsführer gelten, den sie mit bestimmten Aufgaben und entsprechenden Kompetenzen betraut hätten. Die Konsequenz dieser Auffassung zeigt das folgende Beispiel.

> *Beispiel:*
> Die Mitglieder einer dreiköpfigen Geschäftsführung, die nach sorgfältiger Prüfung ein ihrer Ansicht nach aussichtsreiches Geschäft einstimmig beschlossen haben, das sich nachträglich als Fehlschlag erweist und einen Schaden von DM 500 000,– verursacht hat, hätten nach dieser Vorstellung dafür in Anspruch genommen werden können und gesamtschuldnerisch mit ihrem gesamten Vermögen haften müssen (§§ 421, 426 BGB).

Man kann sich dann nur wundern, daß ein Geschäftsführer, der mit einer Haftung für den Erfolg der von ihm getätigten Geschäfte zu rechnen hat, überhaupt noch den Mut besitzt, Geschäfte abzuschließen, die zwar aussichtsreich, aber mit einem wenn auch nur geringen Risiko behaftet sind[16].

Gleichzeitig wäre damit das gesamte vom Geschäftsführer verlangte unternehmerische Verhalten fragwürdig geworden. Es besteht nun einmal darin, vertretbare Risiken unter Berücksichtigung der finanziellen Lage und der geschäftlichen Möglichkeiten der Gesellschaft[17] sowie eines möglichen Nutzens[18] für die Gesellschaft einzugehen. Die Tätigkeit der Geschäftsführung würde andernfalls zu einer Verwaltung des Bestehenden werden.

Dem entspricht die gesetzliche Regelung. In Übereinstimmung mit dem Aktiengesetz (§ 93) und dem Genossenschaftsgesetz (§ 34) läßt das GmbH-Gesetz den Geschäftsführer nicht für den Erfolg haften, sondern nur für die Sorgfalt eines ordentlichen Geschäftsleiters (§ 43 Abs. 1). Dabei ist es gleichgültig, ob der Geschäftsführer am Kapital beteiligt ist oder nicht[19]. Das Unternehmensrisiko trägt die Gesellschaft.

Führt ein Geschäft zu Verlusten, so müssen die Geschäftsführer beweisen, daß

- sie bei Abschluß des Geschäfts nicht gegen die allgemein anerkannten betriebswirtschaftlichen Erkenntnisse und Erfahrungen verstoßen und ihre Geschäftsführung nach dem neuesten Stand der Rechtsprechung ausgeübt haben[20],

---

16 *Hefermehl* in Geßler/Hefermehl/Eckardt/Kropff, § 76 Anm. 40; *Hachenburg/Mertens,* § 43 Anm. 23.
17 *Müller,* § 34 Anm. 5.
18 *Möhring/Nirk/Tank,* Handbuch der Aktiengesellschaft I, Anm. 274.
19 *Wiedemann,* Gesellschaftsrecht Bd. 1, S. 545 f.
20 Vgl. S. 190.

- dabei die Verhältnismäßigkeit von möglichem Erfolg und erkennbarem Risiko gewahrt geblieben ist,
- der Schaden eingetreten ist, obwohl sie die nach der Auffassung des Geschäftsverkehrs notwendige Sorgfalt eines pflichtbewußten Unternehmers haben walten lassen[21].

Die Erfolglosigkeit eines Geschäftes und das dadurch bewirkte mangelhafte Ergebnis des Unternehmens ist also an sich kein wichtiger Grund zur Abberufung des Geschäftsführers (§ 38 Abs. 2). Offen bleibt die Frage, ob ein wichtiger Grund dann vorliegt, wenn ein derartiges Unternehmensergebnis sich über eine Reihe von Jahren hinzieht[22]. Hier ist zu fragen:

- Wie ist die Lage in der gesamten Branche, der das Unternehmen angehört?
- Hat der Geschäftsführer unter Ausnutzung aller Möglichkeiten den Verlust so gehalten, daß er für das Unternehmen im Vergleich zu den übrigen Unternehmen der Branche noch als Erfolg zu betrachten ist?

Liegt das Ergebnis erheblich unter dem Branchendurchschnitt, so sind die Zahlen allein nicht beweiskräftig, denn

- die Möglichkeiten eines Unternehmens im Markt können aufgrund seiner Struktur völlig verschieden sein.
- Bei aufsteigender Konjunktur konnte das Unternehmen bei all seinen personellen, organisatorischen und finanziellen Schwächen noch einen Erfolg verzeichnen, bei absteigender Tendenz wirken sich diese Schwächen auf das Unternehmensergebnis viel stärker negativ aus als auf andere Unternehmen der Branche mit einer soliden Basis. Diese Tatsachen sind für die Beurteilung der Tätigkeit des Geschäftsführers von großer Bedeutung.

IV. Die Fachverantwortung der Geschäftsführung im einzelnen

Neben den aufgrund von Gesetz und Satzung zu erfüllenden Aufgaben trägt die Geschäftsführung als Ganzes im Rahmen der von den Gesellschaftern vorgegebenen Zielsetzung und Richtlinien[23] die Verantwortung für

21 Vgl. S. 91.
22 Dazu *Hachenburg/Mertens,* § 38 Anm. 51.
23 Dazu S. 38 ff.

- die ordnungsgemäße Erledigung der laufenden Geschäfte, die sich in den einzelnen Geschäftsbereichen, wie z. B. im Einkauf, der Produktion, dem Vertrieb, dem Finanz- und Rechnungswesen u. a. m., ergeben und die in ihrer Stellenbeschreibung ihren Niederschlag finden[24];
- die pflichtgemäße Erfüllung derjenigen Aufgaben, die ihr von den Gesellschaftern im Rahmen des ihr gewährten Freiraums übertragen worden sind. Das gleiche gilt für diejenigen Aufgaben, die sie sich gegenüber ihren Mitgliedern in deren Eigenschaft als Leiter eines Ressorts vorbehalten hat.

  Je exakter diese Aufgaben in der entsprechenden Stellenbeschreibung formuliert sind, um so klarer ist daraus ersichtlich, wofür die Geschäftsführung als Ganzes einzustehen hat;
- die Beratung der Gesellschafter hinsichtlich aller die Geschäftsführung betreffenden Entscheidungen;
- die Information der Gesellschafter;
- die Organisation der Gesellschaft, soweit sich die Gesellschafter diese nicht selbst vorbehalten haben[25]. In diesem Fall beschränkt sich die Verantwortung der Geschäftsführer auf die Beratung;
- die Durchführung der Weisungen[26] der Gesellschafter, soweit sie nicht den Freiraum[27] der Geschäftsführung betreffen.

Bei der Behandlung der ordnungsgemäßen Wahrnehmung der Geschäftsführung spielt das Verbot der Rückdelegation sowie das Verbot der Weiterdelegation eine wichtige Rolle.

1. Das Verbot der Rückdelegation von Verantwortung gegenüber den Gesellschaftern

Unter „Rückdelegation" ist der Versuch eines Mitarbeiters zu verstehen, die ihm delegierte Verantwortung der nächsthöheren Ebene wieder zuzuschieben und sich auf diese Weise rückzuversichern. Man begegnet der Rückdelegation auf allen Stufen der Hierarchie. An der Unternehmensspitze, von seiten der Geschäftsführer gegenüber den Gesellschaftern, wirkt sie sich besonders gravierend aus. Sie gehört zu den typischen Verhaltensfehlern der Geschäftsführer im Umgang mit den Gesellschaftern. Der Grund dafür ist im GmbH-Gesetz von 1892 zu sehen. Wenn die Geschäftsführer nichts tun dürfen, von dem anzunehmen ist, daß die

24 Vgl. S. 25 ff.
25 Vgl. S. 13 ff.
26 Vgl. S. 3 ff.
27 Vgl. S. 41 ff.

Gesellschafter damit nicht einverstanden sind, so ist selbstverständlich, daß sie sich ständig rückversichern. Anders ist es, wenn die Gesellschafter den Geschäftsführern einen Freiraum gewährt haben, innerhalb dessen sie selbständig zu handeln und zu entscheiden verpflichtet sind. Dann ist die Rückdelegation unzulässig. Eine trotzdem stattfindende Rückdelegation hat zur Folge, daß

- die Gesellschafter sich mit Aufgaben beschäftigen müssen, mit denen sie sich aufgrund der erfolgten Delegation nicht mehr beschäftigen wollen bzw. dürfen;
- die Gesellschafter darüber hinaus die Verantwortung für die infolge der Rückdelegation von ihnen getroffenen Entscheidungen tragen; während die zuständigen Mitarbeiter sich geschickt aus der Affäre gezogen haben.

Die Rückdelegation ist im Einzelfall eine Unfallversicherung für den rückdelegierenden Geschäftsführer und insgesamt gesehen eine Lebensversicherung für seine Stellung im Unternehmen. Er kann immer, wenn eine Sache „schiefgelaufen" ist, den Gesellschaftern als seinen Vorgesetzten gegenüber erklären:

„Wie konnten *wir* uns nur so irren!"

Er entgeht damit ihrer kritischen Frage:

„Wie konnten Sie so falsch entscheiden?"

Die Gesellschafter sind daher verpflichtet, jeden Versuch einer Rückdelegation zurückzuweisen und die Geschäftsführer zu veranlassen, die anstehende Entscheidung selbst zu treffen, wie es ihrem Anstellungsvertrag bzw. ihrer Stellenbeschreibung entspricht.

Unter dem Blickpunkt einer Führung mit Delegation von Verantwortung stellt die Rückdelegation darüber hinaus eine „grobe Pflichtverletzung" bzw. die „Unfähigkeit zur ordnungsmäßigen Geschäftsführung" im Sinne des § 38 Abs. 2 dar und berechtigt die Gesellschafter im Wiederholungsfall zum fristlosen Widerruf der Bestellung der Geschäftsführer.

Die Rückdelegation von seiten der Geschäftsführer erfolgt oft durch geschickte psychologische Behandlung der Gesellschafter. Dazu gehören Erklärungen wie:

- „Schließlich ist es Ihr Geld, um das es bei dieser Entscheidung geht"; oder
- „Wir hätten gern gewußt, ob wir mit der geplanten Entscheidung in Ihrem Sinne handeln."

Die Gesellschafter, die sich auf eine solche Rückdelegation einlassen, finden vielfach für den so handelnden Geschäftsführer noch anerkennende Worte. So hieß es in einer Gesellschafterversammlung:

> „Unser Geschäftsführer ist ein wirklich ausgezeichneter Mann. Er hat zwar weitreichende Kompetenzen, aber er kennt seine Grenzen. Er fragt uns, wenn er sich bei einer von ihm zu treffenden Entscheidung nicht sicher fühlt. Das schätzen wir besonders an ihm."

Hier und da findet man aber auch Gesellschafter, die das Spiel mit der Rückdelegation durchschauen und entsprechend reagieren.

> *Beispiel:*
> Als der Geschäftsführer, anstatt den ihm im Bereich Vertrieb großzügig gewährten Freiraum zu nutzen, sich immer wieder an die Gesellschafter mit der Bitte um Entscheidung wandte, ließ ihn deren Sprecher zu sich bitten und erklärte ihm folgendes:
>
> „Wir haben Ihnen zum wiederholten Male gesagt, daß es Ihre Sache ist, im Rahmen der Ihnen gewährten Kompetenzen zu entscheiden und uns nicht mit Dingen zu belasten, die wir gar nicht entscheiden wollen. Wenn Sie von den ständigen Versuchen der Rückdelegation nicht Abstand nehmen, so sehen wir darin den Beweis, daß Sie zu einer ordnungsgemäßen Geschäftsführung, wie wir sie uns vorstellen, nicht in der Lage sind. Seien Sie versichert, daß wir daraus die Konsequenzen ziehen werden." –
>
> Das half. Jeder Versuch einer Rückdelegation in noch so geschickter Form unterblieb von da an.

Der Geschäftsführer, der dem Verfasser den Fall – es war sein eigener – mitteilte, erklärte zum Verständnis seiner Situation:

> „Ich war vorher in einer GmbH als Geschäftsführer beschäftigt, deren Gesellschafter größten Wert darauf legten, vor jeder Entscheidung gehört zu werden. Ich glaubte daher, auch meine neuen Vorgesetzten würden jede Rückfrage als Ausdruck meiner besonderen Sorgfalt werten, bis ich eines Besseren belehrt wurde."

2. Das Verbot der Weiterdelegation

Weitverbreitet ist die Ansicht, daß ein Geschäftsführer die ihm übertragenen Aufgaben mit den entsprechenden Kompetenzen an einen ihm geeignet erscheinenden Mitarbeiter ganz oder teilweise übertragen darf. Von 200 befragten Geschäftsführern hielten 80% dies für ihr gutes Recht, weil sie ja doch für alles verantwortlich seien. Hier handelt es sich jedoch um einen grundlegenden Irrtum, der im Einzelfall mit schwerwiegenden Haftungsfolgen verbunden sein kann. Im einzelnen dazu folgendes:

- Übertragen die Gesellschafter die Entscheidung über den Einkauf dem Geschäftsführer, so haben sie damit zugleich bestimmt, daß das mit der Delegation von Verantwortung verbundene Risiko vom Geschäftsführer getragen werden soll und von keiner anderen Stelle im Unternehmen. In der Stellenbeschreibung des Geschäftsführers kommt dies dadurch zum Ausdruck, daß es hier heißt:

> „Folgende fachliche Aufgaben hat der Geschäftsführer *selbst* zu erfüllen. Er entscheidet über den Einkauf" . . .

Das heißt: *er* und kein anderer. Überträgt der Geschäftsführer die Entscheidung über den Einkauf ganz oder teilweise an einen ihm unterstehenden Mitarbeiter, so greift er damit in die Entscheidungskompetenz der Gesellschafter über die Risikoverteilung ein, wozu er nicht befugt ist. Juristisch spricht man in einem solchen Fall von *Überlassungsverschulden*[28].

- Die Weiterdelegation zieht automatisch die Haftung für den daraus entstandenen Schaden nach sich, selbst wenn der Geschäftsführer die für die Delegation von Verantwortung geltenden Regeln beachtet hat, also die richtige Person ausgesucht wurde und sie stichprobenmäßig kontrolliert worden ist.

  Die Entlastung durch die Kontrolle setzt immer voraus, daß diese über eine rechtmäßig übertragene Aufgabe ausgeübt wurde. Dies ist jedoch bei der Weiterdelegation gerade nicht der Fall.
- Aber selbst wenn den aufgrund der Weiterdelegation beauftragten Mitarbeiter für den durch sein Handeln oder Unterlassen entstandenen Schaden kein Verschulden trifft, ist der Geschäftsführer schadensersatzpflichtig. Seine Pflichtverletzung liegt darin, daß er nicht selbst entschieden hat, wo er zu entscheiden verpflichtet gewesen wäre[29].
- Das Verbot der Weiterdelegation gilt auch für Einzelaufträge.

  Beispiel:
  Beauftragen die Geschäftsführer den Ressortleiter Technik, sich mit dem Kollegen einer befreundeten Firma über seine Erfahrungen bei der letzten Messe zu unterhalten, bei der die eigene Firma nicht vertreten war, und ihnen zu berichten, so handelt er pflichtwidrig, wenn er seinen technischen Direktor damit beauftragt, das Gespräch an seiner Stelle zu führen. Die Geschäftsführer wollen nämlich, daß das Gespräch von Ressortleiter zu Ressortleiter, also auf gleicher Ebene, geführt wird. Darüber hinaus wollen sie hören, welchem persönlichen Eindruck der Ressortleiter vom Verlauf und Inhalt des Gesprächs gewonnen hat und nicht dessen Mitarbeiter.

---

28 Zustimmend *Meyer/Meulenbergh/Beuthien*, § 34 Anm. 14, insofern als es hier heißt: „Jedes Vorstandsmitglied muß die ihm im Rahmen der Geschäftsverteilung angewiesenen Aufgaben grundsätzlich persönlich erledigen." Abweichend jedoch, wenn es weiter heißt: „und darf sie nicht anderen dafür nicht oder weniger geeigneten Vorstandsmitgliedern überlassen." Richtigerweise darf jedoch überhaupt nicht weiterdelegiert werden, gleichgültig, ob derjenige, an den weiterdelegiert wird, geeignet oder weniger geeignet ist, es sei denn, diese Kompetenz ist ihm ausdrücklich übertragen worden.

29 *Scholz/U. H. Schneider*, § 43 Anm. 40.

3. Die Beratungsverantwortung der Geschäftsführer gegenüber den Gesellschaftern

a) Die Geschäftsführer als beratende Unternehmer

Die Geschäftsführer sind dafür verantwortlich, daß sie die Gesellschafter sachgemäß beraten. Dies in allen Fällen, in denen

- die Gesellschafter sich Entscheidungen vorbehalten haben, die den Bereich der Geschäftsführer betreffen, so z. B. Entscheidungen über die allgemeine Geschäftspolitik, Investitionen, Einstellungen und Entlassungen von Mitarbeitern, Löhne und Gehälter, Einrichtung von Filialen und Zweigwerken;
- bei den Geschäftsführern Entscheidungen anfallen, die deren Kompetenzen überschreiten und deshalb zur Entscheidung durch die Gesellschafter anstehen.

Die Geschäftsführer werden in diesen Fällen als *beratende Unternehmer* gegenüber den Gesellschaftern als den *entscheidenden Unternehmern* tätig.

Darüber besteht jedoch sowohl auf seiten der Geschäftsführer als auch der Gesellschafter Unklarheit, obwohl die Beratung der Gesellschafter durch die Geschäftsführer eine wichtige Voraussetzung für den Erfolg des Unternehmens ist.

Beispiel:
In einem mittleren Unternehmen, das mit Textilien aus Fernost einen einträglichen Handel betrieb, besaß der Geschäftsführer, dem gleichzeitig das Ressort Einkauf unterstand, ein Einkaufslimit von DM 300 000,–. Als er ein besonders günstiges Angebot über eine Partie reinseidener Oberhemden, die ganz im Trend der Zeit lagen, in Höhe von DM 500 000,– erhielt, legte er dies ordnungsgemäß den Gesellschaftern zur Entscheidung vor. Auf ihre Frage, was er ihnen raten würde, erklärte er in etwas launiger Form:

„Gar nichts, meine Herren, das sind nun einmal Ihre Oberhemden."

Damit befindet sich der Geschäftsführer in einem grundlegenden Irrtum:
- Seine Pflicht als Einkäufer ist es, im Rahmen seiner Kompetenzen – also bis zu DM 300 000,– selbständig zu handeln und damit als entscheidender Unternehmer tätig zu werden.
- Dies bedeutet jedoch nicht, daß der Geschäftsführer nichts mehr mit dem Einkauf zu tun hat, sobald sein Limit überschritten ist. Er wird dann vom entscheidenden zum beratenden Unternehmer, der sein Wissen und seine Erfahrung den Gesellschaftern für die von ihnen zu treffende Entscheidung zur Verfügung zu stellen hat und für seine ordnungsgemäße Beratung verantwortlich ist.

- Beratend müssen die Geschäftsführer auch dann tätig werden, wenn die Gesellschafter eine *Weisung* erteilen, deren Durchführung die Geschäftsführer für nicht vertretbar bzw. für stark verbesserungsbedürftig oder nicht für zweckmäßig halten. Sie müssen in einem solchen Fall als pflichtbewußt beratende Unternehmer handeln und dürfen nicht als bloße Befehlsempfänger reagieren.

Beispiel:
Die Geschäftsführer waren völlig überrascht, als sie eine detaillierte Weisung der Gesellschafter hinsichtlich der Neuordnung der Vertreterbezirke erhielten. Sie waren der begründeten Ansicht, daß bei dieser Neuordnung die wichtigsten Vertreter die Gesellschaft verlassen würden. Trotzdem schwiegen sie, um einer unangenehmen Auseinandersetzung mit dem Mehrheitsgesellschafter aus dem Wege zu gehen, und führten die Weisung durch. Der zu erwartende Mißerfolg trat ein.
Die Geschäftsführer haben geschwiegen, obwohl sie ihre Bedenken hätten anmelden müssen. Sie haben damit gegen die Sorgfalt eines ordentlichen und gewissenhaften Geschäftsleiters gehandelt und können dafür zur Rechenschaft gezogen werden.

- Kommt ein Geschäftsführer zu der Überzeugung, daß sich die Umstände, auf denen eine Entscheidung der Gesellschafter beruhte, grundlegend geändert haben, so darf er sich nicht auf den Standpunkt stellen: „Die Gesellschafter haben nun einmal entschieden, ich führe durch." Als beratender Unternehmer ist er vielmehr verpflichtet, die Gesellschafter auf die veränderten Umstände hinzuweisen und ihnen im Hinblick darauf entsprechende Vorschläge zu unterbreiten.

b) Der Inhalt der Beratung

Die Beratung umfaßt folgendes:

- Das Aufzeigen von Alternativen;
- das Abwägen des Für und Wider der einzelnen Alternativen;
- den entscheidungsreifen Vorschlag als die nach Ansicht des Beraters optimale Lösung mit eingehender Begründung.

Beraten ist also mehr als bloße „Erörterung" des anstehenden Sachverhalts mit den Gesellschaftern, wie dies *Lutter*[30] meint. Die Erörterung ist nur ein Element im Beratungsprozeß[31]. Die entscheidende Frage der Gesellschafter an den sie beratenden Geschäftsführer muß lauten:

„Was schlagen Sie uns vor?"

Antwortet der Geschäftsführer, daß er noch zu keinem Entschluß gekommen sei, so muß die weitere Frage lauten:

„Wann können wir mit einem entscheidungsreifen Vorschlag rechnen?"

30 *Lutter*, Information und Vertraulichkeit im Aufsichtsrat, S. 5, 24.
31 Dazu *Höhn*, Pflicht des Aufsichtsrats zur Beratung der GmbH-Geschäftsführer?, GmbHR 1993, 777.

c) Die Verantwortung der Geschäftsführer für ihre Beratung

- Die Beratung der Gesellschafter ist von den Geschäftsführern mit der gleichen Sorgfalt vorzunehmen, die sie als ordentliche Geschäftsleiter bei ihren Entscheidungen anzuwenden haben. Sie sind dafür in gleicher Weise verantwortlich wie für die von ihnen getroffene Entscheidungen[32].

  Beispiel:
  Bei der Beratung der Gesellschafter über die Einstellung eines neuen Marketingleiters, der dem Geschäftsführer aufgrund seines persönlichen Eindrucks und des mit ihm geführten Fachgesprächs als in jeder Weise vertrauenswürdig erschien, hatte es der Geschäftsführer unterlassen, Erkundigungen darüber einzuziehen, wie sich der Bewerber in seinen bisherigen Positionen bewährt hatte, obwohl die Zeugnisse dazu Anlaß gegeben hätten. Hier war mehrfach zu lesen: „Er hat sich *bemüht,* seine Aufgaben mit Sorgfalt zu erfüllen", woraus der Geschäftsführer ersehen mußte, daß dies als eine freundlich gehaltene Abqualifizierung zu betrachten war.

  Trotzdem setzte sich der Geschäftsführer nachdrücklich für die Einstellung des Bewerbers ein. Die Gesellschafter folgten seinem Rat.

  Binnen eines Vierteljahres stellte sich heraus, daß der neue Marketingleiter ein Blender war und den Anforderungen seiner Position in keiner Weise genügte. Die Gesellschafter trafen daraufhin mit ihm eine Vereinbarung über sein sofortiges Ausscheiden. Dies kostete das Unternehmen viel Geld.

  Für den der Gesellschaft entstandenen Schaden machte sie den Geschäftsführer haftbar. Dies mit Recht.

- Die Verantwortung des Geschäftsführers für seine Beratung bezieht sich darauf, ob er aufgrund der ihm zum Zeitpunkt der Beratung zugänglichen Informationen mit der entsprechenden Sorgfalt gehandelt hat. Er haftet also nicht für den Erfolg seiner Beratung.

  Beispiel:
  Der Geschäftsführer hatte den Gesellschaftern geraten, das Angebot einer Firma auf 5000 Flaschen echten französischen Cognac zu einem vorteilhaften Preis anzunehmen. Die Marktuntersuchung hatte ein positives Ergebnis geliefert. In den ersten zwei Monaten lief der Absatz ausgezeichnet. Dann trat ein völlig unerwartetes Ergebnis ein: Die Konkurrenz brachte einen französischen Cognac mit dem Etikett „Wirtschaftswunder-Cognac" heraus, der geschmacklich leicht verbessert und zudem preislich günstiger war. Er

---

32 Vgl. dazu ausführlich *Höhn,* Wofür haftet der Vorstand einer Genossenschaftsbank persönlich?, S. 63 ff., 120 ff.; *ders.,* Brevier für Vorstände von Gesellschaften, S. 161 f. Richtig heißt es bei *Scholz/U. H. Schneider,* § 38 Anm. 51, hinsichtlich der Beratungsverantwortung der Geschäftsführer: „Anders als bei der AG sind für die Bestimmung der Unternehmenspolitik die Gesellschafter und nicht die Geschäftsführer zuständig (str.). Die Geschäftsführer haben jedoch entsprechende Vorschläge zu unterbreiten. Sie sind daher für das Unternehmensergebnis mitverantwortlich".

fand reißenden Absatz und verdrängte das Produkt der Gesellschaft weitgehend vom Markt. Von seiten der Gesellschafter bekam der Geschäftsführer zu hören:

„Sie haben uns zum Kauf dieses Produkts geraten. Dafür machen wir Sie verantwortlich. Auf jeden Fall müssen Sie den Verlust zur Hälfte mittragen." –

Zu Unrecht. Der Geschäftsführer hatte aufgrund der ihm vorliegenden Informationen über die Güte des Produkts und die Marktlage die Gesellschafter korrekt beraten. Daß die Konkurrenz ein Produkt auf den Markt brachte, das durch seinen werbewirksamen Namen und die günstige Preisgestaltung einen derartigen Erfolg hatte, konnte der Geschäftsführer nicht voraussehen. Er konnte deshalb auch nicht für den eingetretenen Verlust haftbar gemacht werden.

Auf die Frage der Gesellschafter: „Und wer soll diesen Verlust tragen?", antwortete der Geschäftsführer:

„Sie allein; Sie sind der entscheidende Unternehmer und tragen das Risiko für Ihre Entscheidung. Ich kann von Ihnen nur verantwortlich gemacht werden, wenn ich meine Sorgfaltspflicht bei Ihrer Beratung verletzt habe. Dies können Sie mir jedoch nicht vorwerfen."

Er befand sich im Recht.

- Die Beratung haben die Geschäftsführer bzw. die Geschäftsführung als Ganzes auch dann vorzunehmen, wenn sie von den Gesellschaftern nicht besonders dazu aufgefordert worden sind.

  Beispiel:
  Wenn die Investitionen von den Gesellschaftern jeweils im Oktober jeden Jahres für das nächste Jahr festgelegt werden, ist es die Pflicht der Geschäftsführung, rechtzeitig ihre Vorschläge zu unterbreiten, ohne daß es dazu einer besonderen Aufforderung bedarf.

d) Die Abwertung der Beratung

Weit verbreitet ist die Ansicht, daß ein Geschäftsführer, der die Gesellschafter auf den Gebieten, auf denen sie sich die Entscheidung vorbehalten haben, nur berät, ihnen ihm Grunde nichts zu sagen hat und lediglich die ihm erteilten Weisungen durchführen kann.

Immer wieder begegnen wir der Vorstellung, daß die fehlende Entscheidungsbefugnis und die Beschränkung auf die Beratung die Position des Geschäftsführers entwertet und ihn abqualifiziert.

Dies beruht jedoch auf einem grundlegenden Irrtum und führt zugleich zu einer unberechtigten Abwertung der Beratung. Es wird dabei übersehen, daß in der qualifizierten Beratung durch einen Fachmann eine starke Einflußmöglichkeit liegt.

Beispiel:
In einem mittleren Unternehmen hatten sich die beiden Gesellschafter alle Entscheidungen im Personalbereich vorbehalten. Der Geschäftsführer war in allen personellen Angelegenheiten auf die Beratung der Gesellschafter beschränkt.

In einem Gespräch mit dem Verfasser erklärte der Geschäftsführer, daß er beabsichtige, sich nach einer anderen Stelle umzusehen, denn im Gegensatz zu Geschäftsführern in anderen Unternehmen, die weitgehende Entscheidungsbefugnisse im Personalbereich besäßen, hätte er auf diesem so wichtigen Gebiet überhaupt nichts zu sagen. Das könne und wolle er nicht länger mitmachen. Er betrachte dies als eine ausgesprochene Herabsetzung seiner Person, von den Kollegen werde er als Geschäftsführer zweiter Klasse angesehen. Diesen Zustand wolle er beenden.

Der Verfasser versuchte dem Geschäftsführer bewußt zu machen, wieviel er den Gesellschaftern durch seine Beratung zu sagen hatte und welchen Einfluß er damit tatsächlich auf die Personalentscheidungen der Gesellschafter nehmen konnte, so z. B. bei

- der Festlegung der Richtlinien für die Personalpolitik;
- der Einstellung, Versetzung und Entlassung von Mitarbeitern;
- der Festlegung von Löhnen und Gehältern;
- der Beförderung von Mitarbeitern;
- der Entscheidung über Gratifikationen;
- der Entscheidung über Versorgungszusagen an Mitarbeiter;
- der vorzeitigen Versetzung in den Ruhestand.

Der Verfasser wies den Geschäftsführer dabei auf die Ergebnisse einer Untersuchung hin, nach der die Gesellschafter bei ihren Entscheidungen im Personalbereich bis zu 90–95% den Empfehlungen der Geschäftsführer folgten, und erklärte dazu, daß dies ein Beweis für den hohen Stellenwert sei, den die Beratung durch die Geschäftsführer in den Augen der Gesellschafter besitze.

Der Geschäftsführer erwiderte darauf, so habe er seine Position bisher nicht gesehen. Er werde sich seine Kündigungsabsicht noch einmal gründlich überlegen, zumal er sich im Grunde gut mit den Gesellschaftern verstünde.

Was hier für den Personalbereich gesagt wurde, gilt analog für alle übrigen Gebiete, auf denen die Geschäftsführer den Gesellschaftern gegenüber beratend tätig werden.

e) Grundlegende Fehler bei der Beratung

Die häufigsten Fehler, die den Erfolg der Beratung der Gesellschafter durch die Geschäftsführer in Frage stellen, sind die folgenden:

- Von seiten der Geschäftsführer wird den Gesellschaftern nur ein einziger Vorschlag unterbreitet. Es werden also keinerlei Alternativen aufgezeigt. Damit wird die Entscheidungsmöglichkeit der Gesellschafter unzulässig eingeschränkt. Selbst wenn die Geschäftsführer glauben, den optimalen Weg gefunden zu haben, sind sie verpflichtet, auch andere sich bietende Möglichkeiten darzulegen und zu begründen, warum diese ihrer Meinung nach nicht in Frage kommen.

- Die Geschäftsführer unterbreiten den Gesellschaftern eine Reihe von Vorschlägen und überlassen es ihnen, den ihrer Ansicht nach besten auszuwählen, anstatt ihnen den aus ihrer Sicht optimalen Weg zu empfehlen.

  Beispiel:
  Der Geschäftsführer, der die Gesellschafter bei der Entscheidung zu beraten hatte, welchem Unternehmen sie den Auftrag zur Herstellung einer Spezialmaschine geben sollten, erklärte:

  „Ich habe eine Reihe von meiner Ansicht nach in Frage kommenden Unternehmen ausgesucht, deren Prospekte ich Ihnen hiermit vorlege. Nun bin ich gespannt, wie Sie entscheiden werden."

  Der Geschäftsführer hat sich falsch verhalten. Richtigerweise hätte er etwa folgendes sagen können:

  „Meiner Ansicht nach ist für uns die Firma Müller am besten geeignet. Sie ist alteingesessen und hat einen ausgezeichneten Ruf für die Herstellung von Spezialmaschinen. Dazu verfügt sie über einen hervorragenden Service. Daß auf sie unbedingter Verlaß ist, haben mir einige Unternehmen, die mit der Firma Müller seit Jahren zusammenarbeiten, bestätigt.

  Sie ist allerdings um 15% teurer als die beiden anderen Konkurrenzunternehmen. Diese sind aber erst vor einigen Jahren auf dem Markt erschienen und bemühen sich, mit besonders niedrigen Preisen ins Geschäft zu kommen. Das Risiko, wegen des Preisunterschieds auf die Firma Müller zu verzichten, könnte uns daher teuer zu stehen kommen."

- Die Geschäftsführer verfolgen vielfach die Tendenz, sich bei ihrer Beratung auf die Meinung der Gesellschafter einzustellen.

  Dies widerspricht jedoch der Sorgfalt eines ordentlichen und gewissenhaften Geschäftsleiters. Die Geschäftsführer haben ihre Beratung unabhängig von der Auffassung der Gesellschafter vorzunehmen. Die Gesellschafter müssen die ungeschminkte Meinung ihrer Geschäftsführer kennenlernen, um ihre eigenen Überlegungen daran zu überprüfen, andernfalls ist die Beratung sinnlos.

  Für die Geschäftsführer kann es freilich im Einzelfall alles andere als angenehm sein, sich in Gegensatz zu der ihnen bekannten Meinung der Gesellschafter zu stellen. Dem können sie sich jedoch als beratende Unternehmer nicht entziehen.

- Vielfach weisen die Geschäftsführer darauf hin, daß sie die Gesellschafter durch ihre Ratschläge in keiner Weise beeinflussen wollen. Sie betonen, daß es nicht ihre Sache sei, sich in die Entscheidungsfindung der Gesellschafter „einzumischen". Sie ziehen sich damit auf die Rolle des letztlich an der Entscheidung unbeteiligten Dritten zurück.

Hier verkennen die Geschäftsführer jedoch das Wesen der Beratung. Beraten beinhaltet immer den *legalen* Versuch, Einfluß auf diejenigen zu nehmen, die man zu beraten hat, und sie durch die eigenen Argumente zu überzeugen. Beraten muß deshalb stets mit innerem Engagement verbunden sein[33].

Die Geschäftsführer dürfen sich also bei der Beratung nicht in vornehmer Zurückhaltung üben. Ihnen darf es nicht gleichgültig sein, ob die Gesellschafter ihrer Empfehlung folgen oder nicht. Solange keine Entscheidung seitens der Gesellschafter erfolgt ist, haben die Geschäftsführer ihnen gegenüber unbeirrt ihre *Überzeugung* zu vertreten.

- Haben die Gesellschafter entgegen der Beratung der Geschäftsführer entschieden, so sind diese verpflichtet, die Entscheidung der Gesellschafter mit der Sorgfalt eines ordentlichen Geschäftsleiters durchzuführen. Sie dürfen nicht innerlich frustriert sein und aus der Ablehnung ihres Vorschlags negative Konsequenzen für ihre weitere Beratungstätigkeit ziehen.

  Beispiel:
  Wochenlang hatten sich die Geschäftsführer eines Handelsunternehmens mit der Frage beschäftigt, wie man die Vertreterbezirke für die Zukunft am besten organisieren könne. In mühevoller Kleinarbeit hatten sie alle notwendigen Daten zusammengetragen und schließlich ihren Vorschlag mit eingehender Begründung den Gesellschaftern übergeben.

  Sie waren zutiefst enttäuscht, als die Gesellschafter ihrer Empfehlung nicht folgten. Untereinander waren sich die Geschäftsführer darüber einig, daß sie in Zukunft ihre Zeit nicht mehr für eine Beratung „verschwenden" würden, wenn sie riskieren müßten, daß die ganze Arbeit umsonst gewesen sei.

  Diese Einstellung ist falsch. Das Risiko, daß gegenteilig entschieden wird, muß jeder tragen und akzeptieren, der eine Beratungsaufgabe wahrzunehmen hat. Dies kann für ihn kein Grund dafür sein, bei der Erfüllung dieser Aufgabe sich nur halbherzig zu engagieren und die notwendige Sorgfalt vermissen zu lassen. Er sollte vielmehr daran denken, zu wieviel Prozent die Gesellschafter seinen Empfehlungen folgten.

- Die Geschäftsführer dürfen sich auch keineswegs aus Verärgerung darüber, daß die Gesellschafter ihrem Vorschlag nicht folgten, dazu verleiten lassen, die getroffene Entscheidung zu unterlaufen und sich zu sagen:

  „Wir werden ihnen schon beweisen, daß ihre Entscheidung falsch ist und wir mit unserem Vorschlag recht hatten!"

33 Vgl. *Höhn*, Das tägliche Brot des Managements, S. 43.

Sie müssen sich vielmehr loyal verhalten und die Entscheidung der Gesellschafter akzeptieren.

- Kommen die Geschäftsführer zu der Erkenntnis, daß die gegen ihren Rat getroffene Entscheidung den gesicherten betriebswirtschaftlichen Erkenntnissen und Erfahrungen widerspricht und sie mit der Durchführung eine nicht vertretbare Einbuße an ihrem geschäftlichen Ansehen erleiden, so sind sie berechtigt, ihr Amt aus wichtigem Grund niederzulegen[34].

4. Die Pflicht der Gesellschafter zur Inanspruchnahme der Beratung der Geschäftsführer

Der Pflicht der Geschäftsführer, die Gesellschafter zu beraten, entspricht auf der anderen Seite die Verpflichtung der Gesellschafter, sich von ihnen beraten zu lassen. Geschieht dies nicht, so bedeutet dies:

- Ausschaltung der Geschäftsführer aus der sich aus der Beratung ergebenden Unternehmensverantwortung.
- Rückstufung der Geschäftsführer von beratenden Unternehmern zu bloßen Befehlsempfängern, die die von den Gesellschaftern getroffenen Entscheidungen lediglich durchzuführen haben.
- Rückkehr zum autoritären Führungsstil, bei dem eine Einschaltung des Untergebenen in die Entscheidungsfindung des Vorgesetzten auf dem Wege über die Beratung verpönt war, weil dadurch die Stellung des Vorgesetzten als Meister, der mehr weiß und kann als seine Untergebenen, in Frage gestellt wurde[35].

Die Ausschaltung der Geschäftsführer aus der Beratung der Gesellschafter wirkt sich auf das Verhalten der Geschäftsführer außerordentlich negativ aus:

- Sie ist ausgesprochen kreativitätshemmend[36]. Dem Geschäftsführer, der weiß, daß seine Ideen nicht gefragt sind, kann man es nicht verdenken, wenn er sich auf die Routinearbeit beschränkt.
- Die Geschäftsführer fühlen sich durch den Verzicht der Gesellschafter auf ihre Beratung abqualifiziert. Sie sehen darin zugleich eine Abwertung ihrer Position. Die in dem Verhalten der Gesellschafter ihnen gegenüber zum Ausdruck kommende Wiederaufnahme autoritärer Führungsprinzipien führt nicht selten zur inneren Kündigung[37] der

34 Vgl. S. 35.
35 Vgl. S. 2.
36 Vgl. dazu *Höhn,* Die Technik der geistigen Arbeit, S. 174 ff.
37 Vgl. dazu *Höhn,* Die innere Kündigung im Unternehmen, S. 20 ff. (25).

Geschäftsführer und ist für sie darüber hinaus ein wichtiger Grund zur Niederlegung ihres Amts[38].

Wenn die Gesellschafter ihre Pflicht zur Inanspruchnahme der Beratung durch ihre Geschäftsführer ernst nehmen, so sollten sie sich darum bemühen, von ihrer Seite ein positives Klima für die Beratungstätigkeit der Geschäftsführer zu schaffen und sie durch ihr Verhalten zur qualifizierten Wahrnehmung dieser nicht leichten Aufgabe zu motivieren. Zwei Voraussetzungen sind dafür entscheidend:

- Die Gesellschafter müssen ihren Geschäftsführern das Gefühl vermitteln, daß sie deren Beratung brauchen und schätzen. Sie sollten in ihren Beratungsgesprächen und Stellungnahmen zum Ausdruck bringen, daß sie auf die Meinungen und Vorstellungen der Geschäftsführer zu den anstehenden Fragen Wert legen, um sich daraus ihr Urteil bilden zu können, auch wenn sich in den Diskussionen unterschiedliche Auffassungen ergeben und letztlich die Entscheidung der Gesellschafter den Ausschlag gibt.
- Die Gesellschafter sollten in jedem Fall die von ihnen nach der Beratung durch die Geschäftsführer getroffene abweichende Entscheidung ausführlich begründen und ihnen verständlich machen, warum sie ihren Empfehlungen im Einzelfall nicht gefolgt sind.

  Es genügt also kein einfaches „Nein" oder gar der lapidare Hinweis auf eine höhere Einsicht der Gesellschafter. Die Geschäftsführer, die Zeit und Kraft in ihre Beratung investiert haben, besitzen ein *Recht* auf die begründete Stellungnahme der Gesellschafter zu ihrer Ablehnung des Vorschlags und die Erläuterung ihrer Entscheidung.
- Nur so können die Gesellschafter die Initiative der Geschäftsführer zur positiven Mitwirkung an der Entscheidungsvorbereitung für die Zukunft erhalten.

V. Die Informationsverantwortung der Geschäftsführer

Hier ist zu unterscheiden zwischen

- der allgemeinen Berichtspflicht gegenüber den Gesellschaftern.

  Sie ergibt sich aus der hierarchischen Unterstellung der Geschäftsführer unter die Gesellschafterversammlung, des weiteren aus der Pflicht der Gesellschafter zur „Prüfung und Überwachung der Geschäftsführer" (§ 46, Nr. 51), für die die Information eine wichtige Voraussetzung ist.

38 Vgl. S. 236.

- der Pflicht der Geschäftsführer, auf Verlangen der Gesellschafterversammlung Auskunft zu geben und Besichtigungen vor Ort sowie Einsichtnahme in die Unterlagen sachgerecht vorzubereiten.
- dem individuellen Auskunfts- und Einsichtsrecht jedes Gesellschafters aufgrund des § 51a[39].

1. Grundsätzliches zur allgemeinen Berichtspflicht der Geschäftsführung

- Die Berichterstattung als Akt der Geschäftsführung erfolgt bei mehreren Geschäftsführern durch einen Mehrheitsbeschluß. Kommt eine Mehrheit nicht zustande, sind die Gesellschafter über die Meinungsverschiedenheit zu informieren.
- Jedes Mitglied der Geschäftsführung ist für eine vollständige und korrekte Berichterstattung verantwortlich und hat dafür persönlich einzustehen.
- Ist ein Mitglied der Geschäftsführung der Überzeugung, daß die von ihr beschlossenen Informationen unvollständig oder unrichtig sind, so ist es verpflichtet, die Gesellschafter zu informieren. Es kann sich nicht darauf berufen, daß es gegen den Beschluß gestimmt hat, und es dabei bewenden lassen.

  Beispiel:
  In einer aus fünf Mitgliedern bestehenden Geschäftsführung wurde in Abwesenheit eines der Kollegen der Bericht an die Gesellschafterversammlung einstimmig verabschiedet und zum Versand freigegeben.

  Nach seiner Rückkehr erklärte der Betreffende, er halte den Bericht in mehreren Punkten für sachlich unrichtig und darüber hinaus auch für unvollständig. Da der Bericht jedoch bereits herausgegangen sei, wolle er seinen Kollegen keine Schwierigkeiten bereiten. Auf jeden Fall aber werde er sein mangelndes Einverständnis mit dem Bericht zu den Akten geben, was auch geschah.
  Entsteht aufgrund der unrichtigen Berichterstattung der Geschäftsführer Schaden für das Unternehmen, so sind nicht nur die Mitglieder, die dem Bericht zugestimmt haben, dafür verantwortlich und persönlich haftbar, sondern auch der bei der Abstimmung abwesende Kollege, der es unterlassen hat, die Gesellschafterversammlung über seine abweichende Meinung zu informieren.

- Die unterlassene oder unrichtige Information gefährdet die ordnungsmäßige Überwachung der Geschäftsführung durch die Gesellschafter, widerspricht dem Verhalten eines ordentlichen Geschäftsleiters und ist

39 Dieses Recht wird in Verbindung mit der „Überwachung der Geschäftsführer durch die Gesellschafter" behandelt, S. 261 ff.

ein Grund zum Widerruf der Bestellung gemäß § 38 Abs. 1 bzw. je nach Lage des Falles wegen grober Pflichtverletzung gemäß § 38 Abs. 2.

- Die Berichte haben „den Grundsätzen einer gewissenhaften und getreuen Rechenschaft" zu entsprechen (§ 90 Abs. 4 AktG).

  Die für den Vorstand einer Aktiengesellschaft bestehenden Grundsätze für die Berichterstattung gegenüber dem Aufsichtsrat gelten analog auch für die Information der Geschäftsführer gegenüber den Gesellschaftern. In § 90 AktG heißt es, daß der Vorstand von sich aus, ohne daß es einer besonderen Aufforderung bedarf, dem Aufsichtsrat über folgendes zu berichten hat:

  > „1. die beabsichtigte Geschäftspolitik[40] und andere grundsätzliche Fragen der künftigen Geschäftsführung;
  >
  > 2. die Rentabilität der Gesellschaft, insbesondere die Rentabilität des Eigenkapitals;
  >
  > 3. den Gang der Geschäfte, insbesondere den Umsatz, und die Lage der Gesellschaft;
  >
  > 4. Geschäfte, die für die Rentabilität der Gesellschaft von erheblicher Bedeutung sein können."

2. Die Systematisierung der Berichterstattung mit Hilfe eines Informationskatalogs

Die Information der Gesellschafter durch die Geschäftsführer ist *Schwerpunktinformation*[41] und nicht Totalinformation. Die Schwerpunktinformation ist die *Basis für die Schwerpunktkontrolle.* Die Totalinformation kennzeichnet den handwerksmeisterlich geführten Kleinbetrieb. Im Rahmen eines nach Managementprinzipien geführten Unternehmens haben die Geschäftsführer die Gesellschafter nur insoweit zu informieren, daß sie

- den Überblick über die Geschäftsführung behalten und
- die wichtigsten Sachverhalte im Bereich der Geschäftsführung kennen, um in Form von Stichproben Schwerpunktkontrollen sachgerecht ausüben zu können.

In kleineren Gesellschaften, in denen Gesellschafter und Geschäftsführer eng zusammenarbeiten, bereitet der Informationsaustausch wenig Schwierigkeiten. Für Gesellschaften, in denen schon aufgrund ihrer Größenordnung dies nicht der Fall sein kann, ist dringend zu empfehlen, die Information durch Aufstellung eines Informationskatalogs zu systemati-

40 Entfällt für die GmbH, da die Geschäftsführer nicht über die Geschäftspolitik zu entscheiden haben.

41 Zustimmend *Scholz/U. H. Schneider,* § 43 Anm. 114.

sieren. Hier wird festgelegt, worüber die Gesellschafter von den Geschäftsführern im Einzelfall informiert werden wollen.

Auf die Wichtigkeit der Systematisierung der Informationen mit Hilfe eines Informationskatalogs hat der Verfasser immer wieder hingewiesen[42]. Der Informationskatalog umfaßt im einzelnen:

- Anhaltspunkte für die *generelle Information im Fachbereich,* d. h. für diejenigen Sachverhalte, über die die Gesellschafter regelmäßig zu unterrichten sind, so z. B. über

  - die finanzielle Situation der Gesellschaft;
  - die Lage im Produktions- und Absatzbereich;
  - das Aktionsprogramm zur Einführung neuer Produkte;
  - Vorbereitung und Abschluß von Verträgen, die nicht den laufenden Geschäftsverkehr betreffen;
  - Stand der Forschung und Entwicklung;
  - Änderung in der Personal- und Gehaltsstruktur;
  - die Ergebnisse der Durchführung von Marktanalysen und ihre Konsequenzen;
  - Maßnahmen zur Personalbeschaffung;
  - Ergebnisse des Vorschlagwesens.

  Darüber hinaus kann es für die Gesellschafter von Interesse sein, von den Geschäftsführern z. B. informiert zu werden über

  - den tatsächlichen Umfang der ihnen von der Gesellschaft gestatteten Nebentätigkeit;
  - Spenden ab einem bestimmten Betrag und deren Empfänger.

- Anhaltspunkte für die *generelle Information im Führungsbereich.* Dazu können z. B. gehören:

  - die Einstellung und Entlassung von Mitarbeitern, die der Geschäftsführung bzw. den Ressortleitern unmittelbar unterstellt sind, mit Angabe der Gründe;
  - besondere Ergebnisse der Kontrolle im Führungsbereich;
  - die den Ressortleitern gesetzten Solls;
  - Stand der Systematisierung der Information und Kontrolle;
  - Regelung der Stellvertretung im Ressortbereich;
  - Ergebnis der Beurteilung der Mitarbeiter auf der der Geschäftsführung bzw. den Ressortleitern nachgeordneten Ebene;
  - Stand der Weiterbildung;
  - Maßnahmen zur Stärkung der Kreativität der Mitarbeiter[43].

- Angaben, in welcher Form – ob mündlich oder schriftlich – und in welchen zeitlichen Abständen die Information erfolgen soll (z. B. vier-

---

42 Vgl. dazu *Höhn,* Wofür haftet der Vorstand einer Genossenschaftsbank persönlich?, S. 124 ff.; *ders.,* Brevier für Vorstände von Genossenschaften, S. 181 ff.

43 Vgl. dazu *Höhn,* Die Technik der geistigen Arbeit, S. 128 ff.

teljährlich im Finanzbereich; monatlich im Absatzbereich; monatlich über den Stand der Reklamationen; vierteljährlich im Bereich der Führung).

- Informationen bei besonderen Vorkommnissen, so etwa über
  - Maßnahmen der Konkurrenz, die das vorgesehene Konzept stören;
  - erhebliche Betriebsstörungen, die die Termineinhaltung in Frage stellen;
  - Ausfall eines Großkunden, der sich empfindlich auf die Lage der Gesellschaft auswirkt;
  - Insolvenz eines wichtigen Schuldners;
  - plötzlicher Ausfall von schwer ersetzbaren Mitarbeitern;
  - verstärkte Abwehrmaßnahmen der Konkurrenz und ihren Erfolg.

  Der Informationskatalog hat *beispielhaften Charakter*, kann also nicht lückenlos sein. Die Geschäftsführer müssen vielmehr das notwendige Informationsbewußtsein entwickeln, um bei der Erfüllung ihrer Informationspflicht aus eigener Initiative zu handeln und dabei die im Informationskatalog aufgeführten Beispiele als *Richtlinie* zu nutzen.

- Die im Informationskatalog erfaßten Sachverhalte geben den Gesellschaftern zugleich eine Grundlage für ihre Informationsgespräche mit den Geschäftsführern.

  Darüber hinaus bieten sie bei dem engen Zusammenhang, der zwischen Information und Kontrolle besteht, wichtige Ansatzpunkte für die von den Gesellschaftern zu stellenden Kontrollfragen[44]. Bei der Information wie der Kontrolle wird damit zugleich dem Abweichen auf Nebensächlichkeiten vorgebeugt.

- Der Informationskatalog hat naturgemäß eine begrenzte Lebensdauer. Er muß in bestimmten Abständen daraufhin überprüft werden, ob die einzelnen hier erfaßten informationspflichtigen Sachverhalte noch den gegenwärtigen Anforderungen entsprechen oder ob sie gegen andere ausgetauscht werden müssen.

3. Das Vorgehen bei der Erstellung des Informationskatalogs

Die Entwicklung des Informationskatalogs muß in enger Zusammenarbeit zwischen den Gesellschaftern und den Geschäftsführern erfolgen. Dabei hat sich folgendes Verfahren als zweckmäßig erwiesen:

- Die Gesellschafter bitten zunächst die Geschäftsführer, festzulegen, über welche Sachverhalte sie ihrer Ansicht nach die Gesellschafter informieren müssen.

  Auf diese Weise erhalten die Gesellschafter eine gute Grundlage, um ihre eigenen Informationsvorstellungen zu überprüfen.

44 Vgl. dazu S. 256 ff.

- Die Informationsvorschläge der Geschäftsführer und die Informationswünsche der Gesellschafter werden nunmehr gemeinsam besprochen. Anschließend erfolgt die Entscheidung der Gesellschafter, die im Informationskatalog ihren Niederschlag findet.

Der Einwand, daß die Erstellung eines Informationskatalogs zu zeitaufwendig sei, ist bei einem solchen Verfahren nicht berechtigt. Im übrigen denke man einmal daran, wieviel mehr Zeit es kostet, sich immer wieder über Mängel bei der Information auseinandersetzen zu müssen, weil die Informationspflichten der Geschäftsführer nicht festliegen[45].

VI. Die Informationspflicht der Gesellschafter

Der umfassenden Informationspflicht der Geschäftsführung entspricht die Informationspflicht der Gesellschafterversammlung in ihrer Eigenschaft als Vorgesetzte der Geschäftsführung.

Bei der Behandlung der Information in der Literatur fehlt gewöhnlich die Informationspflicht der Gesellschafter. Dies ist aus der Struktur der GmbH verständlich. Wenn die Gesellschafter bestimmen, was die Geschäftsführer im einzelnen zu tun und zu lassen haben und sie zu einem „reinen Ausführungsorgan" machen können, so brauchen die Geschäftsführer nicht zu wissen, aus welchen Gründen die Gesellschafter ihre Weisungen geben und in welchem Gesamtzusammenhang sie stehen. Die Information ist dann in ihr Belieben gestellt, sie ist *Gnade.* Ein *Recht* auf Information besteht nicht.

Anders ist die Situation, wenn die Gesellschaft nach Managementprinzipien geführt wird und die Geschäftsführer dazu einen Freiraum besitzen, innerhalb dessen sie selbständig zu handeln und zu entscheiden verpflichtet sind.

1. Die Regeln für die Information von seiten der Gesellschafter

- Pflicht der Gesellschafter ist es, die Geschäftsführer über alles zu informieren, was sie wissen müssen – nicht was sie wissen möchten –, um im Rahmen ihrer Aufgaben und Kompetenzen unternehmerisch richtige Entscheidungen treffen zu können. *Mitdenken* setzt zweckorientiertes *Mitwissen voraus*[46]. Ohne eine rechtzeitige und ausreichende Infor-

45 Vgl. dazu die Ausführungen über die Informationspflicht der Geschäftsführer gegenüber dem Aufsichtsrat und den Informationskatalog für den Aufsichtsrat S. 349 ff.

46 *Wittmann,* „Information", in: Handwörterbuch der Organisation, Band I, Sp. 894.

mation fehlt den Geschäftsführern eine wichtige Voraussetzung für sachgerechte Entscheidungen.

- Unterlassene Information ist ein Hemmnis für den Erfolg ihrer Arbeit und ein ausgesprochener Risikofaktor für das Unternehmen.
- Die Geschäftsführer haben ein *Recht* auf Information. Unterlassene Information begründet *Informationsverschulden* auf seiten der Gesellschafter.
- Fehlentscheidungen der Geschäftsführer aufgrund unterlassener oder mangelnder Information gehen zu Lasten der Gesellschafter.

- Die sachgerechte Information ist auch die Voraussetzung dafür, daß die Geschäftsführer ihre Beratungsaufgabe mit der Sorgfalt eines ordentlichen Geschäftsleiters erfüllen können.
- Die unterlassene Information hat über ihre sachliche Bedeutung hinaus starke Auswirkungen auf das Vertrauensverhältnis zwischen Geschäftsführern und Gesellschaftern. Der Geschäftsführer empfindet sie als Ausdruck mangelnder Achtung gegenüber seiner Stellung im Unternehmen. Darüber hinaus betrachtet er es als entwürdigend,
  - hintenherum, z. B. von der Sekretärin oder Vertrauten der Gesellschafter, Informationen einholen zu müssen, die ihm als *Bringpflicht* der Gesellschafter von Rechts wegen zustehen;
  - wichtige Veränderungen in der Unternehmenspolitik, von denen er selbst betroffen ist, etwa aus der Tagespresse zu erfahren.
- Die fehlende oder unzureichende Information seitens der Gesellschafter ist je nach der Sensibilität des Geschäftsführers ein Grund für seine innere Kündigung[47].

Darüber hinaus bildet sie einen wichtigen Grund für den Geschäftsführer, sein Amt niederzulegen und den Anstellungsvertrag zu kündigen[48].

Zu beachten:
Die Informationspflicht der Gesellschafter schließt die Eigeninitiative der Geschäftsführer nicht aus. Sie müssen, sobald sie Anlaß zu der Annahme haben, daß die Gesellschafter eine notwendige Information unterlassen haben, von sich aus an sie herantreten, andernfalls handeln sie gegen die Sorgfalt eines ordentlichen Geschäftsleiters (§ 43 Abs. 1).

47 Vgl. dazu *Höhn*, Die innere Kündigung im Unternehmen, S. 26.
48 Vgl. S. 235.

2. Die Einschaltung der Geschäftsführer in die Erstellung des Informationskatalogs für die Gesellschafterversammlung

Für die Gesellschafter ergibt sich das Problem, wie sie ihrer Informationspflicht als Bringpflicht gegenüber den Geschäftsführern am besten gerecht werden können. Dazu gehört die Planung und Organisation der Information.

- Ein wichtiges organisatorisches Hilfsmittel bildet auch hier der Informationskatalog. Er ist zweckmäßigerweise unter Einschaltung der Geschäftsführer zu erstellen. Sie wissen in der Regel am besten, über was sie von den Gesellschaftern unterrichtet werden müssen, um erfolgreich arbeiten zu können, und welche Informationen bisher gefehlt haben.
- An sie ist die Frage zu richten, worüber sie ihrer Ansicht nach von den Gesellschaftern informiert werden müssen. Auf diese Weise erhalten die Gesellschafter eine Grundlage für die Systematisierung ihrer Information.
- Die Gesellschafter sind gewöhnlich darüber erstaunt, welcher Informationsbedarf seitens der Geschäftsführer vorliegt und wie viele wichtige Anregungen sie auf diese Weise für die Verbesserung des Informationsflusses von oben nach unten erhalten.

3. Das Auskunfts-, Besichtigungs- und Einsichtsrecht der Gesellschafterversammlung

Diese Rechte ergeben sich ebenfalls aus der Stellung der Gesellschafterversammlung als Vorgesetzte der Geschäftsführer.

Soweit sie in der Gesellschafterversammlung geltend gemacht werden, erfolgt dies durch einen Beschluß der Gesellschafterversammlung[49], der für die Geschäftsführer als Weisung gilt.

- Bei der Erteilung der verlangten Auskünfte gilt ebenfalls das Prinzip einer gewissenhaften und wahrheitsgetreuen Berichterstattung.
- Besichtigungen haben die Geschäftsführer so vorzubereiten, daß der im Einzelfall von der Gesellschafterversammlung verfolgte Zweck erreicht wird.

  Das gleiche gilt von der Einsichtnahme[50]. Die vorherige Aussonderung von für die Geschäftsführer unangenehmen Schriftstücken oder die Veranlassung ihrer Entfernung durch einen Mitarbeiter gilt als schwere Pflichtverletzung mit den entsprechenden Folgen.

49 Vgl. dazu *Lehmann*, Die ergänzende Antwort von Aktienrecht auf die Gesellschaft mit beschränkter Haftung, S. 70.

50 Vgl. dazu die Ausführungen über das Auskunftsrecht sowie das Besichtigungs- und Einsichtsrecht des Aufsichtsrats, S. 353 ff.

H. Die Führungsverantwortung der Geschäftsführung

Die Geschäftsführung trägt, wie wir gesehen haben, nicht die Verantwortung dafür, was das einzelne Mitglied der Geschäftsführung in seiner Eigenschaft als Ressortleiter tut, duldet oder zu tun unterläßt (Handlungsverantwortung).

Die Geschäftsführung trägt jedoch die Verantwortung dafür, daß sie ihre Führungsaufgaben gegenüber den Leitern der einzelnen Geschäftsbereiche sowie der sonstigen, ihr unmittelbar unterstellten Mitarbeiter erfüllt (Führungsverantwortung)[1].

Zu den Führungsaufgaben der Geschäftsführung[2] gehören im wesentlichen die folgenden:

- Die Auswahl der richtigen Mitarbeiter, soweit sie sich die Gesellschafter nicht vorbehalten haben, und die Überwachung ihrer fortdauernden Eignung;
- die Pflicht, diese Mitarbeiter im Rahmen ihrer Aufgaben und Kompetenzen sowie der Zielsetzung und vorhandener Richtlinien selbständig handeln und entscheiden zu lassen;
- die Festlegung von Einzelzielen (Solls) und, wo nötig, die Vergabe von Richtlinien;
- die Pflicht zur Information;
- die Pflicht, sich beraten zu lassen;
- die Pflicht zur Koordination, Kontrolle und Förderung der Mitarbeiter.

Die Führungsverantwortung der Geschäftsführung ist nicht delegierbar. Die Pflichten, die sich aus der Führungsverantwortung für die Geschäftsführung wie für jeden Vorgesetzten im Rahmen der Hierarchie ergeben,

1 Der vom Verfasser geprägte Begriff der Handlungs- und Führungsverantwortung mit den angegebenen Inhalten hat sich nicht nur in der Praxis, sondern auch in der Literatur und den Kommentaren durchgesetzt. So unterscheidet *Meyer/Meulenbergh/Beuthien* zwischen der „Handlungs- und Führungsverantwortung" des Vorstands einer Genossenschaft (§ 34 Anm. 7); ebenso *Meyer,* Die Verantwortlichkeit des Vorstandes der eingetragenen Genossenschaft aus § 34 GenG, S. 51, 54; *Scholz/U. H. Schneider* spricht von der „Führungsverantwortung" bzw. „Leitungs- und Führungsverantwortung" der Geschäftsführung (§ 43 Anm. 38, 35); *Lang/Weidmüller* unterscheidet zwischen Leitungsverantwortung und Handlungsverantwortung (§ 34 Anm. 28).

2 Vgl. dazu *Höhn,* Wofür haftet der Vorstand einer Genossenschaftsbank persönlich?, S. 29 ff.

werden zweckmäßigerweise in einer „Führungsrichtlinie" festgelegt, die der konsequenten Durchsetzung eines „unternehmensgerechten Führungssystems"[3] dient. Mit ihr werden die Normen für das Verhalten von Mitarbeitern wie Vorgesetzten und damit innerbetriebliches Recht geschaffen, Verstöße gegen diese Normen sind so zu behandeln wie Verstöße gegen Vorschriften im Fachbereich.

I. Die Auswahl der richtigen Mitarbeiter – Grundprinzipien

1. Soweit sich die Gesellschafter die Einstellung nicht vorbehalten haben, ist die Geschäftsführung verpflichtet, Mitarbeiter einzustellen, die fachlich und führungsmäßig in der Lage sind, die ihnen übertragenen Aufgaben wahrzunehmen.

Im Zweifel hat derjenige, der einstellt, auch das Recht zur Entlassung.

2. Besonders ist darauf zu achten, daß die in Aussicht genommenen Mitarbeiter die Garantie dafür bieten, sich nicht in der Verwaltung des Bestehenden zu erschöpfen, sondern, soweit sie leitende Funktionen ausüben, zu kreativer Tätigkeit fähig zu sein. Die Kreativität ihrer Mitarbeiter ist das größte Kapital der Gesellschaft und damit eines der wichtigsten Auswahlkriterien.

Betrachtet man in dieser Hinsicht das Verhalten von Gesellschaftern und Geschäftsführern, so ist es erstaunlich, mit welcher Sorglosigkeit hier Entscheidungen über die Einstellung von Mitarbeitern getroffen werden.

Dies gilt auch für die Einstellungen *auf Probe*. Es ist äußerst zweckdienlich, einmal nachzuprüfen, wieviele Einstellungen auf Probe im Laufe eines Jahres erfolgten, die nicht zum Erfolg führten, und was sie an Kosten verursacht haben. Dabei steht die Geschäftsführung auch hinsichtlich der Einstellungen unter dem Gebot des § 43 Abs. 1, wonach sie mit der Sorgfalt eines ordentlichen und gewissenhaften Geschäftsleiters vorzugehen hat, im Ernstfall für diese Sorgfalt auch persönlich haftet (§ 43 Abs. 2).

Deshalb gilt es, vor der Entscheidung über die Einstellung eines Bewerbers gründlich zu prüfen,

- ob er in fachlicher Hinsicht den Anforderungen der Stellung entspricht; Grundlage dafür ist die Stellenbeschreibung, die das Soll in *fachlicher* Hinsicht festlegt. Ist keine Stellenbeschreibung vorhanden, so hat der Gesprächsführer die Aufgaben genauestens aufzuzeigen;

3 *Lang/Weidmüller*, § 34 Anm. 33.

- ob der Bewerber, soweit er Vorgesetzter ist, also *Führungsaufgaben* wahrzunehmen hat, den Anforderungen entspricht, die das Unternehmen in dieser Hinsicht stellt. Das Soll dafür legt die Allgemeine Führungsanweisung (Führungsrichtlinie) fest.

Wichtige Hinweise darauf gibt das *Einstellungsgespräch*, vorausgesetzt, daß es in der richtigen Weise geführt und ausgewertet wird. Dabei werden oft gravierende Fehler gemacht.

Beispiel:
Mit dem Bewerber um die Position eines Marketingleiters, der die Stellung eines Hauptabteilungsleiters im Unternehmen einnahm, hatte der Personalleiter das Einstellungsgespräch geführt. Er berichtete der Geschäftsführung über das Ergebnis folgendes:

„Ich habe einen guten Eindruck von dem Bewerber. Die Fragen, die ich an ihn stellte, hat er zu meiner Zufriedenheit beantwortet. Auch in seinem Äußeren hat er mir gefallen. Er stammt aus einer guten Familie und hat gute Manieren, auch bei Tisch. Das konnte ich bei dem gemeinsamen Mittagessen feststellen. Seine bisherige Marketing-Position will er aufgeben, da die Unternehmensführung sehr konservativ ist und kreativen Vorschlägen gegenüber sich äußerst zurückhaltend verhält. Ich schlage vor, den Bewerber auf Probe einzustellen. Er ist auf keinen Fall schlechter als die übrigen Hauptabteilungsleiter in unserem Unternehmen. In der Probezeit wird sich herausstellen, ob er das hält, was er verspricht."

Die Geschäftsführung entschied darauf, den Bewerber einzustellen.

Nach drei Monaten mußte er entlassen werden, da er den Anforderungen der Stelle weder in *fachlicher* noch in *führungsmäßiger* Hinsicht entsprach. Dem Unternehmen war ein Schaden von über DM 150.000 entstanden.

Die Geschäftsführung hat sich pflichtwidrig verhalten. Anstatt dem Rat des Personalleiters zu folgen, hätte sie ihn etwa Folgendes fragen müssen:
- Haben Sie mit dem Bewerber anhand der Stellenbeschreibung besprochen, welche Aufgaben mit welchen Kompetenzen er im einzelnen zu erfüllen hat?
- Haben Sie erkundet, ob der Bewerber in seiner bisherigen Position selbständig handeln und entscheiden konnte oder von seinem Vorgesetzten Aufträge erhielt, die er jeweils zu erfüllen hatte?
- Haben Sie im Gespräch festzustellen versucht, wie der Bewerber seine Mitarbeiter geführt hat?
- Haben Sie mit ihm besprochen, welche Aufgaben ein Vorgesetzter in unserem Unternehmen zu erfüllen hat?
- Haben Sie Erkundungen darüber einzuholen versucht, wie man in seinem früheren Unternehmen über seine fachliche und führungsmäßige Qualifikation denkt?

Hätte der Personalleiter auf diese Fragen keine klaren Antworten geben können, so hätte die Geschäftsführung ihn auffordern müssen, diese notwendigen Informationen nachzuholen.

Dies alles hat die Geschäftsführung unterlassen. Sie kann deshalb für den entstandenen Schaden haftbar gemacht werden.

3. In *Boomzeiten* steht der Geschäftsführer oft vor der Situation, daß der Markt von qualifizierten Personen, die er dringend braucht, wie „leergefegt" ist. Er ist dann gezwungen, um den laufenden Geschäftsverkehr aufrechtzuerhalten, zweitklassige Personen einzustellen. Immer wieder wird die Frage gestellt, ob er damit pflichtwidrig handelt und für Schäden, die dadurch entstehen, haftbar gemacht werden kann. Dies ist nicht der Fall, wie das folgende Beispiel zeigt.

Beispiel:
Ein Geschäftsführer berichtet:
„Ich benötigte dringend einen qualifizierten Leiter des Finanz- und Rechnungswesens. Alle Bemühungen, die ich im einzelnen nachweisen kann, waren vergeblich. Es meldeten sich nur zweitrangige Leute. Da das Finanz- und Rechnungswesen keinesfalls unbesetzt bleiben durfte, stellte ich einen derartigen Bewerber ein. Ich besprach mit ihm anhand seiner Stellenbeschreibung seine Aufgaben und Kompetenzen. Besonderen Wert legte ich auf die exakte Überwachung der Buchhaltung, die mit zwei Buchhalterinnen besetzt war. In den ersten vier Wochen nach seiner Tätigkeit fragte ich ihn wöchentlich, ob die Buchungen ordnungsgemäß vorgenommen worden seien. Er erklärte mir jeweils im Brustton der Überzeugung, ich brauchte mir keine Sorgen zu machen, die beiden Buchhalterinnen seien in Ordnung.

Tatsächlich hatte er die für die Überwachung notwendige Sorgfalt keinesfalls walten lassen. Er hatte, statt Stichproben vorzunehmen, die Damen lediglich gefragt, ob es irgendwelche Schwierigkeiten gäbe, zu deren Bewältigung sie seiner Hilfe bedürften. Als die dies verneinten, hat er sich damit zufrieden gegeben. In zwei Fällen entstand dadurch für die Gesellschaft beträchtlicher Schaden, für den die Gesellschafter mich verantwortlich machen. Muß ich dafür wirklich mit meinem Vermögen haften?"

Antwort:
„Keinesfalls. Sie haben in der richtigen Annahme, daß das Finanz- und Rechnungswesen nicht unbesetzt bleiben durfte, einen zweitklassigen Mann ausgewählt, da der Markt keinen anderen bot. Sie haben damit weder rechtswidrig noch schuldhaft gehandelt, sondern die Sorgfalt eines ordentlichen und gewissenhaften Geschäftsleiters gewahrt. Sie können daher für den vom Leiter des Finanz- und Rechnungswesens verursachten Schaden persönlich nicht haftbar gemacht werden.

Richtig wäre es allerdings gewesen, wenn Sie die Gesellschafterversammlung über Ihre Zwangslage und die von Ihnen getroffene Entscheidung informiert hätten. Das sollten Sie, wenn Sie wiederum in eine solche Situation kommen, unbedingt tun."

4. Verweigern die Gesellschafter die Zustimmung zur Einstellung eines Mitarbeiters, obwohl die Geschäftsführer den Nachweis zu erbringen vermögen, daß ohne dem eine ordnungsgemäße Geschäftsführung nicht möglich ist, so gilt folgendes:

- Die Gesellschafter übernehmen mit ihrer Entscheidung die Verantwortung für die sich daraus ergebenden Folgen. Die Geschäftsführer sind damit entlastet.
- Die Geschäftsführer sind berechtigt, ihr Amt aus wichtigem Grund niederzulegen und den Anstellungsvertrag aus wichtigem Grund zu kündigen, wenn bei objektiver Betrachtung schwerwiegende negative Auswirkungen durch die Verweigerung der Einstellung eintreten können, die auf sich zu nehmen ihnen nicht zuzumuten sind. Sie verlieren dadurch nicht die Rechte aus dem Anstellungsvertrag[4].

II. Einweisung und Einarbeitung des neuen Mitarbeiters

Zu den Führungsaufgaben des Vorgesetzten gehört die Einweisung bzw. Einarbeitung neu eingestellter *ihm unmittelbar unterstehender* Mitarbeiter bei ihrem Eintritt in das Unternehmen.

1. Die Einweisung

Die Einweisung stellt eine *Grundinformation* des neuen Mitarbeiters dar. Ihr Ziel ist es:

- dem neuen Mitarbeiter die Integration in das Unternehmen zu erleichtern;
- ihm die Einordnung seiner Position in das Organisationsgefüge des Unternehmens zu verdeutlichen;
- ihm unnötige Anfangsschwierigkeiten in der Zusammenarbeit mit Kollegen und dritten Stellen im Unternehmen zu ersparen;
- ihm eventuelle Gefahren, die mit seinem Arbeitsplatz verbunden bewußtzumachen.

Diese Grundinformation des neuen Mitarbeiters umfaßt im einzelnen:

- Die allgemeine Orientierung über das Unternehmen. Sie betrifft:
  - Die Zielsetzung des Unternehmens;
  - seine wirtschaftliche Lage;
  - die Marktposition;
  - das Verhältnis zur Konkurrenz;
  - seine sozialen Einrichtungen;
  - die Mitteilung, welche Sprachregelung über bestimmte betriebliche Vorhaben und Vorgänge im Unternehmen gegenüber der Öffentlich-

4 Vgl. S. 235 Nr. 15.

keit für alle Betriebsangehörigen gilt. Der neue Mitarbeiter muß darüber informiert sein, wie er sich zu bestimmten Fragen, die von dritter Seite an ihn herangetragen werden, wenn überhaupt, zu äußern hat;

- Die Information über den *Führungsstil* des Unternehmens. Der Geschäftsführer muß den neuen Mitarbeiter darüber orientieren, nach welchen Grundsätzen im Unternehmen geführt wird. Dabei muß der Geschäftsführer ihn über die Pflichten informieren, die er als Mitarbeiter seinem Vorgesetzten gegenüber, und soweit er selbst Vorgesetztenfunktionen ausübt, als Vorgesetzter seinen Mitarbeitern gegenüber zu erfüllen hat. Der Geschäftsführer muß den neuen Mitarbeiter also mit den Grundregeln der Führung mit Delegation von Verantwortung bekannt machen, die dem Führungsstil des Unternehmens zugrunde liegen.

Ist im Unternehmen bereits eine „Allgemeine Führungsanweisung" bzw. „Führungsrichtlinie" vorhanden, so ist diese die gegebene Basis für die allgemeine Information des neuen Mitarbeiters auf dem Gebiet der Führung.

Darüber hinaus muß der Geschäftsführer dafür Sorge tragen, daß der neue Mitarbeiter – soweit ihm diese Prinzipien vor seinem Eintritt in das Unternehmen noch nicht bekannt waren – ordnungsgemäß geschult wird, sei es durch innerbetriebliche Weiterbildungsmaßnahmen oder die Entsendung zu externen Seminaren.

Mit einem bloßen Durchlesen der „Allgemeinen Führungsanweisung" ist es nicht getan, die neuen Begriffe und Regeln müssen anhand von Beispielen aus der Praxis erklärt, verstanden und akzeptiert werden. Geht man anders vor, so kann das schwerwiegende Folgen haben.

Beispiel:
Der Ressortleiter Technik gab seinem neuen Betriebsleiter die „Allgemeine Führungsanweisung" in die Hand, bat ihn, sie genau zu lesen und fragte ihn nach einigen Tagen:

„Haben Sie verstanden, wie wir in unserem Unternehmen führen?"

Auf die bejahende Antwort erklärte er, das freue ihn, bei den Meistern, die auf diese Führung eingestellt seien, werde er dann großen Erfolg haben.

Nach vierzehn Tagen beschwerten sich die zehn Meister des Unternehmens bitter über den autoritären Führungsstil des neuen Betriebsleiters und erklärten, sie würden kündigen, wenn hier nicht Abhilfe geschaffen würde.

Dem Ressortleiter blieb nichts anderes übrig, als das nachzuholen, was er versäumt hatte, eine grundlegende Schulung in der Führung mit Delegation von Verantwortung.

Die Einweisung des neuen Mitarbeiters auf der ihm unmittelbar unterstehenden Ebene gehört zu den *nicht delegierbaren Aufgaben* des Geschäftsführers. Er kann also weder einen seiner anderen Mitarbeiter noch einen Kollegen damit beauftragen.

- Die Information über den fachlichen Bereich des neuen Mitarbeiters und seine Einarbeitung
  - Ist eine schriftliche Stellenbeschreibung vorhanden, so muß der Geschäftsführer diese mit dem Mitarbeiter besprechen und die Informationen geben, die zu ihrem Verständnis notwendig sind.
  - Fehlt eine derartige Stellenbeschreibung, so muß der Geschäftsführer das Ziel, das mit der Stelle verfolgt wird, sowie die sich daraus ergebenden Aufgaben mit dem Mitarbeiter im einzelnen besprechen und anschließend schriftlich fixieren, also das nachholen, was mit der Stellenbeschreibung erreicht worden wäre.

    Man kann nicht davon ausgehen, daß der neue Mitarbeiter die umfangreichen Informationen, die ihm der Geschäftsführer zu Zielsetzung und Aufgabenstellung seiner Position mündlich gegeben hat, in seinem Gedächtnis behält. Wie will der Geschäftsführer zudem im Ernstfall beweisen, was er dem neuen Mitarbeiter tatsächlich im einzelnen mitgeteilt hat?

    Vielfach begnügt sich der Geschäftsführer damit, dem neuen Mitarbeiter lediglich zu erklären:

    „Ihr Sachgebiet ist Ihnen ja aufgrund Ihrer bisherigen Tätigkeit in derselben Branche nicht neu. Sie kennen daher auch die Aufgaben, die damit verbunden sind. Wenn Sie irgendwelche Schwierigkeiten haben, kommen Sie zu mir. Sie werden es schon schaffen."

    Mit einer solchen Vertrauenserklärung kann der neue Mitarbeiter wenig anfangen. Er benötigt, wenn er sich an seinem künftigen Arbeitsplatz zurechtfinden soll, gezielte sachgerechte Informationen.

2. Die Einarbeitung

Über die allgemeine Information hinaus bedarf es einer fachgerechten Einarbeitung des neuen Mitarbeiters. Dazu können auch andere mit dem Sachgebiet besonders vertraute Mitarbeiter herangezogen werden.

Dies ist oft schon deshalb notwendig, weil der Geschäftsführer selbst durch die tägliche Arbeit mehr als ausgelastet ist, so daß er schon rein zeitlich die über die Einweisung hinausgehende Einarbeitung des neuen Mitarbeiters schwer verkraften könnte und ihm daher auch die Geduld fehlen würde, den Lernprozeß des neuen Mitarbeiters zu begleiten.

Die Einarbeitung kann man jedoch nicht „mit der linken Hand zwischen Tür und Angel" vornehmen. Es handelt sich hier um eine sehr ernste Angelegenheit, zu der die notwendige Zeit vorhanden sein muß.

Insgesamt soll durch eine sachgerechte Einweisung und Einarbeitung des neuen Mitarbeiters möglichst bald eine effektive Leistung im Sinne der mit seiner Position verbundenen Zielsetzung erreicht werden.

3. Keine „Chefprägung" bei der Einweisung des neuen Mitarbeiters

Vielfach glauben die Vorgesetzten, sie könnten dem neuen Mitarbeiter die Eingewöhnung in das Unternehmen und insbesondere den Umgang mit den Kollegen dadurch erleichtern, daß sie ihn auf bestimmte Eigenheiten des einzelnen aufmerksam machen und aufgrund ihrer bisherigen Erfahrungen in der Zusammenarbeit mit den Betreffenden entsprechende Werturteile abgeben. Es ist die berüchtigte „Chefprägung", mit der gerade das Gegenteil von dem erreicht wird, was beabsichtigt war. Der „Neue" wird durch die Warnungen des Chefs verunsichert, seine eigenen Eindrücke stehen oft im Widerspruch zu der vom Chef abgegebenen Beurteilung, er fühlt sich zu denjenigen hingezogen, denen gegenüber der Chef Zurückhaltung empfohlen hat, oder umgekehrt. Der Chef selbst gerät ins Zwielicht.

Beispiel:
Der Geschäftsführer hatte sich vorgenommen, den neuen Werksleiter, der auf ihn einen vorzüglichen Eindruck gemacht hatte und von dem er sich für das Unternehmen viel versprach, über die fachliche Einweisung hinaus noch einmal persönlich auf eventuelle Schwierigkeiten im Umgang mit den Kollegen vorzubereiten. In einem Gespräch unter vier Augen erklärte er ihm an seinem ersten Arbeitstag:

„Um Ihnen den Einstieg in unser Unternehmen zu erleichtern, möchte ich Ihnen zunächst sagen, was ich von den einzelnen Ihnen unterstellten Betriebsleitern halte. Das kann Ihnen unangenehme Erfahrungen ersparen.

Ich fange mit Herrn Meyer an. Er kommte immer wieder mit neuen Ideen, die unseres Erachtens nicht zu verwirklichen sind.

Herr Herrmann ist bei seinen Meistern sehr beliebt, aber im Grunde ist er ein schwacher Mann. Er scheut sich durchzugreifen, auch da, wo es dringend notwendig wäre.

Das Gleiche kann man von Herrn Peters sagen.

Der einzige von den Betriebsleitern, den ich sehr schätze und einmal für Ihren Nachfolger vorgesehen haben – zugegebenermaßen schon etwas früh! –, ist Herr Arnold. Halten Sie sich an ihn. An ihm werden Sie Freude haben.

Und nun noch etwas zu Ihren Kollegen:

Der Vertriebschef steht auf der Abschußliste. Man kann ihn kurz kennzeichnen: Große Worte, kleine Taten!

Der Leiter des Finanz- und Rechnungswesen, Herr Müller, ist ein höchst anmaßender und dazu unangenehmer Herr. Er glaubt, weil er über das Geld verfügt, auch mitbestimmen zu können, wofür es ausgegeben wird. Sie werden viel Ärger mit ihm haben, weisen Sie ihn von vornherein energisch in seine Schranken.

Und nun zum Personalleiter. Sie werden überrascht sein, es ist eine Frau. Sie ist mir seinerzeit vom Mehrheitsgesellschafter aufgezwungen worden, weiß Gott, aus welchen Gründen. Sie wird Ihnen bestimmt bei der Einstellung neuer Mitarbeiter und ebenso bei jeder notwendig werdenden Kündigung Schwierigkeiten machen. Sie weiß alles besser und betrachtet uns aufgrund ihres Psychologiestudiums als Ignoranten bei der Beurteilung von Mitarbeitern.

Der einzige Ihrer Kollegen, von dem ich viel halte, ist der Marketingleiter. Mit ihm führe ich ständig Gespräche. Ihm werde ich binnen kurzem den gesamten Vertrieb übertragen."

Nach der Besprechung stellte sich der Werksleiter seinen Kollegen vor. Dabei erklärte ihm der Vertriebsleiter, er sei augenblicklich Strohwitwer und schlug ihm vor, gemeinsam zum Essen zu gehen. Vertrieb und Produktion hingen doch aufs engste zusammen, da sollte man sich besonders gut kennenlernen.

Beide verstanden sich ausgezeichnet. Der Vertriebsleiter erzählte dem neuen Kollegen, was man an den Produkten leicht ändern könne, um den Wünschen der Kunden entgegenzukommen. Der Werksleiter fand diese Anregungen sehr gut und erklärte, er werde sich sofort darum kümmern.

Der Werksleiter konnte sich nicht enthalten, dem Vertriebsleiter beim Abschied zu sagen:
„Ich danke Ihnen vielmals für Ihre Anregungen und wünsche Ihnen Erfolg für alles, was Sie noch vorhaben. Nur eins verstehe ich nicht: Warum stehen Sie eigentlich auf der Abschußliste?"

Der Vertriebsleiter war entsetzt und fragte sofort:
„Wer hat Ihnen denn das gesagt? Das kann doch nur der Geschäftsführer gewesen sein!"

Dem neuen Werksleiter war die Situation ausgesprochen peinlich. Er versuchte, sie herunterzuspielen, indem er erklärte, er habe den Geschäftsführer wahrscheinlich falsch verstanden. Der Vertriebsleiter ließ sich jedoch nicht beirren und erwiderte, er werden den Geschäftsführer sofort stellen.

Der Ärger für die Zukunft war vorprogrammiert.

Als *Grundregel* für die Einweisung eines neuen Mitarbeiters gilt es festzuhalten:

- Es ist auf jeden Fall zu vermeiden, irgendwelche Hinweise auf Eigenheiten oder Besonderheiten von Vorgesetzten, Kollegen und Mitarbeitern zu geben, mit denen der neue Mitarbeiter zu tun haben wird; weder im positiven noch im negativen Sinn dürfen Werturteile abgegeben werden, die den neuen Mitarbeiter in seinem Verhalten beeinflussen.
- Der neue Mitarbeiter soll sich selbst ein Bild davon machen, mit wem sich leicht und reibungslos zusammenarbeiten läßt und wer als schwierig betrachtet werden muß, wem er also mit Vorsicht begegnen sollte.

Jede Art von „Chefprägung" muß deshalb unter allen Umständen vermieden werden.

4. Die Rechtsfolgen der mangelnden Einweisung und Einarbeitung

Vielfach ist sich die Geschäftsführung nicht bewußt, welche Rechtsfolgen die mangelnde Einweisung und Einarbeitung eines neuen Mitarbeiters nach sich zieht.

- Kümmert sich die Geschäftsführung nicht um die Regelung einer ordnungsgemäßen Einweisung und Einarbeitung, so liegt auf ihrer Seite Organisationsverschulden vor, für das die Mitglieder der Geschäftsführung persönlich haften (§ 43 Abs. 2).
- Ist dem Ressortleiter die Auswahl derjenigen delegiert, die die Einarbeitung vorzunehmen haben, so haftet er für die Auswahl der richtigen Mitarbeiter und deren Überwachung. Bei Zuwiderhandlung liegt Auswahl- bzw. Kontrollverschulden vor.
- Kontrolliert die Geschäftsführung nicht, ob der Ressortleiter die ihm obliegenden Pflichten ordnungsgemäß erfüllt, so liegt auf ihrer Seite Kontrollverschulden vor.
- Die ordnungsgemäße Einarbeitung hat der Ressortleiter, die fachgerechte Kontrolle die Geschäftsführung zu beweisen.
- Wird die Einarbeitung nicht ordnungsgemäß vorgenommen, so hat der neu eingestellte Mitarbeiter das Recht, aus wichtigem Grund zu kündigen. Für den Schaden, der ihm dadurch entstanden ist, daß er sich um eine neue Stelle bemühen muß, bei der ihm eine ordnungsgemäße Einarbeitung gesichert ist, haftet das Unternehmen (§§ 626, 628 BGB).
- Vielfach drängen die Vorgesetzten darauf, die Einarbeitung möglichst rasch zu beenden, damit der Mitarbeiter endlich etwas „Produktives" leiste. Sie verkennen, welchen Schaden ein Mitarbeiter dem Unternehmen bei nicht exakter Einarbeitung zufügen kann, mit den daraus entstehenden Haftungsfolgen.

  Beispiel:
  In der Buchhaltung war ein Sachbearbeiter ausgefallen. Sein Kollege war derart ausgelastet, daß er die Vertretung nicht übernehmen konnte. Der erste Bewerber für diese Stelle wurde eingestellt. Vom Oberbuchhalter, dem Leiter der Buchhaltung, wurde der Kollege beauftragt, die Einarbeitung vorzunehmen. Er erklärte ihm das Buchhaltungssystem, nahm an zwei Tagen selbst die anfallenden Buchungen vor, ließ ihn unter seiner Aufsicht weitere zwei Tage Buchungen vornehmen, korrigierte die Fehler und fragte ihn sodann, ob er in der Lage sei, die Buchhaltungsaufgaben zu übernehmen. Als dieser bejahte, teilte er dem Oberbuchhalter mit, er habe den neuen Mann genügend eingearbeitet und sei überzeugt, daß dieser mit den Buchungen fertig werden würde. Der Oberbuchhalter war damit einverstanden und wies ihn

an, darauf zu achten, daß die Buchungen ordnungsgemäß vorgenommen würden. Dazu hatte dieser weder Zeit noch Lust.

Nach zwei Monaten stelle sich folgendes heraus:

- Der Sachbearbeiter hatte die Bezahlung von verschiedenen Lieferantenrechnungen auf falsche Konten vorgenommen mit der Folge, daß die Lieferantenrechnungen doppelt bezahlt werden mußten, da die Lieferanten sich nicht darauf einließen, zu warten, bis die Fehlüberweisung geklärt und die Rücküberweisung erfolgt war.
- Eine Reihe von Rechnungen war zu spät bezahlt worden, so daß die Skonti verlorengingen.
- Die Mehrwertsteuer hatte er in einer Reihe von Fällen nicht abgeführt, erhebliche Säumniszuschläge waren die Folge.

Die Gesellschafter nahmen für den entstandenen Schaden den Oberbuchhalter sowie den Geschäftsführer in Anspruch. –

Mit Recht. Gemäß § 41 ist der Geschäftsführer „verpflichtet, für die ordnungsgemäße Buchführung der Gesellschaft zu sorgen." Daß der Geschäftsführer die Bücher nicht selber führt, sondern eine Buchhaltung einrichten kann, ist unstreitig. Daß der Oberbuchhalter nicht selbst die einzelnen Buchungsvorgänge vornehmen mußte, sondern sie auf einzelne Sachbearbeiter übertragen kann, ist ebenfalls unstreitig. Die Überwachung des neuen Sachbearbeiters hätte er keinesfalls dem Sachbearbeiterkollegen übertragen dürfen, sondern selbst vornehmen müssen (Kontrollverschulden). Der Geschäftsführer hätte kontrollieren müssen, ob der Oberbuchhalter seiner Kontrollpflicht nachgekommen sei (Kontrollverschulden). Beide, der Geschäftsführer und der Oberbuchhalter, haften gesamtschuldnerisch (§§ 421 ff. BGB).

III. Die Überwachung der fortdauernden Eignung der Ressortleiter durch die Geschäftsführung – Maßnahmen

Haben die Gesellschafter die Bestellung eines Geschäftsführers unter gleichzeitiger Betrauung mit einem Ressort vorgenommen, so kann die Geschäftsführung davon ausgehen, daß der Betreffende auch für die Leitung eines Ressorts die erforderliche fachliche und persönliche Eignung besitzt[5]. Die Geschäftsführer haben sich jedoch bei der Überwachung seiner Tätigkeit davon zu überzeugen, ob dies wirklich der Fall ist[6].

---

5 *Müller*, § 34 Anm. 34.

6 Eindeutig *Scholz/U. H. Schneider*, 7. Auflage, § 43 Anm. 36: „In der Folgezeit hat jeder Geschäftsführer sich regelmäßig zu informieren, ob der Mitgeschäftsführer die Aufgabe bewältigen kann, die ihm übertragen worden ist"; 8. Auflage, Anm. 36/37 vertiefend unter Darlegung der Folgen bei Nichtbeachtung.

Kommt die Geschäftsführung zu dem Ergebnis, daß der Leiter eines Geschäftsbereichs – aus welchen Gründen auch immer – fachlich oder führungsmäßig nicht mehr in der Lage ist, seinen Bereich mit der Sorgfalt eines ordentlichen und gewissenhaften Geschäftsleiters wahrzunehmen oder daß durch sein Verhalten die kollegiale Zusammenarbeit ernsthaft gestört wird[7], so gilt folgendes:

- Die Geschäftsführung hat eine Umverteilung der Geschäfte selbst vorzunehmen, wenn sie laut Geschäftsordnung dazu ermächtigt ist, und die Gesellschafter darüber zu informieren.
- Haben sich die Gesellschafter die Geschäftsverteilung vorbehalten, so ist die Geschäftsführung verpflichtet, diesen einen entscheidungsreifen Vorschlag bezüglich der Übernahme eines anderen Geschäftsbereichs durch den Ressortleiter zu machen (*Beratungsverantwortung*).

  Erfolgt daraufhin keine Reaktion der Gesellschafter, so ist die Geschäftsführung als Ganzes bzw. der einzelne Geschäftsführer, wenn es zu keiner Einigung zwischen den Geschäftsführern kommt, verpflichtet, die Gesellschafterversammlung einzuberufen (§ 49 Abs. 2).
- Erweist sich der Ressortleiter als ungeeignet für die Übernahme eines anderen Ressorts oder besteht diese Möglichkeit im Rahmen der Gesamtorganisation nicht und halten die Gesellschafter an der Verbindung von Geschäftsführungs- und Ressortaufgaben fest, so bleibt nichts anderes übrig, als daß die Gesellschafter den Betreffenden seines Amtes als Geschäftsführer aus wichtigem Grund entheben (§ 38 Abs. 2).
- Weigern sich die Gesellschafter, den nach Ansicht der übrigen Geschäftsführer unfähigen Kollegen abzuberufen bzw. seines Amtes als Ressortleiter zu entheben, so sind die Geschäftsführer gezwungen, Totalkontrolle auszuüben, also nicht nur verstärkte Stichprobenkontrolle. Da ihnen dies auf die Dauer nicht zumutbar ist, sie andererseits haften, wenn sie die Totalkontrolle nicht ausüben, sind sie berechtigt, ihr Amt aus wichtigem Grund zu kündigen und Schadensersatzansprüche gegen die Gesellschaft geltend zu machen (§§ 626, 628 BGB).
- Das Gleiche gilt, wenn die Gesellschafter sich weigern, die Zustimmung zur Einstellung bzw. Entlassung eines Mitarbeiters zu geben, obwohl der Nachweis erbracht ist, daß ohnedem eine ordnungsgemäße Geschäftsführung nicht möglich ist.

Vielfach stellen sich die Geschäftsführer auf den Standpunkt, daß das Verlangen nach Abberufung eines Kollegen, der sich bestimmte Verdienste um die Gesellschaft erworben hat, unkollegial sei und man daher alles tun müsse, um den Kollegen „mit durchzuschleppen“. Dies insbesondere

7 Vgl. zum kollegialen Verhalten S. 51 ff.

dann, wenn er sowieso in drei bis vier Jahren in Pension gehe. Menschlich ist dieses Verhalten anzuerkennen, rechtlich ist es jedoch pflichtwidrig[8].

Trifft der Leiter dieses Geschäftsbereichs eine die Gesellschaft schädigende Fehlentscheidung, so hat dies folgende Konsequenzen:

- Die Geschäftsführer können sich nicht darauf berufen, daß sie sich mit größter Sorgfalt bemüht haben, diese Fehlentscheidung zu verhindern. Ihr Verschulden liegt darin, daß sie eine mehr zur Wahrnehmung dieses Geschäftsbereichs geeignete Person in dieser Position belassen bzw. keine Schritte unternommen haben, sie daraus zu entfernen.
- Eine andere Frage ist es, ob die Geschäftsführung Maßnahmen trifft, die es ermöglichen, dem nicht mehr fähigen Ressortkollegen für die kurze noch verbleibende Zeit bis zu seiner Pensionierung das Gesicht wahren zu helfen. Allen Vorschlägen dieser Art von seiten der Geschäftsführer sollten die Gesellschafter wohlwollend gegenüberstehen. Dabei kann es sich z. B. um folgendes handeln:

– Die Erteilung eines Sonderauftrags unter gleichzeitiger Entbindung von seinen Geschäften.

  Für diese Zeit erhält der Betreffende einen hauptamtlichen Stellvertreter etwa aus dem Kreis der ihm unmittelbar unterstehenden Mitarbeiter (Hauptabteilungsleiter, Abteilungsleiter).

  Diese Regelung hat den Vorteil, daß der Kollege nach außen noch der *Ressortleiter* ist. Tatsächlich werden die Geschäfte jedoch von seinem Stellvertreter geführt. Der Auftrag kann, soweit notwendig, verlängert werden. Dabei sollte man eine Person als Stellvertreter aussuchen, die geeignet ist, die Nachfolge anzutreten.

– Die Ernennung eines Ressortkollegen zum hauptamtlichen Stellvertreter mit der Vereinbarung, daß keine Entscheidung getroffen werden darf, die nicht die Zustimmung des Stellvertreters findet.

  Auch hierdurch wird dem Ressortleiter geholfen, sein Gesicht zu wahren. Das Risiko liegt darin, ob sich der Ressortleiter an die Vereinbarung hält.

– Die Ernennung eines Ressortkollegen zum Mit-Ressortleiter, so daß alle Entscheidungen nur gemeinsam getroffen werden können und bei Patt-Situationen das Gremium der Geschäftsführung entscheidet.

  Damit wird das Risiko von Fehlentscheidungen gemindert. Diese Regelung führt allerdings zu einer Schädigung des Ansehens des bisher allein entscheidenden Ressortleiters.

8 Vgl. dazu *Höhn,* Das tägliche Brot des Managements, S. 111.

IV. Die Überwachung der fortdauernden Eignung der sonstigen der Geschäftsführung unterstellten Mitarbeiter

Hinsichtlich der sonstigen der Geschäftsführung unmittelbar unterstellten Mitarbeiter gilt im Prinzip das gleiche:

- Kommt die Geschäftsführung zu dem Ergebnis, daß ein ihr unterstellter Mitarbeiter nicht mehr den an ihn zu stellenden Anforderungen entspricht, so ist sie verpflichtet, ihm umzusetzen, wenn dafür eine Möglichkeit im Unternehmen besteht, oder sich von ihm zu trennen, sofern sie dazu die Kompetenz besitzt.

  Die Geschäftsführung hat also, worauf *Gaul* richtig hinweist, sich „ständig darüber (zu) unterrichten, ob und gegebenenfalls in welchem Umfang die vor erfolgter Delegation vorhandenen Qualifikationsmerkmale des Delegierten noch als gegeben angesehen werden können[9]."

  Beispiel:
  Die Geschäftsführung, die einen Buchhalter zur Erfüllung ihrer Buchführungspflicht (§ 41 Abs. 1) eingestellt hat, ist verpflichtet, dessen Tätigkeit stichprobenmäßig zu überwachen, um festzustellen, ob er den an ihn gestellten Anforderungen genügt. Soweit sie dazu nicht in der Lage ist, hat sie sich fremder Hilfe zu bedienen.

- Haben sich die Gesellschafter die Entscheidung über die Kündigung vorbehalten, so ist die Geschäftsführung verpflichtet, einen entsprechenden Antrag zu stellen und einen entscheidungsreifen Vorschlag für die Neubesetzung zu machen. Dies liegt im Rahmen ihrer Beratungsverantwortung.
- Verweigern die Gesellschafter die Entlassung, so tragen sie die Verantwortung für den daraus erwachsenden Schaden und nicht die Geschäftsführung.
- Wird durch die Verweigerung der Entlassung eines Mitarbeiters in einer wichtigen Position die ordnungsgemäße Geschäftsführung gefährdet, so steht den Geschäftsführern unter Umständen das Recht zu, ihr Amt aus wichtigem Grund niederzulegen und den Anstellungsvertrag zu kündigen mit den gleichen Folgen wie bei der Verweigerung der Entlassung bzw. Abberufung eines nicht mehr fähigen Ressortleiters[10].

---

9 *Gaul* in GmbH-Handbuch IV Anm. 512.
10 Vgl. S. 235 Nr. 15.

V. Die Achtung der Selbständigkeit der Leiter der einzelnen Ressorts

1. Aus der Pflicht der Ressortleiter, selbständig zu handeln und zu entscheiden, ergibt sich die Pflicht der Geschäftsführung, diese im Rahmen ihrer Aufgaben und Kompetenzen unter Beachtung der bestehenden Zielsetzungen und Richtlinien selbständig handeln und entscheiden zu lassen.

Das normale Geschehen in den der Geschäftsführung unterstehenden Ressortbereichen vollzieht sich ohne besondere Weisungen und Eingriffe der Geschäftsführung. Der Leiter eines Ressorts wird hier aus eigener Initiative als selbständig handelnder und entscheidender Unternehmer tätig. Richtig spricht *U. H. Schneider* von den Ressortleitern als den bei „mehrfach gestufter Hierarchie" der Geschäftsführung „unmittelbar nachgeordneten Geschäftsbereichsleitern". Ihnen gegenüber hat die Geschäftsführung zu prüfen, ob sie

> „ihren Aufgaben angemessen nachkommen, ob sie die Führungsaufgaben im Verhältnis zu ihren Mitarbeitern wahrnehmen und ihre Pflichten im Verhältnis zu den Geschäftsführern (Information usw.) und gegenüber Dritten erfüllen (Führungsverantwortung)[11]."

Die Geschäftsführung hat sich also den Ressortleitern gegenüber auf ihre Führungsaufgaben zu beschränken, bei denen die Kontrolle eine wichtige Rolle spielt[12].

2. Der Ansicht, daß die „Gesamtheit der Geschäftsführer jede einzelne Angelegenheit jederzeit an sich zu ziehen" berechtigt ist[13], kann daher keinesfalls zugestimmt werden. Damit wäre die Willkür im Verhältnis zwischen Geschäftsführung und Ressortleitern zum Prinzip erhoben. Es gilt vielmehr folgendes:

- Stellt die Geschäftsführung fest, daß im Einzelfall eine Entscheidung seitens des Ressortleiters getroffen worden ist, die der Sorgfalt eines ordentlichen Geschäftsleiters widerspricht, so hat sie ihn darauf aufmerksam zu machen und ihn zu ersuchen, diese Entscheidung abzuändern. Erst wenn dies nicht geschieht oder bei Gefahr im Verzug, ist sie verpflichtet, einzugreifen und die betreffende Angelegenheit an sich zu ziehen.

---

11 *Scholz/U. H. Schneider,* § 43 Anm. 38.

12 Richtig heißt es bei *Lang/Weidmüller:* „Soweit der Vorstand die Zuständigkeit und Verantwortung für bestimmte Aufgaben delegiert, bleibt ihm in letzter Konsequenz nur die Verantwortung für die Auswahl und Kontrolle" (§ 34 Anm. 38).

13 So *Roth,* § 37 Anm. 3.

- Greift die Geschäftsführung ohne diese Voraussetzungen in den Bereich eines Ressortleiters ein und entscheidet da, wo sie nicht entscheiden dürfte, so bedeutet dies eine unzulässig *Rücknahme von Verantwortung* im Einzelfall und dazu einen Verstoß gegen ihre Führungspflichten (Führungsverschulden)[14].
- Der Ressortleiter ist berechtigt, eine derartige Entscheidung der Geschäftsführung zu ignorieren. Darüber hinaus ist er berechtigt, sich an die Gesellschafter zu wenden. Diese sind verpflichtet, durch entsprechende Weisung die Geschäftsführer zur Einhaltung ihrer Führungspflichten zu veranlassen.
- Bleiben die Gesellschafter gegenüber unzulässigen Eingriffen der Geschäftsführung untätig und führt dies zu einer unzumutbaren Störung des Ressortleiters in seinem Bereich, so ist dies für ihn ein wichtiger Grund zur Niederlegung seines Amtes und fristlosen Kündigung seines Anstellungsvertrages[15].

3. Zur Achtung der Selbständigkeit des Mitarbeiters gehört auch die *Freiheit in der Wahl des Wegs,* der zum Erfolg führen soll. Bei gegensätzlicher Auffassung zwischen Mitarbeiter und Vorgesetzten gilt der Grundsatz:

> „Wenn zwei Wege gegangen werden können, so entscheidet derjenige über die Wahl des Weges, zu dessen Aufgaben und Kompetenzen die Entscheidung gehört und der dafür die Verantwortung trägt".

VI. Die Mißachtung der Selbständigkeit der Ressortleiter und ihre Folgen

In der Praxis wird die Geschäftsverteilung keinesfalls so ernst genommen, wie es sein müßte. Der sich daraus ergebenden Haftungsfolgen ist man sich gewöhnlich nicht bewußt.

14 Der Ansicht *Gauls* (GmbH-Handbuch IV Anm. 503 f.), daß die Geschäftsleitung als Delegierende jederzeit in den delegierten Bereich wirksam eingreifen könne, kann daher nicht gefolgt werden. Zwar gibt *Gaul* zu, daß ein solches Verhalten mit den „Anforderungen an einen kooperativen Führungsstil" nicht im Einklang stehen würde, und ermahnt den Geschäftsführer, sich „an die von ihm gegebene Ordnung einer Delegation (zu) halten", aber warum läßt er ein solches Eingriffsrecht dann überhaupt zu und trennt sich nicht von der überkommenen Vorstellung, daß der Spitze alles möglich sei? Warum soll ein leitender Angestellter, dem Mitarbeiter unterstehen, dieses Eingriffsrecht nicht haben und jeder Eingriff in den delegierten Bereich als eine „Vertragsverletzung des Delegierenden angesehen werden müssen"? Hier wird offensichtlich mit zweierlei Maß gemessen.

15 Vgl. S. 235 Nr. 19.

Beispiel:
In einem Unternehmen, in dem die Geschäftsführung aus mehreren Mitgliedern bestand, war es üblich, daß die einzelnen Mitglieder der Geschäftsführung in ihrer Eigenschaft als Ressortleiter, täglich in einer Gesamtbesprechung die in jedem Ressort anstehenden Fragen vortrugen. Sie wurden im Kreise der Kollegen besprochen, und, wie es hieß, „verabschiedet".

Als im Kreditbereich aufgrund einer Fehlentscheidung ein größerer Schaden entstand, erklärte der Vorsitzende der Geschäftsführung:

Dies sei eine Angelegenheit des Leiters des Geschäftsbereichs Kredit, dem die Verantwortung lt. Stellenbeschreibung dafür übertragen worden sei und der daher dafür allein einzustehen habe, die Geschäftsführung als Ganzes könne dafür nicht haftbar gemacht werden.

Dies zu Unrecht!

Die Geschäftsführung hat entschieden und nicht der Leiter des Kreditbereichs, der tatsächlich lt. Geschäftsverteilung hätte entscheiden müssen.

Die gesamte Geschäftsführung ist daher für den entstehenden Schaden verantwortlich und persönlich haftbar.

In Haftungsprozessen spielt die Feststellung, ob trotz Stellenbeschreibungen mit klarer Festlegung der Aufgaben und Kompetenzen des Stelleninhabers auch danach gehandelt wurde, die entscheidende Rolle.

Beispiel:
Der von den Gesellschaftern in Anspruch genommene Geschäftsführer behauptete, sein Abteilungsleiter habe die Fehlentscheidung getroffen, er müsse daher auch dafür einstehen. Zur Klärung dieser Frage ging der Richter folgendermaßen vor:

Er bat den Abteilungsleiter, ihm zu schildern, wie sich der tägliche Geschäftsablauf in seinem Unternehmen abspiele. Darauf erklärte der Abteilungsleiter:

„Täglich, etwa gegen 9.00 Uhr, melde ich mich beim Chef, um ihn über die Vorgänge in meinem Bereich zu informieren. Dabei sprechen wir auch die angefallenen Entscheidungen durch. Da er in meinem Bereich ein umfassendes Wissen besitzt, sagte er mir jeweils, wie er entscheiden würde, und gab mir Ratschläge, die ich gewöhnlich befolgte".

Darauf entgegnete der Richter:
„Damit sind Sie in einer glücklichen Situation. Eigentlich kann Ihnen wenig passieren. Immer sind Sie von Ihrem Vorgesetzten gedeckt."

„Haben Sie", so fragte der Richter weiter, „auch schon einmal erlebt, daß Sie anderer Ansicht als Ihr Geschäftsführer waren, wie haben Sie sich dann verhalten?"

Darauf erhielt er die Antwort:
„Dann bin ich seiner Ansicht jeweils gefolgt. Schließlich hat er größere Erfahrungen als ich. Das gute Verhältnis zwischen uns beiden wollte ich dadurch, daß ich auf meiner Meinung beharrte, nicht stören."

Der Abteilungsleiter atmete auf. Er fühlte sich in seinem Handeln durch den Richter voll bestätigt und damit exkulpiert.

So war es denn auch. In der Begründung seines der Klage der Gesellschaft gegen den Geschäftsführer stattgebenden Urteils hieß es:

Aufgrund der Beweisaufnahme habe sich ergeben, daß von Delegation von Verantwortung im vorliegenden Fall keine Rede sein könne. Der Geschäftsführer habe vielmehr bei allen im Bereich des Anteilungsleiters anfallenden Entscheidungen aufgrund seiner Vorgesetztenstellung die Entscheidung getroffen. Sie seien zwar jeweils in die freundliche Form von Empfehlungen gekleidet worden, aber vom Abteilungsleiter als Entscheidungen des Geschäftsführers betrachtet worden. Auch in den Fällen, in denen der Abteilungsleiter anderer Ansicht gewesen sei, habe er sich an die „Ratschläge" des Geschäftsführers gehalten, „da er das gute Verhältnis zu seinem Chef nicht stören wollte."

VII. Das Verbot des Durchregierens

Einer der wichtigsten Grundsätze bei einer Führung mit Delegation von Verantwortung ist die Beschränkung der Führungsaufgaben des Vorgesetzten auf die ihm unmittelbar unterstellten Mitarbeiter. Folgerichtig ergibt sich daraus das Verbot des Durchregierens.

- Durchregieren bedeutet, daß der höhere Vorgesetzte den nachgeordneten Mitarbeitern, gleichgültig auf welcher Stufe der Hierarchie sie im Unternehmen stehen, generelle oder spezielle Weisungen erteilen kann.
- Diese Vorstellung, die von vielen Geschäftsführern und Ressortleitern heute noch geteilt wird, beruht auf dem der autoritären Führung immanenten Recht des Vorgesetzten, nicht nur das Handeln der ihm unmittelbar unterstellten Untergebenen, sondern jedes Untergebenen auf den nachgeordneten Ebenen unter Ausschaltung der Zwischenvorgesetzten bestimmen zu können.

  Nicht zu Unrecht sprechen die Mitarbeiter in diesem Zusammenhang vielfach vom „Polypengriff" des Chefs. Das Durchregieren der höheren Vorgesetzten hat schwerwiegende Folgen:

  - Die Zwischenvorgesetzten, die übergangen wurden, verlieren ihr Gesicht gegenüber den ihnen unterstellten Mitarbeitern. Das Verhalten des höheren Vorgesetzten hat einen schleichenden, nicht wieder gutzumachenden *Substanzverlust* zu Folge, der ihre Autorität gefährdet.
  - Die Mitarbeiter auf den nachgeordneten Ebenen empfinden die Weisungen der höheren Vorgesetzten zurecht als unzulässigen Eingriff in ihren Delegationsbereich und sehen darin eine Mißachtung der ihnen ursprünglich zugebilligten Rechte. Das Gefühl, einer *unberechenbaren Willkür* von oben ausgesetzt zu sein, lähmt ihre Aktivität und

führt vielfach zur Resignation, die bis zur inneren Kündigung gehen kann.

- Dazu wissen die betroffenen Mitarbeiter nicht, wie sie sich nun eigentlich verhalten sollen, wenn sie von verschiedenen Stellen unterschiedliche Weisungen erhalten, die sich zum Teil auch noch widersprechen.

Das zeigt das nachfolgende Beispiel.

Beispiel:
Der Vorsitzende der Geschäftsleitung einer Porzellan- und Keramikfabrik ging durch das Werk und besah sich die neuen Brennöfen. Dabei kam er mit dem Brennmeister in Gespräch und erkundigte sich nach der Brennleistung des größten der neuen Öfen. Der Brennmeister erklärte, daß die Tagesleistung dieses Ofens 100 Stück der gegenwärtig in Produktion befindlichen Keramikschalen betrage. Allerdings würde diese Kapazität zur Zeit nur zu 50 % ausgenutzt.

Darauf der Vorsitzende:
„Das finde ich aber bedauerlich. Warum machen wir nicht vollen Gebrauch von unseren Möglichkeiten in der Produktion? Ich bin der Ansicht, Sie sollten hier volle Kraft voraus fahren und nicht 50, sondern 100 Schalen pro Tag fertigstellen."

Das ließ sich der Brennmeister nicht zweimal sagen. Er hatte es selbst schon bedauert, daß er den neuen Brennofen nicht voll auslasten konnte.

Zwei Wochen später meldete sich der Lagerverwalter beim Produktionschef und fragte, warum man ihn nicht von der Erhöhung der Produktionszahlen für Keramikschalen in Kenntnis gesetzt habe. Er sei darauf nicht vorbereitet und wisse jetzt nicht, wie er die doppelte Warenmenge, die täglich auf ihn zukomme, lagern solle.

Der Produktionschef war selbst überrascht und ließ seinen Brennmeister kommen, um ihn nach dem Grund für den erhöhten Ausstoß zu befragen. Dabei stellte sich der wahre Sachverhalt heraus. Auf die Frage des Produktionschefs:

„Wie konnten sie daraufhin die Tagesleistung des Brennofens erhöhen, Sie wußten doch, daß unser Produktionszahlen eindeutig festgelegt sind?", erwiderte der Brennmeister:
„Das schon, aber wenn unser Vorsitzender selbst mir eine anderslautende Weisung gibt, ist das für mich verbindlich."

Abgesehen davon, daß die höheren Vorgesetzten auf den ihrem Führungsbereich nachgeordneten Ebenen keine Weisungen geben dürfen – es sei denn, es ist unmittelbar Gefahr im Verzug –, müssen die Mitarbeiter wissen, daß sie in einer solchen Situation verpflichtet sind, sofort ihre direkten Vorgesetzten von dieser Weisung zu informieren. Dieser hat dann die Aufgabe sich mit dem höheren Vorgesetzten darüber abzustimmen, wie in Zukunft verfahren werden soll und seine Mitarbeiter über das Ergebnis zu informieren.

VIII. Die Pflicht der Geschäftsführung zur Inanspruchnahme der Beratung durch die Ressortleiter

Pflicht der Gesamtgeschäftsführung ist es, sich von den Ressortleitern überall da beraten zu lassen, wo sie deren *Bereich berührende Entscheidungen* zu treffen hat.

Es ist also nicht in das Belieben der Geschäftsführung gestellt, ob sie eine solche Beratung in Anspruch nehmen will oder nicht. Sie kann nicht den Standpunkt vertreten, daß sie selbst am besten wisse, was der Gesellschaft zum Nutzen gereiche, und ohne die Beratung des zuständigen Ressortleiters eine Entscheidung treffen. Die Geschäftsführung hat vielmehr das Wissen und die Erfahrungen der in ihrem Bereich zum unternehmerischen Handeln verpflichteten Ressortleiter für ihre Entscheidungen nutzbar zu machen. Wozu besitzt ein Unternehmen sonst qualifizierte Mitarbeiter, wenn es in das Belieben der Vorgesetzten gestellt sein sollte, von deren Sachverstand und Erfahrungen Gebrauch zu machen oder nicht, um ihre Entscheidungen entsprechend zu fundieren?

- Dementsprechend ist es die Pflicht der Geschäftsführung, sich von den Ressortleitern in all den Fällen beraten zu lassen, in denen sie die Entscheidung zu treffen hat, weil die Kompetenzen der Ressortleiter nicht ausreichen.
- Darüber hinaus hat die Geschäftsführung den Rat der Ressortleiter in allen Angelegenheiten einzuholen, die sie zwar zu entscheiden hat, die aber die Bereiche der Ressortleiter berühren bzw. sich auf ihre Tätigkeit auswirken.

  Beispiel:
  In Abwesenheit des auf einer längeren Auslandsreise befindlichen Ressortleiters Vertrieb ging die Geschäftsführung zu einer Neuordnung der Richtlinien für die verschiedenen Ressorts über, ohne dem Stellvertreter des abwesenden Ressortleiters Gelegenheit zu geben, dazu Stellung zu nehmen. Nach Rückkehr erhob der Ressortleiter Protest gegen diesen Beschluß. In seinem Schreiben hieß es:
  „Die Richtlinien sind in wesentlichen Punkten für den Vertrieb unbrauchbar. Mein Stellvertreter wäre in der Lage gewesen, dies der Geschäftsführung im einzelnen darzulegen. Seine Ausschaltung betrachte ich als einen Verstoß gegen die Grundsätze eines fairen Zusammenspiels zwischen Geschäftsführung und Ressortleiter. Ich bitte, die Richtlinien für den Vertrieb auf die Tagesordnung der nächsten Geschäftsführersitzung zu setzen und mir Gelegenheit zu geben, meine Bedenken vorzutragen."
  Das Vorgehen des Ressortleiters ist berechtigt.

- Die Pflicht der Geschäftsführung, sich beraten zu lassen, gilt auch gegenüber allen anderen ihr unmittelbar unterstehenden Mitarbeitern, wie z. B. dem Marketing-, dem Personal- oder dem Organisationsleiter.

Beispiel:
In einer Sitzung der Geschäftsführung wurde nach eingehender Diskussion eine Änderung des Personalausleseverfahrens beschlossen. Der Personalleiter wurde nicht gehört, weil die Herren der Ansicht waren, in diesem Bereich wüßten sie hinlänglich Bescheid.
Dieser immer wieder vorgebrachte Einwand gegenüber unterlassener Inanspruchnahme der Beratung des zuständigen Mitarbeiters ist nicht stichhaltig. Gleichgültig, ob sie Bescheid wissen oder nicht, haben die Geschäftsführer den Fachmann zu hören und können erst aus seinen Ausführungen sehen, ob dies der Fall ist. Es ist also keinesfalls in das Belieben der Geschäftsführung gestellt, von dem Sachverstand und den Erfahrungen seiner Mitarbeiter Gebrauch zu machen und damit ihre Entscheidungen entsprechend zu fundieren.

- Nimmt die Geschäftsführung die Beratung der Ressortleiter oder anderer ihr unmittelbar unterstehender Mitarbeiter nicht in Anspruch, so handelt sie pflichtwidrig und ist für den daraus entstehenden Schaden persönlich haftbar (§ 43 Abs. 2).
- Jeder Ressortleiter hat das Recht, sich bei den Gesellschaftern über eine derartige Pflichtverletzung der Geschäftsführung zu beschweren und um entsprechende Weisung an die Geschäftsführer zur Erfüllung ihrer Führungspflichten zu bitten.

  Bleiben die Gesellschafter untätig und erwächst aus dem pflichtwidrigen Verhalten der Geschäftsführung eine ernsthafte Störung der Zusammenarbeit, die für den Geschäftsführer in seiner Eigenschaft als Ressortleiter nicht zumutbar ist, so hat er das Recht, sein Amt aus wichtigem Grund unter gleichzeitiger Kündigung des Anstellungsvertrags niederzulegen[16].
- Werden über den Kopf eines der Geschäftsführung unmittelbar unterstehenden anderen Mitarbeiters, z. B. des Marketing- oder Organisationsleiters, grundlegende, seinen Aufgabenbereich berührende Entscheidungen getroffen, ohne seinen Rat vorher in Anspruch zu nehmen, und führen entsprechende Vorstellungen bei der Geschäftsführung auch im weiteren Verlauf der Zusammenarbeit nicht zum Erfolg, so ist der betreffende Mitarbeiter berechtigt, sich bei den Gesellschaftern darüber zu beschweren.

  Hat eine solche Beschwerde keinen Erfolg und ist ihm eine weitere Zusammenarbeit mit der Geschäftsführung nicht zumutbar, so hat er ebenfalls das Recht, aus wichtigem Grund zu kündigen.

16 Vgl. S. 235 ff.

IX. Keine Beratung der Mitarbeiter durch den Vorgesetzten

Weitgehend wird heute noch angenommen, daß es die Pflicht des Vorgesetzten sei, seine Mitarbeiter zu beraten. Bei Befragungen von mehr als Hundert Geschäftsführern, ob sie verpflichtet wären, ihre Mitarbeiter zu beraten, wurde gewöhnlich folgende Antwort gegeben:

> „Das halten wir für unsere selbstverständliche Pflicht. Wir wollen unseren Mitarbeitern durch unseren Rat helfen, ihre Probleme optimal zu lösen, um im Interesse des Unternehmens zu optimalen Entscheidungen zu kommen."

Dazu folgendes:

- Eine Beratungspflicht des Vorgesetzten widerspricht der Grundforderung einer Führung mit Delegation von Verantwortung, nach der der Mitarbeiter verpflichtet ist, *selbständig* zu handeln und zu entscheiden.

  Mit seiner Beratung würde der Vorgesetzte sich in dieses selbständige Handeln und Entscheiden einmischen und den Mitarbeiter beeinflussen, in seinem Sinn zu handeln. Dies ist bei Delegation von Verantwortung gerade nicht gewollt[17].
- Der Mitarbeiter wäre gezwungen, sich mit dem Rat des Vorgesetzten auseinanderzusetzen und sich ihm gegenüber zu rechtfertigen, wenn er dieser Empfehlung nicht folgt. Schwache Mitarbeiter würden sich der Meinung des Vorgesetzten unbesehen anschließen. Aber auch starken Mitarbeitern wird es schwerfallen, sich ohne Not wiederholt im Gegensatz zum Vorgesetzten zu stellen. Sie würden sich bemühen, soweit wie möglich in seinem Sinn zu handeln. Der Zweck der Delegation von Verantwortung, den Mitarbeiter zu einem in eigener Verantwortung selbständig handelnden Partner werden zu lassen, wäre damit verfehlt.
- Wäre der Vorgesetzte verpflichtet, den Mitarbeiter zu beraten, so wäre damit der *Rückdelegation* Tür und Tor geöffnet. Schwache und ängstliche Mitarbeiter würden die damit verbunde Rückendeckung soweit wie nur möglich in Anspruch nehmen, um im Ernstfall bei einer Fehlentscheidung dem Vorgesetzten entgegenhalten zu können:

  „Ich bin nur Ihrem Rat gefolgt."

  Um dem zu entgehen, wäre der Vorgesetzte nur zu leicht versucht, die Fehlentscheidung zu decken, zumindest keine Konsequenzen daraus zu ziehen. Dies ist zwar menschlich verständlich, aber rechtlich eine Pflichtverletzung des Vorgesetzten (*Kontrollverschulden*).

---

17 Vgl. dazu S. 77 ff.

- Der Pflicht des Vorgesetzten, den Mitarbeiter zu beraten, entspräche das *Recht* des Mitarbeiters, dessen Beratung in Anspruch zu nehmen. Der Vorgesetzte könnte ihm im konkreten Fall nicht entgegenhalten:

  „Es geht um Ihren Bereich. Hier sind Sie verpflichtet, selbständig zu handeln und zu entscheiden."

  Der Mitarbeiter könnte demgegenüber auf seinem Recht bestehen, den Rat des Vorgesetzten einzuholen.
- Im übrigen würde die Beratungspflicht des Vorgesetzten zu einer schweren Belastung führen. Er müßte sich eingehend mit dem jeweiligen Sachverhalten beschäftigen, um der mit der Beratung verbundenen Verantwortung zu genügen.

  Die Vorteile, die die Delegation von Verantwortung hinsichtlich der Entlastung des Vorgesetzten bringt, werden damit infrage gestellt.

X. Anregungen des Vorgesetzten gegenüber den Mitarbeitern

Ein wichtiges Problem im Rahmen einer Führung mit Delegation von Verantwortung ist die Frage, inwieweit der Vorgesetzte die Handlungsweise seiner Mitarbeiter in ihren Delegationsbereichen durch Anregungen beeinflussen kann. Die sachgerechte Klärung dieser Frage ist von großer Bedeutung für die reibungslose Zusammenarbeit zwischen Vorgesetzten und Mitarbeitern im betrieblichen Alltag.

- Was ist unter einer „Anregung" zu verstehen?
  Eine vom Vorgesetzten seinem Mitarbeiter gegebene Anregung ist ein Hinweis zu prüfen, ob bestimmte Gedanken und Vorstellungen für dessen Handlungen oder Entscheidungen nutzbringend verwertet werden können. Dabei bleibt es dem Mitarbeiter überlassen, ob er sich für oder gegen die Anregung entscheidet.

  Dabei ist Folgendes zu beachten:
  - Eine Anregung ist keine Anordnung. Dies ist im Hinblick auf die traditionelle autoritäre Führung besonders zu betonen, bei der Anregungen des Vorgesetzten grundsätzlich als Anordnungen zu betrachten waren. Typisch dafür ist die bekannte Redewendung:

    „Ihr Wunsch ist mir Befehl!"
  - Eine Anregung ist auch keine Beratung.

    Wer berät, ist davon überzeugt, daß er den bestmöglichen Weg zur Lösung eines Problems gefunden hat, und will den anderen überzeugen, diesen Weg zu beschreiten.

Diese Situation ist bei der Anregung des Vorgesetzten gegenüber dem Mitarbeiter gerade nicht gegeben. Der Vorgesetzte soll den Mitarbeiter nicht im Sinne seiner Anregung überzeugen, sondern ihn veranlassen, über den Wert seiner Anregung nachzudenken und zu prüfen, ob er sie in seinem Bereich berücksichtigen kann und will oder nicht.

- Eine Anregung ist mehr als bloße Information. Bei einer Information liegt die Entscheidung darüber, ob der Mitarbeiter aufgrund des Mitgeteilten tätig werden will oder nicht, ausschließlich bei ihm selbst. Die Anregung geht jedoch darüber hinaus. Mit ihr gibt der Vorgesetzte dem Mitarbeiter einen Anstoß zum Handeln. Der Mitarbeiter muß diese Anregung ernsthaft prüfen, bevor er über ihre Verwertbarkeit entscheidet.

In der Praxis begegnet man in dieser Hinsicht in den Unternehmen immer wieder schwerwiegenden Irrtümern, die das Verhältnis zwischen Mitarbeiter und Vorgesetzten belasten und darüber hinaus die Delegation von Verantwortung in Frage stellen.

Beispiel:
Anläßlich eines Seminars erklärte der Geschäftsführer eines mittleren Handelsunternehmens:

„Ich gebe meinen leitenden Herren schon lange keine Anordnungen mehr. Ich beschränke mich darauf, ihnen lediglich Anregungen und Empfehlungen zu geben. Unsere Zusammenarbeit klappt auf diese Weise reibungslos."

Auf die Frage, ob es denn schon einmal vorgekommen sei, daß seinen Anregungen nicht Folge geleistet wurde, erwiderte er:

„Das natürlich nicht, das hätte ich mir auch energisch verbeten." –

Hier handelt es sich um einen ausgesprochenen Etikettenschwindel. Der Geschäftsführer hatte für seine Anordnungen lediglich verbindlichere Begriffe gewählt, um seiner autoritären Führung die äußere Schärfe zu nehmen. Kein Wunder, wenn sich die Mitarbeiter darauf einstellten und die Anregungen des Vorgesetzten von vornherein als Weisungen akzeptierten.

Wenn Anregungen des Vorgesetzten mit Anordnungen gleichgesetzt werden, ist jede Übertragung von Aufgaben und Kompetenzen an den Mitarbeiter mit der sich daraus ergebenen Verantwortung illusorisch. Der Vorgesetzte bestimmt dann praktisch, was im Bereich des Mitarbeiters zu geschehen hat. Er setzt mit Hilfe seiner Anregungen die Delegation von Verantwortung auf kaltem Wege außer Kraft. Die Anregung ist dann gleichbedeutend mit einer Rücknahme der ursprünglich dem Mitarbeiter übertragenen Verantwortung.

- Welche Rolle spielt die Anregung bei einer Führung mit Delegation von Verantwortung?

Für den Mitarbeiter, dem ein eigener Delegationsbereich übertragen worden ist, gilt die Anregung des Vorgesetzten als Denkanstoß. Er ist verpflichtet, sich damit auseinanderzusetzen und das Ergebnis seiner Überlegungen dem Vorgesetzten zur Kenntnis zu geben. Dabei muß er die Gründe anführen, die ihn veranlaßt haben, der Anregung zu folgen oder nicht. Die Anregung ist für den Mitarbeiter also ein *rückäußerungspflichtiger Tatbestand.*

Dies im Gegensatz zur Information des Vorgesetzten an den Mitarbeiter, bei der keine Mitteilung über die Konsequenzen erforderlich ist, die der Mitarbeiter daraus gezogen hat.

> *Beispiel:*
> Übergibt der Vorgesetzte dem Mitarbeiter einen Messekatalog mit der Bemerkung:
>
> „Die Angebote der Firma Meyer werden Sie vielleicht interessieren",
> so handelt es sich um die Information über ein Messeangebot, bei der es dem Mitarbeiter überlassen bleibt, was er aufgrund dieser Information tut oder unterläßt.
>
> Erklärt der Vorgesetzte jedoch dazu:
> „Sie sollten einmal überlegen, welche der hier angebotenen neuen Produkte von uns angeschafft werden müßten",
> so handelt es sich um eine Anregung, zu der sich der Mitarbeiter äußern muß.

Im Einzelfall kann der Mitarbeiter, wenn ihm nicht klar ist, ob eine Information oder eine Anregung des Vorgesetzten vorliegt, an ihn die Frage stellen:

„Wünschen Sie eine Stellungnahme?"

- Wie wirken sich die Anregungen des Vorgesetzten auf die Verantwortung des Mitarbeiters aus?
  - Der Mitarbeiter ist für die Entscheidung, die er trifft, allein verantwortlich, unabhängig davon, ob er im Sinne der Anregung des Vorgesetzten entschieden hat oder nicht.
  - Der Vorgesetzte trägt auch keinerlei Mitverantwortung für die Entscheidung des Mitarbeiters, die dieser unter dem Einfluß der Anregung des Vorgesetzten getroffen hat.
  - Der Mitarbeiter kann sich bei eventuellen Fehlschlägen seinem Vorgesetzten gegenüber also nicht damit rechtfertigen, daß seine Entscheidung auf dessen Anregung hin erfolgt sei.

  Die Anregung des Vorgesetzten verschiebt also nicht die Verantwortung des Mitarbeiters.

  Mitarbeiter, die Anregungen des Vorgesetzten ohne weiteres annehmen und durchführen, gehen ein nicht vertretbares Risiko ein.

- Welche Grundregeln gelten für die Handhabung von Anregungen des Vorgesetzten im betrieblichen Alltag?
  - Anregungen dürfen vom Vorgesetzten nur an die ihm unmittelbar unterstellten Mitarbeiter gegeben werden. Ein höherer Vorgesetzter kann also nicht auf allen Ebenen der Hierarchie Anregungen geben und sich dann noch unmittelbar berichten lassen, was aufgrund seiner Anregung geschehen oder nicht geschehen ist und aus welchen Gründen. Das würde das gesamte System der Delegation von Verantwortung durcheinander bringen und zu schweren Störungen im Arbeitsablauf führen.
  - Jeder Vorgesetzte sollte sich überlegen, inwieweit es sinnvoll ist, der Tätigkeit eines Mitarbeiters durch seine Anregungen bestimmte Impule zu geben. Dabei sollte der Vorgesetzte immer daran denken, daß er durch jede Anregung über die Arbeitszeit der Mitarbeiter verfügt, die gezwungen sind, sich damit auseinanderzusetzen.
  - Fälle, in denen dem Vorgesetzten aufgrund fehlenden Fachwissens die Möglichkeit fehlt, seine Ideen und Vorstellungen einer Vorprüfung zu unterziehen, sollten nicht Anlaß zu einer Anregung gegenüber dem zuständigen Mitarbeiter sein. Der Vorgesetzte bringt sonst seine Mitarbeiter leicht in die unglückliche Situation, die Anregungen von seiner Seite wiederholt ablehnen und ihn selbst bei der Begründung auch noch fachlich belehren zu müssen. Dies stört – abgesehen von der unnötigen arbeitsmäßigen Belastung – das Klima der Zusammenarbeit zwischen Vorgesetzten und Mitarbeiter.

XI. Die Pflicht zur Festlegung von Einzelzielen (Solls)

- Das Ziel, das die Geschäftsführer bzw. die Gesellschafter für den Leiter jedes Ressorts zur Verwirklichung des Ziels der Geschäftsführung[18] festzulegen haben, stellt einen Dauerauftrag für den Ressortleiter dar, der so lange besteht, bis er durch Beschluß von der Geschäftsführung bzw. den Gesellschaftern geändert wird.
- Im Rahmen dieses Ziels hat das Gremium der Geschäftsführung Einzelziele (Solls) festzulegen und die Schwerpunkte für die Tätigkeit der Ressortleiter zu bestimmen. Sie bestimmt damit zugleich, in welche Richtung sich die einzelnen Geschäftsbereiche entwickeln sollen.
- Derartige Solls können kurzfristig (monatlich, vierteljährlich, halbjährlich, ein bis zweifach), mittelfristig (drei bis vier Jahre) und langfristig (fünf Jahre und länger) sein. Sie beziehen sich sowohl auf den Fach- als

18 Vgl. S. 38 ff.

auch auf den Führungsbereich. Normalerweise werden sie kurz- bzw. mittelfristig festgelegt.

1. Beispiel:
In einem Handelsunternehmen wurden im Vertrieb kurzfristige Solls für das Umsatzvolumen pro Monat, pro Vierteljahr, Halbjahr und Jahr festgelegt. Im Telefonverkauf wurde die tägliche Anzahl der Telefonanrufe zur Akquisition von Aufträgen auf vierzig pro Sachbearbeiter festgelegt.

2. Beispiel:
Ein Soll im Führungsbereich kann z. B. lauten:
„In den nächsten drei Jahren soll die Fluktuation durch Einführung eines neuen Führungsstils und einer darauf beasierenden neuen Organisation der Gesellschaft um mindestens 5% abnehmen."

- Eine wichtige Rolle spielt die Festlegung von *Kreativitäts-Solls.* Mit ihrer Hilfe wird die Kreativität in den einzelnen Geschäftsbereichen gesteuert und festgelegt, welche Probleme hier vorrangig gelöst werden müssen. Auf diese Weise wird es möglich, die Innovationslücken im Unternehmen zu schließen und die Innovationen zu systematisieren.

  Beispiele für Kreativitäts-Solls im Bereich Produktion:
  - Entwicklung eines Produkts, das eine bestimmte Marktlücke optimal auszufüllen vermag.
  - Erarbeitung einer neuen Konzeption für die Produktgestaltung, die der Vorstellungswelt der Konsumenten besser entspricht als die bisherige.
  - Entwicklung einer neuen Vertriebskonzeption.

- Die Festlegung von Einzelzielen wie Schwerpunkten hat nach eingehender Beratung durch die Ressortleiter zu erfolgen, die dafür entscheidungsreife Vorschläge vorzulegen haben. Sonst kann es leicht vorkommen, daß die Solls der Geschäftsführung an der Wirklichkeit vorbeigehen, d. h. zu hoch oder zu niedrig angesetzt werden.

Beispiel:
Die Geschäftsführung eines Handelsunternehmens mit dreißig Filialen hatte die Solls für den Umsatz jeder Filiale aufgrund der Anzahl der beschäftigten Mitarbeiter und des Vorjahresumsatzes ohne vorherige Rücksprache mit dem betreffenden Filialleiter festgelegt. Zur Motivation der Mitarbeiter wurde für die Erreichung eines über das Soll hinaus erzielten Umsatzes eine gestaffelte Prämie ausgesetzt. Ein Filialleiter erklärte seinem Kollegen:

„Die Prämie habe ich mir bereits verdient. Hätte die Geschäftsführung mich gefragt, wie sich der Umsatz im Vergleich zum vergangenen Jahr erhöhen ließe, hätte ich aufgrund der Tatsache, daß sich in unserem Stadtteil ein Industrieunternehmen mit über tausend Beschäftigten niedergelassen hat, ein viel höheres Soll vorgeschlagen."

- Eine Geschäftsführung, die keine Solls festlegt und es damit ermöglicht, daß die ihr unmittelbar unterstellten Mitarbeiter nach dem Prinzip „Wir wursteln eben weiter" verfahren, handelt pflichtwidrig und kann für den daraus entstehenden Schaden haftbar gemacht werden (§ 43 Abs. 2).
- Die Einhaltung des Solls ist im Rahmen des Kontrollplans von der Geschäftsführung zu überwachen.

XII. Die Pflicht zum Erlaß von Richtlinien

- Die Geschäftsführung bzw. die Gesellschafter legen mit Hilfe von Richtlinien fest, wie die Ressortleiter und deren Mitarbeiter bei einer unbestimmten Anzahl gleichartiger oder ähnlicher Fälle in der großen Linie zu verfahren haben. Dies gilt für die fachlichen Aufgaben wie die Führungsaufgaben der Ressortleiter. Damit wird der Rahmen abgesteckt, in dem sich die Handlungen und Entscheidungen der Ressortleiter zu bewegen haben. Auf diese Weise wird zugleich eine wichtige Grundlage für die Kontrolle über die sachgerechte Wahrnehmung der Aufgaben des Ressortleiters geschaffen.
- Bei einer mit zwei Mitgliedern besetzten Geschäftsführung beschließen beide Mitglieder, nach welchen Richtlinien jeder von ihnen bei der Leistung seines Ressorts vorgehen soll. Können sie sich nicht einigen, sind die Gesellschafter zu informieren.
- Eine Geschäftsführung, die es unterläßt, Richtlinien z. B. für die Einkaufs- und Vertriebs-, Produktions- und Finanz- sowie für die Personalpolitik zu erlassen und so den Ressortleitern anheimstellt, nach welchen Prinzipien sie bei der Wahrnehmung ihres Bereichs vorgehen wollen, handelt gegen die Sorgfalt eines ordentlichen und gewissenhaften Geschäftsleiters (*Organisationsverschulden*).
- Die Gesellschafter dürfen dem nicht zusehen, sondern haben die Geschäftsführung auf ihre Pflicht zum Erlaß von Richtlinien hinzuweisen und die Erfüllung mit den ihnen zur Verfügung stehenden Mitteln zu erzwingen.
- Die Richtlinien dürfen allerdings nicht dazu benutzt werden, um den Ermessensspielraum des einzelnen Ressortleiters so einzuengen, daß er nicht mehr die Möglichkeit zum selbständigen Handeln und Entscheiden besitzt, sondern mit Hilfe der Richtlinien gegängelt wird. Damit würde die Delegation von Verantwortung auf kaltem Wege wieder außer Kraft gesetzt werden.

- Die Erstellung von Richtlinien kann sich in der Weise vollziehen, daß die Ressortleiter aufgefordert werden, für ihren Bereich Vorschläge zu machen, die dann im Gremium der Geschäftsführung zu besprechen und zu verabschieden sind. Auf jeden Fall müssen die Ressortleiter vor dem Erlaß der sie betreffenden Richtlinien dazu beratend gehört werden.

- Der Einwand, besondere Richtlinien seien überflüssig, wenn die Mitglieder der Geschäftsführung sich darüber einig wären, nach welchen Prinzipien sie ihre Ressorts führen wollten, ist nur bedingt stichhaltig:
  - Ein solches Verfahren genügt, wenn die Geschäftsführung sich etwa nur auf zwei Mitgliedern zusammensetzt. Hier könnte eine schriftliche Fixierung entfallen.
  - Trotzdem ist sie aus Beweisgründen im Ernstfall dringend zu empfehlen. Wer sich darauf beruft, daß er richtliniengemäß gehandelt hat, muß den Beweis dafür antreten können. Die schriftlich erfaßte Richtlinie erleichtert ihm dies.

- Bei der Erstellung von Richtlinien gilt es, sich vor jedem Perfektionismus zu hüten. Es ist viel wichtiger, in dem einen oder anderen Punkt noch unvollkommene Richtlinien zu erlassen, als zu warten, bis ein Optimum erreicht ist, dafür aber in Kauf zu nehmen, daß so lange von dieser wichtigen Steuerungsmöglichkeit kein Gebrauch gemacht werden kann.

- Richtlinien sind turnusmäßig darauf zu überprüfen, ob sie noch aktuell und sachgerecht sind, um auf diese Weise der Entstehung von „Richtlinien-Friedhöfen" vorzubeugen, wie man sie immer wieder in den Unternehmen antrifft.

  Das oft übliche Verfahren, Richtlinien weiter bestehen zu lassen, obwohl sie durch die Entwicklung längst überholt sind, wirkt sich nachteilig aus:
  - Halten sich die Mitarbeiter an die nicht mehr der Wirklichkeit entsprechende Regelung, so führt dies zu einer Verbürokratisierung des Betriebsgeschehens in der Gesellschaft.
  - Setzen sie sich darüber hinweg, so schädigt dies die Autorität der Geschäftsführung.
  - Für durch überholte Richtlinien entstande Schäden haften die Geschäftsführer bzw. die Gesellschafter, soweit sie sich darüber zu entscheiden vorbehalten haben.

Die Grundsätze für die Richtlinien der Geschäftsführung in bezug auf die Ressortleiter gelten entsprechend für den einzelnen Geschäftsführer gegenüber den ihm unmittelbar unterstellten Mitarbeitern (Hauptabteilungsleiter, Abteilungsleiter).

Zu beachten:

- Die Richtlinien sind *innerbetriebliche Normen.* Zuwiderhandeln ist pflichtwidrig mit den entsprechenden Folgen.
- Eine umfassende Richtlinie für das Verhalten des Vorgesetzten gegenüber seinen Mitarbeitern und der Mitarbeiter gegenüber ihren Vorgesetzten ist die „Allgemeine Führungsanweisung"[19], die auch oft als „Allgemeine Führungsrichtlinie" bezeichnet wird.

Beispiel:
Die Richtlinien für die Behandlung von Reklamationen könnten etwa folgendermaßen lauten:

- Reklamationen sind so zu behandeln, daß wir bei Wahrung *unserer Interessen* dem Kunden soweit wie möglich entgegenkommen, um ihn zu behalten.

  Für das Verhalten im Reklamationsgespräch gilt folgendes:

  - Der Kunde ist in freundlicher Form aufzufordern, das, was er zu bemängeln hat, darzulegen, auch wenn uns dies bereits bekannt ist. Langatmige Ausführungen sind mit Geduld anzuhören und nicht etwa mit der Aufforderung zu unterbrechen:

    „Kommen Sie bitte zur Sache!"

    Aus seiner Sicht ist der Kunde bei der Sache.
  - Auf keinen Fall darf der Kunde auch im weiteren Verlauf des Gesprächs mit Sätzen unterbrochen werden wie:

    „Was Sie behaupten, entspricht nicht den Tatsachen. Sie sind völlig im Irrtum."
  - Ausfällige Bemerkungen des Kunden sind ohne Erwiderung zur Kenntnis zu nehmen. Falsch ist es, etwa darauf zu antworten:

    „Das ist eine Beleidigung für unser Unternehmen und mich persönlich, die ich energisch zurückweisen muß!"
  - Dies gilt auch für die Abwertung des Mitarbeiters, der mit dem Kunden spricht. So etwa, wenn dieser im Gespräch erklärt:

    „Wie lange sind Sie eigentlich im Geschäft, daß Sie sich berechtigt fühlen, mit mir, einem erfahrenen Geschäftsmann, überhaupt ein solches Gespräch zu führen?"
  - Ist der Kunde mit seiner Kritik am Ende, so ist ihm freundlich für seine Ausführungen zu danken und ihm etwa folgendes zu erklären:

19 Vgl. S. 97.

„Sie haben mir einige Argumente genannt, die ich bisher noch nicht kannte. Dafür bin ich Ihnen dankbar. Haben sie im übrigen auch wirklich all das in unserem Gespräch vorgebracht, was Sie zu sagen beabsichtigten?"

Daraus ersieht der Kunde, daß er ernstgenommen worden ist.

- Mit diesem Verhalten des Gesprächsführers ist eine starke Kontaktbrücke geschaffen worden. Der Kunde ist gewöhnlich danach bereit, auch die Einwendungen seines Gesprächspartners anzuhören.

  Die Entgegnung beginnt etwa mit den Worten:

  „In einigen Punkten haben Sie zweifellos recht (wenn das wirklich so ist!). So z. B. ... Darf ich jedoch auf folgendes hinweisen ...".

  Diese „Ja-Aber-Taktik" hat sich als äußerst zweckdienlich erwiesen.

- Widerspricht der Kunde, so muß man ihn wiederum ausreden lassen, bevor man auf seine Ausführungen eingeht. Ein Streitgespräch darf sich daraus auf keinen Fall entwickeln. Das wäre höchst gefährlich für den Erfolg des Reklamationsgespräches.

  Alles liegt also am richtigen Verhalten des Gesprächsführers.

- Am Ende des Gesprächs kann der Gesprächsführer etwa erklären:

  „Ich danke Ihnen für das Gespräch. In einigen wesentlichen Punkten haben wir uns geeinigt. Über die gegenteiligen Standpunkte sollten wir uns nochmals unterhalten, wenn wir beide darüber nachgedacht haben."

  Oder:

  „Leider sind wir in den wesentlichen Punkten nicht miteinander übereingekommen. Wir sollten deshalb noch einmal darüber nachdenken, wo wir uns entgegenkommen können, ohne unsere gegenseitigen Interessen ernsthaft zu gefährden."

- Will die Geschäftsführung den Kunden auf jeden Fall behalten, dann wird sie sich überlegen, wie weit sie ihm noch im Rahmen ihrer eigenen Interessen entgegenkommen kann oder wie weit sie darüber hinaus zurückstecken muß, um künftige Geschäfte mit ihm nicht zu verlieren.

● Je nachdem, wie die Entscheidung der Geschäftsführung über die endgültige Regelung der Reklamation aufgrund des Berichtes des Gesprächsführers über den Verlauf des Reklamationsgespräches ausfällt, wird das eventuell darauf folgende weitere Gespräch mit dem Kunden zu führen sein.

XIII. Die Informationspflicht der Geschäftsführung – Grundregeln

Die Information der Ressortleiter und anderer ihr unmittelbar unterstellter Mitarbeiter ist eine der wichtigsten Führungspflichten der Geschäftsführung. Von ihrer ordnungsgemäßen Erfüllung hängt weitgehend der Betriebserfolg ab.

Dabei ist folgendes zu beachten:

Die Geschäftsführer, die in Personalunion gleichzeitig die Funktion eines Ressortleiters wahrnehmen, haben eine doppelte Informationspflicht:

- Einmal als Mitglied der Geschäftsführung gegenüber den Ressortleitern;
- zum anderen als Ressortleiter gegenüber den ihnen unmittelbar unterstellten Mitarbeitern.

Die Nichterfüllung dieser Informationspflichten ist eine Pflichtverletzung im Sinne des § 43 Abs. 1 mit den entsprechenden Konsequenzen.

1. Die Informationspflicht der Geschäftsführung gegenüber den Ressortleitern

- Bei Gesellschaften mit 2–3 Geschäftsführern, bei denen aufgrund der Personalunion von Geschäftsführern und Ressortleitern ein ständiger Austausch von Informationen möglich ist, stellt die Erfüllung der Informationspflicht zwischen diesen Ebenen kein Problem dar.
- Auch bei größeren Gesellschaften mit ressortgebundenen Geschäftsführern läßt sich die Information meistern, wenn bei den Geschäftsführersitzungen die Information jeweils auf der Tagesordnung steht und die notwendige Zeit für den Informationsaustausch eingeplant ist.

Wichtigste Voraussetzung für einen funktionierenden Informationsfluß ist es, daß sich alle Beteiligten an die für die innerbetriebliche Information von oben nach unten geltenden Spielregeln halten, nach denen festgelegt sein muß, was als informationspflichtiger Tatbestand zu gelten hat und unverzüglich mitzuteilen ist und was zum normalen geordneten Ablauf des Tagesgeschehens gehört und deshalb nicht Gegenstand der Information zu sein hat[20].

So ist es z. B. zweckwidrig und unnötige Zeitverschwendung, über erledigte Normalfälle aus dem eigenen Tätigkeitsbereich zu informieren.

20 Vgl. dazu die Regeln für die Information der Geschäftsführer durch die Gesellschafter, S. 89 ff.

Dagegen gehören außergewöhnliche Fälle, insbesondere noch nicht gelöste Probleme, die sich auf die nächste Stufe auswirken können, zu den unbedingt notwendigen Informationen gegenüber den betreffenden Mitarbeitern.

Die Information ist keine Plauderstunde, sondern muß diszipliniert nach dem Grundsatz geführt werden, daß der Mitarbeiter nur über das informiert werden darf, was er zur ordnungsgemäßen Erfüllung seiner Aufgaben wissen muß. Danach haben sich der Geschäftsführer, der informiert, wie die Ressortleiter mit ihren Fragen zu richten.

2. Die Informationspflicht des einzelnen Geschäftsführers als Ressortleiter gegenüber seinen Mitarbeitern

a) Die Information als Bringpflicht des Geschäftsführers

Grundsätzlich ist die Information von oben nach unten eine Bringpflicht des Vorgesetzten. Der Mitarbeiter hat ein Recht darauf, von seinem Vorgesetzten über die für ihn wichtigen Vorkommnisse, Arbeitsergebnisse und Absprachen oder neue Erkenntnisse informiert zu werden, die sich in dessen Tätigkeitsbereich ergeben haben.

Beispiel:
Der Ressortleiter erklärte in einem Gespräch mit seinen Abteilungsleitern: „Ich habe Ihnen schon verschiedentlich gesagt, daß ich für von Ihnen benötigte Informationen jederzeit gern zur Verfügung stehe, also fragen Sie mich. Leider muß ich feststellen, daß Sie von meiner Bereitschaft viel zu wenig Gebrauch machen."

Darauf erwiderte der Hauptabteilungsleiter: „Woher sollen wir wissen, daß Informationen für uns bei Ihnen angefallen sind? Oder wollen Sie mit Ihrer Aufforderung sagen, daß wir auf gut Glück jeden Tag uns bei Ihnen erkundigen, ob es etwas gibt, das wir wissen sollten? Das kann doch nicht Ihre Absicht sein!"
Dies zu Recht.

Ein Geschäftsführer, der sich so verhält, gibt damit zu, daß er eine seiner wichtigsten Führungsfunktionen nicht erfüllen kann oder will. Es gehört zu seinen Pflichten, bei allem, was sich in seinem Bereich ergibt, darüber nachzudenken, welcher seiner Mitarbeiter davon in Kenntnis gesetzt werden muß, damit er diese Informationen bei seinem eigenen Handeln berücksichtigen kann. Der Vorgesetzte kann sich also seiner Informationspflicht nicht mit dem Einwand entziehen, die Mitareiter könnten die von ihnen benötigten Informationen selbst einholen.

b) Die Information als Holpflicht des Mitarbeiters

Neben der unbestreitbaren Bringpflicht des Vorgesetzten besteht eine begrenzte Holpflicht des Mitarbeiters.

Dies gilt dann, wenn der Mitarbeiter Anlaß zu der Annahme hat, daß bei seinem Vorgesetzten eine Information für ihn angefallen ist, die ihm jedoch noch nicht mitgeteilt wurde.

In diesem Fall muß der Mitarbeiter selbst die Initiative ergreifen und von sich aus an den Vorgesetzten herantreten, um die für ihn notwendige Information einzuholen.

Beispiel:
Der Hauptabteilungsleiter weiß, daß sein Vorgesetzter mit einem wichtigen Kunden ein Gespräch über dessen Reklamation geführt hat, an dessen Ausgang er interessiert ist, weil er in den nächsten vierzehn Tagen mit dem Kunden wieder zusammentreffen wird.

Der Hauptabteilungsleiter darf nicht tatenlos abwarten, ob und wann ihn der Vorgesetzte orientieren wird, oder darauf hoffen, daß er vom Kunden etwas über den Verlauf des Gespräches erfährt. Er ist vielmehr verpflichtet, selbst aktiv zu werden und sich bei seinem Vorgesetzten nach dem Ergebnis des Gespräches zu erkundigen.

c) Keine Information nach Sympathie und Antipathie

Der Vorgesetzte ist verpflichtet, bei der Information seiner Mitarbeiter objektiv und neutral vorzugehen. Sympathie und Antipathie, die er gegenüber dem einzelnen empfinden mag, dürfen dabei keine Rolle spielen. Die Information ist eine sachbezogene Führungsaufgabe. In der Praxis sieht dies allerdings oft ganz anders aus. Mitarbeiter, mit denen sich der Vorgesetzte gut versteht oder gar befreundet ist, erfahren in der Regel wesentlich mehr von ihm als andere, die ihm nicht so „liegen". Das belastet nicht nur die zwischenmenschlichen Beziehungen, sondern führt auch in fachlicher Hinsicht zu Fehlentscheidungen bei den nicht ordnungsgemäß informierten Mitarbeitern.

Beispiel:
Im Unternehmen hatte es sich herumgesprochen, daß die Vertreterbezirke neu organisiert werden sollten. Eine Reihe von Mitarbeitern im Bereich Vertrieb war davon betroffen, die Unruhe war groß. Offiziell waren noch keinerlei Informationen „von oben" über die Einzelheiten der Umorganisation gegeben worden. Um so eifriger wurden Gerüchte kolportiert.

Ein persönlicher Freund des Geschäftsführers war durch die Informationen, die er in einem vertraulichen Gespräch von ihm erhalten hatte, über die geplante Neuregelung im Bilde. Auf diesen Informationsvorsprung war er stolz. Im Kollegenkreis deutete er an, daß er genau wisse, welche Bezirke für die einzelnen Mitarbeiter vorgesehen seien, aber natürlich dürfe er darüber nichts sagen, das wäre ein Vertrauensbruch gegenüber dem Geschäftsführer.

Eine erhebliche Störung der kollegialen Zusammenarbeit und des Vertrauens zum Geschäftsführer war die Folge.

d) Kein „Durchinformieren" über mehrere Ebenen

Bei einer Führung mit Delegation von Verantwortung informiert der Vorgesetzte nur die ihm unmittelbar unterstellten Mitarbeiter. Dem Verbot des Durchregierens entspricht das Verbot des Durchinformierens.

Dieses Verbot wird in der Praxis immer wieder durchbrochen. Nach wie vor glauben viele Vorgesetzte auch heute noch, nach Belieben auf allen Stufen der Hierarchie Informationen geben zu können. Sie sind sich meist nicht bewußt, welche Mißverständnisse und Reibungsverluste sie dadurch hervorrufen. Besonders schwerwiegend sind die Folgen im Führungsbereich, die durch derartig gestreute Informationen entstehen:

- Die dem Ressortleiter unmittelbar unterstellten Mitarbeiter sind nicht im Bilde darüber, welche Informationen ihr Vorgesetzter ihren eigenen Mitarbeitern gegeben hat und inwieweit sie dem entsprechen, was sie selbst vom Geschäftsführer erfahren und demgemäß an ihre Mitarbeiter weitergegeben haben.
- Besonders peinlich wird es für die Hauptabteilungsleiter bzw. Abteilungsleiter, wenn sie sich gezwungen sehen, bei ihren Mitarbeitern nachzufragen, über was der Geschäftsführer sie informiert hat. Es kann passieren, daß ihnen ein Mitarbeiter auf ihre Frage etwa antwortet:

  > „Der Geschäftsführer hat ausdrücklich erklärt, was er mir sage, sei nur für mich persönlich bestimmt",

  oder:

  > „Er hat mir alles ganz im Vertrauen gesagt, daran muß ich mich halten."

- Hauptabteilungsleiter bzw. Abteilungsleiter verlieren ihr Gesicht, wenn ihre Mitarbeiter den Eindruck gewinnen, der Geschäftsführer habe sie deshalb informiert, weil er annimmt, daß ihr eigener Vorgesetzter ihnen keine sachgemäßen und umfassenden Informationen gibt.
- Informiert der Geschäftsführer bei einer vielstufigen Hierarchie nach Belieben die Mitarbeiter auf allen nachgeordneten Ebenen, so führt das zur ständigen Frustration sämtlicher Zwischenvorgesetzter. Die innere Kündigung ist vielfach die Folge.

Fazit:
Das „Durchinformieren" ist eine schwere Pflichtverletzung der Geschäftsführer und zugleich ein wichtiger Grund zur Kündigung des Anstellungsvertrags seitens der betroffenen Zwischenvorgesetzten.

Gegenüber der Durchinformation seitens der Gesamtgeschäftsführung hat der betroffene Geschäftsführer in seiner Eigenschaft als Ressortleiter das Recht zur Beschwerde an die Gesellschafterversammlung. Bleibt diese untätig, dann hat er das Recht zur Niederlegung seiner Ämter und der Kündigung seines Anstellungsvertrags aus wichtigem Grund (§§ 626, 628 BGB)[21].

e) Der Informationskatalog des Geschäftsführers als Basis für die Erfüllung seiner Informationspflichten

Wenn der Geschäftsführer im betrieblichen Alltag seinen umfangreichen Informationspflichten gewissenhaft nachkommen will, muß er versuchen, sie soweit wie möglich zu systematisieren. Dabei kann ihm ein Informationskatalog wertvolle Hilfe leisten[22].

- Im Informationskatalog werden die Aufgaben, die der Geschäftsführer hinsichtlich der Information seiner Mitarbeiter zu erfüllen hat, konkretisiert. Auf diese Weise wird Ordnung in den Informationsfluß von oben nach unten gebracht.
- Der Informationskatalog wirkt dem Informationszufall entgegen und trägt dazu bei, den Geschäftsführer vor Informationsverschulden zu bewahren.

  Beispiel:
  Der Geschäftsführer hatte sich aufgrund der vorliegenden negativen Berichte über einen Kunden entschlossen, die Geschäftsbeziehungen zu ihm abzubrechen. Dies war auch mit den Gesellschaftern abgesprochen worden. Er hatte jedoch vergessen, den zuständigen Abteilungsleiter darüber zu informieren:

  Beim nächsten Kundenbesuch schloß dieser ein Geschäft mit dem Kunden ab, das dem Unternehmen einen Verlust von mehr als 100.000,00 DM eintrug.

  Die Gesellschafter machten dem Geschäftsführer schwere Vorwürfe und kürzten ihm die vorgesehene Prämie für das vergangene Geschäftsjahr um 50%. Dies mit Recht.

- Für die *Erstellung* des Informationskatalogs und seine Handhabung gelten die gleichen Grundsätze, die bereits für die Systematisierung der Information der Gesellschafter durch die Geschäftsführer behandelt wurde[23].

---

21 Vgl. S. 237 Nr. 13a.

22 Vgl. dazu die Ausführungen über den Informationskatalog der Gesellschafter zur Systematisierung der Information der Geschäftsführer, S. 91 ff.

23 Ebenda, S. 93.

- Der Informationskatalog der Geschäftsführer für die Erfüllung ihrer Informationspflichten gegenüber ihren Mitarbeitern hat wie jeder Informationskatalog beispielhaften Charakter und kann nicht lückenlos sein. Er ist im Sinne einer Richtlinie zu verstehen. Voraussetzung für seine erfolgreiche Handhabung ist das Informationsbewußtsein der Geschäftsführer.
- Auch bei der Erstellung eines Informationskatalogs für die Geschäftsführer hat es sich als zweckmäßig erwiesen, die Mitarbeiter einzuschalten, um von ihnen zu hören, worüber sie glauben, informiert werden zu müssen und welche Fehler ihrer Erfahrung nach durch mangelnde Information von oben entstanden sind.

Beispiel:
Bei einem Informationsseminar ließ der Seminarleiter die Teilnehmer folgende Frage beantworten:

„Worüber werden Sie Ihrer Ansicht nach von Ihrem Geschäftsführer nicht oder nicht ausreichend informiert, obwohl Sie darüber informiert werden müßten?"

Zur Beantwortung der Frage wurde den Teilnehmern eine halbe Stunde an Zeit gewährt, damit sie, wie der Seminarleiter sagte, diese Frage „aus der Tiefe ihres Gemütes und ihrer Verärgerung" beantworten könnten.

Dabei kam u. a. folgendes heraus:
„Der Geschäftsführer führt Gespräche mit wichtigen Kunden und entscheidet über Reklamationen, ohne den für den Kontakt mit den Kunden zuständigen Mitarbeiter zu informieren."

„Er besucht aus Kostengründen die Messen allein, ohne hinterher die für die verschiedenen Fachgebiete zuständigen Mitarbeiter über seine Eindrücke zu informieren. Wahrscheinlich versteht er selbst zu wenig davon – was man ihm nicht übelnehmen kann – oder es interessiert ihn nicht so wie uns Fachleute."

„Wir erfahren nie etwas von Veränderungen in der Geschäftspolitik, die sich zwischenzeitlich ergeben haben und die sich natürlich auf die Planungen in unseren Bereichen auswirken. Da wir nicht informiert sind, entstehen Fehler in unseren Planungen, die uns dann zur Last gelegt werden."

„Über die Schaffung neuer Stellen, besonders im Vertrieb, werden wir gewöhnlich erst dann informiert, wenn uns der Chef die dafür vorgesehene Person vorstellt."

„Wir werden von der Geschäftsführung niemals rechtzeitig über das Angebot von Fortbildungskursen unterrichtet, so daß wir davon kaum jemals für unsere eigene Weiterbildung Gebrauch machen können. Dann wird in letzter Minute irgendein Mitarbeiter dazu entsandt, der gerade verfügbar ist, aber in Wirklichkeit gar keinen Nutzen davon hat."

Aus solchen kritischen Äußerungen lassen sich wertvolle Anregungen für die Verbesserung des Informationsflusses gewinnen, die dann im Informationskatalog ihren Niederschlag finden und damit zur Richtlinie für das künftige Vorgehen auf dem Gebiet der Information werden können.

XIV. Die Förderung der Mitarbeiter als Führungsaufgabe der Geschäftsführung

Schließlich gehört es zur Führungsaufgabe der Geschäftsführer, die Mitarbeiter der ihr unterstehenden Ebene soweit wie möglich in ihrer Entwicklung und ihrem Fortkommen zu fördern. Dabei müssen sie gleichzeitig dafür Sorge tragen, daß dies auch auf den nachgeordneten Ebenen im Unternehmen geschieht.

Im Mittelpunkt steht dabei die Förderung der Mitarbeiter durch Weiterbildung.

1. Die Förderung der Mitarbeiter durch Weiterbildung

Der Vorgesetzte hat die Pflicht, dem Mitarbeiter im Rahmen der Möglichkeiten des Unternehmens Wege zu seiner Weiterbildung zu bieten, zu der dieser bei einer Führung mit Delegation von Verantwortung verpflichtet ist.

Diese Weiterbildung kommt nicht nur dem Mitarbeiter selbst zugute, sondern auch dem Unternehmen, das auf diese Weise *das geistige Kapital,* das es in seinen Mitarbeitern besitzt, erhöhen kann und damit den größten Aktivposten des Unternehmens, nämlich die *Leistungskraft seiner Mitarbeiter,* verstärkt.

Dabei ist folgendes zu beachten:

- Die Weiterbildung ist eine sachbezogene Aufgabe der Geschäftsführung, die ebenso planmäßig gelöst werden muß wie andere Vorhaben auf kaufmännischem, technischem und organisatorischem Gebiet.

  Sie darf nicht von Zufällen oder wechselnden Vorlieben der Geschäftsführer für diese oder jene Bildungsbereiche bestimmt werden und auch nicht durch die jeweiligen Wünsche der einzelnen Mitarbeiter. Die Weiterbildung darf also *kein Zufallsergebnis* sein.
- Ziel der Weiterbildung ist es, die Mitarbeiter auf allen Ebenen und in allen Bereichen des Unternehmens auf die sich wandelnden Anforderungen an ihre fachliche Qualifikation und ihr führungsmäßiges Ver-

halten vorzubereiten, so daß ständig Führungskräfte aus den eigenen Reihen für neue Aufgaben gewonnen werden können.

- Dafür muß zunächst der Bildungsbedarf im Unternehmen ermittelt werden. Dies ist eine nicht leichte Aufgabe der Geschäftsführung, zu deren Lösung sie auf den Rat der entsprechenden Spezialisten im Unternehmen angewiesen ist und durchaus auch externe Beratung in Anspruch nehmen sollte.

  Der Bildungsbedarf, der unter den Gesichtspunkten des Betriebserfolges und der Berücksichtigung der technischen und wirtschaftlichen Entwicklung festgestellt worden ist, stellt die Basis für die *Bildungsplanung* dar.

- Dabei geht es zunächst um Maßnahmen für die betriebsnotwendige Weiterbildung, d. h. diejenigen Bildungsvorhaben, die zur Sicherung der Zukunft des Unternehmens unerläßlich erscheinen.

  Zu diesen betriebsnotwendigen Weiterbildungsmaßnahmen werden die dafür aufgrund ihrer Aufgabenstellung infrage kommenden Mitarbeiter herangezogen und vom Unternehmen dazu freigestellt. Die Teilnahme daran darf nicht von der Bereitschaft des einzelnen Vorgesetzten abhängen, seine Mitarbeiter dafür zu beurlauben, und auch nicht von dem Wunsch des betreffenden Mitarbeiters, daran teilzunehmen oder nicht. Diese Weiterbildung ist vielmehr eine Pflicht, der sich der Mitarbeiter nicht entziehen kann, wenn er nicht seine Weiterbeschäftigung im Unternehmen an seinem Arbeitsplatz infrage stellen will. Die Kosten dafür trägt das Unternehmen.

  Zur geplanten Weiterbildung gehören auch diejenigen Vorhaben, die aus der Sicht der Unternehmensführung zwar nicht unbedingt lebensnotwendig, aber im Hinblick auf die Zukunft des Unternehmens erwünscht sind. Es wird von der Unternehmensführung begrüßt, wenn Mitarbeiter aus den betreffenden Bereichen an den angebotenen Bildungsmaßnahmen teilnehmen, die die Unternehmensführung ihnen vorschlägt. Auch hierfür werden die Kosten üblicherweise vom Unternehmen getragen.

In der Praxis sind jedoch die meisten Unternehmen gerade der mittelständischen Wirtschaft noch weit davon entfernt, die Weiterbildung ihrer Mitarbeiter in der oben geschilderten Weise zu planen und bewußt zu gestalten. Bei ihnen herrscht weitgehend noch der *Bildungszufall.*

Spontan werden Mitarbeiter zu Seminaren entsandt, die gerade als Angebot überbetrieblicher Bildungseinrichtungen dem Geschäftsführer auf den Tisch geflattert sind, im Trend liegen oder dem Geschäftsführer interessant erscheinen. Typisch dafür sind Aussprüche wie:

„Ein solches Seminar würde unserem Herrn Meier sicher auch gut tun. Hoffentlich wird ihm dabei klar, was ihm noch an Wissen und Erfahrung fehlt und was er im täglichen Umgang mit seinen Kollegen falsch macht."

Ebenso zufällig ist oft die Auswahl der Mitarbeiter, die zu solchen Seminaren entsandt werden. Hier trifft es nicht unbedingt diejenigen, die eine solche Weiterbildung am notwendigsten hätten oder deren Qualifikation eine Teilnahme sinnvoll erscheinen läßt, sondern es gibt in fast jedem Unternehmen die sogenannten „Tagungsreisenden". Sie werden geschickt, weil eine Teilnahme des Bereiches oder der Abteilung „von oben" angeordnet wurde und der Vorgesetzte einen Mitarbeiter ausgesucht hat, dessen Abwesenheit am wenigsten stört, weil er sowieso nicht viel leistet.

Beispiel:
Zwei Mitarbeiter eines Unternehmens tauchten bei allen Seminaren immer wieder auf, in denen es um die Bereiche Vertrieb, Organisation und Führung ging. Sie hatten bereits die Grundkurse und zwei Fortsetzungsseminare besucht, jetzt erschienen sie in den entsprechenden Wiederholungskursen.

Der Seminarleiter hatte den Eindruck, daß diese Mitarbeiter im Grunde recht wenig von all dem, was vorgetragen wurde, profitierten

In einem vertraulichen Gespräch mit dem Vertriebsleiter, warum er gerade diese Mitarbeiter immer wieder zu den Seminaren schicke, erklärte dieser:

„Wir haben im Bereich Vertrieb nur wenige wirklich gute Mitarbeiter. Mehr können wir uns aus finanziellen Gründen nicht leisten. Gleichzeitig sind wir aber verpflichtet, der Forderung der Geschäftsführer nach Weiterbildung zu genügen und darüber zu berichten. Wir brauchen allerdings nur die Zahl, nicht die Namen der Mitarbeiter anzugeben, die wir für die entsprechenden Seminare freistellen. Die guten Mitarbeiter können wir auf keinen Fall entbehren. Deshalb schicken wir immer diese beiden Herren, unsere sogenannten „Kursgänger". Sie fühlen sich dadurch besonders bevorzugt und genießen das mit den Seminaren verbundene angenehme Leben. Damit ist uns allen geholfen."

Kein Wunder, wenn man bei diesem planlosen Verfahren von Geschäftsführern etwa folgendes zu hören bekommt:

„Ich habe im vergangenen Jahr Mitarbeiter zu mehr als 20 Seminaren entsenden lassen, die mir interessant erschienen. Das hat viel Geld gekostet. Eine positive Auswirkung geschweige denn eine Änderung in ihrem Verhalten aufgrund des Seminarbesuchs habe ich allerdings nicht feststellen können."

2. Förderung der Mitarbeiter durch Gewährung von Aufstiegsmöglichkeiten

Im Rahmen der Förderung seiner Mitarbeiter ist der Vorgesetzte verpflichtet, denjenigen von ihnen, die die notwendige Eignung besitzen und sich durch besondere Fachkenntnisse und Einsatzbereitschaft auszeichnen, die entsprechenden Aufstiegschancen im Unternehmen zu bieten, sie in ihrem Fortkommen zu unterstützen und sie zur Beförderung vorzuschlagen.

Dem steht der *natürliche Egoismus der Vorgesetzten* vielfach im Wege. Sie möchten nicht gern einen tüchtigen Mitarbeiter verlieren und versuchen deshalb, ihn so lange wie möglich im Hintergrund zu halten. Auf diese Weise verhindern sie sein Weiterkommen, statt mit dazu beizutragen.

Dies ist sowohl zum Schaden des betreffenden Mitarbeiters, aber auch zum Nachteil des Unternehmens. Tüchtige Mitarbeiter lassen sich auf diese Weise letztlich nicht halten. Sie sehen sich anderweitig nach einer Aufstiegsmöglichkeit um und gehen so dem Unternehmen verloren.

Wo sich keine Chancen zum Weiterkommen im Unternehmen für den Mitarbeiter bieten, ist der Vorgesetzte verpflichtet, die aufgrund der Struktur des Unternehmens gegebenen Grenzen offen mit dem Mitarbeiter zu besprechen. Vage Versprechungen oder trügerische Hoffnungen bringen für beide Seiten nur Nachteile und führen darüber hinaus noch generell zu einer Verschlechterung des Betriebsklimas.

In manchen Fällen ist es möglich, durch Gehaltserhöhungen und Prämien für bestimmte Leistungen dafür einen gewissen Ausgleich zu schaffen. Doch inwieweit dies von dem betreffenden Mitarbeiter so empfunden wird, muß jeweils im Einzelfall durch den Vorgesetzten im Gespräch mit ihm geklärt werden.

J. Die Kontrolle der Geschäftsführung über die Leiter der einzelnen Ressorts

Unter den Führungsfunktionen, die die Geschäftsführung gegenüber den Ressortleitern auszuüben hat, bildet die Kontrolle einen Schwerpunkt. Sie erstreckt sich darauf, ob diese

- ihre fachlichen Aufgaben ordnungsgemäß wahrnehmen;
- die sich aus der Delegation von Verantwortung ergebenden Pflichten gegenüber dem Gremium der Geschäftsführung erfüllen;
- ihren Führungsaufgaben als Vorgesetzte gegenüber den ihnen unterstellten Mitarbeitern nachkommen.

Dabei spielt es keine Rolle, ob sich die Geschäftsführung aus zwei, drei oder fünf Mitgliedern zusammensetzt, die gleichzeitig ein Ressort leiten.

Die Kontrolle ist mit der sorgfalt eines ordentlichen Geschäftsleiters (§ 43 Abs. 1) wahrzunehmen.

Für die Geschäftsführung ist es wichtig zu wissen, auf welche Weise sie die Kontrolle wahrnehmen muß, um den Nachweis für ihre Ordnungsmäßigkeit führen zu können. Darauf sind die folgenden Ausführungen abgestellt.

I. Die Kontrolle bei autoritärer Führung

Bei autoritärer Führung ist die Kontrolle Totalkontrolle[1] und durch folgende Merkmale gekennzeichnet:

- Sie wird ständig und unmittelbar über das gesamte Betriebsgeschehen ausgeübt;
- sie beinhaltet eine lückenlose Überprüfung aller Arbeitsabläufe bis zur untersten Ebene;
- sie konzentriert sich lediglich auf die fachliche Seite.

Das Verhalten des Vorgesetzten bei der Wahrnehmung seiner Führungsaufgaben unterliegt keiner besonderen Kontrolle. Hier gilt der *Grundsatz:*

> „Wie ein Vorgesetzter mit seinen Untergebenen fertig wird, ist seine Sache. Allein entscheidend ist, daß er das Umsatz-, Produktions- bzw. Dienstleistungsziel erreicht."

---

1 Vgl. S. 1 f.

Nur bei groben Verfehlungen in menschlicher Hinsicht, Beleidigungen oder tätlichen Angriffen schaltet sich die Geschäftsführung ein, um den Vorgesetzten zur Rechenschaft zu ziehen.

II. Die Kontrolle im Rahmen eines kooperativen Führungsstils

Sobald sich die Gesellschafter dazu entschließen, die autoritäre Führung durch eine Führung mit Delegation von Verantwortung zu ersetzen, wandelt sich die Kontrolle grundlegend in Form und Inhalt. Dies bedeutet:

- Die Kontrolle erstreckt sich nicht mehr lediglich auf die ordnungsgemäße Erfüllung der fachlichen Aufgaben des Mitarbeiters, sondern auch auf die Wahrnehmung der Pflichten, die dieser bei der Erfüllung seiner Tätigkeit gegenüber dem Vorgesetzten hat.
- Sie erstreckt sich ferner auf die Kontrolle der Führungspflichten des Stelleninhabers in seiner Eigenschaft als Vorgesetzter[2].
- Sie ist nicht mehr Totalkontrolle, sondern besteht aus der Stichproben- und Ergebniskontrolle. In ihrer Gesamtheit vermittelt diese Art der Kontrolle ein Bild von der Tätigkeit eines Stelleninhabers in seiner Eigenschaft als Mitarbeiter und Vorgesetzter[3].
- Die Kontrolle wird nur über die unmittelbar unterstellten Mitarbeiter ausgeübt und nicht mehr über sämtliche nachgeordneten Ebenen.

1. Die Stichprobenkontrolle

Sie ist als Schwerpunktkontrolle auf den Einzelfall abgestellt und beinhaltet folgendes:

a) Grundsätze

- Die Geschäftsführung überprüft in unregelmäßigen Abständen einzelne Akte der Tätigkeit der Ressortleiter dahingehend, ob sie in fachlicher wie führungsmäßiger Hinsicht mit der Sorgfalt eines ordentlichen und gewissenhaften Geschäftsleiters vereinbar sind.

  Die Stichprobenkontrolle wird überraschend vorgenommen, um Manipulationen zuvorzukommen.
- Dabei ist es gleichgültig, ob der Fall bereits abgeschlossen ist (nachträgliche Kontrolle) oder sich in der Abwicklung befindet oder Maßnahmen betrifft, die für die Zukunft vorgesehen sind, also noch das Stadium der

2 Vgl. S. 126 ff.
3 Vgl. S. 171 ff.

Planung durchläuft (begleitende Kontrolle)[4]. *U. H. Schneider* spricht in diesem Fall von „Frühkontrolle“[5].

- Mit Hilfe der Stichprobenkontrolle sollen Fehler soweit wie möglich vermieden oder, wenn sie bereits aufgetreten sind, frühzeitig erkannt, abgestellt und für die Zukunft verhindert werden. Die Stichprobenkontrolle soll also helfen, das mit der Delegation von Verantwortung eingegangene Risiko zu mindern.

  Die Ergebniskontrolle allein würde dafür nicht genügen[6]. Da mit ihrer Hilfe das Ergebnis der Tätigkeit innerhalb eines Zeitabschnitts ermittelt und überprüft wird, käme sie oft zu spät. Die Geschäftsführung würde vielfach nur „Leichenschau“ hinsichtlich der eingetretenen Fehlentwicklung und der daraus entstandenen Schäden halten können[7].

- Bei der Vornahme der Stichprobe muß die Geschäftsführung den einzelnen Akt der Tätigkeit des Ressortleiters voll und ganz durchprüfen, wobei insbesondere geprüft werden muß, ob der Zielsetzung entsprechend verfahren worden ist[8]. Sie darf also keine Stichprobe in der Stichprobe vornehmen. Nur dann kann sie sich ein wirkliches Urteil darüber bilden, ob der Vorgang ordnungsgemäß behandelt worden ist oder nicht.

  Beispiel:
  Will der Vorgesetzte prüfen, ob die Reklamation eines wichtigen Kunden ordnungsgemäß abgewickelt ist, so darf er sich nicht darauf beschränken, das den Reklamationswunsch ablehnende Schreiben des Betriebsleiter zu lesen. Er muß von dem sich aus der Akte ergebenden Gesamtvorgang Kenntnis nehmen.

- Stichproben besitzen naturgemäß eine begrenzte Aussagekraft. Bei aller Sorgfalt ihrer Planung und Durchführung stellen sie ein Zufallsergebnis dar. Die Stichprobenkontrolle muß daher durch die Ergebniskontrolle ergänzt werden.

- Hinsichtlich der Anzahl der Stichproben gilt der Grundsatz:

  Vor dem geistigen Auge des Vorgesetzten muß der Mitarbeiter stehen mit seinen Stärken und Schwächen. Es wird delegiert ad rem (sachbezogen) und kontrolliert auch ad personam (personenbezogen).

---

4 Vgl. S. 196.

5 *Scholz/U. H. Schneider,* § 43 Anm. 74. Seine Ansicht, daß die Geschäftsführer verpflichtet sind, *„jede* bereits getroffene Entscheidung, soweit sie noch nicht in vollem Umfang verwirklicht ist, daraufhin zu überprüfen, ob sich die Voraussetzungen und das Umfeld verändert haben (Frühkontrolle)“, ist allerdings zu weitgehend und führt zu einer unzulässigen Totalkontrolle.

6 Zustimmend *Scholz/U. H. Schneider,* § 43 Anm. 74.

7 Vgl. zur Stichprobenkontrolle im einzelnen *Höhn,* Die Dienstaufsicht und ihre Technik, S. 41 ff.

8 Zustimmend *Lang/Weidmüller,* § 34 Anm. 36.

b) Vermehrte Stichproben – Kein Ausgleich für die mangelnde Qualifikation des Mitarbeiters

Mit Hilfe der verstärkten Stichprobenkontrolle will der Vorgesetzte sich vergewissern, ob der Mitarbeiter nunmehr im Sinne der an ihm geübten Kritik handelt. Der Mitarbeiter hat zwar im Einzelfall versagt, ist aber generell kein Versager und ist in der Lage, den ihm anvertrauten Delegationsbereich weiterhin wahrzunehmen.

- Kommt der Vorgesetzte zu dem Ergebnis, daß der Mitarbeiter den Anforderungen der Stelle nicht mehr genügt, also nicht mehr der richtige Mitarbeiter ist, so darf er nicht mit dem Führungsmittel der verstärkten Stichprobenkontrolle arbeiten. Er muß vielmehr die Konsequenzen ziehen und dafür sorgen, daß er von seiner Stelle abgelöst wird oder, so lange dies noch nicht der Fall ist, Totalkontrolle über ihn ausüben. Geht der Vorgesetzte anders vor und beschränkt sich auf die Verstärkung von Stichproben, so handelt er pflichtwidrig und ist für alle sich daraus ergebenden Schäden verantwortlich.
- Verstärkte Stichprobenkontrolle kann nur innerhalb eines beschränkten Zeitraums ausgeübt werden, der je nach Sachlage kürzer oder länger zu bemessen ist. Verstärkte Stichprobenkontrolle ist also kein *Dauerzustand*, sondern eine *Übergangslösung*.
- Kommt der Vorgesetzte zu dem Ergebnis, daß ein Mitarbeiter in Zukunft ohne verstärkte Stichprobenkontrolle nicht mehr zu führen ist, so muß er sich von ihm trennen bzw., wenn er dazu nicht die Kompetenz besitzt, seinem Vorgesetzten die Trennung vorschlagen. Dies aus folgenden Gründen:
  - Die Führung mit Delegation von Verantwortung setzt einen entsprechend qualifizierten Mitarbeiter voraus. Richtige Mitarbeiter im Sinne dieser Führung sind solche, die den Anforderungen der ihnen anvertrauten Stelle entsprechen und daher mit normaler Kontrolle geführt werden müssen. Ein Mitarbeiter, bei dem dieses nur mit verstärkter Kontrolle möglich ist, ist nicht der richtige Mitarbeiter.
  - Verstärkte Stichprobenkontrolle bedeutet darüber hinaus eine Belastung des Vorgesetzten. Sie nimmt ihm die Zeit, die er für die Führung seiner übrigen Mitarbeiter und die Wahrnehmung seiner eigenen fachlichen Aufgaben zu verwenden hätte. Verstärkte Stichprobenkontrolle ist daher auf die Dauer gesehen für den Vorgesetzten nicht tragbar.

2. Die Ergebniskontrolle

Im Gegensatz zur Stichprobenkontrolle, die eine auf den Einzelfall abgestellte Verhaltenskontrolle ist, zieht die Geschäftsführung bei der Ergebniskontrolle Bilanz aus der gesamten Tätigkeit des Ressortleiters während eines längeren Zeitabschnitts und überprüft, ob das erzielte Ergebnis den Vorgaben entspricht.

- Für die Erfolgskontrolle ist der Einzelfall uninteressant. Zufriedenstellende Ergebnisse der Stichprobenkontrolle besagen noch nicht, daß das Ergebnis der Erfolgskontrolle ebenfalls zufriedenstellend sein muß. Die Erfolgskontrolle ist daher mehr als die Summe der vorgenommenen Stichproben.

  Typische Formen der Erfolgskontrolle sind die Gewinn- und Verlustrechnung, die Kapital- und Sozialbilanz sowie die Kreativitätsbilanz.
- Die Erfolgskontrolle wird nicht – wie die Stichprobenkontrolle – unverhofft durchgeführt, sondern dem Mitarbeiter rechtzeitig angekündigt, so daß er Gelegenheit hat, sich gründlich darauf vorzubereiten und die entsprechenden Unterlagen beizuziehen.
- Die anhand von Zahlen, Daten und Fakten vorgenommene Erfolgskontrolle tritt an die Stelle eines allgemeinen subjektiven Eindrucks der Geschäftsführung von der Leistung des Ressortleiters in einem bestimmten Zeitabschnitt. Sie liegt nicht nur im Interesse der Gesellschaft, sondern auch im Interesse des einzelnen Mitarbeiters[9].

III. Das Kontrollmodell

Jeder Kontrollvorgang, gleichgültig, ob er sich im Rahmen der Stichproben- oder der Ergebniskontrolle abspielt, besteht aus mehreren Schritten, die in logischer Folge aufeinander aufbauen. Er umfaßt:

- die Feststellung des Sachverhalts;
- den Soll-Ist-Vergleich;
- das Anhören des Mitarbeiters zum festgestellten Sachverhalt und dem Ergebnis des Soll-Ist-Vergleichs;
- die Konsequenzen[10].

- Zur Feststellung des Sachverhalts

  Ohne exakte Feststellung des Sachverhalts erübrigen sich alle weiteren Schritte. Mutmaßungen lassen keine Soll-Ist-Vergleiche und keine Konsequenzen zu. Soweit notwendig – und das ist sehr oft der Fall –, ist der Stelleninhaber zur Klärung des Sachverhalts heranzuziehen.

9 Zur Durchführung der Ergebniskontrolle S. 171 ff.

10 Vgl. zum Kontrollmodell eingehend *Höhn*, Wofür haftet der Vorstand einer Genossenschaftsbank persönlich?, S. 159 ff.

- Zum Soll-Ist-Vergleich

  Kontrollieren heißt, den vorhandenen Zustand (Ist) mit dem gewünschten (Soll) zu vergleichen und die Abweichungen zwischen dem Ist und dem Soll zu analysieren[11]. Voraussetzung dafür ist eine klare Soll-Vorgabe. Als oberster *Grundsatz* gilt:

  > „Es kann nichts kontrolliert werden, für das es nicht eine Norm gibt, an der das Festgestellte zu messen ist[12]."

  Das gilt für den Fach- wie den Führungsbereich.

  - Das Soll für den fachlichen Bereich bilden Stellenbeschreibungen, die die Aufgaben mit den Kompetenzen und dem Ziel der Stelle enthalten[13], sowie Richtlinien, Ablaufpläne, Einzelanweisungen, Sonderaufträge u. a. m.
  - Das Soll dafür, wie der Stelleninhaber sich bei Delegation von Verantwortung seinem Vorgesetzten gegenüber als Mitarbeiter und als Vorgesetzter seinen Mitarbeitern gegenüber zu verhalten hat, findet in der „Allgemeinen Führungsanweisung" bzw. „Allgemeinen Führungsrichtlinie" seinen Niederschlag.

- Zur Anhörung des Mitarbeiters

  Der Vorgesetzte darf zu keinem Urteil über das Verhalten des Mitarbeiters kommen, bevor dieser nicht zu dem festgestellten Sachverhalt gehört wurde und es ihm ermöglicht worden ist, eine Begründung für sein Verhalten zu geben.

  Aus der Stellungnahme des Mitarbeiters geht häufig erst hervor, ob der ermittelte Fehler tatsächlich dem Mitarbeiter anzulasten ist oder ob andere Gründe dafür ausschlaggebend waren. Dies können z. B. unklare Aufgaben und Kompetenzen, mangelnde Information durch den Vorgesetzten, nicht ausreichende Instruktionen oder unklare Anweisungen und Richtlinien sein.

- Zu den Konsequenzen

  Die Kontrolle hat ihren Zweck verfehlt und ist eine reine Zeitvergeudung, wenn es der Vorgesetzte unterläßt, die sich aufgrund des Kontrollergebnisses als notwendig erweisenden Maßnahmen zu treffen bzw. diese zu veranlassen. Wer keine Konsequenzen aus der Kontrolle zieht, handelt nach dem *Grundsatz:*

  > „Registrieren und resignieren."

---

11 *Hill,* Unternehmensplanung, S. 17.
12 *Danert,* Betriebskontrollen, S. 15.
13 Vgl. S. 25 ff.

Der Vorgesetzte ist vielmehr verpflichtet, das festgestellte Fehlverhalten der Mitarbeiter oder die unzureichende Leistung zu analysieren, nachdem er den betreffenden Mitarbeiter dazu gehört hat, und ggf. zu korrigieren.

Dazu können sich aus dem Kontrollergebnis über das Kritik- bzw. Anerkennungsgespräch mit dem Mitarbeiter hinaus noch weitere Konsequenzen ergeben.

> So kann es z. B. notwendig werden, organisatorische Veränderungen im Arbeitsablauf vorzunehmen oder bestehende Richtlinien zu korrigieren. Auch kann es angebracht sein, die Sollvorgabe neu zu durchdenken und eventuell zu verändern oder die Zahl der Stichproben zu erhöhen bzw. zu vermindern.

Auf jeden Fall aber ist es unerläßlich, die geplanten Maßnahmen, die sich als Konsequenz aus der über seine Tätigkeit geübten Kontrolle ergeben haben, mit dem Mitarbeiter zu erörtern. Darüber hinaus gilt es, ohne Verzögerung alle Schritte in die Wege zu leiten, um die beobachteten Mißstände abzustellen. Erst dann kann der Kontrollvorgang als abgeschlossen betrachtet werden.

Unterläßt der Vorgesetzte es, Konsequenzen zu ziehen, so gilt die Kontrolle als nicht vorgenommen. Es liegt damit von seiner Seite Kontrollverschulden vor.

IV. Die Pflicht zur Kontrolle

Die Kontrolle ist eine nicht verzichtbare Führungsaufgabe des Gremiums der Geschäftsführung. Sie kann sich nicht auf den Standpunkt stellen:

> „Delegieren und resignieren."

Von dieser Überwachungspflicht kann die Geschäftsführung auch nicht aufgrund des Gesellschaftsvertrages befreit werden[14].

- Die Geschäftsführung geht ein unübersehbares Risiko ein, wenn sie ihrer Kontrollpflicht nicht oder nur nachlässig nachkommt und den Nachweis ordnungsgemäßer Kontrolle nicht zu erbringen vermag.
- Die Kontrolle eines Vorgesetzten erstreckt sich stets lediglich auf die ihm unmittelbar unterstellten Mitarbeiter. Dies bedeutet für die Geschäftsführung:
  - Das Gremium der Geschäftsführung kontrolliert die ihm unmittelbar unterstehenden Ressortleiter und die ihr darüber hinaus unmit-

14 *Scholz/U. H. Schneider*, § 37 Anm. 37.

telbar unterstellten Mitarbeiter. Es kontrolliert jedoch nicht die Mitarbeiter auf der diesen nachgeordneten Ebene.

- Die Kontrolle als Akt der Führung mit den sich daraus ergebenden Konsequenzen ist nicht delegierbar, wohl aber können Teile des Kontrollvorgangs, wie die Feststellung des Sachverhalts oder der Soll-Ist-Vergleich, einer anderen Stelle übertragen werden, die das Ergebnis der Geschäftsführung vorzulegen hat.

- Ist die Geschäftsführung – aus welchen Gründen auch immer – nicht in der Lage, ihrer Pflicht zur Kontrolle ordnungsgemäß nachzukommen, so ist sie verpflichtet, die Gesellschafterversammlung als ihren Vorgesetzten darüber zu informieren.

V. Die Kontrolle von Kollegen über Kollegen – Ihre Problematik

- Bei der Ausübung der Kontrolle durch die Geschäftsführung über die Ressortleiter wird keinerlei Rücksicht auf die psychologisch schwierige Situation genommen, in der sich Kollegen befinden, wenn sie Kollegen kontrollieren müssen.

  Diese Situation verschärft sich noch, wenn die Geschäftsführung aus zwei Mitgliedern besteht, von denen jedes ein oder mehrere Ressorts leitet. Von den Mitgliedern der Geschäftsführung, die sich in dieser Lage befinden, kann man immer wieder hören:

  > „Mein Kollege wird es sich schwer verbitten, wenn ich mir anmaßen würde, Kontrolle über seinen Geschäftsbereich auszuüben. Das gleiche gilt auch von mir ihm gegenüber."

  Darauf kann man nur die nüchterne Frage stellen:

  > „Wollen Sie für alles haften, was Ihr Kollege schuldhaft tut, duldet oder zu tun unterläßt? Wenn ja, dann können Sie jede Kontrolle unterlassen; wenn nein, dann sind Sie verpflichtet, ordnungsgemäß Stichprobenkontrollen über seine Tätigkeit auszuüben und den Nachweis dafür zu erbringen. Dies liegt nicht nur in Ihrem Interesse, sondern auch im Interesse Ihres Kollegen."

- Häufig wird der Standpunkt vertreten, daß eine Kontrolle von Kollegen über Kollegen nicht zumutbar sei, schließlich müsse man sich aufeinander verlassen können.

  Dieses Argument ist jedoch nicht stichhaltig. Dabei wird verkannt, daß die Kontrolle mit Vertrauen bzw. Mißtrauen nichts zu tun hat. Es ist selbstverständlich, daß die Mitglieder der Geschäftsführung volles Vertrauen zu ihren Kollegen hinsichtlich der ordnungsgemäßen Wahrnehmung ihrer Geschäfte haben müssen. Das entbindet sie jedoch nicht von ihrer Kontrollpflicht. Bei berechtigtem Mißtrauen gegenüber einem Kollegen müßten sie, da der Geschäftsbereich dann nicht mehr von dem richtigen Mann geleitet wird, die bereits dargelegten Maßnahmen ergreifen[15]. Andernfalls handeln sie pflichtwidrig und machen sich schadensersatzpflichtig.

- Ebensowenig stichhaltig ist der Einwand, daß die Kontrolle praktisch nicht durchführbar sei, weil das einzelne Mitglied der Geschäftsführung von den Geschäftsbereichen der Kollegen fachlich nicht genug verstehe und die sich hier abspielenden Vorgänge deshalb nicht sachgerecht beurteilen könne.

Diese Situation findet sich in unserer heutigen differenzierten Wirtschaft an den meisten Unternehmensspitzen. Dem steht – wie bereits ausgeführt – die berechtigte Forderung entgegen, daß jedes Mitglied der Unternehmensführung, wie dies *Müller* für den Vorstand einer Genossenschaft feststellt,

> „sich die fachliche Befähigung zu beschaffen (hat), die erforderlich ist, um grobe Verstöße gegen die Gebote ordnungsmäßiger Wirtschaftsführung zu erkennen und abzustellen[16]."

Richtungweisend ist in dieser Hinsicht die Auffassung des Bundesfinanzhofs. Er hat den Einwand eines technischen Geschäftsführers zurückgewiesen, der erklärte, er sei allein für den technischen Bereich, nicht aber für den kaufmännisch-steuerlichen zuständig und könne daher auch nicht für die Nichtabführung der Lohnsteuerabzugsbeträge in Anspruch genommen werden. Demgegenüber stellt der Bundesfinanzhof fest, die Verantwortung der Geschäftsführung als Ganzes verlange „zumindest eine gewisse Überwachung" des kaufmännischen und steuerlichen Bereichs[17].

Auch der Einwand des technischen Geschäftsführers, dazu besitze er nicht die notwendigen Kenntnisse, ist für den Bundesfinanzhof nicht stichhaltig. Demgegenüber stellt er fest:

> „Der Geschäftsführer einer GmbH ist, wenn seine bisherigen Kenntnisse und beruflichen Erfahrungen nicht ausreichen, verpflichtet, sich über die ihm obliegenden gesetzlichen Pflichten, auch steuerlicher Art, zu informieren."

15 Vgl. S. 107 ff.

16 *Müller,* § 34, Anm. 12; *Lang/Weidmüller,* § 34 Anm. 40; *Meyer/Meulenbergh/Beuthien,* § 34 Anm. 14.

17 BFH vom 26. 4. 1984, GmbHR 1985, 30; vgl. auch S. 16 ff.

Das bedeutet natürlich nicht, daß er sich zum Fachmann heranbilden muß. Soweit im Einzelfall Fachwissen erforderlich ist, muß er sich des Rats von Sachverständigen bedienen. Für den Leiter des kaufmännischen und steuerlichen Bereiches bedeutet dies umgekehrt, daß er entsprechende Kenntnisse auf technischem Gebiet besitzen muß, um seine Überwachungsaufgabe erfüllen zu können, bzw. Fachleute heranziehen muß. Dies stellt bei der immer stärker werdenden Spezialisierung erhöhte Ansprüche an das jeweilige Fachwissen der Mitglieder der Geschäftsführung gegenüber den Bereichen, für die sie als Ressortleiter nicht zuständig sind. Die Notwendigkeit zur Inanspruchnahme von Fachleuten wächst dementsprechend. Die Kosten dafür trägt die Gesellschaft.

Der Einwand, die Einholung sachkundigen Rates zu Kontrollzwecken möchte „im Steuerrecht zumutbar sein", weil „die Beratung leicht verfügbar" sei; dies könne jedoch „nicht auf alle Bereiche ausgedehnt werden[18], ist nicht stichhaltig: In Bereichen wie Vertrieb, Produktion, Personal und Marketing stehen reichlich Fachkräfte zur Verfügung. Es gibt darüber hinaus Unternehmen, die sich darauf spezialisiert haben, solche Fachkräfte den Unternehmen zur Verfügung zu stellen.

- Informiert man die Geschäftsführer über die Rechtslage, so ruft dies Bestürzung und oft eindeutige Ablehnung hervor, bis zu der Feststellung, ein solches Vorgehen sei nicht akzeptabel. Sie verkennen dabei jedoch folgendes:
  - Verzichten die Mitglieder der Geschäftsführung darauf, die Kontrolle über den Geschäftsbereich der Kollegen vorzunehmen, oder
  - wird sie von ihnen nicht oder nur nachlässig ausgeübt, oder
  - versäumen sie, Sachverständige, soweit erforderlich, in Anspruch zu nehmen, so verstoßen sie gegen die Sorgfalt eines ordentlichen und gewissenhaften Geschäftsleiters und haften für den entstehenden Schaden als Gesamtschuldner. Jeder Geschäftsführer kann also von der Gesellschaft für den gesamten Schaden in Anspruch genommen werden (§ 43 Abs. 2).
- Nicht beizupflichten ist auch der Ansicht, daß die Kontrollpflicht sachlich auf die Kenntnisse des jeweiligen Geschäftsführers beschränkt ist[19]. Dies macht die berechtigte Forderung der Kontrolle von Kollegen über Kollegen praktisch wertlos. Zu groß ist die Ausweichmöglichkeit des in Anspruch genommenen Geschäftsführers.

---

18 So *Heisse,* S. 88, Nr. 8.

19 So *Hachenburg/Mertens,* § 34 Anm. 33; *Rowedder,* § 43 Anm. 9; *Heisse,* S. 88 Nr. 8.

- Gemäß § 426 BGB sind die Gesamtschuldner „im Verhältnis zueinander zu gleichen Anteilen verpflichtet, soweit nicht ein anderes bestimmt ist". Dies kann sich aus der Satzung, aus dem Anstellungsvertrag oder gemäß § 254 BGB ergeben (Ausgleichspflicht der Gesamtschuldner).

  Der Ansicht, daß hinsichtlich des internen Ausgleichs denjenigen, der pflichtwidrig gehandelt hat, die alleinige Haftung trifft und dagegen der bzw. die Geschäftsführer, die ihre Überwachungspflicht verletzt haben, frei sind, kann nicht zugestimmt werden. Dies würde eine eindeutige Abwertung der Kontrollpflicht bedeuten. Sie bietet dem zur ordnungsgemäßen Überwachung verpflichteten Geschäftsführer eine je nach Sachlage bequeme Ausrede, es mit der Überwachungspflicht nicht so ernst zu nehmen, wie es im Interesse der Gesellschaft notwendig ist.

  Die Höhe des Betrags, die im Innenverhältnis auf den überwachenden Geschäftsführer fällt, bestimmt sich nach den Umständen. Er wird bei völliger Unterlassung der Überwachungspflicht anders zu bemessen sein als bei ihrer nachlässigen Handhabung.

- Bedenklich ist auch die Auffassung, daß die Mitglieder der Geschäftsführung die Tätigkeit ihrer Kollegen nur zu kontrollieren brauchen, wenn sich konkrete Anhaltspunkte für eine Pflichtverletzung ergeben (Evidenzkontrolle)[20].

  > Dies gilt z. B. im Vertrieb für Reklamationen von Kunden und Lieferanten, im Finanz- und Rechnungswesen für Beanstandungen des Finanzamtes hinsichtlich der Abführung fälliger Steuern oder von Gläubigern bezüglich der Nichtbegleichung längst fälliger Rechnungen.

  Eine solche Kontrolle käme vielfach zu spät. Mit Hilfe der Stichprobenkontrolle soll gerade festgestellt werden, ob das Verhalten der Betreffenden einwandfrei ist, sollen bereits aufgetretene Fehler oder Verfehlungen rechtzeitig erkannt, abgestellt und für die Zukunft verhindert werden. Mit einer Führung mit Delegation von Verantwortung ist die Evidenzkontrolle nicht zu vereinbaren.

  Die Geschäftsführer dürfen sich also nicht darauf verlassen, daß keine konkreten Anhaltspunkte für eine Pflichtverletzung ihrer Kollegen vorliegen, also „alles in Ordnung" ist. Sie müssen vielmehr durch Stichprobenkontrollen sich davon überzeugen, ob dies der Fall ist. Dies gilt auch für den laufenden Geschäftsverkehr.

  Darüber hinaus ist die Beschränkung auf die Evidenzkontrolle mit großen Risiken verbunden. Darauf weist *Heisse* mit Recht hin[21]. Sie

20 So *Mertens,* Kölner Kommentar zum AktG, § 93 Anm. 34, *Heisse,* S. 88 Nr. 3.
21 *Heisse,* S. 88 Nr. 3.

kann den Ruin des Unternehmens zur Folge haben. Die Geschäftsführer können also nicht durch einfachen Beschluß der Gesellschaft dieses Risiko aufbürden. Sie müssen die Gesellschafter auf alle Fälle informieren, aus welchem Grund sie von der Stichprobenkontrolle abgehen und zur Evidenzkontrolle übergehen wollen und deren Entscheidung abwarten, andernfalls handeln sie pflichtwidrig mit den sich daraus ergebenden Folgen.

Beispiel:
In einem Unternehmen, dessen Geschäftsführung mit vier Geschäftsführern besetzt war, von denen jeder ein Ressort innehatte, waren die Bereiche der Ressortleiter anhand von Stellenbeschreibungen genau festgelegt. Nur machten die Geschäftsführer Schwierigkeiten, als es um die gegenseitige Kontrolle der Geschäftsführer ging und begegneten den Vorschlägen des Verfassers mit den üblichen Argumenten: „Wir haben volles Vertrauen zueinander; ohne dieses Vertrauen könnten wir nicht erfolgreich zusammenarbeiten. Wir informieren uns gegenseitig über alles, was in dem jeweiligen Bereich geschieht. Stichprobenkontrollen sind bei dieser Sachlage nicht nötig und wirken nur störend".

Auf die Haftungsfolgen unterlassener Kontrolle hingewiesen, erklärten sie sich schließlich bereit, es mit der Stichprobenkontrolle zu versuchen.

Nach einigen Monaten erhielt der Verfasser vom Vorsitzenden der Geschäftsführer die Mitteilung, daß sie in der letzten Geschäftsführerbesprechung einstimmig beschlossen hätten, von der gegenseitigen Kontrolle abzugehen, weil sie das Vertrauensverhältnis zwischen ihnen entscheidend gestört habe. Er selbst sei von den Kollegen beauftragt worden, im Namen der Geschäftsführer diese Kontrolle wahrzunehmen und habe am eigenen Leibe erlegt, wie negativ sie sich auf das Verhältnis zwischen ihm und den anderen Herren ausgewirkt habe. Die Gründe für die Abkehr von der Kontrolle hätten sie im Sitzungsprotokoll niedergelegt.

Antwort:
„Damit haben Sie sich nicht nur pflichtwidrig verhalten, sondern für den Ernstfall dazu noch schriftlich den Beweis für ihre Pflichtwidrigkeit geliefert."

Nach etwa einem Jahr rief der Vorsitzende der Geschäftsführer den Verfasser an und erklärte:

„Der Kollege, dem der Kreditbereich mit einem Limit von jeweils 500 000,– DM für jede Kreditvergabe untersteht, hat dieses Limit in fünf Fällen erheblich überschritten. In zwei Fällen hat er darüber hinaus Kunden den Kredit gewährt, ohne sich an die Richtlinien für die Vergabe von Krediten zu halten. Dadurch ist der Gesellschaft ein Schaden von 1,2 Mio. DM entstanden. Die Gesellschafter haben uns wissen lassen, daß sie uns dafür in Anspruch nehmen würden und weitere Maßnahmen sich vorbehielten. Daß der Kollege, dem der Kreditbereich anvertraut war, für seine Pflichtverletzung einstehen muß, ist uns verständlich, nicht aber daß wir dafür einstehen müssen. Schließlich durften wir damit rechnen, daß er sich an das ihm gesetzte Limit und die Richlinien für die Kreditvergabe hielt."

Antwort:
„Stichprobenkontrollen sind unabhängig von dem in den Kollegen gesetzten Vertrauen. Die Nichtvornahme von Stichprobenkontrollen ist auch ursächlich für den Verlust. Wenn Sie, wie das richtig gewesen wäre, sich die Kreditvergabe eines Monats jeweils hätten vorlegen lassen, dann hätten sie das Fehlverhalten ihres Kollegen rechtzeitig bemerkt und die entsprechenden Maßnahmen treffen können. Das haben Sie unterlassen, und dafür sind Sie haftbar."

Dieses Ergebnis einer Evidenzkontrolle möge eine deutliche Warnung für diejenigen sein, die sich darauf einlassen.

VI. Die Durchführung der Stichprobenkontrolle und ihre Technik

1. Das Kontrolldefizit

Durch die Delegation von Verantwortung wird, worauf *Heisse* richtig hinweist, das Haftungsrisiko der Geschäftsführer erheblich herabgesetzt[22]. Dies natürlich nur, wenn die Kontrolle als Essentiale der Delegation ordnungsgemäß vorgenommen wird. Insoweit wird der Geschäftsführer vom

entscheidenden Unternehmer zum überwachenden Unternehmer.

Die Überwachung hat er mit der gleichen Sorgfalt wie die von ihm getroffenen Entscheidungen vorzunehmen.

Das *Kontrolldefizit* auf seiten der Geschäftsführer ist – das läßt sich immer wieder feststellen – erschreckend groß. Das gilt einmal für die Kontrolle der fachlichen Aufgaben und in noch größerem Umfang der Führungsaufgaben, also derjenigen Aufgaben, die ein Mitarbeiter als Vorgesetzter zu erfüllen hat.

Dies aus folgenden Gründen:

- Die Geschäftsführer empfinden die Kontrolle, insbesondere gegenüber qualifzierten Mitarbeitern, als eine unangenehme Pflicht, die sich schädlich auf das Vertrauensverhältnis zwischen Geschäftsführer und Mitarbeitern auswirkt. Im Grunde sehen sie, ebenso wie ihre Mitarbeiter, in der Kontrolle einen Ausdruck des Mißtrauens.
- Sie glauben, wenn sie berechtigterweise Vertrauen zu einem Mitarbeiter haben, auf die Kontrolle verzichten zu können.

22 *Heisse,* S. 28.

- In den Augen der Geschäftsführer hat die Kontrolle daher die geringste Priorität gegenüber ihren sonstigen Aufgaben.
- Abgesehen davon sind die Geschäftsführer hinsichtlich der Technik einer planmäßigen Stichprobenkontrolle weitgehend hilflos.

Demgegenüber kann nicht nachdrücklich genug darauf hingewiesen werden, daß Kontrolle mit Vertrauen oder Mißtrauen nicht das Geringste zu tun hat. Bei der Kontrolle handelt es sich vielmehr um eine unverzichtbare Vorgesetztenpflicht, für deren ordnungsgemäße Handhabung der Geschäftsführer beweispflichtig ist.

Hinsichtlich der Technik der Kontrolle ist es notwendig, Anleitungen für das *Wie* der Durchführung zu geben, bis hin zur Erstellung eines Kontrollplans und dessen Handhabung. Es genügt also nicht, wie dies allenthalben geschieht, die Geschäftsführer auf ihre Pflicht zur Kontrolle und die Folgen dieser Pflichtverletzung hinzuweisen.

2. Der Kontrollplan und seine Bedeutung für die Geschäftsführung bei der Durchführung von Stichprobenkontrollen

Bei der Vielfalt von Kontrollpflichten, die die Geschäftsführung hinsichtlich der verschiedenen ihr unterstellten Ressortleiter und sonstiger Mitarbeiter zu erfüllen hat, ist es notwendig, daß sie die einzelnen Kontrollvorgänge systematisch erfaßt. Dazu dient die Aufstellung eines Kontrollplans. Er hat folgende Vorteile:

- Der Kontrollplan ermöglicht der Geschäftsführung, daß sie den zu kontrollierenden Bereich nicht jeweils neu zu durchdenken braucht und überlegen muß, wie sie im Einzelfall am besten vorgeht.
- Die Geschäftsführung schafft sich damit ein Gedankenkapital, das einen hohen Nutzeffekt besitzt und ihr die Ausübung ihrer Kontrollpflichten wesentlich erleichtert.
- Als Basis für die Aufstellung des Kontrollplans zur Überprüfung der *fachlichen Aufgaben* dient die Stellenbeschreibung und die hier enthaltene Zielsetzung für das jeweilige Ressort sowie ergänzende Anweisungen, Richtlinien, Einzelaufträge u. a. m. Je exakter die Aufgaben und Kompetenzen des Mitarbeiters sowie das Ziel der Stelle in der Stellenbeschreibung erfaßt sind, desto wirkungsvoller kann die Kontrolle ausgeübt werden.
- Die Grundlage für die Überprüfung der Führungsaufgaben, also derjenigen Aufgaben, die der Mitarbeiter in seiner Eigenschaft als Vorgesetzter zu erfüllen hat, ist die „Allgemeine Führungsanweisung" bei „Führungsrichtlinie".

- Der Kontrollplan umfaßt – darauf gilt es besonders hinzuweisen – nur diejenigen Aufgaben, die der Geschäftsführer im Ablauf des Betriebsgeschehens aufgrund der Natur der Sache nicht automatisch zu Gesicht bekommt.
- Der Kontrollplan wirkt dem *Kontrollzufall* sowie den *Kontrollhobbies* der Geschäftsführer entgegen.
- Der Kontrollplan trägt entscheidend zur Schärfung des Kontrollbewußtseins der Geschäftsführer bei.

3. Ohne Kontrollplan keine ordnungsgemäße Kontrolle

Der Behauptung, daß sich eine Stichprobenkontrolle nach einem festen Kontrollplan „in der Praxis nicht durchsetzen lassen" würde[23], muß entschieden widersprochen werden. Sie wird durch die Praxis widerlegt.

- Der Geschäftsführer, der den Leiter des Vertriebs oder der Produktion stichprobenmäßig überprüfen will, muß anhand der Stellenbeschreibung, in der dessen Aufgaben und Kompetenzen festgelegt sind, sich über folgendes klar werden:
  - Wo liegen die Schwerpunkte der Kontrolle für den jeweiligen Bereich?
  - Welche Erkenntnisse erhält der Geschäftsführer bereits auf dem Wege über eine ordnungsgemäße Information, so daß sich eine gezielte Stichprobenkontrolle, die im Kontrollplan ihren Niederschlag findet, erübrigt?
  - Welche Fragen sind an den Leiter des Vertriebs oder den Leiter der Produktion zu richten oder welche Maßnahmen sind zum Zwecke der Kontrolle zu treffen, so z. B. Einsichtnahmen in bestimmte Akten, Einblick in die Buchhaltung, Vorlage von Computerausdrucken u. a. m.?
  - Wie oft sollen Stichproben stattfinden, wie groß soll also die Dichte der Kontrolle sein?

  Nur so geht der Geschäftsführer gut vorbereitet in das Kontrollgespräch mit dem Mitarbeiter.
- Fehlt ein Kontrollplan, der dem Geschäftsführer sagt, wie er bei seiner Stichprobenkontrolle vorgehen soll, so geschieht im Rahmen eines Gesprächs mit dem Mitarbeiter vielfach folgendes: Der Geschäftsführer fragt den Mitarbeiter:

---

23 So *Heisse*, S. 88.

„Wie steht es in Ihrem Bereich? Welche besonderen Schwierigkeiten haben Sie augenblicklich? Vielleicht kann ich Ihnen helfen, damit fertigzuwerden?"

Der Mitarbeiter benutzt die Gelegenheit, um den Vorgesetzten in ein Gespräch zu verwickeln und ihn im Einzelfall um seinen Rat zu bitten. Er lenkt ihn damit, insbesondere, wenn die Kontrolle ihm aus bestimmten Gründen besonders unangenehm ist, ab. Binnen kurzem ist die für die Kontrolle vorgesehene Zeit verstrichen.

Wie falsch der Vorgesetzte sich verhalten hat, ersieht er, wenn es in der Niederschrift[24], die der Mitarbeiter auf Wunsch des Vorgesetzten angefertigt und diesem vorgelegt hat, etwa heißt:

„Der Geschäftsführer gab mir Gelegenheit, mich eingehend über die Schwierigkeiten in meinem Bereich zu äußern und erteilte mir Ratschläge, an die ich mich halten werde".

Wenn im Ernstfall der Geschäftsführer den Nachweis erbringen muß, daß er ordnungsgemäß Kontrolle ausgeübt hat, so befindet er sich in einer prekären Situation. Die Niederschrift bescheinigt ihm, daß er Gespräche über die Nöte und Sorgen des Mitarbeiters geführt, aber nicht kontrolliert hat.

- Oft leiten Geschäftsführer das Kontrollgespräch folgendermaßen ein:

  „Bevor wir uns mit dem heutigen Gesprächsthema beschäftigen, möchte ich Ihnen einen Überblick über die Lage geben, in dem sich unser Unternehmen heute befindet und mit welchen Maßnahmen ich mich beschäftigen muß, um dieser Lage gerecht zu werden. Im Hinblick auf die Auswirkungen, die diese Maßnahmen auch für den Vertrieb haben, ist dies für Sie zu wissen wichtig."

  Aus dem Kontrollgespräch mit dem Leiter des Vertriebs wird ein *Informationsgespräch.* Vielfach wird es hinsichtlich seiner Bedeutung so hochgespielt, daß die Kontrolle demgegenüber eine geringfügige Rolle spielt. Um wieder auf die Kontrolle zurückzukommen, erklärt der Vorgesetzte etwa:

  „Ich darf wohl davon ausgehen, daß bei Ihnen alles ordnungsgemäß verläuft. Sie wissen, daß ich absolutes Vertrauen zu Ihnen habe, und mein Kollege auch. Sie haben dies in den vier Jahren, in denen wir zusammenarbeiten, stets gerechtfertigt, so daß die Kontrolle eigentlich nur eine Formalität ist, der ich mich als Vorgesetzter unterziehen muß."

  In der Niederschrift des Mitarbeiters heißt es dann:

  „Der Vorgesetzte hat mich eingehend über die neue Lage des Unternehmens informiert sowie über die Maßnahmen, die er, um sie zu meistern, zu treffen

24 Vgl. dazu S. 160.

> gedenkt. Darüber hinaus hat er mir das absolute Vertrauen der Geschäftsführung ausgesprochen, aufgrund dessen er davon ausgehe, daß bei mir 'alles in Ordnung' sei."

Dabei soll nicht verkannt werden, daß die Informationen des Geschäftsführers mit Rücksicht auf die künftig zu treffenden Maßnahmen auch für den Vertrieb von Bedeutung sind. Aber das rechtfertigt nicht, die Kontrolle über die Vergangenheit zu unterlassen.

Die Erklärung des Vorgesetzten, daß er aufgrund des von seiten der Geschäftsführung in den Mitarbeiter gesetzten Vertrauens davon ausgehe, daß bei ihm alles in Ordnung sei, stellt eine völlige Verkennung des Wesens der Kontrolle dar, die unabhängig von Vertrauen oder Mißtrauen vorgenommen werden muß.

- In beiden angeführten Fällen liegt also eindeutig Kontrollverschulden auf seiten des Geschäftsführers vor.

4. Die Erstellung eines Kontrollplans für die fachlichen Aufgaben

In Dutzenden von Fällen, in denen die Geschäftsführer erklärten, sie kämen mit ihren Stichprobenkontrollen nicht zurecht, hat der Verfasser Kontrollpläne mit ihnen entwickelt und ist dabei folgendermaßen vorgegangen:

- Anhand der jeweiligen Stellenbeschreibung wurde festgestellt, wo die *Schwerpunkte* der Kontrolle, etwa im Bereich Vertrieb oder Produktion liegen. Waren keine Stellenbeschreibungen vorhanden, so war es notwendig, die Aufgaben und die Kompetenzen des Stelleninhabers festzulegen und damit das Soll im fachlichen Bereich zu bestimmen. Die Kontrolle zwingt also zur exakten Festlegung von Aufgaben und Kompetenzen.
- Sodann wurde besprochen, welche Fragen z. B. an den Vertriebsleiter gestellt werden sollten. Dies war verhältnismäßig einfach, da der Geschäftsführer im Umgang mit dem Vertriebsleiter im täglichen Geschäftsablauf wußte, wo es, wie er sagte, bei ihm „hakte".

5. Die Überwachung der Kreativität der den Geschäftsführern unterstellten Ressortleiter

- Völlig neu war den Geschäftsführern vielfach die Einbeziehung der Kreativität ihrer Mitarbeiter in die Kontrolle.
- Hier wurden folgende an den Leiter des Vertriebs etwa zu stellende Fragen erörtert:

- Haben Sie sich mit der Frage beschäftigt, ob die Vertriebsorganisation noch den Markterfordernissen entspricht? Zu welchen Ergebnissen sind Sie gekommen, und welche Konsequenzen beabsichtigen Sie daraus zu ziehen oder haben Sie bereits gezogen?
- Wurden Überlegungen hinsichtlich der Verbesserung des Außendiensts angestellt?
- Sind Sie im Bilde darüber, inwieweit die Vertriebsorganisation noch mit den Vorstellungen der Kunden übereinstimmt?
- Befassen Sie sich mit der Frage, was zur Verbesserung des Gedankenaustauschs mit den Kunden geschehen muß?
- Haben Sie Überlegungen darüber angestellt, wie man das Vertriebsprogramm unter gleichzeitigem Angebot von kostengünstigen Serviceleistungen besonders anziehend machen kann? Zu welchem Resultat sind Sie gekommen?
- Inwieweit sind die Exportmöglichkeiten genutzt worden?

● Hinsichtlich des Bereichs Produktion wurden folgende vom Geschäftsführer an den Bereichsleiter zu stellende Fragen besprochen:
  - Haben Sie Überlegungen darüber angestellt, welche Produkte wir anstelle der in den nächsten drei Jahren auslaufenden Produkte einplanen müßten?
  - Sind Sie über wichtige bevorstehende Neuerungen auf dem Gebiet der Technik informiert? Wie gedenken Sie darauf zu reagieren?
  - Inwieweit nutzen Sie branchenfremde Erfahrungen?
  - Haben Sie sich Gedanken darüber gemacht, in welcher Weise wir das Erscheinungsbild unserer Produkte verbessern könnten, um die Wettbewerbsfähigkeit im Markt zu steigern? Zu welchen Ergebnissen sind Sie gekommen?
  - Was gedenken Sie hinsichtlich der Kundenwünsche in bezug auf eine Änderung bestimmter Produkte zu tun? Inwieweit haben Sie vor, darauf einzugehen? Ist dies mit unserer Kalkulation zu vereinbaren?
  - Was haben Sie unternommen, um unsere Produkte durch Qualität und Form der Aufmachung wirkungsvoll von denen der Konkurrenz auf dem Markt abzuheben?
  - Beschäftigen Sie sich mit der Entwicklung von Nischenprodukten? Zu welchem Resultat sind Sie bisher gelangt?
  - Haben Sie Überlegungen darüber angestellt, welche Produkte, die in der Herstellung unsere Kapitalbasis zu stark beanspruchen, wir eventuell aufgeben sollten?

● Das *Ergebnis der Besprechung* dieser Fragen zur Einbeziehung der Kreativität in die Kontrolle war folgendes:
  - Die Geschäftsführer betrachteten die vorgeschlagenen Fragen für die Kontrolle der Kreativität der Mitarbeiter im Vertrieb wie auch in der Produktion ihrer Unternehmen weitgehend als geeignet. Darüber hinaus wurden im Verlauf des Gesprächs neue Fragen in den Fragenkatalog aufgenommen.
  - Als besonders wichtig wurde der Hinweis betrachtet, daß die Kreativität als wesentliches Element für den Erfolg des Unternehmens *gesteuert,* d. h. in die richtigen Bahnen gelenkt werden muß und man

nicht abwarten kann, daß sie sich von allein, also mehr oder weniger zufällig, ergibt.

Die Geschäftsführung muß also *Solls* für die Kreativität setzen, d. h. angeben, welche ihr besonders dringlich erscheinenden Probleme sie von ihren Mitarbeitern gelöst haben möchte. Das ist bis heute weitgehend nicht der Fall.

- Eine zentrale Rolle spielte bei den Gesprächen mit den Geschäftsführern jeweils die Frage, in welchen Zeitabschnitten Stichprobenkontrollen ausgeübt werden müßten. Dies deshalb, weil vielfach die irrige Ansicht besteht, daß die Geschäftsführer mit Kontrollen überhäuft würden, so daß damit die Wahrnehmung ihrer fachlichen Aufgaben zu kurz kämen.

Dazu wurde auf Folgendes hingewiesen:

- Bei einem Stelleninhaber, der bereits Jahre im Unternehmen erfolgreich gearbeitet hat, würden etwa vierteljährliche Kontrollen genügen. Der Geschäftsführer kennt die Schwächen dieses Mitarbeiters genau und kann seine Kontrollen darauf abstellen.
- Bei einem Stelleninhaber dagegen, der erst kurze Zeit im Unternehmen beschäftigt ist, können monatliche Stichprobenkontrollen zweckmäßig sein, die sich dann, je nach dem Resultat dieser Stichproben, auf zweimonatliche oder vierteljährliche verringern.
- Irrtümlich ist daher die Ansicht, daß der einmal festgelegte Kontrollplan hinsichtlich der Anzahl der Kontrollen unverändert eingehalten werden müßte. Im Gegenteil, er verändert sich ständig. Je nach der Qualifikation des Mitarbeiters verringert sich die Zahl der bei der Abfassung der Kontrolle geplanten festgelegten Stichproben oder sie erhöht sich demgegenüber.

  Erfahrungen mit dem Stelleninhaber während dieser Zeit beeinflussen die Schwerpunkte, z. B.:

  So kann sich herausstellen, daß der Stelleninhaber wichtige Kundenbesuche, die er selbst wahrnehmen müßte, unzulässigerweise an einen seiner Mitarbeiter delegiert hat.

  Oder:

  Der Stelleninhaber kann sich nur schwer von eingefahrenen Bahnen trennen und versäumt es daher, die notwendigen Anpassungen an die veränderten Umstände in seinem Bereich vorzunehmen.

Diesen Erkenntnissen entsprechend müssen die im Kontrollplan festgelegten Schwerpunkte für die Stichproben geändert werden.

Auf diese Weise wurde den Geschäftsführern bei der Erarbeitung des Kontrollplans der für die Praxis der Kontrolle so wichtige Grundsatz verdeutlicht:

> „Vor dem geistigen Auge des Vorgesetzten muß (bei der Wahrnehmung seiner Kontrollpflicht) der Mitarbeiter stehen mit seinen Stärken und Schwächen. Es wird delegiert sachbezogen (ad rem) und kontrolliert auch personenbezogen (ad personam)."

- Bei diesen Gesprächen begegnete man auf seiten der Geschäftsführer immer wieder der Frage:

> „Warum können wir, wenn wir ausgezeichnete Mitarbeiter haben, nicht auf Stichprobenkontrollen verzichten und es mit der Ergebniskontrolle genug sein lassen?"

Die Antwort darauf lautete:

Damit würde der Geschäftsführer ein nicht vertretbares Risiko eingehen und zudem seine Position als *überwachender Unternehmer* aufgeben. Ziel der Stichprobenkontrolle ist es, Fehlentwicklungen rechtzeitig zu erkennen, um ihnen gegensteuern zu können und Fehler so schnell wie möglich abzustellen, um sie für die Zukunft vermeiden zu helfen[25]. Sich allein auf die Ergebniskontrolle stützen zu wollen, bedeutet, auf ein wesentliches Steuerungselement zu verzichten und dabei in Kauf zu nehmen, daß dem Unternehmen dadurch schwerer Schaden entstehen kann.

Nicht zu Unrecht bezeichnet man die Ergebniskontrolle häufig als „Leichenschau".

Dem Geschäftsführer bleibt ein Ermessensspielraum hinsichtlich der Dichte der Stichproben, die er für notwendig erachtet. Dabei muß er sorgfältig prüfen, was in der jeweiligen Situation und aufgrund der Erfahrung mit den betreffenden Mitarbeitern hinsichtlich der Häufigkeit der Stichproben angemessen ist.

Aber auch hierfür muß der Geschäftsführer den Gesellschaftern *nachweisen* können, daß er mit der Sorgfalt eines ordentlichen und gewissenhaften Geschäftsleiters vorgegangen ist. Dies ist insbesondere dann von Wichtigkeit, wenn er wegen angeblichen Kontrollverschuldens in einen Schadensersatzprozeß verwickelt wird.

Welche Folgen die Unterlassung der Stichprobenkontrolle gegenüber einem Mitarbeiter, mit dem die Geschäftsführung jahrelang erfolgreich zusammengearbeitet hat, haben kann, zeigt der folgende die Geschäftsführer stark beeindruckende Fall aus der Praxis:

---

25 Vgl. S. 139 ff.

Beispiel:
Acht Jahre hatte die Geschäftsführung mit dem Leiter des Kreditbereiches zusammengearbeitet, ohne daß sich irgendwelche Beanstandungen hinsichtlich seiner Tätigkeit ergaben. Sie stellte daraufhin die Stichprobenkontrollen ein. Im nächsten Jahr geschah folgendes:

Bei der Vergabe eines Kredits hatte der Leiter des Kreditbereichs grob fahrlässig gegen die Richtlinien verstoßen, woraus der Gesellschaft ein Schaden von DM 600.000 entstand. Sie machte die Geschäftsführung wegen unterlassener Kontrolle regreßpflichtig.

Demgegenüber machte die Geschäftsführung geltend:

Auch wenn sie etwa vierteljährlich Kontrolle ausgeübt hätte, hätte die Vergabe dieses Kredits nicht verhindert werden können. Der entstandene Schaden hinge also nicht ursächlich mit den unterlassenen Stichproben zusammen. –

Diese Auffassung ist irrtümlich. Entscheidend für ihre Haftung ist allein, daß die Geschäftsführung es pflichtwidrig unterlassen hat, überhaupt Stichprobenkontrollen auszuüben.

Im übrigen stellte sich bei einer nachträglich von den Gesellschaftern veranlaßten Überprüfung der Kreditvergabe der letzten drei Jahre zur Überraschung der Geschäftsführung heraus, daß eine Reihe von eindeutigen Verstößen gegen die Richtlinien für die Vergabe von Krediten zu verzeichnen war.

Der Leiter des Kreditbereichs hatte sich, da er keinerlei Kontrollen zu fürchten brauchte, als souveräner Herr in seinem Bereich gefühlt, der so handeln konnte, wie er es im einzelnen für zweckmäßig hielt, ohne dafür Rechenschaft geben zu müssen. Das soll gerade durch das Bewußtsein, daß er einer von der Geschäftsführung exakt gehandhabten Stichrpobenkontrolle unterliegt, verhindert werden.

- Nach Abschluß der Arbeiten zur Entwicklung eines Kontrollplans stellten die Geschäftsführer überrascht fest, daß sich durch diese Systematisierung der Kontrolle die Zahl der Stichproben soweit verringert hatte, daß der dafür erforderliche Zeitaufwand, wie sie selbst zugeben mußten, durchaus zu bewältigen war.

Die vorher immer wieder vorgebrachte Behauptung, daß die Vorgesetzten bei der von ihnen geforderten Kontrollarbeit vor lauter Kontrollieren nicht mehr zur Wahrnehmung ihrer eigenen Fachaufgaben kämen, war dadurch eindeutig widerlegt worden.

Auch das Argument, der Vorgesetzte sollte die auf die Mitarbeiter übertragenen Aufgaben am besten gleich selbst wahrnehmen, wenn er ihre Durchführung so intensiv kontrollieren müßte, wurde fallengelassen. Die Geschäftsführer ließen sich von dem Gegenargument überzeugen:

„Wenn der Geschäftsführer aufgrund der Delegation von der Wahrnehmung bestimmter Aufgaben weitgehend entlastet wird, dann muß er auch die Zeit erübrigen können, um stichprobenmäßig zu kontrollieren, ob in dem delegierten Bereich ordnungsgemäß verfahren wird."

- Im übrigen sind der Geschäftsführung bzw. einem alleinigen Geschäftsführer in der Regel vier bis fünf leitende Mitarbeiter unmittelbar unterstellt. Diese Kontrollspanne ist durchaus angemessen.

  Bei einer Unterstellung von zehn oder gar zwanzig Mitarbeitern unter die Geschäftsführung, die die ordnungsgemäße Kontrolle gefährdet, liegt gewöhnlich Organisationsverschulden vor. In einem solchen Fall muß genauestens überprüft werden, wie es zu dieser Ausdehnung der Unterstellungsverhältnisse gekommen ist und welche Möglichkeiten es gibt, um dies schnellstens zu ändern und zu einer tragbaren Kontrollspanne zu kommen.

  Kontrollverschulden der Geschäftsführung kann nicht durch Organisationsverschulden gerechtfertigt werden.

- Der Verfasser bat im übrigen die Geschäftsführer, ihm später zu berichten, welche Erfahrungen sie bei der Aufstellung und Handhabung eines Kontrollplans in der mit ihnen besprochenen Weise gemacht hätten.

  Die Mehrzahl tat das auch. In ihren Berichten kam übereinstimmend folgendes zum Ausdruck:

  „Wir haben jetzt die Kontrolle zum ersten Mal in den Griff bekommen."

  „Von dem Irrtum, daß wir bei exakter Durchführung von Stichprobenkontrollen zu stark überlastet seien, sind wir geheilt."

6. Die Einschaltung der Ressortleiter bei der Aufstellung des Kontrollplans für die Geschäftsführung

Auch bei einer Begrenzung der Kontrolle auf die Schwerpunkte im Geschäftsbereich des einzelnen Ressortleiters fällt es der Geschäftsführung oft schwer, sich darüber klar zu werden, welche Kontrollmaßnahmen sie anwenden muß, um im Einzelfall eine bestimmte Aufgabe des Ressortleiters ordnungsgemäß kontrollieren zu können.

Sachverständige dafür einschalten zu wollen ist ein oft umständliches und dazu kostspieliges Verfahren. Der beste Sachverständige ist der jeweils zu kontrollierende Ressortleiter selbst. Er weiß in der Regel am ehesten, wo die kritischen Punkte in seiner Aufgabenstellung liegen und welche Fehlerquellen sich ergeben können. Es ist deshalb bei der Erstellung des Kontrollplans zweckmäßigerweise beratend einzuschalten.

Der diesem Verfahren gegenüber oft vorgebrachte Einwand, der Ressortleiter mache möglicherweise falsche Angaben, um eine wirksame Kontrolle über seinen Tätigkeitsbereich zu verhindern, ist aus folgenden Gründen nicht stichhaltig:

- Der Ressortleiter weiß, daß er bei seiner Beratung gegenüber der Geschäftsführung zur gleichen Sorgfalt verpflichtet ist wie bei den Entscheidungen, die er als Ressortleiter trifft.
- Er sitzt mit den übrigen Mitgliedern der Geschäftsführung darüber hinaus im gleichen Boot. Er muß daher größtes Interesse daran haben, daß auch sein Kollege als Ressortleiter keine falschen Angaben macht, die die ordnungsgemäße Kontrolle gefährden, und sich dementsprechend selbst verhalten.
- Wird aufgrund einer fehlerhaften Kontrolle und des dadurch entstandenen Schadens die Geschäftsführung zur Rechenschaft gezogen, so haftet der Ressortleiter wegen fehlerhafter Beratung, die Geschäftsführerkollegen haften wegen nicht ordnungsmäßiger Kontrolle.

Im Endergebnis wird bei dem Ausgleich gemäß § 254 BGB der beratende Ressortleiter, der ja ebenfalls Mitglied der Geschäftsführung ist, die Hauptlast der Ersatzpflicht zu tragen haben.

7. Die Erfassung der Kontrollergebnisse in der Kontrollakte

Der beste Kontrollplan besagt noch nicht, daß die Kontrolle auch wirklich stattgefunden hat und mit welchem Ergebnis. Darüber gibt die Kontrollakte Auskunft, die für jeden Mitarbeiter zu führen ist. In ihr finden die Ergebnisse der Kontrolle ihren Niederschlag. Dabei ist folgendes zu beachten:

- Es empfiehlt sich, von wichtigen Kontrollgesprächen eine *Niederschrift* anzufertigen. Sie dient einem *doppelten Zweck:*
  - Sie liefert den *Beweis* dafür, daß Kontrolle stattgefunden hat und mit welchem Ergebnis.
  - Sie *informiert* den Geschäftsführer über den Stand seiner Kontrollen, des weiteren über die Konsequenzen, die gezogen wurden, und die Aufträge, die er dem Mitarbeiter erteilt hat. Auf diese Weise ist er darüber orientiert, wo er das nächste Mal anknüpfen muß.

  Die Niederschrift kann

  - der Vorgesetzte selbst anfertigen. In diesem Fall muß er sie dem Mitarbeiter zur Kenntnisnahme und Gegenzeichnung vorlegen.
  - Der Vorgesetzte kann auch den Mitarbeiter damit beauftragen, das Kontrollergebnis in einer Niederschrift festzuhalten. Dies hat sich

bewährt. Dem Mitarbeiter wird bei der Abfassung der Niederschrift nochmals bewußt, woran der Vorgesetzte Kritik geübt hat. In diesem Fall wird die Niederschrift dem Vorgesetzten vorgelegt, der zu überprüfen hat, ob sie den Inhalt des Gespräches richtig wiedergibt. Können sich Vorgesetzter und Mitarbeiter über die Formulierung nicht einigen, so muß der strittige Punkt nochmals aufgegriffen werden. Das neue Ergebnis wird dann in der Niederschrift festgelegt.

- Hat sich die Kontrolle mehr oder weniger in Frage und Antwort, also einem kurzen Dialog, abgespielt oder ist sie durch Einsichtnahme vor Ort oder die Vorlage von Akten und sonstigen schriftlichen Unterlagen erfolgt, so genügt oft eine kurzgefaßte Eintragung des Vorgesetzten in die Kontrollakte des Mitarbeiters.

Da der Mitarbeiter jederzeit Einblick in seine Kontrollakte nehmen kann, ohne daß es dazu der Zustimmung des Vorgesetzten bedarf, ist gewährleistet, daß keine Eintragungen erfolgen können, die dem Mitarbeiter nicht bekannt sind.

Im einzelnen ist dabei folgendes zu beachten:

- Langatmige Ausführungen sind zu vermeiden. Es genügt z. B. eine Eintragung wie:

  „Die Einhaltung des Limits sowie der Richtlinien für den Einkauf wurde in vier Fällen überprüft und in Ordnung befunden."

  Oder:

  „Die Richtlinien für die Vergabe von Krediten wurden bei der Überprüfung von fünf Kreditgewährungen eingehalten."

- Führt die Kontrolle zu Beanstandungen, so sind diese zu vermerken, so z. B.:

  „Vor der Einstellung des Abteilungsleiters Arnold ist es versäumt worden, eingehende Auskünfte bei seinem bisherigen Arbeitgeber einzuholen."

- Nicht nur negative, sondern auch positive Ergebnisse sind festzuhalten, wie etwa:

  „Der Geschäftsführer sprach seine Anerkennung für die Maßnahmen zur Verbesserung des Gedankenaustauschs mit den Kunden aus."

- Aufträge oder Anweisungen, die sich während des Kontrollgesprächs ergeben, werden ebenfalls vermerkt. Sie bilden die Anknüpfungspunkte für die nächste Kontrolle und sind zugleich eine wichtige Gedächtnisstütze für den Geschäftsführer. Es kann dann nicht mehr der Fall eintreten, daß der Mitarbeiter auf die Frage, welchen Auftrag er beim letzten Kontrollgespräch erhalten habe, entgegnet:

„Ich kann mich nicht erinnern, daß mir ein Auftrag erteilt worden ist", obwohl dies keineswegs der Wahrheit entspricht.

- Ist der Mitarbeiter mit den Eintragungen des kontrollierenden Geschäftsführers nicht einverstanden oder erkennt er die aus dem Kontrollergebnis gezogenen Konsequenzen nicht an, so ist er berechtigt, zu verlangen, daß sein Einspruch in der Kontrollakte vermerkt wird.

- Kontrollen von minderer Wichtigkeit werden in der Regel in der Kontrollakte nicht vermerkt. Eine Eintragung ist nur dann erforderlich, wenn sie als Anhaltspunkt für weitere Maßnahmen oder als Faktor für die spätere Gesamtbeurteilung von Bedeutung ist oder etwa aus Haftungsgründen eine besondere Beweismöglichkeit für die durchgeführten Kontrollen wünschenswert erscheint.
- Im einzelnen zur Führung der Kontrollakte noch folgendes:
  - Die Niederschriften und Vermerke dienen der *Versachlichung* des Kontrollvorgangs. Im einzelnen können sich der Vorgesetzte sowie der Mitarbeiter auf die Eintragung berufen.
  - Die Kontrollakte ist nicht Bestandteil der Personalakte, jedoch können sich aus der Kontrolle Eintragungen in die Personalakte ergeben, wie z. B. dann, wenn das Kontrollergebnis zu einem Verweis, einer Verwarnung oder anderen Disziplinarmaßnahmen führt.

Zu beachten:
Ein Geschäftsführer, der den Kontrollplan in Verbindung mit einer Kontrollakte als überflüssig und bürokratische Maßnahmen ablehnt, sollte, abgesehen von der wirtschaftlichen Bedeutung, bei einer exakt vorgenommenen Kontrolle immer daran denken, daß es ihm auf diese Weise ermöglicht wird, den Nachweis über die Erfüllung seiner Kontrollpflicht, insbesondere im Prozeß, zu führen[26]. Er bleibt dann von einer persönlichen Haftung bewahrt, wenn durch Fehlverhalten oder fehlerhafte Leistungen eines Mitarbeiters Schaden für die Gesellschaft entstanden ist und er dafür in Anspruch genommen wird.

26 Zustimmend *Heisse,* S. 88.

VII. Die Kontrolle der Geschäftsführung über die Ressortleiter als Vorgesetzte

Dazu gehören folgende Kontrollmaßnahmen:

1. Die Kontrolle über die Qualifikation der dem Ressortleiter nachgeordneten Mitarbeiter

Kein Vorgesetzter sieht es gern – das zeigt die Erfahrung –, wenn Kontrolle darüber ausgeübt wird, ob er die richtigen Mitarbeiter hat. Das gilt auch im Verhältnis des Ressortleiters zur Geschäftsführung. Immer wieder kann man etwa folgendes hören:

> „Es sind meine Leute. Sie gehen die Geschäftsführung nichts an. Ich kümmere mich ja auch nicht um die Mitarbeiter meiner Kollegen. Schließlich bin ich doch für alles verantwortlich, was in meinem Bereich geschieht. Ich werde schon im eigenen Interesse dafür sorgen, daß die mir unterstellten Mitarbeiter qualifiziert sind."

Hier liegt ein grundlegender Irrtum vor.

Unterläßt die Geschäftsführung diese Kontrolle, so verhält sie sich pflichtwidrig und hat die sich daraus ergebenden Konsequenzen in Kauf zu nehmen.

Beispiel:
Dem Ressortleiter war seit längerer Zeit aufgefallen, daß sein Prokurist, dem das Finanz- und Rechnungswesen unterstand, nicht mehr den Anforderungen entsprach. Zwei schwerwiegende Fehlentscheidungen konnten in letzter Minute noch verhindert werden. Der Ressortleiter unterließ die notwendige Information an die Geschäftsführung, weil die Pensionierung des Prokuristen kurz bevorstand und zu befürchten war, daß er eine Beurlaubung gesundheitlich nicht verkraften würde. Der Ressortleiter traf daher eine Vereinbarung mit dem Prokuristen, daß dieser alle wichtigen Entscheidungen vorher mit ihm besprechen würde. Dieser hielt sich jedoch nicht an die Vereinbarung. So kam es zu einer Entscheidung, die der Gesellschaft einen Schaden von DM 500 000,– einbrachte.
Bei Klärung des Falls stellte sich heraus, daß die Geschäftsführung niemals ein Gespräch mit dem Ressortleiter hinsichtlich der Qualifikation der ihm unterstellten Mitarbeiter geführt hatte, weil sie ihm völlig vertraute und der Ansicht war, er würde dies als einen Beweis des Mißtrauens betrachten.
Die rechtlichen Folgen sind eindeutig. Der Ressortleiter hat mit der Unterlassung der Information der Geschäftsführung pflichtwidrig gehandelt. Sein Motiv ist zwar menschlich verständlich, sachlich jedoch nicht gerechtfertigt.
Die Geschäftsführung hat sich durch Unterlassung jeglicher Art von Kontrolle des Ressortleiters hinsichtlich der Qualifikation der ihm unterstellten Mitarbeiter ebenfalls pflichtwidrig verhalten. Ihr Verhalten war zugleich mitursächlich für den Schaden.

Geschäftsführung, Ressortleiter und Prokurist haften gesamtschuldnerisch (§ 43 Abs. 2 GmbHG, §§ 421, 426 BGB).

Bei einer Gesellschaft mittlerer Größe macht die Kontrolle darüber, ob ein Ressortleiter die richtigen Mitarbeiter hat, gewöhnlich wenig Schwierigkeiten. Aus Gesprächen mit dem Ressortleiter und vielfach auch aufgrund der Zusammenarbeit mit dessen Mitarbeitern, etwa bei Sitzungen, zu denen diese hinzugezogen werden, kann sich die Geschäftsführung ein Bild darüber machen, ob die Mitarbeiter die erforderliche Qualifikation aufweisen.

Anders ist die Situation in größeren Gesellschaften, bei denen einem Ressortleiter eine Reihe von Abteilungsleitern unterstehen, die die einzelnen Mitglieder der Geschäftsführung in ihrer Tätigkeit nicht mehr kennen. Hier ergeben sich folgende *Kontrollmöglichkeiten:*

- Arbeitet die Geschäftsführung mit regelmäßigen Beurteilungen, dann braucht sie sich nur die Beurteilungen der betreffenden Mitarbeiter vorlegen zu lassen.
- Gibt es ein solche Beurteilungssystem nicht, dann muß sich die Geschäftsführung mit dem Ressortleiter über seine Mitarbeiter unterhalten und dabei gezielte Fragen hinsichtlich der Erfüllung ihrer Aufgaben als Mitarbeiter und als Vorgesetzte[27] stellen.
- Gewinnt die Geschäftsführung kein klares Bild, so kann sie sich einzelne Arbeiten des Mitarbeiters vorlegen lassen, um selbst einen Eindruck von dessen Leistungen zu erhalten.
- Darüber hinaus bleibt der Geschäftsführung als letzte Möglichkeit das unmittelbare Gespräch mit den dem Ressortleiter unterstellten Kräften. Zu diesem Vorgehen sollte die Geschäftsführung jedoch nur greifen, wenn alle anderen Kontrollmöglichkeiten sich als unzureichend erwiesen haben. Allzuleicht wird durch solche Gespräche die Autorität des Ressortleiters als Vorgesetzten gefährdet und in den Mitarbeitern das Gefühl erweckt, man wolle sie über ihren eigenen Vorgesetzten aushorchen, weil man ihm aus irgendwelchen Gründen nicht traue. Die Geschäftsführung muß daher bei solchen Gesprächen besonders sorgfältig vorgehen und alles vermeiden, was das Ansehen des Ressortleiters in den Augen seiner Mitarbeiter herabsetzen könnte.

Zu beachten:
Im übrigen hat sich folgendes Verfahren bewährt, um ein Bild über die Qualifikation der dem Ressortleiter unmittelbar unterstehenden Mitarbeiter zu gewinnen:

---

27 Vgl. dazu *Höhn*, Führungsbrevier der Wirtschaft, S. 13 ff., 16 ff.

In Abständen von etwa einem Vierteljahr werden die Mitarbeiter der verschiedenen Ressorts zu einer Aussprache mit der Geschäftsführung eingeladen, bei der einige Kurzreferate von diesen über besonders interessante Fragen aus ihrem Bereich gehalten werden. Anschließend findet eine eingehende Diskussion mit den Geschäftsführern und den übrigen Teilnehmern statt, in der der jeweilige Referent Rede und Antwort stehen muß. Dies in völlig gelockerter Form.

2. Die Kontrolle über die Achtung der Selbständigkeit seiner Mitarbeiter durch den Ressortleiter

Sie gehört zu den bedeutsamsten Kontrollpflichten der Geschäftsführung. Ständige Eingriffe des Ressortleiters in den Bereich seiner Mitarbeiter führen zur Unzufriedenheit am Arbeitsplatz und bei guten Mitarbeitern vielfach zur Kündigung. Wo dies aus welchen Gründen auch immer nicht möglich ist, gehen die Mitarbeiter zur inneren Kündigung über, die sich auf die Dauer noch viel gefährlicher für die Gesellschaft auswirkt[28].

Tatsächlich wird die Kontrolle der Geschäftsführung darüber, ob ein Ressortleiter seine Mitarbeiter selbständig handeln und entscheiden läßt, weitgehend unterlassen. Die Gründe dafür liegen in folgendem:

- Die Mitglieder der Geschäftsführung wissen häufig gar nicht, daß sie zu dieser Kontrolle verpflichtet sind. Sie erklären vielfach offen:

  „Wie mein Kollege mit seinen Mitarbeitern umgeht, muß doch ihm überlassen bleiben."

- Die Mitglieder der Geschäftsführung scheuen sich vor der Kontrolle, weil sie glauben, damit ihrem Kollegen zu nahe zu treten und das gute Verhältnis zu stören.

Sie gehen davon aus, daß der Ressortkollege sie auch mit seiner Kontrolle verschonen wird, wenn sie ihm gegenüber auf Kontrolle verzichten. Unter diesem Blickpunkt liegt die Nichtausübung der Kontrolle in beiderseitigem Interesse, wenn auch nicht im Interesse der Gesellschaft.

- Die Mitglieder der Geschäftsführung sind zu bequem. Typisch ist die Äußerung:

  „Ich habe schon genug mit den Mitarbeitern meines eigenen Ressorts zu tun. Ich kann mich nicht auch noch darum kümmern, wie mein Kollege mit seinen Mitarbeitern fertig wird."

28 *Höhn*, Die innere Kündigung im Unternehmen, S. 20 ff.

Der Schaden, der durch Unterlassung der Kontrolle angerichtet wird, ist oft beträchtlich.

> *Beispiel:*
> Im Laufe von zehn Jahren hatten acht gute Mitarbeiter im Bereich des Ressortleiters Vertrieb das Unternehmen verlassen, weil der Ressortleiter ständig in ihren Bereich eingriff und da entschied, wo sie hätten entscheiden müssen. Er hatte sie als reine „Zuarbeiter" betrachtet. Die Geschäftsführung hatte diese Kündigungen hingenommen, ohne sich um die Ursachen zu kümmern. Wenn man die Kosten für die Neubesetzung einer Stelle mit mindestens 100 000,– DM veranschlagt, war damit der Gesellschaft ein Schaden von ca. 800 000,– DM entstanden. –
> Verantwortlich dafür war zunächst der Ressortleiter, der pflichtwidrig in die Bereiche seiner Mitarbeiter eingegriffen hatte. Verantwortlich waren aber auch die Mitglieder der Geschäftsführung, die keine Kontrolle darüber ausgeübt hatten, ob der Ressortleiter seinen Vorgesetztenpflichten genügte. Geschäftsführung wie Ressortleiter haften als Gesamtschuldner für den enstandenen Schaden (§ 43 II).

Es ist nicht immer einfach, wirkungsvoll zu kontrollieren, ob der Ressortleiter seine Mitarbeiter selbständig handeln und entscheiden läßt, insbesondere dann, wenn der Ressortleiter versichert, daß er seiner Vorgesetztenpflicht in dieser Hinsicht genügt. Damit darf sich eine Geschäftsführung jedoch nicht zufriedengeben. Sie muß vielmehr der Sache auf den Grund gehen:

- Das kann z. B. in der Form geschehen, daß sie mit dem Ressortleiter bei passender Gelegenheit in der geeigneten Form darüber spricht, wie bestimmte Entscheidungen in seinem Bereich zustande gekommen sind. Dies kann ihr wichtige Ansatzpunkte für die Beurteilung der Selbständigkeit der Mitarbeiter im Bereich des Ressortleiters geben.

  > *Beispiel:*
  > Bei der Überprüfung eines Kundenkredits in Höhe von DM 150 000,– DM sah die Geschäftsführung, daß der Ressortleiter und nicht der zuständige Prokurist unterzeichnet hatte, der eine Kompetenz bis DM 200 000,– besaß. Bei der Klärung des Falles stellte sich folgendes heraus: Über Kredite über 100 000,– DM entschied der Ressortleiter selbst, die Entscheidung über Kredite ab 20 000,– DM ließ er sich, bevor sie herausging, vorlegen. Er glaubte damit, seiner Sorgfaltspflicht in besonderem Maße gerecht zu werden. –
  > Die Geschäftsführung hatte ihn über folgendes zu belehren: Mit seinem Verfahren durchkreuze er die Absicht der Geschäftsführung, in dem Prokuristen einen selbständig handelnden und entscheidenden Mitarbeiter zu besitzen. Anstatt durch gezielte Stichproben sich zu überzeugen, ob der Prokurist bei der Gewährung von Kundenkrediten ordnungsgemäß verfuhr, gehe der Ressortleiter, indem er sich die Kundenkredite ab DM 20 000,– vorlegen ließ, zur Totalkontrolle und, indem er über Kreditwünsche ab DM 100 000,– selbst entschied, zur Rücknahme der dem Prokuristen übertragenen Verantwortung über. Oder wolle der Ressortleiter damit zum Ausdruck bringen,

daß der Prokurist nicht die Qualifikation besitze, über derartige Kredite zu entscheiden? Dann hätte er darüber die Geschäftsleitung informieren müssen.

- Die Geschäftsführung bzw. die Gesellschafter sollten anordnen, daß sich der Personalleiter oder ein Mitglied der Geschäftsführung mit jedem Mitarbeiter, der gekündigt hat, an dem Tag, an dem er ausscheidet, eingehend über die Gründe seines Ausscheidens unterhält und darüber zu berichten hat. Dies führt oft zu überraschenden Erkenntnissen.

  Beispiel:
  In dem Gespräch mit dem ausgeschiedenen Hauptabteilungsleiter erfuhr der Personalleiter, daß sein Vorgesetzter, der Ressortleiter, alle Entscheidungen, die der Hauptabteilungsleiter im Bereich der Filialen zu treffen hatte, eingehend mit ihm zu erörtern pflegte und dann in liebenswürdiger Form erklärte: „Ich glaube, wir sind uns darüber einig, so zu verfahren, wie ich Ihnen vorschlug." Der Hauptabteilungsleiter fuhr fort:
  „Es blieb mir nichts anderes übrig, als seinem Vorschlag jeweils zu folgen. Als ich in einem Fall davon abwich, hatte dies eine spürbare Trübung unseres Verhältnisses zur Folge. Dieser Zustand war auf die Dauer für mich nicht mehr zu ertragen."
  Der Ressortleiter, mit dem sich der Personalleiter anschließend unterhielt, erklärte: „Der Hauptabteilungsleiter hat mich schwer enttäuscht. Um keinen Mitarbeiter habe ich mich so gekümmert wie um ihn. Und nun verläßt er mich." Der Personalleiter konnte nur darauf antworten: „Gerade deshalb hat er gekündigt."

- Auch ein Gespräch mit dem Betriebsrat, der vielfach über die Gründe des Ausscheidens der Mitarbeiter auf nachgeordneten Ebenen genau informiert ist, kann zweckdienlich sein.

3. Die Kontrolle über die Inanspruchnahme der Beratung durch seine Mitarbeiter

Ebenso wie die Geschäftsführung verpflichtet ist, sich von den Ressortleitern beraten zu lassen[29], haben diese die Pflicht, ihre Mitarbeiter – also die Hauptabteilungsleiter bzw. Abteilungsleiter – zur Beratung heranzuziehen und deren Wissen und Erfahrungen für ihre Entscheidungen nutzbar zu machen[30]. Die Beratung durch den Mitarbeiter ist eine wesentliche Voraussetzung dafür, daß der Ressortleiter seine Entscheidung mit der Sorgfalt eines ordentlichen und gewissenhaften Geschäftsleiters (§ 43 I) treffen kann. Es ist also nicht in das Belieben des Ressortleiters gestellt, inwieweit er diese Beratung in Anspruch nehmen will oder nicht.

29 Vgl. S. 116 f.
30 Im selben Sinn *Gaul* in GmbH-Handbuch IV Anm. 464.

Der Ressortleiter muß sich darüber klar sein, daß er im Rahmen eines kooperativen Führungsstils verpflichtet ist,

- alle Fälle, deren Entscheidung über die Kompetenzen seines Mitarbeiters hinausgehen (außergewöhnliche Fälle auf seiten des Mitarbeiters), mit diesem zu erörtern und seinen Rat einzuholen, bevor er entscheidet. Dabei muß er seinen Mitarbeitern Gelegenheit geben, ihre Ansichten ohne jede Beeinflussung zu äußern;
- alle Sachverhalte, deren Entscheidung zwar zu seinem Aufgabenbereich gehört, die sich aber durch ihre Bedeutung auf die Aufgabenbereiche der Mitarbeiter und deren Arbeitsweise auswirken, vor seiner Entscheidung mit den Mitarbeitern zu erörtern und dabei ihren Rat in Anspruch zu nehmen (außergewöhnliche Fälle auf seiten des Vorgesetzten).

Aufgabe des Ressortleiter ist es, durch sein Verhalten den Mitarbeitern die Erfüllung ihrer Beratungspflicht zu erleichtern.

Tatsächlich geschieht jedoch oft das Gegenteil. Das den Erfolg einer Beratung in Frage stellende Verhalten des Ressortleiters besteht gewöhnlich in folgendem:

- Statt den Mitarbeiter anzuhören und ihm Gelgenheit zu geben, seine Vorstellungen vorzutragen, konfrontiert der Ressortleiter den Mitarbeiter von vornherein mit seiner eigenen Meinung. Typisch ist der Ausspruch:

  > „Es wird Sie sicher interessieren, zunächst einmal meine Ansicht zu erfahren."

  Er läuft damit Gefahr, daß der Mitarbeiter sich der Meinung seines Vorgesetzten ohne weiteres anschließt und seine eigenen Vorschläge gar nicht erst vorträgt, weil er es für aussichtslos hält, gegen die bereits vorgefaßte Meinung seines Chefs anzugehen.
- Der Ressortleiter läßt den Mitarbeiter nicht ausreden, sondern unterbricht ihn ständig mit seinen Gegenargumenten.

  Auf diese Weise wird dem Mitarbeiter die Möglichkeit genommen, seine Vorstellungen konzentriert und im Zusammenhang darzustellen. Er wird dadurch verwirrt und gibt häufig vorzeitig auf.
- Der Ressortleiter bewertet während des Vortrags seines Mitarbeiters dessen Gedankengänge mit Ausrufen wie „Gut" oder „Ausgezeichnet" bzw. umgekehrt mit „Unmöglich" oder „Wie kommen Sie überhaupt zu einem solch abwegigen Gedanken kommen?" Statt daß der Vorgesetzte seinen Mitarbeiter als Hefer bei seiner Entscheidungsfindung betrachtet, drängt er ihn in eine Verteidigungsposition.

- Der Ressortleiter trägt es dem Mitarbeiter nach, wenn er Auffassungen äußert, die mit seinen eigenen Vorstellungen nicht übereinstimmen. Er ist darüber gekränkt und läßt es ihn auch fühlen. Es ist nicht verwunderlich, daß der Mitarbeiter sich künftig nicht mehr solchen Gefahren aussetzen will, sondern nur noch das sagt, was der Vorgesetzte gern hören möchte.
- Der Ressortleiter will gar nicht die echte Meinung seines Mitarbeiters hören, sondern lediglich die eigene Auffassung bestätigt finden. Deshalb steht er jeder seiner Auffassung nach in der Beratung indirekt zum Ausdruck kommenden Kritik von seiten seines Mitarbeiters ablehnend gegenüber. Typisch dafür ist die Äußerung:

  „Ich habe Sie nicht um Ihre Kritik, sondern um Ihre Meinung gebeten!"

  Ein Ressortleiter, der sich so verhält, verstößt damit gegen den Sinn und Geist einer Führung mit Delegation von Verantwortung und verletzt dadurch seine Vorgesetztenpflichten gröblich. Seine Aufgabe ist es, die Mitarbeiter zur Beratung zu ermuntern und ihnen bewußt werden zu lassen, daß ihm an ihrer ehrlichen Meinung gelegen ist, auch wenn sie konträr zu seiner eigenen steht.
- Aber nicht nur für den Vorgesetzten, auch für den Mitarbeiter ist die Beratung von großer Bedeutung:

  Gewinnen die Mitarbeiter den Eindruck, daß ihre Beratung im Grunde unerwünscht ist und der Ressortleiter sie nur ungern in den Entscheidungsprozeß einschaltet, so verlieren sie naturgemäß die Lust an der Beratung und halten sich zurück. Engagierte Beratung kann immer nur in dem Bewußtsein erfolgen, daß sie von seiten des Vorgesetzten gewünscht, von ihm ernst genommen und als ein wesentlicher Beitrag zu seiner Entscheidungsfindung betrachtet wird. Demotiviert der Vorgesetzte durch sein Verhalten die Mitarbeiter, so legt er die Initiativkräfte in seinem Bereich lahm und handelt den Interessen der Gesellschaft zuwider.
- Die Geschäftsführung muß deshalb die Kontrolle darüber, ob sich die Ressortleiter gegenüber ihren Mitarbeitern hinsichtlich der Inanspruchnahme ihrer Beratung richtig verhalten, ernst nehmen. Sie handelt pflichtwidrig, wenn sie die Kontrolle nachlässig handhabt oder gänzlich unterläßt.

  Diese Kontrolle läßt sich relativ einfach durchführen. Die Geschäftsführung braucht nur bei einer Entscheidung des Ressortleiters, die den Bereich eines der ihm unterstellten Mitarbeiter berührt, die Frage an den Ressortleiter zu richten, welche Stellungnahme in diesem Fall von seiten des Mitarbeiters vorliegt und welche Argumente er bei der Diskussion der verschiedenen Möglichkeiten beigesteuert hat.

4. Die Kontrolle der Information der Mitarbeiter durch den Ressortleiter

Während der Informationsfluß zwischen Geschäftsführung und Ressortleiter weitgehend dadurch gesichert ist, daß die Ressortleiter als Mitglieder der Geschäftsführung über vieles automatisch informiert sind, was für ihre Ressorttätigkeit von Bedeutung ist, läßt die Information gegenüber der nächsten Stufe viel zu wünschen übrig. Pflicht der Geschäftsführung ist es daher, Kontrolle darüber auszuüben, ob die Ressortleiter ihre Informationspflichten gegenüber den ihnen unterstellten Mitarbeitern ordnungsgemäß erfüllen. Als *Anhaltspunkte* für diese Kontrolle können folgende Fragen dienen:

- Besitzt der Ressortleiter einen Informationskatalog, in dem beispielhaft festgehalten ist, was zu den informationspflichtigen Sachverhalten gehört?
- Finden regelmäßig Informationsbesprechungen statt, und wird darüber Protokoll geführt?
- Welche Informationen sind den Mitarbeitern auf schriftlichem Wege zugegangen?

Darüber hinaus läßt sich durch gelegentliche Gespräche mit den Mitarbeitern des Ressortleiters feststellen, ob ihr Informationsstand den Erfordernissen entspricht. Besonders eignen sich dazu die bereits empfohlenen turnusmäßigen zwanglosen gemeinsamen Besprechungen mit den Ressortleitern und den diesen unmittelbar unterstehenden Mitarbeitern.

5. Die Kontrolle der Erfüllung der Kontrollpflicht des Ressortleiters

Die Kontrolle der Geschäftsführung darüber, ob der Ressortleiter seiner Kontrollpflicht gegenüber seinen Mitarbeitern genügt, wird vielfach nicht oder nur sehr nachlässig vorgenommen, obwohl sich daraus schwerwiegende Konsequenzen für die Verantwortung und die persönliche Haftung der Geschäftsführung ergeben.

Beispiel:
Trifft der Hauptabteilungsleiter im Ressort Technik einer GmbH eine fehlerhafte Entscheidung, so haftet neben diesem, der die Handlungsverantwortung trägt, der Ressortleiter, dem der Hauptabteilungsleiter untersteht, wenn er nicht den Nachweis führen kann, daß er seiner Kontrollpflicht genügt hat. Es haften jedoch auch die Mitglieder der Geschäftsführung, wenn sie ihrerseits nicht nachweisen können, daß sie Stichprobenkontrollen darüber ausgeübt

haben, ob der Ressortleiter als Vorgesetzter seiner Kontrollpflicht in Form von Stichproben ordnungsgemäß nachgekommen ist. Beide haften als Gesamtschuldner.

6. Die Kontrolle der Förderung der Mitarbeiter

Schließlich ist es die Pflicht der Geschäftsführung, zu kontrollieren, ob und inwieweit der Ressortleiter die ihm unterstellten Mitarbeiter in ihrer Weiterentwicklung als Voraussetzung für ihren beruflichen Aufstieg im Unternehmen fördern. Dazu wird auf den Abschnitt „Die Förderung der Mitarbeiter"[31] verwiesen, in dem die Pflichten des Vorgesetzten zur Förderung der Mitarbeiter dargestellt sind, aus denen sich die dementsprechende Kontrolle ergibt.

VIII. Die Ergebniskontrolle und ihre Technik – Gesamtbeurteilung des Mitarbeiters

Mit Hilfe der Stichprobenkontrolle sucht der Vorgesetzte, wie bereits gesagt[32], zu ermitteln, ob sich der Mitarbeiter im Einzelfall fachlich und führungsmäßig richtig verhält. Bei der Erfolgskontrolle zieht der Vorgesetzte aus der gesamten Tätigkeit des Mitarbeiters in fachlicher wie führungsmäßiger Hinsicht innerhalb eines längeren Zeitabschnitts *Bilanz* und prüft, ob das erzielte Ergebnis den Vorgaben entspricht.

Dies ist die Grundlage für die Beurteilung des Mitarbeiters. Im einzelnen dazu folgendes:

- Der Mitarbeiter hat ein *Recht* darauf, daß der Erfolg seiner Tätigkeit in einem bestimmten Zeitraum festgestellt und er auf fehlerhafte Handlungen und Unterlassungen von seinem Vorgesetzten aufmerksam gemacht wird. Ebenso hat er ein Recht auf die Anerkennung seiner Leistung, die sich aus der Erfolgskontrolle ergibt.
- Die anhand von Zahlen, Daten und Fakten vorgenommene Erfolgskontrolle tritt an die Stelle des allgemeinen subjektiven Eindrucks des Vorgesetzten von der Leistung des Mitarbeiters in einem bestimmten Zeitabschnitt.
- Die *Beurteilung* des Mitarbeiters wird auf diese Weise *versachlicht.* Dies liegt sowohl im Interesse des Unternehmens wie im Interesse jedes einzelnen Mitarbeiters.

31 Vgl. S. 134 ff.
32 Vgl. S. 139 ff.

Für die Ergebniskontrolle und Gesamtbeurteilung der Leistung des Mitarbeiters im fachlichen Bereich liegen genügend betriebswirtschaftliche Methoden und Verfahrensweisen vor, die bereits weitgehend in der betrieblichen Praxis Anwendung finden. Auf ihre Behandlung kann daher verzichtet werden. Für die Ergebniskontrolle im Führungsbereich gilt das Gegenteil. Sie ist bisher in der Betriebswirtschaft fast völlig unberücksichtigt geblieben. Auch in den Unternehmen ist das Defizit groß. Die folgenden Ausführungen konzentrieren sich daher auf das Vorgehen bei der Ergebniskontrolle des frühungsmäßigen Verhaltens von Vorgesetzten und Mitarbeitern.

1. Kriterien für die Beurteilung des Stelleninhabers in seiner Eigenschaft als Mitarbeiter

Folgende Faktoren spielen bei der Ergebniskontrolle des Verhaltens eines Mitarbeiters bei Delegation von Verantwortung eine besondere Rolle:

- Hat sich der Mitarbeiter bei der Wahrnehmung seiner fachlichen Aufgaben im Rahmen der Zielsetzung seiner Stelle sowie der ihm gesetzten Einzelziele (Solls) und Richtlinien verhalten[33]?
- Identifiziert er sich mit den Zielen und Aufgaben des Unternehmens, oder betrachtet er die Firma lediglich als eine Möglichkeit, auf bequeme Weise seinen Lebensunterhalt zu verdienen?
- Hat er sich als selbständig handelnde und entscheidende Persönlichkeit gezeigt, oder hat er ständig versucht, rückzudelegieren oder weiterzudelegieren, um sich der ihm übertragenen Verantwortung entziehen zu können[34]?
- Hat er im Rahmen seiner Kompetenzen sinnvolle und zweckmäßige Entscheidungen getroffen[35]?
- Hat er sich darum bemüht, seinen Delegatgionsbereich zu intensivieren? Welche Vorschläge hat er zur Verbesserung des Arbeitsablaufs oder zum Einsatz neuer Arbeitsmittel gemacht[36]?
- Welche neuen Ideen hat er über seinen eigenen Bereich hinaus im Kontrollzeitraum entwickelt, die sich für das Unternehmen als brauchbar erwiesen haben[37]?
- Hat er seinen Vorgesetzten verantwortungsbewußt beraten, oder hat er versucht, seiner Beratungspflicht und der damit verbundenen Verantwortung weitgehend auszuweichen[38]?

---

33 Vgl. S. 122, 124.
34 Vgl. S. 77, 79.
35 Vgl. S. 195.
36 Vgl. S. 155, 179.
37 Vgl. S. 155.
38 Vgl. S. 81 ff.

- Ist er seinen Informationspflichten gegenüber seinem Vorgesetzten sowie dritten Stellen im Unternehmen in der richtigen Weise nachgekommen, oder hat er durch sein Verhalten den Informationsfluß blokkiert[39]?
- Hat er die Forderungen der kollegialen Zusammenarbeit erfüllt und durch sein Verhalten zur erfolgreichen Zusammenarbeit im Kollegenkreis beigetragen, oder hat er die Querinformation und die Selbstkoordination auf gleicher Ebene durch unkollegiales Vorgehen behindert[40]?
- Hat er sich ernsthaft um seine eigene Weiterbildung bemüht, so daß sein Wissen und Können auf den Gebieten, die seinen Bereich betreffen, auf dem neuesten Stand ist? An welchen Weiterbildungsmaßnahmen des Unternehmens oder externer Institutionen hat er im Kontrollzeitraum teilgenommen[41]?
- War er der Kritik seines Vorgesetzten gegenüber aufgeschlossen und bereit, künftig in ihrem Sinne zu handeln, oder hat er durch unbegründete Opposition und Gekränktsein die Zusammenarbeit gestört[42]?

2. Kriterien für die Beurteilung des Stelleninhabers in seiner Eigenschaft als Vorgesetzter

Bei der Ergebniskontrolle über das Verhalten des Mitarbeiters bei der Wahrnehmung seiner Führungsaufgaben als Vorgesetzter ist Folgendes zu prüfen:

- Hat der Stelleninhaber auf der ihm unterstellten Ebene Mitarbeiter, die fachlich und führungsmäßig ausreichend qualifiziert sind, um ihre Handlungs- und Führungsverantwortung tragen zu können[43]?
- Hat er seine Mitarbeiter im Rahmen ihrer Delegationsbereiche selbständig handeln und entscheiden lassen, oder hat er versucht, ständig in ihre Tätigkeit einzugreifen und die ihnen übertragene Verantwortung wieder an sich zu ziehen[44]?
- Hat er sich von seinen Mitarbeitern beraten lassen, um sich für seine Entscheidungen ihre Initiative und ihr Mitdenken nutzbar zu machen, oder hat er es unterlassen, sie in seine Entscheidungsfindung einzuschalten[45]?

---

39 Vgl. S. 94 ff.
40 Vgl. S. 51 ff.
41 Vgl. S. 134 ff.
42 Vgl. S. 144.
43 Vgl. S. 98 ff.
44 Vgl. S. 111.
45 Vgl. S. 116.

- Hat er die Tätigkeit seiner Mitarbeiter in der richtigen Weise stichprobenmäßig kontrolliert? Hat er dabei die Stichproben gemäß Kontrollplan vorgenommen, ihre Ergebnisse offen mit den Mitarbeitern besprochen und die notwendigen Konsequenzen gezogen? Oder hat er die Kontrolle vernachlässigt, weil er darin eine lästige Pflicht sieht[46]?
- Hat er die ihm obliegenden Pflichten hinsichtlich des Umweltschutzes und der Produkthaftung erfüllt[47]?
- Hat er mit Kritik und Anerkennung als Führungsmittel in der richtigen Weise gearbeitet und seine Mitarbeiter dadurch in ihrer Tätigkeit erfolgreich korrigiert bzw. bestätigt und motiviert[48]?
- Ist er seiner Informationspflicht gegenüber den Mitarbeitern ausreichend nachgekommen, oder hat ihr Handeln und Entscheiden durch einen Mangel an Information gelitten[49]?
- Hat er im Rahmen der Zielsetzung der ihm unterstellten Bereiche in der richtigen Weise befristete Einzelziele für die Mitarbeiter festgelegt und Schwerpunkte für ihre Tätigkeit bestimmt[50]?
- Hat er die Tätigkeit seiner Mitarbeiter im Sinne der Gesamtzielsetzung seines Bereiches zu koordinieren verstanden?
- Hat er die Entwicklung seiner Mitarbeiter gefördert und sie in ihren Weiterbildungsbemühungen unterstützt[51]?
- Kennt der Vorgesetzte die kreativen Mitarbeiter in seinem Bereich?

  Was hat er getan, um sie zu fördern und dem Unternehmen zu erhalten?
- Wie ist das Betriebsklima in seinem Führungsbereich? Wie steht es mit der Fluktuation und dem Krankenstand?

3. Die Gesamtbeurteilung des Stelleninhabers aufgrund der Kontrollergebnisse

Aus der Beantwortung der vorstehenden Fragen ergibt sich ein Gesamtbild von der Leistung des Stelleninhabers im Führungsbereich, das seine Stärken und Schwächen gleichermaßen ausweist.

46 Vgl. S. 139, 150.
47 Vgl. S. 186 ff.
48 Vgl. S. 128 ff.
49 Vgl. S. 128 ff., 170.
50 Vgl. S. 122.
51 Vgl. S. 134.

Dafür einige Beispiele:

1. Beispiel:
Die Ergebniskontrolle hat gezeigt, daß der Mitarbeiter während des Kontrollzeitraums Selbständigkeit im Denken und Handeln bewiesen hat. Er hat sich desweiteren um die Intensivierung seines Delegationsbereiches bemüht einige brauchbare Vorschläge zur Verbesserung des Arbeitsablaufs gemacht und darüber hinaus seinen Vorgesetzten verantwortungsbewußt beraten.
Allerdings weist sein Vorgehen der Information Mängel auf. So hat er mehfach versäumt, seinen Vorgesetzten rechtzeitig davon in Kenntnis zu setzen, daß mit Kunden abgesprochene Liefertermine nicht eingehalten werden konnten und Engpässe in der Materialbeschaffung sich nicht rechtzeitig beheben ließen. Außerdem reagiert er auf die Chef-Kritik nicht immer sachlich, sondern gerät leicht in unbegründete Opposition.
Insgesamt gesehen hat er sich als qualifizierter Mitabeiter im Sinne einer Führung mit Delegation von Verantwortung bewährt. Die noch vorhandenen Verhaltensfehler werden sich in Zukunft bei entsprechender Steuerung durch den Vorgesetzten korrigieren lassen.

2. Beispiel:
Der Mitarbeiter hat im Kontrollzeitraum wiederholt versucht, notwendig werdende Entscheidungen in seinem Delegationsbereich auf den Vorgesetzten rückzudelegieren und damit der ihm übertragenen Veranwortung auszuweichen.
Er war auch nicht bereit, den Vorgesetzten zu beraten, weil er das damit verbundene Risiko scheute. Ebenso ließ er jede Initiative zur Intensivierung seines Delegationsbereiches vermissen.
Er hat sich damit als Mitarbeiter in einem Unternehmen, das nach dem Prinzip der Delegation von Verantwortung führt, disqualifiziert.
Die Tatsache, daß er mit Sorgfalt seiner Informationspflicht nackommt und ernsthaft an seiner Weiterbildung arbeitet, kann diese Mängel nicht ausgleichen.
Wenn er sich in seinem Verhalten im Laufe des nächsten halben Jahres nicht grundlegend ändert, ist sein weiteres Verbleiben im Unternehmen in Frage gestellt.

3. Beispiel:
Das Kontrollergebnis läßt erkennen, daß sich der Vorgesetzte im Kontrollzeitraum weitgehend an die Forderung gehalten hat, seine Mitareiter in ihren Bereichen selbständig handeln und entscheiden zu lassen. Er hat sich darüber hinaus darum bemüht, ihre Initiative zu fördern. Auch hat er sich vor seinen Entscheidungen eingehend von ihnen beraten lassen.
Dieses Verhalten hat sich positiv auf das Klima in seinem Bereich ausgewirkt. Der Krankenstand ist ungewöhnlich niedrig, die Fluktuation gleich null.
Demgegenüber darf jedoch nicht übersehen werden, daß ihm die Kontrolle seiner Mitarbeiter Schwierigkeiten bereitet, weil er offensichtlich die Kontrolltechniken noch nicht ausreichend beherrscht. Auch die Information seiner Mitarbeiter weist Mängel auf.
Hier muß ernsthaft auf eine Abstellung dieser Verhaltensfehler hingewirkt werden. Der Stelleninhaber muß die entsprechenden Weiterbildungsmaßnah-

men des Unternehmens besuchen. Die Kontrollen auf den fraglichen Gebieten sind zu verstärken. Dies gilt in besonderen Maßen für die Erfüllung seiner Pflichten hinsichtlich des Umweltschutzes und der Produkthaftung.

4. Beispiel:
Der Vorgesetzte hat sich zwar im Kontrollzeitraum erneut als ausgezeichneter Fachmann auf technischem Gebiet erwiesen, aber den Anforderungen, die bei einer Führung mit Delegation von Verantwortung an seine Führungsqualitäten gestellt werden müssen, ist er nicht gerecht geworden.
So hat er wiederum ständig in die Delegationsbereiche seiner Mitarbeiter eingegriffen und sich jede Beratung von ihrer Seite gegenüber negativ verhalten. Er hat sich auch allen Vorschlägen von Mitarbeitern zur Verbesserung des Arbeitsablaufs und der kollegialen Zusammenarbeit in seinem Führungsbereich entschieden widersetzt und damit Initiative und Kreativität unter seinen Mitarbeitern praktisch erstickt.
Einige für das Unternehmen wichtige Mitarbeiter aus seinem Bereich haben bereits gekündigt.
Demgegenüber fällt es nicht ins Gewicht, daß der Vorgesetzte seine Kontrollpflichten gewissenhaft erfüllt hat und auch an seiner Information gegenüber den Mitarbeitern nichts auszusetzten ist.
Da er keinerlei Bereitschaft zu einer Änderung seines Verhaltens gezeigt hat, ist er trotz seiner guten fachlichen Leistung als Vorgesetzter für das Unternehmen nicht tragbar.

4. Die Einbeziehung des Mitarbeiters in die Ergebniskontrolle

- Ebenso wie bei der Stichprobenkontrolle, ist der betreffende Stelleninhaber, über den Ergebniskontrolle geübt wird, in den Kontrollvorgang miteinzubeziehen. Das heißt, er muß Gelegenheit bekommen, sich eingehend zu den einzelnen Sachverhalten, die Grundlage des Kontrollergebnisses waren, zu äußern. Darüber hinaus ist der Vorgesetzte verpflichtet, das Gesamturteil, zu dem er aufgrund seiner Ergebniskontrolle gekommen ist, ausführlich mit dem betroffenen Mitarbeiter zu erörtern. Der Mitarbeiter hat das Recht, dazu aus seiner Sicht Stellung zu nehmen.
- Über die Ergebniskontrolle und die Gesamtbeurteilung des Stelleninhabers ist eine Niederschrift anzufertigen. Sie muß vom Vorgesetzten der die Kontrolle durchgeführt hat, und dem betreffenden Mitarbeiter unterschrieben werden.

  Verweigert der Mitarbeiter seine Unterschrift, so muß er dafür eine Begründung abgeben. Gleichzeitig hat er das Recht, sich über die Beurteilung zu beschweren.
- Die Niederschrift für die Ergebniskontrolle bildet einen wichtigen Anknüpfungspunkt für die nächste Ergebniskontrolle und die bis dahin auszuübenden Stichproben.

Sie ist zugleich auch die Basis für die aus dem Kontrollergebnis ergebenden Konsequenzen, so z. B.

- Anerkennung für besondere Leistungen
- Inaussichtstellung einer Beförderung zum nächstmöglichen Termin
- Zuerkennung einer Prämie
- Förderung des Mitarbeiters auf dem einen oder anderen Aufgabengebiet
- organisatorische Umstellungen
- zusätzliche Arbeitsanweisungen oder Richtlinien
- Verstärkung der Stichprobenkontrolle
- Disziplinarmaßnahmen
- sofortige Kündigung des Mitarbeiters
- Trennung auf längere Sicht.

Die Beurteilung der Stelleninhaber hinsichtlich der Wahrnehmung ihrer Fachaufgaben und ihrer Aufgaben als Vorgesetzte stößt bei den Mitarbeitern vielfach zunächst auf Mißtrauen und Widerspruch. Dies legt sich jedoch, wenn die Mitarbeiter erkennen, welche Vorteile die Beurteilung für sie hat. Sie sind nicht mehr im Unklaren darüber, was der Vorgesetzte von ihnen hält, wo ihre Stärken und ihre Schwächen liegen und in welcher Hinsicht sie Anstrengungen machen müssen, um den an sie gestellten Anforderungen zu entsprechen.

Oberste Voraussetzung dafür, die Mitarbeiter für die Beurteilung ihrer Leistungen und ihres Verhaltens zu gewinnen, ist allerdings ihre Einschaltung in die Ergebniskontrolle.

K. Rückkehr zum autoritären Führungsstil in der Krisensituation?

Vielfach wird behauptet, daß eine der ersten Maßnahmen zur Bewältigung der Krise die Aufhebung jeglicher Art kooperativer Führung und die Rückkehr zur autoritären Führung sein müsse. Der kooperative Führungsstil sei viel zu schwerfällig, um den Anforderungen der Krisensituation zu genügen. Einschneidende Maßnahmen, wie sie nun einmal jede Krise notwendig mache, ließen sich nur mit einer straffen Befehlsführung und unbegrenztem Eingriffsrecht der Spitze bis zur untersten Ebene durchsetzen. Jetzt sei die Zeit gekommen, wo man die Zügel wieder straff anziehen könne und müsse. Deshalb sei die Delegation von Verantwortung auf nachgeordneten Ebenen für die Dauer der Krise aufzuheben, an ihrer Stelle könne es nur noch Delgation von Arbeit geben.

Die Rückkehr zum autoritären Führungsstil in der Krise wird so oft und so eindringlich proklamiert, daß sie fast zum Dogma des Krisenmanagements gehört. Von prinzipiellen Gegnern der Führung mit Delegation von Verantwortung wird bereits erklärt, wenn dieser Führungsstil für eine Krise nicht geeignet erscheine, sei es doch sinnlos, in normalen Zeiten eine Abkehr von der traditionellen autoritären Führungsform zu fordern. Was sich in der Krise nicht als brauchbar erweise, könne auch nicht für normale Zeiten angebracht sein.

Diese Schlußfolgerung ist gar nicht so unrichtig. Die Krisensituation ist tatsächlich die *große Bewährungsprobe* für den Führungsstil. Nur die Prämisse ist falsch.

- Gerade in der Krise muß es für die Geschäftsführung darauf ankommen, die Selbständigkeit ihrer Mitarbeiter im Denken, Handeln und Entscheiden auf allen Ebenen zu steigern und die vorhandenen Initiativkräfte auszuschöpfen. Das kann sie nur mit einem Führungsstil erreichen, der von dem Mitarbeiter als selbständig denkenden und handelnden Menschen ausgeht und auf ihn ausgerichtet ist. Die Geschäftsführung würde in eine höchst gefährliche Zwangslage geraten, wenn sie sich bei der Umsetzung ihrer Entscheidungen nicht auf das selbständige Denken und Handeln ihrer Mitarbeiter verlassen könnte und bis ins einzelne gehende Vorschriften für das Vorgehen auf allen Ebenen erlassen müßte. Abgesehen davon, daß sie dazu gar nicht in der Lage wäre, weil ihr auf den meisten Gebieten die Detailkenntnisse und das Spezialwissen fehlen, würde sie dadurch auch auf untragbare Weise von ihrer eigentlichen Führungsaufgabe abgehalten werden, deren Wahrnehmung in der Krise notwendiger ist denn je.

- Auch die bei einer Führung mit Delegation von Verantwortung geforderte *Intensivierung* des Delegationsbereichs durch den Mitarbeiter, der ständig darüber nachzudenken hat, wie das, was heute geschieht, morgen verbessert werden kann, ist für die Geschäftsführung ein wichtiger Faktor bei der Bewältigung der Krise. Gilt es doch gerade jetzt, das *unternehmerische Verhalten* der Mitarbeiter auf allen Ebenen zu aktivieren und durch schöpferisches Handeln den Durchbruch zu neuen Ideen zu ermöglichen. Das aber würde durch eine Rückkehr zum autoritären Führungsstil blockiert werden.

- Wie stellt man sich im übrigen die Reaktion der Mitarbeiter auf die Rückkehr zum autoritären Führungsstil vor? Sie werden zutiefst frustriert sein, daß man ihnen in der Stunde der Not die Fähigkeit abspricht, selbständige Denkbeiträge zur Meisterung der Krise beisteuern zu können, und sie zu bloßen Befehlsempfängern degradiert. Sie werden es nicht verstehen können, daß man jetzt einen Führungsstil als Rettung proklamiert, von dem man sich getrennt hatte, in der Erkenntnis, daß er schon in normalen Zeiten keine ausreichende Basis für die Leistungsmöglichkeit und den Leistungswillen der Mitarbeiter abgab, sie in der Entfaltung ihrer Persönlichkeit hinderte und insgesamt die Effizienz des Unternehmens herabsetzte. Soll dies alles für die Krisensituation nicht mehr gelten und ist der denkende Mitarbeiter nur in normalen Zeiten erwünscht?

  Die Rückkehr zur Befehlsführung in der Krise ist von der Sache her nicht gerechtfertigt, dazu menschlich unklug und führungsmäßig falsch.

- Der Einwand, daß der autoritäre Führungsstil schlagkräftiger sei, weil man mit einer einzigen Anordnung das gesamte Unternehmen auf die Bewältigung der Krisensituation umstellen könne, ohne vorerst viel darüber reden zu müssen, ist nicht überzeugend. Mit einer bloßen Anordnung der Spitze wird noch gar nichts erreicht. Sie ist eine Willensäußerung der Geschäftsführung, die im einzelnen verwirklicht werden muß. Daher aber braucht sie Mitarbeiter, die sich mit ihrer Entscheidung identifizieren, sich bewußt für ihre Verwirklichung einsetzen und bereit sind, Initiative zu entfalten, mitzudenken und ihr ganzes Wissen und Können in die Waagschale zu werfen.

  Diese innere Einstellung der Mitarbeiter läßt sich mit einem bloßen Befehl nicht herbeiführen. Hier versagt das autoritäre System völlig.

Die dabei äußerlich in Erscheinung tretende Stärke, die manchem auf den ersten Blick hin imponieren mag, ist in Wirklichkeit eine Schwäche, die auf mangelnde Einsicht in das Geschehen beruht. Was will eigentlich die Geschäftsführung machen, wenn sich ihre leitenden Mitarbeiter weitgehend passiv verhalten und im Sinne eines Dienstes nach Vorschrift handeln?

- Zweifellos wird eine Geschäftsführung in der Krise auch unpopuläre Entscheidungen treffen und heikle Maßnahmen durchsetzen müssen. Das gehört zu ihrer Entscheidungsbefugnis. Sie kann sich dieser Verantwortung nicht entziehen, indem sie ihre Entscheidung von der Zustimmung der Mitarbeiter abhängig macht. Das wäre in der Tat für ein Unternehmen untragbar, und zwar nicht nur in der Krise, sondern auch in normalen Zeiten. Es entspräche aber auch keineswegs einer Führung mit Delegation von Verantwortung.

- Richtig verstanden ist diese Führung der größte *Aktivposten,* den die Geschäftsführung zur Bewältigung einer Krise besitzt. Im einzelnen kann sie diesen Aktivposten in folgender Weise besonders nutzbar machen.
  - Ermutigung der Mitarbeiter aller Stufen, sich abseits von gewohnten Vorstellungen zu bewegen, auch Ideen zu äußern, die ihnen ungewöhnlich erscheinen, wobei sie gewiß sein können, daß ihre Vorschläge ernst genommen und geprüft werden.
  - Einschaltung der Mitarbeiter der nächsten Stufe bei der Analyse und der Beurteilung der Lage sowie der Entscheidung über die einzuschlagende Krisenpolitik.
  - Klare Zielsetzung mit entsprechenden Richtlinien für die Durchführung der beschlossenen Maßnahmen.
  - Mitarbeitergespräche und -besprechungen, wo sie notwendig sind, um Entscheidungen vorzubereiten, Vorschläge auf ihre Brauchbarkeit zu prüfen und zu neuen Vorschlägen anzuregen sowie Informationen auszutauschen, unter Beachtung aller Regeln für eine effiziente Gesprächsführung.
  - Gespräche am runden Tisch auf kollegialer Ebene zum Zwecke der Selbstkoordination, der Querinformation und der Erarbeitung von Problemlösungen, unter strikter Einhaltung der Gesprächsdiziplin.
  - Intensivierung des Informationsflusses innerhalb des Unternehmens in allen Richtungen, also von oben nach unten (vom Vorgesetzten zum Mitarbeiter), von unten nach oben (vom Mitarbeiter zum Vorgesetzten) und auf kollegialer Ebene.

- Exakte Handhabung des Kontrollinstrumentariums mit dem Ziel, den Prozeß der Durchführung zu steuern, Fehlentwicklungen bereits bei Beginn zu erkennen und abzustellen.

Die Beachtung dieser Grundsätze ist die Voraussetzung für den erfolgreichen Kampf gegen die Krise durch Mobilisierung des geistigen Potentials des Unternehmens[1].

1 Vgl. dazu *Höhn,* Das Unternehmen in der Krise – Krisenmanagement und Krisenstab, S. 117 ff.

L. Die Haftung der Geschäftsführer

I. Die Ersatzpflicht der Geschäftsführer

1. Die persönliche Haftung der Geschäftsführer im Innenverhältnis

- Geschäftsführer, die ihre Pflichten schuldhaft verletzen, sind der GmbH zum Ersatz des daraus entstehenden Schadens aus ihrem Privatvermögen als Gesamtschuldner verpflichtet (§ 43 Abs. 2 GmbHG, §§ 421 ff. BGB). Zum Schaden gehören auch die Vorteile, die der Gesellschaft entgangen sind, aber auch Schädigung ihres Rufes[1].
- Die Pflicht zur Sorgfalt eines ordentlichen Geschäftsleiters besteht für den Geschäftsführer nur gegenüber der Gesellschaft. Ihr allein steht der Anspruch auf Schadensersatz zu, nicht etwa dem einzelnen Gesellschafter oder Gläubiger der GmbH, denen wegen fehlerhafter Geschäftsführung ein Schaden entstanden ist. Das Interesse der Gesellschaft und nicht der Schutz der Gläubiger oder des einzelnen Gesellschafters wird durch § 43 Abs. 2 geregelt.
- Voraussetzung für die Geltendmachung des Ersatzanspruchs ist der Beschluß der Gesellschafter (§ 46 Nr. 8). Bei einer Einpersonengesellschaft ist ein derartiger Beschluß entbehrlich[2].

  Inwieweit eine Mehrheit treuwidrig handelt, wenn sie die Geltendmachung eines Ersatzanspruchs ablehnt, die erfolgversprechend und im Interesse der Gesellschaft sinnvoll ist, ist Sache der richterlichen Würdigung des Einzelfalls[3].

  Gläubiger können den Ersatzanspruch pfänden und sich überweisen lassen und ihn auf diese Weise auch ohne Gesellschafterbeschluß durchsetzen. Im Konkurs der Gesellschaft kann der Konkursverwalter den Anspruch der Gesellschaft geltend machen[4].
- Ein in Anspruch genommener Geschäftsführer kann sich nicht auf das Mitverschulden eines seiner Kollegen als anspruchsmindernd im Sinne

1 *Baumbach/Hueck/Zöllner,* § 43 Anm. 13a.

2 OLG Köln vom 17. 9. 1975 – 2 U 47/75, GmbHR 1975, 274; *Roth,* § 48 Anm. 5.2; *Baumbach/Hueck/Zöllner,* § 46 Anm. 40.

3 Über die Möglichkeit der Erzwingung eines Geltendmachungsbeschlusses und eventuellen Schadensersatzes seitens der Mehrheit an die Gesellschaft *Baumbach/Hueck/Zöllner,* § 43 Anm. 21.

4 Dazu *Baumbach/Hueck/Zöllner,* § 46 Anm. 41; *Hachenburg/Mertens,* § 46 Anm. 32; *Scholz/K. Schmidt,* § 46 Anm. 104; *Rowedder/Koppensteiner,* § 46 Anm. 35; *Scholz/U. H. Schneider,* § 43 Anm. 9.

des § 254 BGB berufen[5]. Er bildet vielmehr „im Verhalten zur GmbH mit diesem zusammen eine Haftungsgemeinschaft und haftet gesamtschuldnerisch für den gesamten Schaden"[6]. Der Ausgleich erfolgt intern (§ 426 BGB).

Der Ansicht, daß der Geschäftsführer, der seine Überwachungspflicht gegenüber seinen Geschäftsführerkollegen nicht wahrgenommen hat, die ihrerseits ihre Handlungs- oder Unterlassungspflichten nicht erfüllt haben und daher haften, von jeder Haftung befreit sei[7], kann keineswegs zugestimmt werden.

Die Geschäftsführer üben die Kontrolle ihrer Kollegen sowieso nur ungern[8], und wenn, äußerst lasch aus. Wenn sie wissen, daß sie dann zwar pflichtwidrig handeln, ihnen daraus aber kein Schaden entsteht, so bestärkt sie dies noch in ihrem Fehlverhalten.

Soll dies im übrigen auch für die unterlassene Überwachung bei Verstößen der Geschäftsführer gegen öffentlich-rechtliche Vorschriften, z. B. bei der Abführung der Lohnsteuer und den Beiträgen zur Sozialversicherung, bei der Produkthaftung oder dem Umweltschutz gelten? Dies wird wohl kaum zu vertreten sein[9].

2. Die persönliche Haftung der Geschäftsführer im Außenverhältnis

- Aus Verschulden bei Vertragsabschluß[10] haftet der Geschäftsführer gegenüber Dritten, wenn er
  - „in besonderem Maße persönliches Vertrauen in Anspruch genommen hat oder dem Verhandlungsgegenstand besonders nahesteht, weil er geschäftlich selbst stark an dem Vertragsabschluß interessiert ist und aus dem Geschäft eigenen Nutzen anstrebt, als sei er gleichermaßen in einer Sache tätig[11]."

  Dies ist z. B. der Fall, wenn der Geschäftsführer
  - als Initiator und Manager einer Kapitalanlage einen unrichtigen oder unvollständigen Prospekt für diese Kapitalanlage erstellt und der

5 *Roth,* § 43 Anm. 5.1.; *Lutter/Hommelhoff,* § 43 Anm. 20.
6 BGH vom 14. 3. 1983 – II ZR 103/82, GmbHR 1983, 300 f.; *Baumbach/Hueck/Zöllner,* § 43 Anm. 19.
7 So *Baumbach/Hueck/Zöllner,* § 43 Anm. 19; *Scholz/U. H. Schneider,* § 43 Anm. 178.
8 Vgl. S. 145.
9 Dazu S. 184 ff.
10 Vgl. dazu BGH vom 27. 10. 1982 – VIII ZR 187/81, GmbHR 1983, 44 f.; *Baumbach/Hueck/Zöllner,* § 43 Anm. 4; *Eder* in GmbH-Handbuch I Anm. 603.3.
11 BGH vom 23. 10. 1985 – VII ZR 210/84, GmbHR 1986, 43 ff.

Erwerber im Vertrauen hierauf einer Publikumspersonengesellschaft beigetreten ist *(Prospekthaftung)*[12];

- bei völliger Überschuldung oder Zahlungsunfähigkeit der Gesellschaft weitere Kredite aufnimmt, ohne die Lage der Gesellschaft darzutun. Eine hoffnungslose Krise der Gesellschaft, aber nicht jede Krise, muß der Geschäftsführer offenbaren;
- einen Bewerber zum Abschluß eines Arbeitsvertrags veranlaßt, obwohl mit dem Konkurs der Gesellschaft zu rechnen ist[13];
- bei Abschluß eines Geschäfts nicht klar zum Ausdruck bringt, daß er für die Gesellschaft tätig wird *(Rechtsscheinhaftung)*[14].

- Eine persönliche Haftung des Geschäftsführers besteht weiterhin, wenn er bei Ausübung seiner Tätigkeit eine unerlaubte Handlung begeht und dadurch Dritte schädigt (§ 823 Abs. 2 BGB). Fahrlässigkeit, d. h. Verstoß gegen die im Verkehr erforderliche Sorgfalt (§ 276 BGB), genügt[15]. Eine Haftung des Geschäftsführers wegen vorsätzlicher sittenwidriger Schädigung ergibt sich aus § 826 BGB.

a) Haftung für Steuerschulden

Des weiteren haftet der Geschäftsführer für die Erfüllung bestimmter öffentlich-rechtlicher Pflichten. Dies gilt z. B. für die Erfüllung der steuerlichen Pflichten der GmbH (§§ 140–148, 149–153, 93, 137–139, 34 Abs. 1 Satz 2, 77 AO). Die vom Arbeitnehmer geschuldete Lohnsteuer gilt als treuhänderisch verwalteter Teil seines Lohnes (§ 38 Abs. 3, 41a EStG)[16].

Daß der Geschäftsführer nicht selbst die Steuern abführt, sondern dies dem Leiter des Finanz- und Rechnungswesens überträgt, ist üblich. Daß dieser wiederum Mitarbeiter damit beauftragt, dagegen ist nichts einzuwenden.

Für den Geschäftsführer bedeutet dies, daß er

- als Leiter des Finanz- und Rechnungswesens eine zuverlässige Person aussucht und dieser wiederum einen zuverlässigen Mitarbeiter mit der Abführung der Steuern beauftragt.
- Hinsichtlich der Kontrollpflicht des Geschäftsführers bedeutet dies, daß der Geschäftsführer den Leiter des Finanz- und Rechnungswesens hinsichtlich der ordnungsgemäßen Abführung der Steuern stichproben-

12 *Scholz/U. H. Schneider,* § 43 Anm. 226; *Roth,* § 43 Anm. 3.1.1; *Hachenburg/Mertens,* § 43 Anm. 110; *Baumbach/Hueck/Zöllner,* § 43 Anm. 4a.

13 *Scholz/U. H. Schneider,* § 43 Anm. 227.

14 *Scholz/U. H. Schneider,* § 43 Anm. 221 f.

15 *Ders.,* § 43 Anm. 228 ff.

16 *Scholz/U. H. Schneider,* § 43 Anm. 255h.

mäßig kontrolliert bzw. sich eines Dritten, etwa eines angesehenen Steuerberaters, zu diesem Zweck bedient.

Geschieht dies nicht, so ist der Geschäftsführer haftbar, wenn die Steuerschuld nicht oder nicht in voller Höhe ordnungsgemäß abgeführt wird. Er kann dann von der zuständigen Finanzbehörde unmittelbar in Anspruch genommen werden. Dies erfolgt durch den sogenannten *Haftungsbescheid.*

- Für die Inanspruchnahme des Geschäftsführers durch die Finanzbehörde ist immer eine Schuld des Geschäftsführers (Vorsatz oder grobe Fahrlässigkeit) Voraussetzung.

  Eine Schuld besteht für den Geschäftsführer jedoch nicht, wenn er ordnungsgemäß delegiert und kontrolliert hat.

b) Haftung für Sozialversicherungsbeiträge

Des weiteren haftet der Geschäftsführer für die vom Lohn abgezogenen aber nicht abgeführten Beiträge der Arbeitnehmer zur Sozialversicherung. In diesem Fall macht er sich gem. § 263 und 266a StGB strafbar und kann mit einer Freiheitsstrafe bis zu fünf Jahren oder mit einer Geldstrafe bestraft werden. Darüber hinaus verletzt der Geschäftsführer mit dem Verstoß gegen § 266a StGB ein Schutzgesetz im Sinne des § 823 Abs. 2 BGB und haftet mit seinem gesamten Vermögen.

Der Geschäftsführer kann dem nur entgehen, wenn er nachweist, daß er ordnungsgemäß Kontrolle über den Leiter des Finanz- und Rechnungswesens ausgeübt hat, dem die Pflicht zur Abführung der Beiträge für die Sozialversicherung oblag bzw. daß er einen Dritten, etwa einen Steuerberater, mit dieser Kontrolle beauftragt hat.

Hinsichtlich des Arbeitgeberanteils gilt folgendes:

- Der Arbeitgeberanteil stellt eine eigene Schuld des Arbeitgebers dar[17]. Der Geschäftsführer haftet nicht persönlich nach § 823 Abs. 2 BGB, wenn er den Anteil nicht abführt. Der Geschäftsführer begeht damit jedoch u. U. eine Ordnungswidrigkeit[18].
- Zahlt der Geschäftsführer vor Eintritt des Konkurses die vollen Nettolöhne an die Arbeiter, so ist er zugleich verpflichtet, die auf die ausgezahlten Löhne entfallenden Arbeitnehmer-Sozialversicherungsbeiträge bereitzuhalten, um sie am Fälligkeitstage an die AOK abzuführen[19].

17 *Scholz/U. H. Schneider,* § 43 Anm. 255i; *v. Einem,* Haftung des GmbH-Geschäftsführers für nicht abgeführte Sozialversicherungsbeiträge, BB 1986, 2261 ff.

18 BGH, GmbHR 1982, 273; *Scholz/U. H. Schneider,* § 43 Anm. 255k; *Baumbach/Hueck/Zöllner,* § 43 Anm. 4d.

19 *Scholz/U. H. Schneider,* § 43 Anm. 255m.

Nach der Rechtsprechung des Bundesfinanzhofs verletzt der Geschäftsführer seine Pflichten, wenn er bei nicht ausreichendem Vermögen die privaten Gläubiger befriedigt und der Fiskus leer ausgeht. Für den Geschäftsführer besteht viemehr die Pflicht zur *anteilmäßigen Befriedigung* von Fiskus und privaten Gläubigern[20].

c) Haftung bei Verletzung weiterer öffentlich-rechtlicher Pflichten

Darüber hinaus ist der Geschäftsführer verantwortlich und damit persönlich haftbar für die Einhaltung weiterer öffentlich-rechtlicher Vorschriften, wie z. B. auf dem Gebiet der Versicherungsaufsicht, der Bankaufsicht, des Umweltschutzes und der Produkthaftung.

• Umweltschutz

Bei der Betreibung von Anlagen, die Umweltschäden verursachen, hat der Geschäftsführer für die Auswahl und Überwachung der sog. Verrichtungsgehilfen (§ 31 BGB) einzustehen[21].

Entscheidend ist in all diesen Fällen die Umkehr der *Beweislast.* Der Bundesgerichtshof hat im Fall Kupolofen[22] entschieden, daß die Beweislast umgekehrt wird, weil der Betreiber der Anlage die Vorgänge in seinem Einflußbereich leichter aufklären kann[23].

In § 1 des Umwelthaftungsgesetzes vom 10. 12. 1990 sind 96 Arten von Anlagen aufgeführt, die der Gesetzgeber für umweltgefährlich hält. Hiernach ist der Inhaber dieser Anlagen ohne Verschulden ersatzpflichtig, wenn jemand getötet, sein Körper oder seine Gesundheit verletzt oder eine Sache beschädigt worden ist.

Nagel tritt für ein Risk-Management auf dem Feld der Umsatzhaftung ein[24], das dem Inhaber die Möglichkeit gibt, sein Nichtverschulden schlüssig vortragen zu können. Er plädiert für die Aufbewahrung aller Unterlagen und Dokumente über die Betriebsabläufe. Darüber hinaus fordert er, den Betrieb „idiotensicher" zu machen. Dies gilt insbesondere für das Risiko durch zugelieferte Waren, ihre Lagerung und Verwendung in der Produktion. Um auch bei einer Fehlbedienung schadenstiftende Ereignisse zu vermeiden, sei bei zugelieferten Waren eine genaue Aufli-

20 BFHE 141, 143; 154, 206; BFH GmbHR 1988, 456.
21 Vgl. dazu eingehend *Nagel,* Die Produkt- und Umwelthaftung im Verhältnis von Herstellern und Zulieferern, DB 1993, 2469 ff.
22 BGHZ 92, 143.
23 Vgl. *Nagel,* S. 2472 sowie die weiteren von *Nagel* angeführten Haftungsfälle.
24 Vgl. *Nagel,* ebenda, S. 2473.

stung und Wertung der Stoffe sowie der Komponenten der Stoffe festzuhalten sowie der Mengen, Transportmittel und Einsatzbereiche.

Er fordert des weiteren die Festlegung der Aufgaben und Kompetenzen sowie der sich daraus ergebenden Verantwortung für die verschiedenen Stufen der Hierarchie und die Einsetzung eines Umweltschutzbeauftragten.

Für den Geschäftsführer entsteht dadurch die Notwendigkeit, die entsprechenden organisatorischen Maßnahmen zu treffen.

- **Produkthaftung**

Hierfür gilt das Produkthaftungsgesetz vom 1. 1. 1990. Es läßt denjenigen haften, der ein fehlerhaftes Produkt in den Verkehr gebracht hat, und damit auch den Hersteller für Vorprodukte seines Zulieferers, deren Fehlerhaftigkeit er im Produktionsprozess nicht erkannt hat[25] (ein typischer Fall von Gefährdungshaftung). Auch für die Sicherung gegen die Produkthaftung gelten die für die Umweltschutzhaftung entwickelten Maßnahmen entsprechend. Die Gesellschaft, nicht der Geschäftsführer, ist Träger der Verkehrspflichten.

- Kennt der Geschäftsführer die Fehlerhaftigkeit der Produkte oder müßte er sie kennen, so muß er alles daran setzen, um deren Vertrieb zu verhindern. Unterläßt er dies, so kann er dafür persönlich haftbar gemacht werden, abgesehen von eventueller strafrechtlicher Inanspruchnahme[26].
- In dem berühmten Lederspray-Urteil des Bundesgerichtshofs[27] wurden die Geschäftsführer von drei Unternehmen, die Produkte „auf den Markt brachten, die bei bestimmungsgemäßem Gebrauch gesundheitliche Schäden bei den Benutzern zu verursachen drohten", wegen einer „fahrlässigen Körperverletzung und der gefährlichen Körperverletzung in der Form einer das Leben gefährdenden Behandlung der Verletzten" (§ 230, 223a StGB) schuldig gesprochen.

Da die öffentlich-rechtlichen Pflichten der Geschäftsführer gewöhnlich mit strafrechtlichen Konsequenzen verbunden sind, ist der Geschäftsführer umfangreichen Strafbestimmungen unterworfen. U. H. Schneider spricht nicht zu Unrecht von einer „Kriminalisierung der Unternehmensführungen"[28].

25 Vgl. dazu ausführlich *Nagel,* S. 2469.

26 Vgl. dazu die von *U. H. Schneider* aufgeführten Strafverfahren, die zur Verurteilung geschäftsführender Organmitglieder führten (§ 43 Anm. 406b).

27 Urteil vom 6. 7. 1990, GmbHR 1990, 501 ff.

28 *Scholz/U. H. Schneider,* § 43, Anm. 11; *Scholz/Tiedemann,* Vor § 82, Anm. 11 ff.; *Schäfer, C.,* Zur strafrechtlichen Verantwortlichkeit des GmbH-Geschäftsführers, GmbHR 1993, 780 ff.; *Kohlmann,* Strafrechtliche Verantwortung des GmbH-Geschäftsführers, 1990.

d) Die Bedeutung der Stellenbeschreibung für die öffentlich-rechtlichen Pflichten der Geschäftsführung

U. H. Schneider hat vorgeschlagen, einen „Pflichten-Katalog" für die Geschäftsführung aufzustellen, der die öffentlich-rechtlichen Pflichten der Geschäftsführer umreißt[29].

Dies ist ein Schritt in die richtige Richtung. Aufgaben und Kompetenzen der Geschäftsführung auf diesem Gebiet sollten in die Stellenbeschreibung der Geschäftsführer eingebracht werden[30]. Neue Aufgaben der Geschäftsführung müssen in deren Stellenbeschreibung ihren Niederschlag finden. Das ist selbstverständlich. Auf diese Weise wird die Organisation der Geschäftsführung auf den neuesten Stand gebracht. Die Stellenbeschreibung für eine Geschäftsführung könnte dann etwa folgendermaßen lauten:

> „Folgende fachliche Aufgaben hat die Geschäftsführung selbst zu erfüllen:
> Sie entscheidet: . . .
>
> x. Im Bereich der steuerlichen Pflichten und der Sozialversicherung über
>   - die organisatorischen Maßnahmen zur ordnungsgemäßen Abführung der Lohnsteuer sowie
>   - der Abgaben zur Sozialversicherung.
>
> y. Im Bereich des Umweltschutzes über
>   - die Organisation des Umweltschutzes,
>   - die Einsetzung eines Umweltschutzbeauftragten,
>   - die Maßnahmen zur Motivation der Mitarbeiter zu einem umweltfreundlichen Verhalten[31].
>
> z. Im Bereich der Produkthaftung über
>   - die Maßnahmen, um zu verhindern, daß fehlerhafte Produkte in den Verkehr gebracht werden,
>   - die organisatorischen Maßnahmen, um das Risiko durch zugelieferte Waren, ihre Lagerung und Verwendung in der Produktion zu verhindern[32]."

Soweit die Geschäftsführung dazu berechtigt ist, bestimmte Aufgaben im Bereich des Umweltschutzes oder der Produkthaftung zu delegieren, kommt dies in der Stellenbeschreibung der Geschäftsführung folgendermaßen zum Ausdruck:

> Sie „entscheidet über
> - die Auswahl der richtigen Person,
> - ihre entsprechende Einweisung und Einarbeitung,
> - den Kontrollplan für die Stichprobenkontrolle,
> - die Zeitabschnitte für die Ergebniskontrolle."

---

29 *U. H. Schneider,* Gesellschaftsrechtliche und öffentlich-rechtliche Anforderungen an eine ordnungsgemäße Unternehmensorganisation, DB 1993, 1911 Nr. 3.

30 Über die Bedeutung der Stellenbeschreibung bei Geschäftsverteilung vgl. S. 25 ff., 32 ff.

31 Dazu *Nagel,* a. a. O.

32 *Nagel,* a. a. O.

Die Aufgaben, die jeweils delegiert worden sind, müssen in der Stellenbeschreibung der betreffenden Person ihren Niederschlag finden. Auf diese Weise wird die Transparenz der Organisation hinsichtlich der Aufgaben und Kompetenzen sowie der sich daraus ergebenden Verantwortung im Bereich der öffentlich-rechtlichen Bestimmungen geschaffen.

An dieser Stelle sei noch auf Folgendes hingewiesen:

Bei öffentlich-rechtlichen Aufgaben der Geschäftsführer wird die Kontrolle zu einer öffentlich-rechtlichen Pflicht. Die Frage ist, ob man dann wirklich noch an der Evidenzkontrolle[33] festhalten kann, die, wie dargelegt, höchst dubios ist, weil sie mit einem hohen Risiko verbunden ist[34]. U. H. Schneider vertritt diesen Standpunkt. Er lehnt die Stichprobenkontrolle ab und erklärt:

> „Solange kein Anlaß besteht, an der verantwortlichen Aufgabenerfüllung zu zweifeln, bedarf es keiner Nachforschungen[35]."

Wie aber, wenn keine konkreten Hinweise bestehen? Kann es im öffentlichen Interesse liegen, daß man einfach annimmt, es sei dann alles in Ordnung? Muß die Geschäftsführung nicht verpflichtet sein, sich zu überzeugen, ob dies wirklich der Fall ist? Warum eigentlich nicht? Daß dies unangenehm sein kann, insbesondere, wenn die Kontrolle über Kollegen ausgeübt werden muß, ist verständlich[36], kann aber nicht davon entbinden. Was geschieht, wenn sich nachträglich herausstellt, daß schwere Unterlassungen aufgetreten sind, die bereits beträchtlichen Schaden hervorgerufen haben? Kann sich die Geschäftsführung dann damit entschuldigen, daß sie keinen Anlaß zur Kontrolle gesehen hätte[37]? Man frage einmal die zuständigen Behörden, wie sie darüber denken.

3. Die Umkehr der Beweislast

Hinsichtlich der Beweislast im Schadenersatzprozeß gegen den Geschäftsführer gilt folgendes:

---

33 Vgl. S. 148 ff.

34 Ebenda.

35 *Schneider* in FS „100 Jahre GmbH-Gesetz", Hrsg. *Marcus Lutter, Peter Ulmer, Wolfgang Zöllner*, S. 480; *Schneider*, Gesellschaftsrechtliche und öffentlich-rechtliche Anforderungen an eine ordnungsgemäße Unternehmensorganisation, DB 1993, 1912.

36 Vgl. S. 145.

37 Vgl. dazu die Entscheidung des OLG Hamburg, GmbHR 1987, 272 betr. steuerrechtliche Pflichten, die offensichtlich der Beschränkung auf die Evidenzkontrolle nicht folgt.

- Die Gesellschaft muß beweisen, daß der Schaden durch eine Verletzung der Pflicht des Geschäftsführers, die Geschäfte mit der Sorgfalt eines ordentlichen Geschäftsleiters zu führen (§ 43 Abs. 1), entstanden ist[38].
- Der Geschäftsführer muß beweisen, daß er die gesetzlich vorgeschriebene Sorgfalt beachtet hat. Seine Lage ist die gleiche wie die des Vorstands einer Aktiengesellschaft (§ 93 Abs. 2 S. 2 AktG) oder einer Genossenschaft (§ 34 Abs. 2 GenG). Der Geschäftsführer muß also nachweisen, daß er
  - bei Wahrnehmung seiner fachlichen Aufgaben nicht gegen die allgemein anerkannten betriebswirtschaftlichen Erkenntnisse und Erfahrungssätze verstoßen hat[39]. Dies gilt sowohl hinsichtlich seiner Entscheidungen wie seiner Beratung der Gesellschafter oder des Zusammenspiels mit dem Aufsichtsrat[40];
  - seine Pflichten als Vorgesetzter, soweit der Schaden von einem ihm unterstellten Mitarbeiter verursacht worden ist, erfüllt hat, insbesondere kein Organisations-, Auswahl-, Informations- oder Kontrollverschulden von seiner Seite vorliegt[41];
  - der Schaden eingetreten ist, obwohl er die nach der Auffassung des Geschäftsverkehrs notwendige Sorgfalt eines pflichtbewußten Unternehmers in fachlicher wie führungsmäßiger Hinsicht hat walten lassen.

4. Keine Versicherungsmöglichkeit gegen fehlerhafte Unternehmensführung

Für das Risiko, wegen fehlerhafter Unternehmensführung in Anspruch genommen zu werden, gibt es in der Bundesrepublik keine Versicherungsmöglichkeit. Im Gegensatz zu den USA, wo sich die „directors and officers liability insurance" weitgehend durchgesetzt hat, lehnt die deutsche Versicherungswirtschaft eine Organpflichtversicherung bis heute noch ab. Sie befindet sich dabei in Übereinstimmung mit dem Bundesaufsichtsamt für das Versicherungswesen, das erhebliche Bedenken gegen eine Organversicherung geäußert hat[42]. Auf die Dauer wird sich dieser

38 Vgl. dazu BGH vom 18. 3. 1974 – II ZR 2/72, NJW 1974, 1089; zur Frage der Darlegungs- und Beweislast, wenn der Geschäftsführer der Gesellschaft einen Kassenfehlbestand ersetzen muß, vgl. BGH vom 8. 7. 1985 – II ZR 198/84, GmbHR 1985, 19 ff.

39 *Scholz/U. H. Schneider*, § 43 Anm. 76 spricht von „gesicherten Erkenntnissen und bewährten Erfahrungen unternehmerischen Verhaltens".

40 Vgl. S. 82, 351.

41 Vgl. S. 25 ff., 97 ff.

42 Dazu *U. H. Schneider*, Haftungsmilderung für Vorstandsmitglieder und Geschäftsführer bei fehlerhafter Unternehmensleitung?, FS Werner S. 797.

Standpunkt sicher nicht aufrechterhalten lassen, da, worauf U. H. Schneider mit Recht hinweist, „ein dringendes faktisches Bedürfnis für die Versicherbarkeit" besteht[43]. Die Geschäftsführer sind auf die Inanspruchnahme ausländischer Versicherungsunternehmen angewiesen. Für sie besteht lediglich eine *Rechtsschutzversicherung* für Streitfälle, die sich aus den Anstellungsverträgen ergeben, sowie eine Strafrechtsversicherung, wenn der Geschäftsführer aufgrund seiner Tätigkeit in ein Strafverfahren verwickelt wird[44].

II. Der Maßstab für die Haftung

Maßstab für die Haftung der Geschäftsführer ist „die Sorgfalt eines ordentlichen Geschäftsmannes" (§ 43 Abs. 1). Sie ist, worauf wir bereits hingewiesen haben, mit der Sorgfalt eines ordentlichen und gewissenhaften Geschäftsleiters gleichzusetzen, wie sie das Aktiengesetz in § 93 und das Genossenschaftsgesetz in § 34 fordert. Es sind also an den Geschäftsführer schärfere Anforderungen als an einen ordentlichen Geschäftsmann zu stellen[45]. Der Geschäftsführer einer GmbH handelt entgegen dem ordentlichen Einzelkaufmann nicht für sein eigenes, sondern für ein fremdes Unternehmen und geht mit fremder Leute Geld treuhänderisch um[46]. Darauf ist seine Haftung abgestellt. Sie erstreckt sich auch auf leichte Fahrlässigkeit.

- Der Inhalt der Sorgfaltspflicht ist von dem Zweck der jeweiligen GmbH her, ihrer Art und Größe, zu bestimmen[47].

  Beispiel:
  An den Geschäftsführer einer Fahrschule sind hinsichtlich des Inhalts seiner Sorgfaltspflicht andere Maßstäbe anzulegen als an den Geschäftsführer einer kommunalen Elektrizitätsgesellschaft oder eines Handelsunternehmens.

- Das Eingehen bestimmter Risiken gehört zum unternehmerischen Verhalten eines Geschäftsführers. Unangemessene Risiken hat er zu vermeiden[48]. Solange er sich bei seiner Entscheidung an die durch die Art der Geschäfte der Gesellschaft, ihre Größe und ihre geschäftlichen Möglichkeiten gegebenen Grenzen hält und sich damit im Rahmen des

43 *Scholz/U. H. Schneider,* § 43 Anm. 272.
44 Vgl. *Scholz/U. H. Schneider,* § 43 Anm. 271.
45 *Hachenburg/Mertens,* § 43 Anm. 23; *Mertens* in Kölner Kommentar zum AktG, § 93 Anm. 31; *Scholz/U. H. Schneider,* § 43 Anm. 32; *Baumbach/Hueck/Zöllner,* § 43 Anm. 8.
46 *Lutter/Hommelhoff,* § 43 Anm. 17; *Meyer/Meulenbergh/Beuthien,* § 34 Anm. 10; *Scholz/U. H. Schneider,* § 43 Anm. 32/33.
47 *Hachenburg/Mertens,* § 43 Anm. 23; *Roth,* § 43 Anm. 2.1.; *Scholz/U. H. Schneider,* § 43 Anm. 76.
48 *Hachenburg/Mertens,* § 43 Anm. 23, 32; *Scholz/U. H. Schneider,* § 43 Anm. 80.

normalen unternehmerischen Wagnisses bewegt, kann ihm eine Verletzung der Sorgfaltspflicht nicht vorgeworfen werden, wenn das Geschäft nicht zum Erfolg führt. Ihn trifft *keine Erfolgshaftung*[49].

Das kann die Gesellschafter natürlich nicht daran hindern, den Geschäftsführer ohne jede Begründung gem. § 38 abzuberufen[50]. Ist eine Abberufung nur aus wichtigem Grund möglich, so genügt es, insbesondere, wenn der Geschäftsführer verschiedentlich „Pech" gehabt hat, wenn die Gesellschafter kein Vertrauen mehr zu ihm haben und ihnen daher die Aufrechterhaltung seiner Amtstätigkeit nicht mehr zugemutet werden kann. Die Gesellschafter wollen eben Geschäftsführer, die Glück haben. Gegen diese sog. „faktische Erfolgshaftung"[51] ist kein Geschäftsführer gefeit. Wer ein solches Risiko nicht eingehen will, darf eben nicht Geschäftsführer werden.

Roth bietet dem Geschäftsführer als „Korrektiv" für das Maß seiner Risikobereitschaft „das mit dem Unternehmensinteresse gleichlaufende Eigeninteresse an gesichertem wirtschaftlichen Erfolg" an[52]. Ob dies ein brauchbarer Maßstab ist, erscheint zweifelhaft. Bei einem seiner Natur nach vorsichtigen Geschäftsführer wird die Entscheidung darüber, ob er seiner Sorgfaltspflicht genügt, ganz anders ausfallen als bei einem besonders risikobereiten. Für die Praxis brauchbarer erscheint die Formulierung von *Zöllner:*

> „Je höher möglicher Schaden (. . .), um so niedriger muß (die) Wahrscheinlichkeit eines Schadenseintritts sein[53]."

- Eine Pflichtverletzung des Geschäftsführers liegt, auf eine kurze Formel gebracht, dann vor, wenn er bei der Führung seiner Geschäfte gegen die allgemein anerkannten, praktisch bewährten betriebswirtschaftlichen Erkenntnisse und Erfahrungen verstößt[54].

Dies mag einleuchtend scheinen. Doch muß man wissen, daß die Mehrzahl der Geschäftsführer wenig damit anfangen kann. 80–90% der Geschäftsführer haben nicht Betriebswirtschaft studiert. Ihnen sind die „gesicherten Erkenntnisse" und „bewährten Erfahrungen unternehmerischen Verhaltens", mit denen der Geschäftsführer auch ohne wissen-

49 Vgl. S. 74 ff.
50 Vgl. S. 208.
51 Dazu *Heisse,* S. 42 f.
52 *Roth,* § 43 Anm. 2.2(e).
53 *Baumbach/Hueck/Zöllner,* § 43 Anm. 15.
54 *Hachenburg/Mertens,* § 43 Anm. 30; *Meyer/Meulenbergh/Beuthien,* § 34 Anm. 7, 8, 10; *Lang/Weidmüller,* § 34 Anm. 17; *Müller,* § 34 Anm. 34. *Scholz/U. H. Schneider,* § 43 Anm. 70, verlangt, „daß sich die Leitungsentscheidungen und deren Durchführung innerhalb der Grenzen der gesicherten Erkenntnisse und bewährten Erfahrungen unternehmerischen Verhaltens halten".

schaftliche Ausbildung zum Betriebswirt vertraut sein muß[55], weitgehend nicht bekannt.

- Der Geschäftsführer verhält sich pflichtwidrig, wenn er eine Entscheidung trifft, die ohne den Einsatz eines fachkundigen Beraters nicht hätte getroffen werden dürfen[56].
- Darüber hinaus werden die Geschäftsführer durch die Forderung verunsichert, daß sie ihre Geschäftsführung nach dem neuesten Stand der Rechtsprechung ausüben müssen, um ihrer Sorgfaltspflicht zu genügen[57]. Nun ist keinesfalls zu leugnen, daß das Richterrecht bedeutsame Ergebnisse in der Weiterentwicklung des Rechts für die GmbH gebracht, mangelhafte Gesetze verbessert und auch für die Betroffenen annehmbares Recht geschaffen hat. Ulmer hat dies an eindrucksvollen Beispielen auf dem Heidelberger Rechtstag im Mai 1986 dargelegt[58]. Aber wie sieht die Praxis angesichts der Forderung aus, daß ein Geschäftsführer dem neuesten Stand der Rechtsprechung gemäß zu verfahren habe?
  - Die etwa 750 000 Geschäftsführer sind zum größten Teil keine Juristen.
  - Sie sind in den meisten Fällen nicht einmal über die Bestimmungen des GmbH-Gesetzes und deren kommentarmäßige Auslegung informiert. Soweit sie Kommentare besitzen, verstehen sie nicht, mit ihnen umzugehen. Sie haben nie ein juristisches Lehrbuch in der Hand gehabt und sind daher nicht in der Lage, juristischen Ausführungen in ihren Feinheiten zu folgen. Das kann man ihnen nicht zum Vorwurf machen.
  - Und wie steht es tatsächlich mit der Kenntnis der höchstrichterlichen Rechtsprechung? Dafür nur einige Beispiele aus den Diskussionen des Verfassers mit GmbH-Geschäftsführern:

    Die Entscheidung des Bundesgerichtshofs vom 13. 10. 1985, daß ein in Anspruch genommener Geschäftsführer sich nicht auf das Mitverschulden eines seiner Kollegen als anspruchsmindernd berufen kann, sondern im Verhalten zur GmbH mit diesem zusammen eine Haftungsgemeinschaft bildet und gesamtschuldnerisch für den gesamten Schaden haftet, war von 100 Geschäftsführern einem einzigen bekannt[59].

    Das für die Praxis hochbedeutsame Urteil des Bundesfinanzhofs vom 26. 3. 1984, wonach bei Geschäftsverteilung eine „zumindest schriftliche" Aufteilung vorliegen muß und „jede einzelne Aufgabe" in dem Geschäfts-

55 So *Scholz/U. H. Schneider*, § 43 Anm. 70, 76.
56 BGH vom 14. 2. 1985, AG 1985, 165; dazu S. 183 f.
57 Vgl. dazu den instruktiven praxisnahen Aufsatz von *Claussen*, Der GmbH-Geschäftsführer und das Richterrecht, GmbHR 1987, 37 ff.
58 S. dazu auch *Ulmer*, GmbHR 1990, 429.
59 Vgl. S. 16 ff.

bereich eines Geschäftsführers ausgewiesen sein muß[60], kannte keiner der 100 Geschäftsführer.

Das grundlegende Urteil des Bundesgerichtshofs vom 20. 5. 1985[61], nach dem im Gegensatz zur bisherigen Rechtsprechung der Geschäftsführer keinen Rechtsanspruch auf Entlastung hat, was für diesen schwere wirtschaftliche Nachteile haben kann, war den 100 Geschäftsführern ebenfalls unbekannt.

Die für die Abberufung eines Gesellschafter-Geschäftsführers aus wichtigem Grund bei gleich hoher Beteiligung grundlegende Entscheidung des Bundesgerichtshofs vom 20. 12. 1982[62] war im Jahr 1986 keinem der anwesenden Gesellschafter-Geschäftsführer bekannt.

Diese Beispiele könnten bezüglich neuerer Entscheidungen beliebig vermehrt werden.

- Die Geschäftsführer geben offen zu, daß sie, auch wenn sie die eine oder andere Zeitschrift, wie z. B. die GmbH-Rundschau, halten, die hier abgedruckten Urteile gewöhnlich nicht einer exakten Durchsicht unterziehen, weil ihnen die juristische Denk- und Ausdrucksweise fremd ist. Sie werden es auch in Zukunft nicht tun. Sie haben darüber hinaus bei ihrer umfangreichen Geschäftsführertätigkeit auch gar nicht die Zeit, sich eingehend mit Rechtsfragen zu beschäftigen.
- Der umfassenden „Verrechtlichung" der Unternehmensleitung[63] stehen die Geschäftsführer weitgehend hilflos gegenüber.

  Weist man sie neben den zivilrechtlichen auf die strafrechtlichen Folgen hin, so bekommt man vielfach zur Antwort:

  „Ich stehe mit einem Bein im Gefängnis.
  Das gehört zum Berufsrisiko."
- Was aber kann man ihnen raten, um bei daraus entstehenden Fehlentscheidungen der persönlichen Haftung zu entgehen? Der einfachste Weg ist, einem im Gesellschaftsrecht sowie der Organisation und Führung eines Unternehmens *versierten Anwalt* einen ständigen Auftrag zu geben, die Geschäftsführung über die Entscheidungen der obersten Gerichte zu informieren und mit ihr die Konsequenzen für ihre Geschäftsführung zu besprechen.

  Bei größeren Gesellschaften kann es sich lohnen, einen Juristen einzustellen, dem gleichzeitig noch eine andere Aufgabe, z. B. das Personalwesen, mit übertragen wird. Auf keinen Fall können die Ge-

60 Vgl. S. 17 f.
61 Vgl. S. 202.
62 Vgl. S. 228.
63 *U. H. Schneider,* Gesellschaftsrechtliche und öffentlich-rechtliche Anforderungen an eine ordnungsgemäße Unternehmensorganisation, DB 1993, 1909 ff., *ders.,* FS „100 Jahre GmbH-Gesetze", S. 473 ff.

schäftsführer die Fortentwicklung der Rechtsprechung sowie die frappierende Zunahme ihrer öffentlich-rechtlichen Pflichten mit den sich daraus ergebenden Konsequenzen für ihre Geschäftsführertätigkeit ignorieren und sich auf den Standpunkt stellen, eventuelle Haftungsfolgen gehörten zu ihrem Berufsrisiko. Das kann sie zivil- wie strafrechtlich teuer zu stehen kommen.

Aufgabe eines solchen Fachmannes wäre es, zunächst festzustellen, inwieweit der Geschäftsführer den bestehenden, insbesondere den öffentlich-rechtlichen, Pflichten in ihrer Auswirkung auf die Organisation und die Führung des Unternehmens Rechnung getragen hat. Wer einen solchen Prozeß einmal verfolgt hat, weiß, daß man dabei gewöhnlich auf einen Abgrund gröbster Fahrlässigkeit von seiten des Geschäftsführers stößt.

- Zur Tätigkeit des Geschäftsführers als eines pflichtbewußten Unternehmers gehört es auch, daß er sich kreativ verhält und seinen Geschäftsbereich nicht lediglich verwaltet[64].

  Dies wird gewöhnlich keineswegs so ernst genommen wie es im Interesse des Unternehmens notwendig wäre. Hängt doch die Zukunft des Unternehmens weitgehend von der Kreativität seiner Führung ab.

- Die Sorgfaltspflicht gilt nicht nur hinsichtlich der von dem Geschäftsführer zu treffenden Entscheidungen, sondern auch für seine Beratung gegenüber den Gesellschaftern oder einem etwa bestehenden Aufsichtsrat[65].
- Die Sorgfaltspflicht des Geschäftsführers erstreckt sich darüber hinaus auf die ordnungsgemäße Wahrnehmung seiner Vorgesetztenpflichten und damit seiner Führungsaufgaben[66].
- Zur Sorgfaltspflicht gehört auch die Wahrung des fairen Zusammenspiels mit seinen Geschäftsführer-Kollegen[67] sowie loyales Verhalten gegenüber der Gesellschaft.
- Kein Geschäftsführer kann sich bei einer Verletzung seiner Sorgfaltspflicht auf seine Unerfahrenheit oder sein Alter berufen oder darauf, daß er nur mangelnde Kenntnis von den bestehenden Rechtsvorschriften oder deren materiellem Inhalt gehabt habe[68]. Die Anforderungen, die an ihn zu stellen sind, hängen nicht von „seinen individuellen

64 Vgl. S. 329 ff.
65 Vgl. *Scholz/U. H. Schneider,* § 38 Anm. 51; § 43 Anm. 113 sowie S. 81 ff. dieses Buches.
66 Vgl. S. 97 ff.
67 Vgl. S. 51 ff.
68 *Hachenburg/Mertens,* § 43 Anm. 56; *Scholz/U. H. Schneider,* § 43 Anm. 165; *Baumbach/Hueck/Zöllner,* § 43 Anm. 10.

Fähigkeiten" ab[69]. Sein Verschulden liegt in der Annahme des Amtes oder, wenn die Unfähigkeit später eintritt, in seiner Beibehaltung[70].

Ebensowenig kann sich nach h. M. ein Geschäftsführer darauf berufen, daß er wegen mangelnder Eignung von der Gesellschafterversammlung falsch ausgewählt sei oder diese ihrer Überwachungspflicht nicht oder nur unzureichend genügt habe[71]. Jedoch kann bei der Bemessung der Höhe der Haftsumme im Innenverhältnis ein Mitverschulden der Gesellschafter geltend gemacht werden (§§ 254, 426 BGB)[72].

- Die Sorgfaltspflicht eines Geschäftsführers besteht unabhängig davon, ob er besoldet ist oder nicht, ob ein Anstellungsvertrag vorliegt oder nicht[73] oder ein solcher sich als rechtswidrig erweist.

III. Möglichkeiten vertraglicher Haftungsminderung

Darüber, ob die im § 43 Abs. 1 ausgesprochene Haftung eines Geschäftsführers zwingend ist, also weder im Anstellungsvertrag noch durch Gesellschaftsbeschluß oder den Gesellschaftsvertrag gemildert und der Geschäftsführer etwa von der Haftung für einfache, nicht grobe, Fahrlässigkeit freigestellt werden kann, besteht keine einheitliche Rechtsauffassung. Eine vertragliche Haftungsmilderung wird weitgehend mit der Begründung abgelehnt[74], die Pflicht des Geschäftsführers, mit der Sorgfalt eines ordentlichen und gewissenhaften Geschäftsleiters zu handeln, liege sowohl im Interesse aller Gesellschafter, insbesondere der Gesellschafterminderheit, als auch des allgemeinen Rechtsverkehrs und könne daher nicht „zur Disposition der Gesellschafter" gestellt werden. Die Vorschrift des § 43 Abs. 1 ist hiernach *zwingender Natur*[75].

Demgegenüber wird von *Zöllner* geltend gemacht, der Haftungsmaßstab des § 43 Abs. 1 passe nicht für alle Fälle, „Anpassung an besondere Verhältnisse" müsse möglich sein[76]. *U. H. Schneider* weist darauf hin, daß die Einhaltung der Grundregeln ordnungsgemäßer Unternehmensführung

69 *Hachenburg/Mertens,* § 43 Anm. 23.

70 *Meyer/Meulenbergh/Beuthien,* § 34 Anm. 11.

71 *Baumbach/Hueck/Zöllner,* § 43 Anm. 25.

72 Vgl. *Baumbach/Hueck/Zöllner,* § 43 Anm. 25.

73 *Scholz/U. H. Schneider,* § 43 Anm. 12.

74 So *Lutter/Hommelhoff,* § 43 Anm. 2, 3, 18; *Hachenburg/Mertens,* § 43 Anm. 12, 56, läßt jedoch eine Differenzierung nach Pflichtbereichen zu; *Feine,* Die Gesellschaft mit beschränkter Haftung, S. 498; *Eder,* in GmbH-Handbuch I Anm. 599.15; *Voormann,* Die Stellung des Beirats im Gesellschaftsrechts, S. 212; *Rowedder,* § 43 Anm. 4.

75 *Hachenburg/Mertens,* § 43 Anm. 12; *Bastuck,* Enthaftung des Managements, S. 90 ff., mit eingehender Begründung.

76 *Baumbach/Hueck/Zöllner,* § 43 Anm. 6.

in erster Linie dem Schutz der Gesellschafter diene. Darauf könnten jedoch die Gesellschafter verzichten und rechtsgeschäftlich die Haftung des Geschäftsführers mildern[77].

Dies mit Recht. Jedoch können die Gesellschafter nicht die Haftung für Maßnahmen mildern, durch die gegen die guten Sitten (§ 826 BGB) oder gegen die im öffentlichen Interesse liegenden gesetzlichen Vorschriften verstoßen wurde[78]. Dies stellt der Bundesfinanzhof hinsichtlich der Haftung des Geschäftsführers für Steuerschulden in seinem Urteil vom 26. 4. 1984 ausdrücklich fest. Hier heißt es:

> „. . . die Gesellschaft selbst ist nicht in der Lage, sie (die Geschäftsführer) im Gesellschaftsvertrag oder durch Beschluß einer Gesellschafterversammlung von der Sorgfalt eines ordentlichen Geschäftsmannes zu dispensieren."

Der Ansicht *Bastucks*, die Frage, ob Haftungserleichterung oder nicht, sei ein Streit unter Juristen, denn „ein praktisches Bedürfnis für solche Haftungserleichterungen besteht kaum"[79], kann keinesfalls beigepflichtet werden. Sie hat im Gegenteil für den Fremdgeschäftsführer wie für den Gesellschafter-Geschäftsführer große Bedeutung. Gehen doch die Finanzbehörden und die Sozialversicherungsträger in verstärktem Maße dazu über, die Ansprüche der Gesellschaft gegen die Geschäftsführer zu pfänden. Im Konkurs der Gesellschaft macht der Konkursverwalter den Anspruch der Gesellschaft geltend, wenn der Gesellschaft (nicht den Gläubigern) durch das Verhalten des Geschäftsführers ein Schaden entstanden ist[80]. Der Geschäftsführer verliert dann sein in die Gesellschaft eingebrachtes Vermögen und dazu sein Privatvermögen.

Inwieweit sich allerdings eine Haftungserleichterung bei den Gesellschaftern durchsetzen läßt, ist eine andere Frage. Für leichte Fahrlässigkeit bestehen hier erfahrungsgemäß keine ernsthaften Schwierigkeiten, wenn man den Gesellschaftern verständlich zu machen versteht, was leichte Fahrlässigkeit beinhaltet.

Anders ist die Situation beim Verzicht auf die Haftung für einfache Fahrlässigkeit. Hier wird von den Gesellschaftern vielfach eingewandt, dies würde leicht dazu verführen, weniger vorsichtige Geschäftsführer in ihrem Verhalten noch zu bestärken.

---

77 *U. H. Schneider*, Haftungsmilderung für Vorstandsmitglieder und Geschäftsführer bei fehlerhafter Unternehmensleitung?, FS Werner, S. 815; *Fleck*, Zur Haftung des GmbH-Geschäftsführers, GmbHR 1974, 229. Für Haftungsmilderung im begrenzten Umfang *Espey/Bitter*, Haftungsrisiken des GmbH-Geschäftsführers und Absicherungsmöglichkeiten, S. 50; *Sudhoff*, Der Gesellschaftsvertrag der GmbH, S. 220; *Roth*, § 45 Anm. 5.2; dazu eingehend *Heisse*, S. 126 ff.

78 BFH vom 26. 4. 1984 – V R 128/79, 1985, 30 (31).

79 *Bastuck*, Enthaftung des Managements, S. 93.

80 *Scholz/U. H. Schneider*, § 43 Anm. 9.

- Läßt man eine vertragliche Haftungsmilderung zu, so fragt es sich, ob dies im Anstellungsvertrag oder notwendigerweise in der Satzung geschehen muß. Letzteres ist zutreffend. Dies insbesondere unter dem Gesichtspunkt des mittelbaren Gläubigerschutzes, denn nur auf diese Weise können die Gläubiger der Gesellschaft sich über eine Haftungsminderung der Geschäftsführrung sachgerecht informieren[81].

IV. Haftungserleichterung für die berufliche Tätigkeit von Arbeitern und Angestellten – Folgen für die Geschäftsführer

Durch die vom Bundesarbeitsgericht entwickelte Rechtsprechung[82] wurde die Haftung des Arbeitnehmers für Schäden, die er bei seiner beruflichen Tätigkeit für den Arbeitgeber in Ausübung sog. gefahrengeneigter Arbeit fahrlässig verursachte, gemäß den nachstehenden Grundsätzen beschränkt:

- Der Arbeitnehmer haftet nur dann in vollem Umfang, wenn er vorsätzlich oder grob fahrlässig gehandelt hat (z. B. wenn er ein Betriebsfahrzeug unter Alkoholeinfluß führt).
- Eine Haftung des Arbeitnehmers ist ausgeschlossen, wenn ihm nur leichte Fahrlässigkeit zur Last fällt.
- Bei „normaler", i. S. von mittlerer Fahrlässigkeit (§ 276 BGB) ist die Haftung auf einen Teil des Schadens beschränkt, wobei sich die Höhe der von ihm zu tragenden Schadensquote nach den Umständen des jeweiligen Einzelfalls bemißt.

Auf Grund einer erzielten Übereinstimmung zwischen Bundesarbeitsgericht und Bundesgerichtshof ist die Beschränkung der Haftungserleichterung auf sog. gefahrengeneigte Arbeit (Kraftfahrer, Maschinenführer etc.) weggefallen. Die Haftungserleichterung erstreckt sich nunmehr auf jede berufliche Tätigkeit von Arbeitern und Angestellten[83].

Wie aber steht es mit der Haftungserleichterung für Organmitglieder, also die Geschäftsführer von GmbHs? Haben diese doch, wie *U. H. Schneider* richtig festgestellt hat, vielfach Entscheidungen zu treffen, bei denen das

81 *Baumbach/Hueck/Zöllner,* § 43 Anm. 6; a. A. *U. H. Schneider,* Haftungsmilderung für Vorstandsmitglieder und Geschäftsführer bei fehlerhafter Unternehmensleitung?, FS Werner, S. 814, weist darauf hin, „daß eine rechtsgeschäftliche Haftungsmilderung ohnehin nur in den Bereichen zulässig ist, in denen der Gläubigerschutz gegenüber dem Gesellschafterschutz zurücksteht". Deshalb reiche eine Vereinbarung im Anstellungsvertrag aus.

82 Vgl. dazu *Otto,* Gutachten für den 56. Deutschen Juristentag, München, 1986, S. 16 ff.

83 Beschluß v. 16. 12. 1993 – GmS – OGB 1/93.

Risiko einer Fehlentscheidung, insbesondere bei Druck- und Krisensituationen, ungewöhnlich hoch ist und durch leichte Fahrlässigkeit einen überdimensionalen Schaden anrichten kann, der in keinem Verhältnis zu ihren Bezügen steht[84].

Wohlgemuth hat darauf aufmerksam gemacht, daß der maßgebliche Beweggrund für die Haftungserleichterung nicht die Gefährlichkeit der Arbeit als solche sei, sondern die Unvollkommenheit der menschlichen Natur[85]. Auch Geschäftsführer sind als Menschen unweigerlich mit dem gleichen „Naturdefekt" behaftet und können folglich selbst bei Anwendung der gebotenen Sorgfalt nicht dauernd fehlerfrei arbeiten.

Schließt man die Geschäftsführer von der Beschränkung der Haftung aus, so steht man vor der Situation, daß man dem „Naturdefekt" eines Angestellten Rechnung trägt und ihm die Beschränkung der Haftung zubilligt. Rückt er aber zum Geschäftsführer auf, so soll dies plötzlich nicht mehr gelten. Vom Geschäftsführer wird angenommen, daß er quasi wie ein Übermensch sein ganzes Berufsleben hindurch jegliche Fahrlässigkeit vermeiden kann. Andernfalls muß er im Ernstfall mit seinem ganzen Vermögen haften.

Das gebietet angeblich der § 43 GmbHG, der dem Gläubigerschutz dient und die Geschäftsführer zu besonderer Sorgfalt anhalten soll[86]. Seine Präventivwirkung werde in Frage gestellt, wenn den Geschäftsführern Haftungserleichterung gewährt würde.

Dieses Argument erscheint jedoch nicht stichhaltig. Tatsächlich wird der Geschäftsführer im betrieblichen Alltag nicht so sehr durch die Angst vor der drohenden Haftung zu der gewünschten Sorgfalt angehalten als vielmehr durch den Wunsch, seine Position nicht zu gefährden, die meist für ihn die Existenzgrundlage darstellt.

Im Ergebnis wäre festzustellen, daß die allgemeine Haftungserleichterung für Arbeitnehmer ohne Bedenken auch auf Geschäftsführer anzuwenden ist.

V. Die Entlastung der Geschäftsführer

Entlastung bedeutet Billigung der Geschäftsführung für die Vergangenheit und Ausspruch des Vertrauens für die Zukunft[87]. Die Entlastung kann sich auf alle Geschäftsführer erstrecken, aber auch den einen oder anderen ausschließen.

84 *U. H. Schneider,* a. a. O., S. 796.

85 *Wohlgemuth,* Die Arbeitnehmerhaftung im Wandel, DB 1991, 919.

86 Vgl. dazu die übersichtliche Zusammenstellung der Gründe für die Ablehnung der Beschränkung der Haftung der Geschäftsführer mit entsprechenden Literaturhinweisen bei *Heisse,* S. 55 ff.; *Bastuk,* Enthaftung des Managements, S. 82 ff.

87 So BGH v. 20. 5. 1985; BGHZ 294, 324 (327).

1. Befreiung der Geschäftsführer von der Ersatzpflicht

Die Geschäftsführer sind entlastet, d. h. von der Ersatzpflicht befreit, wenn

- ihre Handlung von den Gesellschaftern vorher oder nachträglich durch Gesellschafterbeschluß gebilligt worden ist.

  Das gleiche gilt, wenn die Gesellschafter, obwohl sie die Handlung der Geschäftsführer kannten, nichts dagegen unternahmen, also geschwiegen haben, wo sie hätten handeln müssen, so daß ihr Verhalten einem Gesellschafterbeschluß gleichzusetzen ist[88];
- die Entlastung der Geschäftsführer durch Gesellschafterbeschluß (§ 46 Nr. 5) erfolgt ist. Dies unter der Voraussetzung, daß die Gesellschafter über die Tatsachen informiert waren, aus denen sich die Ersatzansprüche gegen die Geschäftsführer ergeben konnten[89];
- eine rechtlich bindende Weisung der Gesellschafter durch Gesellschafterbeschluß, vom Aufsichtsrat oder einem Beirat erteilt worden ist, dem die Gesellschafter diese Befugnis eingeräumt haben;
- die Fehlentscheidung der Geschäftsführer darauf beruhte, daß die Gesellschafter es unterließen, die Geschäftsführer über ihre Zielvorstellungen oder sonstige für ein ordnungsmäßiges Handeln der Geschäftsführer notwendige Tatsachen zu informieren *(Informationsverschulden* auf seiten der Gesellschafter);
- die Unterlassung ordnungsgemäßer Kontrolle des Mitarbeiters, dessen Fehlentscheidung die Gesellschaft schädigte, auf die von den Gesellschaftern zu vertretende Unzulänglichkeit der Organisation zurückzuführen war, die eine solche Überlastung des Geschäftsführers zur Folge hatte, daß er seine Vorgesetztenaufgabe nicht pflichtgemäß erfüllen konnte *(Organisationsverschulden* auf seiten der Gesellschafter);
- die Gesellschafter, die sich die Zustimmung zur Einstellung bzw. Entlassung eines Mitarbeiters vorbehalten haben, diese nicht erteilten, obwohl die Geschäftsführer sie darauf aufmerksam machten, daß sie bei dieser Situation nicht in der Lage seien, die Geschäftsführung mit pflichtgemäßer Sorgfalt zu gewährleisten *(Auswahlverschulden* auf seiten der Gesellschafter);
- eine Weisung nicht durch Gesellschafterbeschluß, sondern durch einen Gesellschafter, der glaubt, im Sinne der Gesellschaft zu handeln, oder durch den Mehrheitsgesellschafter erfolgte[90];

---

88 *Roth,* § 43 Anm. 5.1.

89 *Hachenburg/Schilling,* § 46 Anm. 23 f.; *Roth,* § 46 Anm. 6.3.1.; *Lutter/Hommelhoff,* § 46 Anm. 14.

90 So *Scholz/U. H. Schneider,* § 43 Anm. 97; a. A. *Höhn,* S. 3 dieses Buches.

- eine Weisung der Gesellschafter nicht befolgt wurde, die öffentlich-rechtlichen, der Gesellschaft obliegenden Geboten oder Verboten widerspricht;
- eine Weisung anfechtbar war, der ihr zugrundeliegende Beschluß aber unanfechtbar wurde, weil die Frist zur Anfechtung abgelaufen war und die Geschäftsführer daher zur Befolgung der Weisung verpflichtet waren[91].

Eine bedeutsame Rolle spielt heute die Behandlung von Schmiergeldern, Bestechungen und überhöhten Vermittlungsprovisionen im In- und Ausland[92].

- Richtig ist es, daß der Geschäftsführer durch derartige Zahlungen an Beamte oder Angestellte im öffentlichen Dienst im Inland gegen geltendes Recht verstößt und damit zugleich seine Pflicht gegenüber der Gesellschaft verletzt, denn er hat sich so zu verhalten, daß die Gesellschaft bei ihren Geschäften rechtmäßig handelt[93].
- Bestechungsgelder an ausländische Amtsträger werden ebenfalls als sittenwidrig betrachtet mit der Folge, daß der Geschäftsführer, der diese „Schmiergeldzahlungen" aus eigener Tasche geleistet hat, keine Erstattung nach § 76 BGB von der Gesellschaft verlangen kann.
- Nur ausnahmsweise soll „in exotischen Ländern" eine *Zahlung dann gerechtfertigt sein, wenn die* Gesellschaft auf die Handlung einen Anspruch hat, z. B. die Ausstellung der Zoll- und Einladepapiere, Baugenehmigungen, Zahlung der vereinbarten Kaufpreise, diese Leistungen aber nur erbracht werden, wenn ein entsprechendes „Schmiergeld" gezahlt wird. Das soll auch für die Vergabe eines Auftrags, etwa im Rahmen einer Ausschreibung, gelten und keine Pflichtverletzung darstellen[94].

  Die Beschränkung auf die sog. „exotischen Länder" ist heute fragwürdig geworden. Auch in im klassischen Sinne nicht exotischen Ländern scheint sich die Praxis, mit „Schmiergeldern" zu arbeiten, immer mehr auszubreiten. Wer sich davon ausschließen will, läuft Gefahr, nicht mehr konkurrenzfähig zu sein. Im übrigen sind Bestechungsgelder, die von den Unternehmen gezahlt werden, trotz aller Ablehnung der Korruption nach wie vor als „nützliche Abgabe" steuerlich absetzbar (dazu „Die Welt" v. 23. 9. 94, Nr. 223-38, S. 1).

---

91 *Scholz/U. H. Schneider,* § 43 Anm. 101.

92 *Baumbach/Hueck/Zöllner,* § 43 Anm. 13; *Scholz/U. H. Schneider,* § 43 Anm. 68; *Roth,* § 43 Anm. 2.2., verhält sich im Prinzip ablehnend, vertritt jedoch den Standpunkt, daß „bei zweifelhafter Rechtslage der Geschäftsführer den für die GmbH günstigeren Standpunkt einnehmen darf".

93 *Scholz/U. H. Schneider,* § 43 Anm. 68.

94 *Scholz/U. H. Schneider,* ebenda; *Baumbach/Hueck/Zöllner,* § 43 Anm. 14.

Dagegen sind die Geschäftsführer nicht entlastet, wenn

- ein Mitglied der Gesellschafterversammlung, sei es auch dasjenige, das tatsächlich den größten Einfluß besitzt, eine Weisung gegeben hat, die nicht durch einen Gesellschafterbeschluß gedeckt war[95]. Die Geschäftsführer hätten sich durch Rückfrage vergewissern müssen, ob ein Gesellschafterbeschluß vorlag[96];
- die Geschäftsführer sich an eine Weisung der Gesellschafter hielten, die den Freiraum der Geschäftsführer betrifft und daher für sie nicht bindend war[97];
- die Geschäftsführer eine Weisung *veranlaßt* haben, ohne die Gesellschafter pflichtgemäß auf das damit verbundene hohe Risiko hinzuweisen, und damit ihrer Beratungspflicht[98] zuwiderhandelten (Beratungsverschulden) oder verschwiegen haben, daß sie selbst persönliches Interesse an der Weisung besaßen[99];
- die Geschäftsführer eine mit erkennbar unvertretbarem Risiko verbundene Weisung der Gesellschafter befolgt haben, ohne daß sie die Gesellschafter darauf aufmerksam gemacht hatten (Beratungsverschulden);
- die Geschäftsführer eine von den Gesellschaftern gegebene Weisung weiterhin befolgt haben, obwohl sich die Verhältnisse grundlegend geändert haben, ohne die Gesellschafter darauf hinzuweisen und um eine Überprüfung der Entscheidung zu bitten (Beratungsverschulden)[100];
- die Geschäftsführer eine Weisung der Gesellschafter befolgten, die gegen zwingende, im öffentlichen Interesse oder zum Schutz der Gläubiger erlassene Vorschriften oder „gegen die guten Sitten" (§ 826 BGB) verstieß und daher nichtig war;
- die Geschäftsführer Weisungen des Aufsichtsrats, dem lediglich Überwachungsaufgaben zustanden, nachkamen, obwohl sie dazu nicht verpflichtet waren[101];
- durch die Zustimmung des Aufsichtsrats zu zustimmungspflichtigen Geschäften[101a].

---

95 *Baumbach/Hueck/Zöllner,* § 43 Anm. 22.

96 *Espey/Bitter,* Haftungsrisiken des GmbH-Geschäftsführers und Absicherungsmöglichkeiten, S. 55; *Scholz/U. H. Schneider,* § 43 Anm. 97; *Hachenburg/Mertens,* § 43 Anm. 69; *Baumbach/Hueck/Zöllner,* § 43 Anm. 22.

97 Vgl. dazu S. 35.

98 Vgl. zur Beratungspflicht S. 88 ff.

99 *Scholz/U. H. Schneider,* § 43 Anm. 96.

100 *Hefermehl,* FS Schilling, 1973, S. 172; *Scholz/U. H. Schneider,* § 43 Anm. 95.

101 Vgl. BGH vom 18. 3. 1974 – II ZR 2/72, NJW 1974, 1089.

101a Dazu S. 293.

2. Kein Rechtsanspruch der Geschäftsführer auf Entlastung

Nach der bisher herrschenden Meinung bestand ein Anspruch eines Geschäftsführers auf Entlastung, den er mit der Leistungsklage durchsetzen konnte[102], wenn bei sorgfältiger Prüfung Pflichtverletzungen weder bekannt noch erkennbar waren und damit die Voraussetzungen für die Entlastung vorlagen.

Der Bundesgerichtshof hat in seinem Urteil vom 20. 5. 1985[103] eine Entscheidung der Vorinstanzen, die dieser Ansicht folgten, aufgehoben und zur Begründung angeführt:

- Entlasten die Gesellschafter den Geschäftsführer, so „billigen" sie damit dessen „Amtsführung für die Dauer der zurückliegenden Entlastungsperiode und sprechen ihm gleichzeitig für die künftige Geschäftsführung ihr Vertrauen aus", es sei denn, daß nur eine Entscheidung für die Vergangenheit gewollt ist.
- Die Entlastung hat weiterhin zur Folge, daß „die GmbH mit Ersatzansprüchen und Kündigungsgründen ausgeschlossen ist, die der Gesellschafterversammlung bei sorgfältiger Prüfung aller Vorlagen und Berichte" zum Zeitpunkt der Entlastung „erkennbar sind, oder von denen alle Gesellschafter privat Kenntnis haben".
- „Die Aufgabe dieser Rechte kann der Geschäftsführer von der Gesellschaft ebensowenig fordern wie (. . .) die Billigung der bisherigen und das Vertrauen in die künftige Geschäftsführung. Soweit es um dieses Vertrauen geht, versteht sich von selbst, daß es nicht erzwungen werden kann."
- „Aber auch die Geschäftsführung der zurückliegenden Entlastungsperiode wird nicht nur danach beurteilt, ob der Geschäftsführer in den Angelegenheiten der Gesellschaft die Sorgfalt eines ordentlichen Geschäftsmannes angewandt (§ 43 Abs. 1 GmbHG) und über sie ordnungsgemäß Rechnung abgelegt hat; die Gesellschafterversammlung befindet, wenn sie den Geschäftsführer entlastet, auch darüber, ob dieser innerhalb der Grenzen, die Gesetz, Satzung oder Einzelanweisung seiner unternehmerischen Entscheidungsfreiheit und Verantwortung ziehen, seine unternehmerischen Entscheidungen zweckmäßig getroffen, ob er – mit anderen Worten – bei der Führung des Unternehmens eine ‚glückliche Hand' gehabt hat.

  Bei der Beurteilung dieser Frage hat die Gesellschafterversammlung eine breite Spanne des Ermessens, die es ihr erlaubt, die Entlastung zu

102 Dies unter Berufung auf RG 89, 396; *Baumbach/Hueck/Zöllner,* § 46 Anm. 29; *Roth,* § 46 Anm. 6.3.3.; *Lutter/Hommelhoff,* § 46 Anm. 15.

103 II ZR 165/84, GmbHR 1985, 356 ff.

erteilen oder zu verweigern, ohne gegen das Gesetz zu verstoßen." Daher hat auch der Geschäftsführer nicht die Möglichkeit, „die innerhalb des Ermessensrahmens liegende Versagung gerichtlich nachprüfen zu lassen."

Dies gilt auch, „wenn die Entlastung aus offenbar unsachlichen Gründen, also willkürlich, verweigert wird. Darin läge zwar eine Verletzung des Dienstverhältnisses, die den Geschäftsführer zur Niederlegung seines Amtes, zur fristlosen Kündigung und zum Schadensersatz (§ 628 BGB) berechtigen könnte; eine Klage auf fehlerfreie Ausübung des Ermessens und damit auf Entlastung kommt aber auch in diesen Fällen nicht in Betracht . . .".

Soweit die Entscheidung des Bundesgerichtshofs[104].

Zu beachten:
Die Verweigerung der Entlastung
- beinhaltet keine Abberufung;
- sie bildet als solche auch keinen wichtigen Grund zur Abberufung.

Die Verweigerung des Rechts auf Entlastung kann für den Geschäftsführer schwere wirtschaftliche Nachteile haben.

Beispiel:
Der Geschäftsführer einer GmbH, der bei einer Bank um einen Kredit zum Bau eines Einfamilienhauses nachsuchte, erhielt den Bescheid, der Kredit würde ihm unter der Bedingung gewährt, daß die Entlastung von seiten der Gesellschafter für die Zeit seiner bisherigen Geschäftsführung erfolge, womit klargestellt sei, daß keinerlei Ersatzansprüche der Gesellschaft wegen seiner bisherigen Geschäftsführung bestünden. Er besprach dies mit seinem Anwalt. Dieser riet ihm den Gesellschaftern alle Unterlagen vorzulegen, aus denen sich bei sorgfältigster Prüfung ergebe, daß von seiner Seite keinerlei Pflichtverletzungen vorlägen. Da er bei dieser Sachlage einen Rechtsanspruch auf Entlastung habe, würden die Gesellschafter nicht zögern, ihm diese zu erteilen, nötigenfalls könne er mit Erfolg auf Entlastung klagen. Dementsprechend solle er die Bank informieren. –
Dem Anwalt war anscheinend nicht bekannt, daß der Bundesgerichtshof in seinem Urteil vom 20. 5. 1985 einen Rechtsanspruch des Geschäftsführers auf Entlastung verneint hat. Hiernach ist der Geschäftsführer auf den guten Willen der Gesellschafter angewiesen, ob sie ihm Entlastung erteilen wollen oder nicht. Dies kann für ihn gegenüber seiner Bank eine recht peinliche Situation werden, die seine Kreditfähigkeit stark zu beeinträchtigen vermag. Die Bank

104 *Zöllner* lehnt diese Entscheidung ab, weil der „Geschäftsführer dadurch der willkürlichen Beurteilung durch die Gesellschafterversammlung überantwortet wird. Entlastungsverweigerung ohne zureichenden Sachgrund ist unzulässige Diskriminierung und damit Verletzung der Treuepflicht der GmbH" (*Baumbach/Hueck/Zöllner,* § 46 Anm. 29).

kann sich sagen, wenn die Gesellschaft die Entlastung verweigert, werden die Gesellschafter schon wissen, warum.
Zwar billigt der Bundesgerichtshof dem Geschäftsführer, wenn ihm die Entlastung aus offenbar unsachlichen Gründen, also willkürlich, verweigert wird, das Recht zu, sein Amt niederzulegen, seinen Anstellungsvertrag fristlos zu kündigen und Schadensersatzansprüche (§ 628 BGB) geltend zu machen. Davon hat unser Geschäftsführer aber nichts. Er will ja bleiben und nicht ausscheiden und einen Schadensersatzprozeß gegen die Gesellschaft führen.

Zu prüfen ist daher, ob man dem Geschäftsführer, dem der Rechtsanspruch auf Entlastung verweigert wird, nicht auf andere Weise helfen und ihm eine Feststellungsklage auf Nichtbestehen von Ersatzansprüchen zubilligen kann. Dazu folgendes:

Jede Feststellungsklage setzt ein Feststellungsinteresse voraus. Dieses Feststellungsinteresse, so betont der Bundesgerichtshof, „ist immer dann zu bejahen, wenn die Gesellschaft sich konkreter Ersatzansprüche gegen den Geschäftsführer berühmt und dieser festgestellt wissen will, daß diese Ansprüche nicht bestehen“[105].

Wie aber, wenn sich die Gesellschaft derartiger Ersatzansprüche nicht „berühmt“, d. h. also nicht zum Ausdruck bringt, daß konkrete Ersatzansprüche bestehen? Dann könnte man ihm auf diesem Wege nicht helfen. Der Geschäftsführer befindet sich damit in einer ausgesprochen schlechten Rechtsposition.

Die Frage ist daher, ob nicht schon aufgrund der Versagung der Entlastung unabhängig davon, ob die Gesellschaft sich eines Anspruchs gegen den Geschäftsführer berühmt oder nicht, ein Feststellungsinteresse des Geschäftsführers auf Nichtbestehen von Ersatzansprüchen gegeben ist. Hier wäre der Ansicht von *K. Schmidt* zu folgen, der von jeher angenommen hat, daß in der Entlastungsklage nichts anderes als eine Feststellungsklage auf Nichtbestehen von Ersatzansprüchen zu sehen sei[106]. Was dem Geschäftsführer durch die Ablehnung der Klage auf Entlastung in vollem Umfang versagt wird, nämlich „die Billigung seiner Geschäftsführung und Ausspruch des Vertrauens für die Zukunft sowie der Erlaß von Ersatzansprüchen der Gesellschaft“, sollte ihm in geringerem Maße durch die Klage auf Feststellung, daß keine Ersatzansprüche bestehen, gewährt werden. Dabei sollte es gleichgültig sein, ob sich die Gesellschafter derartiger Ansprüche berühmen oder nicht.

105 BGHZ 94, 324 = NJW 1986, 121.

106 Vgl. dazu *K. Schmidt*, Entlastung, Entlastungsrecht und Entlastungsklage des Geschäftsführers einer GmbH, ZGR 1978, 425 ff.; ferner die kurzgefaßte Begründung seiner Auffassung bei *Scholz/K. Schmidt*, § 46 Anm. 81; ablehnend *Baumbach/Hueck*, § 46 Anm. 30.

Zu der Frage, ob eine derartige Feststellungsklage zulässig ist, hat der Bundesgerichtshof nicht Stellung genommen, da sie nicht zur Entscheidung anstand. Er hat jedoch zum Ausdruck gebracht, daß es fraglich sei, ob man einer solchen Klage stattgeben könne, „wenn die Gesellschafter die Gründe ihrer ablehnenden Haltung nicht nennen oder nur allgemein auf Ersatzansprüche verweisen, diese aber nicht konkret bezeichnen". Einer Entscheidung dieser Frage wird der Bundesgerichtshof auf die Dauer nicht ausweichen können, da die Geschäftsführer der GmbH ein großes Interesse daran haben, Klarheit darüber zu besitzen, ob ihnen, wenn sie schon mit einer Klage auf Entlastung keinen Erfolg haben werden, mit einer Feststellungsklage auf Nichtbestehen von Ersatzansprüchen in gewissen, wenn auch geringerem Maße geholfen werden kann.

VI. Die Generalbereinigung

Von der Entlastung ist die sog. Generalbereinigung zu unterscheiden. Das Ziel der Entlastung ist, festzustellen, daß die Geschäftsführung ihre Geschäfte mit der Sorgfalt eines ordentlichen und gewissenhaften Geschäftsleiters im Sinne des § 43 Abs. 1 getätigt hat.

Im Gegensatz zur Entlastung geht die Gesellschaft bei der Generalbereinigung von Ersatzansprüchen aus oder hält sie zumindest für möglich und will den betroffenen Geschäftsführer von diesen Ansprüchen freistellen[107].

Die Generalbereinigung erfolgt durch den Abschluß eines *Erlaßvertrags* zwischen Gesellschaft und Geschäftsführer aufgrund eines Gesellschafterbeschlusses, der den Verzicht auf alle denkbaren Ansprüche beinhalten muß, unabhängig davon, ob sie bei Vertragsabschluß erkennbar waren oder nicht.

Über die Bedeutung, die die Generalbereinigung für die Geschäftsführer besitzt, sind sie gewöhnlich nicht informiert, obwohl die Generalbereinigung zumindest bei guter Geschäftslage von den Gesellschaftern leicht zu erlangen ist.

Irrtümlicherweise meinen die Geschäftsführer vielfach, soweit sie überhaupt Kenntnis von der Bedeutung der Generalbereinigung besitzen, daß mit der Billigung der Geschäftsführung etwa in der Gesellschafterversammlung gleichzeitig die Generalbereinigung für das vergangene Jahr erfolgt sei. Typisch dafür ist das folgende

107 *Scholz/K. Schmidt*, § 43 Anm. 103; *Lutter/Hommelhoff*, § 46 Anm. 16; *Rowedder/Koppensteiner*, § 46 Anm. 26.

Beispiel:
Ein Geschäftsführer erklärte:

„Anläßlich der Gesellschafterversammlung im März jedes Jahres pflege ich am Vorabend ein festliches Abendessen für die Gesellschafter mit ihren Frauen und anschließendem Tanz zu geben. Das ist jeweils eine gute Vorbereitung für den nächsten Tag, an dem ich meinen Jahresbericht gebe. In der diesjährigen Gesellschafterversammlung habe ich, nachdem ich zum ersten Mal in einem Seminar etwas von der Generalbereinigung und ihrer Bedeutung für den Geschäftsführer gehört habe, der Gesellschafterversammlung folgendes gesagt:

‚Sie haben eben von mir erfahren, daß der Gewinn unserer Gesellschaft gegenüber dem Vorjahr um 15% gestiegen ist. Dieser Trend wird sich aufgrund der Geschäftsabschlüsse des vergangenen Jahres fortsetzen. Das Ergebnis der ersten zwei Monate bestätigt dies. Ich fühle mich verpflichtet, Ihnen zu sagen, daß ich im vergangenen Jahr bei Geschäften, zu denen ich lt. Satzung Ihre Zustimmung hätte einholen müssen, dies unterlassen habe. Einige dieser Geschäfte bedurften einer raschen Entscheidung. Die Einberufung einer Gesellschafterversammlung mit einem Termin für die nächsten drei Wochen hätte manches dieser Geschäfte in Frage gestellt. Bei anderen zustimmungsbedürftigen Geschäften konnte ich der festen Überzeugung sein, daß Sie mir die Zustimmung nicht verweigern würden, da diese Geschäfte zu verlockend waren. Dementsprechend handelte ich. Der Erfolg gab mir recht.

Ich bitte Sie nunmehr, mir Ihre Zustimmung zu meiner gesamten Geschäftstätigkeit im vergangenen Jahr zu geben. Damit wäre mir dann auch die Generalbereinigung für das vergangene Jahr von Ihnen erteilt.‘

Die Gesellschafter, die von dem Ergebnis meiner Tätigkeit sehr angetan waren, bestätigten mir dies mit andauerndem Händeklatschen. Einer der Herren stand auf und dankte mir im Namen der Anwesenden für das, was ich in diesem Jahr erreicht hatte." –

Dazu ist Folgendes zu sagen:
- Auch mit der einstimmigen Zustimmung der Gesellschafter zur Geschäftsführung des vergangenen Jahres ist noch kein *Erlaßvertrag,* wie ihn die Generalbereinigung vorsieht, zustande gekommen.

Der Geschäftsführer hätte den Gesellschaftern sagen müssen, was unter Generalbereinigung zu verstehen ist, nämlich der Verzicht auf alle denkbaren Ansprüche der Gesellschafter an den Geschäftsführer, unabhängig davon, ob sie bei Vertragsabschluß erkennbar waren oder nicht.
- Des weiteren hätte er die Frage an sie richten müssen, ob sie damit einverstanden seien, und die Gesellschafter hätten einen entsprechenden Beschluß fassen müssen.

Tatsächlich hat der Geschäftsführer die Gesellschafter überrumpelt. Die auf diese Weise zustande gekommene „Generalbereinigung" ist nichtig.

M. Die Abberufung des Geschäftsführers

Bei der Abberufung des Geschäftsführers gilt es zwischen der Abberufung des Fremd- und des Gesellschafter-Geschäftsführers, insbesondere bei einer Zwei-Mann-Gesellschaft, zu unterscheiden.

I. Die Abberufung des Fremdgeschäftsführers

1. Der Grundsatz der freien Abberufbarkeit

- Der Geschäftsführer kann in seiner Eigenschaft als Organ der Gesellschaft „jederzeit" nach freiem Ermessen der Gesellschafter abberufen werden, „unbeschadet der Entschädigungsansprüche aus bestehenden Verträgen" (§ 38 Abs. 1). Es braucht also von seiner Seite keinerlei Verschulden in bezug auf die Geschäftsführung vorzuliegen. Eine Einschränkung der Abberufbarkeit ist nicht im Anstellungsvertrag, sondern nur in der Satzung möglich[1].
- Der Geschäftsführer kann dem Abberufungsbeschluß der Gesellschafter (§ 46 Nr. 5) nicht widersprechen noch ihn gerichtlich anfechten. Der Geschäftsführer befindet sich in der gleichen Situation wie die Mitglieder des Vorstands einer Genossenschaft, hinsichtlich derer § 24 Abs. 3 des Genossenschaftsgesetzes bestimmt:

  > „Ihre Bestellung ist zu jeder Zeit widerruflich".

  Wie die Vorstände einer Genossenschaft nur solange amtieren können, wie sie das Vertrauen der Genossen besitzen, können dies auch die Geschäftsführer einer GmbH nur, solange sie das Vertrauen der Gesellschafter besitzen. Im Hinblick auf die unbeschränkbare Vertretungsmacht des Geschäftsführers nach außen (§§ 35, 37 Abs. 2) ist dies gerechtfertigt.

  Ebenso wie das Vorstandsmitglied einer Genossenschaft befindet sich der Geschäftsführer einer GmbH also in einer schwächeren Position als der Vorstand einer Aktiengesellschaft. Hier muß ein wichtiger Grund für die Abberufung des Vorstands vorliegen. In § 84 Abs. 3 Satz 1 AktG heißt es:

  > „Der Aufsichtsrat kann die Bestellung zum Vorstandsmitglied und die Ernennung zum Vorsitzenden des Vorstands widerrufen, wenn ein wichtiger Grund vorliegt."

---

1 So die herrschende Meinung; vgl. *Baumbach/Hueck/Zöllner*, § 38 Anm. 10.

Aus „offenbar unsachlichen Gründen" kann die Hauptversammlung dem Vorstand nicht das Vertrauen entziehen, den Gesellschaftern ist dies gegenüber den Geschäftsführern möglich.

- Der Geschäftsführer kann auf Feststellung klagen, daß der Abberufungsbeschluß nichtig ist, weil er z. B. die in der Satzung vorgesehene ¾-Mehrheit nicht aufweist oder einer der Gesellschafter nicht an der Beschlußfassung teilgenommen hat, weil er nicht ordnungsgemäß geladen worden war.
- Ebenso wie die Bestellung kann die Abberufung des Geschäftsführers anderen Organen als der Gesellschafterversammlung, z. B. einem einzelnen Gesellschafter, dem Aufsichtsrat oder Beirat, durch die Satzung zugewiesen werden. Letzteres finden wir ständig bei Gesellschaften, deren Gesellschafterzahl besonders groß ist.

  Ist dem Aufsichtsrat bzw. dem Beirat die Bestellung des Geschäftsführers übertragen, so gilt dies im Zweifel auch für die Abberufung[2].

  Bei Funktionsunfähigkeit der durch die Satzung betrauten Organe hat die Gesellschafterversammlung Ersatzkompetenz[3].
- Der Geschäftsführer einer dem Montan-Mitbestimmungsgesetz oder dem Mitbestimmungsgesetz von 1976 unterliegenden GmbH kann nur vom Aufsichtsrat bestellt und aus wichtigem Grund gemäß § 84 Abs. 3 AktG abberufen werden.
- Der Abberufungsbeschluß bedarf, um wirksam zu werden, der nachfolgenden Erklärung gegenüber dem Geschäftsführer. Sie ist formfrei und zum Handelsregister anzumelden.
- Einem Nichtgesellschafter (z. B. einer Behörde, einer Bank, einem Kommanditisten oder stillen Gesellschafter) kann die Abberufung nicht übertragen werden. Dies würde dem unverzichtbaren Leitungsrecht der Gesellschafter[4] widersprechen.

2. Abberufung ohne rechtliches Gehör?

Eine andere Frage ist es, ob es zur Wirksamkeit der Abberufung der vorherigen Anhörung des Geschäftsführers bedarf. Der Bundesgerichtshof hat hinsichtlich der Abberufung des Vorstandsmitglieds einer Genossenschaft die vorherige Anhörung verneint[5]. Eine Ausnahme soll die lange

---

2 *Scholz/U. H. Schneider,* § 38 Anm. 21; *Hachenburg/Mertens,* § 38 Anm. 23; *Roth,* § 38 Anm. 2.2.; *Baumbach/Hueck/Zöllner,* § 38 Anm. 12; *Scholz/K. Schmidt,* § 46 Anm. 67.

3 *Baumbach/Hueck/Zöllner,* § 46 Anm. 63; § 38 Anm. 12; *Scholz/K. Schmidt,* § 46 Anm. 21.

4 *Scholz/U. H. Schneider,* § 38 Anm. 25.

5 BGH vom 4. 7. 1960 – II ZR 168/58, GmbHR 1960, 220.

Dauer des Anstellungsverhältnisses, stete Pflichterfüllung und wertvolle Dienste bilden. Nach allgemeiner Ansicht braucht dem folgend auch der Geschäftsführer einer GmbH vor seiner Entlassung im Prinzip nicht gehört zu werden[6].

Schnorr von Carolsfeld hat sich gegen diese Entscheidung des Bundesgerichtshofs gewandt und dazu erklärt:

> „Der Verlust der Vorstandsstellung (bedeutet) eine Minderung des bisherigen Status des Genossen . . . Da dies an die Ehre des Genossen rührt, manchmal auch vitale Bereiche seines Lebens berührt, verlangt es die innere Verbundenheit des Mitglieds mit den übrigen Genossen, daß Derartiges nicht ohne entscheidende Rücksprache mit ihm vorgenommen wird. Das folgt aus der echten genossenschaftlichen Treuepflicht unter den Genossen[7]."

Zwanzig Jahre später nimmt *Beuthien* zur Frage des rechtlichen Gehörs folgendermaßen Stellung:

> „Gewiß hat das Vorstandsmitglied kein Recht auf den Fortbestand seiner Organstellung. . . Aber ‚jederzeit' im Sinne des § 24 Abs. 3 S. 2 heißt ‚ohne Abberufungsgrund', nicht ‚ohne Gehör' (= Gelegenheit zur Stellungnahme zu den bekannten oder vermuteten Abberufungsgründen). Rechtliches Gehör zu bekommen, ist ein elementares Gerechtigkeitsgebot. Deshalb darf die eingetragene Genossenschaft ihr Widerrufsrecht nicht ohne jede Rücksicht auf die schutzwürdigen Interessen des Vorstandsmitgliedes (§ 242 BGB) ausüben[8]."

Nun ist die Bindung des Geschäftsführers einer GmbH an die Gesellschaft im Prinzip anders zu bewerten als die Bindung des Vorstands einer Genossenschaft an diese, zu der er selbst als Mitglied zählt. Andererseits können auch bei einem Geschäftsführer die lange Dauer des Anstellungsverhältnisses, die stete Pflichterfüllung und wertvolle Dienste, die der Bundesgerichtshof als Ausnahme zuließ, es zur Pflicht machen, dem Betroffenen die Entlassungsgründe im einzelnen darzulegen und ihm Gelegenheit zu geben, hierzu Stellung zu nehmen. Diese Voraussetzungen sind jedoch nur bei einem relativ geringen Teil von Geschäftsführern gegeben.

Zöllner will den Interessen des Geschäftsführers dadurch gerecht werden, daß er eine unterlassene Anhörung als Pflichtverletzung ansieht und damit schadensersatzpflichtig macht, „wenn ohne sie Diskriminierung vermieden worden wäre"[9]. Dem ist zuzustimmen, aber in der Mehrzahl der Fälle vollzieht sich die Abberufung in aller Stille ohne jeden Diskrimi-

---

6 *Baumbach/Hueck/Zöllner*, § 38 Anm. 2; *Roth*, § 38 Anm. 2.1.1.; *Hachenburg/Mertens*, § 38 Anm. 28; *Scholz/U. H. Schneider*, § 38 Anm. 16.

7 *Schnorr von Carolsfeld*, Anmerkung zum Urteil des Bundesgerichtshofs vom 4. 7. 1960 – II ZR 168/58, ZfG 11 (1961), 439 f.

8 *Meyer-Meulenbergh/Beuthien*, § 24 Anm. 24.

9 *Baumbach/Hueck/Zöllner*, § 38 Anm. 2.

nierungseffekt. In welcher Situation befinden sich jedoch die Gesellschafter, wenn sie später erfahren, daß unkontrollierte Mitteilungen von dritter Seite das Vertrauen zum Geschäftsführer gestört haben und damit der Grund zur Abberufung des Geschäftsführers falsch war! Im Gespräch mit dem Geschäftsführer hätte der Sachverhalt restlos geklärt werden können.

Im übrigen wird bei der Übertragung der vom Bundesgerichtshof für die Abberufung eines Vorstandsmitglieds einer Genossenschaft getroffenen Entscheidung auf den Geschäftsführer einer GmbH folgendes verkannt:

Der Geschäftsführer einer GmbH ist den Weisungen der Gesellschafterversammlung sowohl als Organ als auch im Rahmen seines Anstellungsverhältnisses unterworfen. Es besteht also ihr gegenüber, da sie Vorgesetztenfunktionen ausübt, ein Untergebenenverhältnis. Dies im Gegensatz zum Vorstand einer Genossenschaft. Weder die General- bzw. Vertreterversammlung noch der Aufsichtsrat sind Vorgesetzte des Vorstands einer Genossenschaft. Er ist weisungsfrei.

Arbeitsrechtlich ist es heute unmöglich, einen Arbeitnehmer im Sinne des Betriebsverfassungsgesetzes zu entlassen, ohne ihm den Grund dafür anzugeben. Für leitende Angestellte folgt dies aus dem zwischen ihnen und dem Arbeitgeber bestehenden Treueverhältnis. Ein solches Treueverhältnis besteht auch für den Geschäftsführer aufgrund seines Anstellungsvertrages und seiner Stellung als Organ der Gesellschaft zwischen ihm und der Gesellschafterversammlung.

Die Abberufung eines Geschäftsführers durch die Gesellschafter ist zwar laut Gesetz jederzeit möglich. Dies besagt jedoch nicht, daß sie zwingend „ohne Gehör" zu erfolgen hat. Daher sollte die Bestimmung des § 38 Abs. 1 durch einen Beschluß der Gesellschafter folgendermaßen geändert werden:

> „Die Bestellung der Geschäftsführer ist zu jeder Zeit nach Anhörung des Geschäftsführers widerruflich, unbeschadet der Entschädigungsansprüche aus bestehenden Verträgen. Ist eine vorherige Anhörung nicht möglich, so hat sie unverzüglich nachträglich stattzufinden. Das gleiche gilt für die vorläufige Dienstenthebung des Geschäftsführers[10]."

Die Anhörung des Geschäftsführers wird damit zur Pflicht der Gesellschafter und begründet einen Rechtsanspruch des Geschäftsführers, den er notfalls im Prozeßweg durchsetzen kann. Damit wird auf der einen Seite dem Gerechtigkeitsgebot entsprochen, auf der anderen Seite aber verhindert, daß eine eilbedürftige Abberufung nicht erfolgen kann, weil –

10 Vgl. dazu S. 213 f.

aus welchen Gründen auch immer – die Anhörung des Geschäftsführers nicht möglich war. Ergibt sich aus der späteren Anhörung, daß die Gründe, die für die Abberufung maßgeblich waren, nicht zutreffen und das Vertrauen der Gesellschafter zu dem Geschäftsführer weiter besteht, so kann er jederzeit durch Beschluß der Gesellschafter neu bestellt werden.

3. Die Auswirkung der Abberufung auf den Anstellungsvertrag

- Ebenso wie beim Vorstand einer Aktiengesellschaft oder einer Genossenschaft ist auch beim Geschäftsführer einer GmbH zu unterscheiden zwischen
  - der Bestellung als Organ der GmbH und
  - seiner Anstellung aufgrund des Anstellungsvertrags, der die schuldrechtlichen Beziehungen zwischen der Gesellschaft und dem Geschäftsführer regelt, d. h. seine Rechte und Pflichten gegenüber der Gesellschaft konkretisiert, die sich aus seiner Organstellung ergeben oder über sie noch hinausgehen, und die Kündigungsfrist angibt.
  - Die gesetzliche Kündigungsfrist gilt auch für den Geschäftsführer und beträgt sechs Wochen zum Quartalsende (§ 622 BGB)[11]. Längere Kündigungsfristen sind dringend zu empfehlen. Die Kreativität eines Geschäftsführers hängt weitgehend davon ab, daß er das Gefühl hat, sich in seiner Position auf einen längeren Zeitraum einstellen zu können. Niemand wird einem Geschäftsführer verargen können, daß er sich bei einer derartig unsicheren Position nach Möglichkeiten umsieht, die ihm eine größere Sicherheit gewähren.
  - Darüber hinaus sollte auch die Möglichkeit der Freistellung nach erfolgter Kündigung und die Frage der Weiterzahlung der Bezüge in diesem Fall vertraglich geregelt werden[12].
  - Wenn der Geschäftsführer besoldet ist, handelt es sich bei dem Anstellungsvertrag um einen Dienstvertrag, der eine Geschäftsbesorgung im Sinne des § 675 BGB zum Gegenstand hat, bei einem unbesoldeten Geschäftsführer um einen Auftragsvertrag im Sinne des § 622 BGB. Das Dienstverhältnis ist durch die gegenseitige Treuepflicht geprägt.
  - Für den Geschäftsführer gelten weder das Arbeitsgerichtsgesetz (ArbGG) noch die Arbeitszeitordnung (AZO), auch nicht das Betriebsverfassungsgesetz (BetrVG), das Kündigungsschutzgesetz (§ 14

---

11 Vgl. dazu *Sudhoff,* Rechte und Pflichten des Geschäftsführers einer GmbH, S. 35.

12 Darauf weist mit Recht *Ossola-Haring,* Der Anstellungsvertrag des GmbH-Geschäftsführers, S. 18, hin.

Abs. 1 Nr. 1 KSchG) und das Schwerbehindertengesetz (SchwbG)[13]. Er wird mit Recht als „arbeitgeberähnliche Person" bezeichnet[14].

- Rechtlich sind Bestellung und Anstellung voneinander zu trennen, tatsächlich hängen sie eng miteinander zusammen. Der Anstellungsvertrag ist die Folge der Bestellung. Dies hat entsprechende Auswirkung auf die Beendigung des Anstellungs- bzw. Auftragsverhältnisses:
  - In der Abberufung des Geschäftsführers als Organ (§ 38 Abs. 1) liegt in der Regel gleichzeitig die ordentliche Kündigung bzw., wenn die Abberufung aus wichtigem Grund erfolgt (§ 38 Abs. 2), die außerordentliche Kündigung des mit dem Anstellungsvertrag begründeten Dienst- bzw. Auftragsverhältnisses (§§ 621, 626, 671 BGB).
  - Im Anstellungsvertrag kann allerdings vereinbart werden, daß im Falle der Abberufung des Geschäftsführers als Organ und Beendigung des damit verbundenen Dienstvertrags der Geschäftsführer als leitender Angestellter weiterbeschäftigt wird[15], so daß ihm der Anspruch auf Gehaltszahlung in voller Höhe bzw. gekürzt, je nach Vereinbarung, erhalten bleibt.

    In einem derartigen Fall ist es für den Geschäftsführer wichtig, daß im Vertrag die künftigen Aufgaben und Kompetenzen des Geschäftsführers als leitendem Angestellten sowie die Vertragsdauer festgelegt werden. Andernfalls kann es bei der durch die Abberufung naturgemäß gespannten Atmosphäre zu unerquicklichen Auseinandersetzungen mit den Gesellschaftern kommen, die den Abschluß eines für den Geschäftsführer günstigen Vertrages gefährden.
  - Die Kündigung des Anstellungsvertrages durch die Gesellschaft braucht nicht die gleichzeitige Abberufung des Geschäftsführers als Organ zu beinhalten[16]. Dies wird jedoch in der Praxis weitgehend so gehandhabt.

    Die Kündigung des Anstellungsvertrags gibt dem Geschäftsführer das Recht auf Kündigung seiner Stellung als Organ der Gesellschaft.

13 *Scholz/U. H. Schneider,* § 35 Anm. 228, 230; Geschäftsführer einer GmbH, die an der Gesellschaft wirtschaftlich nicht beteiligt und in ihrer Geschäftsführung von den Weisungen der Gesellschafter abhängig und nach den §§ 2, 3 AVG versicherungspflichtig sind, zählen zu den Angestellten im Sinne des § 1 KSchG.

14 VG Karlsruhe vom 3. 12. 1985 – 2 K 131/84, GmbHR 1986, 193; *Gaul* in GmbH-Handbuch IV Anm. 426.

15 So der BGH hinsichtlich des Widerrufs der Bestellung eines Vorstandsmitglieds einer Genossenschaft (ZfG 74, 170). Zur Auswirkung der Abberufung auf den Anstellungsvertrag *Scholz/U. H. Schneider,* 7. Aufl., § 38 Anm. 34.

16 *Baumbach/Hueck/Zöllner,* § 38 Anm. 39.

4. Die vorläufige Dienstenthebung

- Die Gesellschafter können aufgrund eines Gesellschafterbeschlusses einen Geschäftsführer anweisen, sich bis auf weiteres jeder Tätigkeit für die Gesellschaft zu enthalten, bis bestimmte ihn belastende Vorwürfe geklärt sind.
- Dies bedeutet jedoch nicht, daß der Geschäftsführer von seinen organschaftlichen Befugnissen, insbesondere seiner Vertretungsmacht, entbunden ist[17].

  Zwar können die Gesellschafter, um dem damit verbundenen Risiko zu entgehen, den Geschäftsführer abberufen und nach Klärung des Sachverhalts neu bestellen. Dies kann jedoch für das Ansehen des Geschäftsführers unangenehme Folgen haben und darüber hinaus eine eventuelle neue Zusammenarbeit mit den Gesellschaftern so stark belasten, daß er aus wichtigem Grund sein Amt niederlegt.

  Die Gesellschafter sollten sich daher, wenn sie im Grunde gewillt sind, mit dem Geschäftsführer nach Klärung der gegen ihn erhobenen Vorwürfe weiterzuarbeiten, sehr überlegen, ob sie einen derartigen Schritt tun oder darauf vertrauen, daß der Geschäftsführer sich loyal verhält und während seiner vorläufigen Suspendierung von seiner Vertretungsbefugnis keinen Gebrauch macht.
- Auch in bezug auf seine vorläufige Dienstenthebung hat der Geschäftsführer das Recht auf vorheriges rechtliches Gehör, d. h. die Gesellschafter müssen ihm Gelegenheit geben, zu den Gründen, die zur vorläufigen Dienstenthebung geführt haben, Stellung zu nehmen. Es ist für den Geschäftsführer unzumutbar, vorläufig seiner Tätigkeit enthoben zu werden, ohne zu wissen, warum, und diesen Zustand über Wochen ertragen zu müssen. Ein derartiges Verhalten der Gesellschafter verstößt gegen die zwischen ihnen und dem Geschäftsführer bestehende Treuepflicht.

  Beispiel:
  Den Gesellschaftern eines Kreditinstituts wurde von einem angesehenen Kunden mitgeteilt, daß ihr Geschäftsführer in den letzten Wochen ständig in der Spielbank des Ortes zu sehen gewesen sei. Dies habe sein Vertrauen in das Kreditinstitut stark beeinträchtigt. Die Gesellschafter waren überrascht, zumal sie darüber orientiert waren, daß der Geschäftsführer sich beim Bau seines Hauses stark übernommen hatte und sich augenblicklich in einer gespannten Finanzlage befand. Sie enthoben ihn daher vorläufig seines Dienstes. Auf seine Bitte um Mitteilung, aus welchen Gründen, wurde ihm bedeutet, dies werde er hören, wenn ein gegen ihn erhobener schwerer Vorwurf von ihnen auf seine Berechtigung geprüft worden sei. Dies geschah

17 Dazu *Scholz/U. H. Schneider*, § 38 Anm. 89; *Hachenburg/Mertens*, § 38 Anm. 66.

im Laufe der nächsten vier Wochen; es stellte sich heraus, daß die Behauptung des Kunden zutraf.
Nunmehr entschlossen sich die Gesellschafter, die vorläufige Dienstenthebung in eine Abberufung aus wichtigem Grund umzuwandeln. Sie eröffneten dem Geschäftsführer dabei den Grund.
Der Geschäftsführer erklärte daraufhin, daß er ein ausgesprochener Gegner jeder Art von Glücksspiel sei. Er habe jedoch einen wichtigen Kunden, der ein Spielfan sei, mehrfach zur Spielbank begleitet, dort mit ihm das Abendessen eingenommen und gewartet, bis er sein Spiel beendet hatte. Das habe jeweils zwei Stunden gedauert, die er bei einem Glase Wein verbracht habe. Der Kunde könnte ihm das jederzeit bestätigen und würde das gern tun. Dies geschah auch. Hätten die Gesellschafter dem Geschäftsführer den Vorwurf sofort mitgeteilt, so wäre ihm eine vier Wochen dauernde schwere Belastung, den Gesellschaftern zugleich die Sorge für den Nachfolger, erspart geblieben. Der Geschäftsführer machte den Gesellschaftern gegenüber kein Hehl daraus, daß die Art, wie sie diese Angelegenheit behandelt hatten, ihn zutiefst verletzt habe. Sie hatten große Mühe, ihn zu halten.

5. Die Abberufung aus wichtigem Grund

Gemäß § 38 Abs. 2 ist die Beschränkung der Abberufung eines Geschäftsführers auf das Vorliegen von wichtigen Gründen möglich. Hier heißt es:

> „Im Gesellschaftsvertrag kann die Zulässigkeit des Widerrufs auf den Fall beschränkt werden, daß wichtige Gründe denselben notwendig machen. Als solche Gründe sind insbesondere grobe Pflichtverletzung oder Unfähigkeit zur ordnungsmäßigen Geschäftsführung anzusehen."

Im einzelnen dazu folgendes:

- Die Abberufung aus wichtigem Grund erfolgt durch einen mit einfacher Mehrheit (§ 47 Abs. 1) gefaßten *Beschluß der Gesellschafter*[18].
- Die Beschränkung der Abberufung des Geschäftsführers auf das Vorliegen eines wichtigen Grundes kann nur im Gesellschaftsvertrag aufgrund eines mit ¾-Stimmenmehrheit gefaßten Gesellschafterbeschlusses erfolgen, nicht im Anstellungsvertrag[19]. Bei Anstellung des Geschäftsführers auf Lebenszeit oder für die Dauer der Gesellschaft ist anzunehmen, daß die Abberufung nur aus wichtigem Grund erfolgen kann[20].

---

18 Dies im Gegensatz zur freien Abberufbarkeit gemäß § 38 Abs. 1, bei der der Aufsichtsrat, der Beirat oder auch einzelne Gesellschafter damit betraut werden können. Das Recht der Gesellschafter auf Abberufung eines Geschäftsführers aus wichtigem Grund ist unabdingbar. *Roth,* § 38 Anm. 3.1.; *Baumbach/Hueck/Zöllner,* § 38 Anm. 4.

19 *Baumbach/Hueck/Zöllner,* § 38 Anm. 10 und die dort zit. Literatur.

20 *Baumbach/Hueck/Zöllner,* § 38 Anm. 6.

Beispiel:
Als der Erfolg eines vom Geschäftsführer getätigten Geschäfts, auf das die Gesellschafter große Hoffnungen gesetzt hatten, ohne Verschulden des Geschäftsführers ausblieb, riefen sie ihn gemäß § 38 Abs. 1 ab. Der Geschäftsführer wies darauf hin, daß laut Anstellungsvertrag seine Abberufung nur aus wichtigem Grund erfolgen könne. Ihre Maßnahme sei daher ihm gegenüber unwirksam.
Dies zu Unrecht. Die Abberufung konnte nicht mit organisationsrechtlicher Wirkung im Anstellungsvertrag, sondern nur im Gesellschaftsvertrag vereinbart werden. Der Anstellungsvertrag begründet jedoch eine schuldrechtliche Verpflichtung der Gesellschaft gegenüber dem Geschäftsführer. Er kann daher auf Wiederbestellung und, soweit ihm durch die Abberufung Schaden entstanden ist, auf Schadensersatz klagen[21].

- Die Abberufung des Geschäftsführers durch Gesellschafterbeschluß ohne wichtigen Grund ist satzungswidrig und daher unwirksam. Der Geschäftsführer kann ihre Nichtigkeit gerichtlich feststellen lassen[22].
- Als wichtiger Grund gilt jeder Umstand, der ein Verbleiben des Geschäftsführers als Organ der Gesellschaft für diese *unzumutbar* macht. Ein Verschulden seitens des Geschäftsführers ist nicht erforderlich[23] (andauernde Krankheit, hohes Alter). Ein Schaden braucht für die Gesellschaft nicht entstanden zu sein[24].
- Der Widerruf der Bestellung bei Vorliegen eines objektiv wichtigen Grundes zu jeder Zeit mit sofortiger Wirkung kann nicht durch die Satzung ausgeschlossen werden.

Beispiel:
In der Satzung heißt es:
„Als wichtiger Grund sollen lediglich gelten . . ." Der Verstoß gegen das für jeden Geschäftsführer geltende Wettbewerbsverbot war nicht aufgeführt. – Der Geschäftsführer kann sich nicht auf die fehlende Aufzählung dieses Verbots in der Satzung berufen, wenn ihm wegen eines solchen Verstoßes aus wichtigem Grund gekündigt wird. Der Verstoß gegen das Wettbewerbsverbot ist objektiv betrachtet ein wichtiger Grund zur Abberufung, den der Geschäftsführer gegen sich gelten lassen muß.

---

21 Dazu *Fischer*, Das Recht der OHG als ergänzende Rechtsquelle zum GmbH-Gesetz, GmbHR 1953, 134; *Fleck*, Zur Abberufung des GmbH-Geschäftsführers, GmbHR 1970, 225; *Baumbach/Hueck/Zöllner*, § 38 Anm. 11; *Scholz/U. H. Schneider*, § 38 Anm. 54.

22 *Roth*, § 38 Anm. 3.3.2.; a. A. *Scholz/U. H. Schneider*. Hiernach soll der Gesellschafterbeschluß nur anfechtbar sein, § 38 Anm. 60. Nach Ansicht des BGH, WM 1966, 615, soll nicht der Abberufungsbeschluß, wohl aber die Abberufungserklärung gegenüber dem Geschäftsführer unwirksam sein, auf die sich der Geschäftsführer berufen kann.

23 *Baumbach/Hueck/Zöllner*, § 38 Anm. 8; *Scholz/U. H. Schneider*, § 38 Anm. 44, 46.

24 OLG Hamm vom 7. 5. 1984 – 8 U 22/84, GmbHR 1985, S. 119.

- Die Bestellung des Geschäftsführers auf Lebenszeit oder auf länger als fünf Jahre oder die Zusicherung der Unwiderruflichkeit seiner Bestellung schließt die Widerruflichkeit seiner Organstellung aus wichtigem Grund nicht aus[25], wie dies weitgehend von den Geschäftsführern angenommen wird. Die sog. Unwiderruflichkeitsklausel ist „immer nur mit der Einschränkung zu verstehen, daß sie nicht auch die Fälle eines Vorliegens eines wichtigen Grundes mit umfaßt"[26].

  Die Zusage einer „Lebensstellung" ist nicht mit der Anstellung auf Lebenszeit gleichzusetzen, verpflichtet aber zur Einhaltung einer Kündigungsfrist, die es dem Geschäftsführer ermöglicht, sich eine ähnliche Stelle zu beschaffen[27].

- Einer Aufhebung der Bestimmung, daß die Abberufung des Geschäftsführers nur aus wichtigem Grund erfolgen kann, durch entsprechende Änderung der Satzung kann der Geschäftsführer nicht widersprechen. Sie gibt ihm jedoch das Recht, aus wichtigem Grund sein Amt niederzulegen[28].

  Wird der Geschäftsführer nach der Satzungsänderung gemäß § 38 Abs. 1 abberufen und ist die Kündigung aus wichtigem Grund Bestandteil des Anstellungsvertrages, so hat er Anspruch auf Fortzahlung der Vergütung und ggf. auf Schadensersatz[29].

- Es ist bemerkenswert, wie selten in den Geschäftsführerverträgen von der Kündigung aus wichtigem Grund Gebrauch gemacht wird und die Geschäftsführer daher der für sie so ungünstigen freien Abberufbarkeit unterworfen sind (§ 38 Abs. 1).

  Darauf angesprochen, wissen die Geschäftsführer gewöhnlich nicht, welche Sicherheit ihnen die Kündigung aus wichtigem Grund gibt. Auch bei einer Verlängerung des auf eine bestimmte Zeit abgeschlossenen Vertrags nehmen sie gewöhnlich nicht die Gelegenheit wahr, auf einer Kündigung aus wichtigem Grund zu bestehen, was sie, wenn die Gesellschafter im Augenblick sehr daran interessiert sind, den Geschäftsführer zu behalten, leicht erreichen könnten.

a) Die Bestimmung des wichtigen Grundes

Der wichtige Grund stellt einen ausfüllungsbedürftigen Begriff dar. Die Entscheidung darüber, ob die Weiterbeschäftigung des Geschäftsführers

25 *Roth,* § 38 Anm. 3.1.; *Baumbach/Hueck/Zöllner,* § 38 Anm. 4.
26 *Fischer,* Das Recht der OHG als ergänzende Rechtsquelle zum GmbH-Gesetz, S. 134.
27 So *Scholz/U. H. Schneider,* § 35 Anm. 227.
28 Vgl. S. 235 Nr. 5.
29 *Scholz/U. H. Schneider,* § 38 Anm. 40.

unzumutbar ist, bedarf einer „umfassenden Abwägung der betroffenen Interessen, die alle Umstände des Einzelfalls zu berücksichtigen hat“[30], und unterliegt der gerichtlichen Überprüfung. Ein wichtiger Grund liegt nach der Rechtsprechung des BGH nur vor, wenn „dem Dienstherrn bei Abwägung aller Umstände die Weiterbeschäftigung des Dienstverpflichteten in seiner bisherigen oder einer entsprechenden Stellung bis zum Ablauf der ordentlichen Kündigungsfrist nicht zumutbar ist“[31].

- Die Rechtsprechung hat unter anderem als wichtigen Grund angesehen[32]:

  Schwerer Vertrauensbruch; Fälschung der Buchhaltungsunterlagen; unzureichende Buchführung; Mißbrauch von Gesellschaftsvermögen für eigene Zwecke; Teilnahme an unseriösen Geschäften; wiederholt fahrlässige Berichterstattung; andauernde Krankheit; Fehlen der notwendigen Kenntnisse; Überschuldung[33]; Verletzung der Verschwiegenheitspflicht[34].

  Für die Praxis besonders interessant ist, ob ein dauerndes Zerwürfnis zwischen den Geschäftsführern, das eine gedeihliche Zusammenarbeit stört, ein wichtiger Grund für die Abberufung ist.

  Zöllner meint, daß bei unheilbarer Verfeindung „nicht notwendig der Schuldige abberufen“ werden muß, die Gesellschaft kann vielmehr den „Fähigeren“ behalten[35]; *U. H. Schneider* vertritt demgegenüber mit Recht die Ansicht, es „wäre ein Verstoß gegen Treu und Glauben und gegen die Treuepflicht, die zwischen Gesellschaftern und Geschäftsführern besteht, nicht diesen, sondern einen anderen abzuberufen, es sei denn, daß jener für das Wohl der Gesellschaft besonders wertvolle andere Eigenschaften besitzt“[36].

---

30 *Roth,* § 38 Anm. 3.2.1.; *Scholz/U. H. Schneider,* § 38 Anm. 43; BGH vom 28. 1. 1985 – II ZR 79/84, GmbHR 1985, 256 (258); *Baumbach/Hueck/Zöllner,* § 38 Anm. 9.

31 BGH, Urteil vom 9. 11. 1992, GmbHR, 1993, 33.

32 Vgl. dazu die Aufzählung bei *Baumbach/Hueck/Zöllner,* § 38 Anm. 8; *Lutter/Hommelhoff,* § 38 Anm. 20; *Roth,* § 38 Anm. 3.2.2.; *Scholz/U. H. Schneider,* § 38 Anm. 49 ff.

33 *Baumbach/Hueck/Zöllner,* § 38 Anm. 8, widerspricht mit Recht der diesbezüglichen Entscheidung des OLG Hamburg, BB 1954, 978, da dies schon bei verhältnismäßig bescheidener Kreditaufnahme gegeben sein kann. „Wichtiger Grund vielmehr nur bei Eintritt einer die Erfüllung der Geschäftsführeraufgaben gefährdenden Unordnung in den wirtschaftlichen Verhältnissen des Geschäftsführers, etwa Konkurseröffnung über sein Vermögen“.

34 *Scholz/U. H. Schneider,* § 38 Anm. 49.

35 *Baumbach/Hueck/Zöllner,* § 38 Anm. 8, *Rowedder,* § 38 Anm. 13.

36 *Scholz/U. H. Schneider,* 7. Aufl., § 38 Anm. 50, dazu 8. Aufl., § 38 Anm. 50.

Nicht dagegen kann *U. H. Schneider* beigepflichtet werden, daß es der Gesellschaft nicht zuzumuten sei, zu prüfen, wer letztlich für das Zerwürfnis verantwortlich ist. Die Pflicht zur Klärung ergibt sich aus der Vorgesetztenposition der Gesellschafter gegenüber den Geschäftsführern. Kein Vorgesetzter kann sich seiner Führungspflicht entziehen, bei einem auf der Ebene seiner Mitarbeiter entstandenen Zerwürfnis zu prüfen, auf wessen Verhalten das Zerwürfnis zurückzuführen ist. Nur wenn diese Frage nicht geklärt werden kann, ist der Vorgesetzte berechtigt, die für das Unternehmen vorteilhafteste Lösung zu treffen.

- Des weiteren können als wichtiger Grund z. B. gelten:

Illoyales Verhalten, d. h. Gefährdung der Interessen der Gesellschaft durch das Verhalten des Geschäftsführers[37]. Als Sonderfall für illoyales Verhalten gilt der Verstoß gegen das für den Geschäftsführer geltende Wettbewerbsverbot; häufiger Besuch von Spielbanken von Geschäftsführern eines Kreditinstituts; Verlust des Vertrauens Dritter, insbesondere von Kunden, in die Person des Geschäftsführers, selbst wenn dieser keinen Grund hierfür geliefert hat[38]; persönliche Unzuverlässigkeit; schwere charakterliche Mängel, z. B. Trunkenheit am Steuer; unehrenhaftes Verhalten, auch außer Dienst; Mißbrauch der Vertretungsmacht; Unfähigkeit zur ordnungsgemäßen Geschäftsführung, aus welchen Gründen auch immer, ressortbezogene Unfähigkeit bzw. mangelnde Eignung genügt[39]; Verstoß gegen die notwendige geschäftspolitische Kooperation mit anderen Gesellschaftsorganen[40], z. B. dem Aufsichtsrat, Beirat oder Betriebsrat; hohes Alter und das damit verbundene Nachlassen seiner geistigen Kräfte; Drogenabhängigkeit[41]; mangelndes Vertrauen in die Zweckmäßigkeit der Geschäftsführung[42].

Beispiele für illoyales Verhalten:
- Der Geschäftsführer kauft ein der Gesellschaft angebotenes Grundstück, von dem er weiß, daß es die Gesellschaft dringend braucht, und bietet es dieser zum Kauf an.
- Der Geschäftsführer erhält Kenntnis von der technischen Verbesserung eines Produkts, das zum Herstellungsprogramm seiner Gesellschaft gehört, nutzt diese Chance für die Gesellschaft nicht aus, sondern kündigt

37 Hierzu eingehend *Scholz/U. H. Schneider,* § 43 Anm. 121 ff., 144 ff.; BGH vom 12. 6. 1989 GmbHR 1989, 365 ff.
38 *Scholz/U. H. Schneider,* § 38 Anm. 50.
39 *Roth,* § 38 Anm. 3.2.3.
40 *Vollmer,* Die Abberufung von Geschäftsführern der mitbestimmten GmbH, GmbHR 1984, 5 ff.
41 *Scholz/U. H. Schneider,* § 38 Anm. 47.
42 *Scholz/U. H. Schneider,* § 38 Anm. 52. Dies soll auch für den Minderheitsgesellschafter gelten. Hinsichtlich der Situation bei einer zweigliedrigen Gesellschaft (zwei Gesellschafter mit gleichen Anteilen) vgl. S. 231.

vielmehr seinen Anstellungsvertrag, gründet eine eigene Gesellschaft und wertet die seiner früheren Gesellschaft gebotene Chance in seinem Interesse aus[43].

- Auf zwei Sachverhalte, die mit Recht Anlaß zur Kündigung aus wichtigem Grund geben können, soll besonders hingewiesen werden:
  - Die mangelnde Kreativität des Geschäftsführers[44];
  - die fehlende kollegiale Zusammenarbeit in der Geschäftsführung, ohne daß eine unheilbare Verfeindung der Geschäftsführer vorliegt[45].
- In der Satzung kann ein bestimmtes Verhalten des Geschäftsführers als wichtiger Grund zur Kündigung angesehen werden, obwohl es bei objektiver Betrachtung kein wichtiger Grund zu sein braucht[46].

  Beispiele:
  Der Wechsel des Glaubensbekenntnisses in einer auf rein kirchliche Zwecke einer bestimmten Glaubensrichtung abgestellten GmbH; desgleichen die Scheidung vom Ehepartner in einer solchen GmbH; die Übernahme eines höheren Parteiamts oder einer führenden Position in einer Organisation, die im besonderen Maße der öffentlichen Kritik ausgesetzt ist; die Verlegung des Wohnorts.

b) Die Folgen der Abberufung aus wichtigem Grund für den Fremdgeschäftsführer

Die Geschäftsführer sind sich vielfach nicht im klaren, welche Auswirkungen die Abberufung aus wichtigem Grund für sie besitzt und was sie dagegen unternehmen können. Dazu folgendes:

- Die Abberufung aus wichtigem Grund ist sofort wirksam. In der Regel liegt in der Abberufung aus wichtigem Grund gleichzeitig auch die fristlose Kündigung des Anstellungsvertrages. Der Geschäftsführer verliert dann nicht nur sofort seine Organstellung, sondern auch den vertraglichen Anspruch auf seine Vergütung.

  Jedoch braucht der wichtige Grund für den Widerruf der Bestellung nicht auch ein wichtiger Grund für die Kündigung des Anstellungsverhältnisses zu sein, es sei denn, dies ist, um Zweifel zu vermeiden, vereinbart. Die fristlose Kündigung gemäß § 626 BGB ist nämlich nur zulässig, wenn dem Kündigenden die Fortsetzung des Dienstverhältnisses bis zu seinem ordentlichen Ablauf unter Berücksichtigung aller

---

43 BGH vom 23. 9. 85 – II ZR 246/84, GmbHR 1986, 42.
44 Vgl. S. 258 f.
45 Vgl. S. 51 ff.
46 *Scholz/U. H. Schneider,* § 38 Anm. 39; *Roth,* § 38 Anm. 3.2.1.; *Hachenburg/Mertens,* § 38 Anm. 41; *Rowedder,* § 38 Anm. 9.

Umstände und unter Abwägung der beiderseitigen Interessen nicht zugemutet werden kann[47].

- Gegen den Beschluß der Gesellschafter, der die Abberufung aus wichtigem Grund ausspricht, kann der Fremdgeschäftsführer gerichtlich vorgehen und auf Feststellung klagen, daß der Beschluß nichtig ist und damit seine Position als Organ der GmbH fortbesteht[48].

  Nichtigkeit liegt z. B. vor, wenn der Beschluß die für seine Rechtmäßigkeit erforderliche Anzahl der Stimmen nicht aufweist (Einstimmigkeit, einfache oder qualifizierte Mehrheit).

  Bloße Anfechtbarkeit gibt dem Fremdgeschäftsführer nicht das Recht, gegen Beschlüsse der Gesellschafterversammlung vorzugehen[49]. Nach der Rechtsprechung des BGH (WM 1966, 615) kann sich der Geschäftsführer jedoch auf die Unwirksamkeit der Abberufungserklärung berufen und diese im Prozeß geltend machen. Dem steht jedoch mit Recht der Einwand Zöllners entgegen, daß es sich bei der Erklärung nicht um eine „eigenständig formulierte Entscheidung" handelt. Sie ist vielmehr ein „die Beschlußentscheidung nur ergänzender, sie ‚vollziehender' Akt" (§ 38 Anm. 19). *Die Abberufung bleibt auch hinsichtlich des Verlustes des Anspruchs auf Vergütung solange wirksam, bis ihre Unwirksamkeit rechtskräftig festgestellt worden ist.* Dies in entsprechender Anwendung des § 84 Abs. 3 S. 4 AktG.

- Anders ist die Situation, wenn dem Geschäftsführer seine Position auf einen längeren Zeitraum, über fünf Jahre hinaus oder gar auf Lebenszeit, zumindest für die Dauer des Bestehens der Gesellschaft, zugesichert wurde und er sich darauf in seiner Lebenshaltung eingestellt hat. In diesem Fall bleibt der vertragliche Anspruch auf die Vergütung bestehen, es sei denn, daß der Geschäftsführer durch eigenes Verschulden Anlaß zur Kündigung des Vertrages aus wichtigem Grund gegeben hat (§ 626 BGB).

  Beispiel:
  Dauernde Krankheit schützt den Geschäftsführer, der einen Zehnjahresvertrag besitzt, nicht vor dem Verlust seiner Organstellung. Er ist jedoch gegen den Verlust seiner Bezüge aus dem Anstellungsvertrag gesichert.

- Wird nachträglich durch rechtskräftiges Urteil die Unwirksamkeit der Abberufung festgestellt, so bedeutet dies, daß der Geschäftsführer so zu stellen ist, wie wenn niemals widerrufen worden wäre[50]. Es müssen

---

47 BGH vom 5. 6. 1975 – II ZR 131/73, GmbHR 1975, 200; *Scholz/U. H. Schneider,* § 35 Anm. 231.

48 *Roth,* § 38 Anm. 3, 4; *Scholz/U. H. Schneider,* § 38 Anm. 57.

49 *Scholz/U. H. Schneider,* ebenda.

50 Hinsichtlich eines Vorstandsmitglieds einer AG in dieser Situation *v. Godin/Wilhelmi,* § 84 Anm 3.

ihm also auf alle Fälle seine Bezüge inklusive Zinsen nachgezahlt werden. Wieweit die Gesellschafter es ihm ermöglichen müssen, wieder in seine ehemalige Geschäftsführerposition einzurücken, ist durch die Frage, ob zumutbar oder nicht, bestimmt.

Beispiel:
Drei Jahre nach der Abberufung des Geschäftsführers wird durch rechtskräftiges Urteil festgestellt, daß ein wichtiger Grund für seine Abberufung nicht gegeben war.
In der Zwischenzeit haben sich die Verhältnisse aufgrund eines wirtschaftlichen Niedergangs des Unternehmens so geändert, daß die Wiedereinsetzung des Geschäftsführers in die alte Position der Gesellschaft nicht zugemutet werden kann, so daß nunmehr ein wichtiger Grund für die Abberufung vorliegt.

II. Die Abberufung des Gesellschafter-Geschäftsführers

Hier ist zu unterscheiden zwischen einer aus mehreren Mitgliedern bestehenden Geschäftsführung und der Zwei-Personen-Gesellschaft.

1. Die Stellung des geschäftsführenden Gesellschafters bei einer aus mehreren Mitgliedern bestehenden Geschäftsführung

Der geschäftsführende Gesellschafter hat bei einer aus mehreren Mitgliedern bestehenden Geschäftsführung folgende Funktionen:

- Als *Gesellschafter* hat er die Aufgaben wahrzunehmen, die den Gesellschaftern aufgrund von Gesetz und Satzung zukommen bzw. die sie sich durch Gesellschafterbeschluß vorbehalten haben;
- als *Geschäftsführer* hat er die im einzelnen bereits dargelegten Aufgaben wahrzunehmen, die dem Geschäftsführer einer GmbH im Gremium der Geschäftsführung obliegen[51];
- als *Ressortleiter* hat er die in dem betreffenden Ressort anfallenden-Fach- und Führungsaufgaben zu erfüllen[52].

Um Unklarheiten zu vermeiden, ist es dringend notwendig, daß die Aufgaben der Gesellschafter und die des geschäftsführenden Gesellschafters exakt festgelegt werden. Dies geschieht am besten in einer Stellenbeschreibung. Der geschäftsführende Gesellschafter erhält damit folgende Stellenbeschreibungen:

- Die Stellenbeschreibung der Gesellschafter, wie jeder andere Gesellschafter auch;

51 Vgl. S. 76 ff., S. 97 ff.
52 Vgl. S. 154 ff., S. 163 ff.

- die Stellenbeschreibung der Geschäftsführung als Ganzes, wie alle übrigen Mitglieder der Geschäftsführung auch;
- die Stellenbeschreibung des Leiters des ihm übertragenen Ressorts, wie jeder Geschäftsführer in seiner Eigenschaft als Ressortleiter.

a) Der geschäftsführende Gesellschafter und sein Freiraum

- Der geschäftsführende Gesellschafter ist innerbetrieblich ebenso wie der Fremdgeschäftsführer an die Weisungen der Gesellschafter gebunden, die sein unternehmerisches Handeln stark beeinträchtigen können. Nach außen besitzt er unbeschränkbare Vertretungsmacht, wie jeder andere Geschäftsführer auch (§ 35 Abs. 1).
- Für den geschäftsführenden Gesellschafter ist es daher von großer Bedeutung, daß ihm im Gesellschaftsvertrag ein Freiraum eingeräumt wird, innerhalb dessen er selbständig zu handeln und zu entscheiden vermag. Dies auf der Grundlage einer Stellenbeschreibung, die den Umfang seines Freiraums im einzelnen festlegt[53].

Die Ansicht von Gesellschafter-Geschäftsführern, insbesondere von Mehrheitsgesellschaftern, daß ihnen mit der Übertragung der Geschäftsführerbefugnis auch die Befugnis eingeräumt sei, im Rahmen der ihnen übertragenen Aufgaben und Kompetenzen weisungsfrei zu handeln und zu entscheiden, ist irrig[54].

- Auch für den Gesellschafter-Geschäftsführer genügt ein Verzicht seiner Mitgesellschafter auf Einmischung in seinen Geschäftsbereich aufgrund eines bloßen Gesellschafterbeschlusses bzw. im Anstellungsvertrag nicht. *Der Verzicht muß in der Satzung verankert sein*[55].
- Ist dem Gesellschafter-Geschäftsführer die Geschäftsführungsbefugnis als Sonderrecht eingeräumt worden, so ist er hinsichtlich der Grundlagenentscheidungen, wie z. B. Unternehmenspolitik, Richtlinien zur Umsetzung der Unternehmenspolitik, Organisationsstruktur, ebenso wie für außergewöhnliche Geschäftsvorfälle keinesfalls eo ipso weisungsfrei[56]. Ob und inwieweit ihm ein Freiraum hinsichtlich des sonstigen Geschäftsbetriebs eingeräumt werden soll, hat der Gesellschaftsvertrag zu bestimmen, der auf die Stellenbeschreibung zweckmäßigerweise verweist.

53 Vgl. S. 25 ff.
54 *Roth*, § 45 Anm. 2.1.2.
55 Vgl. dazu die Ausführungen auf S. 47.
56 So auch *Scholz/U. H. Schneider*, § 37 Anm. 54.

b) Die Kontrolle über die Tätigkeit des geschäftsführenden Gesellschafters

Hier ist zu unterscheiden zwischen der Kontrolle über seine Geschäftsführer- und seine Ressorttätigkeit.

• Die Kontrolle über die Geschäftsführertätigkeit

Der Gesellschafter-Geschäftsführer unterliegt ebenso wie der Fremdgeschäftsführer als Mitglied der Geschäftsführung der Kontrolle durch die Gesellschafter[57].

Dieser Kontrolle kann er sich nicht dadurch entziehen, daß er als Mehrheitsgesellschafter den zur Ausübung der Kontrolle erforderlichen Gesellschafterbeschluß vereitelt. Er ist dadurch, daß er in die Geschäftsführung eintrat, der Gesellschafterversammlung als Vorgesetzte unterstellt und muß damit ebenso wie jeder andere Geschäftsführer auch ihr Kontrollrecht gegen sich gelten lassen. Der geschäftsführende Gesellschafter ist daher bei der Beschlußfassung über Prüfungsmaßnahmen vom Stimmrecht ausgeschlossen[58].

Hinsichtlich der *Konsequenzen,* die sich aus der Kontrolle ergeben, entscheiden die Gesellschafter durch Beschluß. Der geschäftsführende Gesellschafter ist stimmberechtigt. Er kann also als Mehrheitsgesellschafter verhindern, daß Konsequenzen aus der Kontrolle gegen ihn in seiner Eigenschaft als Geschäftsführer gezogen werden, z. B., daß er etwa eine Rüge wegen seiner Tätigkeit erhält.

Macht der geschäftsführende Gesellschafter sich dies zum Prinzip, so kann eine Zusammenarbeit mit ihm als Geschäftsführer für die übrigen Gesellschafter nicht mehr zumutbar sein, so daß damit ein wichtiger Grund zu seiner Abberufung gegeben ist.

• Die Kontrolle über den Ressortbereich

Der Gesellschafter-Geschäftsführer unterliegt hinsichtlich seiner Aufgaben als Ressortleiter der Kontrolle der Gesamtgeschäftsführung[59], und zwar auch dann, wenn er Mehrheitsgesellschafter ist. Dies ergibt sich aus dem Unterstellungsverhältnis eines Ressortleiters unter das Gremium der Geschäftsführung.

---

57 Vgl. dazu das Kapitel „Die Kontrolle der Geschäftsführer durch die Gesellschafter", S. 246 ff.

58 *Baumbach/Hueck/Zöllner,* § 46 Anm. 31; *Hachenburg/Schilling,* § 47 Anm. 75.

59 Vgl. dazu das Kapitel „Die Führungsverantwortung der Geschäftsführung", S. 97 ff.

Die Konsequenzen, die aus der Feststellung des Sachverhalts und des Soll-Ist-Vergleichs zu ziehen sind, bedürfen eines Beschlusses der Geschäftsführung, bei dem er in seiner Eigenschaft als Geschäftsführer stimmberechtigt ist.

Er kann den Beschluß nicht dadurch verhindern, daß er seine Stellung als Mehrheitsgesellschafter in die Waagschale legt. Sie spielt hinsichtlich seiner Position als Geschäftsführer innerhalb der Gesamtgeschäftsführung keine Rolle. Hier geht es um Geschäftsführungs- und nicht um Gesellschafterbelange.

Ist der geschäftsführende Gesellschafter nicht mit dem Beschluß der Geschäftsführung einverstanden, so gilt folgendes:

- Der geschäftsführende Gesellschafter hat das Recht, sich bei der Gesellschafterversammlung zu beschweren. Die Beschwerde hat keine für die Verwirklichung des Beschlusses aufschiebende Wirkung.
- Schweigen die Gesellschafter, so hat er als Geschäftsführer das Recht, eine Gesellschafterversammlung einzuberufen, wenn die Einberufung „im Interesse der Gesellschaft erforderlich erscheint" (§ 49 Abs. 2). Dies kann zum Beispiel der Fall sein, wenn der Beschluß der Geschäftsführung die Geschäftsinteressen erheblich berührt[60].
- Kommt es in der Gesellschafterversammlung zu keiner Entscheidung, so bleibt es bei dem Beschluß der Geschäftsführer.
- Handelt es sich bei dem in Frage stehenden Sachverhalt um eine Angelegenheit, die den Freiraum der Gesamtgeschäftsführung betrifft, so haben die Gesellschafter lediglich zu prüfen, ob der Beschluß der Sorgfaltspflicht eines ordentlichen Geschäftsleiters im Sinne des § 43 Abs. 1 entspricht. Nur wenn dies nicht der Fall ist, sind sie berechtigt, einzugreifen und den Beschluß aufzuheben. Der Freiraum bedeutet keinen Freibrief für pflichtwidriges Handeln[61].
- Ist der Beschluß der Geschäftsführung nicht durch den ihr gewährten Freiraum gedeckt, so steht es im Ermessen der Gesellschafter, ob sie ihn durch einfache Weisung aufheben wollen.

c) Die freie Abberufbarkeit des geschäftsführenden Gesellschafters

- Die Abberufung des Gesellschafter-Geschäftsführers gemäß § 38 Abs. 1 kann ebenso wie die des Fremdgeschäftsführers jederzeit durch Mehrheitsbeschluß erfolgen[62], falls nicht im Gesellschaftsvertrag eine quali-

60 Vgl. zur Einberufung *Scholz/ K. Schmidt*, § 49 Anm. 13.

61 Vgl. S. 47.

62 *Hachenburg/Mertens*, § 38 Anm. 21; *Lutter/Hommelhoff*, § 38 Anm. 1, 6; *Baumbach/Hueck/Zöllner*, § 38 Anm. 14.

fizierte Mehrheit vorgesehen ist. Ein pflichtwidriges Verhalten braucht nicht vorzuliegen.

- Der Gesellschafter-Geschäftsführer ist stimmberechtigt[63]. Er kann also als Mehrheitsgesellschafter seine Abberufung durch seine Stimme verhindern. Ein unter seinem Ausschluß gefaßter Beschluß ist fehlerhaft[64] und daher nichtig.

d) Die Abberufung des geschäftsführenden Gesellschafters aus wichtigem Grund

- Ebenso wie die Abberufung des Fremdgeschäftsführers kann auch die des Gesellschafter-Geschäftsführers im Gesellschaftsvertrag auf das Vorliegen eines wichtigen Grundes beschränkt werden (§ 38 Abs. 2), wovon häufig Gebrauch gemacht wird. Eine Abberufung ohne wichtigen Grund verstößt dann gegen die Satzung und ist nichtig[65].
- Die Abberufung aus wichtigem Grund kann ebensowenig wie gegenüber einem Fremdgeschäftsführer im Gesellschaftsvertrag ausgeschlossen werden[66]. Dies wird fälschlicherweise immer wieder von Gesellschafter-Geschäftsführern angenommen, die sich zusichern lassen, daß ihre Geschäftsführertätigkeit unwiderruflich sei, und sich daher auf Lebenszeit in ihrer Position gesichert glauben. Eine derartige Zusicherung steht jedoch immer unter dem Vorbehalt, daß kein wichtiger Grund zur Abberufung gegeben ist.
- Der Gesellschafter-Geschäftsführer hat bei dem Beschluß über seine Abberufung aus wichtigem Grund kein Stimmrecht. Er kann nicht Richter in eigener Sache sein[67] und Maßnahmen verhindern, die sich aus wichtigem Grund gegen ihn richten[68].
  - Ein Gesellschafter kann also seine Abberufung als Geschäftsführer nicht aufgrund der Tatsache verhindern, daß er Stimmenmehrheit besitzt. Sonst würde es der Gesellschaft unmöglich sein, sich von einem Geschäftsführer zu lösen, der „grob gegen seine Pflichten verstoßen oder sich zu einer ordnungsgemäßen Geschäftsführung als unfähig erwiesen hat[69]".

---

63 *Ders.*, Anm. 15.

64 BGH vom 28. 1. 1985, – II ZR 79/84, GmbHR 1985, 256 ff.; OLG Frankfurt vom 26. 8. 1983 – 20 W 528/83, GmbHR 1984, 99 f.

65 Vgl. S. 216.

66 *Roth*, § 38 Anm. 3.1.

67 *Scholz/K. Schmidt*, § 47 Anm. 121, 128; *Lutter/Hommelhoff*, § 38 Anm. 17.

68 *Baumbach/Hueck/Zöllner*, § 47 Anm. 44, 53.

69 BGH vom 20. 12. 1982 – II ZR 110/82, GmbHR 1983, 149 ff.; *Hachenburg/Mertens*, § 38 Anm. 22; *Roth*, § 38 Anm. 3.3.1.; *Lutter/Hommelhoff*, § 38 Anm. 16.

- Für den Ausschluß vom Stimmrecht genügt die bloße Behauptung, es liege ein wichtiger Grund vor[70].

- Der Widerruf ist in analoger Anwendung des Aktiengesetzes (§ 84 Abs. 3 S. 4) sofort und solange wirksam, bis seine Unwirksamkeit durch rechtskräftiges Urteil festgestellt ist. Dem abberufenen geschäftsführenden Gesellschafter bleibt es also überlassen, gegen die Gesellschaft auf Feststellung zu klagen, daß seine Abberufung unwirksam ist. Dies gilt uneingeschränkt auch für den Geschäftsführer, der Minderheitsgesellschafter ist[71]. Mit der Rechtskraft des Urteils erhält er wieder die Stellung als geschäftsführender Gesellschafter und kann erneut die Bestellung zum Geschäftsführer verlangen[72].

- Fraglich ist, ob bis zur Rechtskraft der gerichtlichen Entscheidung eine einstweilige Verfügung erlassen werden darf, um eine Zwischenlösung zu finden und der Gefahr eines längeren Zustands der Unsicherheit für die Gesellschaft zu begegnen.
  - Das OLG Braunschweig hat dies unter Berufung auf den Sinn und Zweck der Regelung, wie sie durch § 4 Abs. 3 S. 4 AktG erreicht werden soll, abgelehnt und zur Begründung angeführt:

    > „Die Belange – einer Aktiengesellschaft – könnten beeinträchtigt werden, wenn ein Vorstandsmitglied trotz eines Bechlusses über seine Abberufung solange im Amt bliebe, bis die Angelegenheit endgültig geklärt wäre. Der Gesetzgeber hat durch die Regelung in § 84 Abs. 3 S. 4 AktG erkennen lassen, daß ihm eine mögliche berufliche Schädigung des unter Umständen zu Unrecht abberufenen Vorstandsmitglieds weniger schwerwiegend erscheint als mögliche Gefahren für die Gesellschaft bei einer Unklarheit über die Wirksamkeit des Abberufungsbeschlusses[73].“

    Die Interessenlage bei einer GmbH ist nach Ansicht des OLG Braunschweig in dieser Beziehung gleich und in gleicher Weise schutzwürdig. Der Sinn des § 84 Abs. 3 S. 4 AktG, so meint *U. H. Schneider,* „würde durch eine gegenteilige einstweilige Verfügung unterlaufen, der gleichzeitige Schutz der anderen Gesellschafter in Frage gestellt. Für die Zwischenzeit bleibt nur die Bestellung eines Notgeschäftsführers[74].“
  - Dem steht die Entscheidung des OLG Celle entgegen[75]. Hiernach ist die Lage der Aktiengesellschaft mit der einer GmbH, die von „perso-

---

70 Dazu BGH, LM GmbHG § 38 Nr. 5; *Fleck,* Zur Abberufung des GmbH-Geschäftsführers, GmbHR 1970, 220 (227 f.).

71 *Scholz/U. H. Schneider,* § 38 Anm. 70.

72 *Roth,* § 38 Anm. 3.5.

73 OLG Braunschweig vom 18. 8. 1976 – 3 U 30/76, GmbHR 1977, 61 f.

74 *U. H. Schneider,* Die Abberufung des Gesellschafter-Geschäftsführers einer zweigliedrigen GmbH, ZGR 1983, 500 (547); *M. Hohlfeld,* Der Notgeschäftsführer der GmbH, GmbHR 1986, 181 ff.

75 Vom 1. 4. 1981 – 9 U 195/80, GmbHR 1981, 265 f.

nalistischen Elementen" und der „Treuepflicht der Gesellschafter untereinander" geprägt ist, nicht vergleichbar. Bis zur Rechtskraft einer gerichtlichen Entscheidung über die Berechtigung der Abberufung kann auf Antrag des abberufenen Geschäftsführers daher eine einstweilige Verfügung erlassen werden, die es dem Geschäftsführer ermöglicht, seine Tätigkeit je nach Sachlage ganz bzw. fachlich oder zeitlich beschränkt bis zu einer endgültigen Entscheidung in der Hauptsache auszuüben[76]. Dementsprechend kann seine Abmeldung beim Handelsregister verboten bzw. seine Wiederanmeldung angeordnet werden.

- Auch wenn der geschäftsführende Gesellschafter kein Stimmrecht in der zum Zweck seiner Abberufung einberufenen Gesellschafterversammlung hat und die Gesellschafter fest entschlossen sind, seine Bestellung zu widerrufen, ist er zu laden. Andernfalls würde sein Mitwirkungsrecht beeinträchtigt und ihm die Möglichkeit genommen, seine Mitgesellschafter durch seine Argumentation gegebenenfalls umzustimmen. Ein unter seinem Ausschluß gefaßter Beschluß ist rechtlich ungültig[77].
- Wie dem Fremdgeschäftsführer so kann auch dem Gesellschafter-Geschäftsführer unter den gleichen Gesichtspunkten aufgrund eines Gesellschafterbeschlusses bis auf weiteres jede Tätigkeit in der Gesellschaft untersagt werden und damit eine vorläufige Dienstenthebung erfolgen[78]. Eine derartige Weisung wirkt jedoch nur intern. Die Vertretungsmacht (§ 35) wird davon nicht betroffen.

  Scheitert die vorläufige Dienstenthebung an den Mehrheitsverhältnissen, so steht dem unterlegenen Gesellschafter die Möglichkeit offen, eine einstweilige Verfügung zu erwirken.

2. Die Zwei-Personen-Gesellschaft mit *einem* geschäftsführenden Gesellschafter

In diesem Fall ist es dringend notwendig, folgendes festzulegen:

- Welche Aufgaben der Gesellschafterversammlung – d. h. also beiden Gesellschaftern gemeinsam – vorbehalten sind;
- welche Aufgaben der geschäftsführende Gesellschafter wahrzunehmen hat;

76 *Vollmer,* Die Abberufung von Geschäftsführern der mitbestimmten GmbH, GmbHR 1984, 5 (10 f.); *Baumbach/Hueck/Zöllner,* § 38 Anm. 36. Dazu *v. Gerkan,* Gesellschafterbeschlüsse, Ausübung des Stimmrechts und einstweiliger Rechtsschutz, ZGR 1985, 167.

77 BGH vom 28. 1. 1985 – II ZR 79/84, GmbHR 1985, 256.

78 *Rowedder,* § 38 Anm. 24; vgl. zur vorläufigen Dienstenthebung S. 213.

- inwieweit ihm ein Freiraum eingeräumt ist, innerhalb dessen er selbständig zu handeln und zu entscheiden verpflichtet ist;
- ob die Abberufung nur aus wichtigem Grund erfolgen kann.

Der geschäftsführende Gesellschafter erhält also zwei Stellenbeschreibungen:
- die des Gremiums der Gesellschafter (Gesellschafterversammlung) sowie
- die des Geschäftsführers.

a) Das Weisungsrecht der Gesellschafterversammlung

Der geschäftsführende Gesellschafter ist als solcher der Gesellschafterversammlung unterstellt und daher deren Weisungen unterworfen, soweit nicht sein Freiraum in Frage steht. Da er hier Stimmrecht besitzt, kann er als Mehrheitsgesellschafter oder bei gleich großen Gesellschafteranteilen aufgrund der dadurch entstehenden Patt-Situation jede Weisung verhindern.

b) Die Informationspflicht des Gesellschafter-Geschäftsführers

Der geschäftsführende Gesellschafter ist verpflichtet, die Gesellschafterversammlung ordnungsgemäß nach den dargestellten Grundsätzen zu informieren[79]. Eine Systematisierung der Information empfiehlt sich hier dringend. Darüber hinaus hat der nicht gechäftsführende Gesellschafter das Auskunftsrecht gemäß § 51a[80].

c) Die Kontrolle durch die Gesellschafterversammlung

Der geschäftsführende Gesellschafter ist wie jeder Fremdgeschäftsführer der Kontrolle der Gesellschafterversammlung, der er untersteht, auch hinsichtlich seines Freiraums unterworfen. Es kontrolliert dann der Gesellschafterkollege seinen Kollegen in dessen Eigenschaft als Geschäftsführer, ob dieser in seiner Geschäftsführung der Sorgfalt eines gewissenhaften Geschäftsleiters entspricht (§ 43 Abs. 1).

Dieser Kontrolle kann der Gesellschafter-Geschäftsführer sich nicht entziehen, indem er bei dem dazu notwendigen Gesellschafterbeschluß seine Stellung als Mehrheitsgesellschafter ins Spiel bringt. Er ist verpflichtet, die Überwachung seiner Geschäftsführertätigkeit zu dulden. Ein dem entgegenstehender Beschluß ist rechtswidrig und daher nichtig.

---

79 Vgl. S. 128 ff.
80 Vgl. S. 161 ff.

Allerdings können die aus der Kontrolle sich ergebenden Konsequenzen, die sich in eine Weisung umsetzen und eines Gesellschafterbeschlusses bedürfen, durch den Mehrheitsgesellschafter oder bei gleichen Gesellschaftsanteilen aufgrund der dadurch gegebenen Patt-Situation verhindert werden.

Macht der Mehrheitsgesellschafter sich dieses Verfahren zum Prinzip, so kann dies ein wichtiger Grund für seine Abberufung sein.

d) Die Abberufung des Gesellschafter-Geschäftsführers

- Der geschäftsführende Gesellschafter kann in der Zwei-Personen-Gesellschaft seine freie Abberufung gemäß § 38 Abs. 1 als Mehrheitsgesellschafter oder als gleich hoch beteiligter Gesellschafter durch die damit gegebene Patt-Situation unmöglich machen.
- Anders ist die Situation bei einem Widerruf der Geschäftsführertätigkeit aus wichtigem Grund (§ 38 Abs. 2). Da der geschäftsführende Gesellschafter kein Stimmrecht gegenüber einer Abberufung aus wichtigem Grund besitzt, entsteht dadurch eine Situation, mit der sich der Bundesgerichtshof für den Fall einer zweigliedrigen Gesellschaft mit zwei gleich hoch beteiligten Gesellschaftern eingehend beschäftigt hat. In der Entscheidung vom 20. 12. 1982[81] heißt es:
  - „In einer GmbH mit zwei gleich hoch beteiligten Gesellschaftern . . . kann einer der Gesellschafter mit der Behauptung, der andere sei aus wichtigem Grund für die Gesellschaft als Geschäftsführer nicht mehr tragbar, dessen Stimme ausschalten und so zunächst einen formal gültigen Abberufungsbeschluß herbeiführen. Dasselbe könnte wechselseitig geschehen, wenn beide Gesellschafter zu Geschäftsführern bestellt sind.
  - Käme hinzu, daß die Abberufung ohne Rücksicht auf ihre sachliche Berechtigung bis zu einer gegenteiligen rechtskräftigen Gerichtsentscheidung vorläufig wirksam wäre, so wäre sie ein bequemes Mittel, bei Interessengegensätzen oder Meinungsverschiedenheiten unter den Gesellschaftern einen geschäftsführenden Gesellschafter unter Umständen auf Jahre hinaus auszuschalten.
  - Gäbe das Gericht dann schließlich dem abberufenen Geschäftsführer recht, so könnte der andere ihn durch eine erneute Abberufung aus angeblich wichtigem Grund sofort wieder außer Gefecht setzen.
  - Dabei wäre nicht einmal die notwendige gesetzliche Vertretung der Gesellschaft auf andere Weise gesichert, wenn sich die streitenden Gesellschafter auf keinen neuen Geschäftsführer einigen können.

    Da nämlich der abberufene Geschäftsführer bei der Bestellung eines Nachfolgers mitstimmen darf, könnte jeder Gesellschafter die Beteiligung des

81 II ZR 110/82, GmbHR 1983, 149 (150); vgl. zu diesem Problem die Ausführungen von *Fleck*, Zur Abberufung des GmbH-Geschäftsführers, GmbHR 1970, 221 (228 ff.), an die sich der BGH weitgehend anschließt.

vom anderen vorgeschlagenen Geschäftsführers mit seiner Stimme verhindern.

- Kommt es aber doch zu einem Übereinkommen über die Regelung der Geschäftsführung bis zum Abschluß eines Gerichtsverfahrens oder betraut das Gericht gemäß § 29 BGB auf Antrag vorläufig einen Dritten mit der Geschäftsführung, so wird dieser zunächst nur vorübergehend bestellte Geschäftsführer angesichts der Streitigkeiten unter den Gesellschaftern und der dadurch bedingten Schwierigkeit, von ihnen übereinstimmende Weisungen zu erhalten, kaum geneigt sein, über die unbedingt notwendig laufende Geschäftsführung hinaus die alleinige Verantwortung für wichtige Entscheidungen zu übernehmen, wie sie gerade in dieser Zeit anstehen können."

Der Bundesgerichtshof hat unter diesen Gesichtspunkten entschieden, daß die Kündigung aus wichtigem Grund nicht automatisch zum Verlust der Geschäftsführerbefugnis führt, sondern „die Wirksamkeit einer aus wichtigem Grund ausgesprochenen Abberufung allein von der materiellen Rechtslage nach § 38 Abs. 2" abhängt, über die zu befinden Sache des Gerichts ist. Es hat darüber zu urteilen, ob zum Zeitpunkt der Abberufung objektiv ein wichtiger Grund für die Abberufung bestand und es damit für den Mitgesellschafter unzumutbar war, den Geschäftsführer in seiner Tätigkeit weiter zu belassen[82]. Es kann, um einigermaßen geordnete Verhältnisse zu schaffen, entscheiden, daß der aus wichtigem Grund gekündigte Gesellschafter-Geschäftsführer seine Tätigkeit voll bzw. fachlich und führungsmäßig begrenzt weiter ausübt, bis die endgültige Entscheidung des ordentlichen Gerichts erfolgt.

Zu beachten:

- Dies muß jedoch nicht nur für die zweigliedrige Gesellschaft gelten, auf die die Entscheidung des Bundesgerichtshofs abgestellt ist, sondern auch für die GmbH, deren Geschäftsführer mit Mehrheit beteiligt ist. Richtig erklärt dazu *U. H. Schneider:* „Der Mehrheitsgesellschafter könnte zwar eine Maßnahme der Geschäftsführung, die er für zweckmäßig hält, im Wege einer Weisung durch Gesellschafterbeschluß auch gegen den Willen eines Minderheitsgesellschafters durchsetzen. Wenn er die Maßnahme jedoch als Geschäftsführer verwirklichen würde, könnten ihn die Minderheitsgesellschafter abberufen. Das wäre wenig überzeugend[83]."
- Bei einer lediglich aus zwei Personen bestehenden Gesellschaft reicht es zur Abberufung des einen Geschäftsführers nicht aus, daß er das

82 *Eder* in GmbH-Handbuch I Anm. 553; hinsichtlich der Zumutbarkeit *U. H. Schneider,* Die Abberufung des Gesellschafter-Geschäftsführers einer zweigliedrigen GmbH, ZGR 1983, 500 (537).

83 *U. H. Schneider,* Die Abberufung des Gesellschafter-Geschäftsführers einer zweigliedrigen GmbH, ZGR 1983, 500 ff.; *Scholz/U. H. Schneider,* § 38 Anm. 53.

„Vertrauen eines Mitgesellschafters verloren hat. Es müssen vielmehr berechtigte Zweifel gegen die Ordnungsmäßigkeit der Geschäftsführung"[84] (also nicht lediglich an der Zweckmäßigkeit) vorliegen. Andernfalls wäre, worauf *U. H. Schneider* richtig hinweist, „die Zweckmäßigkeitsbeurteilung von Maßnahmen der Unternehmensleitung dem anderen Gesellschafter-Geschäftsführer überlassen", da der Abzuberufende kein Stimmrecht besitzt[85].

3. Die Zwei-Personen-Gesellschaft mit *zwei* geschäftsführenden Gesellschaftern

Hier ist festzulegen,

- welche Aufgaben sich die beiden Gesellschafter als Gesellschafterversammlung vorbehalten haben;
- welche Aufgaben jeder Geschäftsführer in seiner Eigenschaft als Leiter eines Ressorts zu erfüllen hat;
- wie weit der Freiraum jedes Geschäftsführers reicht;
- ob die Abberufung nur aus wichtigem Grund erfolgen kann.

Der Einwand der beiden Gesellschafter, eine Unterscheidung zwischen Gesellschafter- und Ressortaufgaben sei unnötig, denn „wir machen ja doch alles zusammen", dem man immer wieder begegnet, ist nicht stichhaltig.

Daß die Gesellschafter ihre *Gesellschafteraufgaben* zusammen erfüllen müssen, ist selbstverständlich. Vorher muß jedoch festgelegt sein, was sie als Gesellschafteraufgaben und was sie als Aufgabe jedes einzelnen Geschäftsführers in seiner Eigenschaft als Leiter eines Ressorts betrachten.

Selbstverständlich können die Gesellschafter hinsichtlich ihrer Geschäftsführung alle Entscheidungen gemeinsam treffen. Dies ist jedoch, sobald die Geschäftsführrung einen größeren Umfang annimmt, unwirtschaftlich. Binnen kurzem merken dies die Gesellschafter und gehen zu einer Geschäftsverteilung über, ohne im einzelnen jedoch festzulegen, wer was zu entscheiden hat, mit der Folge, daß rechtlich keine Geschäftsverteilung vorliegt, der Geschäftsführerkollege also für alles mit einzustehen hat, was sein Kollege tut[86]. Unter dem Gesichtspunkt, wer für was verantwortlich ist und dafür mit seinem gesamten Vermögen einzustehen hat, ist es daher dringend zu empfehlen, entsprechende Klarheit zu schaffen.

84 So BGH vom 25. 1. 1960 – II ZR 22/59, GmbHR 1960, 85 ff. mit Anm. *Pleyer.*

85 *U. H. Schneider,* Die Abberufung des Gesellschafter-Geschäftsführers einer zweigliedrigen GmbH, ZGR 1983, 500 (535, 539).

86 Vgl. S. 17.

Im einzelnen gilt für die aus zwei Gesellschafter-Geschäftsführern bestehende Gesellschaft hinsichtlich Information, Kontrolle und Abberufung folgendes:

a) Information

Jeder Geschäftsführer hat seinen Mitgeschäftsführer über die wichtigsten Vorgänge in seinem Bereich, auch soweit sie seinen Freiraum betreffen, zu informieren. Hier empfiehlt sich ebenfalls wieder die Systematisierung der Information[87].

b) Kontrolle

Jeder Geschäftsführer ist in seiner Eigenschaft als Leiter des ihm übertragenen Geschäftsbereichs der Kontrolle der Gesellschafterversammlung und damit des Kollegen unterworfen. Sie ergibt sich aus dem Unterstellungsverhältnis des Geschäftsführers unter die Gesellschafterversammlung. Dabei ist es gleichgültig, ob ein Geschäftsführer Minder- oder Mehrheitsgesellschafter oder gleich hoch beteiligt ist.

Die Kontrolle kann nicht, wie wir gesehen haben, durch die Stimme des betroffenen Gesellschafters verhindert werden. Aber die sich aus der Kontrolle ergebenden Konsequenzen kann der Mehrheitsgesellschafter durch seine Stimme unterbinden. Dies kann u. U. ein wichtiger Grund für dessen Abberufung sein[88].

c) Abberufung

- Die freie Abberufung gemäß § 38 Abs. 1 kann ein Mehrheitsgesellschafter bzw. bei gleich hoher Beteiligung ein Gesellschafter aufgrund der Patt-Situation durch seine Stimme verhindern.
- Hinsichtlich der Situation bei einer Kündigung aus wichtigem Grund, die zu dem Resultat führen kann, daß sich die Gesellschafter wechselseitig abberufen, wird auf das vorstehend behandelte Urteil des Bundesgerichtshofs verwiesen[89].

d) Der Ausweg aus dem Abberufungs-Dilemma

Die Schwierigkeiten, die sich bei einer Zwei-Personen-Gesellschaft in bezug auf die Abberufung ergeben können, lassen sich vermeiden, wenn

87 Vgl. S. 91.
88 Vgl. S. 226 f.
89 Vgl. S. 210.

- sich die Gesellschafter im Gesellschaftsvertrag im Falle der Abberufung aus wichtigem Grund auf den Entscheid einer dritten Stelle, etwa eines Beirats, einigen[90];
- diesem auch die Befugnis übertragen wird, im Falle des Zerwürfnisses zwischen den Gesellschaftern einen Nichtgesellschafter zum Geschäftsführer zu bestimmen und damit die Neuregelung der Geschäftsführung vorzunehmen, aufgrund deren die Gesellschafter sich auf ihre Gesellschafterposition zurückziehen müssen;
- dem geschäftsführenden Gesellschafter ein Sonderrecht auf Geschäftsführung als Mitgliedschaftsrecht im Gesellschaftsvertrag eingeräumt wird.

  Dieses Sonderrecht kann ihm gegen seinen Willen nur entzogen werden, wenn die gesetzlichen Voraussetzungen dafür vorliegen, d. h. die Berechtigung des Widerrufs rechtskräftig festgestellt ist. Der geschäftsführende Gesellschafter verliert dann nicht automatisch seine Position, sondern er behält sie so lange, bis durch rechtskräftiges Urteil das Gegenteil festgestellt worden ist[91].

90 In diesem Sinne auch *Tillmann,* Der Geschäftsführervertrag der GmbH und GmbH & Co., S. 27.

91 *Scholz/U. H. Schneider,* § 38 Anm. 66; *Lutter/Hommelhoff,* § 38 Anm. 34; *Hachenburg/Mertens,* § 38 Anm. 68; *Baumbach/Hueck/Zöllner,* § 38 Anm. 31.

N. Die Amtsniederlegung des Geschäftsführers

Hier muß zwischen einer Amtsniederlegung aus wichtigem Grund einerseits und ohne wichtigen Grund andererseits unterschieden werden.

I. Die Amtsniederlegung aus wichtigem Grund

Der Abberufung des Geschäftsführers aus wichtigem Grund entspricht das Recht des Geschäftsführers zur Niederlegung seines Amtes aus wichtigem Grund. Sie ist jederzeit möglich, wenn dem Geschäftsführer nicht mehr zugemutet werden kann, sein Amt fortzuführen. Die Amtsniederlegung ist durch einseitige Erklärung gegenüber den Gesellschaftern bzw. dem Organ, dem die Gesellschafter die Bestellung übertragen haben, zulässig[1]. Sie kann nicht durch die Satzung ausgeschlossen werden. Dabei ist es gleichgültig, ob die Gesellschaft den wichtigen Grund zu vertreten hat oder nicht, entscheidend ist allein, ob es dem Geschäftsführer noch zumutbar ist, in seiner Organstellung zu verbleiben[2]. Wichtige Gründe können für den Geschäftsführer u. a. sein:

1. Schwere Störungen des Vertrauensverhältnisses zu den Gesellschaftern.
2. Weisungen der Gesellschafter, die den Freiraum des Geschäftsführers betreffen, damit das dem Geschäftsführer satzungsgemäß zustehende Recht zum selbständigen Handeln und Entscheiden in Frage stellen und ihn zur ständigen Auseinandersetzung mit den Gesellschaftern um seine Position zwingen[3].
3. Zusagen der Gesellschafter im Anstellungsvertrag auf Gewährung eines bestimmten Freiraums, aber Weigerung, diese Zusagen durch notarielle Beurkundung des Beschlusses (§ 53 Abs. 2) rechtlich bindend zu machen[4].
4. Änderung des Gesellschaftsvertrages, der dem Geschäftsführer einen Freiraum einräumte, durch die er wieder in die für ihn unzumutbare Position eines Weisungsempfängers zurückgestuft wird[5].

---

1 Vgl. dazu *H. Schneider/U. H. Schneider,* Die Amtsniederlegung durch den Geschäftsführer einer GmbH, GmbHR 1980, 4 (7) m. w. N.; *Rowedder/Koppensteiner,* § 38 Anm. 25.

2 *H. Schneider/U. H. Schneider,* a. a. O.

3 Vgl. S. 44.

4 Vgl. Beispiel S. 48.

5 Vgl. S. 43.

5. Änderung des Gesellschaftsvertrags, nach dem die Abberufung des Geschäftsführers nur aus wichtigem Grund erfolgen konnte[6].

6. Willkürliche Verweigerung der Entlastung des Geschäftsführers[7].

7. Entscheidungen der Gesellschafter, die aufgrund gesicherter betriebswirtschaftlicher Erkenntnisse und Erfahrungen nicht vertretbar sind und voraussehbare Verluste sowie die damit verbundene Einbuße des geschäftlichen Ansehens für den Geschäftsführer bedeuten würden[8].

8. Gleichgültigkeit der Gesellschafter gegenüber pflichtwidrigem Verhalten der Geschäftsführung mit der Folge einer ernsthaften Störung der Zusammenarbeit mit den Ressortleitern[9].

9. Fehlende Informationen seitens der Gesellschafter, die ein Hemmnis für den Erfolg der Arbeit des Geschäftsführers sind und als Ausdruck fehlender Respektierung seines Eigenwertes eine Belastung des Vertrauensverhältnisses zur Folge haben[10].

10. Grundlegende, den Bereich der Geschäftsführung betreffende Entscheidungen der Gesellschafter, ohne vorher den Rat des Geschäftsführers in Anspruch zu nehmen. Damit seine Ausschaltung aus der Verantwortung als beratender Unternehmer und Abwertung seiner Position als qualifizierter Geschäftsführer[11].

11. Totalkontrolle statt Stichprobenkontrolle über den Fach- und Führungsbereich des Geschäftsführers[12]. Damit Störung der vertrauensvollen Zusammenarbeit zwischen Geschäftsführer und Gesellschaftern, Behinderung in der Ausübung seiner Tätigkeit und Herabsetzung gegenüber seinen eigenen Mitarbeitern durch die Gesellschafter.

12. Totalkontrolle des Aufsichtsrats über die Geschäftsführer[13].

13. Forderung des Aufsichtsrats nach Totalinformation seitens der Geschäftsführer.

14. Weigerung der Gesellschafter, einen nach Ansicht der übrigen Geschäftsführer unfähigen Kollegen abzuberufen, mit der Folge ernst-

6 Vgl. S. 217 sowie *U. H. Schneider,* Die Abberufung des Gesellschafter-Geschäftsführers einer zweigliedrigen GmbH, ZGR 1983, 500.
7 Vgl. S. 88 f.
8 Vgl. S. 88.
9 Vgl. S. 95.
10 Vgl. S. 117.
11 Vgl. S. 88 Nr. 4.
12 Vgl. S. 313.
13 Vgl. S. 313.

hafter Störungen der Zusammenarbeit in der Geschäftsführung und Erhöhung des Haftungsrisikos für die Geschäftsführer[14].

15. Weigerung der Gesellschafter, die Zustimmung zur Einstellung bzw. Entlassung eines Mitarbeiters zu geben, obwohl der Nachweis erbracht ist, daß ohnedem eine ordnungsgemäße Geschäftsführung nicht möglich ist[15].

16. Unzulänglichkeiten in der Organisation, die die Gesellschafter nicht abzustellen bereit sind, die es jedoch unmöglich machen, die Geschäfte mit der Sorgfalt eines ordentlichen Geschäftsleiters zu führen, und damit ein außergewöhnliches Haftungsrisiko begründen[16].

17. Einmischung der Gesellschafterversammlung in die Buchführung als höchst persönliche Amtspflicht der Geschäftsführer[17].

18. Maßnahmen der Mitgeschäftsführer, die gegen die Sorgfalt eines gewissenhaften Geschäftsleiters verstoßen und denen gegenüber die Gesellschafter sich untätig verhalten.

19. Unzulässige Eingriffe der Geschäftsführung in den Ressortbereich eines Geschäftsführerkollegen, die zu erheblichen Störungen seiner Tätigkeit als Ressortleiter führen und die die Gesellschafter trotz wiederholter Mahnungen durch entsprechende Weisung nicht abstellen[18].

20. Kündigung des Anstellungsvertrags seitens der Gesellschafter[19].

21. Entgegenstehende Weisungen der Gesellschafter an den Geschäftsführer bei der Erfüllung seiner öffentlich-rechtlichen Pflichten, wie z. B. Abführung von Steuern und Sozialversicherungsbeiträgen, Konkursanmeldung, Umweltschutz[20].

22. Schwere bzw. andauernde Krankheit, fortgeschrittenes Alter[21].

23. Nachträgliche Beschränkung der Geschäftsführungsbefugnisse[22].

- Die Behauptung des Geschäftsführers, daß ein wichtiger Grund vorliege, genügt zur Amtsniederlegung, gleichgültig, ob dies tatsächlich der Fall ist oder nicht. Der Widerruf ist wirksam, bis seine Unwirksamkeit

14 Vgl. S. 108.
15 Vgl. S. 108.
16 Vgl. S. 13 ff.
17 Vgl. S. 7 f.
18 Vgl. S. 112.
19 Vgl. S. 213.
20 Vgl. S. 184 ff.
21 Vgl. S. 218 f.
22 GmbHR 1993, 288 ff.

rechtskräftig festgestellt ist. Stellt sich im Prozeß heraus, daß ein wichtiger Grund nicht gegeben war, so kann der Geschäftsführer wegen Verletzung seiner Pflichten aus dem Anstellungsvertrag haftbar gemacht werden[23].

- Die Gesellschaft kann ihrerseits zur fristlosen Kündigung des Anstellungsvertrags berechtigt sein, wenn der Geschäftsführer den wichtigen Grund zu vertreten hat oder es an einem wichtigen Grund fehlt[24].
- Lediglich zur ordentlichen Kündigung des Anstellungsvertrags ist die Gesellschaft berechtigt, wenn sie den wichtigen Grund zur Amtsniederlegung veranlaßt hat. Sie kann ihrerseits die Bestellung des Geschäftsführers aus wichtigem Grund widerrufen.
- Die Amtsniederlegung des Geschäftsführers aus wichtigem Grund führt zum sofortigen Verlust der Organstellung[25] und normalerweise auch zur Beendigung des Anstellungsvertrages. Nur braucht dies nicht der Fall zu sein. Der Geschäftsführer kann, da das Amt des Geschäftsführers und der Anstellungsvertrag rechtlich voneinander zu trennen sind, am Anstellungsvertrag festhalten. Eine entsprechende Vereinbarung kann auch im Anstellungsvertrag enthalten sein. Der Geschäftsführer ist dann verpflichtet, eine seinen fachlichen Kenntnissen entsprechende leitende Tätigkeit in der Gesellschaft zu übernehmen. Weigert er sich, so kann die Gesellschaft fristlos kündigen.

Beispiel:
Der Geschäftsführer einer GmbH erklärte am Wochenende seiner Frau: „Heute habe ich den Gesellschaftern mitgeteilt, daß ich ab sofort mein Amt als Geschäftsführer niederlege. Seit Monaten habe ich die Gesellschafter gebeten, unserem Betriebsleiter wegen totaler Unfähigkeit zu kündigen. Es ist bis jetzt nichts geschehen, und sie haben, wie ich aus ihren ausweichenden Erklärungen entnehme, anscheinend auch nicht vor, meinen Wünschen entsprechend zu verfahren. Mit Mühe bügele ich die schlimmsten Fehler des Betriebsleiters wieder aus. Auf die Dauer ist mir jedoch der ständige Kampf mit dem unfähigen Mann nicht zuzumuten. Die ordnungsgemäße Geschäftsführung ist durch ihn in Frage gestellt."

Auf die erstaunte Frage seiner Frau, wie es dann am Ende des Monats mit den Bezügen stehe, erklärte der Geschäftsführer: „Die 10 000,– DM sind mir nach wie vor sicher. Ich habe den Gesellschaftern gleichzeitig mitgeteilt, daß ich an meinem Anstellungsvertrag festhalte und mich in Zukunft auf die Tätigkeit in meinem Ressort Vertrieb beschränken werde. Sie werden froh sein, daß ich ihnen in diesem Bereich wenigstens noch erhalten bleibe. Sie sind hier völlig auf mich angewiesen. Das haben sie mir immer wieder versichert." –

23 BGH vom 14. 7. 1980 – ZR 161/79, GmbHR 1980, 270 ff.
24 *H. Schneider/U. H. Schneider*, GmbHR 1980, 4 (10).
25 *Lutter/Hommelhoff*, § 38 Anm. 41.

Dazu folgendes:

- Die Weigerung der Gesellschafter, die Zustimmung zur Entlassung eines Mitarbeiters zu geben, obwohl der Nachweis erbracht worden ist, daß ohne dem eine ordnungsgemäße Geschäftsführung nicht möglich ist, war ein wichtiger Grund für den Geschäftsführer, sein Amt niederzulegen.
- Mit der Amtsniederlegung hat der Geschäftsführer seine Organstellung und normalerweise auch seine Rechte aus dem Anstellungsvertrag und damit auch das Recht auf seine Bezüge verloren.
- Seine Erklärung gegenüber den Gesellschaftern, daß er seine Tätigkeit im Ressort Vertrieb weiter ausüben wolle, bedeutet ein Festhalten am Anstellungsvertrag. Ob er allerdings in diesem Fall die vollen Bezüge in Höhe von DM 10 000,– in Anspruch nehmen kann, ist fraglich, da diese Bezüge ja auch für die Wahrnehmung seiner Organstellung als Geschäftsführer und nicht lediglich für die Ausübung seiner Tätigkeit als Ressortleiter Vertrieb gedacht sind.
- Ob sich die Gesellschafter auf das Vorgehen des Geschäftsführers einlassen, ist eine andere Frage. Sie können das Vorliegen eines wichtigen Grundes zur fristlosen Amtsniederlegung des Geschäftsführers bestreiten und ihrerseits zur fristlosen Kündigung des Anstellungsvertrages übergehen mit der Behauptung, daß der Geschäftsführer den wichtigen Grund zu vertreten habe oder es an einem wichtigen Grund fehle[26]. Dies führt zum sofortigen Verlust der Bezüge. Der Geschäftsführer ist dann genötigt, gerichtlich feststellen zu lassen, daß ein wichtiger Grund zur Amtsniederlegung von seiner Seite vorlag und kein wichtiger Grund zur Aufhebung des Anstellungsvertrages seitens der Gesellschaft gegeben ist.

So sicher, wie der Geschäftsführer sich seiner Frau gegenüber mit der Behauptung gab, daß er am Ende des Monats unbedingt mit der Überweisung der Bezüge in Höhe von DM 10 000,– rechnen könne, ist seine Situation also nicht. Er muß sich unter Umständen auf einen lange dauernden Rechtsstreit gefaßt machen.

- Der Schadensersatzanspruch des Geschäftsführers gilt nach § 628 Abs. 2 BGB auf das Erfüllungsinteresse, er umfaßt also die nach dem gewöhnlichen Lauf der Dinge entgangene Vergütung einschließlich aller besonderen zusätzlichen Zuwendungen[27].
- Die Amtsniederlegung erfolgt gegenüber den Gesellschaftern bzw. einem sonstigen Bestellungsorgan, z. B. dem Beirat. Die Erklärung gegenüber einem einzelnen Gesellschafter ist nicht ausreichend[28].

---

26 *H. Schneider/U. H. Schneider*, GmbHR 1980, 4 (7).

27 OLG Frankfurt vom 17. 12. 1992, GmbHR 5/1993, S. 291.

28 Dazu *H. Schneider/U. H. Schneider*, GmbHR 1980, 4 (10); *Lutter/Hommelhoff*, § 38 Anm. 42.

II. Die Amtsniederlegung ohne wichtigen Grund

Ob eine Amtsniederlegung ohne wichtigen Grund jederzeit für den Geschäftsführer möglich ist, ist strittig.

- Die herrschende Meinung hielt bislang eine Amtsniederlegung ohne wichtigen Grund nur unter Beachtung der Kündigungsfrist des Anstellungsvertrages für zulässig[29].
- Dem entsprach auch die Rechtsprechung des Bundesgerichtshofs[30].
- U. H. Schneider fordert demgegenüber, dem Geschäftsführer die Möglichkeit zur jederzeitigen Amtsniederlegung auch ohne wichtigen Grund in der Analogie zu § 38 Abs. 1 zu geben, da die Interessenlage bei der Gesellschaft und den Geschäftsführern gleich zu bewerten sei[31]. Dies zu Recht. Wenn die Gesellschafter dem Geschäftsführer jederzeit ihr Vertrauen entziehen und seine Bestellung widerrufen können, so muß auch der Geschäftsführer in der Lage sein, die Konsequenzen zu ziehen, wenn er kein Vertrauen mehr zu den Gesellschaftern hat, um der Weisungsunterworfenheit gegenüber den Gesellschaftern und der sich daraus ergebenden persönlichen Haftung zu entgehen.

Im Urteil vom 8. 2. 1993 hat der Bundesgerichtshof seine ursprüngliche Ansicht aufgegeben[32] und festgestellt, daß ein wichtiger Grund zur Wirksamkeit der Amtsniederlegung nicht mehr notwendig ist. Die Amtsniederlegung ist sofort wirksam, auch wenn sie „mit keiner Begründung versehen wird".

Schadenersatzansprüche der Gesellschaft gegen den Geschäftsführer, die sich wegen einer ohne ausreichenden wichtigen Grund erklärten Niederlegung aus dem Anstellungsverhältnis ergeben können, bleiben davon unberührt[33].

Die Frage, unter welchen Voraussetzungen eine Amtsniederlegung ohne wichtigen Grund unwirksam sein kann, hat der Bundesgerichtshof nicht entschieden. Nach *H. Schneider/U. H. Schneider* ist dies dann der Fall, wenn sie „zur Unzeit" erfolgt oder aus sonstigen Gründen rechtsmißbräuchlich ist, so z. B.

29 So noch *Lutter/Hommelhoff,* 13. Aufl., § 38 Anm. 40; *Eder* in GmbH-Handbuch I Anm. 550.2; *Rowedder/Koppensteiner,* § 38 Anm. 26.

30 BGH vom 14. 7. 1980 – II ZR 161/79, BGHZ 18, 82 = GmbHR 1980, 270 ff.

31 *H. Schneider/U. H. Schneider,* GmbHR 1980, 4 (9); *Scholz/Schneider,* § 38 Anm. 80; zustimmend *Roth,* § 38 Anm. 5; *Baumbach/Hueck/Zöllner,* § 38 Anm. 28; *Hachenburg/Mertens,* § 38 Anm. 75.

32 II ZR 58/92, GmbHR 1993, 216 ff.; jetzt auch *Lutter/Hommelhoff,* 14. Aufl., § 38 Anm. 41.

33 Dies unter Hinweis auf BGHZ 78, 82 (85), GmbHR 1980, 270.

- wenn die Erklärung in schädigender Absicht erfolgt;
- wenn der begleitende Umstand verwerflich ist oder
- wenn sich der Geschäftsführer im Vergleich zu seinem bisherigen Tun offensichtlich widersprüchlich verhält[34].

- In der Satzung kann das Recht des Geschäftsführers auf Amtsniederlegung auf das Vorliegen eines wichtigen Grundes beschränkt werden. Eine Vereinbarung im Anstellungsvertrag begründet nur eine schuldrechtliche Verpflichtung. Legt der Geschäftsführer trotzdem sein Amt nieder, so ist er schadensersatzpflichtig[35].

34 *H. Schneider/U. H. Schneider*, GmbHR 1980, 4 (8) BayObLG v. 29. 7. 92, GmbHR 1992, 671; „Keine Amtsniederlegung bei Rechtsmißbrauch".

35 *H. Schneider/U. H. Schneider*, GmbHR 1980, 4 (8); *Scholz/U. H. Schneider*, § 38 Anm. 84.

O. Der stellvertretende Geschäftsführer

Ebenso wie das Aktiengesetz (§ 94) und das Genossenschaftsgesetz (§ 35) kennt das GmbH-Gesetz den stellvertretenden Geschäftsführer.

I. Stellvertretender Geschäftsführer – ein irreführender Begriff

Der Begriff „stellvertretender Geschäftsführer" ist irreführend[1]. In der allgemeinen Vorstellung wird der Stellvertreter als derjenige betrachtet, der anstelle eines anderen tätig wird, wenn dieser ausfällt. Dementsprechend wird der Stellvertreter gewöhnlich als zweiter Mann angesehen. Typisch dafür ist der Ausspruch:

„Er ist ja *nur* Stellvertreter."

Dies trifft jedoch für den stellvertretenden Geschäftsführer nicht zu. Er ist nicht im eigentlichen Sinne des Begriffs Stellvertreter eines anderen Mitglieds der Geschäftsführung. Er ist vielmehr Geschäftsführer im Sinne des Gesetzes und damit „Organ der Gesellschaft mit allen rechtlichen Folgen der Organschaft"[2]. Er hat insofern die gleiche Position wie ein ordentlicher Geschäftsführer. Er ist also im Verhältnis der Geschäftsführer zueinander „normales Mitglied der Geschäftsleitung". Er ist nicht darauf beschränkt, nur zu handeln, wenn ein ordentlicher Geschäftsführer verhindert ist[3], es sei denn, die Gesellschafter haben seine Funktion im Gesellschaftsvertrag auf die Nur-Stellvertretung begrenzt, oder dies ist in der von ihnen gegebenen bzw. gebilligten Geschäftsordnung geschehen.

II. Die Aufgaben des stellvertretenden Geschäftsführers im Gremium der Gesamtgeschäftsführung

- Der stellvertretende Geschäftsführer hat, wie die übrigen Mitglieder der Geschäftsführung auch, seine Tätigkeit mit der Sorgfalt eines ordentlichen Geschäftsleiters auszuüben (§ 43 Abs. 1). Er ist ihnen daher auch in der *Haftung* gleichgestellt. Bei seiner Bestellung muß daher darauf geachtet werden, daß er den Anforderungen entspricht, die an einen ordentlichen Geschäftsführer zu stellen sind.

---

1 So mit Recht *v. Godin/Wilhelmi,* § 94 Anm. 1.
2 *Hachenburg/Mertens,* § 44 Anm. 2.
3 *Lutter/Hommelhoff,* § 44 Anm. 2.

- Der stellvertretende Geschäftsführer ist ebenso wie die ordentlichen Mitglieder der Geschäftsführung Vertreter der GmbH (§ 35) mit „unbeschränkbarer gesetzlicher Vertretungsmacht"[4]. Sind Vertretungsakte von allen Geschäftsführern wahrzunehmen, so kann der stellvertretende Geschäftsführer davon nicht ausgeschlossen werden.

Er ist vielmehr *verpflichtet,* daran teilzunehmen[5].

- *Beschränkungen* in der Tätigkeit des stellvertretenden Geschäftsführers, also im Innenverhältnis, etwa in der Art,
  - daß der stellvertretende Geschäftsführer an Geschäftsführungssitzungen nur teilnimmt, wenn er ausdrücklich dazu aufgefordert wird oder
  - wenn sein eigener Geschäftsbereich betroffen ist,

  sind rechtlich *unwirksam,* auch wenn sich der stellvertretende Geschäftsführer damit einverstanden erklärt hat. Dies aus folgenden Gründen:
  - Da der stellvertretende Geschäftsführer wie jeder ordentliche Geschäftsführer die Organverantwortung für die ordnungsgemäße Wahrnehmung der Tätigkeit der Geschäftsführung als Ganzes trägt, kann er aus den Sitzungen des Gremiums auch nicht ausgeschlossen werden.
  - Wie jeder Geschäftsführer, ist auch der stellvertretende Geschäftsführer dafür verantwortlich, daß die Geschäftsführung ordnungsgemäß Kontrolle über die Mitglieder der Geschäftsführung in ihrer Eigenschaft als Leiter eines Ressorts ausübt.

    Er muß daher Gelegenheit haben, sich in den Geschäftsführungssitzungen anhand der Berichte der Geschäftsführer über die Arbeit in ihren Ressorts zu unterrichten, hierzu Stellung zu nehmen, Angelegenheiten aus dem Ressortbereich eines Geschäftsführers zur Sprache zu bringen, falls nötig, Anträge zu stellen, um die Geschäftsfüh-

4 *Hachenburg/Mertens,* § 44 Anm. 4; *Lutter/Hommelhoff,* § 44 Anm. 1.

5 *Hachenburg/Mertens,* § 44 Anm. 4; die Ansicht von *Roth,* § 35 Anm. 4.1.5.: „Allein schon die Einrichtung des stellvertretenden Geschäftsführers in der Satzung (läßt) den Schluß zu, daß eine Gesamtvertretung sich, auch wenn nicht näher eingegrenzt, auf die ordentlichen Geschäftsführer beschränken soll und der Stellvertreter nur im Substitutionsfall anstelle des ordentlichen Geschäftsführers einzubeziehen ist", widerspricht dem Wortlaut und Sinn des § 44. Er kann auch nicht „im Wege der Auslegung" so gedeutet werden, wie dies *Scholz/U. H. Schneider,* § 44 Anm. 8, will. Die Ansicht von *Baumbach/Hueck/Zöllner,* § 44 Anm. 4, nach der die Geschäftsführerkompetenzen des stellvertretenden Geschäftsführers „jeweils nur in Unterordnung oder bei Verhinderung eines ordentlichen Geschäftsführers eingreifen", widerspricht ebenfalls dem Sinn des § 44.

rung zum Handeln zu veranlassen[6] und, wenn dies unterbleibt, sich an die Gesellschafter zu wenden.

All dies wäre ihm nicht möglich, wenn die ordentlichen Geschäftsführer das Recht hätten, den stellvertretenden Geschäftsführer von Geschäftsführungssitzungen auszuschließen.

Läßt sich der stellvertretende Geschäftsführer auf einen Ausschluß aus Geschäftsführersitzungen ein und wird ihm dadurch die Möglichkeit genommen, seiner Kontrollaufgabe zu genügen, so ist er haftbar, wenn der GmbH dadurch ein Schaden erwächst.

- Einschränkungen dahingehend, daß dem stellvertretenden Geschäftsführer, solange er keinen eigenen Geschäftsbereich besitzt, die Kontrolle über die übrigen Mitglieder der Geschäftsführung in ihrer Eigenschaft als Ressortleiter verwehrt wird, sind ebenfalls rechtlich unwirksam. Richtig bemerkt dazu *Roth:*

  „Hält sie (die Geschäftsverteilung) den Stellvertreter von der aktiven Geschäftsführung fern, so entlastet ihn dies doch nicht von seiner Aufsichtspflicht[7]."

- Inwieweit sich der stellvertretende Geschäftsführer in den Geschäftsführungssitzungen zurückhält, wenn die alten und erfahrenen Mitglieder der Geschäftsführung ihre Meinungen äußern, ist eine Sache des Taktes. Er darf jedoch nicht schweigen,
  - wenn im Gremium der Geschäftsführung ein Beschluß gefaßt wird, der seiner Ansicht nach mit der Sorgfalt eines ordentlichen Geschäftsleiters nicht vereinbar ist, oder
  - wenn das Gremium der Geschäftsführung Aufgaben nicht wahrnimmt, zu denen es verpflichtet ist, z. B. die sachliche und vollständige Berichterstattung an die Gesellschafter oder den Aufsichtsrat unterläßt bzw. Fragen eines Gesellschafters (§ 51a) unrichtig beantwortet.
- Insgesamt ist der stellvertretende Geschäftsführer kein Geschäftsführer zweiter Klasse oder ein Geschäftsführer „minderen Ranges". Er ist auch im Gremium der Gesamtgeschäftsführung kein zweiter Mann oder ein erster Mann an zweiter Stelle, sondern ein erster Mann an erster Stelle.

---

6 Dazu *Hachenburg/Mertens,* § 37 Anm. 10.

7 *Roth,* § 44 Anm. 3. Dies gleichzeitig unter Hinweis auf § 43 Anm. 2.2., wo es heißt: „Ein Geschäftsführer kann sich nicht damit entlasten, daß die Ressortabgrenzung ihm die erforderlichen Kontrollmöglichkeiten vorenthalten habe, sondern er darf sich mit solchen Einschränkungen nicht abfinden", sowie § 43 Anm. 3. *Baumbach/Hueck/Zöllner* lehnt die Einschaltung des stellvertretenden Geschäftsführers in die Aufsicht als zu weitgehend und unbestimmt ab (§ 44 Anm. 11).

Der Unterschied zum ordentlichen Geschäftsführer erschöpft sich daher in der Titulierung[8]. Dies ist den Gesellschaftern wie auch den ordentlichen Geschäftsführern oft schwer begreiflich zu machen.

Die Unterscheidung zwischen ordentlichen und stellvertretenden Geschäftsführern trägt zur Verwirrung bei. Beide sind dem Willen des Gesetzgebers entsprechend ihrer Funktion nach ordentliche Geschäftsführer.

- Wenn man in Verbindung mit dem stellvertretenden Geschäftsführer vom betrieblichen Führungsnachwuchs spricht[9] und damit die Vorstellung von Personen verbindet, die fachlich und führungsmäßig noch nicht fertig sind, so trifft dies für den stellvertretenden Geschäftsführer nach Auffassung des Gesetzgebers jedenfalls nicht zu[10]. Denn wie könnte er mit der Sorgfalt eines ordentlichen Geschäftsleiters in Angelegenheiten der Gesellschaft seine Geschäfte führen (§ 43 Abs. 1) und dafür haften, wenn die Voraussetzungen bei ihm nicht gegeben sind!

8 *Lutter/Hommelhoff*, § 44 Anm. 2; *Baumbach/Hueck/Zöllner* spricht von „Titelabstufung" (§ 44 Anm. 4).

9 So *Meyer/Meulenbergh/Beuthien*, § 35 Anm. 7.

10 In der ersten Auflage dieses Buches wurden unter dem Kapitel der stellvertretenden Mitglieder der Geschäftsführung noch behandelt: Der Ressortbereich des stellvertretenden Geschäftsführers – Der Stellvertreter des alleinigen Geschäftsführers – Die auf das Ressort beschränkte Stellvertretung – Die Verantwortung des Stelleninhabers für die Tätigkeit seines Stellvertreters im Ressort. Da diese Abschnitte zum Verständnis der Position des stellvertretenden Mitglieds der Geschäftsführung nicht unbedingt notwendig sind, wurden sie mit Rücksicht auf den Umfang des Buches weggelassen. Im einzelnen wird auf die erste Auflage, S. 51–57 verwiesen.

P. Die Kontrolle der Geschäftsführer durch die Gesellschafter

I. Recht oder Pflicht der Gesellschafter zur Überwachung der Geschäftsführer?

Gemäß § 46 Nr. 6 unterliegen der Bestimmung der Gesellschafter „die Maßregeln zur Prüfung und Überwachung der Geschäftsführung".

Als Maßregeln können u. a. in Betracht kommen:

> „Verlangen von Berichten und Auskunft, Einsicht in Bücher, Korrespondenz und beliebige andere Unterlagen, Einnahme eines Augenscheins, Anhörung Dritter, Anordnungen einer Sonderprüfung entsprechend § 142 AktG[1]."

Wenn die *Maßregeln* zur Überwachung der Geschäftsführer der Bestimmung der Gesellschafter unterliegen, so setzt dies logischerweise voraus, daß diese Überwachung von seiten der Gesellschafter auszuüben ist und es nicht in ihr Ermessen gestellt ist, ob sie überhaupt Kontrolle ausüben wollen. In maßgeblichen Kommentaren wird die Ansicht vertreten, daß die Überwachung der Geschäftsführer durch die Gesellschafter eine „Aufsichtsobliegenheit" sei, jedoch keine Überwachungspflicht beinhalte[2]. So heißt es bei Lutter/Hommelhoff:

> „Dieser Prüfungs- und Überwachungsbefugnis entspricht keine Pflicht der Gesellschaftergesamtheit[3]."

Zöllner spricht vom *Recht* der Gesellschafter, die Geschäftsführer zu kontrollieren, nicht von der Pflicht[4].

Roth drückt sich etwas vorsichtiger aus. Er erklärt:

> „Eine Pflicht der Gesellschafter zur sorgfältigen Überwachung der Geschäftsführer wird man, anders als beim Aufsichtsrat, nicht generell bejahen können[5]."

Auf das GmbH-Gesetz kann man sich bei dieser Annahme allerdings nicht berufen. Die Kommentare sind damit „rechtsschöpferisch" vorgegangen. Zur Begründung wird u. a. angeführt, ein Großteil der Gesellschafter seien unternehmerische Laien, die lediglich ihr Kapital der Gesellschaft geben, aber nicht mit ihrem Privatvermögen haften wollen.

1 So *Roth,* § 46 Nr. 7, dazu *Scholz/U. H. Schneider,* § 46 Anm. 117.
2 *Scholz/U. H. Schneider,* § 43 Anm. 113.
3 *Lutter/Hommelhoff,* § 46 Anm. 17; ebenso *Rowedder,* § 46, Anm. 29.
4 *Baumbach/Hueck/Zöllner,* § 46 Anm. 10.
5 *Roth,* § 46 Nr. 7.

Dies sei besonders bei Familiengesellschaften der Fall. Die Kontrollpflicht der Gesellschafter könnte das Ende der Familiengesellschaft bedeuten. Dem stehen folgende Überlegungen gegenüber:

1. Die Gesellschafterversammlung ist Vorgesetzte der Geschäftsführer. Aus ihrer Vorgesetztenfunktion folgt, daß die Gesellschafter gegenüber den ihnen unterstellten Mitarbeitern, d. h. den Geschäftsführern, die sich daraus ergebenden Pflichten zu erfüllen haben. Eine der Hauptpflichten der Gesellschafter in ihrer Funktion als Vorgesetzte ist die Kontrolle der Geschäftsführung. Kein Vorgesetzter kann sich auf den Standpunkt stellen:

   „Delegieren und resignieren"[6].

   Soll dies etwa bei der Gesellschafterversammlung anders sein? Will man wirklich behaupten, daß eine Pflicht der Gesellschafter zur Überwachung der Geschäftsführer auch dann nicht besteht, wenn es sich um öffentlich-rechtliche Vorschriften handelt, wie z. B. um die Unfallverhütung, die Abführung von Steuern und Sozialbeiträgen oder den Bereich des Umweltschutzes oder der Produkthaftung[6]?

   Richtig erklärt U. H. Schneider hinsichtlich der Kontrollpflicht der Geschäftsführer gegenüber ihren Mitarbeitern, denen öffentlich-rechtliche Aufgaben delegiert worden sind:

   > „Über die öffentlich-rechtlichen Normen, etwa des Umweltschutzrechts, des Kartellrechts usw., sind die Mitarbeiter nicht nur eindringlich zu belehren, sondern die Einhaltung der Vorschriften ist auch laufend stichprobenartig zu überwachen[7]."

   Soll die Gesellschafterversammlung nicht dazu verpflichtet sein, die Geschäftsführer daraufhin zu überwachen, ob sie ihrer Kontrollpflicht gegenüber ihren Mitarbeitern genügen?

   Und wie steht es mit den öffentlich-rechtlichen Aufgaben, die die Geschäftsführer lt. „Pflichtenkatalog" (U. H. Schneider) oder Stellenbeschreibung[8] selbst wahrzunehmen haben? Soll es in das Belieben der Gesellschafter gestellt sein, ob sie hier überwachend tätig werden wollen oder nicht? Das kann man wohl kaum annehmen. U. H. Schneider äußert sich dazu nicht.

   Richtigerweise haften bei einem schuldhaften Verstoß gegen die öffentlich-rechtlichen Normen neben den Geschäftsführern die Gesellschafter für unterlassene Kontrolle als Gesamtschuldner (§ 421 ff. BGB).

6 Vgl. dazu S. 185 ff.
7 § 43 Anm. 38.
8 Vgl. dazu die Stellenbeschreibung für die öffentlich-rechtlichen Pflichten der Geschäftsführung, S. 188.

Wenn die Gesellschafter nicht in der Lage oder nicht gewillt sind, ihre Pflichten als Vorgesetzte der Geschäftsführer zu erfüllen, so bleibt ihnen nichts anderes übrig, als diese Pflichten einem anderen Organ, etwa dem Aufsichtsrat, einem Beirat oder einem Dritten, zu übertragen, soweit letzteres nicht der Struktur der Gesellschaft widerspricht.

Oder aber die Gesellschafter müssen eine Kapitalanlage wählen, die mit Vorgesetztenpflichten nicht verbunden ist, wie dies bei der stillen Gesellschaft oder der Aktiengesellschaft der Fall ist. Die Kapitalanlage in einer GmbH bringt jedenfalls nicht nur *Rechte* und die Aussicht auf *Vermögensvorteile* mit sich, sondern auch erhebliche *Pflichten,* für deren Erfüllung die Gesellschafter einstehen müssen.

2. Der Einwand, daß die Gesellschafter weitgehend Laien im Bereich der Unternehmensführung sind, ist nicht überzeugend. Der *Vorstand* einer Aktiengesellschaft ist in vielen der ihm unterstellten Bereiche ebenfalls kein Fachmann. Er kann sich jedoch nicht darauf berufen, daß er von diesen Bereichen nichts verstehe und deshalb auch nicht zu kontrollieren brauche, sondern er ist zur Kontrolle verpflichtet und muß sich, falls er dazu nicht in der Lage ist, entsprechender Fachleute bedienen. Andernfalls haftet er für Kontrollverschulden mit seinem gesamten Vermögen.

   Der *Geschäftsführer* einer GmbH kann sich auch nicht darauf berufen, daß er in einer Reihe der ihm unterstellten Bereiche keine Fachkenntnisse besitze. Er haftet für Kontrollverschulden ebenfalls mit seinem gesamten Vermögen. Auf welche Weise er seiner Überwachungspflicht genügt, ob er sich entsprechender Berater bedient, ist seine Angelegenheit.

Grundsätzlich gilt es also, die entscheidende Frage zu klären:

Will man das Vorgesetztenverhältnis zwischen Gesellschafterversammlung und Geschäftsführung wirklich als einen Sonderfall im Bereich der Wirtschaft betrachten? Sollen die Gesellschafter erkennbare pflichtwidrige Handlungen der Geschäftsführer hinnehmen, statt einzugreifen[9]? Will man dann trotzdem die Geschäftsführer für daraus der Gesellschaft entstandenen Schaden haftbar machen können? Das kann man wohl kaum bejahen.

Damit setzen sich die folgenden Ausführungen auseinander.

9 Diese Frage wirft *Scholz/Karsten Schmidt,* § 46 Anm. 112 auf.

II. Die Unterlassung der Kontrolle – ein Verstoß gegen die Treuepflicht gegenüber den Geschäftsführern

1. Die Treuepflicht der Gesellschafter gegenüber den Geschäftsführern wird in den Kommentaren recht stiefmütterlich behandelt. So heißt es bei Zöllner:

> „Treuepflichten der GmbH gegenüber Geschäftsführern bestehen insbesondere als Schutz- und Rücksichtspflichten. Dazu gehört die Verschwiegenheitspflicht über den Geschäftsführer betreffende Informationen und die Pflicht zur angemessenen Freistellung von seiner Tätigkeit zu Erholungszwecken (Urlaub unter Fortzahlung etwaiger Bezüge)[10]".

Im Gegensatz zu diesen recht kümmerlichen Treuepflichten der Gesellschaft in bezug auf die Geschäftsführer besteht, wie Zöllner betont, „eine intensive Treuepflicht" der Geschäftsführer gegenüber der Gesellschaft[11].

2. Wenn man, wie Zöllner, insbesondere die Schutz- und Rücksichtspflichten als Treuepflicht der Gesellschafter gegenüber den Geschäftsführern betrachtet, so gehört zu den Schutzpflichten zweifellos die Ausübung der *Stichprobenkontrolle*. Dies aus folgenden Gründen:
   - Die Stichprobenkontrolle hilft, das *Risiko* zu mindern, das bei jedem selbständig handelnden und entscheidenden Mitarbeiter gegeben ist[12].
   - Die Stichprobenkontrolle kann die Geschäftsführer davor bewahren, daß sie sich in falschen Bahnen bewegen, etwa bei der Auslegung von Richtlinien für die Personal-, Einkaufs-, Vertriebs-, Produktions- oder Finanzpolitik, und ihnen dies dann bei der Beurteilung ihrer Geschäftstätigkeit zur Last gelegt wird.
   - Die gleiche Bedeutung hat die Stichprobenkontrolle für die Geschäftsführer hinsichtlich ihrer organisatorischen Maßnahmen und der Wahrnehmung ihrer Führungsfunktionen, so z. B. bei der Zielvorgabe für die Leiter der einzelnen Bereiche, der Auswahl der richtigen Mitarbeiter und der Überwachung dieser Mitarbeiter.
   - Des weiteren betrifft die Stichprobenkontrolle die kollegiale Zusammenarbeit der Geschäftsführer, die für das Unternehmen von entscheidender Bedeutung ist.
   - Darüber hinaus ist zu kontrollieren, ob die Geschäftsführer überhaupt *kreativ* sind und in welcher Richtung sich ihre Kreativität bewegt, damit das Unternehmen konkurrenzfähig bleibt.

---

10 *Baumbach/Hueck/Zöllner*, § 35 Anm. 25.
11 Vgl. dazu die Aufzählung bei *Baumbach/Hueck/Zöllner*, § 35 Anm. 20 ff.
12 Vgl. S. 139 ff.

3. Die Geschäftsführer haben ein *Recht* darauf zu erfahren, was die Gesellschafter als ihre Vorgesetzte an ihnen in fachlicher wie führungsmäßiger Hinsicht auszusetzen haben. Sie erhalten durch die Kontrolle die Entlastung für ihre Tätigkeit und zugleich die Motivation für ihr weiteres Vorgehen in den von ihnen eingeschlagenen Bahnen.

4. Schließt man sich Zöllner[13] an, der davon ausgeht, daß die „Rücksichtspflichten" zur Treuepflicht der Gesellschafter gegenüber den Geschäftsführern gehören, so ist zweifellos die Kontrolle miteinzubeziehen. Sie ist ein wichtiges Kommunikations- und Kontaktmittel zwischen den Gesellschaftern und den Geschäftsführern und spielt insofern eine wesentliche Rolle in ihren Beziehungen.

   Das Vertrauensverhältnis zwischen den Geschäftsführern und den Gesellschaftern wird auf das tiefste gestört, wenn die Geschäftsführer das Gefühl haben, daß die Gesellschafter an ihrer Arbeit und den damit verbundenen Sorgen und Problemen nicht den geringsten Anteil nehmen und nur daran interessiert sind, daß die Geschäftsführer einen möglichst hohen Gewinn mit entsprechender Auswirkung auf ihre Anteile erwirtschaften. Die Rücksichtnahme auf die Gefühle der Geschäftsführer in dieser Hinsicht ist für sie von ebensolcher Bedeutung wie die von *Zöllner*[14] angeführte Pflicht zur „angemessenen Freistellung zu Erholungszwecken".

   Beispiel:
   Auf die Frage an den Geschäftsführer eines Industrieunternehmens, warum er seine Stellung aufgebe, erklärte dieser:

   „Ich habe in finanzieller Hinsicht nichts auszusetzen, aber hinsichtlich der menschlichen Seite, die mit meiner Stellung verbunden ist, steht es außerordentlich schlecht. In den letzten drei Jahren hat sich niemals ein Gesellschafter bei mir sehen lassen, mit dem ich mich über unser Unternehmen, seine Probleme und seine Zukunft unterhalten konnte. Als zwei neue Gesellschafter eintraten, dachte ich, es könnte vielleicht besser werden. Nichts dergleichen ist geschehen. Ich habe die Herren in dieser Zeit noch nicht einmal persönlich kennengelernt. Mein Ansprechpartner ist ein Wirtschaftsprüfer. Ihm liefere ich monatlich meine Zahlen ab. Wenn sie mit dem Soll übereinstimmen, höre ich nichts von ihm, andernfalls bittet er um Bericht, warum das Soll nicht erreicht wurde. In jedem Halbjahr erscheint er einmal. Er ist ein eiskalter Rechner. Ich bin für ihn nichts anderes als ein gut bezahlter Arbeitssklave der Gesellschafter, von dem man erwartet, daß er sein Soll erfüllt. Das ist auf die Dauer nicht erträglich.

   Als ich von einem Bekannten hörte, daß in seiner Firma die Stelle eines zweiten Geschäftsführers besetzt werden sollte, habe ich mich beworben, obwohl meine Bezüge dort geringer wären. Ausschlaggebend war für mich,

13 In *Baumbach/Hueck*, § 35 Anm. 25.
14 Ebenda.

daß mir mein Bekannter erzählte, wie gut das Verhältnis zwischen den Geschäftsführern und den Gesellschaftern sei. Alle zwei Monate findet eine Gesellschafterversammlung statt, in der die Geschäftsführung Bericht erstattet über das, was sie in dieser Zeit erreicht hat und sich über ihre Pläne mit den Gesellschaftern unterhält. Die Geschäftsführer haben dabei das Gefühl, daß sie mit echten Partnern sprechen, die an ihrer Tätigkeit Anteil nehmen und sich für ihre Probleme interessieren." –

Dem ist nichts hinzuzufügen.

III. Minderung der Haftung der Geschäftsführer wegen unterlassener oder unzureichender Überwachung seitens der Gesellschafter

Weitgehend wird die Ansicht vertreten, daß die Geschäftsführer sich nicht auf Mitverschulden der Gesellschafter wegen unterlassener oder unzureichender Kontrolle berufen können (§ 254 BGB). Hier muß man jedoch unterscheiden:

- Handelt es sich um eine Angelegenheit, bei der die unterlassene Kontrolle wirklich ursächlich für das Fehlverhalten der Geschäftsführer gewesen ist, so trifft die Gesellschafter ein Mitverschulden mit der Konsequenz, daß eine Minderung der Haftung der Geschäftsführer eintritt.

  Beispiele:
  - Die Geschäftsführer haben die Richtlinien für die Kreditgewährung falsch ausgelegt. Durch Stichprobenkontrollen hätten die Gesellschafter dies feststellen und korrigierend eingreifen können.
  - Das gleiche gilt hinsichtlich der Richtlinien für die Einstellung neuer Mitarbeiter. Auch hier wäre eine falsche Interpretation oder bewußte Außerachtlassung dieser Richtlinien bei der Kontrolle durch die Gesellschafter deutlich geworden, negative Folgen hätten durch die entsprechende Korrektur vermieden werden können.
- Haben dagegen die Geschäftsführer trotz Kontrolle oder ohne daß deren Unterlassung ursächlich für ihr Verhalten gewesen ist, gegen die Sorgfalt eines ordentlichen und gewissenhaften Geschäftsleiters gehandelt und ist daraus dem Unternehmen Schaden entstanden, so können sie keine Haftungserleichterung erwarten.
- Eine andere Frage ist es, ob sich die Unterlassung jeglicher Kontrolle seitens der Gesellschafter nicht negativ auf die Sorgfaltspflicht der Geschäftsführer auswirkt[15], die dann im Bewußtsein handeln, sich in einem kontrollfreien Raum bewegen zu können. Dies ist zu bejahen. Ein Mitverschulden der Gesellschafter für fehlerhafte Handlungen der Geschäftsführer ist daher in diesem Fall anzunehmen.

15 *Scholz/Karsten Schmidt,* wirft diese Frage auf, beantwortet sie jedoch nicht, § 46 Anm. 111.

IV. Die Nachteile der unterlassenen Kontrolle für die Gesellschafter

Spricht man die Gesellschafter darauf an, daß die unterlassene Kontrolle ihrer Geschäftsführer starke wirtschaftliche und finanzielle Nachteile für sie haben könne, so bekommt man gewöhnlich etwa folgende Antwort:

> „Wir haben unsere Geschäftsführer mit großer Sorgfalt ausgesucht und glauben daher, darauf vertrauen zu können, daß sie unseren Erwartungen entsprechen."

Einer solchen Aussage muß man mit größter Skepsis begegnen. In Dutzenden von Seminaren für Geschäftsführer wurde vom Verfasser an den einen oder anderen Teilnehmer die Frage gestellt:

> „Was hat Sie veranlaßt, die Geschäftsführung in Ihrer GmbH zu übernehmen?"

Die Antworten lauteten u. a. folgendermaßen:

- „Die Gesellschafter brauchten dringend einen guten Werksleiter. Als solcher war ich ihnen bekannt. Deshalb haben sie mich zum Geschäftsführer gemacht. . ."
  Dabei war es den Gesellschaftern offensichtlich nicht klar, daß ein guter Werksleiter keineswegs automatisch auch in der Lage ist, die Anforderungen zu erfüllen, die an ein Mitglied der Geschäftsführung hinsichtlich seiner Fach- und Führungsaufgaben gestellt werden müssen[16].
- „Einer von uns mußte den Familienstamm in der Geschäftsführung vertreten. Dazu wurde ich als Geschäftsführer ausgewählt. Ich habe weder die erforderlichen Kenntnisse in der Branche noch irgendwelche Erfahrungen in der Führung einer GmbH. Deshalb bin ich in diesen Kurs gekommen, um mir das notwendige Wissen anzueignen." (!!)
- „Ich war einige Jahre Personalleiter in einem Unternehmen. Dabei habe ich die Tätigkeit der beiden Geschäftsführer beobachten können. Nach einiger Zeit habe ich mir gesagt: ‚Was die können, kann ich auch.' Daraufhin habe ich mich beworben und wurde Geschäftsführer. In diesem Seminar bin ich allerdings anderer Ansicht geworden."
- „Ich bin Schwiegersohn. Mein Eintritt in die Geschäftsführung war eine der Bedingungen dafür, daß mein Schwiegervater mit der Heirat einverstanden war. Ich habe weder von der Branche noch von der Geschäftsführung eine Ahnung. Mein Schwiegervater meint, das mache nichts. Das könne man alles lernen. Deshalb wurde ich zu diesem Seminar beordert."

Der Hinweis darauf, daß die Einstellung eines Geschäftsführers mit einem hohen Risiko verbunden ist und das Unternehmen viel Geld kosten kann, wird gewöhnlich mit dem Argument zu widerlegen versucht, daß ja ein Geschäftsführer jederzeit zu entlassen sei, wenn er den Anforderungen nicht genüge. Die damit verbundenen Kosten müsse das Unternehmen tragen können. Dabei wird nur verkannt, welchen Schaden ein

16 Vgl. dazu den Abschnitt „Die Beurteilung der Geschäftsführer durch den Aufsichtsrat", S. 345 ff.

solcher Geschäftsführer durch fehlerhaftes Handeln und Entscheiden dem Unternehmen zufügen kann, bevor man sich wieder von ihm getrennt hat.

V. Der durch Mehrheitsbeschluß zustandegekommene Verzicht auf Kontrolle der Geschäftsführer

Dieser Beschluß beinhaltet zugleich, daß ein durch die unterlassene Kontrolle eingetretener Schaden zu Lasten der Minderheitsgesellschafter geht, die dagegen gestimmt haben. Er verstößt damit gegen die gesellschaftliche Treuepflicht, einer „mitgliedschaftlichen Hauptpflicht"[17]. Die Ermessensfreiheit der Gesellschafter darf nicht in Willkür ausarten. Sie muß sich vielmehr im Rahmen der Treuepflicht bewegen, die für das Verhältnis der Gesellschafter zueinander als allgemeiner Rechtsgrundsatz gilt. Im Verhältnis von der Mehrheit zur Minderheit wirkt die Treuepflicht als „Schranke der Mehrheitsmacht"[18].

Der Beschluß der Gesellschafter, auf die Kontrolle der Geschäftsführer zu verzichten, ist also rechtswidrig und vor dem zuständigen Landgericht anfechtbar. Anfechtungsberechtigt ist jeder Gesellschafter, Beklagte ist die Gesellschaft. Für den bis zur Aufhebung des Beschlusses durch rechtskräftiges Urteil in der Zwischenzeit infolge unterlassener Kontrolle eingetretenen Schaden kann die Gesellschaft haftbar gemacht werden[19].

VI. Das Verfahren bei der Überwachung

Die Überwachung kann auf folgende Weise vorgenommen werden:

- Die Gesellschafter werden bei ihrer Überwachung in ihrer Gesamtheit tätig, d. h. der gesamte Kontrollvorgang wird von ihnen gemeinsam durchgeführt. Dieses Verfahren ist bei zwei bis drei Gesellschaftern möglich, bei einer größeren Anzahl von Gesellschaftern jedoch nicht durchführbar.
- Ein Gesellschafter, etwa der Mehrheitsgesellschafter oder auch zwei Gesellschafter gemeinsam, werden im Auftrag der Gesellschafterversammlung bei der Kontrolle tätig. Dies bedeutet:

17 *Lutter/Hommelhoff,* § 14 Anm. 15.
18 GmbHR 1994, S. 265 ff., 267.
19 *Scholz/Winter,* § 14 Anm. 62; *Baumbach/Hueck/Zöllner,* § 13 Anm. 31; *Rowedder,* § 14 Anm. 17.

Sie klären den Sachverhalt; nehmen den Soll-Ist Vergleich vor; hören dazu die Geschäftsführer; berichten der Gesellschafterversammlung über das Ergebnis; schlagen ihr die Konsequenzen vor, über die sie zu entscheiden hat.

Dies, soweit nicht den überwachenden Gesellschaftern zugleich die Vollmacht übertragen worden ist, die Konsequenzen zu ziehen und der Gesellschafterversammlung darüber zu berichten.

Inwieweit die die Überwachung ausübenden Gesellschafter ermächtigt sind, Fachleute heranzuziehen, bestimmt die Gesellschafterversammlung.

Die Überwachung erstreckt sich im Rahmen einer Führung mit Delegation von Verantwortung auf die fachlichen Aufgaben und die Führungsfunktionen der Geschäftsführer, aber nicht auf deren Mitarbeiter, also etwa auf die Hauptabteilungsleiter oder Abteilungsleiter.

Die Verantwortung des mit der Überwachung beauftragten Gesellschafters ergibt sich nicht aus § 43 Abs. 1 GmbHG. Diese für die Geschäftsführer geltende Bestimmung kann nicht ohne weiteres auf die Gesellschafter übertragen werden. Im Gegensatz zum Geschäftsführer verwalten die Gesellschafter kein fremdes Vermögen und nehmen auch kein fremdes Vertrauen in Anspruch. Nur die durch die Pflichtverletzung des Geschäftsführers der Gesellschaft entstandenen Vermögensnachteile will § 43 Abs. 1 ausgleichen[20].

Wohl aber ist eine Haftung unter dem Gesichtspunkt der Treuepflicht begründet. Ein Gesellschafter, der vorsätzlich oder grobfahrlässig seiner Überwachungspflicht zuwiderhandelt[21], ist für den daraus entstandenen Schaden ersatzpflichtig. Dies aus folgenden Gründen:

Wenn die Gesellschafterversammlung die Überwachung der Geschäftsführer einem ihrer Gesellschafter überträgt, so geht sie davon aus, daß er sie ordnungsgemäß wahrnehmen wird und die Gesellschaft keinen Schaden erleidet. Der überwachende Gesellschafter, der dem zuwiderhandelt, verstößt damit gegen die „Gewährleistung" des gesellschaftsgerechten „Zusammenwirkens"[22].

20 *Scholz/U. H. Schneider,* § 43 Anm. 16; *Rowedder,* § 43 Anm. 57.

21 Nach *Hachenburg/Schilling* § 14 Anm. 27 soll auch einfache Fahrlässigkeit genügen; dazu *Rowedder,* § 13 Anm. 13; *Scholz/U. H. Schneider,* § 43 Anm. 16, lehnt die Haftung des Mehrheitsgesellschafters ab, der die Überwachung der Geschäftsführer bei ihrer Tätigkeit nicht sorgfältig vornimmt.

22 *Baumbach/Hueck/Zöllner,* § 13 Anm. 25.

Die Tatsache, daß sich ein Gesellschafter bei der Wahrnehmung der ihm übertragenen Kontrollaufgabe der Gesellschaft gegenüber haftbar macht, beruht vielfach darauf, daß ihm die Grundregeln für die sachgerechte Ausübung der Kontrolle nicht bekannt sind und er sich auch nicht die Mühe gemacht hat, sich darüber zu informieren. Dazu ist er jedoch verpflichtet, wenn er eine derartige Aufgabe übernehmen will. Auf seiner Seite liegt daher *Annahmeverschulden* vor und auf seiten der Gesellschafter *Auswahlverschulden,* wenn sie einen Gesellschafter mit der Überwachungsaufgabe betraut, ohne sich vorher zu vergewissern, ob er dazu auch fähig ist. Auf diese Weise werden oft *Amateure zu Kontrolleuren* bestellt, mit dem entsprechenden Schaden für die Gesellschaft als Ganzes und Haftungsfolgen für die kontrollierenden Gesellschafter.

Beispiel:
Der Gesellschafter beschränkte sich bei der ihm von der Gesellschafterversammlung übertragenen Kontrolle des Geschäftsführers auf allgemeine Fragen, wie etwa:

„Alles in Ordnung? Geht es gut voran? Liegen wir im Ziel?"

Von dem Geschäftsführer wurden diese Fragen jeweils positiv beantwortet.

Über dieses Ergebnis seiner Kontrolle berichtete der Gesellschafter der Gesellschafterversammlung, die seinen Bericht ohne Rückfragen akzeptierte.

Die Gesellschafter waren höchst erstaunt, als sie eines Tages hören mußten, daß der Gesellschaft bei der Durchführung von zwei Objekten schwere Verluste aufgrund von Entscheidungen des Geschäftsführers entstanden waren, bei denen er offensichtlich gegen seine Sorgfaltspflicht verstoßen hatte.

In heftigen Auseinandersetzungen mit der Gesellschafterversammlung mußte der mit der Kontrolle beauftragte Gesellschafter offenlegen, wie er bei der Kontrolle vorgegangen war. Auf entsprechende Vorwürfe antwortete er, er habe wie alle Gesellschafter absolutes Vertrauen zum Geschäftsführer gehabt und durfte sich darauf verlassen, daß das, was ihm dieser erklärte, auch stimmte. Im übrigen sei er fachlich gar nicht in der Lage gewesen, Entscheidungen des Geschäftsführers zu überprüfen.

Die Gesellschafterversammlung machte ihren Kollegen aufgrund des Kontrollverschuldens haftbar. –

Dies mit Recht.

Der Gesellschafter hätte, wenn er wußte, daß er nicht die notwendigen Kenntnisse für die Überwachung des Geschäftsführers besaß, das Angebot der Gesellschafterversammlung, die Überwachung zu übernehmen, nicht annehmen dürfen (Annahmeverschulden).

Er hätte zumindest das Amt niederlegen müssen, als er merkte, daß er nicht dazu in der Lage war, es ordnungsgemäß wahrzunehmen. Daß die Überwachung nichts mit Vertrauen oder Mißtrauen gegenüber dem Geschäftsführer zu tun hat, mußte er wissen.

Mildernd fallen für den überwachenden Gesellschafter folgende Tatsachen ins Gewicht:

- Die Mitgesellschafter hätten mit ihrem Kollegen ein Gespräch darüber führen müssen, ob er wirklich in der Lage war, die Kontrolle des Geschäftsführers ordnungsgemäß wahrzunehmen (Auswahlverschulden).
- Die Mitgesellschafter hätten sich mit dem von ihm mitgeteilten positiven Ergebnis der Kontrolle nicht begnügen dürfen. Sie hätten vielmehr von ihm Auskunft darüber verlangen müssen, welche konkreten Fragen er an den Geschäftsführer gestellt habe, die ihn dazu berechtigten, die Gesellschafter über das angeblich positive Ergebnis der Kontrolle zu informieren (Überwachungsverschulden).

VII. Die Überwachung der Geschäftsführer im einzelnen

Wie bereits festgestellt wurde, erstreckt sich die Überwachung der Gesellschafter sowohl auf die fachlichen Aufgaben wie auf die Führungsfunktionen der Geschäftsführer, dabei insbesondere auch auf die Überwachung der Kreativität und der kollegialen Zusammenarbeit.

1. Die Überwachung der fachlichen Aufgaben der Geschäftsführer

Zur Überwachung der fachlichen Aufgaben der Geschäftsführer gehört u. a. folgendes:

- Die Überwachung der Organisation

  Hinsichtlich der Überwachung der Organisation des Unternehmens im einzelnen wird auf die entsprechende Überwachungsaufgabe des Aufsichtsrats verwiesen[23].
- Die Überwachung der Einhaltung der Zielsetzung des Unternehmens

  Dies ist für die Gesellschafter von besonderer Bedeutung. Hier werden sie mit der Frage konfrontiert, ob sich die Geschäftsführer bei ihrer Tätigkeit den Gesellschaftern gegenüber korrekt verhalten, indem sie, wie es von ihnen erwartet wird, bei der Wahrnehmung ihrer Aufgaben sich an der Zielsetzung des Unternehmens ausrichten[24].
- Die Überwachung der Einhaltung der Kompetenzen der Geschäftsführer

  Die Überschreitung der Kompetenzen durch die Geschäftsführer kann im Einzelfall verhängnisvolle Folgen für das Unternehmen haben. Die Gesellschafter nehmen diesen Gesichtspunkt bei der Kontrolle der Tätigkeit ihrer Geschäftsführer oftmals nicht so ernst wie sie es tun müßten, insbesondere dann, wenn es sich dabei um die Weiterdelega-

23 Vgl. S. 323 ff.

24 Vgl. dazu die möglichen Zielvorstellungen bei der Gründung eines Unternehmens, S. 38 ff.

tion ihrer Kompetenzen durch die Geschäftsführer ganz oder teilweise auf einen ihrer Mitarbeiter handelt[25].

- Die Einhaltung der gesetzlichen, insbesondere der öffentlich-rechtlichen, Vorschriften[26]

  Hier können die Gesellschafter bei Verstößen der Geschäftsführer, insbesondere bei der Produkthaftung und den Vorschriften für den Umweltschutz, in die Situation kommen, wegen Überwachungsverschulden selbst haftbar gemacht zu werden.

  Der Vorschlag des Verfassers, sich hinsichtlich der Überwachung der Einhaltung der gesetzlichen Vorschriften durch die Geschäftsführer eines Beraters zu bedienen[27], wird bei dieser Sachlage nicht auf Ablehnung aus Kostengründen stoßen.

2. Die Überwachung der Führungspflichten der Geschäftsführer

Hier geht es in erster Linie um folgendes:

- Die Auswahl der richtigen Mitarbeiter sowie die Kontrolle ihrer fortdauernden Eignung

  Fehler bei der Auswahl neuer Mitarbeiter können für das Unternehmen kostspielig werden, insbesondere, wenn es sich um Mitarbeiter der oberen Stufe der Hierarchie handelt. Es liegt also im ureigensten Interesse der Gesellschafter, hier kontrollierend tätig zu werden. Ihre Überwachung sollte sich auch darauf erstrecken, was an Kosten durch die notwendige Kündigung von probeweise eingestellten Mitarbeitern in einem bestimmten Zeitraum angefallen ist[28].

  Ebenso wichtig ist die Kontrolle darüber, ob die Mitarbeiter, die schon jahrelang im Unternehmen tätig sind, noch über die erforderliche Qualifikation zur Wahrnehmung ihrer Fach- und Führungsaufgaben verfügen, wie dies bei ihrer Einstellung vorgesehen und festgestellt worden war. Es entsteht oft ein kaum zu beziffernder Schaden für das Unternehmen, wenn in leitenden Positionen Mitarbeiter tätig sind, deren physische und psychische Fähigkeiten im Laufe der Zeit nachgelassen haben, so daß sie den Anforderungen nicht mehr gerecht werden können. In solchen Fällen müssen Geschäftsführer wie Gesellschafter Abhilfe schaffen und sich um sozialverträgliche Lösungen bemühen. Die-

25 Vgl. S. 183 ff.
26 Vgl. S. 79 ff.
27 Vgl. S. 193.
28 Vgl. dazu die Ausführungen über die entsprechende Überwachung seitens des Aufsichtsrats, S. 333 ff.

ser Sachverhalt darf bei der Überwachung der Geschäftsführer durch die Gesellschafter nicht übersehen werden.

- Die ordnungsgemäße Wahrnehmung der Kontrolle der Geschäftsführer über die ihnen unmittelbar unterstehenden Mitarbeiter

  Dies geschieht in sehr einfacher Form. Die Gesellschafter brauchen sich nur die Niederschriften über das Ergebnis dieser Kontrollen jeweils vorlegen zu lassen[29].

  In der Praxis werden allerdings immer wieder Einwände gegen diese unbedingt notwendige Überwachung von den Geschäftsführern vorgebracht, insbesondere, wenn es sich um die Kontrolle über Kollegen handelt. Die Gesellschafter müssen diese Argumente kennen, um sich damit auseinandersetzen zu können[30].

- Die Vorgabe von Einzelzielen durch die Geschäftsführer für die ihnen unmittelbar unterstellten Mitarbeiter

  Die Gesellschafter können nicht zusehen, daß die Geschäftsführer es den ihnen unterstellten Mitarbeitern überlassen, wie sie etwa innerhalb eines Jahres vorgehen wollen, ohne ihnen Ziele zu setzen. Sie geben damit ein wichtiges Steuerungsmittel aus der Hand und sind nicht mehr in der Lage, die Tätigkeit ihrer Mitarbeiter auf die Gesamtzielsetzung des Unternehmens auszurichten.

- Die Förderung der Mitarbeiter

  Hier gilt es, sich von seiten der Gesellschafter zu vergewissern, daß das geistige Potential, das das Unternehmen in seinen Mitarbeitern besitzt, von seiten der Geschäftsführer durch Weiterbildungsmaßnahmen und Aufstiegsmöglichkeiten nicht nur erhalten, sondern gemehrt wird[31].

3. Die Überwachung der Kreativität der Geschäftsführer

Die Überwachung der Kreativität ermöglicht den Gesellschaftern ein Urteil darüber, ob ihre Geschäftsführer lediglich Verwalter des Bestehenden sind, die ihre Tätigkeit in der Routinearbeit erschöpfen, oder ob sie in der Lage sind, anstehende Probleme zu lösen und die Zukunft des Unternehmens zu sichern.

Hinsichtlich der Überwachung der Kreativität der Geschäftsführer sind die Gesellschafter in der Regel hilflos. Es empfiehlt sich daher, zur Vorbereitung der Kontrolle einen Fragenkatalog aufzustellen, mit dessen Hilfe

---

29 Dazu S. 160.
30 Vgl. S. 145.
31 Vgl. dazu die Ausführungen zur Überwachungsfunktion des Aufsichtsrats in dieser Hinsicht. S. 337.

sich die Gesellschafter davon überzeugen können, wie es um die Kreativität der Geschäftsführer im Produktbereich, im Bereich Vertrieb, in der Werbung, im Personalwesen und anderen Geschäftsbereichen bestellt ist[32].

4. Die Überwachung der kollegialen Zusammenarbeit der Geschäftsführer

Von der kollegialen Zusammenarbeit seiner Geschäftsführer hängt weitgehend die Leistungsfähigkeit des Unternehmens ab.

Gegenüber der Überwachung der kollegialen Zusammenarbeit sind die Gesellschafter gewöhnlich ebenso hilflos wie bei der Kontrolle der Kreativität. Es ist daher notwendig, daß sich die Gesellschafter eingehend mit den Grundregeln befassen, die für die kollegiale Zusammenarbeit gelten. Sonst besitzen sie keine Basis für ihre Kontrolle[33].

VIII. Der Kontrollplan der Gesellschafter

Eine wichtige Möglichkeit zur Vereinfachung und Systematisierung der Kontrollaufgaben der Gesellschafter gegenüber den Geschäftsführern ist die Aufstellung eines Kontrollplans. Auf dessen generelle Bedeutung wurde bereits mehrfach hingewiesen[34].

Der Kontrollplan stellt für die Gesellschafter eine Checkliste dar, die ihnen hilft, bei der Überwachung der Geschäftsführer sich nicht von Kontrollzufällen oder Kontrollhobbies leiten zu lassen, sondern zielgerichtete und wohlüberlegte Kontrollfragen zu stellen.

Auf der Basis der in der Stellenbeschreibung niedergelegten Aufgaben müssen die Gesellschafter ihre Entscheidung über die von ihnen durchzuführenden Kontrollmaßnahmen treffen.

Beispiel:
Heißt es in der Stellenbeschreibung einer Geschäftsführung:

„Sie entscheidet im Bereich Vertrieb
- über die Prioritäten innerhalb der Verkaufsaktivitäten,
- die Lieferungs- und Zahlungsbedingungen,
- Preisnachlässe bei auslaufenden Produkten,
- Gewährung offener Zahlungsziele,

32 Vgl. dazu die Empfehlungen für den Fragenkatalog des Aufsichtsrats, S. 329 ff.
33 Vgl. dazu die in dieser Hinsicht für den Aufsichtsrat gegebenen Anregungen, S. 338 ff.
34 Vgl. S. 154 ff., 342 ff.

- die Behandlung von dubiosen Kundenforderungen,
- die Behandlung von Reklamationen und Gewährung von Vergütungen bis zu einem Betrag von DM 50 000,–,

so müssen sich die Gesellschafter klar werden, welche Stichproben sie anwenden wollen, um zu überprüfen, ob sich die Geschäftsführung in diesen Punkten ordnungsgemäß verhält.

1. Die Mitwirkung der Geschäftsführer bei der Erstellung des Kontrollplans

Bei der Erstellung des Kontrollplans ist es für die Gesellschafter oft schwierig, sich darüber klar zu werden, welche Kontrollmaßnahmen sie im einzelnen anwenden müssen. Sie sind dabei in der gleichen Lage wie die Geschäftsführung hinsichtlich der Kontrolle der ihnen unmittelbar unterstehenden Mitarbeiter[35] oder der Aufsichtsrat bei der Kontrolle der Geschäftsführer[36].

Die Gesellschafter sollten sich daher den Sachverstand der Geschäftsführer zunutze machen und sie bei der Erstellung des Kontrollplans beratend einschalten. Dies wird von diesen auch als ein besonderer Vertrauensbeweis gewertet.

Ob sich die Gesellschafter an diese Vorschläge halten oder z. B. einen außenstehenden Berater im Einzelfall hinzuziehen, ist eine andere Frage und liegt in deren Ermessen.

2. Die Kontrollakte der Gesellschafter

Den Gesellschaftern ist dringend zu empfehlen, eine Kontrollakte zu führen, in der ihre Maßnahmen zur Überwachung der Geschäftsführung und deren Ergebnisse verzeichnet sind. Die Gesellschafter ersparen sich dadurch Zeitverluste und unnötige Auseinandersetzungen, wenn es darum geht, im Konfliktfall zu beweisen, was im einzelnen festgestellt und veranlaßt wurde. Dies betrifft nicht nur den Fall, daß bei der Kündigung eines Geschäftsführers das Vorliegen eines wichtigen Grundes im Prozeßfall von der Gesellschaft bewiesen werden muß. Es gilt insbesondere auch in all den Fällen, in denen die Gesellschaft für die unterlassene Kontrolle haftbar gemacht werden kann, wie z. B. bei der Produkthaftung oder Verstößen gegen den Umweltschutz, wo es darum geht, sich die notwendigen beweisfähigen Unterlagen zu verschaffen[37].

---

35 Vgl. S. 159.
36 Vgl. S. 343 ff.
37 Vgl. dazu S. 187 ff.

3. Die Einschaltung der Innenrevision zur Unterstützung der Kontrolle der Geschäftsführer durch die Gesellschafter

Verfügt die Gesellschaft über eine Innenrevision, so kann diese wertvolle Hilfe leisten, indem sie im Auftrag der Gesellschafter bei der Kontrolle der Geschäftsführer die Sachverhalte feststellt, den Soll-Ist-Vergleich zieht und den Gesellschaftern Vorschläge zur Abstellung eventueller Mängel macht.

Dabei ist folgendes zu beachten:

- Die Einschaltung der Innenrevision in die Kontrolle der Geschäftsführung durch die Gesellschafter ist nur dann möglich, wenn diese den Gesellschaftern und nicht der Geschäftsführung untersteht. Andernfalls würde dies zu ständigen Loyalitätskonflikten führen.
- Die Aufgaben, die die Gesellschafter in fachlicher wie führungsmäßiger Hinsicht zu erfüllen haben, unterliegen *nicht* der Prüfung durch die Innenrevision, die ihnen unterstellt ist.

  Die Innenrevision ist jedoch verpflichtet, die Gesellschafter darauf aufmerksam zu machen, wenn sie bei der Prüfung der Tätigkeit der Geschäftsführer auf Sachverhalte stößt, die Fehler im Vorgehen der Gesellschafter in fachlicher oder führungsmäßiger Hinsicht erkennen lassen, gleichgültig, ob dies im Einzelfall den Gesellschaftern angenehm ist oder nicht. Innenrevisoren sind, wie alle anderen Mitarbeiter, die in Stabsfunktion tätig werden, keine Claqueure.

IX. Das individuelle Auskunfts- und Einsichtsrecht und die Kontrollmöglichkeiten des einzelnen Gesellschafters

§ 51a Abs. 1 bestimmt folgendes:

> „Die Geschäftsführer haben jedem Gesellschafter auf Verlangen unverzüglich Auskunft über die Angelegenheiten der Gesellschaft zu geben und die Einsicht der Bücher und Schriften zu gestatten."

Eine Abweichung von dieser Vorschrift im Gesellschaftsvertrag ist nicht statthaft (§ 51a Abs. 3). Das Auskunfts- und Einsichtsrecht der Gesellschafter kann also in keiner Weise beschränkt werden[38].

- Das Recht auf Auskunft und Einsicht als Mitgliedschaftsrecht des einzelnen Gesellschafters betrifft alle Tatsachen, die für sein Kontroll-, Gewinn- und Vermögensinteresse wichtig sind[39]. Es kann jederzeit ausgeübt werden.

---

38 Dazu *Baumbach/Hueck/Zöllner,* § 51a Anm. 2, *Roth,* § 51a Anm. 4.

39 *Lutter/Hommelhoff,* § 51a Anm. 5; *Scholz/K. Schmidt,* Anh. 51 Anm. 12; *Tietze,* Die Informationsrechte des GmbH-Gesellschafters, S. 9 ff.

- Ob ein Informationsbedürfnis Voraussetzung für den Informationsanspruch ist, ist strittig[40]. Jedenfalls braucht es nicht nachgewiesen zu werden.
- Alle Informationen, die generell von der Gesamtheit der Gesellschafter verlangt werden können, sind auch Gegenstand des individuellen Auskunfts- und Einsichtsrechts des einzelnen Gesellschafters.

Das Auskunfts- und Einsichtsrecht erstreckt sich sowohl auf die fachlichen Aufgaben der Geschäftsführer als auch auf die Organisation und Führung der Gesellschaft.

1. Das Auskunfts- und Einsichtsrecht im Fachbereich der Geschäftsführung

Auskunft in fachlicher Hinsicht kann z. B. über folgendes verlangt werden:

> die kurz-, mittel- und langfristige Planung sowie das damit verbundene unternehmerische Risiko; das Lohn- und Gehaltssystem sowie das Gehalt eines bestimmten Mitarbeiters; die betriebliche Altersversorgung; das Steuergebaren der GmbH; Verträge mit Kunden sowie deren wirtschaftliche Situation; desgleichen mit Lieferanten, Lizenznehmern und Lizenzgebern; das Spendenwesen generell und Spenden im Einzelfall; Nebentätigkeiten der Geschäftsführer und deren Tantiemen; die gegenwärtige Situation sowie die Zukunftsaussichten der Gesellschaft.

Das *Einsichtsrecht* umfaßt alle Unterlagen der Gesellschaft[41], d. h.

> nicht nur schriftliche Aufzeichnungen, sondern auch den gesamten Bereich der Photomechanik sowie der elektronischen Speicherung. Die Übermittlung personenbezogener Daten aus Dateien ist nicht strafbar. § 51a geht den Vorschriften des Bundesdatenschutzgesetzes vor[42].

Der Geschäftsführer ist verpflichtet, dem Einsicht verlangenden Gesellschafter die notwendige Hilfe zum Verständnis der gespeicherten Daten zu leisten. Der Gesellschafter kann sich eines Sachverständigen bedienen, soweit ihm die von dem Geschäftsführer bzw. einem seiner Mitarbeiter erteilte Einsicht mit den entsprechenden Erläuterungen nicht genügend

---

40 Dazu *Baumbach/Hueck/Zöllner,* § 51a Anm. 20; *Scholz/K. Schmidt,* § 51a Anm. 29; *Martens,* Die GmbH und der Minderheitsschutz, GmbHR 1984, 270; *Lutter/Hommelhoff,* § 51a Anm. 3; *Roth,* § 51a Anm. 2.2.1.

41 *Roth,* § 51a Anm. 2.2.1; *Baumbach/Hueck/Zöllner,* § 51a Anm. 16 f.

42 *Baumbach/Hueck/Zöllner,* § 51a Anm. 16, 31.

erscheint. In der Satzung sollte bestimmt sein, daß nur ein Sachverständiger, der der beruflichen Schweigepflicht unterliegt (Wirtschaftsprüfer, Steuerberater, Anwalt), benannt werden darf[43].

- Ein Geheimhaltungsrecht gegenüber einem Auskunft bzw. Einsicht verlangenden Gesellschafter besteht nicht.
- Die Geschäftsführer sind die Auskunftspersonen, nicht die ihnen unterstellten Mitarbeiter. Es ist daher unzulässig, von letzteren Auskunft zu verlangen.

Das Auskunfts- bzw. Einsichtsrecht des einzelnen Gesellschafters kann für die die Geschäftsführung billigende Mehrheit der Gesellschafter sehr peinlich werden.

Beispiel:
Der Geschäftsführer eines Verlags hatte nach Absprache mit dem Mehrheitsgesellschafter in seinem Jahresbericht unter Hinweis auf den steigenden Umsatz es geschickt verstanden, darüber hinwegzugleiten, daß bestimmte Verlagswerke, auf die man einmal große Hoffnungen gesetzt hatte, fast unverkäuflich geworden waren und bereits zu den sogenannten „Kellerleichen" zählten. Es war für den Mehrheitsgesellschafter und den Geschäftsführer sehr unangenehm, als einer der Gesellschafter genaue Angaben über die Verkaufszahlen für jedes Verlagswerk verlangte mit der Begründung, nur so ließe sich exakt klären, warum der Absatz zurückgegangen sei. Außerdem bitte er um Auskunft, bei welchen dieser Werke sich die Geschäftsführung bereits mit dem Gedanken einer eventuellen Verramschung vertraut gemacht habe.

Als die Zahlen vorlagen, zeigt sich, daß der Jahresbericht des Geschäftsführers an wesentlichen Tatsachen vorbeigegangen war. In der Gesellschafterversammlung machte der Gesellschafter dem Mehrheitsgesellschafter heftige Vorwürfe für sein gesellschaftswidriges Verhalten.

2. Das Auskunfts- und Einsichtsrecht hinsichtlich Organisation und Führung

Hinsichtlich des Auskunfts- und Einsichtsrechts im Bereich der Organisation und Führung können z. B. folgende Fragen gestellt werden:

- Sind die Aufgaben und Kompetenzen der Geschäftsführung als Ganzes sowie deren Mitglieder als Leiter eines Ressorts genau festgelegt? – Vorlage.
- Welche Solls hat die Geschäftsführung für die Leiter der einzelnen Ressorts gesetzt? Inwieweit konnten sie in der Zwischenzeit erreicht werden?
- Genügen bestimmte Mitarbeiter, z. B. der Marketing-, der Vertriebs- oder Personalleiter, den an sie gestellten Anforderungen in fachlicher wie führungsmäßiger Hinsicht?

43 *Baumbach/Hueck/Zöllner*, § 51a Anm. 19 m. w. N.

- Inwieweit erfolgt die planmäßige Weiterbildung der Mitarbeiter? Welche Maßnahmen sind für das laufende und kommende Jahr vorgesehen? Welche Mitarbeiter sind von der Weiterbildung ausgeschlossen, aus welchen Gründen?
- Wie verhält es sich mit der Fluktuation? Liegen Vergleichszahlen aus den einzelnen Bereichen vor? Welche Bereiche zeichnen sich durch erhöhte Fluktuation aus und aus welchen Gründen?
- Welche Vorschläge sind vom Marketing-Chef, dem Produktionsleiter und dem Personalleiter im letzten halben Jahr gemacht worden? Inwieweit wurden diese Vorschläge von der Geschäftsführung akzeptiert und weshalb nicht?
- Inwieweit ist die Stellvertretung auf allen Ebenen geregelt? Sind die Stellvertreter auch vertretungsfähig, oder steht die Stellvertretung nur auf dem Papier?
- Kennt die Geschäftsführung die kreativen Kräfte im Unternehmen, und was tut sie, um sie zu halten?
- Hat sich die Geschäftsführung mit der inneren Kündigung im Unternehmen befaßt und mit welchem Ergebnis?
- Auf welche Weise versucht die Geschäftsführung, die wahren Gründe für das Ausscheiden eines Mitarbeiters zu erfahren?
- Besitzt die Geschäftsführung ein Beurteilungssystem? Welche Kriterien sind dafür maßgebend?
- Hat die Geschäftsführung die Kontrolle über die Ressortleiter im letzten Vierteljahr im Fach- und Führungsbereich wahrgenommen? – Bericht über das Ergebnis.
- Besitzt die Geschäftsführung eine Führungsrichtlinie für das Unternehmen, und wie kontrolliert sie, ob sich Vorgesetzte wie Mitarbeiter daran halten?

Ein Gesellschafter, der weiß, wie eng die ordnungsgemäße Führung des Unternehmens und sein wirtschaftlicher Erfolg zusammenhängen, kann mit derartigen Fragen das gesamte Führungssystem zur Diskussion stellen. Der einzelne Gesellschafter ist auch nicht daran gehindert, derartige Fragen wiederholt zu stellen, um zu erfahren, welche Änderungen sich vollzogen haben.

Aufgrund der erlangten Informationen hat der einzelne Gesellschafter die Möglichkeit, von den Gesellschaftern zu verlangen, Konsequenzen gegenüber der Geschäftsführung zu ziehen. So z. B.:

Verstärkte Überwachung, Einschränkung bzw. Erweiterung der Kompetenzen der Geschäftsführung als Ganzes oder eines einzelnen Geschäftsführers, Forderung der Kündigung bestimmter Mitarbeiter, Einschaltung von Beratern, Änderung der Aufbau- oder Ablauforganisation, Änderung des Führungsstils, Rückgängigmachung bestimmter Geschäfte, Überprüfung der Planung, Änderung des Geschäftsverteilungsplans, Abberufung der Geschäftsführung als Ganzes oder einzelner Geschäftsführer.

Inwieweit die Gesellschafter allerdings einem derartigen Verlangen nachgeben, ist eine andere Frage. Darüber entscheidet die Mehrheit in einem von der Gesellschafterversammlung zu fassenden Beschluß, der einzelne Gesellschafter kann dabei aber erheblichen Druck ausüben.

3. Die Bedeutung der Systematisierung der generellen Information durch die Geschäftsführer für das individuelle Auskunfts- und Einsichtsrecht der Gesellschafter

Lutter/Hommelhoff weisen mit Recht darauf hin, daß das Informationsrecht der Gesellschafter „chaotischen Charakter" habe, da Zeit und Gegenstand im Belieben jedes einzelnen Gesellschafters stehen[44]. Um Ordnung zu schaffen, schlagen sie die Festlegung eines Informationssystems vor. Dies liegt in derselben Linie wie der Vorschlag des Verfassers, die Systematisierung der generellen Information der Geschäftsführer an die Gesellschafter durch einen Informationskatalog zu erreichen[45].

Anhand der Berichte der Geschäftsführer sind die Gesellschafter über die wichtigsten Geschehnisse informiert. Dementsprechend vermindert sich ihr Auskunfts- und Einsichtsbedürfnis. Es beschränkt sich auf zusätzliche ergänzende Fragen in bestimmten Fällen. Dies gilt für den Fach- wie für den Führungsbereich der Geschäftsführer.

Beachtenswert ist in dieser Hinsicht der Vorschlag, die Gesellschafter sollten vorsehen, daß

> „. . . Antworten der Geschäftsführer auf Anfragen eines Gesellschafters allen Gesellschaftern übersandt werden und daß Gesellschafter, die Einsicht nehmen, den anderen Gesellschaftern über das Ergebnis zu berichten haben; auf diese Weise erledigen sich Mehrfachanfragen und die Gefahren (unvermerkt) ungleicher Behandlungen[46]."

44 *Lutter/Hommelhoff*, § 51a Anm. 25; *Mertens*, FS Werner, S. 557, bezeichnet den § 51a als „die zweite herausragende Fehlleistung der insgesamt kläglich im Sande verlaufenen GmbH-Reformen".

45 Vgl. S. 91 ff.

46 *Lutter/Hommelhoff*, § 51a Anm. 25.

4. Die Verweigerung der Auskunft bzw. Einsicht

Trotz des mißverständlichen Wortlauts des § 51a Abs. 1 ist die Gesellschaft auskunftspflichtig, also der rechtliche Träger der Auskunftspflicht, die sich der Geschäftsführer zur Erfüllung ihrer Informationspflicht bedient[47]. Soweit der um Auskunft oder Einsicht ersuchende Gesellschafter den Rechtsweg beschreiten will (§ 51b), muß er seinen Anspruch gegen die Gesellschaft und nicht gegen die Geschäftsführer geltend machen.

Gemäß § 51a Abs. 2 dürfen die Geschäftsführer

> „die Auskunft und die Einsicht verweigern, wenn zu befürchten ist, daß der Gesellschafter sie zu gesellschaftsfremden Zwecken verwenden und dadurch der Gesellschaft oder einem verbundenen Unternehmen einen nicht unerheblichen Nachteil zufügen wird. Die Verweigerung bedarf eines Beschlusses der Gesellschafter."

Dabei ist folgendes zu beachten:

- Der Geschäftsführer darf immer dann die Auskunft bzw. Einsichtnahme verweigern, wenn er sich dadurch strafbar machen würde[48].
- *Gesellschaftsfremde,* nicht notwendig *gesellschaftsschädliche Zwecke* können den Geschäftsführer zur Auskunfts- bzw. Einsichtsverweigerung berechtigen.

Weitere Gründe für die Verweigerung der Auskunft bzw. Einsichtnahme können z. B. sein:

- Der Gesellschafter hat bereits einmal die Vertraulichkeit einer erteilten Auskunft nicht gewahrt;
- Es besteht die Gefahr der Verwendung der Information für ein Konkurrenzunternehmen, an dem der Gesellschafter beteiligt ist[49] oder zu dem er in ständiger Verbindung steht;
- Es droht die Verwendung der Auskunft oder Einsicht bei Behörden, z. B. beim Finanzamt, um die Geschäftsführer zu denunzieren;
- Es ist die Schädigung des ideellen Ansehens der Gesellschaft oder des Rufes der Geschäftsführer oder einzelner Mitglieder der Gesellschaft[50] zu befürchten.

---

47 *Baumbach/Hueck/Zöllner,* § 51a Anm. 8; *Rowedder,* § 51a Anm. 5; *Scholz/Karsten Schmidt,* § 51a Anm. 17.

48 *Roth,* § 51a Anm. 3.3.1; *Baumbach/Hueck/Zöllner,* § 51a Anm. 30.

49 Voll zuzustimmen ist *Scholz/U. H. Schneider,* wenn er feststellt, daß es Aufsichtsratsmitgliedern zu untersagen ist, „sich an anderen gleichartigen Unternehmen unternehmerisch zu beteiligen oder bei diesen als Organmitglied tätig zu sein" (§ 52 Anm. 350a).

50 Zu den Verweigerungsrechten der Geschäftsführer ausführlich *Müller,* Das Informationsrecht nach § 51a GmbHG, GmbHR 1987, 88; *Tietze,* Das Informationsrecht der GmbH-Gesellschafter, 1985.

Die gesellschaftsfremde Verwendung der Auskunft oder des Einsichtsrechts muß nicht nachgewiesen werden. Es genügt, daß diese „zu besorgen" ist[51].

Zu dem Verfahren bei der Verweigerung im einzelnen folgendes:

- Die Gesellschafter können, sowie sie von dem Begehren eines Gesellschafters informiert werden, den Geschäftsführern die Weisung geben, Auskunft und Einsicht zu verweigern. Dies ohne jede Begründung.
- Geschieht dies nicht, so müssen sich die Geschäftsführer nach pflichtgemäßem Ermessen darüber klar werden, ob sie verweigern wollen oder nicht. Sie entscheiden durch Mehrheitsbeschluß. Entsteht eine *Patt-Situation,* so kommt kein Beschluß zustande. Dies bedeutet, daß Auskunft und Einsicht von seiten der Geschäftsführer zu geben sind.
- Haben die Geschäftsführer die Verweigerung beschlossen, so ist dies als *Vorentscheidung* zu betrachten. Endgültig wird sie erst wirksam, wenn ein entsprechender Beschluß der Gesellschafterversammlung vorliegt (§ 51a Abs. 2 Satz 2).
- Zu diesem Zweck haben die Geschäftsführer unverzüglich, d. h. ohne schuldhaftes Zögern, eine Gesellschafterversammlung einzuberufen (§ 48 Abs. 1, § 49). Sie können jedoch auch statt dessen das schriftliche Verfahren einleiten (§ 48 Abs. 2). Der betroffene Gesellschafter ist nicht stimmberechtigt[52].
- Bestritten ist, ob der Gesellschafterbeschluß, der die Verweigerung bestätigt, dem Gesellschafter, der die Auskunft oder Einsicht begehrt hat, im einzelnen zu begründen ist. Zöllner lehnt dies ab[53].

  Die Gründe erfährt der Gesellschafter dann, wenn er sein Auskunfts- bzw. Einsichtsrecht auf dem Wege über eine gerichtliche Entscheidung durchsetzen will (§ 51b). Hier ist die Gesellschaft beweispflichtig.

  Der Vorteil der Begründung der Weigerung liegt für den Gesellschafter darin, daß er sich darüber schlüssig werden kann, ob er gerichtliche Entscheidungen zur Durchsetzung seines Begehrens in Anspruch nehmen will[54].
- Aus dem Verhalten der Geschäftsführer können sich Schadenersatzansprüche ergeben[55]:
  - Die Gesellschaft kann den Geschäftsführer im Falle eines Schadens in Anspruch nehmen, wenn er eine Auskunft erteilt, die er bei Wah-

51 *Baumbach/Hueck/Zöllner,* § 51a Anm. 25.
52 *Dies.,* § 51a Anm. 27 m. w. N.
53 *Dies.,* § 51a, Anm. 28.
54 So *Roth,* § 51a Abs. 3.
55 Dazu im einzelnen *Baumbach/Hueck/Zöllner,* § 51a Anm. 34.

rung der Sorgfalt eines ordentlichen und gewissenhaften Geschäftsleiters nicht hätte erteilen dürfen (§ 43 Abs. 1).

- Die Gesellschafter können ihn weiterhin in Anspruch nehmen, wenn er die Auskunft oder Einsicht verweigert, die er nicht hätte verweigern dürfen, es sei denn, diese Auskunftsverweigerung ist durch Gesellschafterbeschluß gedeckt[56].

56 *Baumbach/Hueck/Zöllner*, § 51a Anm. 34.

Q. Geschäftsführer und fakultativer Aufsichtsrat

Im Gegensatz zur AG kennt die GmbH keinen obligatorischen Aufsichtsrat. Es hängt vom Willen der Gesellschafter ab, der in der Satzung seinen Ausdruck findet, ob sie einen Aufsichtsrat bestellen oder nicht. Dies gilt auch hinsichtlich der Zusammensetzung sowie der Kompetenzen des Aufsichtsrats. Soweit die Satzung nichts anderes bestimmt, sind die in § 52 Abs. 1 angeführten Bestimmungen des Aktiengesetzes entsprechend anzuwenden.

Ausnahmen, in denen die GmbH zur Bildung eines Aufsichtsrats verpflichtet ist, sind:

- Die GmbH mit in der Regel mehr als 1000 Arbeitnehmern im Montanbereich nach dem Montan-Mitbestimmungsgesetz 1952 (betrifft ca. 10 GmbHs)
- Die GmbH mit in der Regel mehr als 2000 Arbeitnehmern nach dem MitbestG 1976 (betrifft ca. 190 GmbHs)
- Die GmbH mit mehr als 500 Arbeitnehmern nach § 77 BetrVG 1952
- Die Kapital-Anlagen-GmbH gemäß § 3 KAGG.

Im Folgenden beschäftigen wir uns mit dem fakultativen Aufsichtsrat, jedoch nur so weit, als es sich um das Zusammenspiel zwischen Aufsichtsrat, Geschäftsführern und Gesellschaftern handelt. Hinsichtlich des obligatorischen Aufsichtsrats wird auf die eingehende Darstellung in den Kommentaren verwiesen[1].

I. Wesen und Aufgaben des Aufsichtsrats

1. Der Aufsichtsrat tritt als *drittes Organ* neben die Gesellschafterversammlung und die Geschäftsführer der GmbH. Er wird durch den Beschluß der Gesellschafterversammlung mit einfacher Mehrheit (§ 47 Abs. 1) bestellt.
2. Der Aufsichtsrat ist der Gesellschafterversammlung nicht unterstellt. Die Gesellschafterversammlung hat also keine Weisungsbefugnis gegenüber dem Aufsichtsrat. Die Mitglieder des Aufsichtsrats sind bei ihren Entscheidungen nur ihrem Gewissen unterworfen. Sie besitzen also kein gebundenes Mandat[2].

---

1 Vgl. dazu insbesondere *Scholz/U. H. Schneider,* § 52 Anm. 270 ff.; *Lutter/Hommelhoff,* § 52 Anm. 21 ff.; *Baumbach/Hueck/Zöllner,* § 52 Anm. 73 ff.; *Rowedder,* § 52 Anm. 31 ff.

2 *Scholz/U. H. Schneider,* § 52 Anm. 232 f.

3. Die *Abberufung* eines Aufsichtsratsmitglieds erfolgt durch Gesellschafterbeschluß, für den $^3/_4$ der abgegebenen Stimmen erforderlich sind (§ 52 mit § 103 Abs. 1 Satz 1 u. 2 AktG).

4. Ein Aufsichtsratsmitglied kann sein Amt jederzeit ohne Angabe von Gründen *niederlegen.* Wenn dieses Recht nach der Rechtsprechung des BGH den Geschäftsführern zusteht[3], dann muß es auch den Aufsichtsratsmitgliedern zugebilligt werden.

5. Das entscheidende Kriterium für die Tätigkeit des Aufsichtsrats ist die *Überwachung* der Geschäftsführer (§ 52 i. V. m. § 111 AktG) dahingehend, ob sie bei ihrer Geschäftsführung die Sorgfalt eines ordentlichen und gewissenhaften Geschäftsleiters beachten (§ 43 Abs. 1).

6. Mit der Einrichtung des Aufsichtsrats verzichtet die Gesellschafterversammlung als oberstes Gesellschaftsorgan nicht auf die Befugnis, ihrerseits *Überwachungsmaßnahmen* gegenüber den Geschäftsführern wahrzunehmen. Die Überwachung der Geschäftsführung durch den Aufsichtsrat steht also neben der Überwachung durch die Gesellschafterversammlung.

   Dies kann zu einem Übermaß an Kontrolle über die Geschäftsführung mit den entsprechenden Folgen wie Überschneidungen und widersprüchlichen Urteilen führen:

   - Die Beurteilung einer geschäftlichen Situation durch den Aufsichtsrat kann gänzlich verschieden sein von der der Gesellschafter. Verunsicherung der Geschäftsführer wie des Aufsichtsrats ist die Folge.
   - Da die Gesellschafter die stärkere Position besitzen, ist es nur menschlich verständlich, wenn sich der Aufsichtsrat bei der Beurteilung einer geschäftlichen Maßnahme den Gesellschaftern anschließt, anstatt objektiv die Lage zu überprüfen und die Gesellschafter entsprechend zu informieren.

   Die Gesellschafter sollten daher eine Entscheidung darüber treffen, wer prinzipiell über welche Akte der Geschäftsführung die Kontrolle ausüben soll. Dies schließt nicht aus, daß die Gesellschafterversammlung im Einzelfall situationsbedingt abweichend verfährt. Darüber ist der Aufsichtsrat dann zu informieren.

7. Es ist dem Aufsichtsrat gesetzlich untersagt, *Geschäftsführertätigkeit* auszuüben, in welcher Form auch immer. Im § 105 AktG, auf den § 52 GmbHG verweist, heißt es:

   „Ein Aufsichtsratsmitglied kann nicht zugleich Vorstandsmitglied, dauernder Stellvertreter von Vorstandsmitgliedern, Prokurist oder zum gesamten

3 Vgl. S. 240.

Geschäftsbetrieb ermächtigter Handlungsbevollmächtigter der Gesellschaft sein."

Es gibt also keinen *geschäftsführenden* Aufsichtsrat. Der Aufsichtsrat ist daher auch weder ein *Supergeschäftsführer* noch ein *Nebengeschäftsführer.* Irgendwelche Geschäftsführungshandlungen des Aufsichtsrats sind nichtig.

8. In den Gesellschaftsverträgen finden sich vielfach Institutionen wie *Beirat, Gesellschafterausschuß* etc. Ob diese dem Aufsichtsrat gleichzusetzen sind, hängt allein davon ab, ob sie die Befugnis haben, die Tätigkeit der Geschäftsführer zu überwachen[4].

9. *Vertrauensvolle Zusammenarbeit* ist oberste Norm für Geschäftsführer wie Aufsichtsrat und die Basis für die erfolgreiche Tätigkeit beider Organe. Sie zu stärken und Störfaktoren zu beseitigen, ist die Pflicht der Geschäftsführer wie des Aufsichtsrats.

10. Der Aufsichtsrat muß davon ausgehen, daß die von den Gesellschaftern bestellten Geschäftsführer ihre Aufgaben pflichtgemäß wahrnehmen. Er überprüft, wie dies zum Wesen der Delegation von Verantwortung gehört, ob die Geschäftsführer bei der Wahrnehmung ihrer Fach- und Führungsaufgaben mit der Sorgfalt eines ordentlichen und gewissenhaften Geschäftsleiters vorgehen bzw. vorgegangen sind (§ 43 Abs. 1). Die *Überwachung* ist also *kein Mißtrauensvotum* gegenüber den Geschäftsführern.

11. Die Überwachung ist eine *nicht delegierbare Aufgabe* des Aufsichtsrats. Soweit Sachverständige, also Spezialisten, in die Überwachung eingeschaltet werden, nehmen sie keinesfalls dem Aufsichtsrat die Überwachung ab, wie dies oft irrtümlich angenommen wird. Sie stellen lediglich den Sachverhalt fest, nehmen den Soll-Ist-Vergleich vor und machen dem Aufsichtsrat entsprechende Vorschläge für die zu ziehenden Konsequenzen. Sie werden also rein stabsmäßig tätig. Die Entscheidung selbst hat der Aufsichtsrat durch Beschluß zu treffen.

    Der Sachverständige ist daher auch nicht berechtigt, von sich aus Kritik an dem Betreffenden hinsichtlich dessen zu üben, was er vorfindet, oder ihm Empfehlungen zu geben, wie künftig verfahren werden soll.

    Der Sachverständige ist auch nicht befugt, irgendwelche Voraussagen hinsichtlich der wahrscheinlichen Reaktion des Aufsichtsrats gegenüber den Geschäftsführern zu äußern.

4 Vgl. dazu *Reuter,* Der Beirat der GmbH, in *Lutter/Ulmer/Zöllner,* FS 100 Jahre GmbH-Gesetz, S. 631 ff.; *Voormann,* Der Beirat im Gesellschaftsrecht, S. 55 ff.; *Scholz/U. H. Schneider,* § 52 Anm. 40, 40a, 40b.

12. Mitglied des Aufsichtsrats zu sein, ist nicht nur *Ehre*, sondern *Pflicht*, die mit der entsprechenden Verantwortung und Haftung für pflichtwidriges Verhalten verbunden ist (§ 52 i. V. m. §§ 116, 93 Abs. 1 u. 2 AktG).

II. Der Aufsichtsrat – nicht weisungsberechtigt gegenüber den Geschäftsführern

- Das Gegenteil wird vielfach nicht nur von den Aufsichtsräten, sondern auch von den Geschäftsführern angenommen. So erklärte in einem Seminar für Geschäftsführer und Aufsichtsräte einer der Aufsichtsräte:

  „Ich bin Aufsicht und Rat, folglich muß ich meinem Geschäftsführer auch sagen können, was er zu tun hat. So sind wir bisher immer verfahren und dabei gut miteinander ausgekommen. So werden wir es auch für die Zukunft halten."

  Der anwesende Geschäftsführer stimmte zu.

- Auch durch eine *freiwillige Selbstbindung* der Geschäftsführer aufgrund einer Vereinbarung mit dem Aufsichtsrat kann ein Vorgesetztenverhältnis nicht geschaffen werden. Derartige Vereinbarungen sind nichtig.

  Beispiel:
  Die Geschäftsführer waren sich über die Annahme eines Vertragsangebots nicht einig. Sie beschlossen daher, die Entscheidung des Aufsichtsrats einzuholen, so wie sie es in schwierigen Fällen immer laut Vereinbarung mit dem Aufsichtsrat getan hatten. Der Aufsichtsrat entschied sich einstimmig für die Annahme des Angebots. Der Vertrag verstieß gegen die Sorgfalt eines ordentlichen Geschäftsleiters (§ 43 Abs. 1) und brachte der Gesellschaft einen Verlust von 300 000 DM. Von der Gesellschafterversammlung in Anspruch genommen, erklärten die Geschäftsführer, sie hätten nur die Weisung des Aufsichtsrats befolgt und könnten deshalb nicht haftbar gemacht werden. –

  Hier irren die Geschäftsführer. Sie können nicht aufgrund einer Vereinbarung mit dem Aufsichtsrat diesen zu ihrem Vorgesetzten machen und müssen die rechtlichen Folgen dieses gesetzwidrigen Verhaltens tragen.

- „Weisungen" des Aufsichtsrats sind als *Empfehlungen* oder Anregungen zu betrachten, die die Geschäftsführer mit der Sorgfalt eines ordentlichen und gewissenhaften Geschäftsleiters zu prüfen haben, ob sie ihnen folgen wollen oder nicht. Wollen sie es nicht, dürfen sie eine solche Empfehlung nicht schweigend zu den Akten legen. Sie sind vielmehr verpflichtet, dem Aufsichtsrat im einzelnen zu begründen, warum sie seiner Empfehlung nicht folgen wollen bzw. können. Dies entspricht auch der vertrauensvollen Zusammenarbeit zwischen Aufsichtsrat und Geschäftsführern.

III. Die Qualifikation der Mitglieder des Aufsichtsrats

Vor der Bestellung eines Aufsichtsrats sollten sich die Gesellschafter darüber klar werden, was sie mit dem Aufsichtsrat bezwecken:

- Geht es den Gesellschaftern lediglich darum, eine Institution zu schaffen und mit Persönlichkeiten zu besetzen, die in der Öffentlichkeit eine Rolle spielen, um sie dem Unternehmen zu verpflichten und von Fall zu Fall ihren Rat in Anspruch nehmen zu können, so haben wir es mit einem Beirat zu tun. Dieser Beirat hat keinerlei Überwachungsfunktionen wahrzunehmen mit der sich daraus ergebenden Verantwortung und gegebenenfalls Haftung (§ 52 i. V. m. §§ 116, 93 AktG). Beiräte haben oft die Funktion eines *Schiedsgerichts.*

  Vielfach legen die Gesellschafter Wert darauf, einem solchen Beirat die Bezeichnung „Aufsichtsrat" zu verleihen. Dies deshalb, weil der Begriff „Aufsichtsrat" in der Öffentlichkeit einen guten Klang hat und die Gesellschafter damit zum Ausdruck bringen wollen, daß sie um Ordnung im Unternehmen und eine gewissenhafte Geschäftsführung besonders besorgt sind. Dem steht nichts im Wege. Auf Verlangen sind die Geschäftsführer jedoch verpflichtet, einem Vertragspartner gegenüber Auskunft zu geben, daß es sich bei dieser Institution in ihrem Unternehmen nicht um einen Aufsichtsrat im Sinne des § 52 handelt.

- Soll der Aufsichtsrat den Gesellschaftern die Überwachung der Geschäftsführer weitgehend abnehmen, dann müssen sie daran interessiert sein, daß qualifizierte Personen dem Aufsichtsrat angehören, deren Wissen und Erfahrungen den Bedürfnissen ihres Unternehmens entsprechen und die bereit sind, die notwendige Zeit für ihre Tätigkeit im Aufsichtsrat aufzubringen.

  Von einem solchen Aufsichtsrat gehen die nachfolgenden Ausführungen aus.

1. Das Dilemma bei der Auswahl der Aufsichtsratsmitglieder durch die Gesellschafter

Bei der Bestellung von Mitgliedern des Aufsichtsrats befinden sich die Gesellschafter häufig in einem Dilemma. Einerseits wünschen sie sich Aufsichtsräte, die für das Ansehen der Gesellschaft wichtig sind. Dabei kümmern sie sich oft wenig darum, ob die Betreffenden tatsächlich die Qualifikation für die Wahrnehmung ihrer Überwachungsaufgabe besitzen. Sie setzen es als selbstverständlich voraus, daß die von ihnen ausgewählten Persönlichkeiten „eine effiziente Erfüllung der dem Aufsichtsrat gestellten Aufgaben"[5] gewährleisten. Andererseits lehrt die Erfahrung, daß dies der Wirklichkeit meist nicht entspricht.

Das Problem einer entsprechenden Besetzung des Aufsichtsrats wäre gelöst, wenn, wie Prühs es will, alle Mitglieder des Aufsichtsrats über einen umfassenden ökonomischen und juristischen, speziell bilanzrechtlichen, Sachverstand verfügen müßten[6].

Zu dieser Auffassung neigt auch U. H. Schneider. Er fordert, daß „jedes Aufsichtsratsmitglied die Mindestkenntnisse und Fähigkeiten besitzen muß, die es braucht, um alle normalerweise bei einem Unternehmen anfallenden Geschäftsvorgänge auch ohne fremde Hilfe verstehen und sachgerecht beurteilen zu können"[7].

Dies könnte, worauf v. Godin/Wilhelmi mit Recht hinweisen, jedoch „zu einer sehr einseitigen Zusammensetzung des Aufsichtsrats führen"[8], was vielfach nicht im Interesse der Gesellschafter liegt.

Die Frage ist nur, wie man aus diesem Dilemma herauskommt. Sie stellt sich jeweils aufs Neue, wenn es darum geht, einen Laien, den man gern im Aufsichtsrat haben möchte, zur Annahme eines Aufsichtsratsmandats zu bewegen.

> *Beispiel:*
> Den Gesellschaftern wie dem Vorsitzenden des Aufsichtsrats einer Kreditbeschaffungs-GmbH war sehr daran gelegen, einen im Wirkungskreis des Unternehmens angesehenen Inhaber einer großen Bäckerei als Mitglied des Aufsichtsrats zu gewinnen. Sie versprachen sich davon eine bedeutsame Erhöhung des Umsatzes in den mittelständischen Unternehmen der Stadt.
>
> Der Bäckermeister lehnte mit der Begründung ab, daß er vom Kreditgeschäft nicht das geringste verstehe. „Das brauchen Sie auch nicht", erwiderte der Vorsitzende des Aufsichtsrats,
>
> „ich lasse Ihnen eine Broschüre hier, die Sie über alles, was unser Unternehmen betrifft, orientiert, und dazu einige Sonderschriften über unsere Branche. Lesen Sie das, dann wissen Sie Bescheid, mehr brauchen Sie nicht. Uns kommt es darauf an, für den Aufsichtsrat einen Mann wie Sie zu gewinnen, der mit gesundem Menschenverstand die Geschäftsführung der GmbH zu beurteilen versteht. Einige Mitglieder des Aufsichtsrats, die Sie kennen, sind in derselben Situation wie Sie und leisten hervorragende Arbeit aufgrund ihrer unternehmerischen Erfahrungen in ihren Betrieben. Sie würden sich freuen – das sollte ich Ihnen ausdrücklich sagen –, Sie als Kollegen im Aufsichtsrat begrüßen zu können."
>
> Daraufhin sagte der Bäckermeister zu. Als er sich gelegentlich mit seinem Anwalt über seine Position als Aufsichtsratsmitglied unterhielt, erklärte ihm

5 *Müller,* GenG, § 41 Anm. 23.

6 *Prühs, H.,* Der Sachverstand im Aufsichtsrat, S. 353; *Zimmerer,* Um die Qualifikation des Aufsichtsrats, S. 855.

7 *Scholz/U. H. Schneider,* § 52 Anm. 358.

8 *v. Godin/Wilhelmi,* AktG, § 116 Anm. 4.

dieser, daß der gesunde Menschenverstand allein für seine damit übernommene Aufgabe keineswegs ausreiche, sondern bestimmte Fachkenntnisse darüber hinaus notwendig seien. Wenn er z. B. als Aufsichtsratsmitglied seine Zustimmung zu einem Geschäft gebe, weil er aufgrund mangelnden Fachwissens das darin liegende Risiko nicht erkannt habe, so könne er für den daraus dem Unternehmen eventuell entstehenden Schaden mit seinem gesamten Vermögen haftbar gemacht werden.

Der Bäckermeister war entsetzt. Er machte dem Vorsitzenden des Aufsichtsrats schwere Vorwürfe wegen seiner mangelhaften Information und legte sein Amt sofort nieder.

Grundsätzlich ist zum Angebot der Gesellschaft, das Amt eines Aufsichtsratsmitglieds zu übernehmen, folgendes zu sagen:

Es ist unverantwortlich, jemanden dazu zu bewegen, in den Aufsichtsrat einzutreten, von dem man weiß, daß er die nötigen Kenntnisse zu Überwachung der Geschäftsführer nicht besitzt, und ihn damit zu beruhigen, daß es nur auf seinen gesunden Menschenverstand ankomme.

Andererseits ist es sehr fraglich, ob man Personen, die man gern im Aufsichtsrat hätte, gewinnen würde, wenn man ihnen im einzelnen darlegte, welche Folgen mit einer nicht sachgerechten Überwachung der Geschäftsführer verbunden sein können.

Die Gesellschafter, die einen qualifizierten Aufsichtsrat für ihr Unternehmen schaffen wollen, befinden sich also in einer ausgesprochenen Zwangslage.

Hier bietet sich folgender Ausweg aus dem Dilemma an:

Es ist unbestritten, daß jedes Mitglied des Aufsichtsrats das Recht hat, bei einer vom Aufsichtsrat zu treffenden Entscheidung einen Fachmann zu Rate zu ziehen. Allerdings ist dies für das Unternehmen eine recht kostspielige Angelegenheit.

Warum sollte es nicht möglich sein, daß man in den Aufsichtsrat bewußt zwei oder drei anerkannte Fachleute aufnimmt, die das erforderliche Wissen auf den verschiedenen Gebieten der Geschäftsführung besitzen und als Sachverständige für die übrigen Mitglieder des Aufsichtsrats dienen können, wenn diese eine sachkundige Beratung benötigen? Richtig heißt es bei Klaus Müller:

> „Es sprechen alle Gründe dagegen, daß das Aufsichtsratsmitglied einem sachverständigen Kollegen, der zudem als Aufsichtsrat selbst in einer besonderen Treuebindung steht, weniger vertrauen darf als der ihm zugänglichen Fachliteratur oder einem Sachverständigen, den er um Rat bittet[9]."

Im Protokoll muß dann jeweils auf Wunsch des betreffenden Aufsichtsratsmitglieds vermerkt werden, daß der Rat eines als Fachmann aner-

9 *Müller,* § 41 Anm. 23.

kannten Mitglieds von ihm in Anspruch genommen worden ist. Dies wirkt für ihn haftungsbefreiend.

2. Das Anforderungsprofil für Aufsichtsräte – Kriterien für ihre Auswahl durch die Gesellschafter

Die Gesellschafter, die den Aufsichtsrat bestellen, müssen sich ernsthaft mit der Frage beschäftigen:

Welche Fähigkeiten bzw. Erfahrungen muß die in Aussicht genommene Persönlichkeit aufweisen, um die Überwachungstätigkeit im Aufsichtsrat effizient handhaben zu können?

In dieser Hinsicht handeln die Gesellschafter häufig mit in einer ihren eigenen Interessen widersprechenden, kaum zu verstehenden Nachlässigkeit. Um dem abzuhelfen und hier sachgerecht vorzugehen, kann ein *Anforderungsprofil* für die Mitglieder des Aufsichtsrats den Gesellschaftern wertvolle Hilfe leisten.

Dieses Anforderungsprofil kann völlig unterschiedlich sein, je nachdem, ob es sich um ein Industrie- oder Handelsunternehmen, ein Baugeschäft oder eine Bank handelt. Es orientiert sich an den Aufgaben der Geschäftsführer, die in der Stellenbeschreibung ihren Niederschlag gefunden haben.

Dafür einige Beispiele:

- Ein noch so tüchtiger, im Inlandsgeschäft erfahrener Banker ist in einem Unternehmen, dessen Schwergewicht im Auslandsgeschäft liegt, nicht der richtige Mann.
- Ein Beamter, der vom Baugeschäft nichts versteht, ist im Aufsichtsrat eines Bauunternehmens, das im harten Konkurrenzkampf steht, fehl am Platze. Er verursacht nur Kosten, wenn er bei einem zustimmungspflichtigen Geschäft seine Aufgabe ernst nimmt und sich eines Beraters bedient, den die Gesellschaft zu honorieren verpflichtet ist.
- In einem Software-Unternehmen benötigt man im Aufsichtsrat einen Fachmann, der beurteilen kann, ob die Geschäftsführung bei ihrer Entscheidung über die Neu- bzw. Weiterentwicklung ihrer Produkte mit der Sorgfalt eines ordentlichen und gewissenhaften Geschäftsleiters vorgegangen ist.

Auf alle Fälle braucht man im Aufsichtsrat unternehmerisch denkende Persönlichkeiten. Wenn für die Überwachung der Geschäftsführung durch den Aufsichtsrat der Grundsatz gilt:

„Unternehmer überwachen Unternehmer“[10],

10 Vgl. S. 287.

so müssen bei der Auswahl der Mitglieder des Aufsichtsrats die Voraussetzungen dafür geschaffen werden.

Es wäre ein schwerwiegender Fehler, Personen nur deshalb in den Aufsichtsrat zu berufen, weil sie über die notwendige Zeit verfügen, wie dies z. B. der Fall ist, wenn sie sich bereits im Ruhestand befinden.

Ausschlaggebend für die Berufung in den Aufsichtsrat muß immer die Qualifikation der Betreffenden sein und ihre Bereitschaft zum Engagement für die auf sie zukommenden Aufgaben.

3. Voraussetzungen für die Überwachung der Geschäftsführer bei der Wahrnehmung ihrer Führungsaufgaben durch den Aufsichtsrat

Bei autoritärer Führung der Gesellschaft spielte die Überwachung der Geschäftsführer in ihrem Führungsverhalten keine Rolle. Man setzte es als selbstverständlich voraus, daß der Vorgesetzte diese Form der Führung beherrschte. Entscheidend war, daß die Geschäftsführer die notwendigen Erträge zur Zufriedenheit der Gesellschafter erwirtschafteten.

Bei dieser Sachlage brauchte man sich mit der Frage der Überwachung der Führungsaufgaben der Geschäftsführer durch den Aufsichtsrat nicht zu beschäftigen. Wenn man aber, wie dies heute allgemein anerkannt ist, davon ausgeht, daß die Anwendung moderner Managementmethoden die Grundbedingung für den Erfolg einer GmbH darstellt, dann muß sich logischerweise die Überwachung der Aufsichtsräte auch darauf erstrekken, ob die Geschäftsführer ihre Führungsaufgaben mit der Sorgfalt eines ordentlichen und gewissenhaften Geschäftsleiters in diesem Sinne wahrnehmen[11].

Der Wandel in den Vorstellungen von der Führung der Mitarbeiter im Unternehmen zieht automatisch den *Wandel in der Überwachungsaufgabe des Aufsichtsrats* nach sich.

Dementsprechend ist die Frage nach der Qualifikation der Aufsichtsräte für diese Überwachungsaufgabe zu stellen. Betrachtet man unter diesem Gesichtspunkt die Zusammensetzung der Aufsichtsräte, so ergibt sich folgendes Bild:

- Ein Teil der Aufsichtsratsmitglieder besteht aus Inhabern kleiner und mittlerer Betriebe, die ihre Unternehmen nach handwerksmeisterlichen Prinzipien autoritär führen. Sie gehen davon aus, daß auch eine GmbH nach demselben Prinzip geführt werden muß.

11 Vgl. dazu den Abschnitt „Die Überwachung der Führungsaufgaben der Geschäftsführer", S. 331 ff.

- Vielfach sind es auch Beamte und Angestellte der Öffentlichen Verwaltung, die einen Sitz im Aufsichtsrat haben. Bei ihnen spielt die autoritäre Führung, wenn auch in abgewandelter Form, noch immer eine erhebliche Rolle[12]. Es ist nicht verwunderlich, wenn sie diese Denkweise auch auf die GmbH übertragen.
- Des weiteren sind Rechtsanwälte und Notare häufig in den Aufsichtsräten vertreten. Oft nehmen sie sogar die Position des Aufsichtsratsvorsitzenden ein. Sie haben zum großen Teil wenig Ahnung davon, wie ein Unternehmen nach Managementmethoden geführt werden muß und welche Aufgaben dabei im einzelnen den Geschäftsführern zufallen.

Auf diese Weise bleibt ein wesentlicher Bereich der Geschäftsführung überwachungsfrei.

Die Aufsichtsräte sind sich gewöhnlich nicht bewußt, welche Haftungsfolgen es für sie haben kann, wenn sie z. B. die Kontrolle darüber unterlassen, ob die Geschäftsführer ihrer Kontrollpflicht gegenüber den ihnen unterstellten Mitarbeitern genügen.

Für das Unternehmen ist es in jedem Fall riskant, eine nachlässige Kontrolle des Führungsbereichs der Geschäftsführer durch den Aufsichtsrat hinzunehmen, wie dies heute noch weitgehend geschieht.

Was ist jedoch zu tun, um diese Situation zu ändern?:

- Die *systematische Schulung* der Aufsichtsräte wäre ein gangbarer Ausweg. Soweit derartige Schulungen stattgefunden haben, stießen sie auf großes Interesse. Ob jedoch Aufsichtsräte generell gewillt wären, sich einer solchen Maßnahme zu unterziehen, ist fraglich. Es ist für die Gesellschafter schon so oft schwierig genug, profilierte Persönlichkeiten trotz ihrer sonstigen Belastungen für den Aufsichtsrat zu gewinnen.
- Eine weitere Möglichkeit wäre, ein entsprechend qualifiziertes Mitglied des Aufsichtsrats dafür zu gewinnen, die Überwachung der Geschäftsführer auf diesem Gebiet federführend zu übernehmen.
- Schließlich bietet sich die Bildung eines Ausschusses[13] an, der mit qualifizierten Fachkräften besetzt ist, denen die Beratung des Aufsichtsrats in dieser Hinsicht übertragen werden kann.

---

12 Vgl. dazu im einzelnen *Höhn*, Die Innere Kündigung in der Öffentlichen Verwaltung.

13 Dazu S. 299 ff.

IV. Überwachung – nicht Beratung der Geschäftsführer

Von der mit der Überwachung verbundenen Beratung gehen eine Reihe von Autoren und Kommentatoren aus.

So bezieht Semler die Beratung in die Überwachung mit ein[14]. Gessler sieht hinsichtlich künftiger Geschäfte und der künftigen Geschäftspolitik die Beratung als „Teil der Überwachungsfunktion" und damit als „gesetzliche Aufgabe des Aufsichtsrats"[15].

Meyer-Landrut betont demgegenüber, daß schon vom Wortlaut her die Überwachung „eine Beratung, die in die Geschäftsführung übergreift", nicht einschließt[16]. Lutter meint, es sei kein rechtlicher Grund ersichtlich, eine eigenständige Beratungsaufgabe des Aufsichtsrats zu postulieren[17].

U. H. Schneider erklärt dagegen ausdrücklich, daß die Mitglieder des Aufsichtsrats ihren Pflichten „mit der Sorgfalt eines ordentlichen und gewissenhaften *Überwachers und Beraters*" nachzukommen und dafür gemäß § 52 GmbHG i. V. m. §§ 116, 93 AktG einzustehen haben[18].

Nach alledem, was in der juristischen Literatur über die Beratung zu lesen ist, kann man sich des Eindrucks nicht erwehren, daß man sich über den Inhalt des Begriffs der Beratung nicht im klaren ist. Man beschränkt sich darauf, festzustellen, daß der Beratung „das Merkmal einer verbindlichen Einflußnahme fehlt"[19], die Beratung des Aufsichtsrats also bedeutet, daß er „weder befugt noch verpflichtet ist, seine Meinung gegenüber dem Vorstand durchzusetzen"[20].

Dies besagt lediglich, welche Auswirkungen die Beratung hat. Dagegen wird nichts über die Kriterien ausgesagt, die das Wesen einer ordnungsgemäßen Beratung ausmachen, nämlich:

- Das Aufzeigen von Alternativen.

  Ein einziger Vorschlag würde die Entscheidungsmöglichkeit desjenigen, der beraten wird, einschränken.
- Die Abwägung des Für und Wider der einzelnen Alternativen.

  Selbst wenn der Berater glaubt, die optimale Lösung gefunden zu haben, ist er verpflichtet, auch andere sich bietende Möglichkeiten darzulegen.

---

14 *Semler,* Die Überwachungssaufgabe des Aufsichtsrats, S. 93.

15 *Gessler,* AktG, § 111 Anm. 36; vgl. dazu auch *Mertens,* Zur Berichtspflicht des Vorstands gegenüber dem Aufsichtsrat, AG, 67.

16 *Meyer-Landrut,* § 52 Anm. 20.

17 *Lutter,* Information und Vertraulichkeit im Aufsichtsrat, S. 5.

18 *Scholz/U. H. Schneider,* § 52 Anm. 358.

19 *Semler,* S. 94.

20 Ebenda, S. 95.

- Die Vorlage eines entscheidungsreifen Vorschlags, d. h. die Empfehlung der dem Berater am günstigsten erscheinenden Lösung und ihre eingehende Begründung.

  Darauf ist besonderer Wert zu legen. Der Berater muß sich also entscheiden, was seiner Ansicht nach der richtige Weg ist. Hinsichtlich seiner Verantwortung für eine ordentliche und gewissenhafte Beratung ist dies von besonderer Bedeutung.

Lutter will in der Beratung „nur eine Erörterung des Komplexes mit der Geschäftsführung" sehen und bezeichnet diesen Austausch von Argumenten als „Beratung". Er erklärt:

> *„Beratung kann stets nur eine Diskussion sein, will nicht der Aufsichtsrat unzulässigerweise in die Geschäftsführung eingreifen*[21]*."*

Dazu folgendes:

- Die Erörterung des anstehenden Komplexes mit den Geschäftsführern kann im Einzelfall sehr nützlich sein. Sie kann dem Aufsichtsrat Argumente liefern, mit denen er sich auseinandersetzen muß, bevor er den Geschäftsführern einen Vorschlag unterbreitet, wie seiner Ansicht nach entschieden werden sollte. Man kann diesen Vorgang als eine *Vorstufe* der Beratung bezeichnen, aber um eine Beratung handelt es sich nicht.

  Beispiel:
  Nach einer Diskussion des Aufsichtsrats mit den Geschäftsführern über den Ankauf eines Grundstücks hieß es im Protokoll: „Von den fünf anwesenden Mitgliedern des Aufsichtsrats hatten drei Argumente, die gegen, und zwei, die für den Ankauf sprachen. Ein Beschluß des Aufsichtsrats, daß der Ankauf des Grundstücks gegen unsere Sorgfaltspflicht verstoße, mit dem wir uns hätten auseinandersetzen müssen, erfolgte nicht. Wir werden daher den Kaufvertrag abschließen."

  Als sich die Entscheidung der Geschäftsführer nach Ansicht der Gesellschafter als ein schwerer Fehler erwies, der dem Unternehmen erheblichen Schaden zufügte, machten die Gesellschafter neben den Geschäftsführern den Aufsichtsrat wegen Überwachungsverschulden mitverantwortlich. –

  Mit Recht. Die Mitglieder des Aufsichtsrats hatten diskutiert, statt zu entscheiden, ob das angebahnte Geschäft pflichtwidrig war oder nicht.

1. Die Folgen der mit der Überwachung verbundenen Beratung

Aus einer mit der Überwachung verbundenen Beratungspflicht des Aufsichtsrats ergeben sich schwerwiegende Probleme hinsichtlich der allge-

21 *Lutter*, a. a. O, S. 6.

mein anerkannten Forderung nach Nichteinmischung des Aufsichtsrats in die Geschäftsführung. Dazu folgendes:

Um den Geschäftsführern mit der Sorgfalt eines gewissenhaften Beraters einen entscheidungsreifen Vorschlag machen zu können, müßten sich die Mitglieder des Aufsichtsrats im konkreten Fall mit dem Für und Wider der Alternativen auseinandersetzen und im einzelnen begründen, warum ihr Vorschlag den Möglichkeiten der Gesellschaft entsprechend der am besten geeignete sei. Damit würden sie sich aber voll und ganz im Bereich der Geschäftsführung bewegen.

Wenn Semler wie Gessler erklären, die Beratung sei „gesetzliche Aufgabe des Aufsichtsrats", so muß man fragen: Worauf gründet sich diese Behauptung? Auf das GmbH-Gesetz jedenfalls nicht. Die Verbindung von Überwachung und Beratung ist vielmehr von den Kommentatoren des Gesetzes konstruiert worden. Daraus ergibt sich ein offensichtlicher Widerspruch:

Die gleichen Kommentatoren, die auf der einen Seite verlangen, daß der Aufsichtsrat sich nicht mit der Geschäftsführung zu befassen hat, zwingen die Mitglieder des Aufsichtsrats andererseits durch die ihnen auferlegte Beratungspflicht, sich eingehend mit Geschäftsführungsaufgaben zu beschäftigen. Dies um so stärker, je größer der Umfang ihrer Überwachungstätigkeit ist.

Fordert man, wie dies weitgehend der Fall ist, anstatt sich auf die nachträgliche Kontrolle zu beschränken, zusätzlich die begleitende Kontrolle[22] und verbindet auf diese Weise Überwachung mit Beratung, so ist der Aufsichtsrat verpflichtet, mit der Sorgfalt eines gewissenhaften Beraters ständig auf den „Willensbildungs- und Entscheidungsprozeß der Geschäftsführer Einfluß zu nehmen".

Dem muß jedoch eindeutig widersprochen werden. Der Aufsichtsrat ist nur Überwachungsorgan und darf nicht auf dem Wege über die Verbindung der Überwachung mit Beratung zum Beratungsorgan erhoben werden. *Dem Geschäftsführer als entscheidendem Unternehmer tritt der Aufsichtsrat als überwachender Unternehmer, aber nicht als beratender Unternehmer, gegenüber.*

In der täglichen Praxis läßt sich immer wieder feststellen, daß Mitglieder des Aufsichtsrats aufgrund ihrer betrieblichen Erfahrung und einer gewissen ökonomischen Vernunft in der Lage sind, zu beurteilen, ob sich die

22 *Scholz/U. H. Schneider,* § 52 Anm. 62.

Geschäftsführer pflichtgemäß verhalten bzw. was an ihrer Geschäftsführung zu bemängeln ist.

Sie fühlen sich jedoch in fachlicher Hinsicht überfordert, wenn sie im Einzelfall die Geschäftsführer sachgerecht beraten sollen.

Sie fühlen sich auch zeitlich überfordert. Die Mitglieder des Aufsichtsrats sind gewöhnlich nebenamtlich tätig. Sie haben vielfach einen Beruf, der sie stark in Anspruch nimmt. Sie protestieren schon, wenn Aufsichtsratssitzungen jeden zweiten Monat stattfinden. Sie lesen die ihnen übersandten Unterlagen zur Vorbereitung dieser Sitzung häufig erst während der Sitzung oder sie erscheinen gar nicht und machen oft das Gremium dadurch beschlußunfähig. Wie schwer es ist, einen für die Mehrheit der Aufsichtsratsmitglieder passenden Termin zu finden, zeigen die Klagen aller Aufsichtsratsvorsitzenden.

Man würde die im Amt befindlichen Aufsichtsräte völlig verunsichern, wenn man ihnen etwa erklärte:

„Um der notwendigen Sorgfalt bei der Beratung zu genügen, muß jedes Aufsichtsratsmitglied die Mindestkenntnisse und -fähigkeiten besitzen, die es braucht, um alle normalerweise bei (seinem) Unternehmen anfallenden Geschäftsvorgänge auch ohne fremde Hilfe verstehen und sachgerecht beurteilen zu können." Es können daher nur „solche Personen das Amt als Aufsichtsratsmitglied übernehmen, die über eine entsprechende Ausbildung und Erfahrung verfügen"[23].

Würde man die Aufsichtsratsmitglieder darüber hinaus – was notwendig wäre – noch darauf hinweisen, daß sie im Ernstfall, um der Haftung zu entgehen, nachweisen müßten, daß sie bei ihrer Beratung die Sorgfalt eines gewissenhaften Beraters gewahrt hätten (§ 52 GmbHG mit §§ 116, 93 AktG), so würde eine *Flucht aus den Aufsichtsräten* einsetzen.

Der Verfasser ist daher auch vielfach vor Vorträgen vor Mitgliedern des Aufsichtsrats von den Geschäftsführern gebeten worden, das Thema „Beratung der Geschäftsführer" mit den sich daraus ergebenden Haftungsfolgen nicht zu behandeln. Sie befürchteten, sonst die Aufsichtsratsmitglieder, die sie im Interesse des Ansehens ihrer Gesellschaft dringend benötigten, sofort zu verlieren. Das würde in der Öffentlichkeit einen sehr schlechten Eindruck machen.

Überdies werden von U. H. Schneider Unterschiede hinsichtlich des an die Sorgfalt des Beraters zu legenden Maßstabs gemacht. Bei besonderen

23 *Scholz/U. H. Schneider,* § 52 Anm. 358.

Kenntnissen eines Aufsichtsratsmitglieds soll der Maßstab ein anderer sein als wenn diese Kenntnisse nicht vorhanden wären[24].

Der Maßstab einer Beratung kann jedoch nur nach den Bedürfnissen desjenigen, der beraten wird, ausgerichtet sein. Andernfalls ist die Beratung eine bloße Pflichtübung und damit eine Farce. So ist der Rat eines Mitglieds des Aufsichtsrats etwa in Fragen der Produktion für den Geschäftsführer, dem der Bereich Produktion untersteht, nur interessant, wenn das betreffende Aufsichtsratsmitglied über die entsprechenden Sachkenntnisse verfügt. Andernfalls nimmt der Geschäftsführer, wenn überhaupt, nur aus Gründen der Höflichkeit dazu Stellung und läßt den Berater oft recht deutlich merken, was er von seinem „Gerede" hält. Wer solche Situationen erlebt hat, kann es dem betreffenden Aufsichtsratsmitglied nicht verargen, wenn es sich in Zukunft nicht mehr auf die Beratungsebene begibt oder dann nur noch aufgrund der Unterstützung eines fachkundigen Beraters. Es ist jedoch eine recht kostspielige Angelegenheit, wenn die Mitglieder des Aufsichtsrats, die zu einer sachgerechten Beratung nicht in der Lage sind, sich grundsätzlich fremder Berater bedienen, deren Gebühren die Gesellschaft zu tragen hat, um eventuellen Haftungsfolgen zu entgehen.

Im übrigen ist, was man vielfach übersieht, durch die Verbindung von Überwachung und Beratung die ordnungsgemäße Überwachung der Geschäftsführer durch den Aufsichtsrat in Frage gestellt. Folgt der Geschäftsführer der Empfehlung des Aufsichtsrats und stellt sich später heraus, daß die Entscheidung falsch war und zu Verlusten geführt hat, so wird der Geschäftsführer dem Aufsichtsrat, der ihn kritisiert, verständlicherweise vorhalten: „Sie haben mir ja selbst dazu geraten." Dies, obwohl er weiß, daß er für die Entscheidung verantwortlich ist und persönlich haftet.

Es liegt auch nahe, daß der Aufsichtsrat größere Nachsicht bei seiner Überwachung übt, wenn er durch seinen Rat Einfluß auf die Entscheidung des Geschäftsführers genommen hat. Damit aber verstößt er gegen die Pflicht zur sorgfältigen Überwachung.

Muß der Aufsichtsrat gar befürchten, daß er im konkreten Fall für seine Beratung haftbar gemacht wird, so gerät er in eine ausgesprochene Konfliktsituation.

Hinsichtlich der Verbindung von Überwachung und Beratung durch den Aufsichtsrat darf noch auf folgendes hingewiesen werden:

---

24 *Scholz/U. H. Schneider,* § 52 Anm. 359; *Baumbach/Hueck/Zöllner,* §§ 52 Anm. 41.

Von keinem Vorstand in der Wirtschaft wird grundsätzlich erwartet, daß er einen Mitarbeiter im Zusammenhang mit seiner Kontrolle auch noch dahingehend berät, wie in Zukunft anders verfahren werden soll.

Der Verfasser kann sich noch deutlich an ein in dieser Hinsicht eindrucksvolles Erlebnis erinnern:

> Das Vorstandsmitglied, dem die Abteilung Forschung und Entwicklung unterstand, brachte dem Abteilungsleiter zum Ausdruck, daß es mit dem Ergebnis der Abteilung nicht zufrieden sei, und stellte fest, daß sich Forschung und Entwicklung offensichtlich nicht auf dem richtigen Wege befänden. Der Abteilungsleiter erwiderte darauf:
>
> „Sagen Sie mir, welchen Weg wir Ihrer Ansicht nach gehen sollen. Ich werde die Arbeit meiner Abteilung dann sofort darauf umstellen."
>
> Daraufhin erhielt er die Antwort:
>
> „Dazu bin ich gar nicht in der Lage. Sie sind der hierfür zuständige Fachmann. Ich werde nicht dafür bezahlt, Sie zu beraten. Es ist vielmehr Ihre Pflicht, mich zu beraten und mir zu sagen, was geschehen müßte, um die Forschung und Entwicklung aus der offensichtlichen Sackgasse herauszuführen. Ich werde dann die Entscheidung treffen, ob ich Ihrem Rat folgen will oder nicht. Sie wollen doch nicht etwa Rückdelegation von Verantwortung betreiben?"

2. Die generelle Beratung der Geschäftsführer durch den Aufsichtsrat

Darüber, daß außerhalb des Überwachungsbereichs keine Beratungspflicht des Aufsichtsrats besteht, ist man sich weitgehend einig. Wenn man allerdings zur Begründung anführt, daß die nebenamtlich tätigen Mitglieder des Aufsichtsrats gewöhnlich hierfür nicht die notwendige fachliche Kenntnis besäßen[25], so führt dies zu einer kontroversen Situation:

- Bitten die Geschäftsführer ein Mitglied des Aufsichtsrats etwa um seinen Rat hinsichtlich der Verbesserung des Vertriebs, so kann sich der Betreffende, abgesehen davon, daß er nicht verpflichtet ist, die Beratung zu übernehmen, auf mangelnde Kenntnis in diesem Bereich berufen und die Beratung ablehnen.
- Bemängelt der Aufsichtsrat bei der Überwachung der Geschäftsführer den offensichtlichen Rückgang des Vertriebs, so wäre, wenn man Überwachung mit Beratung verbindet, das gleiche Mitglied des Aufsichtsrats zur Beratung darüber verpflichtet, was hinsichtlich des Vertriebs geändert werden müßte, und könnte sich nicht auf sein mangelndes Fachwissen zurückziehen.

  Das scheint wenig überzeugend.

25 *Scholz/U. H. Schneider,* § 52 Anm. 73.

Im einzelnen gilt hinsichtlich der allgemeinen Beratung der Geschäftsführer durch den Aufsichtsrat folgendes:

- Bitten die Geschäftsführer den Aufsichtsrat um Rat und erfüllt dieser den Wunsch der Geschäftsführer, so hat er mit der Sorgfalt eines ordentlichen und gewissenhaften Beraters seine Beratungspflicht zu erfüllen. Er kann sich, wenn er die erforderliche Sorgfalt unterlassen und die Gesellschaft dadurch Schaden erlitten hat, nicht darauf berufen, daß er nicht zur Beratung verpflichtet war.
- Die Geschäftsführer können an ein einzelnes Aufsichtsratsmitglied herantreten, das sie für besonders sachverständig halten, und dieses um seinen Rat bitten.

  Für einen nicht sachgerechten Rat, der zu Verlusten führt, hat dann nicht der Aufsichtsrat als Organ einzustehen, sondern das betreffende Aufsichtsratsmitglied, das den Rat erteilt und dabei schuldhaft gehandelt hat. Sein Rat ist so zu betrachten wie der eines außenstehenden Beraters, etwa eines Rechtsanwalts, Notars oder Steuerberaters, der bei der Erteilung eines Rates schuldhaft gehandelt hat und dafür haften muß.
- Soweit der Rat, den ein Mitglied des Aufsichtsrats den Geschäftsführern erteilt, lediglich als ein Akt der Gefälligkeit zu betrachten ist, knüpfen sich daran keinerlei Rechtsfolgen.

V. Zustimmungspflichtige Geschäfte – Verhalten der Geschäftsführer bei verweigerter Zustimmung

1. Die Zustimmung des Aufsichtsrats – kein Akt der Mitgeschäftsführung

In der Satzung oder in einer von der Gesellschafterversammlung für den Aufsichtsrat gegebenen Geschäftsordnung kann bestimmt sein, daß gewisse Arten von Geschäften, die nach ihrem Gegenstand, ihrem Umfang oder dem mit ihnen verbundenen Risiko[26] für das betreffende Unternehmen von besonderer Bedeutung sind, nur mit seiner Zustimmung vorgenommen werden dürfen, so z. B.

> der Erwerb, die Bebauung, Belastung und Veräußerung von Grundstücken und grundstücksgleichen Rechten, der Erwerb und die Aufgabe von dauernden Beteiligungen, der Abschluß von Miet-, Pacht- und anderen Verträgen, durch die wiederkehrende Verpflichtungen für die GmbH begründet werden, die Aufnahme von Krediten ab einer bestimmten Höhe, die Einstellung und Entlassung von leitenden Mitarbeitern.

26 *Müller*, § 38 Anm. 48.

Darüber hinaus kann der Aufsichtsrat mit einfacher Mehrheit selbst bestimmen, daß „bestimmte Arten von Geschäften" nur mit seiner Zustimmung vorgenommen werden dürfen (§ 52 mit § 111 Abs. 4 AktG). Diese müssen konkretisiert werden. Eine Bestimmung, daß „alle Geschäfte von besonderer Bedeutung" der Zustimmung des Aufsichtsrats bedürfen, ist unzulässig.

Geschäfte, die ihrem Wesen nach der Entscheidung der Gesellschafter unterliegen, wie die Festlegung der Zielsetzung und der Geschäftspolitik der Gesellschaft, unterliegen nicht der Zustimmung des Aufsichtsrats.

Starke Aufsichtsräte sehen vielfach in der Zustimmung die Möglichkeit, sich bei bedeutsamen Akten – und darum handelt es sich gewöhnlich bei diesen Geschäften – in die Geschäftsführung einschalten zu können. Dies beruht jedoch auf einer Fehlvorstellung vom Wesen der Zustimmung, aus der sich oft schwerwiegende Konflikte zwischen Aufsichtsrat und Geschäftsführern ergeben.

Die Zustimmung des Aufsichtsrats steht unter dem obersten, das Verhältnis zwischen Aufsichtsrat und Geschäftsführern bestimmenden Grundsatz, daß dem Aufsichtsrat die Überwachung der Geschäftsführung und nicht die Geschäftsführung selbst – in welcher Form auch immer – übertragen ist.

Die Zustimmung ist demnach *kein Akt der Mitgeschäftsführung,* sie ist vielmehr ein *Akt vorweggenommener Kontrolle*[27] des Aufsichtsrats gegenüber einem von den Geschäftsführern beabsichtigten Geschäft, die mit Rücksicht auf das damit verbundenen Risiko notwendig erscheint, weil die nachträgliche Kontrolle zu spät kommt.

Dazu ein Beispiel aus der Praxis:

> Die Geschäftsführung schlug dem Aufsichtsrat als Leiter des Bereichs Marketing einen Bewerber vor, dessen fachliche und führungsmäßige Qualifikation sie im einzelnen begründete. Der Aufsichtsrat erklärte daraufhin, er habe sich bereits für den Sohn eines Mitglieds des Aufsichtsrats entschieden, der ihm besonders vertrauenswürdig erschien. Er brauche sich deshalb die ihm überreichten Unterlagen nicht anzusehen und reiche sie hiermit zurück; der betreffende Herr werde sich in den nächsten Tagen der Geschäftsführung vorstellen. –
>
> Der Aufsichtsrat verkennt hier völlig seine Stellung. Er hat der Geschäftsführung keinen neuen Marketingleiter vorzuschlagen, sondern lediglich zu prüfen, ob die Geschäftsführung bei der Auswahl des Marketingleiters die Sorgfalt eines ordentlichen und gewissenhaften Geschäftsleiters hat walten lassen (§ 43 I). Er wird nicht geschäftsführend, sondern überwachend tätig.

27 *Scholz/U. H. Schneider,* § 52 Anm. 78; *Gessler/Hefermehl,* AktG § 111 Anm. 62; *Lang/Weidmüller,* § 31 Anm. 1; *Höhn,* GmbHR 1994, 604 ff.

2. Unternehmer überwachen Unternehmer

Bei der Entscheidung, ob der Aufsichtsrat seine Zustimmung zu einem von den Geschäftsführern beabsichtigten Akt der Geschäftsführung geben oder sie verweigern will, muß der Aufsichtsrat die gleiche unternehmerische Einstellung aufweisen, wie sie von den Geschäftsführern in bezug auf ihre Geschäftsführung verlangt wird.

Für das Verhältnis zwischen Geschäftsführung und Aufsichtsrat gilt der bereits erwähnte grundlegende Satz:

„Unternehmer überwachen Unternehmer"

Der Aufsichtsrat tritt als überwachender Unternehmer den Geschäftsführern als entscheidenden Unternehmern gegenüber, die die Gesellschaft nach unternehmerischen Gesichtspunkten zu leiten und nicht nur zu verwalten haben.

Dies bedeutet:

Der Aufsichtsrat muß sich darüber klar werden, ob

- das Geschäft, das ihm zur Zustimmung vorliegt, den anerkannten betriebswirtschaftlichen Regeln hinsichtlich seiner Zweckmäßigkeit und Wirtschaftlichkeit entspricht;
- die Verhältnismäßigkeit von möglichem Erfolg und erkennbarem Risiko gewährleistet ist;
- das Geschäft also unter Berücksichtigung der finanziellen Lage der GmbH und ihrer personellen und organisatorischen Möglichkeiten als sinnvoll angesehen werden kann, die Geschäftsführer sich damit als pflichtbewußte Unternehmer verhalten haben;
- das Geschäft den gesetzlichen Vorschriften genügt, also nicht gegen die Rechtmäßigkeit verstößt[28];
- nach Art des Geschäfts die Beratung eines Sachverständigen erforderlich ist[29], bevor sich der Aufsichtsrat weiter mit dem Geschäft beschäftigt.

Ob diese Voraussetzungen für die Zustimmung im Einzelfall vorliegen, müssen die Mitglieder des Aufsichtsrats ernsthaft prüfen.

Daraus ergibt sich:

- Die Mitglieder des Aufsichtsrats sind keine Claqueure, sondern Kontrolleure der Geschäftsführer

28 *Scholz/U. H. Schneider,* § 52 Anm. 64; *Semler,* Die Überwachungsaufgabe des Aufsichtsrats, S. 71 f.; *Müller,* § 38 Anm. 3.
29 BGH vom 14. 2. 1985, AG 1985, 165.

Beispiel:
Nach dem Vortrag eines Mitglieds der Geschäftsführung bezüglich des Ankaufs einer neuen Firma vor dem Aufsichtsrat erklärte der Aufsichtsratsvorsitzende:

> „Die Ausführungen des Geschäftsführers haben mich stark beeindruckt, ich glaube, es ist Ihnen ebenso ergangen, und wir sind wohl sämtlich der Ansicht, daß wir diesem Geschäft zustimmen sollten."

Da keiner der Herren widersprach, schritt der Aufsichtsratsvorsitzende zur Abstimmung und erhielt die einstimmige Zustimmung des Aufsichtsrats. –

Das Vorgehen des Aufsichtsratsvorsitzenden war falsch. Der Aufsichtsratsvorsitzende hätte den Mitgliedern des Aufsichtsrats Gelegenheit geben müssen, sich eingehend damit zu beschäftigen, ob das Geschäft, das ihnen zur Zustimmung vorgelegt wurde, den angeführten Voraussetzungen entsprach.

- Fehlender Sachverstand entbindet nicht von der Überwachungsaufgabe.

Beispiel:
Der Aufsichtsratsvorsitzende leitete den Mitgliedern des Aufsichtsrats die Unterlagen für ein in der bevorstehenden Aufsichtsratssitzung zur Diskussion stehendes zustimmungspflichtiges Geschäft zu.

In der Sitzung erklärten sie, sie hätten zwar die Unterlagen gelesen, besäßen aber nicht die notwendigen Kenntnisse, um dieses Geschäft beurteilen zu können. Wenn die Geschäftsführer aber, wie sie aus der Vorlage entnehmen konnten, das Geschäft für die Zukunft der Gesellschaft für äußerst wichtig hielten, so wollten sie dem nicht im Wege stehen, und erteilten ihre Zustimmung.

Den Geschäftsführern war dieser Vorgang bekannt. –

Auch in diesem Fall hat der Aufsichtsrat gegen seine Überwachungspflicht verstoßen. Statt unbesehen zuzustimmen, hätte er Sachverständige zu Rate ziehen müssen.

Die Geschäftsführer hätten diese Erklärung des Aufsichtsrats nicht als Zustimmung werten dürfen. Ihnen mußte bekannt sein, worüber sich der Aufsichtsrat klar werden muß, wenn er einem Geschäft die Zustimmung erteilt.

- Der Aufsichtsratsvorsitzende ist nicht berechtigt, dem Aufsichtsrat seine Überwachungsaufgabe abzunehmen.

Beispiel:
In der Sitzung des Aufsichtsrats erklärte der Vorsitzende, er habe den Gesamtkomplex des zur Zustimmung vorliegenden Geschäftes eingehend mit den Geschäftsführern besprochen. Sämtliche von ihm gestellten Fragen hätten sie zu seiner Zufriedenheit beantworten können. Er sei daher zu der Überzeugung gekommen, daß einer Zustimmung seitens des Aufsichtsrates nichts mehr im Wege stehe. Er werde jetzt die für die Zustimmung des Aufsichtsrats maßgebenden Fragen den Aufsichtsratsmitgliedern vortragen, damit sie sich selbst ein Bild verschaffen könnten.

Die Mitglieder des Aufsichtsrats erklärten daraufhin, dies sei eine unnötige Zeitverschwendung. Es genüge ihnen völlig, daß ihr Vorsitzender nach den langen Gesprächen mit den Geschäftsführern zu dem Entschluß gekommen sei, daß das Geschäft zustimmungsreif wäre, mehr als er könnten sie auch nicht herausfinden.

Daraufhin wurde einstimmig der Zustimmungsbeschluß gefaßt. –

Die Mitglieder des Aufsichtsrats sind verpflichtet, sich sorgfältig mit dem zustimmungspflichtigen Geschäft nach den genannten Maßstäben zu beschäftigen. Der Vorsitzende kann aufgrund der Besprechungen mit den Geschäftsführern eine wichtige Vorarbeit leisten, er kann auch seine Meinung über dieses Geschäft äußern, mehr jedoch nicht. Auf keinen Fall kann er den Aufsichtsratsmitgliedern ihre Überwachungsaufgabe abnehmen. Die Zustimmung des Aufsichtsrats ist daher pflichtwidrig. Wenn die Geschäftsführer darüber informiert waren, auf welche Weise der Beschluß zustande gekommen war, so handelten auch sie pflichtwidrig, wenn sie diese Zustimmung als Grundlage für den Abschluß des in Frage stehenden Geschäfts verwendeten.

3. Die Pflicht des Aufsichtsrats zuzustimmen

Kommt der Aufsichtsrat bei der Überprüfung eines zustimmungspflichtigen Geschäftes zu dem Ergebnis, daß die vorgenannten Voraussetzungen von den Geschäftsführern erfüllt sind, so ist er verpflichtet, zuzustimmen. Er muß also die unternehmerischen Entscheidungen akzeptieren, soweit sie in einem wirtschaftlich vertretbaren Ermessensspielraum getroffen worden sind[30].

- Unter diesem Gesichtspunkt muß der Aufsichtsrat auch außergewöhnliche Geschäfte, die von erheblicher Bedeutung für die Rentabilität und Liquidität des Unternehmens sind, akzeptieren, wenn er zu der Überzeugung kommt, daß die Geschäftsführung bei der Abwägung des Risikos mit der Sorgfalt eines ordentlichen und gewissenhaften Geschäftsleiters vorgegangen ist[31]. Der Aufsichtsrat darf es sich also nicht zum Prinzip machen, nur *weitgehend risikolosen Geschäften* zuzustimmen. Damit würde die *Kreativität* der Geschäftsführer lahmgelegt und sie von Unternehmern zu *Verwaltern* des Bestehenden gemacht.
- Der Ansicht von Semler, der Aufsichtsrat wäre berechtigt, Geschäfte, die voll und ganz mit der Sorgfalt einer gewissenhaften Geschäftsführung vereinbar sind, abzulehnen und sein Ermessen „an die Stelle einer zulässigen Ermessensentscheidung (der Geschäftsführung) zu setzen"[32], kann keinesfalls zugestimmt werden. Damit würde der Auf-

30 *Müller,* § 38 Anm. 5; *Meyer-Landrut,* § 111 Anm. 3.
31 *Scholz/U. H. Schneider,* § 52 Anm. 74; *Meyer-Landrut,* a. a. O.
32 *Semler,* S. 80.

sichtsrat in die Geschäftsführung einbezogen. Er würde auf diese Weise von dem die Geschäftsführung überwachenden zu einem im Rahmen der Geschäftsführung tätigen Organ werden und damit „unternehmerische Verantwortung" übernehmen.

Einem Aufsichtsrat, der gern bei der Führung der Geschäfte mitmischen möchte, würde sich damit ein bequemer Weg bieten, die Aktivitäten der Geschäftsführer lahmzulegen.

Wie aber sollen sich die Geschäftsführer verhalten, denen der Aufsichtsrat erklärt, er bestreite nicht die unternehmerische Sorgfalt der Geschäftsführer bei dem beabsichtigten Geschäft. Er sei jedoch anderer Ansicht und übernehme die „unternehmerische Verantwortung für die Nichtdurchführung des beabsichtigten Geschäfts"?

Dazu folgendes:

- Eine solche Erklärung des Aufsichtsrats ist rechtlich belanglos. Der Aufsichtsrat ist nicht befugt, den Geschäftsführern die unternehmerische Verantwortung abzunehmen und an ihrer Stelle zu handeln.

  Die Geschäftsführer müssen daher dem Aufsichtsrat gegenüber klar zum Ausdruck bringen, daß sie seine Erklärung nicht akzeptieren und das von ihnen beabsichtigte Geschäft abschließen werden.

  Würden die Geschäftsführer die Entscheidung des Aufsichtsrats akzeptieren und den Aufsichtsrat da handeln lassen, wo sie handeln müßten, so müßten sie, falls der Gesellschaft dadurch Schaden entsteht, dafür haften.

4. Das Verhalten der Geschäftsführer bei verweigerter Zustimmung des Aufsichtsrats

Die Verweigerung der Zustimmung des Aufsichtsrats[33] hat keinesfalls das Nichtzustandekommen des Geschäfts zur Folge, wie dies im bürgerlichen Recht im Verhältnis zwischen Geschäftspartnern der Fall ist. *Der Aufsichtsrat ist eben nicht Geschäftspartner der Geschäftsführer, sondern deren Überwacher.*

Erhalten die Geschäftsführer die Zustimmung des Aufsichtsrats nicht, so dürfen sie sich also nicht auf den Standpunkt stellen, wie dies ständig geschieht:

„Der Aufsichtsrat hat entschieden. Damit ist die Angelegenheit für uns erledigt."

Demgegenüber ist die Frage zu stellen:

33 Dazu *Höhn*, GmbHR, 1994, 604 (605).

„Wer hat eigentlich die Geschäfte der GmbH zu führen, der Aufsichtsrat oder die Geschäftsführer?"

Die Antwort kann nur lauten:

„Natürlich die Geschäftsführer."

Die Verantwortung für die Sorgfalt eines gewissenhaften Geschäftsleiters ist daher den Geschäftsführern auch nach Verweigerung der Zustimmung nicht abgenommen.

Die Geschäftsführer haben vielmehr an den Aufsichtsrat die Frage zu richten:

„Ist der Aufsichtsrat der Ansicht, daß es der Sorgfalt eines gewissenhaften Geschäftsleiters widerspricht, wenn die Geschäftsführer das von ihnen vorgeschlagene Geschäft, das sie im Interesse der Gesellschaft für erforderlich halten, wahrnehmen würden?"

- Erwidert der Aufsichtsrat, dies würde er keineswegs behaupten, er sei eben der Ansicht, daß diese Maßnahme zu unterbleiben hätte, weil er andere Vorstellungen von der Zweckmäßigkeit des Geschäftes habe, so handelt es sich um eine Ansicht des Aufsichtsrats, die mit seiner Überwachungsaufgabe nichts zu tun hat. Weitere Besprechungen mit dem Aufsichtsrat in dieser Angelegenheit erübrigen sich. Die Geschäftsführer handeln rechtmäßig, wenn sie das Geschäft abschließen.

  Würden die Geschäftsführer anders handeln und die Verweigerung der Zustimmung des Aufsichtsrats akzeptieren, was vielfach geschieht, um das gute Verhältnis mit dem Aufsichtsrat nicht zu stören, so würden sie gegen die Sorgfalt eines gewissenhaften Geschäftsleiters verstoßen und sich bei daraus der Gesellschaft entstehendem Schaden haftbar machen (§ 43 Abs. 2).

- Teilt der Aufsichtsrat den Geschäftsführern jedoch mit, die Durchführung des Geschäfts verstoße gegen die Sorgfalt eines gewissenhaften Geschäftsleiters, und begründet er dies im einzelnen, wozu er verpflichtet ist, damit sich die Geschäftsführer mit seinen Argumenten auseinandersetzen können, so besagt dies ebenfalls nicht, daß das Geschäft damit gescheitert ist.

  Die Geschäftsführer sind vielmehr verpflichtet, nach eingehender Auseinandersetzung mit den Argumenten des Aufsichtsrats die Entscheidung zu treffen, ob sie bei ihrer pflichtgemäßen Sorgfalt im Interesse der Gesellschaft an der von ihnen geplanten Maßnahme festhalten müssen. Wenn ja, so haben sie zu versuchen, in der Diskussion mit dem Aufsichtsrat diesen zu einer Änderung seiner Entscheidung zu bewegen.

Gelingt dies nicht, so bleibt ihnen nur übrig, die Gesellschafterversammlung einzuberufen (§ 52 i. V. m. § 111 Abs. 3 AktG). Sie sind dazu *verpflichtet,* wenn sie zu der Überzeugung kommen, daß das Geschäft nach den Grundsätzen einer ordnungsgemäßen Geschäftsführung im Sinne des § 43 wahrgenommen werden muß. Sie können also nicht, wie dies U. H. Schneider meint, die Angelegenheit auf sich beruhen lassen[34]. Der die Entscheidung des Aufsichtsrats bestätigende Beschluß der Gesellschafterversammlung gilt als Weisung für die Geschäftsführer.

Im übrigen können die Gesellschafter von sich aus, also ohne vorherige Information durch die Geschäftsführer, die Entscheidung an sich ziehen und den Geschäftsführern eine entsprechende Weisung erteilen[35].

Beispiel:
Der Aufsichtsrat hatte die Zustimmung zum Kauf eines Grundstücks abgelehnt, dessen Erwerb nach Ansicht der Geschäftsführer im Interesse der Gesellschaft dringend notwendig war und um das sich die Konkurrenz bereits bemühte, die damit der Ausdehnung der Gesellschaft einen Riegel vorschieben wollte. Zur Begründung ihrer Ablehnung hatten die Mitglieder des Aufsichtsrats angeführt, das Grundstück sei ihnen zu teuer. Als Unternehmer, die im Geschäftsleben stünden, würden sie nie zu einem solchen Preis ein Grundstück erwerben.

Daraufhin hatten die Geschäftsführer erwidert: Der Preis sei zwar höher als allgemein üblich, aber wenn man sich die Zukunftsaussichten der Gesellschaft vor Augen halte und was es bedeute, wenn die Konkurrenz einsteige, sei der Preis angemessen.

Da die Geschäftsführer den Aufsichtsrat nicht überzeugen konnten, ließen sie die Angelegenheit auf sich beruhen. Einer der Herren erklärte: Die Aufsichtsräte werden ja sehen, was sie angerichtet haben, wenn die Konkurrenz einsteigt.

Dies geschah binnen kurzem. Die Gesellschafter waren bestürzt, als sie davon Kenntnis erhielten, und erklärten den Geschäftsführern, sie hätten durch Unterlassung ihrer Information an die Gesellschafter ihre Sorgfaltspflicht verletzt. Die Gesellschafter würden sie für den der Gesellschaft daraus entstehenden Schaden in Anspruch nehmen. – Dies zu Recht.

5. Haftung des Aufsichtsrats für die Zustimmung zu einem nicht zustimmungspflichtigen Geschäft

Häufig kommt es vor, daß die Geschäftsführer dem Aufsichtsrat ein an sich nicht zustimmungspflichtiges Geschäft zur Zustimmung vorlegen, um sich auf diese Weise rückzuversichern. Entscheidungssfreudige Aufsichtsräte gehen darauf ein, weil sie darin die Stärkung ihrer Macht sehen.

34 *Scholz/U. H. Schneider,* § 52 Anm. 83.
35 *Scholz/U. H. Schneider,* a. a. O.

Stellt sich nachträglich heraus, daß dem Aufsichtsrat bei seiner Zustimmung Fehler unterlaufen sind, die er zu vertreten hat, und ist dadurch dem Unternehmen Schaden entstanden, so beruft sich der Aufsichtsrat zur Abwehr seiner persönlichen Haftung vielfach darauf, daß er für diese Fehler nicht einzustehen brauche, da es sich um ein nicht zustimmungspflichtiges Geschäft gehandelt habe. Dabei befindet er sich jedoch im Irrtum. Bei korrektem Verhalten hätte der Aufsichtsrat es ablehnen müssen, sich mit dem Geschäft zu befassen, das gemäß der Satzung oder Geschäftsordnung nicht seiner Zustimmung bedarf.

Befaßt sich der Aufsichtsrat jedoch mit einem solchen Geschäft und erteilt seine Zustimmung, so ist die Angelegenheit so zu betrachten, als wenn er die Kontrolle über ein zustimmungspflichtiges Geschäft ausgeübt hätte. Er ist also für seine Entscheidung haftbar.

6. Keine Entlastung der Geschäftsführer durch die Zustimmung des Aufsichtsrats

Immer wieder begegnet man seitens der Geschäftsführer der Ansicht, daß die Zustimmung des Aufsichtsrats automatisch zu ihrer Entlastung und damit zu einer Befreiung von ihrer persönlichen Haftung führt. Dazu folgendes:

- Die Geschäftsführer haben dafür einzustehen, daß sie bei ihrer Entscheidung die Sorgfalt eines ordentlichen und gewissenhaften Geschäftsleiters beachten und sich damit als pflichtbewußte Unternehmer verhalten (§ 43 Abs. 1).
- Der Aufsichtsrat hat dafür einzustehen, daß er bei der Erteilung der Zustimmung die Sorgfalt eines ordentlichen und gewissenhaften Überwachers gewahrt hat. In § 93 Abs. 2 AktG, worauf der § 52 GmbHG verweist, heißt es:

  „Dadurch, daß der Aufsichtsrat die Handlung gebilligt hat, wird die Ersatzpflicht nicht ausgeschlossen."
- Beide Akte, die Entscheidung der Geschäftsführer und die Zustimmung des Aufsichtsrats, sind getrennt voneinander zu betrachten. Im Ernstfall ist zu prüfen, ob bei einem zustimmungspflichtigen Geschäft jeweils von den Geschäftsführern bzw. vom Aufsichtsrat die erforderliche Sorgfalt gewahrt worden ist, und danach die Frage der Haftung zu beantworten.
- Ebenso wie gegen den Aufsichtsrat, der seiner Sorgfaltspflicht bei der Überwachung nicht genügt hat, kann gegen die Geschäftsführer der dadurch entstandene Schaden von der Gesellschafterversammlung geltend gemacht werden. Beide haften als Gesamtschuldner (§§ 421 ff. BGB).

7. Keine gemeinsamen Beschlüsse von Geschäftsführern und Aufsichtsrat

In den Protokollen über Aufsichtsratssitzungen, an denen die Geschäftsführer teilnahmen, ist vielfach zu lesen:

> „Nach eingehender Diskussion wurde folgender Beschluß einstimmig gefaßt: Das in Frage stehende Grundstück soll zu den in der Anlage aufgeführten Bedingungen gekauft werden."
>
> Unterschrift: Sämtliche Mitglieder des Aufsichtsrats sowie beide Geschäftsführer.

Daraus wird dann geschlossen, daß Aufsichtsrat und Geschäftsführer gemeinsam die Verantwortung für das Geschäft tragen. Das ist jedoch ein Irrtum:

- Die Entscheidung über den Kauf des Grundstücks ist ein Akt der Geschäftsführung, der allein Sache der Geschäftsführer ist.
- Aufgabe des Aufsichtsrats ist es, zu prüfen, ob bei diesem beabsichtigten Geschäft von den Geschäftsführern die Sorgfalt eines ordentlichen Geschäftsleiters gewahrt worden ist.

Dementsprechend hätte es richtigerweise im Protokoll heißen müssen:

> „Nach eingehender Diskussion des Vorschlags der Geschäftsführer für den Ankauf des in Frage stehenden Grundstücks hat der Aufsichtsrat dazu seine Zustimmung erteilt."

Der Aufsichtsrat hat also nicht, wie dies vor allem in der Presse immer wieder zu lesen ist, das Geschäft „mitgetragen", worunter mitbeschlossen gemeint ist. Er hat lediglich festgestellt, daß unter dem Blickpunkt des ordentlichen und gewissenhaften Überwachers keine Bedenken gegen den Ankauf des Grundstücks bestehen.

Zur Teilnahme von Aufsichtsratsmitgliedern an den Besprechungen der Geschäftsführer sowie umgekehrt zur Teilnahme von Geschäftsführern an Aufsichtsratssitzungen ist folgendes zu sagen:

- Mitglieder des Aufsichtsrats wie auch der Aufsichtsratsvorsitzende haben kein Recht, an den Geschäftsführerbesprechungen teilzunehmen.

  Das gleiche gilt für die Teilnahme von Geschäftsführern an Sitzungen des Aufsichtsrats.
- Aufgrund einer Vereinbarung zwischen den Geschäftsführern und dem Aufsichtsrat ist es jedoch möglich, daß Mitglieder des Aufsichtsrats an den Geschäftsführerbesprechungen teilnehmen und umgekehrt die Geschäftsführer an den Sitzungen des Aufsichtsrats.

Beide Parteien sind entsprechend zu den Sitzungen der Gegenseite einzuladen.

Dies bedeutet jedoch nicht, daß die Geschäftsführung im Einzelfall nicht das Recht hat, eine solche Einladung zu unterlassen, wenn sie zu der Überzeugung kommt, daß die Meinungsbildung in der Geschäftsführung durch die Teilnahme eines Aufsichtsratsmitglieds behindert wird.

Das gleiche gilt umgekehrt für die Teilnahme eines Geschäftsführers an der Aufsichtsratssitzung.

- Aus der Teilnahme an einer Geschäftsführerbesprechung erwächst kein Einspruchsrecht eines anwesenden Aufsichtsratsmitgliedes gegen Beschlüsse der Geschäftsführung.

  Einspruch kann immer nur der Aufsichtsrat als Ganzes aufgrund eines von ihm gefaßten Beschlusses erheben.
- Die Unterschrift eines Mitglieds des Aufsichtsrats unter das Protokoll, in dem ein Geschäftsführerbeschluß festgelegt ist, besagt nur, daß das betreffende Aufsichtsratsmitglied an der Sitzung teilgenommen hat.

  Das gleiche gilt von Unterschriften der Geschäftsführer unter ein entsprechendes Protokoll des Aufsichtsrats.

8. Die nachträgliche Zustimmung des Aufsichtsrats

a) Korrektes Verhalten von Geschäftsführern und Aufsichtsrat

In der Satzung der Gesellschaft oder im Anstellungsvertrag der Geschäftsführer findet sich vielfach der Satz:

> „Sollte die Einwilligung wegen Eilbedürftigkeit nicht vor der Geschäftsführungsmaßnahme erhältlich sein, so kann die Geschäftsführung die Maßnahme in eigener Verantwortung vornehmen. In diesem Fall ist der Aufsichtsrat unverzüglich zu unterrichten."

Die Frage ist nur, wie sich der Aufsichtsrat dann zu verhalten hat. Die Kommentare beschäftigen sich, soweit bekannt, nicht mit dieser Frage, obwohl sie für die Praxis von großer Bedeutung ist.

Hinsichtlich der nachträglichen Zustimmung des Aufsichtsrats gilt im Hinblick auf seine Überwachungsaufgabe folgendes[36]:

- Der Aufsichtsrat darf sich nicht auf den Standpunkt stellen, das betreffende Geschäft sei im Verhältnis zu Dritten rechtswirksam, es sei daher gleichgültig, ob er nachträglich zustimme oder nicht.

36 Dazu *Höhn*, Das Nein des Aufsichtsrats, S. 69 ff.

- Der Aufsichtsrat hat vielmehr zu prüfen, ob bei dem getätigten Geschäft von seiten der Geschäftsführer mit der Sorgfalt eines ordentlichen und gewissenhaften Geschäftsleiters vorgegangen worden ist.

  Bejaht er dies, so ist die Angelegenheit erledigt.

- Verneint er dies und lassen sich die Geschäftsführer von der Richtigkeit der Argumente des Aufsichtsrats überzeugen, so sind sie verpflichtet, alles zu tun, um das Geschäft wieder rückgängig zu machen. Ob ihnen dies im Einzelfall gelingt und der Geschäftspartner der Auflösung eines mit ihm geschlossenen Vertrages zustimmt oder auf sonstige Weise der Erfolg eintritt, ist eine andere Frage.

  Beispiel:
  Die Geschäftsführer hatten ein ihrer Ansicht nach für die Gesellschaft äußerst wichtiges Grundstück gekauft, um das sich mehrere Konkurrenten bewarben und bei dem der Grundstückseigentümer auf eine rasche Entscheidung drängte. Sie hatten die Zustimmung des Aufsichtsrats nicht vorher einholen können, da sich ein Teil der Aufsichtsratsmitglieder im Urlaub befand und nicht erreichbar war. Die Geschäftsführer wollten sich jedoch dieses wichtige Geschäft nicht entgehen lassen.

  Bei der nachträglichen Überprüfung des Geschäfts brachte der Aufsichtsrat wichtige Argumente gegen diesen Kauf vor, die die Sorgfalt der Geschäftsführer in Frage stellten. Die Geschäftsführer ließen sich davon überzeugen. Da sie den Kauf nicht rückgängig machen konnten, gaben sie einem Makler den Auftrag zur Veräußerung des Grundstücks mit dem Erfolg, daß dabei sogar noch ein Gewinn für die Gesellschaft herauskam. Sie hatten eben Glück.

  Wenn ihnen dies nicht gelungen wäre und sie tatsächlich beim Kauf des Grundstücks nicht mit der Sorgfalt eines ordentlichen Geschäftsleiters gehandelt hätten, wären sie für den dem Unternehmen entstandenen Schaden haftbar gewesen (§ 43 Abs. 2).

- Erkennen die Geschäftsführer die Argumentation des Aufsichtsrats nicht an und sind sie der Ansicht, im Interesse der Gesellschaft als verantwortliche Unternehmer an dem Geschäft festhalten zu müssen, so haben sie sich eingehend mit den Argumenten des Aufsichtsrats auseinanderzusetzen, um ihn zu einer Änderung seiner Entscheidung zu bewegen und die nachträgliche Zustimmung zu erhalten.

  Gelingt ihnen dies nicht, so bleibt ihnen nur übrig, die Gesellschafterversammlung einzuberufen (§ 52 i. V. m. § 111 Abs. 3 AktG), um die nachträgliche Zustimmung zu erwirken. Dies auch in ihrem eigenen Interesse wegen eventueller rechtlicher Folgen (§ 43 Abs. 2).

b) Die großzügige Behandlung der nachträglichen Zustimmung des Aufsichtsrats durch die Geschäftsführer

In der Praxis kann man häufig feststellen, daß die Geschäftsführer mit dem Begriff „eilbedürftige Geschäfte" sehr großzügig umgehen.

Immer wieder erlebt man, daß in der vierteljährlichen Aufsichtsratssitzung nach vorheriger Unterrichtung des Aufsichtsratsvorsitzenden eine Liste von Geschäften zur nachträglichen Zustimmung dem Aufsichtsrat vorgelegt wird, die gewöhnlich ohne Behandlung durchgeht.

> *Beispiel:*
> „Bei uns", so erklärte der Vorsitzende des Aufsichtsrats, „finden Aufsichtsratssitzungen viermal im Jahr statt. Im vergangenen Jahr war es nur dreimal im Jahr möglich. Es macht mir auch dann noch große Mühe, die notwendige Zahl der Aufsichtsratsmitglieder zusammenzubekommen, um den Aufsichtsrat beschlußfähig zu machen. Bei dieser Situation ist es den Geschäftsführern nicht zu verdenken, daß sie mit der nachträglichen Zustimmung recht großzügig umgehen und Geschäfte als eilbedürftig erklären, die es ihrem Wesen nach gar nicht sind. Schließlich müssen die Geschäfte ja laufen, und der Aufsichtsrat darf kein Hindernis für die Abwicklung der Geschäfte sein. Deshalb drücken wir gegenüber diesem Verfahren der Geschäftsführer beide Augen zu.
> Wenn ich im vergangenen Jahr die an sich notwendig gewesenen sechs Aufsichtsratssitzungen einberufen hätte, wären uns die Aufsichtsräte davongelaufen.
>
> Ein einwandfreies Verhalten von Geschäftsführern und Aufsichtsratsräten hinsichtlich der zustimmungspflichtigen Geschäfte wäre nur dann möglich, wenn wir hauptamtliche Aufsichtsratsmitglieder hätten, also statt acht ehrenamtlicher, wie heute, nur drei hauptamtliche Profis. Dies wäre jedoch mit einem hohen Kostenaufwand verbunden, mit dem die Gesellschafter niemals einverstanden wären."
>
> „Bisher", so fuhr der Aufsichtsratsvorsitzende fort, „sind wir mit diesem Verfahren in den vergangenen zehn Jahren während meiner Tätigkeit als Aufsichtsratsvorsitzender ohne jede Beanstandung gut gefahren, und wir werden auch in Zukunft dabei bleiben."

Die rechtlichen Folgen dieser Behandlung der nachträglichen Zustimmung sind:

- Aufsichtsräte, die bei den ihnen zur nachträglichen Zustimmung vorgelegten Geschäften nicht überprüfen, ob die Voraussetzungen für eine nachträgliche Zustimmung vorliegen, und die weiterhin unterlassen, zu prüfen, ob der Abschluß der Geschäfte mit der Sorgfalt eines ordentlichen und gewissenhaften Geschäftsleiters zu vereinbaren ist, verstoßen gegen die Sorgfaltspflicht eines ordentlichen und gewissenhaften Überwachers.

- Geschäftsführer, die zustimmungspflichtige Geschäfte der Zustimmung des Aufsichtsrats entziehen, handeln pflichtwidrig und bieten der Gesellschaft damit einen wichtigen Grund zu ihrer Amtsenthebung.

  Für daraus der Gesellschaft entstehende Schäden haften die Geschäftsführer und die Mitglieder des Aufsichtsrats gesamtschuldnerisch (§ 421 ff. BGB).

VI. Das Verfahren bei der Überwachung

Das Verfahren bei der Überwachung der Geschäftsführer kann in einer Geschäftsordnung, aber auch von Fall zu Fall durch Beschluß des Aufsichtsrats geregelt werden. Dabei sind folgende Varianten möglich:

1. Die Überwachung durch das Gremium des Aufsichtsrats

Das heißt, im Gremium wird der gesamte Kontrollvorgang vollzogen und über die Konsequenzen entschieden.

Dieses Verfahren kann sich bei der Besetzung des Aufsichtsrats mit zwei bis drei Mitgliedern, die zugleich Fachleute in den ihrer Überwachung unterliegenden Bereichen sind, als nützlich erweisen.

2. Die Beauftragung einzelner Mitglieder des Aufsichtsrats mit der Überwachung

Diese berichten über die Ergebnisse ihrer Prüfung dem Aufsichtsrat und beraten das Gremium hinsichtlich der zu ziehenden Konsequenzen.

Dabei gilt folgendes:

- Beantragt ein Mitglied des Aufsichtsrats zur sachgerechten Bearbeitung seines Auftrags die Hinzuziehung eines Beraters, so bedarf dies der Zustimmung seines Auftraggebers, d. h. des Aufsichtsrats als Ganzem.
- Für die richtige Auswahl seines Beraters ist das betreffende Aufsichtsratsmitglied verantwortlich. Ist der dem Aufsichtsrat vorgeschlagene Berater diesem hinsichtlich seiner Qualität nicht bekannt, so muß er verlangen, daß ihm der Nachweis über dessen Qualifikation geführt wird, andernfalls kann ihm Überwachungsverschulden zur Last gelegt werden.
- Kommen dem Mitglied des Aufsichtsrats hinsichtlich der Qualität seines Beraters nachträglich Zweifel, so hat er das Mandat zurückzuziehen.

3. Die Bildung von beratenden Ausschüssen zur Überwachung der Geschäftsführer

Von solchen Ausschüssen sollte der Aufsichtsrat weitgehend Gebrauch machen. Sie sind eine wichtige Voraussetzung für die sachgerechte Arbeit des Aufsichtsrats.

Die rechtliche Grundlage für die Ausschüsse kann die Satzung, die Geschäftsordnung oder jeweils ein Beschluß des Aufsichtsrats sein.

a) Fachausschüsse zur Überwachung der Geschäftsführer

Sie führen die Prüfungen auf den verschiedenen Fachgebieten durch, berichten über ihre Ergebnisse dem Gremium des Aufsichtsrats und beraten das Gremium hinsichtlich der zu ziehenden Konsequenzen.

Für die Bildung von Fachausschüssen zur Beratung des Aufsichtsrats bestehen weitgehende Möglichkeiten. In der Praxis finden wir Ausschüsse für Bauwesen, Finanz- und Rechnungswesen, Forschung und Entwicklung, Personal, Produktion, Public Realitions, Vertrieb u. a. m. Ein solcher Ausschuß kann aus zwei oder mehreren Mitgliedern bestehen.

Von der Bildung solcher Fachausschüsse wird auf den verschiedenen Gebieten auch weitgehend Gebrauch gemacht.

Darüber, ob ein Mitglied des Aufsichtsrats an den Sitzungen eines Ausschusses teilnehmen darf, entscheidet der Aufsichtsratsvorsitzende. Seine Entscheidung kann durch Mehrheitsbeschluß des Aufsichtsrats aufgehoben werden.

b) Ausschüsse zur Überwachung der Organisations- und Führungsaufgaben der Geschäftsführer

In der Praxis finden sich selten derartige Ausschüsse zur Überwachung der Organisations- und Führungsaufgaben der Geschäftsführer[37]. Dies ist ein deutliches Zeichen dafür, daß man sich in den Unternehmen dieser Überwachungsaufgabe nicht bewußt ist oder sie nicht ernst genug nimmt.

Auch in den Kommentaren werden bei der Aufzählung der möglichen Ausschüsse nur diejenigen erwähnt, die sich auf die Fachaufgaben der Geschäftsführer beziehen.

Tatsächlich könnten solche Ausschüsse für die Beratung des Aufsichtsrats wertvolle Hilfe auf dem so wichtigen Gebiet von Führung und Orga-

37 Vgl. S. 313, 331.

nisation leisten. Die Personalausschüsse nehmen diese Aufgabe gewöhnlich nicht wahr. Sie beschäftigen sich hauptsächlich mit den Fällen, in denen der Aufsichtsrat die Zustimmung zu einer Angelegenheit im Personalbereich, etwa Einstellung oder Entlassung, geben muß.

Wichtig ist in jedem Fall, daß der Beratungsauftrag präzisiert wird[38], gleichgültig, ob er einem einzelnen Mitglied des Aufsichtsrats oder einem vom Aufsichtsrat gebildeten Ausschuß erteilt wird.

So kann es z. B. heißen:

> „Der Ausschuß wird damit beauftragt, den Aufsichtsrat bei der Überwachung der Geschäftsführung im Bereich Vertrieb (oder Finanz- und Rechnungswesen u. a. m.) zu beraten.
>
> Von den Aufgaben der Geschäftsführer, die in ihrer Stellenbeschreibung festgelegt sind, ist dabei auszugehen."

Der Ausschuß, der sich mit den Führungsaufgaben der Geschäftsführer beschäftigt, kann z. B. den Auftrag erhalten, festzustellen,

- ob die Geschäftsführer bei der Kontrolle der ihnen unterstellten Hauptabteilungsleiter pflichtgemäß vorgegangen sind, oder
- welches Soll die Geschäftsführer für die Produktion und den Vertrieb für das kommende Jahr festgelegt haben,
- ob sie dabei sachgerecht vorgegangen sind,
- warum der Aufsichtsrat darüber nicht fristgerecht informiert wurde.

4. Der Beratungsvorgang

Bei der Beratung des Aufsichtsrats hinsichtlich der bei den Prüfungen festgestellten Ergebnisse und den sich daraus ergebenden Konsequenzen ist folgendes zu beachten:

- Die Berater – gleichgültig, ob es sich um Ausschüsse oder einzelne Aufsichtsratsmitglieder handelt – haben dem Aufsichtsrat einen *entscheidungsreifen Vorschlag* für den von ihm zu fassenden Beschluß zu machen.

  Es genügt also nicht, wie dies vielfach geschieht, wenn die Berater dem Aufsichtsrat nur einen Bericht über ihre Erwägungen zum Zwecke der Erörterung in der Aufsichtsratsssitzung vorlegen. Damit wird das Wesen der Beratung verkannt[39]. Der Aufsichtsrat will wissen, zu welchem Resultat die Berater bei der Wahrnehmung ihrer Überwachungsaufgabe

38 *Scholz/U. H. Schneider*, § 52 Anm. 315.
39 Vgl. dazu S. 279.

gekommen sind, um zu entscheiden, ob er den von ihnen vorgeschlagenen Konsequenzen folgen will oder nicht.

- Dabei haben die Berater, soweit möglich, dem Aufsichtsrat *Alternativen* aufzuzeigen, andernfalls schränken sie die Entscheidungsfindung des Aufsichtsrats ein. Unter Darlegung des Für und Wider der einzelnen Alternativen müssen sie begründen, warum sie ihren Vorschlag für den zweckmäßigsten halten.
- Die Berater dürfen sich nicht auf die ihnen bekannte oder vermeintliche Ansicht des Aufsichtsrats mit ihrem Vorschlag ausrichten. Sie müssen sich unabhängig von eventuellen Vorstellungen des Aufsichtsrats ihr Urteil aufgrund ihres Sachverstandes bilden und dementsprechend ihre Empfehlung geben. Berater dürfen keine Claqueure sein.
- Kommt es bei der Beschlußfassung eines Ausschusses hinsichtlich des dem Aufsichtsrat zu machenden Vorschlags zu einer Pattsituation, so sind die gegenteiligen Meinungen jeweils mit eingehender Begründung dem Aufsichtsrat vorzulegen.
- Das gleiche gilt von dem Vorschlag eines Mitglieds des Ausschusses, das überstimmt worden ist. Vielleicht ist gerade dessen Vorschlag für den Aufsichtsrat am interessantesten und wird von ihm seiner Entscheidung zugrundegelegt.

Neben den beratenden Ausschüssen können auch die sogenannten *vorbereitenden Ausschüsse* gebildet werden, die die Vorarbeit für die Entscheidungen des Aufsichtsrats übernehmen.

5. Begrenzte Übertragung von Entscheidungsbefugnissen auf einen Ausschuß

Neben dem Einsatz von beratenden Ausschüssen kann der Aufsichtsrat auch bestimmte Entscheidungsbefugnisse im Zusammenhang mit seiner Überwachungsaufgabe einem Ausschuß übertragen.

Im Gegensatz zu den beratenden Ausschüssen können diese *beschließenden* Ausschüsse nicht beliebig gebildet werden. Sie unterliegen vielmehr weitgehenden Einschränkungen, die auf gesetzlichen Regelungen beruhen, aber auch darüber hinausgehen oder sie ergänzen können.

Ein weiteres wichtiges Kriterium dafür, ob die Übertragung von Entscheidungsbefugnissen auf einen Ausschuß möglich und sinnvoll ist oder nicht, ist die Frage, ob seine Tätigkeit mit der vertrauensvollen Zusammenarbeit zwischen Geschäftsführern und Aufsichtsrat zu vereinbaren ist. Das muß jeweils geprüft werden.

a) So sind z. B. folgende Angelegenheiten *nicht* auf einen beschließenden Ausschuß zu delegieren[40]:
- Die Überwachung der gesamten Geschäftsführung (§ 52 i. V. m. § 111 AktG);
- die Einberufung einer Gesellschafterversammlung (§ 111 Abs. 3 AktG);
- der Erlaß einer Geschäftsordnung für die Geschäftsführer (§ 77 Abs. 3 Satz 1 AktG);
- die aus der Überwachung der Geschäftsführer zu ziehenden Konsequenzen;
- die Zustimmung zur Einstellung von den Geschäftsführern unmittelbar unterstehenden Mitarbeitern;
- die Zustimmung für den Gesamtbedarf der Investitionen für das kommende Jahr.

b) Dagegen ist es z. B. möglich, die Zustimmung des Aufsichtsrats in folgenden Fällen auf einen entscheidenden Ausschuß zu übertragen:
- Ankauf eines Grundstücks im Rahmen des Budgets auf den Bauausschuß;
- Investitionen bis zu einer bestimmten Höhe auf den Finanzausschuß;
- bauliche Veränderungen im Rahmen eines Limits auf den Finanzausschuß;
- Kredite in begrenzter Höhe auf den Kreditausschuß.

Über die von ihm getroffenen Entscheidungen hat der Ausschuß den Aufsichtsrat zu informieren.

c) Nicht auf einen beschließenden Ausschuß zu übertragen sind auch bestimmte Entscheidungen, die die *innere Organisation* des Aufsichtsrats betreffen. Dies gilt z. B. für:
- die Wahl des Vorsitzenden des Aufsichtsrats und seines Stellvertreters (§ 107 Satz 1 AktG) sowie deren Abberufung;
- den Erlaß einer Geschäftsordnung für den Aufsichtsrat;
- die Bestimmung der zustimmungspflichtigen Geschäfte; jedoch ist die Zustimmung zu dem einen oder anderen zustimmungspflichtigen Geschäft möglich[41];

40 Vgl. dazu die Aufzählung nicht delegierbarer Aufgaben bei *Baumbach/Hueck/Zöllner,* § 52 Anm. 140.

41 *Dies.,* ebenda.

- die Beschlußfassung über den Antrag auf Entlassung eines Mitglieds des Aufsichtsrats aus wichtigem Grund;
- die Honorierung der Aufsichtsratsmitglieder.

Beschließende Ausschüsse müssen zumindest aus drei Mitgliedern bestehen[42].

6. Die Aufgaben des Aufsichtsrats gegenüber den Ausschüssen

Gleichgültig, ob ein Ausschuß beratend tätig wird oder mit Entscheidungsbefugnissen ausgestattet ist, hat der Aufsichtsrat die Aufgabe,

- die richtigen Personen für den jeweiligen Ausschuß auszusuchen, andernfalls liegt Auswahlverschulden vor;
- Beschwerden gegen eine Entscheidung des Ausschusses von seiten der Geschäftsführer zu prüfen und, falls berechtigt, ihnen abzuhelfen;
- die Ausschüsse zu überwachen.

Mit Recht weisen v. Godin/Wilhelmi darauf hin, daß die übrigen Aufsichtsratsmitglieder, „wenn einmal nach sorgfältiger Überlegung ein Ausschuß gebildet und sorgfältig zusammengesetzt ist, nun nicht dauernd vor Mißtrauen ängstlich auf der Hut sein und mit ihrer Überwachung hinter dem Ausschuß her sein müssen"[43]. Eine begleitende Kontrolle entfällt also.

Dies bedeutet jedoch nicht, daß sich der Aufsichtsrat prinzipiell der nachträglichen Überwachung des von ihm eingesetzten Ausschusses enthält. Stichprobenkontrollen sind auch hier am Platz, andernfalls würde der Aufsichtsrat sich dem Vorwurf des Kontrollverschuldens aussetzen[44].

Gegen die stichprobenmäßge Überwachung der Tätigkeit der Ausschüsse werden von seiten der Mitglieder des Aufsichtsrats vielfach Bedenken erhoben, wie das folgende Beispiel zeigt:

> Der Vorsitzende eines Aufsichtsrats erwiderte auf die Frage, wie es mit der Überwachung seiner Ausschüsse stehe:
>
> „Wenn ich meine Kollegen darauf hinweisen würde, daß sie Beschlüsse der Ausschüsse stichprobenmäßig zu kontrollieren hätten, so würden sie mir sagen:
>
> > ‚Wir haben die Ausschüsse bestellt, damit sie aufgrund des Sachverstands, der uns fehlt, uns beraten oder gar an unserer Stelle Beschlüsse fassen. Nun sollen wir kontrollieren, ob sie ordnungsgemäß gehandelt haben. Das ist widersinnig. Dafür, daß wir zum Zwecke der Kontrolle von Fachleuten

42 BGH 165, 193; *Baumbach/Hueck/Zöllner,* § 52 Anm. 141; *Rellermeyer,* S. 88 ff.
43 *v. Godin/Wilhelmi,* AktG, § 107 Anm. 7.
44 Zustimmend *Mutter,* S. 280.

wieder Fachleute einsetzen, werden unsere Aufsichtsratsmitglieder, ebenso wie die Gesellschafter, kein Verständnis haben."

Akzeptiert man das im vorstehenden Beispiel geschilderte Verhalten des Aufsichtsrats gegenüber den Ausschüssen, so würde dies bedeuten:

- Der Aufsichtsrat folgt automatisch den Vorschlägen seiner beratenden Ausschüsse und
- akzeptiert widerspruchslos die Entscheidungen seiner beschließenden Ausschüsse.

Der Aufsichtsrat wäre damit kaltgestellt.

Dies ist schon aus rechtlichen Gründen nicht möglich. Der Aufsichtsrat ist der Vorgesetzte der von ihm eingesetzten Ausschüsse, die ihm gegenüber die Stellung von Referaten oder Abteilungen einnehmen. Er ist daher verpflichtet, sie zu kontrollieren. Auch die Behauptung, daß der Aufsichtsrat dazu fachlich nicht in der Lage sei, ist nur bedingt richtig. Dies aus folgenden Gründen:

- Trägt der Ausschuß dem Aufsichtsrat einen Vorschlag vor, so ist er verpflichtet, ihn im einzelnen zu begründen. Dies muß in einer auch für Nichtfachleute verständlichen Form geschehen.

  Dabei setzt er sich Fragen aus, die es zu beantworten gilt. Man kann also nicht davon ausgehen, daß der Aufsichtsrat, der einen Ausschuß mit seiner Beratung beauftragt hat, damit zugleich dokumentiert, daß er nicht das geringste von der Angelegenheit versteht.
- Natürlich kann es Fälle geben, in denen die Angelegenheit derart kompliziert ist, daß sie einem Laien nur schwer verständlich gemacht werden kann. Dann steht der Aufsichtsrat vor der Entscheidung, ob es mit seiner Überwachungspflicht vereinbar ist, daß er den ihm überzeugend erscheinenden Vorschlägen des Ausschusses folgt, oder ob er verpflichtet ist, sich zur Prüfung dieses Vorschlags einer Fachkraft zu bedienen.
- Einen nicht sachgemäß arbeitenden beratenden Ausschuß hat der Aufsichtsrat aufzulösen.
- Auch der beschließende Ausschuß muß auf Verlangen des Aufsichtsrats begründen, warum er z. B. dem Ankauf eines Grundstücks zugestimmt oder warum er einen Kreditantrag abgelehnt hat.

  Der Aufsichtsrat muß nachvollziehen und evtl. durch Fachleute überprüfen lassen, ob hier mit der Sorgfalt eines gewissenhaften Überwachers vorgegangen wurde. Wenn er zu dem Urteil kommt, daß dies nicht der Fall war, muß er die Konsequenzen daraus ziehen und eventuell die dem Ausschuß übertragene Entscheidungsvollmacht wieder zurücknehmen[45], den Ausschuß auf die Beratung beschränken oder ihn auflösen[46].

45 *Lutter*, Information und Vertraulichkeit im Aufsichtsrat, S. 117.
46 Dazu ausführlich *Scholz/U. H. Schneider*, § 52 Anm. 333, 334.

VII. Eigenmächtige Kontrolle durch ein Mitglied des Aufsichtsrats

1. Die Rechtswidrigkeit eigenmächtiger Kontrolle

Kein Mitglied des Aufsichtsrats, auch nicht der Vorsitzende, kann von sich aus Überwachungsaufgaben irgendwelcher Art gegenüber den Geschäftsführern vornehmen. Dazu bedarf es stets der Ermächtigung durch einen Beschluß des Aufsichtsrats. Die eigenmächtig vorgenommene Kontrolle ist rechtswidrig. Aus dem Ergebnis einer solchen Kontrolle darf der Aufsichtsrat keine Konsequenzen ziehen.

Beispiel:
Auf dem Wege zu seinem Urlaubsort suchte Dr. Fischer, Mitglied des Aufsichtsrats, die Filiale seines Unternehmens in Nürnberg auf. Er erklärte dem dortigen Filialleiter, er sei auf der Durchreise und benutze die Gelegenheit, um von ihm einige Auskünfte zu erhalten, die für den Aufsichtsrat von Interesse seien. Dabei legte er ihm eine Liste von Fragen vor.

Der Filialleiter, der von dem Besuch völlig überrascht war, erklärte, er habe eine Reihe wichtiger Besprechungen mit auswärtigen Kunden und könne deshalb schon aus zeitlichen Gründen nicht zur Verfügung stehen. Im übrigen sei ihm der Besuch von Dr. Fischer vom Aufsichtsrat nicht angekündigt worden. Er bat ihn daher, die Vollmacht des Aufsichtsrats über die geplanten Überwachungshandlungen vorzulegen.

Dies sei eine reine Formsache, erhielt er zur Anwort. Dr. Fischer sei überzeugt, daß der Aufsichtsrat mit seinem Besuch einverstanden wäre. Im übrigen erspare sein Erscheinen dem Unternehmen unnötige Kosten. Er werde nur das tun, was ein vom Aufsichtsrat beauftragtes Mitglied auch tun würde. Trotzdem lehnte der Filialleiter jede Auskunft ab, erhob sich und begleitete seinen Besucher zur Tür. –

Dies mit Recht. Der Filialleiter hat wie jeder Geschäftsführer nicht nur das Recht, sondern auch die Pflicht, eigenmächtige Kontrollen von Mitgliedern des Aufsichtsrats abzulehnen und jede Auskunft zu verweigern.

2. Notfälle und ihre Behandlung

Eigenmächtiges Vorgehen von Mitgliedern des Aufsichtsrats kann sich im Notfall als gerechtfertigt erweisen. Ein Notfall ist dann gegeben, wenn ohne das Eingreifen des betreffenden Mitglieds des Aufsichtsrats dem Unternehmen schwerer Schaden entstehen würde.

Beispiel:
Eine GmbH hatte einen jungen tatkräftigen Geschäftsführer, der seinen Ehrgeiz daran setzte, die GmbH, wie er sagte, aus ihrem Schlaf zu erwecken. Im Gespräch mit einem Mitglied des Aufsichtsrats informierte er dieses über bereits von ihm getroffene Maßnahmen. Er beabsichtigte, sich an einer Tiefbau-GmbH mit einem Anteil von DM 250 000 zu beteiligen, wovon er sich besonders viel versprach.

Das Aufsichtsratsmitglied riet dringend davon ab und erklärte ihm, dieses Vorhaben sei mit der Satzung nicht vereinbar und gefährde darüber hinaus die Liquidität der Gesellschaft, niemals würden die Gesellschafter dem zustimmen.

Demgegenüber erklärte der Geschäftsführer, er habe genügend Argumente, um die Gesellschafter davon zu überzeugen, daß sich mit dem Einstieg in die Tiefbau-GmbH eine einmalige Gelegenheit für die Zukunft der Gesellschaft biete, die sie sich nicht entgehen lassen dürften. Im übrigen habe er schon seine Zusage der Tiefbau-GmbH gegeben, die am heutigen Nachmittag um 16.00 Uhr notariell beurkundet werde.

Einen Beschluß des Aufsichtsrats herbeizuführen, der seine Zustimmung zu diesem Geschäft verweigerte, war aus Zeitgründen nicht möglich. Kurz entschlossen rief das Mitglied des Aufsichtsrats den Notar an und teilte ihm mit, daß der Geschäftsführer mit seiner Zusage seine Kompetenzen überschritten habe. Die Gesellschafter würden ihm niemals die Zustimmung zu diesem Vorhaben geben. Wenn der Geschäftsführer eine entsprechende Erklärung vor dem Notar abgebe, würden sie ihn aus wichtigem Grund sofort seines Amtes entheben und schadensersatzpflichtig machen. Das Aufsichtsratsmitglied bat den Notar dringend, den Termin zu verschieben. Es werde jedoch noch im Laufe des Tages die Gesellschafter einzeln erreichen können und am nächsten Morgen eine entsprechende Erklärung der Gesellschafter vorlegen.

Der Notar handelte dementsprechend. Am nächsten Tag lag die Erklärung der Gesellschafter per Fax vor. Das eigenmächtige, aber im Sinne der Gesellschaft liegende Vorgehen des Aufsichtsratsmitglieds hatte die Gesellschaft vor schwerem Schaden bewahrt.

VIII. Die Ansprechpartner des Aufsichtsrats

1. Die Gesamtgeschäftsführung als Ansprechpartner

- Die Geschäftsführung als Ganzes ist Ansprechpartner des Aufsichtsrats, nicht das einzelne Mitglied der Geschäftsführung in seiner Eigenschaft als Leiter eines Ressorts[47]. Es ist daher dringend erforderlich, daß die Aufgaben, die sich die Geschäftsführung vorbehalten hat, genau festgelegt werden, am besten in einer Stellenbeschreibung[48].
- Berichterstatter in der gemeinsamen Sitzung von Geschäftsführern und Aufsichtsrat ist der Vorsitzende bzw. Sprecher der Geschäftsführung, soweit nicht für Spezialfragen ein Mitglied der Geschäftsführung von den Geschäftsführern damit beauftragt wird.
- Werden in der gemeinsamen Sitzung von Aufsichtsrat und Geschäftsführern vom Aufsichtsrat Fragen an die Geschäftsführer gerichtet, über

47 Dazu *Semler*, S. 21.

48 Vgl. den Abschnitt „Die Transparenz der Organisation – Voraussetzung für die ordnungsgemäße Überwachung des Aufsichtsrats", S. 320 ff.

deren Beantwortung in der Geschäftsführung noch keine Einigung besteht, so ist der in seiner Eigenschaft als Ressortleiter zuständige Geschäftsführer nicht berechtigt, Antwort aus der Sicht seines Ressorts zu erteilen. Sache des Vorsitzenden bzw. Sprechers der Geschäftsführung ist es, die entsprechende Antwort dem Aufsichtsrat zu geben oder zu verweigern. Dies kann gleichzeitig mit der Versicherung verbunden sein, daß der Aufsichtsrat sofort informiert werde, sowie die Entscheidung in der Geschäftsführung gefallen sei.

Beispiel:
In der gemeinsamen Sitzung der Geschäftsführer mit dem Aufsichtsrat stellte der Vorsitzende des Aufsichtsrats die Frage, wie es mit der Umstellung der Kreditbank auf computergesteuerte Selbstbedienung der Bankkunden stehe. Das Mitglied der Geschäftsführung, das sich mit dieser Aufgabe zu beschäftigen hatte, gab daraufhin folgende Antwort:
„Am 2. April sind wir soweit."

Als der Vorsitzende der Geschäftsführung Bedenken äußerte, erklärte der Aufichtsratsvorsitzende, das Mitglied der Geschäftsführung, dem diese Aufgabe anvertraut sei, wisse darüber wohl am besten Bescheid. Er vertraue darauf, daß die Anlage am 2. April funktionsfähig und man damit gegenüber anderen Kreditbanken konkurrenzfähig sei. –

Das Mitglied der Geschäftsführung, dem die Umstellung auf die computergesteuerte Selbstbedienung anvertraut war, hat sich falsch verhalten. Es hätte dem Aufsichtsrat antworten müssen, daß eine Entscheidung der Geschäftsführung noch nicht vorliege.

Der Aufsichtsratsvorsitzende hat sich ebenfalls falsch verhalten. Er hätte auf die vom Vorsitzenden der Geschäftsführung geäußerten Bedenken hin erklären müssen, daß der Aufsichtsrat um eine verbindliche Mitteilung bitte, wann mit der computergesteuerten Selbstbedienung zu rechnen sei.

2. Keine Überwachung von nachgeordneten Mitarbeitern der Geschäftsführung

a) Werden dem Aufsichtsrat Fälle aus dem Bereich von Mitarbeitern eines Geschäftsführers bekannt, die ihm korrekturbedürftig erscheinen, so hat er sich an die Geschäftsführung zu wenden, sie um Aufklärung zu bitten und gegebenenfalls zum Handeln zu veranlassen. Der Aufsichtsrat muß sich also allein mit der Geschäftsführung auseinandersetzen[49].

Beispiel:
Der Aufsichtsratsvorsitzende war von einem Kunden der GmbH darauf angesprochen worden, daß der Abteilungsleiter Einkauf entgegen den klaren Richtlinien der Geschäftsführung bei seinen Aufträgen Kunden des Unternehmens keineswegs bevorzugt berücksichtige. Als er wieder von einem

49 So eindeutig *Semler*, S. 23.

solchen Fall erfuhr, ließ er sich kurzerhand mit dem Abteilungsleiter verbinden, stellte ihn zur Rede, wies ihn darauf hin, daß er sich an die Richtlinien der Geschäftsführung zu halten habe, und bedeutete ihm, daß er im Wiederholungsfall mit seiner Ablösung rechnen müsse, dafür werde er als Aufsichtsratsvorsitzender sorgen. Der Abteilungsleiter versicherte dem Aufsichtsrat kleinlaut, daß er sich in Zukunft streng an diese Richtlinien halten werde. Triumphierend erklärte der Aufsichtsratsvorsitzende dem zuständigen Geschäftsführer:

„Ein klares Wort zur rechten Zeit von seiten des Aufsichtsrats trägt dazu bei, rasch Ordnung im Unternehmen zu schaffen."

Der Geschäftsführer schwieg betreten. –

Der Geschäftsführer hätte nicht schweigen dürfen. Er hätte dem Aufsichtsrat sagen müssen, daß es allein Aufgabe der Geschäftsführung sei, Ordnung zu schaffen. Der Aufsichtsrat hätte sich an sie wenden müssen, dann wäre von ihr das Notwendige getan worden. Mit seiner Handlungsweise habe er sich unzulässigerweise in die Geschäftsführung des Unternehmens eingemischt.

- Starke Aufsichtsräte erliegen leicht der Versuchung, unmittelbar in das Geschehen im Unternehmen einzugreifen, wenn sie es für notwendig erachten, und da zu handeln, wo sie es nicht tun dürfen. Lassen sich die Geschäftsführer darauf ein, dann entwickelt sich im Laufe der Zeit der Aufsichtsrat rechtswidrig zu einem zweiten Geschäftsführungsorgan und untergräbt damit zugleich das Ansehen der Geschäftsführer in den Augen der Mitarbeiter, die den Aufsichtsrat dann als ihren Vorgesetzten und sogar als den wirklichen Leiter des Unternehmens betrachten. Hier sind die Gesellschafter zum Eingreifen verpflichtet.
- Weisen die Gesellschafter den Aufsichtsrat nicht in seine Schranken oder stellen sie sich auf den Standpunkt:

„Wer im Unternehmen Ordnung schafft, ist uns gleichgültig, die Hauptsache ist, daß dies geschieht",

so tragen sie damit zum *Führungschaos* im Unternehmen bei. Es ist dann völlig unklar, wer für was im Einzelfall verantwortlich ist, sehr zum Schaden eines störungsfreien Ablaufs der Geschäfte.

b) Auch wenn es sich um *leitende* Mitarbeiter handelt oder um Mitarbeiter, die besonders wichtige Funktionen im Unternehmen ausüben, so sind es immer die Geschäftsführer, an die sich der Aufsichtsrat zu wenden hat, wenn ihm Mängel in der Tätigkeit nachgeordneter Mitarbeiter bekannt werden, um sie um Abstellung zu ersuchen. Sie allein muß er um Auskunft oder Bericht bitten[50]. Das GmbH-Gesetz spricht von der Überwachung der Geschäftsführung (§ 52 i. V. m. § 111 AktG)

50 Vgl. *Semler*, S. 23 f.; *Mutter*, S. 32 ff.

durch den Aufsichtsrat und von keiner anderen Stelle im Unternehmen. Bei der Behauptung,

„daß die Überwachung sich auf solche Mitarbeiter erstreckt, die maßgeblich an der Vorbereitung und Durchführung grundlegender unternehmerischer Entschlüsse beteiligt sind“[51],

handelt es sich um eine Weiterentwicklung des GmbH-Rechts. Ob sie berechtigt ist oder nicht, muß sich an ihren Folgen zeigen.

Diese sollen am Fall *des Leiters eines Geschäftsbereichs,* der der Geschäftsführung untersteht, im einzelnen geprüft werden.

Ihm gegenüber hätte der Aufsichtsrat die gleichen Überwachungspflichten hinsichtlich seiner Fach- und Führungsaufgaben wie gegenüber der Geschäftsführung, d. h.:

- Bezüglich der fachlichen Aufgaben müßte der Aufsichtsrat prüfen,
  - ob sie mit der Sorgfalt eines ordentlichen und gewissenhaften Leiters eines solchen Bereiches getätigt worden sind. Zu diesem Zweck müßte er u. a. Berichte und Auskünfte von den betreffenden Bereichsleitern anfordern.

    Im übrigen wären diese von sich aus zur Berichterstattung als Grundlage der Überwachung verpflichtet. Lt. Gesetz sind es dagegen nur die Geschäftsführer (§ 52 i. V. m. § 90 Nr. 3 AktG)[51a].
  - Was sollte im übrigen geschehen, wenn der Bereichsleiter die Beanstandungen des Aufsichtsrats nicht akzeptiert?

    Soll der Aufsichtsrat dann das Recht haben, sich unmittelbar an die Gesellschafter zu wenden, wie dies der Fall ist, wenn die Geschäftsführer seinen Vorstellungen nicht Folge leisten? Oder muß er sich zunächst an die Geschäftsführer wenden und erst, wenn diese seine Beanstandungen ablehnen, die Gesellschafter informieren?
  - Bisher hatten die Gesellschafter es nur mit den Geschäftsführern zu tun, wenn diese den Wünschen des Aufsichtsrats nicht folgten. Jetzt müßten sie sich auch mit den Bereichsleitern befassen. Sie werden darüber wenig erfreut sein.
  - Darüber hinaus müßte sich der Aufsichtsrat mit der sachgerechten Organisation[52] des Geschäftsbereichs sowie der Kreativität des Bereichsleiters[53] beschäftigen.

51 *Scholz/U. H. Schneider,* § 52 Anm. 61; so auch für die AG *Gessler/Hefermehl,* AktG, § 111 Anm. 15 ff.; *Meyer-Landrut,* Großkomm. zum AktG, § 111 Anm. 2; *Mertens,* Köln.-Komm. AktG, § 111 Anm. 32.

51a Vgl. S. 394 ff.; *Mutter,* S. 34.

52 Vgl. S. 323.

53 Vgl. S. 329.

- Hinsichtlich der Überwachung der *Vorgesetztenaufgaben* des Bereichsleiters, d. h. also der Prüfung, ob er seiner *Führungsverantwortung* gerecht wird, hätte der Aufsichtsratsrat zu prüfen,
  - ob er die richtigen Mitarbeiter hat[54];
  - ob er die fortdauernde Eignung der ihm unterstellten Mitarbeiter überprüft[55];
  - ob er seinen Kontrollaufgaben nachkommt[56];
  - ob die kollegiale Zusammenarbeit in seinem Bereich den Anforderungen entspricht[57];
  - ob er seiner Förderungspflicht gegenüber den Mitarbeitern genügt[58].

Dies alles haben dem Aufsichtsrat bisher die Geschäftsführer abgenommen. Er brauchte nur zu kontrollieren, ob sie ihrer Überwachungsaufgabe gegenüber den ihnen unmittelbar unterstellten Mitarbeitern genügten, was sie nachzuweisen hatten[59]. Nunmehr müßte er diese Überwachung selbst wahrnehmen.

Insgesamt wäre der Aufsichtsrat durch die Ausdehnung seiner Kontrollfunktion auf leitende Mitarbeiter der Geschäftsführer völlig überfordert. Er wird, wie bereits dargelegt, schon mit der Überwachung der Geschäftsführer nur sehr bedingt fertig. Es wäre für ihn nicht ohne weiteres möglich, nun auch noch zusätzliche Überwachungsfunktionen zu übernehmen.

- Mit der neuen Überwachungsaufgabe müßte der Aufsichtsrat seine Überwachung neu organisieren, die Zahl der Ausschüsse verstärken oder ihre Besetzung durch externe Fachleute erhöhen, was mit erheblichen Kosten verbunden sein kann. Das wird auf den Widerstand der Gesellschafter stoßen, die den Nutzen der doppelten Überwachung kaum einsehen werden.
- Darüber hinaus werden die Geschäftsführer – das darf man nicht übersehen – die Ausdehnung der Überwachung des Aufsichtsrats auf ihre Mitarbeiter als Ausdruck des *Mißtrauens* empfinden. Sie werden nicht zu Unrecht fragen: „Warum genügt es nicht, daß wir den Aufsichtsrat über unsere Überwachungsergebnisse informieren? Warum muß er sich selbst einschalten?"

54 Vgl. S. 333.
55 Vgl. S. 335.
56 Vgl. S. 336.
57 Vgl. S. 338.
58 Vgl. S. 337.
59 Vgl. S. 307.

- Des weiteren ist für die Geschäftsführer die Überwachung ihrer Mitarbeiter durch den Aufsichtsrat mit einem hohen *Autoritätsverlust* verbunden. Die Gesellschafter – so werden sie sich sagen – halten anscheinend die Überwachung der Geschäftsführer über ihre Mitarbeiter für ungenügend. Deshalb schalten sie zusätzlich den Aufsichtsrat ein.
- Auch für die leitenden Mitarbeiter ist die *doppelte Überwachung* alles andere als angenehm. Sie können sich nicht darauf berufen, daß sie die Fragen, die der Aufsichtsrat an sie stellt, bereits den Geschäftsführern beantwortet hätten, darüber wäre, wie sie wüßten, eine Niederschrift angefertigt worden, der Aufsichtsrat möge sie anfordern. Sie müßten vielmehr selbst dem Aufsichtsrat Rede und Antwort stehen. Im übrigen werden sie die doppelte Überwachung ebenfalls als ein *Mißtrauen* gegen ihre *Person* und die *Qualität* ihrer Leistung empfinden.
- Gespräche mit den Aufsichtsräten über die Erweiterung ihrer Überwachungsaufgaben führten sämtlich zur Ablehnung. Das gleiche galt von dem betroffenen Personenkreis der leitenden Mitarbeiter.

  Daß sich die Geschäftsführer dagegen aus den oben angeführten Gründen wehrten, war vorauszusehen. Sie wandten darüber hinaus ein:

  Oberster Grundsatz bei einer Führung mit Delegation von Verantwortung ist, daß sich der Überwacher nur an den zu Überwachenden und nicht an dessen Mitarbeiter hält. Warum sollte dies für die Überwachung der Geschäftsführer durch den Aufsichtsrat nicht gelten?
- Grundsätzlich gilt die Forderung, daß die Überwachung im Interesse des Unternehmens notwendig sein muß. Insgesamt soll sie den Grundsätzen „der Erforderlichkeit und Verhältnismäßigkeit" entsprechen[60]. Dazu soll sie motivierend wirken. Dem würde die zusätzliche Überwachung von maßgeblichen Mitarbeitern der Geschäftsführung durch den Aufsichtsrat wohl kaum gerecht.

3. Der Aufsichtsrat – keine Beschwerdeinstanz für die Mitarbeiter

Vielfach wird irrtümlich seitens der Mitarbeiter angenommen, daß der Aufsichtsrat die letzte Instanz sei, an die sie sich wenden könnten, wenn ihrer Beschwerde innerhalb der Hierarchie nicht stattgegeben wird. Dem steht der § 84 BetrVG entgegen. Hier heißt es:

> „Jeder Arbeitnehmer hat das Recht, sich bei den zuständigen Stellen des Betriebes zu beschweren, wenn er sich vom Arbeitgeber oder von Arbeitnehmern des Betriebes benachteiligt oder ungerecht behandelt oder in sonstiger Weise beeinträchtigt fühlt ...

60 *Baumbach/Hueck/Zöllner*, § 52 Anm. 146.

Der Arbeitgeber hat den Arbeitnehmer über die Behandlung der Beschwerde zu bescheiden und, soweit er die Beschwerde für berechtigt erachtet, ihr abzuhelfen."

Hiernach ist der Aufsichtsrat keine Beschwerdeinstanz für den Mitarbeiter. Dies bedeutet:

- Die Beschwerde eines Arbeitnehmers darf der Aufsichtsrat nicht behandeln;
- er muß dem Beschwerdeführenden vielmehr mitteilen, daß er nicht das für die Entgegennahme seiner Beschwerde zuständige Organ sei.

Die unzulässige Beschwerde eines Mitarbeiters kann jedoch eine *Anregung* für den Aufsichtsrat sein, seiner Pflicht zur Überwachung der Geschäftsführer nachzukommen.

Beispiel:
Abteilungsleiter Müller hatte von seinem Vorgesetzten, dem Ressortleiter Meyer, die Weisung erhalten, den Sachbearbeiter Jung so einzuarbeiten, daß er ihn im Anlagengeschäft vertreten könnte.

Müller tat dies, mußte aber feststellen, daß Jung dazu nicht in der Lage war. Trotzdem wurde Jung vom Ressortleiter zum Stellvertreter von Herrn Müller bestellt. Müller gegenüber vermerkte der Ressortleiter, er werde es auf einen Versuch mit Jung ankommen lassen.

Müller beschwerte sich über diese Entscheidung bei der Geschäftsführung. Er wies darauf hin, daß man mit Entscheidungen rechnen müsse, die zu beträchtlichem Schaden für die Gesellschaft führen könnten, wenn Jung als sein Stellvertreter die Abteilung während des Sommerurlaubs vier Wochen allein führe. Die Geschäftsführer hörten auf diese Beschwerde hin lediglich den Ressortleiter und wiesen sie ab.

Nunmehr wandte sich Müller in ernster Sorge an den Aufsichtsrat unter gleichzeitiger Information der Geschäftsführer. Der Aufsichtsrat ließ Müller kommen, sprach auch eingehend mit Jung, hörte den Ressortleiter und kam dann zu der Überzeugung, daß Müller Recht habe. Er teilte daraufhin der Geschäftsführung mit, daß die Ernennung Jungs zum Stellvertreter rückgängig zu machen sei. Sie möge dies veranlassen, da der Ressortleiter nicht dazu bereit sei. –

Der Aufsichtsrat hat – wenn auch in bester Absicht – eine Reihe von Fehlern begangen:

- Er hat sich wie eine Beschwerdeinstanz verhalten, die er nicht ist;
- er hat sich ein Weisungsrecht gegenüber der Geschäftsführung angemaßt, das er nicht besitzt. Sein Vorgehen ist also rechtswidrig.

Die Frage ist daher, ob der Aufsichtsrat in einem solchen Fall wirklich untätig bleiben muß.

Grundsätzlich hat der Aufsichtsrat einen ihm zur Kenntnis gelangten, die Geschäftsführer belastenden Sachverhalt dahingehend zu überprüfen, ob er sich dadurch nicht veranlaßt fühlen muß, von seiner Überwachung gegenüber der Geschäftsführung Gebrauch zu machen. Der vorliegende Fall rechtfertigt ein solches Vorgehen. Der Aufsichtsrat hätte

- die Frage an die Geschäftsführer richten müssen, warum sie als Vorgesetzte nicht eingegriffen haben, um eine offensichtliche Fehlentscheidung des Ressortleiters rückgängig zu machen;
- er hätte der Geschäftsführung empfehlen können, diese fehlerhafte Entscheidung des Ressortleiters zu korrigieren. Eine Anweisung, dies zu tun, hätte er nicht geben können, da er nicht Vorgesetzter der Geschäftsführung ist.
- Teilte ihm die Geschäftsführung mit, daß sie nicht bereit sei, die Entscheidung des Ressortleiters aufzuheben, so wäre er verpflichtet gewesen, die Gesellschafterversammlung zu informieren.

IX. Die Arten der Kontrolle

1. Keine Totalkontrolle

Unter Totalkontrolle ist, wie an anderer Stelle bereits ausgeführt wurde[61], die lückenlose Überprüfung aller Geschäftsvorgänge zu verstehen. Totalkontrolle ist das Kernstück jeder autoritären Führung. Sie ist aus dem Mißtrauen geboren und mit einer nach Managementprinzipien mit Delegation von Verantwortung geführten GmbH nicht vereinbar.

In der Praxis erlebt man immer wieder, daß Aufsichtsräte, die aus kleinen Unternehmen kommen und selbst weitgehend mit Totalkontrolle gearbeitet haben, diese Art der Kontrolle auch von seiten des Aufsichtsrats gegenüber den Geschäftsführern angewandt wissen wollen oder daß dies von den Gesellschaftern verlangt wird.

Beispiel:
Aufgrund mangelnder Kontrolle der Geschäftsführer durch den Aufsichtsrat war dem Unternehmen schwerer Schaden entstanden. Geschäftsführer wie Aufsichtsrat waren ihrer Ämter enthoben worden.

Der neubestellte Aufsichtsrat wollte sichergehen, daß in der Kontrolle nichts versäumt wurde. Er verlangte deshalb von den beiden neuen Geschäftsführern die Vorlage der Kopien der Eingangs- wie der Ausgangspost, desgleichen der Kopien der Protokolle von Besprechungen mit den leitenden Angestellten des Unternehmens und darüber hinaus eine umfassende Orientierung über alle Vorgänge im Unternehmen.

Um seiner Kontrollfunktion voll genügen zu können, hatte der Aufsichtsrat einen eigenen Ausschuß gebildet, der mit zwei Mitgliedern besetzt war, die sich im Rentenalter befanden und dementsprechend ausreichend Zeit hatten. Für sie stand ein besonderes Zimmer zur Verfügung. Hier erschienen sie täglich, um ihre Kontrollaufgaben wahrzunehmen.

61 Vgl. zur Totalkontrolle S. 138.

Die Geschäftsführer hatten nach den in den ersten zwei Monaten mit diesem Kontrollverfahren gemachten Erfahrungen die Gesellschafter dringend gebeten, wieder davon abzugehen und zu der auch in anderen Unternehmen üblichen Stichprobenkontrolle zurückzukehren. Zur Begründung ihrer Bitte schilderten sie die durch das jetzige Vorgehen entstandene Situation: Ständig seien sie Anrufen der Herren des Ausschusses ausgesetzt, die um eine Erklärung einzelner Vorgänge baten, was langatmige Gespräche zur Folge hätte; die Rücksprachevermerke häuften sich, und dies führe wiederum zu endlosen Gesprächen, so daß sie die liegengebliebenen Vorgänge in Nachtarbeit erledigen müßten. Insgesamt werde der laufende Geschäftsverkehr dadurch schwer behindert. Darüber hinaus betrachteten sie diese Art der Kontrolle als entwürdigend.

Die Gesellschafter weigerten sich, dem Verlangen der Geschäftsführer zu entsprechen. Sie waren überzeugt davon, daß man durch diese Art umfassender Kontrolle am besten Schaden für die Gesellschaft verhindern könne.

Daraufhin legten die Geschäftsführer ihr Amt aus wichtigem Grund nieder und kündigten ebenfalls aus wichtigem Grund ihren Anstellungsvertrag[61a]. –

Dies mit Recht. Es ist für die Geschäftsführung unzumutbar, sich einem Kontrollverfahren zu unterziehen, das sie nicht nur in ihrer täglichen Geschäftstätigkeit schwer behindert, sondern darüber hinaus von ihnen als entwürdigend betrachtet werden muß.

2. Die Stichprobenkontrolle

a) Grundsätze

Die Stichprobenkontrolle ist, wie bereits im Abschnitt über die Kontrollfunktion der Geschäftsführer dargelegt wurde[62], als Schwerpunktkontrolle auf den Einzelfall abgestellt. Für den Aufsichtsrat bedeutet dies im einzelnen folgendes:

- Der Aufsichtsrat überprüft in unregelmäßigen Abständen einzelne Akte der Geschäftsführung, ob sie in fachlicher wie führungsmäßiger Hinsicht mit der Sorgfalt eines ordentlichen und gewissenhaften Geschäftsleiters vereinbar sind.

  Dabei erstreckt sich die Stichprobenkontrolle auf den Fach- wie den Führungsbereich der Geschäftsführer.

- Bei der Vornahme von Stichproben ist es gleichgültig, ob der betreffende Fall bereits abgeschlossen ist (nachträgliche Kontrolle) oder sich noch in der Entwicklung befindet bzw. Maßnahmen betrifft, die für die Zukunft vorgesehen sind, also noch das Stadium der Planung betreffen (begleitende Kontrolle).

61a Vgl. S. 236.
62 Vgl. S. 139.

- Mit Hilfe der Stichprobenkontrolle sollen Fehler soweit wie möglich vermieden oder, wenn sie bereits aufgetreten sind, frühzeitig erkannt, abgestellt und für die Zukunft verhindert werden.

  Die Stichprobenkontrolle soll also dazu beitragen, das Risiko, das mit jeder Delegation von Aufgaben, Kompetenzen und Verantwortung verbunden ist, zu mindern.

- Im Rahmen der Stichprobenkontrolle muß der Aufsichtsrat den einzelnen Akt der Geschäftsführung voll und ganz durchprüfen. Er darf also keine Stichproben in der Stichprobe vornehmen. Nur dann kann er sich ein wirkliches Bild darüber verschaffen, ob sich die Geschäftsführung in dem vorliegenden Fall richtig verhalten hat.

- Die Stichprobenkontrolle wird überraschend vorgenommen, um zu verhindern, daß der Aufsichtsrat ein manipuliertes Bild erhält.

- Allerdings darf man nicht verkennen, daß die Stichprobe dem Aufsichtsrat keinen vollständigen Einblick in das Gesamtverhalten der Geschäftsführung während der Zeit, auf die sich die Stichprobe bezieht, vermittelt. Stichproben besitzen nur eine begrenzte Aussagekraft und stellen bei aller Sorgfalt der Durchführung ein Zufallsergebnis dar. Die Stichprobenkontrolle enthält so einen gewissen Unsicherheitsfaktor. Er wird dadurch teilweise wieder ausgeglichen, daß die exakt vorgenommenen Stichproben sich auf die verschiedensten Bereiche der Geschäftsführung beziehen. Sie vermögen so dem Aufsichtsrat ein Bild darüber zu vermitteln, ob das Verhalten der Geschäftsführer ihrer Sorgfaltspflicht entspricht (§ 43 Abs. 1).

- Verstärkte Stichprobenkontrollen sind kein Ausgleich für die mangelnde Qualifikation der Geschäftsführer.

  Kommt der Aufsichtsrat zu dem Ergebnis, daß die Geschäftsführung als Ganzes oder einer der Geschäftsführer den an sie gestellten Anforderungen nicht genügt, so darf er nicht mit verstärkter Stichprobenkontrolle arbeiten[63]. Stichprobenkontrolle setzt voraus, daß die Geschäftsführer trotz vorgekommener Fehler grundsätzlich in der Lage sind, ihren Aufgabenbereich ordnungsgemäß wahrzunehmen. Dies gilt auch für die verstärkte Stichprobenkontrolle. Mit ihrer Hilfe will der Aufsichtsrat sich vergewissern, daß die Geschäftsführer nunmehr im Sinne der an ihnen geübten Kritik handeln.

  Kommt der Aufsichtsrat zu dem Ergebnis, daß die Geschäftsführer den an sie gestellten Anforderungen nicht mehr genügen, so ist eine verstärkte Stichprobenkontrolle sinnwidrig. Der Aufsichtsrat muß vielmehr aus dem Versagen der Geschäftsführer die Konsequenzen ziehen

63 Vgl. dazu die Ausführungen über die verstärkte Stichprobenkontrolle, S. 141.

und die Gesellschafterversammlung informieren, um sie zum Handeln zu veranlassen.

Ob der Aufsichtsrat der Gesellschafterversammlung vorschlägt, die Geschäftsführung als Ganzes oder nur einen der Geschäftsführer abzulösen, ist in sein Ermessen gestellt.

b) Keine Evidenzkontrolle des Aufsichtsrats

Als oberster Grundsatz für die Überwachung des Aufsichtsrats gilt:

Der Aufsichtsrat muß bei seiner Überwachung *aus eigener Initiative aktiv werden.* Er darf also nicht abwarten, bis ein Fall auf ihn zukommt, der Anlaß zu seiner Überwachung gibt.

Die Evidenzkontrolle[64], nach der der Aufsichtsrat zur Überwachung nur dann verpflichtet ist, wenn Verdachtsmomente vorliegen, die auf ein fehlerhaftes Verhalten der Geschäftsführer schließen lassen, ist also fehl am Platze. Dabei wird der Aufsichtsrat oft mit einer *Feuerwehr* verglichen, die erst dann tätig wird, wenn Rauchfahnen aufsteigen. Dieser Vergleich ist jedoch irrtümlich. Die Feuerwehr wird tätig, um vorhandenes Feuer zu löschen, der Aufsichtsrat soll durch die Wahrnehmung seiner Überwachungsaufgaben dazu beitragen, daß überhaupt keine Brände entstehen.

Dazu kommt, daß sich in vielen Fällen trotz fehlerhaften Verhaltens der Geschäftsführer keine Rauchfahnen bilden. Der Aufsichtsrat würde häufig gar nicht bemerken, daß ein Anlaß zur Kontrolle vorliegt, wenn er sich bei seiner Überwachung auf dieses Zeichen verließe.

Eindeutig heißt es daher auch bei U. H. Schneider:

> „Die Pflicht zur Überwachung besteht unabhängig davon, ob ein konkreter Anlaß zum Mißtrauen besteht oder nicht . . . Der Aufsichtsrat verletzt im Gegenteil seine Pflichten, wenn er abwartet, bis entsprechender Anlaß besteht"[65].

X. Der Überwachungsvorgang – das Kontrollmodell

Das Kontrollmodell, das an anderer Stelle bereits ausführlich behandelt wurde[66], beinhaltet für die Überwachungsaufgabe des Aufsichtsrats folgendes:

64 Vgl. S. 148.
65 *Scholz/U. H. Schneider,* 7. Auflage, § 52 Anm. 334; 8. Auflage, § 52 Anm. 68.
66 Vgl. S. 142.

1. Die Feststellung des Sachverhalts

Ohne exakte Feststellung des Sachverhalts erübrigen sich alle weiteren Schritte. Mutmaßungen lassen keinen Soll-Ist-Vergleich zu. Aufgrund von Mutmaßungen können auch keine Konsequenzen gezogen werden. Soweit notwendig, sind die Geschäftsführer zur Klärung des Sachverhalts heranzuziehen.

> *Beispiel:*
> Der Aufsichtsratsvorsitzende teilte der Geschäftsführung mit, der Aufsichtsrat werde immer wieder von Kunden darauf angesprochen, daß sich der Geschäftsverkehr des Unternehmens äußerst bürokratisch abwickle. Er bitte, diesen Zustand möglichst rasch abzustellen und ihm darüber zu berichten, welche Maßnahmen die Geschäftsführer in dieser Angelegenheit getroffen hätten.
>
> Die Geschäftsführer baten daraufhin den Aufsichtsrat, ihnen den einen oder anderen Fall zu nennen. Ohne dem könnten sie keinerlei Schritte ergreifen. –
>
> Dies mit Recht. Bloße Behauptungen als wahr zu unterstellen und daraus Konsequenzen zu ziehen, verstößt gegen die Sorgfalt bei der Wahrnehmung der Überwachungsaufgabe des Aufsichtsrats und darüber hinaus gegen die vertrauensvolle Zusammenarbeit zwischen Aufsichtsrat und Geschäftsführern.

Zur Ermittlung des Sachverhalts hat der Aufsichtsrat

> „ein eigenständiges Besichtigungsrecht der Betriebstätten usw. und vor allem ein eigenständiges Einsichts- und Prüfungsrecht in die Bücher und alle Unterlagen (eingeschlossen Personalakten, Steuerbescheide, Bankauszüge usw.), unabhängig davon, in welcher Form die Daten gespeichert werden"[67].

Welche Maßnahmen zur Feststellung des Sachverhalts jeweils erforderlich sind, ergibt sich aus der Natur des Einzelfalls. Soweit der Aufsichtsrat den Einsatz von Sachverständigen zur Unterstützung seiner Überwachungstätigkeit oder von Sonderprüfungsmaßnahmen für erforderlich hält, die mit erheblichen Kosten verbunden sind, bedarf dies der Zustimmung der Gesellschafter.

2. Der Soll-Ist-Vergleich

Kontrollieren bedeutet für den Aufsichtsrat, den vorhandenen Zustand (Ist) mit dem gewünschten (Soll) zu vergleichen und die Abweichungen zwischen dem Ist und dem Soll festzustellen. Voraussetzung dafür ist eine klare Soll-Vorgabe.

- Das Soll für den fachlichen Bereich ergibt sich aus den Stellenbeschreibungen, die die Aufgaben und Kompetenzen der Geschäftsführer sowie

67 Vgl. dazu *U. H. Schneider*, § 52 Anm. 67 f.; *Baumbach/Hueck/Zöllner*, § 52 Anm. 145 ff.; *Semler*, S. 32 ff.

das Ziel ihrer Stelle enthalten. Weitere Solls leiten sich aus Richtlinien, Ablaufplänen, Einzelanweisungen, Sonderaufgaben u. a. m. ab.

- Das Soll für den Führungsbereich, also für das Verhalten der Geschäftsführer als Vorgesetzte gegenüber den ihnen unmittelbar unterstellten Mitarbeitern, findet in der sogenannten „Allgemeinen Führungsanweisung" seinen Niederschlag[68].

  Liegt eine solche nicht vor, so muß trotzdem geklärt sein, nach welchen Prinzipien die Geschäftsführer ihre Führungsaufgabe wahrzunehmen haben.

  Aufgabe des Aufsichtsrats ist es dann, zu prüfen, ob dieser Führungsstil im Hinblick auf die Verhältnisse des betreffenden Unternehmens mit der Sorgfalt eines ordentlichen und gewissenhaften Geschäftsleiters zu verantworten ist, und die Gesellschafter entsprechend zu informieren.

Zu beachten:
Auf keinen Fall darf der Aufsichtsrat an diesem Problem achtlos vorübergehen. Schließlich sind die Mitarbeiter das wichtigste Kapital der Gesellschaft. Durch die Art ihrer Führung mehren oder mindern die Geschäftsführer dieses Kapital.

3. Die Anhörung der Geschäftsführer

Der Aufsichtsrat darf kein Urteil über die Leistung oder das Führungsverhalten der Geschäftsführer fällen, bevor diese nicht ausführlich zum Sachverhalt gehört worden sind und eine Begründung für ihr Vorgehen geben konnten. Mit ihren Argumenten muß sich der Aufsichtsrat auseinandersetzen.

Eine ohne Anhörung der Geschäftsführer erfolgte Beurteilung des Falles durch den Aufsichtsrat widerspricht den Grundregeln der Führung mit Delegation von Verantwortung und ist als ein schwerwiegender Verfahrensfehler bei der Abwicklung der Kontrolle zu betrachten. Die Geschäftsführer brauchen ein solches Urteil nicht zu akzeptieren.

Beispiel:
Der Vorsitzende des Aufsichtsrats gab den Mitgliedern bekannt, er sei aufgrund der Unterlagen zu der Erkenntnis gekommen, daß die Geschäftsleitung bei der Abwicklung des von der Kommunalverwaltung erteilten Bauauftrags sich in einer das Image der Gesellschaft stark schädigenden Form verhalten habe. Er informierte den Aufsichtsrat über die näheren Einzelheiten und erklärte so-

68 Vgl. dazu S. 98.

dann, er habe ursprünglich die Absicht gehabt, die Geschäftsführer zu einer Aufsichtsratssitzung zu laden, halte dies jedoch für eine unnötige Zeitverschwendung, etwas Neues könne dabei nicht herauskommen. Der Aufsichtsrat war damit einverstanden, rügte in scharfer Form das Verhalten der Geschäftsführer und teilte ihnen zugleich mit, daß die Gesellschafterversammlung entsprechend informiert worden sei.

Die Geschäftsführer erhoben Einspruch gegen diesen Beschluß des Aufsichtsrats, da sie zu den gegen sie erhobenen Vorwürfen nicht im einzelnen gehört worden seien. Gleichzeitig informierten sie die Gesellschafterversammlung darüber.

Dies zu Recht.

Ein Aufsichtsrat, der aufgrund seiner Kontrolle eine Entscheidung trifft, ohne die Geschäftsführer zum Sachverhalt gehört zu haben, kann im übrigen in eine peinliche Situation kommen, wenn die Geschäftsführer ihm nachträglich Argumente präsentieren, an denen er nicht vorbeigehen kann und so gezwungen ist, sein Urteil zu revidieren. Besonders unangenehm kann es für ihn werden, wenn die Geschäftsführer die Gesellschafterversammlung über diesen Vorfall informieren.

4. Die Konsequenzen

Unverzichtbarer Bestandteil jedes Kontrollvorgangs sind die Konsequenzen, die es aus den Kontrollergebnissen zu ziehen gilt. Unterläßt es der Aufsichtsrat, aus seiner Überwachung die notwendigen Konsequenzen zu ziehen, so gilt die Kontrolle als nicht vorgenommen. Kontrollverschulden ist die Folge.

Da der Aufsichtsrat den Geschäftsführern keine Weisungen zur Behebung seiner Beanstandungen geben kann, ist er auf folgendes angewiesen:

a) Sagen die Geschäftsführer zu, Maßnahmen zur Beseitigung der Beanstandungen zu treffen, so ist der Aufsichtsrat verpflichtet, die Verwirklichung ihrer Zusage zu kontrollieren.

b) Erkennen die Geschäftsführer die Beanstandungen nicht an, so kann der Aufsichtsrat zu dem Entschluß kommen, die Angelegenheit auf sich beruhen zu lassen, weil sie ihm im Hinblick auf die vertrauensvolle Zusammenarbeit mit den Geschäftsführern nicht so wichtig erscheint, um deshalb eine Konfliktsituation auszulösen.

c) Kommt der Aufsichtsrat nach sorgfältiger Prüfung zu dem Ergebnis, daß das Verhalten der Geschäftsführer der Gesellschaft Schaden verursacht, so ist er verpflichtet, die Gesellschafterversammlung einzuberufen (§ 52 i. V. m. § 111 Abs. 3 AktG).

   Unter Schaden ist nicht nur finanzieller, sondern auch ideeller Schaden zu verstehen, so z. B. schwere Schädigung des Images der Gesellschaft.

In Notfällen, z. B. ungesicherter Finanzierung eines vor dem Abschluß stehenden Geschäfts, ist der Aufsichtsrat verpflichtet, die Gesellschafter unmittelbar zu informieren.

In der Gesellschafterversammlung hat der Aufsichtsratsvorsitzende oder ein vom Aufsichtsrat beauftragtes Aufsichtsratsmitglied den Gesellschaftern die Beanstandungen des Aufsichtsrats im einzelnen vorzutragen, um sie zu einem Beschluß zu veranlassen.

d) Ob der Aufsichtsrat zur Beratung der Gesellschafter hinsichtlich der von ihnen zu treffenden Maßnahmen verpflichtet ist, hängt davon ab, ob das in der Bestellung der Aufsichtsratsmitglieder verlangt wird. Auch wenn dies nicht der Fall ist, kann die Gesellschafterversammlung jederzeit den Aufsichtsrat um seine Beratung im Einzelfall bitten.

e) Ist der Aufsichtsrat nicht zur Beratung verpflichtet, so bleibt es in sein Ermessen gestellt, ob er den Gesellschaftern Ratschläge erteilen will oder nicht. Tut er dies, dann muß er dabei mit der gleichen Sorgfalt vorgehen, wie wenn er zur Beratung verpflichtet wäre[69].

f) Erscheinen die Gesellschafter nicht in der Gesellschafterversammlung und kommen auch nicht zu der weiteren nochmals einberufenen Versammlung, so hat der Aufsichtsrat seine Pflicht erfüllt, wenn er die Gesellschafter schriftlich oder jeden einzelnen mündlich informiert.

g) Sieht der Aufsichtsrat in der Ablehnung der von ihm geforderten Weisungen an die Geschäftsführer hinsichtlich der Änderung ihres Verhaltens oder bestimmter von ihm vorgeschlagener Maßnahmen eine Gefährdung seiner ordnungsgemäßen Überwachung, so kann er sein Amt aus wichtigem Grund niederlegen. Dies mit allen sich daraus ergebenden Konsequenzen[70].

h) Droht der Aufsichtsrat den Gesellschaftern die Niederlegung seines Amtes an, so erweist sich dies vielfach als probates Mittel, um gerechtfertigte Wünsche des Aufsichtsrats in der Gesellschafterversammlung durchzusetzen.

XI. Die Transparenz der Organisation – Voraussetzung für die ordnungsgemäße Überwachung des Aufsichtsrats

Voraussetzung dafür, daß der Aufsichtsrat die Überwachung der Geschäftsführer mit der Sorgfalt eines ordentlichen und gewissenhaften

69 Vgl. zur Beratung, S. 93.

70 Vgl. dazu die Folgen der Niederlegung seiner Ämter für den Geschäftsführer, S. 239.

Überwachers erfüllen kann, ist, daß die Aufgaben und Kompetenzen der Geschäftsführung als Ganzes sowie der einzelnen Geschäftsführer in ihrer Eigenschaft als Leiter eines Ressorts festgelegt sind. Dazu im einzelnen folgendes:

- Der *Organisationsplan*, d. h. die Darstellung der betrieblichen Ordnung in Form eines Schaubilds, genügt diesen Anforderungen nicht[71]. Aus dem Organisationsplan ist nicht ersichtlich, welche Aufgaben und Kompetenzen die Geschäftsführung als Ganzes sowie die einzelnen Mitglieder der Geschäftsführung in ihrer Eigenschaft als Leiter des Ressorts in fachlicher wie führungsmäßiger Hinsicht wahrzunehmen haben. Im übrigen weiß man nie, ob der Organisationsplan überhaupt noch stimmt. Erfahrungsgemäß wird in der Praxis weitgehend unterlassen, ihn regelmäßig auf den neuesten Stand zu bringen.
- Die Geschäftsverteilungspläne[72] geben ebenfalls keine Auskunft über die Aufgaben der Geschäftsführung als Ganzes und die jedes einzelnen Geschäftsführers als Leiter eines Ressorts. Hier heißt es gewöhnlich lediglich:

  „Die Geschäftsführung besteht aus zwei Geschäftsführern, von denen der eine vornehmlich für das kaufmännische, der andere für das technische Ressort verantwortlich ist."

Dies ist jedoch keineswegs ausreichend.

Die fehlende Aussagekraft dieser Unterlagen zieht die mangelhafte Überwachung der Geschäftsführer durch den Aufsichtsrat nach sich. In den Protokollen der Aufsichtsratssitzungen wird dies deutlich.

Beispiel:
Der Aufsichtsrat ließ sich von den Geschäftsführern anhand einer Liste darüber informieren, welche besonders wichtigen Geschäfte in den drei Monaten seit der letzten Aufsichtsratssitzung von der Geschäftsführung getätigt worden waren. Er griff einige dieser Geschäfte heraus und stellte bestimmte Fragen an die Geschäftsführer, die zur Zufriedenheit des Aufsichtsrats beantwortet wurden. Daraufhin sprach der Aufsichtsrat den Geschäftsführern seinen Dank für ihre einwandfreie Geschäftsführung in den letzten drei Monaten aus. Dies fand im Protokoll der Sitzung seinen Niederschlag. Entsprechend wurde die Gesellschafterversammlung informiert. Sie befand sich daher in dem guten Glauben, daß Geschäftsführung wie Aufsichtsrat einwandfrei gearbeitet hätten.

Aus Anlaß eines Geschäfts, das dem Unternehmen Schaden brachte, beauftragte die Gesellschafterversammlung einen Wirtschaftsprüfer mit der Überprüfung der Tätigkeit der Geschäftsführung und des Aufsichtsrats in den vergangenen drei Monaten. In seinem Bericht hieß es:

---

71 Vgl. dazu *Höhn*, Stellenbeschreibung – aber richtig, S. 16 f.

72 Vgl. dazu den Abschnitt „Geschäftsverteilungspläne ohne Aussagekraft", S. 32 f. sowie „Mangelhafte Geschäftsführerverträge", S. 33 ff.

> „Die Geschäftsführer haben immer wieder ihre Kompetenzen überschritten. So sind z. B. Kredite in einer Höhe in Anspruch genommen worden, zu der sie gar nicht berechtigt sein konnten. Weiterhin haben sie zwei Zehnjahresverträge abgeschlossen. Dies gehört bei einem mittelständischen Unternehmen normalerweise zur Zuständigkeit der Gesellschafterversammlung[73]."

Darauf angesprochen, erklärten die Geschäftsführer: Da die Kompetenzen im Bereich Vertrieb und Produktion nicht eindeutig festgelegt waren, hätten sie sich für berechtigt gehalten, die betreffenden Geschäfte zu tätigen. Da die Gesellschafter ihnen verschiedentlich ihr Vertrauen ausgesprochen hatten, hätten sie keine Bedenken gehabt, dieses Vertrauen auch voll auszuschöpfen.

Dem hatte sich der Aufsichtsrat angeschlossen. Man könnte – so hieß es in dem Bericht des Wirtschaftsprüfers – ihm höchstens vorwerfen, daß er es unterlassen habe, bei den Gesellschaftern nachzufragen, ob die Geschäftsführer tatsächlich so weitgehende Kompetenzen hätten. Daß dies in seinem Ermessen stand, mußte man ihm zubilligen.

Zusammenfassend stellte der Wirtschaftsprüfer in seinem Bericht fest:

> „Hinsichtlich der Geschäfte, die der Aufsichtsrat überprüft hat, ist ihm kein Vorwurf zu machen. Sie waren einwandfrei. Daß er das Geschäft, das zu Verlusten führte, nicht überprüft hat, kann man ihm ebenfalls nicht zur Last legen. Er übt keine Totalkontrolle, sondern Stichprobenkontrollen aus. Der Gesellschafterversammlung ist dringend zu raten, Ordnung in die Organisation der GmbH zu bringen. Einen entsprechenden Vorschlag füge ich bei."

- Aufsichtsräten in Unternehmen, in denen die Verteilung der Aufgaben und Kompetenzen im Bereich der Geschäftsführer und der ihnen unterstehenden Ebenen weitgehend unklar ist, ist dringend zu empfehlen, die Gesellschafter darauf aufmerksam zu machen, daß hier Ordnung geschaffen werden muß. Auf alle Fälle sollten sie den Gesellschaftern gegenüber klar zum Ausdruck bringen, daß sie, bevor dies geschieht, nicht für eine ordnungsgemäße Überwachung der Geschäftsführer garantieren können. Nur so können sie sich gegenüber den daraus entstehenden Schäden absichern.
- Aufsichtsräten, die in einer neugegründeten Gesellschaft das Amt des Aufsichtsrats übernehmen sollen, ist im eigenen Interesse zu raten, folgende Forderungen an die Geschäftsführer bzw. die Gesellschafter zu stellen:

  Von den Geschäftsführern ist zu verlangen, die Aufgaben und Kompetenzen der Geschäftsführung als Ganzes und die jedes einzelnen Geschäftsführers in seiner Eigenschaft als Leiter eines Ressorts festzulegen[74], vorausgesetzt, daß sie dazu ermächtigt sind. Andernfalls sollte sich der Aufsichtsrat mit dieser Bitte an die Gesellschafterversammlung wenden.

73 Vgl. dazu S. 14 f.
74 Vgl. dazu S. 6 ff.

Die Tatsache, daß diese Forderungen in der Praxis weitgehend nicht erhoben werden, ist nur dadurch zu erklären, daß sich die Aufsichtsräte nicht bewußt sind, welches Risiko sie damit eingehen.

XII. Der Umfang der Überwachung der Geschäftsführer

Hinsichtlich des Umfangs der Überwachung der Geschäftsführer durch den Aufsichtsrat stellt Zöllner fest, daß zwar die Überwachungsaufgabe „umfassend" ist, jedoch „bislang kein typisches Spezialfeld der Kontrolltätigkeit des Aufsichtsrats besteht"[75].

Will man die Überwachungsaufgabe des Aufsichtsrats exakt umreißen, ist es als erstes notwendig, zwischen der Überwachung der *fachlichen Aufgaben* und der *Führungsaufgaben* der Geschäftsführer zu unterscheiden.

1. Die Überwachung der organisatorischen und fachlichen Aufgaben der Geschäftsführer

Bei der Überwachung dieser Aufgaben der Geschäftsführer in Form von Stichproben haben folgende Themen besonderes Gewicht:

- Die Zweckmäßigkeit der Organisation der Gesellschaft;
- die Ausrichtung auf die Zielsetzung des Unternehmens;
- die Beachtung der Kompetenzen;
- die Erfüllung der allgemeinen rechtlichen Bestimmungen, insbesondere der öffentlich-rechtlichen Pflichten der Geschäftsführung[76];
- die Kreativität der Geschäftsführer[77].

a) Die Überwachung der Organisation des Unternehmens

Haben die Geschäftsführer oder die Gesellschafter die Aufgaben der Gesamtgeschäftsführung und der einzelnen Geschäftsführer in ihrer Eigenschaft als Leiter eines Ressorts sowie die Aufgaben der diesen unterstellten Mitarbeiter festgelegt[78], so begnügen sich die Aufsichtsräte gewöhnlich damit. Sie sind glücklich darüber, daß überhaupt auf diese Weise die Organisation des Unternehmens transparent ist. Wie die Geschäftsführer die Aufgaben und Kompetenzen verteilt haben, überlassen sie ihnen. Dies vielfach unter der Fehlvorstellung, daß die Geschäftsführung für alles

75 *Baumbach/Hueck/Zöllner,* § 52 Anm. 59.
76 Vgl. S. 166, 188.
77 Vgl. S. 258.
78 Vgl. S. 15 ff.

verantwortlich ist, was in der Gesellschaft geschieht, und es daher auch ihnen überlassen bleiben müsse, wie sie im einzelnen organisieren. Dies führt zum Teil zu grotesken Ergebnissen:

- Der alleinige Geschäftsführer, aber auch die Geschäftsführung als Ganzes, behalten sich alle wesentlichen Entscheidungen vor und machen ihre Mitarbeiter zu reinen Zuarbeitern.

  Beispiel:
  In der Stellenbeschreibung für einen Geschäftsführer, dem im Bereich Marketing drei Abteilungsleiter, jeweils mit zwei Sachbearbeitern, unterstellt waren, heißt es:

  > „Der Stelleninhaber trifft alle im Bereich Marketing anfallenden Entscheidungen selbst."

- Eine solche Form der Organisation darf der Aufsichtsrat keinesfalls akzeptieren. Sie führt dazu, daß sich die Tätigkeit der Geschäftsführer in der Routinearbeit erschöpft und sie keine Zeit haben, sich mit kreativen die Zukunft der Gesellschaft bestimmenden Ideen zu befassen.
- Sie hemmt infolge der daraus entstehenden Überbelastung der Geschäftsführer die ordnungsgemäße Bewältigung des täglichen Geschehens und führt allenthalben zu Haltesignalen[79].

Der Aufsichtsrat muß sich daher mit folgenden Fragen beschäftigen:

- Ob die Organisation des Unternehmens es den Geschäftsführern ermöglicht, ihre Fach- wie Führungsaufgaben ordnungsgemäß wahrzunehmen.

  Bei jeder Aufgabe, die sich die Geschäftsführer vorbehalten haben, ist sorgfältig zu prüfen, ob dies wirklich notwendig ist oder ob diese Aufgabe nicht auf die nächste bzw. übernächste Ebene hätte delegiert werden können. Den beliebten Ausspruch der Geschäftsführer: „Das machen wir an der Spitze am besten selbst", kann der Aufsichtsrat keinesfalls akzeptieren;
- ob die Mitarbeiter der nächsten wie übernächsten Stufe die ihren Aufgaben entsprechenden Kompetenzen besitzen, damit ihnen die Arbeit Freude macht und sie der Gesellschaft erhalten bleiben, so daß das Unternehmen über einsatzbereite Führungskräfte auf den nachgeordneten Ebenen verfügt;
- ob die Belastung dieser Mitarbeiter mit Fachaufgaben so groß ist, daß sie, wenn sie diese überhaupt ordnungsgemäß wahrnehmen können, ihre Führungsaufgaben als Vorgesetzte vernachlässigen müssen;

79 Vgl. zu den weiteren aus dieser Fehlorganisation ergebenden Folgen S. 23 ff.

- ob die Stellvertretung so geregelt ist, daß der ungestörte Ablauf des Betriebsgeschehens während der Abwesenheit des Stelleninhabers gewährleistet ist[80].

Wenn es der Aufsichtsrat erreicht, daß aufgrund seiner Überwachung eine Organisation geschaffen wird, die den Geschäftsführern die Zeit läßt, um sich mit der Zukunft des Unternehmens zu beschäftigen, so hat er dem Unternehmen einen unschätzbaren Dienst erwiesen.

- Auch die beste Organisation unterliegt ständigen Veränderungen, weil sie neuen Erfordernissen des Marktes angepaßt werden muß oder, weil sie sich in der bisherigen Form nicht bewährt hat.

  Deshalb muß der Aufsichtsrat verlangen, daß er über jede grundlegende Veränderung der Organisation von der Geschäftsführung unterrichtet wird, damit er sie in seine Überwachung einbeziehen kann.
- Vielfach entspricht es den Machtbedürfnissen der Vorgesetzten, Aufgaben und Kompetenzen, die sachgerecht auf einer ihnen unterstellten Ebene verankert waren, wieder an sich zu ziehen.

  Dies ist insbesondere bei einem Wechsel der Geschäftsführer zu beobachten. Es ist eine eigentümliche Erscheinung, daß der neue Mann sich zuerst mit der Organisation beschäftigt und die Teile an sich zieht, die ihn besonders interessieren.

  Auch dies muß deshalb Gegenstand besonderer Aufmerksamkeit des Aufsichtsrats sein.
- Bei der Überwachung der Organisation kann ein Ausschuß, besetzt mit Fachleuten aus dem Kreis der Aufsichtsräte oder einem qualifizierten Unternehmensberater, gute Dienste leisten.

b) Die Überwachung der Beachtung der Zielsetzung des Unternehmens bei Abwicklung der Geschäfte

Die Frage, inwieweit die Geschäftsführung bei ihrer Tätigkeit sich im Rahmen der Zielsetzung des Unternehmens[81] bewegt, ist von grundlegender Bedeutung.

Die Kontrolle darüber ist für den Aufsichtsrat verhältnismäßig unproblematisch, soweit es sich um quantifizierte Zielsetzungen handelt, z. B. für die Produktion, den Vertrieb, die Umsatzrendite oder die Kapitalrendite. Dem Aufsichtsrat stehen dafür die entsprechenden computergestützten Unterlagen der Unternehmensplanung zur Verfügung, die er sich nur vorlegen zu lassen braucht.

80 *Höhn,* Die Stellvertretung im Betrieb, S. 33 ff.

81 Vgl. dazu die kritische Auseinandersetzung auf S. 38 ff.

Schwieriger ist dies bei den nicht quantifizierbaren Zielen, wie etwa hinsichtlich des Führungsverhaltens, der Kundenbehandlung, der Imagepflege. Hier tun sich die Aufsichtsräte mangels eines zahlenmäßigen Soll-Ist-Vergleichs oft schwer, wirksame Kontrolle auszuüben. Es bleibt ihnen im wesentlichen nur das Kontrollgespräch mit den Geschäftsführern.

Dazu kommt, daß vom Aufsichtsrat häufig das Ziel für die Geschäftsführung mit dem Zweck des Unternehmens gleichgesetzt wird, was die Überwachung zusätzlich erschwert[82].

Richtigerweise ist von Folgendem auszugehen:

- Daß jede Gesellschaft einen bestimmten Zweck haben muß, die sich z. B. im Bereich des Tiefbaus, des Maschinenbaus, des Handels usw. betätigen will, ist gesetzlich festgelegt.
- Welche *Wunschvorstellungen* die Gesellschafter jedoch mit der Gründung der Gesellschaft im einzelnen verbinden, auf die sie die Geschäftstätigkeit ausgerichtet wissen wollen, findet in der Zielsetzung der Geschäftsführung ihren Ausdruck[83]. Sie ist der Kompaß, nach dem sich die Geschäftsführer zu richten haben. Festzustellen, ob sie es tun, ist eine wichtige Überwachungsaufgabe des Aufsichtsrats.

c) Die Überwachung der Beachtung der Kompetenzen

Bei der Überwachung der Geschäftsführung durch den Aufsichtsrat spielt die Feststellung, ob sich die Geschäftsführer im Rahmen ihrer Kompetenzen bewegen, eine wesentliche Rolle.

Hier gilt es, zwischen der Überschreitung der Kompetenzen auf der einen und ihrer mangelnden Ausschöpfung auf der anderen Seite zu unterscheiden.

Im einzelnen dazu folgendes:

- Die Überschreitung der Kompetenzen durch die Geschäftsführer wird vielfach von den Aufsichtsräten nicht ernst genommen, insbesondere dann nicht, wenn ein derartiges Geschäft zum wirtschaftlichen Erfolg geführt hat.

  Beispiel:
  In der Stellenbeschreibung der Geschäftsführer hieß es:

  „Die Geschäftsführer entscheiden über Kundenkredite ab 100 000 DM bis 300 000 DM im Einzelfall." Sie gewährten jedoch einem guten Kunden einen kurzfristigen Kredit in Höhe von 500 000 DM, der im Laufe eines halben Jahres zurückgezahlt werden sollte. Der Kredit war zur Zeit, als der Auf-

---

82 Vgl. S. 39.

83 Vgl. dazu die Aufzählung der Wunschvorstellungen bei der Gründung eines Unternehmens des Maschinenbaus, S. 38 f.

sichtsrat bei seiner Überwachung auf diese Angelegenheit stieß, bereits bis zu 80 000 DM zurückgezahlt. Es war mit hoher Wahrscheinlichkeit davon auszugehen, daß die Rückzahlung des Restes bis zu dem genannten Termin erfolgen würde. Der Aufsichtsrat beschloß, die Angelegenheit auf sich beruhen zu lassen, schließlich war aus dem Geschäft der Gesellschaft kein Schaden, sondern im Gegenteil, bereits ein hoher Zinsertrag erwachsen. –

Das Verhalten des Aufsichtsrats ist pflichtwidrig. Er kann die Rüge des Verhaltens der Geschäftsführer hinsichtlich der Nichteinhaltung ihrer Kompetenzen nicht davon abhängig machen, ob dies dem Unternehmen zum Schaden gereicht hat oder nicht. Der Aufsichtsrat würde die Geschäftsführer sonst geradezu ermuntern, bei nächster Gelegenheit wieder so zu verfahren.

Tatsächlich hätte der Aufsichtsrat die Geschäftsführer nicht nur wegen ihres Fehlverhaltens in diesem Falle rügen müssen. Er hätte sich darüber hinaus sämtliche im letzten Vierteljahr getätigten Kreditabschlüsse über 300 000 DM vorlegen lassen müssen, um zu sehen, ob es in weiteren Fällen versäumt worden ist, die erforderliche Zustimmung der Gesellschafterversammlung vor der Kreditgewährung einzuholen.

– Eine Überschreitung der Kompetenzen seitens der Geschäftsführer liegt auch dann vor, wenn sie die ihnen laut Stellenbeschreibung übertragenen Aufgaben mit den entsprechenden Kompetenzen ganz oder teilweise auf einen ihrer Mitarbeiter weiterdelegiert haben[84].

Beispiel:
Bei der Überwachung des Kreditgeschäfts stellte der Aufsichtsrat fest, daß der Geschäftsführer, der die Befugnis hatte, Kredite von 50 000 bis 200 000 DM zu gewähren, die Kompetenz seines Abteilungsleiters von 50 000 auf 100 000 DM erhöht hatte. Darauf angesprochen, erwiderte der Geschäftsführer, der Abteilungsleiter sei ein qualifizierter Mann, der ihm erklärt habe, Kollegen in Konkurrenzunternehmen besäßen diese Befugnis. Er fühle sich unterbewertet und würde kündigen, wenn seine Kompetenz nicht mindestens auf 100 000 DM erhöht würde. Einen so tüchtigen Mann wie seinen Abteilungsleiter wollte er auf keinen Fall verlieren. Deshalb habe er ihm die Befugnis eingeräumt, über Kredite bis zu 100 000 DM zu entscheiden.

Der Aufsichtsrat gab sich damit zufrieden. –

Der Aufsichtsrat hat sich pflichtwidrig verhalten. Er hätte den Geschäftsführer darauf aufmerksam machen müssen, daß die Erhöhung der Kreditgewährungsbefugnis von 50 000 auf 100 000 DM einen unzulässigen Eingriff des Geschäftsführers in die Entscheidungskompetenz der Gesellschafter darstellte. Der Geschäftsführer hätte, wenn er es für richtig hielt, die Kompetenz seines Abteilungsleiters zu erhöhen, die Gesellschafter mit entsprechender Begründung darüber informieren und sie bitten müssen, dem zuzustimmen. Der Aufsichtsrat hätte den Geschäftsführer weiter darauf hinweisen müssen, daß er für jeden durch sein eigenmächtiges Verhalten der Gesellschaft entstandenen Schaden von den Gesellschaftern in Anspruch genommen werden könne.

84 Vgl. zur Weiterdelegation S. 79.

Im übrigen wäre der Geschäftsführer auch verpflichtet gewesen, den Aufsichtsrat über sein Vorhaben zu informieren. Dieser hätte ihn sofort darauf aufmerksam gemacht, daß dazu die Zustimmung der Gesellschafter notwendig war. Wie soll der Aufsichtsrat sonst seine Überwachung ordnungsgemäß vornehmen, wenn die Geschäftsführer ihm übertragene Aufgaben und Kompetenzen ganz oder teilweise weiterdelegieren, ohne daß der Aufsichtsrat davon erfährt und erst bei seiner Überwachung feststellen muß, daß in der Zuordnung von Aufgaben und Kompetenzen eine tiefgreifende Veränderung eingetreten ist. Darin liegt zugleich eine schwere Störung der vertrauensvollen Zusammenarbeit zwischen Aufsichtsrat und Geschäftsführung.

Ebenso wichtig wie die Kontrolle darüber, ob die Geschäftsführer die Grenzen ihrer Kompetenzen einhalten, ist die Feststellung, inwieweit sie bei ihrer Tätigkeit die ihnen gewährten Kompetenzen auch wirklich voll ausschöpfen.

Ein Geschäftsführer, der sich ständig in einem gewissen „Sicherheitsabstand" von der Begrenzung seiner Kompetenzen bewegt, erfüllt nicht die Erwartungen, die die Gesellschafter mit seiner Position verbinden. Er schöpft das unternehmerische Potential, das ihm zur Verfügung steht, nicht aus. Er ist kein Unternehmer, sondern, wie es im Betriebsjargon heißt, ein „Unterlasser".

Darauf muß der Aufsichtsrat bei seiner Überwachung ebenfalls sein Augenmerk richten. Stößt er auf einen solchen Sachverhalt, so muß er darüber mit dem betreffenden Geschäftsführer reden und auf Abhilfe drängen. Notfalls muß der Aufsichtsrat sich an die Gesellschafterversammlung wenden.

d) Die Überwachung der Erfüllung gesetzlicher, insbesondere öffentlich-rechtlicher Vorschriften

Über die immer mehr zunehmenden gesetzlichen Vorschriften, an die die Geschäftsführer gebunden sind, und die damit verbundene „Verrechtlichung des Betriebsgeschehens"[85] wurde schon an anderer Stelle ausführlich berichtet und dabei der Vorschlag gemacht, sich eines Anwalts als juristischen Fachberater zu bedienen[86].

Dieser Vorschlag ist in der Praxis positiv aufgenommen worden. Ist man dem gefolgt, so kann sich der Aufsichtsrat bei seiner Überwachung der Geschäftsführung auf diesem Gebiet an den juristischen Berater wenden. Erhält er auf seine Anfrage von diesem die Auskunft, daß sich die Geschäftsführer hinsichtlich der Einhaltung der rechtlichen Vorschriften ordnungsgemäß verhalten haben, so muß sich der Aufsichtsrat darauf

85 Vgl. dazu S. 88, 194.
86 Vgl. S. 194.

verlassen können. Der Überprüfung des Fachberaters durch einen weiteren Fachmann bedarf es nicht.

Haben sich die Geschäftsführer nicht dazu entschließen können, sich eines solchen juristischen Fachberaters zu bedienen, so kann es der Aufsichtsrat nicht damit bewenden lassen. Er ist vielmehr verpflichtet, die Gesellschafter darüber zu informieren, um Schaden von der Gesellschaft abzuwenden.

e) Die Überwachung der Kreativität der Geschäftsführer

Zu den Aufgaben des Aufsichtsrats gehört auch die Überwachung der Kreativität der Geschäftsführung. Kreativität bedeutet für die Geschäftsführung, neue Wege zu gehen die sich im Rahmen der vorhandenen finanziellen, personellen und organisatorischen Mittel in der GmbH verwirklichen lassen.

Schumpeter hatte dereinst die Funktion des Unternehmers und das Kennzeichen unternehmerischer Leistung darin gesehen,

> „die Produktionsstruktur zu reformieren oder zu revolutionieren, entweder durch die Ausnutzung einer Erfindung oder einer noch unerprobten technischen Möglichkeit zur Produktion einer neuen Ware bzw. zur Produktion einer alten auf eine neue Weise oder durch die Erschließung einer neuen Rohstoffquelle oder eines neuen Absatzgebietes oder durch die Reorganisation einer Industrie usw.“[87]

Die Überwachung der Kreativität ist allgemein für die Unternehmensführung eine noch ungewohnte Aufgabe. Das gilt insbesondere für den Aufsichtsrat, der sich damit befassen muß. Um ihm diese Aufgabe zu erleichtern, sollen nachstehend Wege aufgezeigt werden, wie sich die Aufsichtsräte davon überzeugen können, ob die Geschäftsführer sich in der Bewältigung des Bestehenden erschöpfen oder kreative Arbeit leisten und sich damit zugleich mit der Zukunft des Unternehmens beschäftigen. Deshalb sind nachstehend eine Reihe von Fragen aufgestellt, die einige wichtige Bereiche berühren, jedoch keinesfalls erschöpfend sind und für das jeweilige Unternehmen entsprechend modifiziert werden müssen.

- Fragen zur Kreativität im Produktbereich
  - Hat die Geschäftsführung zur langfristigen Sicherung des Unternehmens eine entsprechende Planung des Produktprogramms mit genügend gewinnträchtigen Produkten entwickelt?
  - Sind Modifikationen hinsichtlich Qualität und Form der Aufmachung eines bestimmten Produktes erfolgt, so daß sein Erscheinungsbild verbessert und damit seine Konkurrenzfähigkeit erhöht wurde?

87 *Schumpeter,* Kapitalismus, Sozialismus und Demokratie, S. 214 f.

- Wie hat die Geschäftsführung auf Änderungen im Markt und in der Technik reagiert?
  - Inwieweit ist die Anpassung an die Wünsche und Gewohnheiten der Kunden erfolgt?
  - Hat die Geschäftsführung, um ihre Position im Markt zu halten, zur rechten Zeit neue wettbewerbsfähige und gewinnbringende Produkte auf den Markt gebracht?
  - Sind Nischenprodukte entwickelt worden?
  - Wurden rechtzeitig Konsequenzen aus frühzeitigem Wissen über die tatsächliche oder mögliche Entwicklung von Markt und Technik gezogen?
  - Sind branchenfremde Erfahrungen genutzt worden?
  - Sind Überlegungen darüber angestellt worden, Produkte aufzugeben, die in der Herstellung die Kapitalbasis zu stark beanspruchen?

- Fragen zur Kreativität im Bereich Vertrieb
  - Wurden Überlegungen darüber angestellt, ob die Vertriebsorganisation noch den Anforderungen des Marktes entspricht?
  - Wurden neue Marketing-Strategien entwickelt?
  - Wurden Überlegungen darüber angestellt, ob die wichtigsten Verbraucher erreicht wurden?
  - Wurde der Vertrieb den Verbrauchergewohnheiten und ihrer Veränderung angepaßt?
  - Welche Maßnahmen wurden zur Verbesserung des Gedankenaustauschs mit den Kunden getroffen?
  - Wurden neue Märkte aufgrund entsprechender Marktforschung und Verwertung der gewonnenen Erkenntnisse geschaffen bzw. welche Überlegungen hat man darüber angestellt?
  - Inwieweit wurden die Exportmöglichkeiten genutzt?
  - Wurden Maßnahmen getroffen, um den Service bei gleichbleibenden Kosten zu verbessern?
  - Welche Wege wurden zur Steigerung der Leistungsfähigkeit des Außendienstes bestritten?

- Fragen zur Kreativität im Bereich Werbung
  - Liegt eine Werbekonzeption vor oder erschöpft sich die Werbung lediglich in Einzelmaßnahmen?
  - Wie weit ist es gelungen, den Bekanntheitsgrad der Produkte durch die Werbung zu steigern, um den Wert, den diese für die Verbraucher besitzen, entsprechend herauszustellen?

- Wurden die Werbemaßnahmen aufeinander abgestimmt?
- Vermochte die Werbung das Erscheinungsbild des Unternehmens zu verbessern?

● Fragen zur Kreativität im Bereich Personal
  - Ist sich die Geschäftsführung darüber im klaren, in welchen Bereichen des Unternehmens kreative Kräfte vorhanden sind?
  - Was haben die Geschäftsführer getan, um diese Kräfte zu halten und zu fördern? Liegt eine entsprechende Planung vor?
  - Haben die Geschäftsführer bei der Einstellung neuer Mitarbeiter auf die Kreativität als Anforderungsmerkmal besonderen Wert gelegt?
  - Besitzt das Unternehmen nicht-kreative Mitarbeiter in Bereichen, in denen es entscheidend auf die Kreativität ankommt, z. B. im Vertrieb und in der Werbung oder im Marketing? Warum haben die Geschäftsführer derartige Mitarbeiter in ihren Stellungen belassen?
  - Haben die Geschäftsführer geprüft, inwieweit sich die Organisation des Unternehmens negativ auf die Kreativität der Mitarbeiter auswirkt?
  - Liegt es im Ermessen der Vorgesetzten, Verbesserungsvorschläge ihrer Mitarbeiter abzulehnen, oder sind die verpflichtet, solche Vorschläge an die Geschäftsführung weiterzuleiten?
  - Werden die Mitarbeiter auf Vorschläge, die ihren Bereich betreffen, beschränkt oder angehalten, wo sie Verbesserungsmöglichkeiten im Unternehmen sehen, darüber zu berichten?

Durch die Beantwortung dieser und in der gleichen Linie liegenden Fragen sowie den sich daraus entwickelnden Gesprächen gewinnt der Aufsichtsrat ein Bild davon, wie es um die Kreativität in der Geschäftsführung bestellt ist. Darüber muß er die Gesellschafter informieren, die daraus die Konsequenzen zu ziehen haben.

2. Die Überwachung der Führungsaufgaben der Geschäftsführer

Unbestritten ist, daß alle Aufgaben der Geschäftsführer der Überwachung durch den Aufsichtsrat unterliegen. Das muß logsicherweise nicht nur für ihre fachlichen, sondern ebenso für ihre Führungsaufgaben gelten, d. h. für diejenigen Aufgaben, die sie als Vorgesetzte gegenüber ihren Mitarbeitern zu erfüllen haben.

Die Kommentare beschränken sich, wenn sie von der „Überwachung der Leitung der Gesellschaft" sprechen, auf die fachlichen Aufgaben der Geschäftsführer und geben dafür ihre Ratschläge. Die mehrfach genannten Führungsaufgaben der Geschäftsführer werden gar nicht erwähnt[88].

Dabei sind sie ein entscheidender Bestandteil ihrer Leitungsfunktion. Man muß sich einmal folgendes fragen:

- Soll der Aufsichtsrat nichts unternehmen, wenn er beobachten muß, daß die Geschäftsführer die Kontrolle ihrer Mitarbeiter sträflich vernachlässigen, woraus schwerer Schaden für das Unternehmen erwachsen kann?
- Kann der Aufsichtsrat tatenlos daran vorbeigehen, wenn der Geschäftsführer einen Werksleiter oder Vertriebsleiter eingestellt hat, der sich als völlig unzureichend qualifiziert erweist, also nicht der richtige Mitarbeiter ist?
- Soll der Aufsichtsrat untätig bleiben, wenn ihm bekannt ist, daß die Geschäftsführung die Selbständigkeit der ihr unterstellten Ressortleiter mißachtet[89], die Pflicht zur Information der unmittelbar unterstellten Mitarbeiter ständig verletzt[90], über alle Stufen der Hierarchie hinweg Weisungen gibt[91], sich der Beratung ihrer Mitarbeiter entzieht[92] und damit gegen die Grundprinzipien einer Führung mit Delegation von Verantwortung verstößt?
- Muß der Aufsichtsrat es widerspruchslos hinnehmen, wenn aufgrund dieses pflichtwidrigen Verhaltens der Geschäftsführung wertvolle Mitarbeiter das Unternehmen verlassen?

Dies führt zu einer durch nichts zu rechtfertigenden *Teilüberwachung* der Aufgaben der Geschäftsführung. Das kann keinesfalls im Interesse der Gesellschaft liegen und ist rechtlich nicht haltbar. Es ist also dringend erforderlich, die Kontrolle über die Führungsaufgaben der Geschäftsführer in die Überwachungsaufgabe des Aufsichtsrats mit einzubeziehen.

Erstmalig hat, soweit dem Verfasser bekannt, Gustav Saage bezüglich der Aktiengesellschaft darauf hingewiesen, daß bei einer Führung mit Delegation von Verantwortung „neben der Delegation von Aufgaben und Kompetenzen und der sich daraus ergebenden Verantwortung die Überwachung des Führungsstils durch den Aufsichtsrat von großer Bedeutung ist."[93]

---

88 Dies gilt auch von der neuesten, der 8. Auflage von *Scholz/U. H. Schneider*, § 52 Anm. 66 sowie von *Mutter*, Unternehmerische Entscheidung und Haftung des Aufsichtsrats, 1994.

89 Vgl. S. 111 ff.

90 Vgl. S. 128 ff.

91 Vgl. S. 111.

92 Vgl. S. 116.

93 *Saage*, Handbuch des Aufsichtsrats, 2. Auflage, 1977, S. 5022 ff.

Der Genossenschaftskommentar von Lang/Weidmüller stellt für den Aufsichtsrat der Genossenschaft ausdrücklich fest, daß

> „Zur Überwachungspflicht des Aufsichtsrats die Wahrnehmung der Führungsaufgaben"

des Vorstands gehört[94].

Semler spricht von der Überwachung des Aufsichtsrats bei der „Besetzung von Führungsstellen im Unternehmen", nicht aber von den Führungsaufgaben dieser Stelleninhaber als Vorgesetzte gegenüber ihren Mitarbeitern[95] und deren Überwachung durch den Aufsichtsrat.

Einige besonders wichtige Führungsaufgaben der Geschäftsführung und ihre Überwachung durch den Aufsichtsrat sollen im folgenden behandelt werden.

a) Die Auswahl der richtigen Mitarbeiter

Die Überwachung des Aufsichtsrats erstreckt sich hier darauf, ob die Geschäftsführer bei der Besetzung der Positionen auf der ihnen unmittelbar unterstellten Ebene die notwendige Sorgfalt bei der Prüfung der Qualifikation der betreffenden Bewerber geübt haben und auch weiterhin die Kontrolle über die Eignung der betreffenden Mitarbeiter für ihren Aufgabenkreis wahrnehmen.

- Die Überwachung der Neueinstellung von Mitarbeitern

  Die Einstellung neuer Mitarbeiter ist immer mit einem erheblichen Risiko verbunden. Fehler bei der auch nur probeweisen Einstellung können für das Unternehmen kostspielig werden[96], insbesondere dann, wenn es sich um Mitarbeiter handelt, die der oberen Stufe der Hierarchie angehören, wie z. B. Werks- und Vertriebsleiter, Personalleiter, Leiter der Forschung und Entwicklung u. a. m.

  Die Überwachung des Aufsichtsrats kann in der Form geregelt sein, daß die Einstellung von Mitarbeitern dieser Stufe zu den zustimmungspflichtigen Geschäften gehört[97] oder informationspflichtig ist, so daß der Aufsichtsrat nach pflichtgemäßem Ermessen entscheiden kann, ob er tätig werden will oder nicht. So kann er z. B. dann darauf verzichten, wenn es um die Einstellung eines Werksleiters geht, dessen Qualifikation durch die bisherige Tätigkeit bei der Konkurrenz außer Zweifel steht.

94 *Lang/Weidmüller,* GenG, § 38 Anm. 1.
95 *Semler,* Die Überwachungsaufgabe des Aufsichtsrats, S. 12, 20.
96 Vgl. S. 98.
97 Vgl. S. 285.

Wie der Aufsichtsrat bei der Überwachung vorgehen sollte, welche Fragen er den Geschäftsführern, die die Zustimmung zur Einstellung vorgeschlagen haben, zweckmäßigerweise stellt, zeigt das nachstehende Beispiel, das zugleich einen *Modellfall* der Überwachung der Einstellung eines neuen Mitarbeiters darstellt.

Beispiel:
Der Geschäftsführer trug dem Aufsichtsrat die von ihm geplante Einstellung eines neuen Werksleiters vor.

Er legte das Bewerbungsschreiben des Betreffenden, seinen Lebenslauf und das letzte Zeugnis vor und berichtete über die Bedingungen, die er mit ihm ausgehandelt hatte.

Der Geschäftsführer erklärte dazu, daß der Bewerber einen sehr guten Eindruck auf ihn gemacht habe. Er habe auch durchblicken lassen, daß er eine Reihe von seriösen Angeboten erhalten habe und sich kurzfristig entschließen müsse. Die Entscheidung seitens des Unternehmens sei deshalb dringend. Er würde ungern einen so guten Mann verlieren. Deshalb habe er ihm auch zu verstehen gegeben, daß es zu seiner Einstellung nur noch der Zustimmung des Aufsichtsrats bedürfe.

Daraufhin entwickelte sich ein eingehendes Gespräch, in dessen Verlauf der Aufsichtsratsvorsitzende dem Geschäftsführer folgende Fragen stellte:

1. Frage: „Haben Sie die in der Stellenbeschreibung des Werksleiters festgelegten Aufgaben und Kompetenzen mit dem Bewerber im einzelnen besprochen und ihn insbesondere auch auf die Zielsetzung unseres Unternehmens aufmerksam gemacht?"

2. Frage: „Haben Sie mit ihm über die Anforderungen gesprochen, die wir an einen Werksleiter in seiner Eigenschaft als Vorgesetzter, dem drei Betriebsleiter unterstehen, stellen, und haben Sie sich mit ihm darüber hinaus allgemein über den Führungsstil unseres Unternehmens unterhalten?"

3. Frage: „Haben Sie mit ihm darüber gesprochen, welche neuen Ideen er hinsichtlich der Verbesserung der Produktion in seinem bisherigen Unternehmen entwickelt hat?"

4. Frage: „Haben Sie Kontakt mit der Geschäftsführung seines bisherigen Unternehmens aufgenommen, um zu erfahren, wie sie den ausgeschiedenen Werksleiter beurteilt?"

Alle diese Fragen mußte der Geschäftsführer verneinen. Er führte dafür die verschiedensten Gründe an, so u. a.
- der Bewerber habe bereits jahrelang erfolgreich als Werksleiter gearbeitet und wüßte daher, um was es ginge und wie man seine Mitarbeiter in dieser Position zu führen habe;
- im übrigen sei er von der Eignung des Bewerbers von vornherein überzeugt gewesen;

– dazu habe er unter Zeitdruck gestanden und deshalb keine Zeit verlieren wollen, den offenbar tüchtigen Mann für das Unternehmen zu gewinnen.

Der Aufsichtsratsvorsitzende ließ sich von diesen Argumenten nicht beeindrucken. Er erklärte, daß seines Erachtens eine Reihe wichtiger Fragen nicht genügend geklärt worden seien. Immerhin gehe die Gesellschaft mit der Einstellung eines solchen Mannes ein starkes finanzielles Risiko ein, auch wenn sie zunächst nur probeweise geschehe.

Besonders schwerwiegend wirke es sich aus, wenn der neue Mann etwa nicht in der richtigen Weise mit den Betriebsleitern, der wichtigsten Stütze des Unternehmens, umzugehen verstehe.

Er könne deshalb zum gegenwärtigen Zeitpunkt dem Aufsichtsrat nicht die Zustimmung zur Einstellung des Bewerbers empfehlen. Er müsse vielmehr den Geschäftsführer bitten, das Versäumte trotz der Dringlichkeit der Angelegenheit nachzuholen. –

Der Aufsichtsratsvorsitzende hat sich richtig verhalten. Der Geschäftsführer ist nicht mit der notwendigen Sorgfalt vorgegangen. Er hätte die vom Aufsichtsratsvorsitzenden angeschnittenen Fragen unbedingt mit dem Bewerber klären müssen, bevor er seine Einstellung empfahl.

Es hat sich im übrigen als zweckmäßig erwiesen, daß der Aufsichtsrat festlegt, welche Fragen im Gespräch mit einem Bewerber grundsätzlich zu klären sind, bevor die Geschäftsführung den Aufsichtsrat um seine Zustimmung zur Einstellung bittet.

b) Die Überwachung der Kontrolle der Geschäftsführer hinsichtlich der fortdauernden Eignung ihrer Mitarbeiter

Die Kontrollpflicht der Geschäftsführer erstreckt sich auf die ihnen unmittelbar unterstellten Mitarbeiter[98]. Dabei haben sie in Abständen zu prüfen, ob diese Mitarbeiter die erforderliche Eignung für ihre Position, von der man bei ihrer Einstellung ausging, nach wie vor besitzen.

Aufgabe des Aufsichtsrats ist es, festzustellen, inwieweit die Geschäftsführer dieser Kontrollaufgabe nachkommen. Das geschieht dadurch, daß sie die Geschäftsführer auffordern, den entsprechenden Nachweis über die von ihnen vorgenommenen Kontrollen in dieser Hinsicht zuführen[99].

---

98 Vgl. dazu S. 139 ff.

99 Vgl. dazu den Abschnitt „Der Kontrollplan des Aufsichtsrats", S. 342 ff. sowie die Ausführungen über den Kontrollplan und die Kontrollakte der Geschäftsführer, S. 150 ff.

c) Die Überwachung der Kontrolle von Kollegen über Kollegen

Eine besonders schwierige Situation besteht für die Geschäftsführer hinsichtlich der Kontrolle der Tätigkeit eines Geschäftsführerkollegen, dem ein Ressort anvertraut ist. Um so wichtiger ist die Überwachung seitens des Aufsichtsrats darüber, ob die Geschäftsführer dieser Kontrollpflicht nachkommen[100].

Der Aufsichtsrat begegnet dabei oft dem Argument, eine Kontrolle von Kollegen über Kollegen sei nicht zumutbar. Schließlich müsse man sich aufeinander verlassen können. Ohne diese Vertrauensbasis lasse sich ein Unternehmen nicht führen.

Dadurch darf sich der Aufsichtsrat in seiner Überwachungspflicht nicht beirren lassen. Er muß sich bewußt sein, daß Kontrolle mit Vertrauen und Mißtrauen nichts zu tun hat, und dies auch den Geschäftsführern gegenüber zum Ausdruck bringen.

Die Geschäftsführer gehen ein unüberschaubares Risiko ein, wenn sie ihrer Kontrollpflicht gegenüber den Kollegen nicht nachkommen oder sie nur nachlässig ausüben. Das gleiche gilt für den Aufsichtsrat, der es unterläßt, zu überprüfen, ob die Geschäftsführer ihrer Kontrollpflicht gegenüber den Ressortkollegen nachgekommen sind oder nicht.

Nachstehend ein Beispiel für das richtige Verhalten des Aufsichtsrats in einem solchen Fall:

Beispiel:
In einer mit drei Personen besetzten Geschäftsführung war einem der Herren das Ressort Technik anvertraut worden. Er war fachlich einwandfrei, führungsmäßig versagte er völlig. Er griff ständig in den Bereich der beiden Werksleiter ein, gab Weisungen, an die diesen unterstehenden Betriebsleiter, ging durch die Betriebe und gab da, wo er es für richtig hielt, Weisungen an die Meister wie Vorarbeiter. Dies hatte zur Folge, daß bereits ein besonders wichtiger Werksleiter gekündigt und zwei Betriebsleiter ihre Kündigung angedroht hatten. Im Aufsichtsrat war diese für das Unternehmen bedrohliche Situation eingehend erörtert und der Aufsichtsratsvorsitzende beauftragt worden, die Geschäftsführung darauf anzusprechen.

Dies geschah. In einer gemeinsamen Besprechung mit den Geschäftsführern erklärte der Ressortleiter, nur dadurch, daß er überall erscheine, um nach dem Rechten zu sehen und da, wo etwas nicht in Ordnung sei, eingreife, habe er den bisher unbestrittenen Erfolg in seinem Bereich erzielt. Wenn der noch übriggebliebene Werksleiter und die beiden Betriebsleiter gehen wollten, sollten sie dies ruhig tun, es fänden sich auf dem Markt genügend andere Leute.

100 Vgl. dazu den Abschnitt „Die Kontrolle von Kollegen über Kollegen – ihre Problematik", S. 145.

Der Aufsichtsratsvorsitzende erwiderte, nach Ansicht des Aufsichtsrats könne man sich in der heutigen Zeit eine derartige Führung nicht leisten, sie widerspräche auch der Grundsatzentscheidung der Gesellschafter. Mitarbeiter, die etwas auf sich hielten, ließen sich eine solche Behandlung nicht gefallen. Wenn sie das Unternehmen verließen, würde sich überall herumsprechen, warum sie gegangen seien. Auf neue wertvolle Bewerber würde dies abschreckend wirken.

Als der Aufsichtsratsvorsitzende sah, daß er mit seinen Vorstellungen bei dem Ressortleiter Technik nichts bewirken konnte und die beiden Geschäftsführer-Kollegen offensichtlich auf dessen Seite standen, erklärte er, er sehe sich gezwungen, die Gesellschafterversammlung zu informieren. Eine Kopie seines Berichtes ginge den Geschäftsführern zu. Dies geschah. –

Der Aufsichtsrat hat sich einwandfrei verhalten. Er konnte nicht untätig zusehen, daß das Unternehmen durch die Art, in der der Ressortleiter Technik mit seinen Mitarbeitern umging, schweren Schaden erlitt.

d) Die Überwachung der Pflicht der Geschäftsführung zur Vorgabe von Einzelzielen (Solls) für die Ressortleiter

Solls sind, wie bereits ausgeführt[101], ein wichtiges Steuerungsmittel der Geschäftsführung bei der Führung der einzelnen Ressorts. Sie ergeben sich für ein modern geführtes Unternehmen aus der Unternehmensplanung, die heute, weitgehend computergestützt, periodisch aktualisiert wird und kurzfristige Soll-Ist-Vergleiche ermöglicht.

Aufgabe des Aufsichtsrats ist es, im Rahmen seiner Überwachung anhand dieser Unterlagen festzustellen, inwieweit sich die Geschäftsführung dieses Steuerungsmittels bedient oder ob es dem einzelnen Ressortleiter mehr oder weniger überlassen bleibt, was er aus seinem Geschäftsbereich macht. Dabei muß der Aufsichtsrat weiterhin prüfen, ob die Geschäftsführung bei der Bestimmung der Zielvorgaben für die einzelnen Ressorts sich als pflichtbewußter Unternehmer verhält und die Gesamtzielsetzung des Unternehmens beachtet.

e) Die Überwachung der Förderung der Mitarbeiter

Zur Überwachung der Geschäftsführer hinsichtlich der Wahrnehmung ihrer Führungsaufgaben durch den Aufsichtsrat gehört auch die Fragestellung, inwieweit sie der Pflicht zur Förderung ihrer Mitarbeiter nachgekommen sind[102].

Die Mitarbeiter sind das wertvollste Kapital, das die Gesellschaft besitzt. Ihre Förderung durch die Geschäftsführer hat das Ziel, dieses Kapital zu mehren, mindestens aber zu erhalten. Dies gilt nicht nur hinsichtlich der

101 Vgl. S. 122.
102 Vgl. dazu ausführlich S. 134 ff.

unmittelbar der Geschäftsführung unterstellten Mitarbeiter, sondern auch für die Durchsetzung dieser Förderungspflicht auf den nachgeordneten Ebenen. Beide Aspekte muß die Überwachung durch den Aufsichtsrat erfassen.

In erster Linie geht es dabei um die Förderung der Mitarbeiter durch Weiterbildung.

Um sich darüber ein Bild zu verschaffen, was in dieser Hinsicht geschieht, empfiehlt es sich für den Aufsichtsrat, etwa folgende Fragen an die Geschäftsführer zu stellen:

- Liegen Zielsetzung und Richtlinien für die Weiterbildung der Mitarbeiter im allgemeinen und für die einzelnen Geschäftsbereiche vor?
- Auf welche Bereiche erstreckt sich die vorgesehene Weiterbildung?

  Welche Maßnahmen sind für die fachliche Weiterqualifikation, welche für die führungsmäßige Vorbereitung auf Vorgesetztenpositionen geplant?
- Wie ist der Bildungsbedarf ermittelt worden, welche Informationen liegen der Jahresplanung zugrunde?
- Welcher Betrag wurde im Verhältnis zur Gesamtinvestitionssumme für die Weiterbildung der Mitarbeiter im Budget vorgesehen?
- Welche Mitarbeiter werden als besonders förderungswürdig angesehen und was ist für sie geplant?
- Inwieweit werden kreative Kräfte im Unternehmen besonders gefördert?
- Was ist von den Geschäftsführern in ihrer Eigenschaft als Ressortleiter auf der ihnen nachgeordneten Ebene an Weiterbildungsmaßnahmen durchgeführt bzw. geplant worden?

Schließlich muß sich der Aufsichtsrat bei seiner Überwachung auch mit der Frage beschäftigen, inwieweit die Geschäftsführer, abgesehen von der Weiterbildung ihrer Mitarbeiter, sich um Aufstiegsmöglichkeiten für sie bemühen und sie in ihrem beruflichen Fortkommen unterstützen. Wichtig ist dabei – insbesondere für mittelständische Unternehmen – die Frage, inwieweit sich die Geschäftsführer darum gekümmert haben, Ausgleichsmöglichkeiten zu schaffen, wenn sich im Unternehmen selbst keine Chancen zum Weiterkommen für besonders qualifizierte Mitarbeiter bieten.

3. Die Überwachung der kollegialen Zusammenarbeit der Geschäftsführer

Die Leistungsfähigkeit eines Unternehmens ist weitgehend von der kollegialen Zusammenarbeit seiner Geschäftsführer abhängig.

Die Grundsätze für die kollegiale Zusammenarbeit sind an anderer Stelle bereits ausführlich erörtert worden[103]. Davon ist im folgenden auszugehen.

Aufgabe des Aufsichtsrats ist es, sich zu vergewissern, inwieweit die kollegiale Zusammenarbeit zwischen den Geschäftsführern funktioniert.

Dabei sei daran erinnert, daß die kollegiale Zusammenarbeit nicht allein in guten zwischenmenschlichen Beziehungen besteht oder gar davon abhängig gemacht werden darf, ob die Geschäftsführer freundschaftlich zueinander stehen[104]. Sie ist vielmehr geprägt von den betrieblichen Notwendigkeiten und vollzieht sich unter bestimmten Sachzwängen, denen alle Beteiligten Rechnung tragen müssen, indem sie sich an die geltenden Spielregeln halten.

Dies zu überprüfen und nach Möglichkeit zu sichern, ist Sache des Aufsichtsrats. Deshalb sollte er sich bei seiner Kontrolle auf die klar definierten Pflichten konzentrieren, die die kollegiale Zusammenarbeit kennzeichnen. Sie gelten als innerbetriebliche Norm, sind die Basis für einen Soll-Ist-Vergleich und die sich daraus ergebenden eventuell notwendigen Korrekturen im Verhalten der Geschäftsführer.

Dabei geht es im einzelnen um folgendes:

- Die Querinformation

  Die Frage, ob die Geschäftsführer sich tatsächlich gegenseitig über alle Angelegenheiten aus ihren Bereichen informieren, die für den anderen wichtig zu wissen sind, läßt sich durch die Vorlage von Protokollen, Besprechungsnotizen und Gesprächen mit den Geschäftsführern über stattgefundene oder nicht stattgefundene Informationsbesprechungen von seiten des Aufsichtsrats klären[105].

- Die Selbstkoordination zwischen den Geschäftsführern

  Das gleiche gilt von der Pflicht der Geschäftsführer, sich bei allen Vorhaben, die den Delegationsbereich der Kollegen berühren und dessen Verhalten beeinflussen oder dessen Mitwirkung erfordern, rechtzeitig mit ihnen abzustimmen.

  Auch hier läßt sich von seiten des Aufsichtsrats durch das Aufgreifen von Einzelheiten und das Gespräch mit den Geschäftsführern über ihr Vorgehen im konkreten Fall feststellen, ob sie sich pflichtgemäß verhalten[106].

---

103 Vgl. dazu ausführlich S. 51 ff.
104 Vgl. S. 51.
105 Vgl. zur Querinformation S. 51.
106 Vgl. zur Selbstkoordination S. 52.

- Die gegenseitige Beratung

  Auch die Pflicht zur gegenseitigen Beratung als besonderes Kennzeichen der kollegialen Zusammenarbeit muß Gegenstand der Überwachung durch den Aufsichtsrat sein.

  Die Geschäftsführer sind dazu verpflichtet, ihren Kollegen zur Beratung zur Verfügung zu stehen, wenn diese ihre Hilfe aus sachlichen Gründen wünschen. Im Rahmen der kollegialen Zusammenarbeit muß jeder Geschäftsführer bereit sein, sein Fachwissen den Kollegen zur Verfügung zu stellen. Er darf sich nicht mit dem Hinweis auf Zeitmangel dieser Aufgabe entziehen und mit der Behauptung, er habe in seinem eigenen Bereich schon mehr als genug zu tun und könne sich nicht noch um die Probleme der Kollegen kümmern, die Bitte um Beratung ablehnen.

  Auch hier sollte der Aufsichtsrat das Gespräch mit den Geschäftsführern über ihr Verhalten anhand einzelner Fälle suchen, um sich so ein Bild von der Zusammenarbeit der Geschäftsführer und ihrer Bereitschaft zur gemeinsamen Erarbeitung von Problemlösungen zu verschaffen[107].

Stößt der Aufsichtsrat bei der Überwachung der kollegialen Zusammenarbeit der Geschäftsführer auf Verhaltensfehler und Schwierigkeiten bei der Erfüllung der gegenseitigen Pflichten, so muß er mit den betreffenden Geschäftsführern darüber sprechen und sie in ihrem Verhalten unter Hinweis auf die Grundsätze der kollegialen Zusammenarbeit zu ändern versuchen.

Hat der Aufsichtsrat damit keinen Erfolg, so muß er die Gesellschafter informieren, die dann ihrerseits zu handeln verpflichtet sind.

Umgekehrt ist es Pflicht der Geschäftsführer, den Aufsichtsrat davon in Kenntnis zu setzen, wenn es bei der kollegialen Zusammenarbeit zwischen ihnen zu nicht zu behebenden Schwierigkeiten kommt.

> Ist z. B. der Querinformationsfluß trotz aller Bemühungen immer wieder blockiert, kommt es bei der Diskussion ständig zu unnötigen Reibungen, steht ein Kollege weder zu Informationsgesprächen noch zur Beratung zur Verfügung, so hat derjenige Geschäftsführer, der sich durch das Verhalten seines Kollegen in seiner Arbeit behindert fühlt, den Aufsichtsrat zu informieren.

Pflicht des Aufsichtsrats ist es dann, das falsche Verhalten des betreffenden Geschäftsführers zu rügen und, wenn dies nicht zum Erfolg führt, die Gesellschafterversammlung zu informieren bzw. eine Gesellschafterver-

107 Vgl. zur gegenseitigen Beratung S. 52.

sammlung einzuberufen, wenn dies „das Wohl der Gesellschaft verlangt" (§ 111 Abs. 3 AktG i. V. m. § 52 GmbHG).

In der Gesellschafterversammlung bietet sich dem Aufsichtsrat die Möglichkeit, im einzelnen das Fehlverhalten des betreffenden Geschäftsführers darzulegen und die Gesellschafter zu der Entscheidung zu veranlassen, welche Konsequenzen sie daraus zu ziehen gedenken.

Beispiel:
Die beiden Geschäftsführer des Unternehmens gingen gegenseitig weitgehend auf Distanz. Soweit es sich um Angelegenheiten handelte, die sie zusammen entscheiden mußten, verkehrten sie schriftlich miteinander. Gemeinsame Sitzungen und persönliche Gespräche vermieden sie soweit wie möglich.

Im Unternehmen wirkten sich diese Gegensätze entsprechend auf den nachgeordneten Ebenen aus. Den Mitarbeitern blieb es nicht verborgen, daß die Geschäftsführer sich gegenseitig zutiefst ablehnten. Sie stellten sich ihrerseits darauf ein. Angefangen von den Sekretärinnen bis zu den Hauptabteilungsleitern folgten sie dem Beispiel ihrer Chefs und gingen sich möglichst aus dem Wege. Auch der Außenwelt blieben die Spannungen zwischen den Geschäftsführern nicht verborgen.

Die beiden Geschäftsführer waren im übrigen in ihrem Bereich jeweils gute Fachleute. Der Aufsichtsrat vermied es daher, irgendwelche Schritte zu unternehmen, weil er keinen der Geschäftsführer verlieren wollte, solange das Unternehmen laufend Gewinn erzielte.

Der Aufsichtsrat hat sich pflichtwidrig verhalten. Er hätte die Geschäftsführer darauf aufmerksam machen müssen, welche negativen Auswirkungen ihr Benehmen auf die Mitarbeiter hatte, die, anstatt kollegial miteinander zu verkehren, sich voneinander abschotteten, ihr Wissen und ihre Erfahrungen ängstlich voreinander hüteten, statt es auszutauschen und sich insgesamt mit innerer Ablehnung begegneten.

Darüber hinaus hätte der Aufsichtsrat den Geschäftsführern klar machen müssen, daß dieses Verhalten die Zukunft des Unternehmens gefährde.

Hat der Aufsichtsrat mit seiner Rüge keinen Erfolg, so ist es seine Pflicht, eine Gesellschafterversammlung einzuberufen, da dies „das Wohl der Gesellschaft" erfordert (§ 52 GmbHG i. V. m. § 111 Abs. 2 AktG) und das Verhalten der Geschäftsführer der Gesellschaft bereits jetzt Schaden zufügt.

Abgesehen von diesen klaren Normen für das innerbetriebliche Verhalten der Geschäftsführer im Rahmen der kollegialen Zusammenarbeit gilt grundsätzlich für sie das Prinzip des „fair play". Dazu gehört, daß sie weder im Unternehmen noch nach außen zwischen ihnen bestehende Differenzen zum Ausdruck bringen. Das verbietet sich schon aufgrund der Loyalität, zu der die Geschäftsführer gegenseitig verpflichtet sind.

Beispiel:
Am Stammtisch wurde der Geschäftsführer einer Maschinenbaufirma nach seinem Urteil über seinen neuen Kollegen gefragt. Er erklärte verschmitzt: „Er badet lau."

Für einen Teilnehmer, der der Firma einen größeren Bauauftrag geben wollte, war dies ein wichtiger Hinweis. Er leitete daraus ab, daß an dieser Stelle im Unternehmen ein Mann saß, der nicht den Elan und die Durchsetzungskraft seines Vorgängers besaß. Deshalb nahm er davon Abstand, der Firma den Auftrag zu erteilen, wie er es zuvor beabsichtigt hatte.

Hätte der Aufsichtsrat von diesem Gespräch erfahren, so hätte er den Geschäftsführer sofort darauf ansprechen und ihm sagen müssen, daß ein solches Gespräch der Loyalität zwischen Kollegen zuwiderlaufe und man im übrigen daraus den Eindruck gewinnen müsse, die Geschäftsführung sei nicht richtig besetzt.

Entschuldigt sich der Geschäftsführer dem Aufsichtsrat gegenüber damit, daß dies ja nur ein Spaß gewesen sei, so müßte ihm der Aufsichtsrat erwidern, solche Äußerungen könnten ein teurer Spaß für das Unternehmen werden.

XIII. Der Kontrollplan des Aufsichtsrats

Bei der Vielfalt der Kontrollpflichten, die der Aufsichtsrat zu erfüllen hat, ist es notwendig, daß er sich dafür einen bestimmten Rahmen schafft, in dem die einzelnen Kontrollvorgänge systematisch erfaßt und eingeordnet werden können. Der Aufsichtsrat befindet sich dabei in der gleichen Situation wie die Geschäftsführung, die die ihr unmittelbar unterstellten Mitarbeiter zu überwachen verpflichtet ist[108]. Ohne einen Kontrollplan ist eine sachgerechte Kontrolle der Geschäftsführer nicht möglich. Wenn man sich die Praxis der Kontrolle der Aufsichtsräte ansieht, so stößt man auf der einen Seite auf ein weitgehendes *Kontrolldefizit,* auf der anderen Seite auf die *Willkür* bei der Handhabung der Kontrolle. Hier kann der Kontrollplan dem Aufsichtsrat eine wirksame Hilfe leisten.

1. Die Vorteile des Kontrollplans im einzelnen

- Der Kontrollplan ermöglicht es dem Aufsichtsrat, den *Überblick* über seine Kontrollmaßnahmen zu behalten, um sich eine solide Basis für sein Vorgehen bei der Kontrolle über die Geschäftsführer zu verschaffen.
- Durch den Kontrollplan wird erreicht, daß der Aufsichtsrat den in Zukunft zu kontrollierenden Sachverhalt nicht jeweils neu zu durchdenken braucht und sich nicht überlegen muß, wie er im einzelnen vorgehen soll. Mit der Aufstellung des Kontrollplans schafft sich der Aufsichtsrat ein Gedankenkapital, das einen hohen Nutzeffekt besitzt und ihm die Ausübung seiner Überwachung wesentlich erleichtert.

---

108 Vgl. dazu S. 151.

- Der Kontrollplan beugt den Zufallskontrollen vor, auf die man immer wieder stößt.
- Da der Aufsichtsrat sich auf *Schwerpunktkontrollen* beschränken muß, spiegelt der Kontrollplan zugleich die Entscheidung über die Schwerpunkte wider, die der Aufsichtsrat für seine Überwachung bestimmt hat.
- Als Basis für die Aufstellung des Kontrollplans zur Überprüfung der fachlichen Aufgaben der Geschäftsführer dient die *Stellenbeschreibung* der Geschäftsführer sowie ergänzende Anweisungen, Richtlinien und Einzelaufträge der Gesellschafter.
- Für die Kontrolle der Führungsaufgaben der Geschäftsführer dienen die Richtlinien für die Führung der Mitarbeiter des Unternehmens. Soweit sie noch nicht vorhanden sind, muß der Aufsichtsrat darauf drängen, daß sie geschaffen werden[109]. Ohne ein klares Soll für die Vorgesetztenaufgaben der Geschäftsführer ist kein Soll-Ist-Vergleich möglich.

2. Die Einschaltung der Geschäftsführer bei der Aufstellung des Kontrollplans

- Auch bei einer Begrenzung der Kontrolle auf bestimmte Schwerpunkte wird es dem Aufsichtsrat keinesfalls leicht fallen, sich darüber klar zu werden, welche Kontrollmaßnahmen er anwenden muß, um im Einzelfall einen bestimmten Geschäftsführungsakt überwachen zu können. Er bedarf dazu vielfach der Hilfe von externen Sachverständigen. Dies ist jedoch oft ein umständliches und dazu kostspieliges Verfahren. Die besten Sachverständigen sind die Geschäftsführer selbst. An sie kann der Aufsichtsrat die Frage richten:

  „Wo muß der Aufsichtsrat bei seiner Kontrolle ansetzen, um im Einzelfall festzustellen, ob ordnungsgemäß seitens der Geschäftsführer gehandelt worden ist?"

- Der diesem Verfahren gegenüber oft vorgebrachte Einwand, die Geschäftsführer machten möglicherweise falsche Angaben, um eine wirksame Kontrolle über ihre Tätigkeit zu verhindern, ist aus folgenden Gründen nicht stichhaltig[110]:
  - Die Geschäftsführer wissen, daß sie bei ihrer Beratung gegenüber dem Aufsichtsrat zur gleichen Sorgfalt verpflichtet sind wie bei ihren eigenen Entscheidungen.

109 Vgl. dazu S. 124.
110 Vgl. dazu die gleiche Situation hinsichtlich der Einschaltung de Ressortleiter bei der Aufstellung des Kontrollplans der Geschäftsführer, S. 160.

- Wird aufgrund einer fehlerhaften Kontrolle und des dadurch entstandenen Schadens der Aufsichtsrat zur Rechenschaft gezogen, so haften die Geschäftsführer wegen fehlerhafter Beratung des Aufsichtsrats mit diesem gesamtschuldnerisch (§ 421 ff., 426 BGB).

  Im Endergebnis werden die Geschäftsführer im internen Ausgleich die Hauptlast der Ersatzpflicht zu ertragen haben.

3. Der Nachweis der Kontrolle – die Kontrollakte

Im Ernstfall ist der Aufsichtsrat verpflichtet, den Nachweis für die Erfüllung seiner Kontrollpflicht zu führen (§ 52 i. V. m. §§ 116, 93 Abs. 2 AktG). Ist er dazu nicht in der Lage, so gilt die Kontrolle als nicht vorgenommen. Er haftet dann wegen Überwachungsverschulden[111].

Den Nachweis führt der Aufsichtsrat dadurch, daß er eine Niederschrift über das Ergebnis der jeweils durchgeführten Kontrolle anfertigt, die in der Kontrollakte ihren Niederschlag findet. Dazu folgendes:

- Die Kontrollakte wird unbürokratisch geführt. Langatmige Ausführungen sind zu vermeiden. So genügt z. B. bei der Überprüfung der fachlichen wie führungsmäßigen Aufgaben eine Eintragung wie:

  > „Die Richtlinien für die Vergabe von Krediten wurden eingehalten."

  Oder

  > „Der Geschäftsführer konnte den Nachweis erbringen, daß er seiner Kontrollpflicht gegenüber den ihm unterstellten Mitarbeitern genügt hat."

  Oder

  > „Die kollegiale Zusammenarbeit zwischen den beiden Geschäftsführern ist gut. Dies wirkt sich entsprechend auf das Zusammenspiel zwischen deren Mitarbeitern aus."

- Führt die Kontrolle zu Beanstandungen, so kann es z. B. heißen:

  > „Verschiedentlich wurden zustimmungspflichtige Geschäfte, ohne daß Eilbedürftigkeit vorlag, dem Aufsichtsrat nicht zur Zustimmung vorgelegt."

  Oder

  > „Eine Reihe von Berichten der Geschäftsführer besaßen nicht die erforderliche Aussagekraft, so daß der Aufsichtsrat sie zurückweisen und um Neuerstellung bitten mußte."

Eintragungen in die Kontrollakte brauchen nicht zu erfolgen, soweit die Kontrolle im Rahmen einer Aufsichtsratssitzung vorgenommen wird und das Ergebnis im Protokoll seinen Niederschlag findet. Aus Zweckmäßigkeitsgründen sollte jedoch dann das Protokoll insgesamt oder auszugsweise der Kontrollakte beigefügt werden. Auf diese Weise vermittelt die

111 Vgl. dazu S. 160.

Kontrollakte ein vollständiges Bild von dem Ergebnis der Kontrolle der Geschäftsführer durch den Aufsichtsrat.

XIV. Die Beurteilung der Geschäftsführer durch den Aufsichtsrat

Aufgrund der Überwachung der Geschäftsführer bei der Wahrnehmung ihrer Fach- und Führungsaufgaben sowie der Kreativität und der kollegialen Zusammenarbeit erhält der Aufsichtsrat ein Bild über die Eignung der Geschäftsführer zur Leitung des Unternehmens. Darüber die Gesellschafter zu informieren, gehört zu seiner *unabdingbaren Pflicht*. Die Aufsichtsräte stehen dem oft sehr skeptisch gegenüber. Dies aus folgenden Gründen:

- Sie betrachten die mit der Beurteilung verbundene Kritik an den Geschäftsführern zugleich als eine Kritik an den Gesellschaftern, die ihnen zu ihrem Amt verholfen haben.

  Die Bestellung der Geschäftsführer durch die Gesellschafter und die Beurteilung ihres Verhaltens in den ihnen zugewiesenen Geschäftsbereichen sind jedoch zwei gänzlich verschiedene Dinge.
- Von den Gesellschaftern muß man annehmen, daß sie im Interesse der Gesellschaft nach bestem Wissen und Gewissen sich ihre Geschäftsführer ausgesucht haben. Des weiteren, daß sie daran interessiert sind, festzustellen, ob die Geschäftsführer bei ihrer Tätigkeit den an sie gestellten Erwartungen entsprechen. Dazu kann ihnen der Aufsichtsrat wertvolle Hinweise geben. Er ist über die Arbeit der Geschäftsführer informiert, er führt Gespräche mit ihnen, wenn er glaubt, daß Entscheidungen, die sie treffen, oder ihr Verhalten nicht der Sorgfalt eines ordentlichen Geschäftsleiters entspricht. Die Gesellschafter müssen dem Aufsichtsrat dankbar sein, wenn er die Beurteilung der Geschäftsführer so sorgfältig wie nur möglich wahrnimmt und sich auch nicht davon abhalten läßt, wenn der eine oder andere Geschäftsführer in einem engen, ja sogar familiären Verhältnis zu den Gesellschaftern steht. Dies sollten die Gesellschafter dem Aufsichtsrat zum Ausdruck bringen, um eventuelle Zweifel an der Rechtmäßigkeit seiner Beurteilung zu zerstreuen.

Die nachstehenden Beispiele sollen zeigen, zu welchen Erkenntnissen der Aufsichtsrat bei seiner Beurteilung der Geschäftsführer kommen kann[112] und in welcher Form die Gesellschafter darüber zu informieren sind.

112 Vgl. dazu den Abschnitt über die „Gesamtbeurteilung des Mitarbeiters" durch den Vorgesetzten S. 171 ff.

1. Erkenntnisse des Aufsichtsrats über die Leistung der Geschäftsführer in einer mehrfach besetzten Geschäftsführung

- *In fachlicher Hinsicht*

a) „Die Geschäftsführung sieht ihre Aufgabe darin, die Geschäfte möglichst reibungslos abzuwickeln und die Gesellschafter durch eine möglichst hohe Rendite ihrer Anteile zufriedenzustellen.

Mit der Zukunft des Unternehmens beschäftigt sie sich nicht. Dies ist ihrer Ansicht nach Sache der Gesellschafterversammlung. Gespräche, die unter diesem Gesichtspunkt geführt werden sollten, lehnten die Geschäftsführer mit der Begründung ab, daß die wichtigsten Produkte des Unternehmens einen hohen Marktwert besäßen und dies noch auf lange Zeit der Fall sein werde. Sich darüber im Augenblick Gedanken zu machen, wie eine ertragreiche Produktion für die Zukunft gesichert werden könne, halten sie für sinnlose Spinnerei, mit der sie ihre Zeit und die Zeit ihrer Mitarbeiter nicht verschwenden wollen."

b) „Von den beiden Geschäftsführern ist derjenige, dem der Vertrieb anvertraut ist, den Anforderungen nicht gewachsen. Er besitzt jedoch einen guten Vertriebsleiter, an dessen Vorschläge er sich bei seinen Entkscheidungen weitgehend hält und der tatsächlich den Bereich Vertrieb leitet. Es gilt zu überlegen, ob man diesen Zustand nicht legitimieren und den Vertriebsleiter zum Stellvertreter des Ressortleiters machen soll, um auf diese Weise auch bei Ausfall des Ressortleiters die Kontinuität im Vertrieb zu sichern."

c) „Der Bereich Finanz- und Rechnungswesen ist dem kaufmännischen Geschäftsführer zugeordnet und damit gut besetzt. Er versteht etwas von der Sache und hat darüber hinaus einen ausgezeichneten Leiter des Finanz- und Rechnungswesens. Beide genießen das volle Vertrauen der Banken. Sie haben dies mehrfach zum Ausdruck gebracht. Die Umbesetzung des Finanz- und Rechnungswesens im vergangenen Jahr hat sich also gelohnt."

d) „Der technische Geschäftsführer, dem der Personalbereich unterstellt ist, verfährt nach dem Prinzip ‚Wer das Kreuz hat, segnet sich'. Darunter leidet jedoch der kaufmännische Bereich, der schlecht besetzt ist. Der kaufmännische Geschäftsführer kann sich seinem Kollegen gegenüber nicht durchsetzen. Dieser argumentiert ihm gegenüber folgendermaßen:

> ‚Wir liefern gute Produkte und bemühen uns, ständig deren Qualität zu verbessern. Dafür brauchen wir hochqualifizierte Mitarbeiter und dürfen hier kein Geld sparen. Die dadurch entstehenden Kosten sind in Wirklichkeit dringend nötige Investitionen. Unsere guten Produkte zu verkaufen, muß für den Vertrieb ein leichtes sein. Dafür bedarf es keines großen Apparates und keiner besonders qualifizierter Mitarbeiter. Ein normaler Verkäufer muß dies schaffen'.

Der technische Geschäftsführer will nicht einsehen, daß ein schlagkräftiges Vertriebssystem die Umsatzrate bedeutend steigern würde. Wiederholte Gespräche des Aufsichtsrats führten nicht zum Erfolg. Der Aufsichtsrat ist der Ansicht, daß Abhilfe geschaffen werden könnte, wenn die Gesellschafter durch einen Fachmann die personelle Besetzung beider Bereiche überprüfen lassen würden, um dementsprechend die Besetzung des Bereichs Vertrieb neu zu ordnen."

e) „Der Leiter des Vertriebs ist ein ausgesprochener *Pessimist* und huldigt damit dem *teuersten Laster*, das ein Mann in seiner Position sich leisten kann. Vor lauter Wenn und Aber gegenüber Vorschlägen seiner Mitarbeiter kommt es zu keiner vorwärtsweisenden Entscheidung. Entsprechend stagniert der Vertrieb, was der Umsatz ausweist. Der Aufsichtsrat ist der Ansicht, daß der Leiter des Vertriebs möglichst rasch abberufen werden müßte, damit das Unternehmen nicht weiterhin Schaden leidet. Glücklicherweise versteht der Leiter des Vertriebes etwas vom Finanz- und Rechnungswesen. Dessen Leiter könnte aus Altersgründen verabschiedet werden. Hier würde der bisherige Leiter des Vertriebs nützliche Dienste leisten können. Um ihm die Umbesetzung schmackhaft zu machen, könnte man ihm erklären, die künftigen Expansionspläne der Gesellschaft erforderten, daß das Finanz- und Rechnungswesen zu dem unmittelbaren Bereich der Geschäftsleitung gehöre. Dies mache natürlich die Erhöhung der Zahl von zwei auf drei Geschäftsführer nötig, es würde sich aber bezahlt machen.

Natürlich kann sich die Gesellschafterversammlung auch dazu entschließen, sich von dem Vertriebsleiter zu trennen. Das würde der Aufsichtsrat aber nicht empfehlen. Der Vertriebsleiter ist ein langjähriger Mitarbeiter, der dem Unternehmen ergeben ist. Er sitzt nur nicht an der richtigen Stelle."

- *In führungsmäßiger Hinsicht als Vorgesetzte*

a) „Der kaufmännische Geschäftsführer hält sich an den Grundsatz einer Führung mit Delegation von Verantwortung und hat damit sichtbaren Erfolg.

Der technische Geschäftsführer praktiziert einen harten autoritären Führungsstil. Er hat bei der Marine gedient. Einer seiner Lieblingsaussprüche ist:

‚Was hat Preußen groß gemacht? Das Tauende!'

Am liebsten würde er dies wenigstens bei den Lehrlingen praktisch handhaben. Den Meistern schärft er ein, sie hart anzufassen und den ‚Flegeln' Ordnung beizubringen. Die Lehrlinge pflegen nach kurzer Zeit entweder ohne Angabe von Gründen zu verschwinden oder sie bitten, in den Bereich Vertrieb überwechseln zu dürfen. Sie hätten herausgefunden, daß hier ihre wirklichen Neigungen liegen. Wir wissen jedoch, warum sie tatsächlich wechseln wollen.

Dieser *Bruch im Führungsstil* belastet unser Unternehmen stark. Wir sind ein technischer Betrieb. Personen, die etwas auf sich halten, besonders Spezialisten, lassen sich nicht mit Befehl und Gehorsam führen. Die Folge ist, daß wir weitgehend mit zweitrangigen Leuten besetzt sind. Mit solchen Mitarbeitern dürften wir in Kürze nicht mehr konkurrenzfähig sein.

Gespräche mit dem technischen Geschäftsführer über seinen Führungsstil werden von ihm damit abgetan, die Gesellschafter hätten bisher nie etwas an seinem Führungsstil bemängelt. Darauf käme es ihm allein an, und danach hätte sich auch der Aufsichtsrat zu richten."

b) „Die kollegiale Zusammenarbeit zwischen beiden Geschäftsführern ist denkbar schlecht. Das ist zunächst landsmannschaftlich bedingt. Einer der Geschäftsführer ist Bayer, der andere Westfale. Von den Bayern wird er als der ‚Preuße' bezeichnet".

Der Bayer hat, wie dem Aufsichtsrat berichtet wurde, einem seiner Mitarbeiter einmal erklärt:

> „Wenn ich das ‚Morjen' meines Kollegen höre, ist mir der ganze Vormittag verdorben".

Er hat im übrigen seinen Bereich von Norddeutschen gesäubert. Bis zu den Sekretärinnen sind alle Bayern. Sein Kollege spricht vom ‚Weißwurst-Ressort', und dessen Mitarbeiter tun dies auch. In deren Bereichen sind wiederum alle Bayern verschwunden.

Fachlich sind beide Herren auf der Höhe, vermeiden jedoch jeden Austausch fachlichen Wissens, um zu verhindern, daß daraus dem Kollegen ein Vorsprung im Ansehen der Gesellschafter erwächst.

Entsprechend verhalten sich die Mitarbeiter der beiden Geschäftsführer. Sie verkehren nur schriftlich miteinander, auch wenn der Kollege im Nebenzimmer sitzt. Die Mitarbeiter selbst halten dieses Verfahren, wie man immer wieder hören kann, für wenig zweckdienlich, sind jedoch aufgrund klarer Weisungen ihrer Chefs gezwungen, dies zu praktizieren.

Verschiedene Hinweise des Aufsichtsrats darauf, daß sich dieses Verhalten der Geschäftsführer äußerst negativ für das Unternehmen auswirke, haben zu keinem Erfolg geführt. Der Aufsichtsrat ist der Ansicht, daß auch die Gesellschafter die Grundeinstellung dieser beiden Herren nicht ändern können. Einer der Geschäftsführer müßte seinen Platz räumen. Es würde keine Schwierigkeiten machen, wenn man sich von dem technischen Geschäftsführer trennen wollte. Dieser hat einen vorzüglichen Werksdirektor, den man kommissarisch zum Geschäftsführer ernennen könnte, um zu sehen, wie er in dieser Position einschlägt. Der kaufmännische Geschäftsführer ist aufgrund der schwierigen Situation, in der sich der Vertrieb wegen des harten Konkurrenzkampfes befindet, im Augenblick unentbehrlich.

2. Die Beurteilung eines Einzelgeschäftsführers

Sie könnte z. B. lauten:

„Der Geschäftsführer vertritt den Standpunkt:

> ‚Am besten macht man im Grunde alles selbst. Dann hat man keinen Ärger mit den Mitarbeitern und vermeidet unnötige Auseinandersetzungen über die von ihnen gemachten Fehler.'

Der Geschäftsführer läßt es sich z. B. nicht nehmen, alle Schecks selbst zu unterschreiben, obwohl das Unternehmen einen äußerst gewissenhaften Leiter des Finanz- und Rechnungswesens besitzt.

Im übrigen regiert er durch, gibt unter Überspringung aller hierarchischen Stufen unmittelbar Weisungen an die Sachbearbeiter bzw. Vorarbeiter und hebt damit zugleich Weisungen ihrer Vorgesetzten auf. Entsprechend wirkt sich dieses auf das Klima aus. Der Geschäftsführer ist infolge dieses Geschäftsgebarens völlig überlastet. Sein Herzinfarkt im vergangenen Jahr hätte ihm ein Warnsignal sein müssen, war es aber nicht. Zugleich ist es aber auch ein Warnsignal für die Gesellschaft. Während dieser Zeit wurden notwendige Entscheidungen nicht getroffen. Was wird werden, wenn er einmal gänzlich ausfällt? Man sollte sich überlegen, ob man sich nicht von dem Geschäftsführer trennt und auf dem Markt einen Geschäftsführer sucht, der die Gesellschaft nach Managementprinzipien zu führen versteht."

Diese Beispiele zeigen deutlich, wie wichtig die Beurteilung der Geschäftsführer durch den Aufsichtsrat ist. Soweit der Aufsichtsrat nicht von sich aus eine Beurteilung der Geschäftsführer abgibt, sollten die Gesellschafter auf alle Fälle spätestens am Schluß eines Geschäftsjahres eine Beurteilung verlangen.

XV. Die Informationsrechte des Aufsichtsrats

1. Die Berichterstattungspflicht der Geschäftsführer von Fall zu Fall

- Gemäß § 52 i. V. m. § 90 Abs. 3 AktG kann der Aufsichtsrat aufgrund eines entsprechenden Beschlusses jederzeit einen Bericht in „Angelegenheiten der Gesellschaft" von den Geschäftsführern verlangen.
- Auch ein einzelnes Mitglied des Aufsichtsrats kann einen Bericht an den Aufsichtsrat verlangen. Lehnt die Geschäftsführung diese Berichterstattung ab, so kann der Bericht nur verlangt werden, wenn ein anderes Aufsichtsratsmitglied das Verlangen unterstützt (§ 90 Abs. 3 Satz 2 AktG).

2. Die laufende Berichterstattung auf Verlangen des Aufsichtsrats

Wie im Zusammenhang mit der Berichtspflicht der Geschäftsführer gegenüber den Gesellschaftern bereits ausgeführt, gelten die für den Vorstand einer Aktiengesellschaft bestehenden Grundsätze für die Berichterstattung gegenüber dem Aufsichtsrat analog auch für die Geschäftsführer gegenüber den Gesellschaftern[113].

Die gleichen Grundsätze sind auch auf die Berichtspflicht der Geschäftsführer gegenüber dem Aufsichtsrat der GmbH anzuwenden.

Aus der Tatsache, daß in § 52 nicht auf § 90 Abs. 1 und 2 AktG verwiesen wird, wird vielfach geschlossen, daß eine automatische formalisierte laufend zu erfüllende Berichtspflicht[114] für die Geschäftsführer nicht besteht.

---

113 Vgl. S. 91.

114 So *Baumbach/Hueck/Zöllner*, § 52 Anm. 69; *Scholz/U. H. Schneider*, § 52 Anm. 67 ff.; *Lutter*, Information und Vertraulichkeit im Aufsichtsrat, S. 233.

Das schließt jedoch nicht aus, daß der Aufsichtsrat eine derartige laufende Information verlangen kann und die Termine dafür festlegt. Ausgenommen davon ist die laufende Information über „die beabsichtigte Geschäftspolitik" (§ 90 Abs. 1 Nr. 1 AktG), da der Aufsichtsrat der GmbH nicht über die Geschäftspolitik entscheidet, sondern dies Sache der Gesellschafter ist. Wenn der Aufsichtsrat darüber etwas erfahren will, muß er sich die von ihm gewünschten Informationen von den Gesellschaftern beschaffen (§ 90 Abs. 1 Nr. 1). Die vom Aufsichtsrat verlangte laufende Information über den Fachbereich der Geschäftsführer muß die gleichen Sachverhalte umfassen, die Gegenstand der Information der Geschäftsführer gegenüber den Gesellschaftern sind[115], so also z. B.:

- Bericht über die Lage im Produktions- und Absatzbereich;
- Stand der Forschung und Entwicklung;
- Änderungen in der Personal- und Gehaltsstruktur;
- die finanzielle Situation der Gesellschaft.

Außerdem kann der Aufsichtsrat Informationen über *außergewöhnliche Tatbestände* aus dem Fach- und Führungsbereich der Geschäftsführer verlangen (§ 90 Abs. 2 AktG). Dabei kann es sich im *Fachbereich* z. B. um folgendes handeln:[116]

- Vorkommnisse, die den vorgesehenen Ablauf des Betriebsgeschehens oder der Planung ernsthaft gefährden;
- unvorhergesehene Liquiditätsengpässe;
- Ausfall eines Großkunden, der sich empfindlich auf die Lage des Unternehmens auswirkt;
- Insolvenz eines besonders wichtigen Schuldners;
- plötzliche Engpässe in der Materiallieferung, die die Produktion ernsthaft gefährden;
- hoher Stand der Reklamationen;
- Verwicklungen in Prozesse mit hohem Risiko.

Außergewöhnliche Informationen aus dem Bereich der Führung und Organisation, auf die man gewöhnlich nicht hinweist[117], können z. B. folgende Sachverhalte betreffen:

- Ausscheiden von Spitzenkräften, Kündigungen und die hierfür angegebenen Gründe;
- Disziplinarmaßnahmen gegen leitende Mitarbeiter;
- außergewöhnliche Beförderung von Mitarbeitern der übernächsten Ebene;

---

115 Vgl. S. 92.

116 Vgl. dazu die Aufzählung der Informationen der Geschäftsführer gegenüber den Gesellschaftern bei besonderen Vorkommnissen, S. 93.

117 Vgl. z. B. die Aufzählung bei *Scholz/U. H. Schneider,* § 52 Anm. 68.

- besonders kreative Leistungen von Mitarbeitern;
- Abwerbemaßnahmen der Konkurrenz und ihr Erfolg – Gründe dafür;
- durch Überlastung der Geschäftsführer verursachte Vernachlässigung der Kontrolle über ihre Mitarbeiter;
- fehlende fachliche Voraussetzungen auf Seiten der Geschäftsführer für die ordnungsgemäße Kontrolle der ihnen unterstellten Spezialisten;
- Änderungen in der Unternehmensstruktur.

Natürlich lassen sich auch bei ernsthaftesten Bemühungen die außergewöhnlichen Informationspflichten nicht erschöpfend aufzählen. Es ergeben sich daraus jedoch die Kriterien, die den Geschäftsführern helfen, neue informationspflichtige Sachverhalte zu erkennen. Sie schärfen das *Informationsbewußtsein* der Geschäftsführer.

a) Die Bedeutung eines Informationskatalogs für die laufende Information des Aufsichtsrats

Um einen Überblick darüber zu erhalten, worüber der Aufsichtsrat im einzelnen turnusmäßig und von Fall zu Fall von den Geschäftsführern orientiert werden will, ist es zweckmäßig, ihre Informationspflichten in einem Informationskatalog festzulegen[118]. Damit wird die *Transparenz der Information* auf Seiten der Geschäftsführer gegenüber dem Aufsichtsrat erreicht. Dazu folgendes:

- Der Informationskatalog erfaßt die Geschäfte und sonstigen Angelegenheiten, die für das Unternehmen und dementsprechend für die Überwachungspflicht des Aufsichtsrats von erheblicher Bedeutung sind[119].
- Ebenso wie die Stichprobenkontrolle auf bestimmte Schwerpunkte abgestellt ist, ist dies auch bei der Information der Fall. Sie ist *Schwerpunktinformation,* nicht Totalinformation. Dementsprechend muß der Informationskatalog erstellt werden. Ausgangspunkt für die Entscheidung darüber, was im Einzelfall in den Informationskatalogen aufzunehmen ist, ist die Beantwortung der Frage:

  „Inwiefern ist die gewünschte Information für den Aufsichtsrat zur Erfüllung seiner Überwachungspflicht wichtig?"

  Dis gilt z. B. für die Information über die kurz-, mittel- und langfristige Planung[119a].

---

118 Vgl. zum Informationskatalog die ausführliche Darstellung im Zusammenhang mit der Informationspflicht der Geschäftsführer gegenüber den Gesellschaftern, S. 91 ff.

119 Vgl. dazu *Ambrosius,* Der Berichtsanspruch des Aufsichtsrats nach § 90 Abs. 2 AktG, der Umfang und seine Grenzen, DB 1979, 2165 ff.

119a *Wild,* Grundlagen der Unternehmensführung, S. 44.

Die Informationspflicht der Geschäftsführer muß *wirtschaftlich vertretbar* sein. Es kommt also nicht darauf an, was der Aufsichtsrat gern wissen *möchte,* sondern es geht darum, was er unter dem Gesichtspunkt einer ordnungsgemäßen Überwachung mit Hilfe von Stichproben wissen *muß.* Dabei ist zu bedenken, daß er mit jeder von ihm gewünschten Information über die Zeit der Geschäftsführer verfügt.

- Ein Teilnahmerecht an den Sitzungen der Geschäftsführer haben die Mitglieder des Aufsichtsrats nicht. Das gilt auch für den Aufsichtsratsvorsitzenden. Die Teilnahme muß im Einzelfall mit den Geschäftsführern vereinbart werden[120].

b) Die Erstellung des Informationskatalogs

Die Erstellung des Informationskatalogs muß in *enger Zusammenarbeit* zwischen dem Aufsichtsrat und den Geschäftsführern erfolgen.

Dabei hat sich das gleiche Verfahren bewährt, das schon für die Erarbeitung des Informationskatalogs der Geschäftsführer für ihre Berichtspflicht gegenüber den Gesellschaftern vom Verfasser vorgeschlagen wurde[121]. Analog bedeutet dies:

- Der Aufsichtsrat bittet zunächst die Geschäftsführer anzugeben, über welche Sachverhalte sie ihrer Ansicht nach den Aufsichtsrat informieren müßten.
- Die Informationsvorschläge der Geschäftsführer und die Informationswünsche des Aufsichtsrats werden gemeinsam besprochen. Anschließend erfolgt die Entscheidung des Aufsichtsrats, die im Informationskatalog ihren Niederschlag findet.

Wird der Informationskatalog auf diese Weise im Zusammenwirken zwischen Geschäftsführern und Aufsichtsrat erstellt, so wird damit eine Berichterstattung von seiten der Geschäftsführer erreicht, die den Bedürfnissen der Überwachung durch den Aufsichtsrat entspricht.

Wie jeder Informationskatalog, so besitzt auch der Informationskatalog für die Berichtspflichten der Geschäftsführer gegenüber dem Aufsichtsrat nur eine begrenzte Lebensdauer. Naturgemäß müssen die Schwerpunkte der Information immer wieder den sich wandelnden Informationsbedürfnissen angepaßt werden. Dazu ist eine regelmäßige Überprüfung des bestehenden Informationskatalogs dahingehend notwendig, ob die hier niedergelegten Informationspflichten noch der gegenwärtigen Situation entsprechen oder abänderungsbedürftig sind.

120 *Scholz/U. H. Schneider,* § 52 Anm. 246.
121 Vgl. S. 96 f.

3. Das Besichtigungs-, Einsichts- und Auskunftsrecht des Aufsichtsrats

Diese Rechte des Aufsichtsrats (§ 111 Abs. 2 AktG) bestehen neben der Berichtspflicht der Geschäftsführer und ergänzen sie im Einzelfall. Ihre Geltendmachung hängt jeweils von einem Beschluß des Aufsichtsrats ab[122], der damit den Aufsichtsratsvorsitzenden oder andere Mitglieder des Aufsichtsrats oder Sachverständige (§ 111 Abs. 2 AktG) beauftragen kann.

a) Umfassende Möglichkeiten des Aufsichtsrats zur Handhabung seiner Überwachung

- Der Aufsichtsrat hat mit dem neben dem Berichtsrecht bestehenden Besichtigungs-, Einsichts- und Auskunftsrecht die Möglichkeit, sich umfassend darüber zu informieren, ob die Geschäftsführer mit der pflichtmäßigen Sorgfalt ihre Geschäftsführung gehandhabt haben (nachträgliche oder begleitende Kontrolle).

  Er kann z. B. sich den Schriftverkehr mit einem Großkunden oder den Bericht der Innenrevision über die Handhabung des Kreditgeschäfts, den Schriftverkehr der Geschäftsführung mit dem Vertriebs- oder Produktionsleiter oder dem Leiter des Finanz- und Rechnungswesens und dem Personalleiter vorlegen lassen, desgleichen die Niederschriften über Mitarbeitergespräche der Geschäftsführer mit den ihnen unmittelbar unterstellten Mitarbeitern. Desgleichen kann er Einblick in die Warenbestände sowie die Computerauszüge etc. nehmen.

Welche von den umfassenden Möglichkeiten des Aufsichtsrats er wahrnehmen will, steht in seinem pflichtgemäßen Ermessen. Dabei gilt es auf folgendes hinzuweisen:

Daß der Aufsichtsrat stichprobenmäßig von der einen oder anderen Möglichkeit Gebrauch macht, gehört zu seiner pflichtgemäßen Überwachung. Er darf also nicht warten, bis er durch den einen oder anderen Vorfall dazu veranlaßt wird[123]. Die Aufsichtsräte stehen dieser Forderung vielfach skeptisch gegenüber, und zwar aus folgenden Gründen:

- Sie sehen in dieser Intensivierung ihrer Überwachungstätigkeit eine sie stark belastende Maßnahme.
- Des weiteren befürchten sie die Störung der vertrauensvollen Zusammenarbeit mit den Geschäftsführern, die in solchen Überwachungsmaßnahmen ein Mißtrauensvotum gegen ihre Geschäftsführung sehen.

---

122 *Lutter,* Information und Vertraulichkeit im Aufsichtsrat, S. 86.
123 *Scholz/U. H. Schneider,* § 52 Anm. 68 sowie S. 316 Anm. 64.

Beispiel:
Die Geschäftsführer hatten in der gemeinsamen Sitzung mit dem Aufsichtsrat ein exaktes Bild von der Situation im Kreditbereich gegeben, gegen das die Mitglieder des Aufsichtsrats keinerlei Einwände vorbrachten.

Als der Aufsichtsrat kurz darauf die Geschäftsführer bat, ihm die Computerausdrucke des letzten Vierteljahres vorzulegen, brachten die Geschäftsführer dem Aufsichtsratsvorsitzenden gegenüber ihr Erstaunen darüber zum Ausdruck. Gleichzeitig stellten sie ihm die Frage, ob der Aufsichtsrat kein Vertrauen mehr zu ihnen hätte. Davon könne keine Rede sein, erwiderte der Aufsichtsratsvorsitzende. Daraufhin betrachteten die Geschäftsführer den Fall als für sich erledigt.

Der Aufsichtsratsvorsitzende unterließ es, die Geschäftsführer hinsichtlich der Überlassung der Computerausdrucke zu mahnen, weil er aufgrund der ersten Reaktion auf diese Forderung des Aufsichtsrats hin eine unnötige Gefährdung der vertrauensvollen Zusammenarbeit befürchtete. –

Dies zu Unrecht.

Pflicht des Aufsichtsratsvorsitzenden wäre es gewesen, den Geschäftsführern klarzumachen, daß die stichprobenmäßige Kontrolle der ihren Berichten zugrundeliegenden Daten und Fakten zu den Aufgaben des Aufsichtsrats gehöre und mit Vertrauen oder Mißtrauen nichts zu tun habe. Er hätte sie des weiteren ermahnen müssen, der Aufforderung des Aufsichtsrats unverzüglich nachzukommen und die Computerausdrucke vorzulegen.

b) Kein Auskunftsverweigerungsrecht der Geschäftsführer gegenüber dem Aufsichtsrat

- Die Geschäftsführer sind nicht berechtigt, eine vom Aufsichtsrat verlangte Auskunft unter Hinweis darauf zu verweigern, daß dies im Interesse des Unternehmens nicht erforderlich sei[124]. Der Aufsichtsrat entscheidet allein darüber, ob die Auskunft im Interesse einer ordnungsgemäßen Überwachung notwendig ist oder nicht.

  Die Geschäftsführer können jedoch dem Aufsichtsrat gegenüber erklären, daß an bestimmten, ihm mitgeteilten Tatsachen ein Geheimhaltungsinteresse besteht. Daran sind die Mitglieder des Aufsichtsrats gebunden. Dies entbindet jedoch die Geschäftsführer nicht von ihrer Auskunftspflicht.
- Der Aufsichtsratsvorsitzende darf die Auskünfte der Geschäftsführer den Aufsichtsratsmitgliedern jedoch nicht mitteilen, wenn die „konkrete Gefahr" besteht, daß ein Mitglied des Aufsichtsrats die Vertraulichkeit nicht wahrt[125].

---

124 *Scholz/U. H. Schneider,* § 52 Anm. 68a; *Lutter,* Information und Vertraulichkeit im Aufsichtsrat, S. 27.

125 So *Scholz/U. H. Schneider,* § 52 Anm. 68d.

Dies kann im Einzelfall zu kritischen Situationen führen, wenn die Geschäftsführer zu der Überzeugung kommen, daß bei der verlangten Auskunft persönliche Interessen eines Aufsichtsratsmitglieds im Spiel sind, dafür aber keine hinreichenden Beweise vorliegen.

Beispiel:
Auf Verlangen eines Aufsichtsratsmitglieds faßte der Aufsichtsrat den Beschluß, von einigen Großkunden eine bis ins einzelne gehende Offenlegung ihrer finanziellen Lage zu fordern, um damit eine Grundlage für die Überprüfung zu besitzen, ob die Intensivierung ihrer geschäftlichen Beziehungen zu diesen Firmen gerechtfertigt sei.

Von seiten der Geschäftsführer bestand der begründete Verdacht, daß das betreffende Aufsichtsratsmitglied auf diese Weise Einsicht in die internen Verhältnisse eines Konkurrenten erhalten wollte, also aus persönlichen Geschäftsinteressen vorging.

Da es sich jedoch nicht allein um die Firma handelte, an der das Aufsichtsratsmitglied interessiert war, sondern mehrere Großkunden betroffen waren, konnte die Geschäftsführung dagegen wenig unternehmen. Der Vorsitzende der Geschäftsführung versuchte zwar, durch ein persönliches Gespräch mit dem Aufsichtsratsvorsitzenden die Angelegenheit aus der Welt zu schaffen, was ihm jedoch nicht gelang.

Der Aufsichtsratsvorsitzende erklärte ihm lediglich, er werde seine Kolleen darauf aufmerksam machen, daß eine Verwertung der Informationen zu Eigenzwecken rechtswidrig sei, und sie an ihre Treuepflicht gegenüber dem Unternehmen erinnern.

Als die Geschäftsführung sich gezwungen sah, der Aufforderung des Aufsichtsrats nachzukommen und die entsprechenden Schritte zu der notwendigen Erhebung einleitete, löste der Großkunde, auf den die Auskunft in erster Linie abzielte, die Geschäftsverbindung und ging zur Konkurrenz über. Es geschah genau das, was die Geschäftsführer vorausgesehen und dem Aufsichtsrat angekündigt hatten. Dem Unternehmen entstand ein erheblicher Schaden.

Dazu folgendes:

- Hier handelt es sich um einen der typischen Fälle für die Kollision zwischen den Pflichten des Aufsichtsrats als Organ und den Eigeninteressen seiner Mitglieder.
- Theoretisch ist die Situation klar: Jedes Aufsichtsratsmitglied ist verpflichtet, das, was ihm bei der Erfüllung seiner Aufsichtsratspflichten bekannt wird, nicht zu seinen eigenen Interessen zu verwenden. Aber wie will man sicherstellen, daß sich ein Aufsichtsratsmitglied nicht zu Eigenzwecken an den Daten orientiert, die ihm auf dem Wege über sein Aufsichtsratsmandat bekannt geworden sind?
- Zwar hat der Aufsichtsrat alle Möglichkeiten, gegen ein Mitglied vorzugehen, das seinen Aufsichtsratspflichten zuwiderhandelt. Es kann

die Gesellschafterversammlung informieren, um notfalls die Abberufung des Betreffenden zu erreichen. Des weiteren besteht ein Unterlassungs- und Schadensersatzanspruch gegen das Aufsichtsratsmitglied, das sich pflichtwidrig verhält, sowie Strafrechtsschutz gem. § 85 GmbHG. Aber die Situation ist gewöhnlich nicht so, daß ein klarer Nachweis darüber geführt werden kann – ein sehr unbefriedigendes Ergebnis.

4. Kein eigener Informationsdienst des Aufsichtsrats

a) Die Geschäftsführer als alleinige Ansprechpartner des Aufsichtsrats

Die Information des Aufsichtsrats läuft grundsätzlich über die Geschäftsführer. Sie sind der Ansprechpartner für den Aufsichtsrat. Sie allein haben dem Aufsichtsrat zu berichten. Ihre Information bietet dem Aufsichtsrat eine breite Basis für seine Überwachungstätigkeit, er braucht sie nur richtig zu nutzen.

Berichte von Mitarbeitern der nachgeordneten Ebenen kann der Aufsichtsrat nur dann anfordern, wenn er zu der Überzeugung gelangt ist, daß ihm die Berichterstattung der Geschäftsführer nicht ermöglicht, seiner Überwachungspflicht nachzukommen.

Diese von den Mitarbeitern auf Wunsch des Aufsichtsrats vorgelegten Berichte sind unverändert an den Aufsichtsrat weiterzuleiten. Das schließt nicht aus, daß die Geschäftsführer zu einem solchen Bericht ihre Stellungnahme beifügen können.

Beispiel:
Der Aufsichtsrat hatte den Hauptabteilungsleiter Kreditbereich aufgefordert, einen genauen Bericht über den Verlauf der Verhandlungen mit einem Großkunden vorzulegen, der sich über die langwierige Abwicklung seines Kreditantrags beschwert hatte, und die entsprechenden schriftlichen Unterlagen beizufügen.

Richtigerweise hätte die Anforderung des Berichtes auf dem Wege über die Geschäftsführung erfolgen müssen. Der Hauptabteilungsleiter orientierte korrekterweise die Geschäftsführer über den an ihn ergangenen Auftrag zur Berichterstattung.

Diese ließen sich den Bericht vorlegen, der zeigte, daß die schleppende Erledigung auf Weisung eines der Geschäftsführer erfolgt war, der die Ansicht vertrat, daß die wirtschaftlichen Verhältnisse des Kunden noch nicht genügend geklärt seien und eine weitere eingehende Prüfung notwendig wäre.

Nachträglich hatte sich herausgestellt, daß die Vermutungen des Geschäftsführers nicht zutrafen. Dies zuzugeben, war den Geschäftsführern peinlich. Sie nahmen daher im Bericht des Hauptabteilungsleiters Korrekturen vor, die das

Bild so veränderten, daß keinerlei Anlaß zu einer Kritik an dem Verhalten des Hauptabteilungsleiters bestehen konnte.

Durch Querverbindungen erfuhr der Aufsichtsrat von der Manipulation der Geschäftsführer, verlangte die Vorlage des ursprünglichen Berichts und machte den Geschäftsführern Vorwürfe wegen ihres Fehlverhaltens. –

Dies mit Recht. Der Aufsichtsrat muß sich darauf verlassen können, daß die von ihm geforderte Berichterstattung wahrheitsgemäß erfolgt, sonst ist die vertrauensvolle Zusammenarbeit zwischen Aufsichtsrat und Geschäftsführung gefährdet.

Fragen an einen Mitarbeiter dürfen ebenfalls nur dann gestellt werden, wenn der Aufsichtsrat der begründeten Ansicht ist, daß die Auskünfte der Geschäftsführer nicht genügen. Die Geschäftsführer können darauf drängen, daß dieses Gespräch in ihrem Beisein erfolgt.

Dabei ist folgendes zu beachten:

Fragen an die Mitarbeiter sind im Grunde immer eine heikle Angelegenheit. Sie erwecken leicht bei den Mitarbeitern das Gefühl, daß der Aufsichtsrat mit den Geschäftsführern nicht zufrieden ist, und führen damit zu einem *Autoritätsverlust* der Geschäftsführer. Der Aufsichtsrat ist daher verpflichtet, solange wie nur möglich den Geschäftsführern zu helfen, ihr Gesicht gegenüber den Befragten zu bewahren. Dies ergibt sich aus der Pflicht zur vertrauensvollen Zusammenarbeit.

Beispiel:
Der Aufsichtsratsvorsitzende erklärte zu Beginn der Besprechung mit einem Abteilungsleiter, die Geschäftsführer wären über die Sachverhalte, auf die er ihn ansprechen würde, nicht mehr im einzelnen im Bilde und hätten daher vorgeschlagen, ihn zu befragen.

Mehr konnte der Aufsichtsratsvorsitzende zur Wahrung der Autorität der Geschäftsführer nicht tun.

Eine Ausnahme von der Regel, daß die Berichterstattung über die Geschäftsführer läuft, besteht nur dann, wenn gegen die Geschäftsführer eine Untersuchung in die Wege geleitet worden ist, also z. B. wenn der begründete Verdacht besteht, daß schwerwiegende Pflichtverletzungen vorliegen oder strafbare Handlungen begangen worden sind[126].

b) Mitarbeiter des Unternehmens als illegale Informanten des Aufsichtsrats

Es ist nicht zu verhindern, daß ehemalige enge Mitarbeiter eines Geschäftsführers, der in den Aufsichtsrat übergewechselt ist, sich mit diesem über einzelne Vorgänge im Unternehmen unterhalten und ihm dabei

126 *Lang/Weidmüller,* § 38 Anm. 10; *Müller,* § 38 Anm. 16.

Angelegenheiten zur Kenntnis geben, über die der Aufsichtsrat nur von den Geschäftsführern orientiert werden dürfte. Sache des betreffenden Aufsichtsratsmitglieds ist es, derartigen Mitteilungen gegenüber äußerste Zurückhaltung zu üben und die Informanten keinesfalls noch zur weiteren Berichterstattung zu ermuntern.

Einen besonderen Informationsdienst über die Tätigkeit der Geschäftsführer mit Hilfe von Mitarbeitern aus deren Geschäftsbereichen aufzubauen, wäre ein illegaler Akt des Aufsichtsrats[127]. Ein solches Vorgehen wäre auch nicht dadurch zu rechtfertigen, daß der Aufsichtsrat glaubt, zu einer besonders strengen Überwachung der Geschäftsführer verpflichtet zu sein. Wer die Überwachung der Geschäftsführer mit illegalen Mitteln betreibt, verletzt die Sorgfalt eines ordentlichen und gewissenhaften Überwachers.

Beispiel:
Der bisherige Vorsitzende der Geschäftsführung, ein überaus tüchtiger und bei seinen Kollegen geschätzter Mann, war aus Altersgründen aus der Geschäftsführung ausgeschieden, in den Aufsichtsrat übergewechselt und dort einstimmig zum Vorsitzenden gewählt worden. Als eine seiner ersten Aufgaben betrachtete er es, die bisherige „laxe" Überwachung der Geschäftsführer, die er selbst als angenehm empfunden hatte, „auf Schwung zu bringen". Dabei, so erklärte er seinen Kollegen, genüge es ihm keineswegs, sich auf die Berichte der Geschäftsführer zu verlassen, die, wie er aus eigener Erfahrung wüßte, nur zu leicht manipuliert werden könnten. Man müsse sich vielmehr „vor Ort" Informationen verschaffen.

Dazu habe er schon während seiner Amtszeit die notwendigen Vorkehrungen getroffen. In jedem der drei Ressorts säße ein absolut zuverlässiger Mann, der seine Position als Prokurist ihm zu verdanken hätte und wüßte, was es für ihn bedeute, mit dem Aufsichtsratsvorsitzenden gut zusammenzuarbeiten. Schließlich dächten die Herren ja auch daran, einmal das Ressort, in dem sie jetzt als Prokuristen tätig wären, selbst zu übernehmen. In einigen Jahren würden drei Ressortleiterstellen frei. Er habe mit den Herren verabredet, daß er sich wöchentlich einmal mit ihnen träfe – natürlich ganz privat –, dabei würden sie ihm alles erzählen, was der Aufsichtsrat zur Erfüllung seiner Überwachungsaufgabe benötige. Die richtigen Fragen werde er schon zu stellen wissen.

So kam es denn auch.

Die Geschäftsführer wunderten sich, daß bei den Gesprächen mit dem Aufsichtsratsvorsitzenden und der Besprechung der von den Geschäftsführern angeforderten Berichte immer wieder deutlich wurde, wie weitgehend der Aufsichtsrat über Einzelheiten im Ablauf des täglichen Geschäftsverkehrs unterrichtet war. Anläßlich eines feuchtfröhlichen Zusammenseins von Aufsichtsrat und Geschäftsführern wurde eines der jüngeren Mitglieder des Aufsichtsrats

127 Dazu *Lutter*, Information und Vertraulichkeit im Aufsichtsrat, S. 102: „Unzulässig: Ständige Nachrichtenträger an den Aufsichtsrat".

redselig. Aus seinen Andeutungen gegenüber einem der Geschäftsführer wurde klar, warum der Aufsichtsrat so gut informiert war. Aufgrund intensiver Nachforschungen wurden den Geschäftsführern auch die Namen der drei Berichterstatter bald bekannt.

Die Geschäftsführer zogen die Konsequenzen: Um unnötiges Aufsehen zu vermeiden, versetzten sie einen der Herren in eine Filiale, mit den beiden anderen einigten sie sich, daß sie auf eigenen Wunsch am Ende des Jahres aus dem Unternehmen ausschieden. Sie hätten ihnen auch aus wichtigem Grund wegen „grober Verletzung ihrer Loyalitätspflicht" kündigen können[128].

In einer Auseinandersetzung der Geschäftsführer mit dem Aufsichtsratsvorsitzenden im Beisein der Mitglieder des Aufsichtsrats drohten sie, ihr Amt niederzulegen, wenn sie nicht vom Aufsichtsrat die Zusicherung erhielten, daß der Aufsichtsratsvorsitzende seinen illegalen Nachrichtendienst sofort auflöst und dies auch im Sitzungsprotokoll entsprechend niedergelegt wird.

Der Aufsichtsratsvorsitzende legte daraufhin seinen Vorsitz nieder und schied gleichzeitig aus dem Aufsichtsrat aus. –

Mit Recht; dies war die einzige Möglichkeit, die verfahrene Situation zu bereinigen und die vertrauensvolle Zusammenarbeit zwischen Aufsichtsrat und Geschäftsführung wieder herzustellen.

c) Kunden als unzulässige Informationsquelle des Aufsichtsrats

Es ist nicht zu verhindern, daß Kunden, die mit dem Unternehmen in Geschäftsverbindung stehen, sich beschwerdeführend an den Aufsichtsrat wenden und ihn im Einzelfall um seine Hilfe bitten. Liest man die Antwortschreiben seitens des Aufsichtsrats auf solche Kundenreklamationen, so findet man gewöhnlich die Mitteilung, daß der Aufsichtsrat den Fall eingehend untersuchen und den Kunden über das Ergebnis unterrichten werde. Dies ist jedoch nur eine formale Regelung, mit der der Aufsichtsrat dem Grundsatz Rechnung trägt, daß der Kunde König sei und zumindest in diesem Sinne behandelt werden muß, um ihn nicht zu verärgern.

Tatsächlich hat der Aufsichtsrat die Kundenreklamation an die zuständige Stelle im Unternehmen weiterzuleiten. Die hier erfolgte Klärung gibt er – gegebenenfalls versehen mit seiner Unterschrift – als Antwort an den Kunden weiter.

Anders ist die Situation, wenn der Aufsichtsrat von sich aus eine Art Informationsdienst aufbaut, um sich von den Kunden oder Dritten, die mit dem Unternehmen im Geschäftsverkehr stehen, systematisch Informationen über die Tätigkeit der Geschäftsführer zu Überwachungszwekken zu beschaffen. Ebenso ist es unzulässig, Behörden als Informationsquelle zu benutzen[129]. Ein solches Verhalten des Aufsichtsrats ist ebenso

128 *Lutter,* ebenda.
129 *Scholz/U. H. Schneider,* § 52 Anm. 55.

illegal wie der Versuch, Informationen über die Mitarbeiter des Unternehmens unter Ausschaltung der Geschäftsführer einzuholen.

Beispiel:
Herr Vogt, Geschäftsführer und ehemaliger Leiter des Ressorts Vertrieb, war von der Geschäftsführung in den Aufsichtsrat übergewechselt und hatte dessen Vorsitz übernommen. Als einer seiner Geschäftsfreunde im kleinen Kreis erklärte, er befürchte ernsthaft, daß sich die Geschäftsbeziehungen mit seinem Nachfolger nicht mehr so glatt wie bisher abwickeln lassen würden, das hätten die ersten Besprechungen mit ihm bereits gezeigt, erwiderte Vogt beruhigend:

> „Machen Sie sich keine Sorgen. Ich bin nach wie vor für Sie da. Wir sehen uns ja wöchentlich beim Kegelabend. Dort können wir zwanglos alles besprechen, wenn Sie Schwierigkeiten haben sollten. Ich werde schon in der richtigen Form auf den neuen Geschäftsführer einzuwirken wissen."

Als Folge dieser wöchentlichen Besprechungen wurden von seiten des Vertriebsausschusses des Aufsichtsrats, dem Herr Vogt vorstand, wiederholt Anfragen an die Geschäftsführung gerichtet und Auskünfte über den Stand bestimmter Vertriebsaktionen eingeholt. Sie betrafen sämtlich Angelegenheiten der Mitglieder des Kegelclubs. Der Vertriebsausschuß machte dem Ressortleiter Vertrieb das Leben ausgesprochen schwer.

Als dieser durch einen Zufall erfuhr, daß Vogt offene Kritik an seiner Geschäftsführung vor diesen Kegelbrüdern geübt hatte, nahm er dies zum Anlaß, um das Verhalten des Vertriebsausschusses der Geschäftsführung gegenüber zur Diskussion zu stellen. Vogt konnte nicht bestreiten, daß er die fraglichen Informationen jeweils von seinen Kegelbrüdern bezogen hatte. Am Schluß der Aussprache erklärten die Geschäftsführer, sie würden die Gesellschafter über diese Angelegenheit informieren und entsprechende Konsequenzen fordern. –

Dies zu Recht. Vogt hatte sich als Mitglied des Aufsichtsrats mit Hilfe von Kunden des Unternehmens einen Informationsdienst zur Überwachung der Geschäftsführer aufgebaut, der zwar in lockerer, aber sehr wirksamer Form agierte. Sein Vorgehen war in jeder Weise illegal. Es war korrekt, sich von seiten der Geschäftsführung an die Gesellschafter zu wenden, um hier um Abhilfe zu bitten. Geschieht von deren Seite nichts, so ist zumindest der Ressortleiter Vertrieb berechtigt, sein Amt aus wichtigem Grund niederzulegen[130].

5. Die Verantwortung jedes Mitglieds der Geschäftsführung für eine korrekte Berichterstattung

- Die Information des Aufsichtsrats ist Sache der Gesamtgeschäftsführung. Sie erfolgt aufgrund eines Mehrheitsbeschlusses.

  Kommt eine Mehrheit nicht zustande, so ist der Aufsichtsrat über die Meinungsunterschiede zu unterrichten, um notfalls eine Entscheidung der Gesellschafterversammlung herbeiführen zu können.

130 Vgl. dazu S. 235 ff.

- Die Berichte der Geschäftsführer haben „den Grundsätzen einer gewissenhaften und getreuen Rechenschaft" zu entsprechen (§ 52 i. V. m. § 90 Abs. 4 AktG):
- Ob der Aufsichtsrat sich statt des schriftlichen Berichts mit einer mündlichen Berichterstattung begnügen will, steht in seinem Ermessen[131]. Im Interesse der Geschäftsführer liegt es, die entscheidenden Punkte des mündlichen Berichts in einer Niederschrift festzuhalten und sie dem Aufsichtsrat zur Kenntnis zu geben.
- Jedes Mitglied der Geschäftsführung ist für eine vollständige und korrekte Berichterstattung an den Aufsichtsrat verantwortlich und hat dafür persönlich einzustehen.
- Eine unterlassene oder unrichtige Information seitens der Geschäftsführer gefährdet die ordnungsgemäße Überwachung des Aufsichtsrats. Entsteht dem Unternehmen dadurch Schaden, so sind die für den Informationsmangel verantwortlichen Geschäftsführer persönlich gesamtschuldnerisch haftbar (§ 43 Abs. 2).

  Der Anspruch des Aufsichtsrats auf Bericht durch die Geschäftsführer kann gerichtlich geltend gemacht werden[132].
- Kommt ein Mitglied der Geschäftsführung zu der Überzeugung, daß die von den Geschäftsführern beschlossene Information an den Aufsichtsrat unvollständig oder unrichtig ist, so ist der Betreffende verpflichtet, den Aufsichtsrat zu informieren, nachdem er vergeblich eine Berichtigung von seinen Kollegen verlangt hat. Er kann sich nicht darauf berufen, daß er gegen den Beschluß gestimmt hat, und es dabei bewenden lassen[133]. Er haftet persönlich ebenso wie seine Geschäftsführerkollegen, die dem Bericht zugestimmt haben[134].
- Unterläßt es der Aufsichtsrat, die Geschäftsführer, die ihrer Berichtspflicht nicht oder unvollständig nachkommen oder falsche Angaben machen, zu mahnen und auf Erfüllung ihrer ordnungsgemäßen Berichtspflicht zu drängen bzw. die Gesellschafter zu informieren, damit sie entsprechend auf die Geschäftsführer einwirken, so handelt der Aufsichtsrat gegen die Sorgfalt eines ordentlichen und gewissenhaften Überwachers und ist seinerseits für den daraus entstandenen Schaden haftbar (§ 52 i. V. m. §§ 116, 93 Abs. 2 AktG). Die Geschäftsführer und die Mitglieder des Aufsichtsrats haften als Gesamtschuldner (§§ 421 ff. BGB).

131 *Baumbach/Hueck/Zöllner*, § 52 Anm. 69.
132 *Scholz/U. H. Schneider*, § 52 Anm. 378.
133 Dazu *Müller*, GenG, § 38 Abs. 15; *v. Godin/Wilhelmi*, AktG, § 90 Anm. 8; *Meyer-Landrut*, Großkomm. zum AktG, § 19 Anm. 16.
134 Vgl. dazu den Abschnitt „Die Verantwortung eines Mitglieds der Geschäftsführung für einen Beschluß des Germiums", S. 58 ff.

a) Die Aussagekraft der Berichte

Die Berichte der Geschäftsführer sind so abzufassen, daß ihr Inhalt auch von Laien, aus denen sich der Aufsichtsrat vielfach zusammensetzt, verstanden werden kann. Betriebswirtschaftliche und juristische Fachausdrücke sind daher weitgehend zu vermeiden. Der Aufsichtsrat hat das Recht, derartige Berichte zurückzugeben und um eine auch für Laien verständliche Fassung zu bitten.

Beispiel:
In die Geschäftsführung eines Unternehmens war ein junger Mann eingetreten, der ein betriebswirtschaftliches Studium hinter sich hatte. Mit Geringschätzung schaute er auf die bisherige Berichterstattung der Geschäftsführer, die nach seiner Ansicht nicht nur primitiv war, sondern sich auch mit den neuesten betriebswirtschaftlichen Erkenntnissen nicht vereinbaren ließ. Er bedingte sich von seinen beiden Geschäftsführerkollegen aus, daß er in Zukunft die Formulierung der Berichte an den Aufsichtsrat übernehmen würde. Diese überließen ihm nur zu gern die ungeliebte Aufgabe.

Seine Berichte strotzten nur so von betriebswirtschaftlichen Fachausdrücken wie Aktions-Kategorie, Relevanzkriterien, Effizienz-Indikatoren u. a. m.

Darüber hinaus machte es dem Verfasser offensichtlich Freude, Zusammenhänge in mathematischen Formeln darzustellen, wie er dies auf der Hochschule von einer mathematisch-orientierten Betriebswirtschaftslehre gelernt hatte. Er war stolz auf diesen, wie er sich ausdrückte, erstmalig nach wissenschaftlichen Gesichtspunkten erstatteten Bericht.

Seine Kollegen unterzeichneten zwar den Bericht, erklärten jedoch voller Skepsis, sie seien gespannt, was der Aufsichtsrat dazu sagen werde. Dieser gab den Bericht mit der Bemerkung „unverständlich" zurück und äußerte die Bitte, an der bisher bewährten Form der Berichte festzuhalten. –

Mit Recht. Selbstverständlich sollen Berichte neue betriebswirtschaftliche Erkenntnisse berücksichtigen. Sie müssen aber in einer solchen Form abgefaßt sein, daß die Empfänger den Inhalt verstehen können und dazu nicht erst ein betriebswirtschaftliches oder juristisches Studium notwendig ist.

b) Die Behandlung der Informationen und Auskünfte der Geschäftsführer durch den Aufsichtsrat

- Der Aufsichtsratsvorsitzende hat die Berichte der Geschäftsführer ungekürzt an die Mitglieder des Aufsichtsrats weiterzugeben. Er darf einen Bericht also nicht auszugsweise oder auf die ihn besonders erscheinenden Aussagen beschränkt dem Aufsichtsrat zur Kenntnis geben.

  Ob der Vorsitzende des Aufsichtsrats eine Stellungnahme zum Gesamtbericht oder zu einzelnen Punkten des Berichts beifügt oder Maßnahmen vorschlägt, die aufgrund dieses Berichtes zu treffen sind, muß ihm überlassen bleiben.

Die Stellungnahme zu den Berichten sowie Vorschläge zu den sich daraus ergebenden Maßnahmen erfolgen durch Beschluß des Aufsichtsrats.

- Mündliche dem Aufsichtsratsvorsitzenden gegebene Informationen sind an die einzelnen Aufsichtsratsmitglieder weiterzuleiten. Das gleiche gilt von Auskünften der Geschäftsführer oder wichtigen Ergebnissen einer Besichtigung oder Einsichtnahme durch den Aufsichtsratsvorsitzenden.
- Pflicht jedes Aufsichtsratsmitglieds ist es, sich eingehend mit einem ihm vorliegenden Bericht zu befassen. Soweit ihm bestimmte Punkte des Berichts nicht verständlich sind, hat er das Recht, sich des Rates von Sachverständigen zu bedienen, wenn ihm auf andere Weise, etwa durch sachverständige Mitglieder des Aufsichtsrats, keine Auskunft erteilt werden kann.

XVI. Die Gesamtverantwortung des Aufsichtsrats

1. Ohne Verschulden keine Gruppenhaftung aller Aufsichtsratsmitglieder

Irrtümlich ist die Ansicht, daß sämtliche Mitglieder des Aufsichtsrats für alles verantwortlich sind und auch persönlich haftbar gemacht werden können, was von einem seiner Mitglieder schuldhaft getan, geduldet oder zu tun unterlassen wurde. Ein solches Verfahren würde dem obersten Rechtsgrundsatz widersprechen, daß jeder nur für das einzustehen hat, was er selbst durch sein Handeln, Tun oder Unterlassen beeinflussen konnte. Eine Gruppenhaftung aller Aufsichtsratsmitglieder gibt es also nicht.

Beispiel:
Der aus zwei Aufsichtsratsmitgliedern bestehende Kreditausschuß, der aufgrund seiner langjährigen einwandfreien Beratertätigkeit großes Ansehen im Aufsichtsrat genoß, hatte fahrlässigerweise Nachforschungen über die Bonität eines Kreditnehmers unterlassen. Aufgrund seines Vorschlags hatte der Aufsichtsrat seine Zustimmung zu diesem Kredit gegeben, der der Gesellschaft großen Schaden zufügte.

Die Gesellschafter machten den Aufsichtsrat dafür verantwortlich. –

Prinzipiell ist der Aufsichtsrat verpflichtet, den von ihm eingesetzten Ausschuß stichprobenmäßig zu kontrollieren[135]. Dafür muß er den Nachweis erbringen. Kann er das nicht, so ist er wegen Kontrollverschuldens haftbar. Er kann sich nicht auf den Standpunkt stellen, das Verhalten der beiden Mitglie-

135 Vgl. S. 303.

der des Kreditausschusses habe keinerlei Anlaß zum Tätigwerden des Aufsichtsrats gegeben (Evidenzkontrolle)[136]. Unabhängig davon müssen die beiden Mitglieder des Kreditausschusses, die bei der Beratung des Aufsichtsrats gegen die Sorgfalt eines ordentlichen und gewissenhaften Beraters verstoßen haben, selbstverständlich dafür einstehen.

2. Die Gesamtverantwortung des Aufsichtsrats im einzelnen

Sämtliche Mitglieder des Aufsichtsrats sind verantwortlich

- für die ordnungsgemäße Überwachung der Geschäftsführung (§ 52 mit §§ 111, 116 AktG)[137];
- dafür, daß sie bei der Zustimmung zu einem zustimmungspflichtigen Geschäft die Sorgfalt eines ordentlichen und gewissenhaften Überwachers walten lassen[138];
- für die Auswahl der vom Aufsichtsrat zu ihrer Unterstützung hinzugezogenen Sachverständigen[139];
- dafür, daß der Aufsichtsrat die Gesellschafterversammlung über schwerwiegende Pflichtverletzungen der Geschäftsführer informiert[140];
- für die sachgerechte Information der Gesellschafter über das Ergebnis der Überwachung der Geschäftsführer und ihre sich daraus ergebende Beurteilung[141];
- dafür, daß ein Mitglied des Aufsichtsrats, dem eine bestimmte Aufgabe übertragen werden soll, die dafür erforderliche Eignung besitzt. Das gleiche gilt für die sachgerechte Besetzung von Ausschüssen[142];
- dafür, daß die vom Aufsichtsrat aufgrund der Überwachung der Geschäftsführer gefaßten Beschlüsse von diesem verwirklicht werden;
- dafür, daß der Aufsichtsrat mit Fachleuten besetzt ist, an deren Rat sich die übrigen Mitglieder des Aufsichtsrats halten können, die das notwendige Fachwissen nicht besitzen[143], bzw. dafür, bei den Gesellschaftern zu erwirken, daß für die Heranziehung außenstehender Sachverständiger die notwendigen Mittel bewilligt werden.

---

136 Vgl. S. 148.
137 Vgl. S. 298.
138 Vgl. S. 287.
139 Vgl. S. 287.
140 Vgl. S. 341 (Beispiel).
141 Vgl. S. 345.
142 Vgl. S. 303.
143 Vgl. S. 275.

3. Die Verantwortung der einzelnen Mitglieder des Aufsichtsrats

- Jedes Mitglied des Aufsichtsrats ist verpflichtet, an den ordnungsgemäß einberufenen Sitzungen des Aufsichtsrats teilzunehmen. Falls ein Mitglied auch aus entschuldbaren Gründen weitgehend an den Sitzungen des Aufsichtsrats nicht teilnimmt, so ist die Gesellschafterversammlung zu informieren, die sich über dessen Abberufung schlüssig werden muß.
- Ein Mitglied des Aufsichtsrats, das gegen einen Beschluß des Aufsichtsrats gestimmt hat, ist für diesen Beschluß nicht verantwortlich. Wirkt der Betreffende allerdings an der Durchführung des Beschlusses mit, so trägt er dafür auch die Verantwortung[144].
- Kommt ein Mitglied des Aufsichtsrats zu der Überzeugung, daß ein Beschluß des Aufsichtsrats nicht mit der Sorgfalt eines ordentlichen und gewissenhaften Überwachers zu vereinbaren ist, so darf es sich nicht damit begnügen, gegen den Beschluß gestimmt zu haben. Es muß vielmehr alles von seiner Seite Mögliche tun, um den Beschluß rückgängig zu machen bzw. seine Durchführung zu verhindern. Gelingt ihm dies nicht, so besteht die Möglichkeit, vom Aufsichtsrat die Einberufung der Gesellschafterversammlung zu verlangen (§ 52 i. V. m. § 111 Abs. 3 AktG)[145].
- Lehnt der Aufsichtsrat die Einberufung der Gesellschafterversammlung ab, so bleibt dem Mitglied des Aufsichtsrats nur noch die Möglichkeit, darüber die einzelnen Gesellschafter zu informieren.
- Beruft der Aufsichtsrat die Gesellschafterversammlung ein und stimmt diese dem Beschluß des Aufsichtsrats zu, so ist das Aufsichtsratsmitglied von jeglicher Haftung frei. Es hat die Gesellschaft vor Schaden bewahren wollen, die Gesellschafter haben einen eventuellen Schaden in Kauf genommen.
- Den vorstehend beschriebenen Weg muß das Mitglied des Aufsichtsrats auch einschlagen, wenn es an der fraglichen Aufsichtsratssitzung nicht teilgenommen hat, aber über den Verlauf der Sitzung und ihre Ergebnisse informiert worden ist[146].
- Jedes Mitglied des Aufsichtsrats ist verpflichtet, dafür zu sorgen, daß die Gesellschafter wahrheitsgetreu über das Ergebnis der Überwachung der Geschäftsführer unterrichtet werden und sich der Aufsichtsrat nicht durch besondere Sympathien oder Antipathien gegenüber einem Geschäftsführer leiten läßt.

144 Vgl. dazu S. 361.
145 *Scholz/U. H. Schneider*, § 52 Anm. 332.
146 Vgl. S. 361.

- Entspricht ein Bericht des Aufsichtsrats nicht diesen Anforderungen, so hat jedes Mitglied des Aufsichtsrats die Pflicht, dem zu widersprechen. Hat es damit keinen Erfolg, so darf es sich damit nicht begnügen. Es muß vielmehr den bereits dargelegten Weg über die Einberufung einer Gesellschafterversammlung gehen.
- Jedes Mitglied des Aufsichtsrats hat die Pflicht, die ihm übertragenen Einzelaufträge mit der Sorgfalt eines ordentlichen und gewissenhaften Überwachers wahrzunehmen, dementsprechend den Aufsichtsrat zu beraten und ihm dabei einen entscheidungsreifen Vorschlag vorzulegen.
- Kommt ein Mitglied des Aufsichtsrats zu der Erkenntnis, daß es zu der sachgerechten Bearbeitung des Auftrags eines Beraters bedarf, so muß es seinen Auftraggeber, den Aufsichtsrat, ersuchen, falls nötig, die erforderliche Zustimmung der Gesellschafter dazu einzuholen. Für die richtige Auswahl seines Beraters hat das Aufsichtsratsmitglied einzustehen.
- Hat ein Mitglied des Aufsichtsrats seinen Berater mit der erforderlichen Sorgfalt ausgesucht, so ist ihm nicht zuzumuten, Kontrolle darüber auszuüben, ob dieser ordnungsgemäß verfährt,und dazu einen weiteren Fachmann hinzuzuziehen. Für die Fehler seines Beraters hat das betreffende Aufsichtsratsmitglied also nicht einzustehen.

4. Die Verschwiegenheitspflicht der Aufsichtsratsmitglieder

Die Mitglieder des Aufsichtsrats sind Dritten gegenüber zur Verschwiegenheit verpflichtet, § 52 i. V. m. §§ 116, 93 Abs. 1, 2 AktG. Dies gilt nicht nur für die Sachverhalte, mit denen sie sich in den Aufsichtsratssitzungen oder als Beauftragte des Aufsichtsrats im Einzelfall oder als Mitglied eines Ausschusses zu beschäftigen haben. Es betrifft vielmehr alles, was ihnen im Zusammenhang mit ihrer Tätigkeit als Mitglied des Aufsichtsrats zur Kenntnis gelangt, sei es von seiten der Geschäftsführer oder der Gesellschafter oder Dritten[147].

Als Dritter ist auch der engste Familienkreis, insbesondere die Ehefrau eines Aufsichtsratsmitglieds, anzusehen.

Diese Verschwiegenheitspflicht ist unter *Strafschutz* gestellt (§ 85 Abs. 1). Ihr Bruch kann zu erheblichen Schadensersatzansprüchen seitens der Gesellschaft führen. Trotzdem wird sie in der Praxis äußerst lässig gehandhabt.

---

147 *Scholz/U. H. Schneider,* § 52 Anm. 342; *Lutter/Hommelhoff,* § 52 Anm. 16 f.; *Baumbach/Hueck/Zöllner,* § 52 Anm. 42.

Beispiel:
Der Vorsitzende des Aufsichtsrats der Weber GmbH teilte seiner Frau nach seiner Rückkehr von der Aufsichtsratssitzung mit, daß er am nächsten Freitag anläßlich der Verhandlungen der Geschäftsführung über die Übernahme einer Filiale der Brandstätter GmbH mit dem Geschäftsführer nach Mainz fahren würde, um sich an Ort und Stelle ein Bild von der Filiale zu machen. Sie könne ihn bei dieser Reise begleiten und sich drei schöne Tage in Mainz machen.

Seine Frau rief daraufhin ihre drei Freundinnen an, mit denen sie sich für den betreffenden Freitag verabredet hatte, und sagte die Verabredung unter Hinweis auf die Reise mit ihrem Mann nach Mainz ab. Auf deren Frage, was es denn dort gebe, erklärte sie, es drehe sich um die Übernahme einer Filiale der Brandstätter GmbH. Sie ahnte nicht, daß der Mann einer ihrer Freundinnen Prokurist bei der Konkurrenz der Weber GmbH war. Er interessierte sich sehr dafür, als ihm seine Frau von der geplanten Fahrt nach Mainz berichtete. Er setzte sich umgehend mit seiner Geschäftsführung in Verbindung, die ihrerseits sofort Kontakt mit der Brandstätter GmbH aufnahm und das dort vorliegende Angebot der Weber GmbH erheblich überbot.

Dementsprechend mußte die Weber GmbH, der viel an dieser Filiale lag, ihr eigenes Angebot stark überhöhen, um den Zuschlag zur Übernahme der Filiale zu erhalten.

Hätten die Gesellschafter der Weber GmbH erfahren, daß sie die Einschaltung ihres Konkurrenten der Indiskretion ihres Aufsichtsratsvorsitzenden zu verdanken hatten, so hätten sie den dadurch erlittenen Schaden gegen ihn geltend machen und darüber hinaus Strafanzeige gemäß § 85 GmbHG stellen können.

Auch Stammtischgespräche sind eine große Gefahr für die Einhaltung der Schweigepflicht der Aufsichtsratsmitglieder. Die Verführung, sie zu brechen, ist hier besonders groß.

Beispiel:
Herr Albrecht, der verspätet zur Stammtischrunde kam, begründete seine Verspätung damit, daß er an einer entscheidenden Aufsichtsratssitzung teilnehmen mußte, in der es um die Aufgabe des ARECA-Projekts ging, die von der Geschäftsführung betrieben wurde. Er sei dagegen. Er hätte die Zustimmung des Aufsichtsrats in einer heftigen Diskussion dadurch verhindern können, daß er die Geschäftsführer aufforderte, dem Aufsichtsrat innerhalb von 14 Tagen vorzutragen, welches andere Projekt sie anstelle von ARECA geplant hätten, um den damit verbundenen Rückgang des Umsatzes auszugleichen. Dies alles habe Nerven gekostet.

Einer der Stammtischteilnehmer rief noch am selben Abend den ihm befreundeten Geschäftsführer einer Konkurrenzfirma an und teilte ihm mit, was er gehört hatte. Dies war für den Geschäftsführer eine außerordentlich wichtige Information. Die Aufgabe des ARECA-Projekts sicherte seinem Unternehmen einen erheblichen Vorsprung am Markt.

Um die Aufsichtsratsmitglieder der Konkurrenz in ihrer ablehnenden Haltung zu bestärken, lancierte er geschickt gewählte ungünstige Mitteilungen über das

AREC A-Projekt, die den Aufsichtsrat in seinem Entschluß zur Aufgabe des Projektes festigten.

Herr Albrecht ahnte nicht, daß er dies sich selbst zu verdanken hatte.

Angesichts der allgemein fahrlässigen Handhabung der Verschwiegenheit sollte jede Gesellschaft ihre Aufsichtsräte nicht nur eindringlich auf ihre Verschwiegenheitspflicht aufmerksam machen – das hilft bekannterweise wenig –, sie sollte vielmehr anhand von Beispielen durch geeignete Dritte darlegen lassen, was die Verletzung der Schweigepflicht für die Aufsichtsräte zur Folge haben kann. Insbesondere sollten die Gesellschafter die Aufsichtsräte darüber orientieren, welche Vorhaben der Geschäftsführung der besonderen Schweigepflicht unterliegen, und dabei nachdrücklich auf die Schweigepflicht gegenüber der Ehefrau hinweisen.

XVII. Der Vorsitzende des Aufsichtsrats

Im Gegensatz zur Aktiengesellschaft braucht der fakultative Aufsichtsrat einer GmbH keinen Vorsitzenden zu haben. Es kann jedoch aufgrund der Satzung oder einer Entscheidung der Gesellschafterversammlung ein Aufsichtsratsvorsitzender mit einfacher Mehrheit gewählt und auch wieder abberufen werden. Eine Bestellung des Aufsichtsratsvorsitzenden aufgrund der Geschäftsordnung des Aufsichtsrats mit einfacher oder Zweidrittelmehrheit durch den Aufsichtsrat ist ebenfalls möglich.

1. Die Stellung des Vorsitzenden im Aufsichtsrat

Zur Rolle und Bedeutung des Aufsichtsratsvorsitzenden hat Jochen Holzer, Aufsichtsratsvorsitzender der VIAG/Bayernwerk AG, erklärt:

> „Die Zukunft gehört einem aktiven Aufsichtsratschef, der seine Kompetenz voll ausschöpft . . . Ich bin aktiver und kritischer Sparringspartner des Vorstands."[148]

Was hier für den Vorsitzenden des Aufsichtsrats einer Aktiengesellschaft gesagt wurde, gilt entsprechend für den Aufsichtsratsvorsitzenden einer GmbH, soweit es im Rahmen seiner rechtlichen Möglichkeiten liegt.

Dazu im einzelnen folgendes:

- Der Aufsichtsratsvorsitzende besitzt die gleiche Position wie jedes andere Aufsichtsratsmitglied auch. Er ist insbesondere nicht *Vorgesetzter* der Mitglieder des Aufsichtsrats. Er hat im Gremium des Aufsichtsrats die Stellung eines Teamleiters[149].

148 Süddeutsche Zeitung, vom 7. 7. 94, S. 27.

149 Vgl. zum Team S. 55 ff.

- Er ist nicht kraft seines Amtes *Bevollmächtigter* des Aufsichtsrats. Um ihn dazu im *Einzelfall* zu ermächtigen, bedarf es eines Beschlusses des Aufsichtsrats.
- Der Aufsichtsratsvorsitzende hat auch kein *alleiniges Entscheidungsrecht* hinsichtlich der Überwachungsmaßnahmen. Entscheidungen trifft der Aufsichtsrat als Ganzes in Form eines Beschlusses.
- Der Aufsichtsratsvorsitzende hat ebenfalls nicht das Recht, von sich aus *Überwachungsaufgaben* irgendwelcher Art vorzunehmen.

  Er hat also kein *Auskunfts- oder Einsichtsrecht* gegenüber der Geschäftsführung. Dazu bedarf es eines Beschlusses des Aufsichtsrats, der ihm einen solchen Überwachungsauftrag erteilt.
- Der Aufsichtsratsvorsitzende hat kein *Vetorecht* gegenüber Beschlüssen des Aufsichtsrats. Zulässig ist jedoch die Bestimmung in der Satzung, daß bei Stimmengleichheit die Stimme des Aufsichtsratsvorsitzenden entscheidet.
- Der Aufsichtsratsvorsitzende entscheidet über die Teilnahme von Mitgliedern des Aufsichtsrats an Sitzungen eines Ausschusses[150]. Er selbst hat das Recht, an diesen Sitzungen teilzunehmen.
- Der Vorsitzende des Aufsichtsrats ist das *Sprachrohr* des Aufsichtsrats. Er gibt die Erklärungen des Aufsichtsrats gegenüber den Geschäftsführern ab und teilt ihnen dessen Beschlüsse mit[151], gegebenenfalls mit entsprechender Erläuterung.
- Er nimmt die Erklärungen, die an den Aufsichtsrat gerichtet werden, entgegen. Er ist also das *„Empfangsorgan"* des Aufsichtsrats und ist verpflichtet, die ihm zugegangenen Informationen an die übrigen Mitglieder weiterzugeben[152]. Dies gilt insbesondere von den Mitteilungen der Geschäftsführer, die außerhalb von Aufsichtsratssitzungen erfolgen.
- Der Aufsichtsratsvorsitzende hält *ständigen Kontakt zu den Geschäftsführern.* Er bespricht Meinungsverschiedenheiten zwischen Aufsichtsrat und Geschäftsführern vor der Aufsichtsratssitzung mit diesen und erörtert die Ausgleichsmöglichkeiten.

  Der Aufsichtsratsvorsitzende und der Vorsitzende bzw. Sprecher der Geschäftsführung sind also besonders wichtige *Gesprächspartner.* Dies gilt in besonderem Maße in der *Krise* des Unternehmens[153].

150 Vgl. dazu den Abschnitt „Der Vorsitzende in einer mehrköpfigen Geschäftsführung", S. 62 ff.
151 *V. Godin/Wilhelmi,* AktG, § 107 Anm. 3.
152 *V. Godin/Wilhelmi,* AktG, § 107 Anm. 3.
153 Vgl. *Lutter,* Information und Vertraulichkeit im Aufsichtsrat, S. 56; s. auch S. 384, 388.

- Der Aufsichtsratsvorsitzende muß alles tun, um im Aufsichtsrat ein *leistungsfähiges* Team zu besitzen. Er darf sich also nicht darauf berufen, daß die Mitglieder des Aufsichtsrats von den Gesellschaftern bestellt worden sind und er demgemäß mit ihnen fertig werden muß. Stellt er fest, daß Mitgliedern des Aufsichtsrats die Qualifikation für die ordnungsgemäße Überwachung der Geschäftsführer fehlt, so muß er die Gesellschafter darüber informieren, um sie zu veranlassen, die betreffenden Mitglieder des Aufsichtsrats abzuberufen oder, falls die Gesellschafter dies ablehnen, den Aufsichtsrat durch qualifizierte Fachleute zu ergänzen, deren Beratung die übrigen Mitglieder des Aufsichtsrats in Anspruch nehmen können[154].
- Der Aufsichtsratsvorsitzende ist der *Initiator* bei der Überwachung der Geschäftsführer. Er hat darauf hinzuwirken, daß der Aufsichtsrat bei der Kontrolle der Geschäftsführer Initiative entwickelt und nicht darauf wartet, daß sich bei den Geschäftsführern Tatsachen abzeichnen, die auf ein Fehlverhalten schließen lassen. Der Aufsichtsrat muß also statt mit der Evidenzkontrolle mit Stichprobenkontrollen arbeiten[155].
- Die *tatsächliche Stellung* des Aufsichtsratsvorsitzenden, die oft weit über das hinausgeht, was ihm von Rechts wegen zusteht, hängt von seiner Persönlichkeit ab. Ist er eine *starke Persönlichkeit,* so geschieht gewöhnlich folgendes:
  - Der Aufsichtsrat macht von seiner Befugnis, seinem Vorsitzenden Aufträge zu erteilen und ihn im Namen des Aufsichtsrats gegenüber den Geschäftsführern handeln zu lassen, weitgehend Gebrauch.
  - So beauftragt der Aufsichtsrat ihn, Überwachungshandlungen im Namen des Aufsichtsrats vorzunehmen, die dazu notwendigen Besprechungen mit den Geschäftsführern zu führen und dem Aufsichtsrat Bericht zu erstatten, so daß dieser in der Lage ist, zu dem betreffenden Vorgang Stellung zu nehmen und sich darüber schlüssig zu werden, welche Konsequenzen gegenüber den Geschäftsführern gezogen werden sollen.
  - Des weiteren beauftragt der Aufsichtsrat seinen Vorsitzenden, die Maßnahmen zu ergreifen, die zur Durchführung eines Beschlusses des Aufsichtsrats notwendig werden.
  - Beherrscht der Aufsichtsratsvorsitzende die bei der Leitung einer Sitzung geltenden Spielregeln, versteht er es vor allem, gut zuzuhören und erst im richtigen Moment seine Meinung in die Debatte zu werfen, so ist ihm auch ein entscheidender Einfluß auf die Beschlüsse des Aufsichtsrats sicher.

154 Vgl. S. 275 ff.
155 Vgl. S. 314 ff.

– Aktive Aufsichtsratsvorsitzende haben oft ihre eigenen Methoden, mit schwierigen Problemen im Aufsichtsrat fertig zu werden. Dies gilt z. B. vom Umgang mit nicht ausreichend qualifizierten Aufsichtsratsmitgliedern, mit denen sie arbeiten müssen. Hier helfen sie sich auf ihre Weise.

Beispiel:
Der Vorsitzende eines Aufsichtsrats erklärte dem Verfasser:

„Unser Aufsichtsrat setzt sich aus sieben Mitgliedern zusammen. Ich habe den Vorsitz. Die Mitglieder des Aufsichtsrats sind angesehene Bürger unserer Stadt, denen jedoch weitgehend der Sachverstand für die Beurteilung der oft komplizierten Vorgänge, die bei den Geschäftsführern anfallen, fehlt. Das wissen sie auch. Meine Vorschläge werden gewöhnlich ohne lange Diskussion angenommen. Unsere Aufsichtsratssitzungen sind normalerweise nach zwei Stunden beendet.

Danach lade ich die Herren zu einem gemütlichen Essen ein. Ich unterrichte sie bei dieser Gelegenheit darüber, welche Schwierigkeiten ich im vergangenen Vierteljahr gehabt habe, um Dinge, die der Aufsichtsrat für richtig hielt, bei den Geschäftsführern durchzusetzen. Ich berichte auch über die Verhandlungen mit den Gesellschaftern, ferner darüber, was ich bis zur nächsten Aufsichtsratssitzung zu tun für richtig halte.

Die Herren stellen die eine oder andere Frage, die sie in der offiziellen Aufsichtsratssitzung nie gestellt hätten, und die ich ihnen im einzelnen beantworte. Diese Sitzung dauert dann doppelt so lange wie die offizielle Aufsichtsratssitzung.

Immer wieder versichern mir die Herren nach einem solchen gemütlichen Abend, wieviel Dank sie mir schulden. Davon, daß ich aufgrund meiner beruflichen Tätigkeit sehr stark in Anspruch genommen werde und manchmal daran dächte, das Amt des Vorsitzenden niederzulegen, wollen sie nichts wissen.

Die Gesellschafter billigen dieses Verfahren. Sie haben den Vorteil davon, daß die Honoratioren der Stadt, auf die sie großen Wert legen, im Aufsichtsrat vertreten sind und alles in Ordnung geht, obwohl sie praktisch nicht in der Lage sind, ihre Überwachungsaufgabe wahrzunehmen. In den zehn Jahren, in denen ich Aufsichtsratsvorsitzender bin, hat es nicht eine einzige Beanstandung gegeben."

Dem ist nichts hinzuzufügen.

- Ein Aufsichtsratsvorsitzender, der lediglich den formalen Anforderungen genügt, vierteljährlich eine Aufsichtsratssitzung abhält, den Geschäftsführern keine Schwierigkeiten bereitet und die Gesellschafter nicht in ihrer Ruhe stört, mag zwar bequem für alle Beteiligten sein, ist jedoch wenig vorteilhaft für die Gesellschaft. In schwierigen Situationen kann er sogar eine höchst bedenkliche Rolle spielen. Dies gilt insbesondere für den Fall einer existenzbedrohenden Krise des Unternehmens[156].

156 Dazu S. 384 ff.

2. Die organisatorischen Aufgaben des Aufsichtsratsvorsitzenden

Der Aufsichtsratsvorsitzende hat den Mitgliedern des Aufsichtsrats Vorschläge hinsichtlich eines Mindestmaßes an Organisation des Aufsichtsrats zu machen, damit er zur ordnungsgemäßen Wahrnehmung seiner Überwachungspflicht fähig wird. Dies beinhaltet:

- Die Bildung von Ausschüssen, ohne deren vorbereitende Arbeit vielfach keine einwandfreien Entscheidungen gefällt werden können;
- die Festlegung der turnusmäßigen Sitzungen,
- die Einberufung des Aufsichtsrats zu den Sitzungen, die in der Regel vierteljährlich stattfinden, unter Mitteilung der Tagesordnung;
- auf Verlangen von zwei Mitgliedern des Aufsichtsrats oder der Geschäftsführung muß der Aufsichtsratsvorsitzende den Aufsichtsrat einberufen. Wird dem Verlangen nicht entsprochen, so können die Antragsteller unter Mitteilung des Sachverhalts den Aufsichtsrat selbst einberufen (§ 52 i. V. m. § 110 AktG);
- die Ladung von Sachverständigen und Auskunftspersonen aufgrund eines Beschlusses des Aufsichtsrats[157];
- die Vorbereitung der Sitzungen;
- die Leitung der Sitzungen des Aufsichtsrats nach den allgemeinen versammlungsrechtlichen Vorschriften. Er entscheidet über den Ablauf und die Beendigung der Sitzung sowie über den Zeitpunkt der Beschlußfassung, soweit nicht die Teilnehmer etwas anderes bestimmen;
- die Unterbrechung oder Vertagung der Sitzung. Sie unterliegt jedoch ebenfalls der Zustimmung der Teilnehmer[158];
- die Sorge für die Anfertigung eines Sitzungsprotokolls[159]. Ob der Aufsichtsratsvorsitzende das Sitzungsprotokoll unterzeichnet oder ob dies durch zwei Mitglieder des Aufsichtsrats geschieht, hat die Geschäftsordnung zu regeln.
- Normalerweise führt ein Mitglied des Aufsichtsrats das Protokoll. Ob eine dritte Person, etwa eine Sekretärin, zur Protokollführung hinzugezogen werden kann, bedarf mit Rücksicht auf die Geheimhaltung der in der Aufsichtsratssitzung behandelten Fragen der Zustimmung aller Aufsichtsratsmitglieder.

157 *Müller,* GenG, § 16 Anm. 127; *v. Godin/Wilhelmi,* AktG, § 107 Anm. 3; *Mertens,* in Köln. Komm. zum AktG, § 107 Anm. 12.

158 Dazu *Scholz/U. H. Schneider,* § 52 Anm. 231 ff.

159 Eine dem § 107 AktG entsprechende Vorschrift: „Über die Sitzungen des Aufsichtsrats ist eine Niederschrift anzufertigen, die der Vorsitzende zu unterzeichnen hat. In der Niederschrift sind der Ort und der Tag der Sitzung, die Teilnehmer, die Gegenstände der Tagesordnung, der wesentliche Inhalt der Verhandlungen und die Beschlüsse des Aufsichtsrats anzugeben", kennt die GmbH nicht.

3. Die besondere Verantwortung des Aufsichtsratsvorsitzenden

Aufgrund der besonderen Funktionen, die der Aufsichtsratsvorsitzende bei der Organisation der Arbeit des Aufsichtsrats wahrzunehmen hat, ergibt sich für ihn eine zusätzliche Verantwortung mit der entsprechenden persönlichen Haftung, die über die allgemeine Verantwortung jedes Aufsichtsratsmitglieds bei der Überwachung der Geschäftsführer hinausgeht. Sie betrifft insbesondere folgende Fälle:

a) Der Aufsichtsratsvorsitzende unterläßt es, das Minimum an Organisation innerhalb des Aufsichtsrats sicherzustellen, ohne das der Aufsichtsrat nicht ordnungsgemäß arbeiten kann.

Beispiel:
Der Aufsichtsratsvorsitzende, ein vielbeschäftigter Anwalt und Notar, war sehr daran interessiert, die Notariatsangelegenheiten der Gesellschaft wahrzunehmen, kümmerte sich im übrigen aber wenig um seine Pflichten als Vorsitzender des Aufsichtsrats. So schob er die Verwirklichung des Beschlusses des Aufsichtsrats, einen mit Fachleuten besetzten dringend nötigen Kreditausschuß einzusetzen, wochenlang vor sich her, da er nicht die Zeit dazu fand, mit den in Frage kommenden Personen zu sprechen.

Zu den Aufsichtsratssitzungen kam er gewöhnlich zu spät und legte großen Wert darauf, die Sitzungen möglichst rasch zu beenden.

Als der Aufsichtsrat seine Zustimmung zu einem Kreditgeschäft gab, die er bei sorgfältiger Prüfung aller Umstände durch einen mit Fachleuten besetzten Kreditausschuß niemals gegeben hätte, und dem Unternehmen dadurch beträchtlicher Schaden entstand, wurde bei der Frage der Haftung des Aufsichtsrats auch das Verhalten des Vorsitzenden erörtert.

Im Prozeß gegen die Mitglieder des Aufsichtsrats wurden diese gesamtschuldnerisch verurteilt. Die Gesellschaft nahm den Aufsichtsratsvorsitzenden, der recht begütert war, in Anspruch. Als dieser die übrigen Aufsichtsratsmitglieder zum Ausgleich aufforderte, lehnten sie ab, da er durch sein Verhalten die fehlerhafte Entscheidung des Aufsichtsrats verschuldet habe.

Die Angelegenheit wurde durch einen außergerichtlichen Vergleich beigelegt, bei dem der Anwalt den kürzeren zog. Dies mit Recht.

b) Der Aufsichtsratsvorsitzende unterläßt es, die Diskussion im Aufsichtsrat nach den allgemein anerkannten parlamentarischen Regeln zu leiten, weil ihm das erforderliche Wissen fehlt.

Er ist verpflichtet, sich dieses fehlende Wissen zu verschaffen. Angebote zur Erlernung der Grundlagen der Rhetorik und Diskussionsleitung gibt es genug. Gewöhnlich wird jedoch davon wenig Gebrauch gemacht. Besser ist es, wenn die Unternehmensführung selbst derartige Kurse einrichtet.

Beispiel:
Die Leitung der Aufsichtsratssitzungen durch den Vorsitzenden war jeweils eine Tragödie. Er benutzte seine Stellung, um zu den einzelnen auf der Tagesordnung stehenden Punkten lange Monologe zu halten. Kamen die Mitglieder des Aufsichtsrats zu Wort, pflegte er sie ständig zu unterbrechen und seine gegenteilige Ansicht lang und breit darzulegen. Anstatt Wortmeldungen der Reihenfolge nach zu berücksichtigen, suchte er diejenigen Aufsichtsratsmitglieder bei der Worterteilung aus, von denen er annehmen konnte, daß sie seiner Ansicht zustimmen würden. Er schloß die Diskussion, auch wenn noch Wortmeldungen vorlagen, indem er erklärte, es sei nun genügend diskutiert worden.

Die Gesellschafter schätzten den Vorsitzenden des Aufsichtsrats an und für sich, da er gesunden Menschenverstand besaß, und veranlaßten die Geschäftsführer, einen Rhetorikkurs zu veranstalten. Um nicht zu deutlich werden zu lassen, daß der Kurs auf den Aufsichtsratsvorsitzenden abgestellt war, nahmen neben den Mitgliedern des Aufsichtsrats auch die Geschäftsführer und zwei Gesellschafter teil.

Im Verlauf des Kurses war ein Rollenspiel vorgesehen, das eine Aufsichtsratssitzung zum Gegenstand hatte. Den Aufsichtsratsvorsitzenden spielte einer der Geschäftsführer. Mit ihm war abgesprochen worden, daß er all die Fehler machen sollte, die gewöhnlich dem Aufsichtsratsvorsitzenden unterliefen. Anschließend wurden die Teilnehmer aufgefordert, jeweils auf einem Zettel zu vermerken, was sie zu bemängeln hätten. Diese Zettel wurden ausgewertet. Der Geschäftsführer kam in seiner Rolle als Aufsichtsratsvorsitzender schlecht weg. Der Aufsichtsratsvorsitzende schloß sich in einer Reihe von Punkten der allgemeinen Kritik an. Es war ihm offenbar gar nicht bewußt, daß ihm seine eigenen Fehler vorgespielt worden waren. Zum Ende des Seminars wurden die Hauptpunkte der Kritik noch einmal schriftlich vom Leiter des Seminars zusammengefaßt und fanden im Protokoll ihren Niederschlag, das jeder der Teilnehmer erhielt.

Der Rhetorikkurs war ein voller Erfolg. Die Leitung der Aufsichtsratssitzungen verbesserte sich spürbar. Andere Unternehmen folgten diesem Beispiel.

c) Der Aufsichtsratsvorsitzende gibt Willenserklärungen für den Aufsichtsrat ab, zu denen er nicht bevollmächtigt ist.

Beispiel:
Die Geschäftsführer hatten den Aufsichtsratsvorsitzenden gebeten, sich den von ihnen vorgesehenen neuen Leiter des Finanzwesens, zu dessen Einstellung der Aufsichtsrat seine Zustimmung geben mußte, persönlich anzusehen, um sich ein Urteil über seine Eignung für diese Position bilden zu können. Bei einem gemeinsamen Mittagessen stellten sie in der Unterhaltung einige Fragen an ihren Wunschkandidaten, von denen sie aus dem vorangegangenen Gespräch mit ihm wußten, daß er sie zur Zufriedenheit des Aufsichtsratsvorsitzenden beantworten würde.

Ihre Strategie erwies sich als erfolgreich. Nach dem Essen erklärte der Aufsichtsratsvorsitzende, der Mann habe einen guten Eindruck auf ihn gemacht.

Daraufhin stellten die Geschäftsführer ihn ein. Sie gingen davon aus, daß der Vorsitzende die entsprechende Vollmacht des Aufsichtsrats besaß.

Als der Aufsichtsratsvorsitzende in der nächsten Sitzung des Aufsichtsrats beiläufig erwähnte, daß er die Zustimmung zu der Einstellung des von den Geschäftsführern vorgesehenen Leiters des Finanzwesens gegeben habe, von dem er glaube, daß er das Finanzwesen endlich in Ordnung bringen werde, stieß er auf offenen Widerstand. Die Mitglieder des Aufsichtsrats erklärten ihm, daß er zu einer solchen Zustimmung nicht befugt gewesen sei. Bevor sie zu der Einstellung ihre Zustimmung geben würden, müßten sie auf der Vorlage der gesamten Bewerbungsunterlagen bestehen. Sie verweigerten daher die nachträgliche Zustimmung. An der rechtsgültigen Einstellung des Bewerbers änderte dies allerdings nichts.

Haben die Geschäftsführer nicht die notwendige Sorgfalt bei der Einstellung des neuen Mitarbeiters beachtet und entsteht der Gesellschaft dadurch Schaden, so haftet der Aufsichtsratsvorsitzende mit den Geschäftsführern gesamtschuldnerisch, da durch sein pflichtwidriges Handeln die Einstellung möglich geworden ist (§ 52 i. V. m. §§ 116, 93 Abs. 2 AktG, § 421 ff. BGB).

d) Der Aufsichtsratsvorsitzende nimmt die Vertretung des Aufsichtsrats nicht in dessen Sinn und Geist wahr.

Beispiel:
Der Aufsichtsrat hatte starke Kritik an einem der Geschäftsführer geübt und seinen Vorsitzenden beauftragt, diese Kritik in einem Schreiben des Aufsichtsrats an die Geschäftsführung zu übermitteln.

Der Aufsichtsratsvorsitzende billigte zwar die Kritik, wußte aber, daß der betreffende Geschäftsführer bei den Gesellschaftern nicht gerade beliebt war. Würde die Geschäftsführung das Schreiben des Aufsichtsrats pflichtgemäß an sie weiterleiten, wäre damit zu rechnen, daß dies die Abberufung des Geschäftsführers zur Folge hätte.

Das wollte der Aufsichtsratsvorsitzende verhindern, weil er den Geschäftsführer menschlich schätzte. Er gab deshalb das Schreiben des Aufsichtsrats nicht an die Geschäftsführung weiter, sondern beschränkte sich darauf, dem kritisierten Geschäftsführer mitzuteilen, was der Aufsichtsrat an seinem Verhalten zu bemängeln hatte. Er wies ihn darauf hin, daß er sich unbedingt ändern müsse, sonst könne er als Aufsichtsratsvorsitzender seine schützende Hand nicht mehr über ihn halten.

Als dem Geschäftsführer wiederum ein nicht entschuldbarer Fehler unterlief und die Gesellschafter den Aufsichtsrat auf seine Überwachung ansprachen, mußte der Aufsichtsratsvorsitzende Farbe bekennen. Er gab zu, daß er das fragliche Schreiben seinerzeit nicht an die Geschäftsleitung weitergeleitet, sondern sich auf die mündliche Information des betreffenden Geschäftsführers über die Kritik des Aufsichtsrats beschränkt habe. Dabei begründete er sein Vorgehen im einzelnen.

Der Aufsichtsrat sah sich gezwungen, die Gesellschafter über diese Sachlage zu informieren.

Auf Druck der Gesellschafter legte der Aufsichtsratsvorsitzende sein Amt nieder. Die Gesellschafter verfehlten nicht, ihm mitzuteilen, daß sie den Geschäftsführer sofort abberufen hätten, wenn ihnen das Schreiben des Aufsichtsrats bekannt gewesen wäre, so daß er keinerlei Schaden mehr hätte anrichten können. Wenn jetzt durch die verspätete Abberufung dieses Mannes aus der Geschäftsführung dem Unternehmen Nachteile entstünden, würden sie neben dem Geschäftsführer auch den Aufsichtsratsvorsitzenden in Anspruch nehmen. –

Dies mit Recht.

e) Der Aufsichtsratsvorsitzende teilt Vorgänge, die ihm aus dem engen Kontakt mit den Geschäftsführern bekannt geworden sind, nicht oder nur filtriert dem Aufsichtsrat mit.

Auf diese Weise verhindert er, daß der Aufsichtsrat bei der Wahrnehmung seiner Überwachungsaufgabe Beschlüsse faßt, die er nicht für zweckdienlich hält.

Beispiel:
Die Geschäftsführer hielten zweimal im Jahr eine Zusammenkunft mit ihren Hauptabteilungsleitern ab, um den persönlichen Kontakt zwischen ihnen zu festigen. Dabei mußte jeweils einer der Hauptabteilungsleiter einen Vortrag mit anschließender Diskussion halten. Zu dieser Zusammenkunft wurde jedesmal auch der Vorsitzende des Aufsichtsrats eingeladen.

Das diesmalige Referat stand unter dem Thema: „Die Technik der Kontrolle". Es fand großen Anklang. Am Schluß der Diskussion erklärte der betreffende Hauptabteilungsleiter:

> „Leider muß ich Ihnen gestehen, daß das, was ich Ihnen dargelegt habe, für mich reine Theorie ist. Ich kann die Kontrolle über die mir unterstehenden Abteilungsleiter nicht ordnungsgemäß wahrnehmen, weil ich zeitlich völlig überlastet bin. Bei meinen Kollegen ist die Situation nicht anders."

Beim gemütlichen Teil des Abends stellte der Aufsichtsratsvorsitzende im Gespräch mit den übrigen Hauptabteilungsleitern fest, daß dem wirklich so war.

Der Aufsichtsratsvorsitzende gab das, was er erfahren hatte, nicht an den Aufsichtsrat weiter. Er befürchtete, daß durch die zu erwartende Reaktion das gute Verhältnis zu den Geschäftsführern gestört werde und er keine Einladungen mehr zu ihren Zusammenkünften erhalten würde, auf die er im Interesse des Aufsichtsrats großen Wert legte.

Als nach einem Vierteljahr aufgrund der Fehlentscheidung eines Abteilungsleiters beträchtlicher Schaden für die Gesellschaft entstand und der Hauptabteilungsleiter wegen unterlassener Kontrolle in Anspruch genommen werden sollte, erklärte dieser: Er habe bei der letzten Hauptabteilungsleiterbesprechung im Beisein der Geschäftsführung und des Aufsichtsratsvorsitzenden dargelegt, warum er nicht zur Wahrnehmung seiner Kontrollfunktion in der Lage sei. Seitdem sei nichts geschehen, um die Gründe dafür zu beseitigen. Er sei daher für den entstandenen Schaden nicht verantwortlich zu machen.

Dazu folgendes:

- Geschäftsführer, die wissen, daß ihre Hauptabteilungsleiter wegen Überlastung nicht in der Lage sind, ihre Kontrollfunktion ordnungsgemäß auszuüben, und dagegen nichts unternehmen, verstoßen gegen die Sorgfalt eines ordentlichen und gewissenhaften Geschäftsleiters und sind wegen *Organisationsverschuldens* haftbar.
- Pflicht des Aufsichtsratsvorsitzenden wäre es gewesen, über das, was er hinsichtlich der Unterlassung der Kontrolle von seiten der Hauptabteilungsleiter gehört hatte, dem Aufsichtsrat zu berichten. Darüber hinaus hätte er einen Beschluß herbeiführen müssen, aufgrund dessen die Geschäftsführer ersucht wurden, organisatorische Maßnahmen zur Entlastung der Hauptabteilungsleiter zu treffen und dem Aufsichtsrat innerhalb einer bestimmten Frist über das Veranlaßte zu berichten.
- Der Aufsichtsratsvorsitzende ist wegen dieser Unterlassung, mit der er die Pflicht eines ordnungsgemäß handelnden Überwachers verletzt hat, gesamtschuldnerisch mit den Geschäftsführern haftbar (§ 52 i. V. m. §§ 116, 93 AktG; §§ 421 ff. BGB).

XVIII. Die Erweiterung der Kompetenzen des Aufsichtsrats – ihre Auswirkung auf die Geschäftsführer

Aufgrund der Satzung oder einer Satzungsänderung kann das klassische Bild des Aufsichtsrats durch eine Erweiterung seiner Kompetenzen entscheidend verändert werden.

Für die Geschäftsführer ist es von besonderer Bedeutung, wenn von den Gesellschaftern folgende Kompetenzen auf den Aufsichtsrat übertragen werden:

- Anstelle der Gesellschafterversammlung erhält der Aufsichtsrat Weisungsbefugnis gegenüber den Geschäftsführern. Damit wird der Aufsichtsrat insoweit zum Vorgesetzten der Geschäftsführer;
- Der Aufsichtsrat erhält die Kompetenz zur Bestellung, Abberufung und Wiedereinstellung der Geschäftsführer sowie zum Abschluß und zur Kündigung ihrer Anstellungsverträge[160].

Die Erweiterung der Komptenzen des Aufsichtsrats kann u. a. folgende Gründe haben:

160 Vgl. dazu *Lutter/Hommelhoff*, § 52 Anm. 10; *Scholz/U. H. Schneider*, § 52 Anm. 94, 99; *Baumbach/Hueck/Zöllner*, § 52 Anm. 67a.

- Den Gesellschaftern kommt es nur darauf an, daß ihre Einlagen einen möglichst guten Ertrag abwerfen. Um die Organisation der GmbH und den Ablauf der Geschäfte wollen sie sich nicht kümmern.
- Die Anzahl der Gesellschafter ist so groß, daß die Geschäftsführer im Aufsichtsrat einen Ansprechpartner brauchen, den sie unmittelbar in dringenden Fällen in Anspruch nehmen können.

Beispiel:
Eine GmbH hatte achtzig Gesellschafter mit einem Stammkapital von DM 550 000,00, zwei Geschäftsführer und einen Aufsichtsrat, der aus drei Mitgliedern bestand. Einer der Aufsichtsräte war Fachmann im kaufmännischen Bereich, der andere im Finanz- und Rechnungswesen, der dritte auf technischem Gebiet. Der Aufsichtsrat hatte lt. Satzung unbegrenzte Weisungsbefugnis gegenüber den Geschäftsführern. Im Gespräch mit dem Verfasser erklärten ihm die Geschäftsführer:

„Wir betrachten diese Form der Organisation als eine glückliche Lösung. Wir dürfen z. B. im Einzelfall nur bis zur Höhe von 25 000,00 DM entscheiden, d. h. wir müßten jeweils die Zustimmung der Gesellschafter einholen, wenn es sich um Geschäfte handelt, bei deren Abschluß wir diese Grenze überschreiten. Das ist bei unserem Baugeschäft eine unsinnige Bestimmung, die den ordnungsgemäßen Ablauf des Geschäftsverkehrs lahmlegt. Die Gesellschfter waren jedoch nicht dazu zu bewegen, diese Begrenzung unserer Kompetenzen aufzuheben. Zwar heißt es in der Satzung, bei eilbedürftigen Geschäften dürften wir entscheiden, müßten aber unverzüglich die Gesellschafter informieren. Dabei kam es immer wieder zu Meinungsverschiedenheiten, ob das Geschäft wirklich eilbedürftig war oder nicht. Dadurch wurden recht unangenehme Haltesignale errichtet, die unsere Geschäftstätigkeit empfindlich störten. Wir haben daher die Gesellschafter dringend gebeten, dem Aufsichtsrat Entscheidungsbefugnis zu übertragen. Als wir beide drohten, andernfalls die Geschäftsführung niederzulegen, gaben die Gesellschafter nach. Die Aufsichtsräte verstehen etwas vom Geschäft. Sie werden gut bezahlt und haben Interesse daran, daß unser Unternehmen erfolgreich bleibt. Sie mischen sich nicht in die Geschäftsführung ein, sondern lassen uns im Rahmen unserer Kompetenzen frei handeln und entscheiden. Wir halten uns unsererseits strikt an die Regeln für die vertrauensvolle Zusammenarbeit zwischen Geschäftsführung und Aufsichtsrat. Diese Form der Zusammenarbeit hat sich auf das beste bewährt."

Natürlich kann die Übertragung von Weisungsbefugnissen auf den Aufsichtsrat für die Geschäftsführer auch schwerwiegende negative Folgen haben. Dies immer dann, wenn der Aufsichtsrat sich nicht an die Grundsätze einer Führung mit Delegation von Verantwortung hält, die Geschäftsführer rein autoritär behandelt und sie lediglich als Zuarbeiter betrachtet.

Beispiel:
In einem Seminar für Geschäftsführer berichtete ein Teilnehmer:

„Zum Vorsitzenden unseres Aufsichtsrats hatten die Gesellschafter den erfolgreichen vorzeitig ausgeschiedenen Geschäftsführer eines Konkurrenzunternehmens bestellt und ihm unbegrenzte Weisungsbefugnis erteilt. Pünktlich hatten wir von da ab, wie die übrigen Mitarbeiter, um acht Uhr zu erscheinen, gleichgültig, ob wir am Vortag dienstliche Besprechungen bis in den späten Abend hinein führen mußten oder spät von Dienstreisen heimgekehrt waren.

Sein eigenes für ihn eingerichtetes Arbeitszimmer betrat er täglich kurz vor acht Uhr und überzeugte sich, ob wir auch pünktlich erschienen waren. Von der Eingangspost, die uns betraf, lagen ihm spätestens um neun Uhr die Kopien vor. Er wollte in der um zehn Uhr stattfindenden Postbesprechung, wie er uns erklärte, unsere Meinungen zu den einzelnen Vorgängen hören. Tatsächlich präsentierte er uns *seine* Meinung. Dagegen war gewöhnlich nicht viel einzuwenden, weil er von der Geschäftsführung etwas verstand.

Das alles vollzog sich in einer freundlichen Atmosphäre. Er besaß einen ausgesprochenen persönlichen Charme, dem man schlecht widerstehen konnte. Waren wir einmal anderer Meinung, so versuchte er, sie zu widerlegen, und stellte am Schluß fest: ‚Ich glaube, meine Herren, ich habe Sie überzeugt.'

Nach außen erklärte er: ‚Die Geschäftsführer und ich sind ein ausgezeichnetes Team.' Daß dies nicht der Fall war, wußte er selbst.

Peinlich wurde die Situation, als sich der eine oder andere Mitarbeiter mit einem Anliegen unmittelbar an den Aufsichtsratsvorsitzenden wandte, weil er annahm, daß er bei uns damit nicht ankommen würde. Dieser wahrte zwar die Form, indem er dem betreffenden Mitarbeiter erklärte, er würde die Angelegenheit mit uns besprechen. Er ging dann nach seiner Methode vor, fragte uns nach unserer Meinung und setzte seine Meinung durch.

Noch peinlicher wurde die Angelegenheit, als der Aufsichtsratsvorsitzende durch das Unternehmen ging und sich mit einzelnen Mitarbeitern unterhielt. Von uns darauf angesprochen, erklärte er, wenn er die Geschäftsleitung daraufhin überwachen müßte, ob an den einzelnen Stellen die richtigen Mitarbeiter säßen, müsse er sich selbst davon ein Bild machen können. In diesen Gesprächen nutzten die Mitarbeiter natürlich die Gelegenheit, um ihm ihre persönlichen Wünsche zu unterbreiten. Er sah dies als einen besonderen Vertrauensbeweis an. Für uns bedeutete es die totale Entmachtung in den Augen der Mitarbeiter, die ihn als den Chef des Unternehmens ansahen und sich entsprechend verhielten.

Die Gesellschafter waren mit dem Verhalten des Aufsichtsratsvorsitzenden voll einverstanden. Sie sahen in ihm einen Mann, der es verstand, die ihm übertragenen Rechte der Gesellschafterversammlung voll auszunutzen, so wie es aufgrund des GmbH-Gesetzes möglich ist.

Wir überlegen uns ständig, ob wir diese Behandlung, bei der wir praktisch nichts zu sagen haben, weiter ertragen oder die Geschäftsführung niederlegen sollen. Bei der heutigen Wirtschaftslage ist dies allerdings ein schwerer Entschluß. Es ist sehr fraglich, ob wir eine derartig gut bezahlte Position wiederfinden werden."

Dem ist nichts hinzuzufügen.

XIX. Der maßgeschneiderte Aufsichtsrat

Angesichts der Fülle der vom Aufsichtsrat wahrzunehmenden Aufgaben und seiner vielfach nicht entsprechenden personellen Besetzung, die die Gesellschafter auch nicht ändern wollen oder können, liegt der Gedanke nahe, ob die Gesellschafter nicht das Recht haben, sich einen Aufsichtsrat zu schaffen, der auf die besondere Situation ihres Unternehmens abgestimmt, also „maßgeschneidert" ist. Dieses Recht steht ihnen als den Herren der Gesellschaft zweifellos zu.

So können sie z. B. bestimmen, daß

- die begleitende Kontrolle durch den Aufsichtsrat entfallen soll[161];
- keine Überwachung der Organisation[162], der kollegialen Zusammenarbeit[163] und der Kreativität[164] durch den Aufsichtsrat vorgesehen ist;
- sich die Überwachung nur auf die fachlichen Aufgaben und nicht auf die Vorgesetztenpflichten der Geschäftsführer erstrecken soll[165];
- während einer existenzbedrohenden Krise des Unternehmens die Tätigkeit des Aufsichtsrats ruhen soll. Da dies einer, wenn auch zeitlich begrenzten Abberufung des Aufsichtsrats[166] gleichkommt, ist dazu ein mit $^{3}/_{4}$-Mehrheit der Gesellschafter gefaßter Beschluß notwendig. Wann die Krise als beendet anzusehen ist, entscheiden die Gesellschafter.

Eines können die Gesellschafter allerdings nicht, nämlich die Tätigkeit des Aufsichtsrats so zu beschneiden, daß sie ihm praktisch die Substanz seiner eigentlichen Aufgabe, der Überwachung entziehen. So muß dem Aufsichtsrat z. B. das Recht auf Berichterstattung seitens der Geschäftsführer ebenso wie das Auskunfts- und Einsichtsrecht erhalten bleiben. Zöllner bezeichnet die Vorenthaltung dieser Informationsmöglichkeiten als „sittenwidrig"[167].

Bei einer zu starken, wenn auch noch zulässigen Dezimierung der Aufgaben des Aufsichtsrats sollten die Gesellschafter lieber auf dieses Gremium verzichten. Dies auch im Interesse der intellektuellen Redlichkeit und im Hinblick darauf, daß die Öffentlichkeit dem Aufsichtsrat eine hohe Bedeutung beimißt, ihn vielfach sogar als Vorgesetzten der Ge-

161 Vgl. S. 281.
162 Vgl. S. 323.
163 Vgl. S. 338.
164 Vgl. S. 329.
165 Vgl. S. 331.
166 Vgl. Grundsätzlich zur Abberufung des Aufsichtsrats *Baumbach/Hueck/Zöllner,* § 52 Anm. 33.
167 *Baumbach/Hueck/Zöllner,* § 52 Anm. 69.

schäftsführung betrachtet und allgemein im Aufsichtsrat eine Institution sieht, die für die ordnungsgemäße Handhabung der Geschäftsführung sorgt.

Ein solcher Verzicht liegt auch im Interesse der Geschäftspartner, die bei einem Vertragsabschluß mit dem betreffenden Unternehmen von den normalen Kompetenzen des Aufsichtsrats ausgehen und dann im Ernstfall erfahren müßten, wie wenig der dort eingesetzte Aufsichtsrat ihren Vorstellungen entspricht.

Zwar wird man keinesfalls verlangen können, daß die Geschäftsführer bei Abschluß einer geschäftlichen Vereinbarung ihre Partner auf die geminderte Funktion des Aufsichtsrats in ihrem Unternehmen aufmerksam machen müssen und damit eventuell den Abschluß des Geschäftes selbst verhindern. Auf jeden Fall aber wird ein Geschäftsführer wahrheitsgemäß Auskunft geben müssen, wenn ein Vertragspartner eine Information über den amtierenden Aufsichtsrat verlangt. Andernfalls liegt Verschulden bei Vertragsabschluß vor. Hier gilt das gleiche wie in dem Fall, daß der Beirat des Unternehmens als Aufsichtsrat bezeichnet wird, ohne es in der eigentlichen Bedeutung dieses Begriffs zu sein[168].

XX. Die Entlastung des Aufsichtsrats

Entlastung des Aufsichtsrats bedeutet, daß die Gesellschafter die Amtsführung des Aufsichtsrats für die Dauer der zurückliegenden Entlastungsperiode billigen und ihm gleichzeitig für die künftige Amtsführung ihr Vertrauen aussprechen[169].

Die Entlastung stellt den Entlasteten von allen Ersatzansprüchen frei, die zum Zeitpunkt der Beschlußfassung bei sorgfältiger Prüfung aller Vorlagen und Berichte erkennbar waren, oder von denen die Gesellschafter private Kenntnis hatten[170].

Nach der bisher herrschenden Meinung bestand für den Geschäftsführer bei Vorliegen dieser Voraussetzungen ein Anspruch auf Entlastung. Dieses Recht auf Entlastung hat der Bundesgerichtshof in seinem Urteil vom 20. 5. 1985[171] für die Geschäftsführer abgelehnt. Aus welchen Gründen, wurde bereits ausführlich dargelegt[172].

168 Vgl. S. 273.
169 Vgl. dazu hinsichtlich der Entlastung der Geschäftsführer, S. 199 ff.
170 *Lutter/Hommelhoff,* § 46 Anm. 14; dazu *Roth,* § 46 Anm. 6.3.1; *Scholz/K. Schmidt,* § 46 Anm. 74; *Baumbach/Hueck/Zöllner,* § 46 Anm. 26.
171 GmbHR 1985, 386 ff.
172 S. dazu S. 202 ff.

Dies muß natürlich auch für den Aufsichtsrat gelten[173].

Die Gesellschafter müssen sich allerdings überlegen, welches Risiko sie eingehen, wenn sie dem Aufsichtsrat die Entlastung verweigern.

Der Aufsichtsrat als Ganzes oder einzelne seiner Mitglieder können jederzeit von ihrem Recht Gebrauch machen, ihr Amt niederzulegen. Ein wichtiger Grund ist dafür nicht erforderlich. Nach dem Urteil des Bundesgerichtshofs vom 8. 2. 1993[174] genügt für die Wirksamkeit der Amtsniederlegung eines Geschäftsführers die Erklärung der Amtsniederlegung ohne jede Begründung. Sie ist sofort rechtsverbindlich.

Was für die Amtsniederlegung der Mitglieder der Geschäftsführung gilt, muß entsprechend auch für die Mitglieder des Aufsichtsrats Geltung besitzen.

XXI. Die Generalbereinigung

Die Generalbereinigung geht über die Entlastung hinaus. Sie bedeutet Verzicht auf sämtliche *denkbaren* Ersatzansprüche, unabhängig davon, ob sie im Zeitpunkt der Beschlußfassung erkennbar waren oder nicht[175]. Dies im Gegensatz zur Entlastung, die, wie dargelegt, nur unter Verzicht auf solche Ersatzansprüche der Gesellschaft erfolgt, die bei sorgfältiger Prüfung zum Zeitpunkt der Entlastung bekannt waren.

Voraussetzung für die Generalbereinigung ist der Abschluß eines Erlaßvertrages zwischen Gesellschaftern und Aufsichtsrat.

Ebenso wie die Geschäftsführer, sind auch die Mitglieder des Aufsichtsrats weitgehend der Ansicht, daß mit der Billigung ihrer Tätigkeit durch die Gesellschafterversammlung, gleichzeitig die Generalbereinigung für den betreffenden Zeitraum erfolgt ist.

Der Irrtum liegt darin, daß mit der Zustimmung der Gesellschafter zur Tätigkeit des Aufsichtsrats noch kein Erlaßvertrag zustande gekommen ist, wie ihn die Generalbereinigung vorsieht.

173 Demgegenüber hält *U. H. Schneider* nach wie vor an dem Anspruch des Aufsichtsrats auf Entlastung fest, § 52 Anm. 36.

174 GmbHR 1993, 216 ff.; vgl. dazu S. 240.

175 *Lutter/Hommelhoff,* § 46 Anm. 16; *Roth,* § 43 Anm. 5.3; dazu S. 206.

XXII. Haftungsminderung – Ersatzansprüche – Verjährung

1. Ebenso wie für die Geschäftsführer[176] ist auch für die Mitglieder des Aufsichtsrats eine vertragliche Haftungsminderung möglich. Während die Freistellung von der Haftung für leichte Fahrlässigkeit seitens der Gesellschafter keine Schwierigkeiten bereitet, stehen die Gesellschafter der einfachen Fahrlässigkeit (§ 276 BGB) vielfach skeptisch gegenüber. Bei Befragungen der Gesellschafter wurde dem Verfasser gegenüber etwa folgendes erklärt:

   „Wir haben den Aufsichtsrat bestellt, damit er die Tätigkeit der Geschäftsführer überwacht. Einem Überwacher kann man jedoch nicht Fahrlässigkeit bei seiner Überwachung zugestehen. Fahrlässiges Verhalten der Geschäftsführer wird dann durch die fahrlässige Überwachung seitens des Aufsichtsrats gedeckt."

   Dagegen war wenig einzuwenden. Die Freistellung von der Haftung für grobe Fahrlässigkeit lehnten die Gesellschafter einstimmig ab.

2. Hinsichtlich der Ersatzansprüche der Gesellschaft wegen eines aus der Verletzung der Überwachungspflicht entstandenen Schadens gilt folgendes:
   - Die Mitglieder des Aufsichtsrats haften gemäß § 52 i. V. m. §§ 116, 93 Abs. 2 Satz AktG persönlich.
   - Ist streitig, ob sie die Sorgfalt eines ordentlichen und gewissenhaften Überwachers angewandt haben, so müssen sie dies *beweisen* (§ 93 Abs. 2, Satz 2).

     Über die Bedeutung dieser Umkehr der Beweislast im Ernstfall sind sich die Mitglieder des Aufsichtsrats weitgehend nicht im klaren. Sie treffen dementsprechend auch nicht die notwendigen Vorkehrungen. Dazu gehören, wie dargelegt, der *Kontrollplan* des Aufsichtsrats[177] sowie die Niederschrift über das Ergebnis der jeweils durchgeführten Kontrolle in der *Kontrollakte*[178].

     Schadensersatzansprüche der Gesellschaft gegen die Mitglieder des Aufsichtsrats wegen Verletzung ihrer Obliegenheiten *verjähren* in fünf Jahren (§ 52 Abs. 3). Nach herrschender Meinung kann diese Verjährungsfrist entgegen der Entscheidung des BGH[179] verkürzt werden[180].

---

176 Vgl. S. 196 f.
177 Vgl. dazu S. 151 ff.
178 Vgl. dazu S. 160 ff.
179 BGHZ 64, 245.
180 Dazu *Lutter/Hommelhoff*, § 52 Anm. 19 mit weiteren Literaturnachweisen.

Selbstverständlich können die Gesellschafter auf ihre Ersatzansprüche im Einzelfall verzichten.

XXIII. Der Aufsichtsrat in der existenzbedrohenden Krise des Unternehmens

1. Grundregeln

Die Krise des Unternehmens ändert nichts an dem Verhältnis von Geschäftsführung und Aufsichtsrat. Der Aufsichtsrat ist weiterhin zur Überwachung der Geschäftsführung verpflichtet. Er hat weder weniger noch mehr Kompetenzen als sonst. Die oft von den Geschäftsführern vertretene Ansicht, daß die Krisensituation rasche Entscheidungen der Geschäftsführung erfordere und man sich die oft langwierigen Gespräche mit dem Aufsichtsrat in der Krise nicht leisten könne, ist irrig. Läßt sich der Aufsichtsrat darauf ein und betrachtet das Geschehen während der Zeit der Krise nur als Zuschauer, so verhält er sich pflichtwidrig und kann bei daraus entstehendem Schaden von den Gesellschaftern in Anspruch genommen werden (§ 52 i. V. m. §§ 116, 93 AktG).

Welche besonderen Aufgaben der Aufsichtsrat in der Krisensituation zu erfüllen hat, soll im folgenden behandelt werden:

a) Als erstes muß sich der Aufsichtsrat darüber klar werden, ob die Geschäftsführer die *richtigen Personen* zur Bewältigung der Krise sind.

   Kommt er zu der Erkenntnis, daß es für die Geschäftsführer schon schwierig war, in der normalen Situation das Unternehmen über Wasser zu halten, und ist er aufgrund der Besprechungen mit ihnen über die Krisensituation zu der Auffassung gelangt, daß sie ihr mehr oder weniger hilflos gegenüberstehen, so ist er verpflichtet, die Gesellschafterversammlung einzuberufen (§ 52 i. V. m. § 111 Abs. 3 AktG), notfalls auch die Gesellschafter persönlich zu informieren und sie zu einer Entscheidung zu veranlassen.

   Stellt sich der Aufsichtsrat auf den Standpunkt, daß man bei der Überquerung eines Flusses nicht im Strom die Pferde wechseln darf, und unterläßt er daher die notwendige Information der Gesellschafter, so handelt er pflichtwidrig. Die Entscheidung darüber, ob die Pferde gewechselt werden sollen oder nicht, ob also die Geschäftsführung oder einer der Geschäftsführer ausgewechselt werden soll, liegt allein bei den Gesellschaftern[181].

181 Dies im Gegensatz zur Aktiengesellschaft, bei der der Aufsichtsrat die Pflicht hat, bei fehlender Fähigkeit zur Führung der Geschäfte in der Krisensituation den

b) Ist der Aufsichtsrat der Überzeugung, daß bestimmte unmittelbar den Geschäftsführern unterstehende Bereiche, die für die Bewältigung der Krise besondere Bedeutung haben, mit Personen besetzt sind, die dafür nicht die notwendige Qualifikation besitzen, so hat er ebenfalls die Gesellschafterversammlung einzuberufen, um sie dazu zu drängen, Abhilfe zu schaffen, wenn der dafür zuständige Geschäftsführer nicht von der Notwendigkeit der Umbesetzung der betreffenden Stelle zu überzeugen ist.

Beispiel:
Der Leiter des Finanz- und Rechnungswesens, auf dessen Wissen, Erfahrung und Flexibilität es im Verkehr mit den Gläubigern entscheidend ankam, war im Grunde nur ein guter Oberbuchhalter, aber nicht dazu geeignet, einen entscheidenden Beitrag zur Bewältigung der Krise zu leisten. Das Vertrauen der Banken hatte er jedenfalls nicht.

Der Aufsichtsrat informierte die Geschäftsführung und bat sie, ihn seiner Position zu entheben oder ihm für die Dauer der Krise einen Fachmann beizuordnnen, an dessen Ratschläge er sich zu halten habe.

Die Geschäftsführer hielten an dem Mann fest mit der Begründung, die Krisensituation biete ihm eine einzigartige Möglichkeit, zu zeigen, was wirklich in ihm stecke. Diese Möglichkeit dürfe man ihm nicht nehmen, auf jeden Fall müsse man es zunächst mit ihm versuchen.

Der Aufsichtsrat berief daraufhin die Gesellschafterversammlung ein und legte ihr im einzelnen dar, daß es gefährlich für das Unternehmen werde, wenn man von den Fähigkeiten des Leiters des Finanz- und Rechnungswesens nicht voll überzeugt sei, sondern diese erst in der Krisensituation erproben wolle. Die Gesellschafter stimmten dem zu und gaben dem Leiter des Finanzwesens, wie es der Aufsichtsrat vorgeschlagen hatte, einen anerkannten Fachmann bei, dessen Ratschläge für ihn verbindlich waren.

c) Die von den Geschäftsführern aus ihrer Sicht dargestellte Lage des Unternehmens hat der Aufsichtsrat zu überprüfen.

Selbst wenn Geschäftsführer und Aufsichtsrat in der Lagebeurteilung übereinstimmen, muß die Gesellschafterversammlung sofort darüber informiert werden, um feststellen zu können, ob sie die von Geschäftsführung und Aufsichtsrat gleichermaßen beurteilte Lage ebenso bewertet.

Halten die Geschäftsführer dies für überflüssig, weil sie der Ansicht sind, niemand könne die Lage besser beurteilen als sie, die mitten im Geschehen stünden, so muß der Aufsichtsrat die Information überneh-

---

Vorstand abzuberufen und unverzüglich durch einen neuen Vorstand zu ersetzen (§ 84 Abs. 3 AktG). Der Ansicht Semlers, daß der Aufsichtsrat damit „vorübergehend" zum „obersten Organ" der AG wird und „die oberste Verantwortung" trägt, kann nicht zugestimmt werden (Die Überwachungsaufgabe des Aufsichtsrats, S. 88). Der Aufsichtsrat tut nichts anderes als die ihm als Organ der Gesellschaft zustehenden Rechte wahrzunehmen.

men. Es kann durchaus möglich sein, daß die Gesellschafterversammlung die Lage ganz anders sieht. Dann wäre es verlorene Zeit, sich mit der Entwicklung einer Konzeption zur Bewältigung der Krise zu befassen, bei der man von falschen Voraussetzungen ausgeht.

d) Die *Gesamtkonzeption* zur Bewältigung der Krise ist die Grundlage für alle Einzelmaßnahmen, die in diesem Zusammenhang getroffen werden müssen. Nur mit Hilfe einer Gesamtkonzeption ist es möglich, das Unternehmen auf ein einheitliches Vorgehen zur Bewältigung der Krise auszurichten, alle Beteiligten zu verpflichten, im Sinne dieser Konzeption zu handeln und dementsprechend Kontrolle darüber von seiten des Aufsichtsrats auszuüben.

Beispiel:
In der ersten Krisenbesprechung des Aufsichtsrats mit den Geschäftsführern legten diese eine Reihe von Maßnahmen vor, die sie sofort treffen wollten, um der Krise zu begegnen. Der Aufsichtsrat gab seiner Freude darüber Ausdruck, daß sich die Geschäftsführer so rasch zu Maßnahmen entschlossen hätten, und bat um Bericht über die Auswirkungen. –

Der Aufsichtsrat hat sich falsch verhalten. Er hätte die Geschäftsführer um die Entwicklung einer Gesamtkonzeption bitten müssen. Noch so einleuchtend erscheinende Einzelmaßnahmen können sich als falsch erweisen, wenn sie sich nicht im Rahmen einer Gesamtkonzeption bewegen.

e) Die Gesamtkonzeption, die der Genehmigung der Gesellschafterversammlung unterliegt, umfaßt im einzelnen folgendes:
- Die Grundsätze für den einzuschlagenden Weg zur Überwindung der Krise;
- die Entscheidung darüber, welche Schritte sofort getan werden sollen und wie sodann stufenweise nach einem Zeitplan weiter vorzugehen ist.

Das nachstehende Beispiel für den Krisenplan eines Unternehmens, bei dem die in Kürze zu erwartende fehlende Liquidität die Ursache für eine existenzbedrohende Krise ist, soll dies verdeutlichen.

Beispiel:
Die Geschäftsführung legt dem Aufsichtsrat folgende Gesamtkonzeption für die Bewältigung der bevorstehenden Krise vor:

„Wir haben uns entschlossen, den bedrohlichen Liquiditätsengpaß durch folgende interne Maßnahmen zu überwinden:
- Ab sofort gilt totaler Einstellungsstop;
- Überstunden entfallen;
- die Materialbeschaffung wird auf das unbedingt notwendige Maß beschränkt. Dementsprechend werden die Richtlinien für die Lagerhaltung geändert;
- bei der Auswahl der Lieferanten werden diejenigen bevorzugt, die längere Zahlungsziele gewähren;

- Aufträge, die kurzfristige Einnahmen bringen, sollen mit Nachdruck akquiriert werden und haben in der Abwicklung Vorrang;
- durch Gewährung von Rabatten soll versucht werden, eine rasche Erhöhung des Umsatzes zu erreichen;
- Ersatzbeschaffungen werden, soweit sie nicht im eigenen Haus durchzuführen sind, auf das Notwendigste beschränkt.

Diese Maßnahmen haben wir im einzelnen mit den Mitarbeitern besprochen und ihnen zu Bewußtsein gebracht, wie notwendig es ist, die Liquidität des Unternehmens aus eigener Kraft zu verbessern. Wir können mit ihrer vollen Unterstützung bei der Durchführung des Krisenplans rechnen."

Kommt der Aufsichtsrat zu der Überzeugung, daß die ihm vorgelegte Gesamtkonzeption mit der Sorgfalt eines ordentlichen und gewissenhaften Geschäftsleiters erstellt worden ist, so hat er seiner Überwachungspflicht hinsichtlich der Tätigkeit der Geschäftsführer zur Bewältigung der Krise genügt. Ihm bleibt nur noch übrig, sich zu vergewissern, daß die Gesellschafterversammlung über die Gesamtkonzeption von seiten der Geschäftsführer informiert worden ist, und nach der Entscheidung der Gesellschafterversammlung das dementsprechende Vorgehen der Geschäftsführung zu überwachen.

f) Ist der Aufsichtsrat der Überzeugung, die von den Geschäftsführern vorgelegte Konzeption ablehnen zu müssen, weil sie ihrer pflichtgemäßen Sorgfalt nicht entspricht, und entscheidet sich die Gesellschafterversammlung trotzdem für die Durchführung dieser Konzeption, so hat der Aufsichtsrat das Recht, sein Amt niederzulegen, wenn er glaubt, diese Entscheidung nicht mittragen zu können und damit seine ordnungsgemäße Überwachung in Frage gestellt sieht.

g) Soweit der Aufsichtsrat aufgrund mangelnden Fachwissens nicht in der Lage ist, sich ein eigenes Urteil über den Krisenplan zu bilden, ist er verpflichtet, Fachkräfte in Anspruch zu nehmen, die ihn durch ihre Beratung unterstützen können.

Verweigern die Gesellschafter die dafür notwendigen Mittel, so hat der Aufsichtsrat das Recht, sein Amt niederzulegen.

h) Auch während der Krise ist der Aufsichtsrat als Organ nicht zur Beratung der Geschäftsführer verpflichtet[182]. Dem stimmt U. H. Schneider zu[183], obwohl er sonst auf einer Beratungsfunktion des Aufsichtsrats mit den entsprechenden Rechtsfolgen besteht.

---

182 Vgl. dazu das Kapitel „Überwachung – nicht Beratung der Geschäftsführer", S. 18 ff.

183 *Scholz/U. H. Schneider,* § 52 Anm. 73.

Das schließt nicht aus, daß einzelne besonders sachverständige Mitglieder des Aufsichtsrats von der Geschäftsführung zur Beratung herangezogen werden, so z. B. der Finanzexperte im Aufsichtsrat oder der versierte Diplom-Ingenieur, der sich im Bereich der Produktion besonders gut auskennt. Dies begründet jedoch keine Gesamtverantwortung des Aufsichtsrats und die damit verbundene Haftung (§ 52 i. V. m. §§ 116, 93 AktG).

Daß es sich bei der „Erörterung" der Gesamtkonzeption sowie einzelner Maßnahmen zur Bewältigung der Krise mit den Geschäftsführern nicht um eine Beratung mit entsprechender Haftung des Aufsichtsrats handelt, wurde bereits dargelegt[184].

i) Besondere Aufmerksamkeit muß der Aufsichtsrat dem *Führungsstil* der Geschäftsführer während der Krise widmen. Die Rückkehr zum autoritären Führungsstil in der Krise, wie dies von verschiedenen Seiten so eindringlich gefordert wird, daß es fast schon zum Dogma des Krisenmanagements gehört, ist eine der schwersten Fehlentscheidungen der Geschäftsführer[185].

j) Von seinem Recht, im einzelnen detaillierte Auskünfte von der Geschäftsführung zu verlangen, kann der Aufsichtsrat während der Krise in vollem Umfange Gebrauch machen. Er kann auch Geschäfte von besonderer Bedeutung von seiner Zustimmung abhängig machen (§ 52 i. V. m. § 111 Abs. 4 Satz 2 AktG). Jedoch darf dies nicht dazu führen, daß die Aktivität der Geschäftsführung dadurch ernsthaft behindert wird, weil das Übermaß an geforderten Informationen sie nicht mehr zu ihrer eigentlichen Arbeit für die Bewältigung der Krise kommen läßt. Der Aufsichtsrat muß also mit besonderer Sorgfalt prüfen, welche *Schwerpunkte* für die Bewältigung der Krise von besonderer Bedeutung sind und deshalb von ihm mit seiner Überwachung erfaßt werden müssen und wie die Prioritäten für die Berichterstattung der Geschäftsführung zu setzen sind.

Für die Aufsichtsräte stellt die Krisensituation des Unternehmens eine erhebliche Herausforderung dar. Das gilt insbesondere für diejenigen, die noch nie eine Krise im Unternehmen durchstehen mußten. Hier kann folgendes geschehen:

- Die Gesellschafterversammlung beruft den gesamten Aufsichtsrat oder einige seiner Mitglieder ab. Dies muß mit 3/4-Mehrheit erfolgen (§ 52 i. V. m. § 103 Abs. 1 Satz 2 AktG)[186].

184 Vgl. S. 387.
185 Vgl. dazu ausführlich S. 178 ff.
186 Vgl. dazu *Lutter/Hommelhoff*, § 52 Anm. 7.

- Die Gesellschafterversammlung entscheidet, daß die Tätigkeit des Aufsichtsrats für die Dauer der Krise ruhen soll[187].
- Sämtliche Mitglieder des Aufsichtsrats oder einige von ihnen legen von sich aus ihr Amt nieder.

  Dazu sind sie, ebenso wie die Geschäftsführer, jederzeit in der Lage, ohne dafür eine Begründung abgeben zu müssen[188]. Das darf jedoch nicht zur Unzeit geschehen. Die Gesellschafter können ein berechtigtes Interesse daran haben, daß in der Öffentlichkeit angesehene Mitglieder des Aufsichtsrats auch in der Krisensituation dem Unternehmen erhalten bleiben und nicht durch ihre Amtsniederlegung der Eindruck entsteht, „die Ratten verlassen das sinkende Schiff".

  Für diesen Fall sind allerdings die Gesellschafter verpflichtet, dem Aufsichtsrat fachkundige Berater zur Verfügung zu stellen.

2. Der Aufsichtsratsvorsitzende in der Krisensituation des Unternehmens

In der Krisensituation kommt den Funktionen des Aufsichtsratsvorsitzenden als Sprachrohr des Aufsichtsrats und Empfangsorgan der Mitteilungen der Geschäftsführer[189] besondere Bedeutung zu:

- Sie erfordern erhöhte *Aktivität* und *Einsatzbereitschaft.* Vom Verhalten des Aufsichtsratsvorsitzenden hängt es weitgehend ab, ob der Aufsichtsrat seine im einzelnen dargelegten Aufgaben, die er in der Krisensituation zu lösen hat, tatsächlich bewältigt oder nicht.
- Der Aufsichtsratsvorsitzende muß durch sein Vorgehen dazu beitragen, daß im Aufsichtsrat keine Panikstimmung aufkommt, sondern die Mitglieder des Aufsichtsrats mit Optimismus an der Bewältigung der Krise mitwirken.
- In bezug auf die Geschäftsführer muß der Aufsichtsratsvorsitzende besonders darauf achten, daß sie ihre Aktivitäten zur Bewältigung der Krise nicht durch Pessimismus lähmen.

  Wenn dies der Fall ist, hat der Aufsichtsratsvorsitzende die Pflicht, die Gesellschafterversammlung einzuberufen, da eine pessimistische Grundhaltung der Geschäftsführung „das Wohl der Gesellschaft" in hohem Maße gefährdet (§ 52 i. V. m. § 111 Abs. 3 AktG).
- Wichtig ist, daß der Aufsichtsratsvorsitzende die Mitteilungen der Geschäftsführer sorgfältig daraufhin prüft, ob dazu eine *Stellungnahme* des Aufsichtsrats *erforderlich* ist.

---

187 Dazu S. 380.
188 *Baumbach/Hueck/Zöllner,* § 52 Anm. 33.
189 Vgl. dazu S. 372.

Aus Gründen der Zweckmäßigkeit sollten die Mitglieder des Aufsichtsrats ihren Vorsitzenden bevollmächtigen, nur Mitteilungen, die dem geplanten Ablauf der Krisenmaßnahmen widersprechen, an sie mit entsprechenden Vorschlägen weiterzuleiten.

- Besondere Bedeutung haben in der Krisensituation die vom Aufsichtsrat für *zustimmungspflichtig* erklärten Maßnahmen der Geschäftsführung.

  In diesen Fällen muß der Aufsichtsratsvorsitzende Vorschläge für eventuell notwendige Stellungnahmen des Aufsichtsrats vorbereiten.

  Darüber hinaus muß er entscheiden, ob die Bedeutung der Maßnahmen es notwendig macht, den Aufsichtsrat zusammenzurufen. Dabei muß er berücksichtigen, daß er heutzutage die Möglichkeit hat, einen Beschluß des Aufsichtsrats mit Hilfe der modernen Kommunikationsmittel wie Telefax, Konferenzschaltung etc. herbeizuführen, was wesentlich weniger zeit- und kostenaufwendig ist.

- Das gleiche gilt für seine Überlegungen, ob die aktuelle Situation die *Einberufung einer Gesellschafterversammlung* notwendig macht.

  Die ständige Einberufung der Gesellschafterversammlung in der Krise, wie dies Lutter/Hommelhoff fordert, ist praktisch nicht durchführbar[190].

Fazit:

Die Darstellung der Aufgaben und Kompetenzen des Aufsichtsrats im Zusammenwirken mit den Geschäftsführern hat gezeigt, welche Bedeutung der Aufsichtsrat für die Gesellschafter hinsichtlich der Überwachung ihrer Geschäftsführer besitzt.

Der ehemalige Vorstandsvorsitzende der Deutschen Bank, Rudolf Abs, hat einmal in seiner humorvollen Art die Frage gestellt:

„Was ist der Unterschied zwischen einem Aufsichtsrat und einer Hundehütte?",

und dazu selbst die Antwort gegeben:

„Die Hundehütte ist für den Hund, der Aufsichtsrat ist für die Katz'."

Halten sich Aufsichtsräte wie Geschäftsführer an die Regeln des Zusammenspiels, so ist der Aufsichtsrat keineswegs „für die Katz'", sondern eine wichtige Einrichtung, die den Gesellschaftern bei der Kontrolle der Geschäftsführer außerordentlich nützlich sein kann.

190 *Lutter/Hommelhoff*, § 52 Anm. 14; dazu auch *Scholz/U. H. Schneider*, § 52 Anm. 76; *Baumbach/Hueck/Zöllner*, § 52 Anm. 150; *Meyer/Landrut/Miller/Niehus*, § 52 Anm. 23.

XXIV. Texte

1. Auszug aus dem GmbH-Gesetz vom 20. April 1892*

§ 35 Vertretung durch die Geschäftsführer

(1) Die Gesellschaft wird durch die Geschäftsführer gerichtlich und außergerichtlich vertreten.

(2) Dieselben haben in der durch den Gesellschaftsvertrag bestimmten Form ihre Willenserklärungen kundzugeben und für die Gesellschaft zu zeichnen. Ist nichts darüber bestimmt, so muß die Erklärung und Zeichnung durch sämtliche Geschäftsführer erfolgen. Ist der Gesellschaft gegenüber eine Willenserklärung abzugeben, so genügt es, wenn dieselbe an einen der Geschäftsführer erfolgt.

(3) Die Zeichnung geschieht in der Weise, daß die Zeichnenden zu der Firma der Gesellschaft ihre Namensunterschrift beifügen.

(4) Befinden sich alle Geschäftsanteile der Gesellschaft in der Hand eines Gesellschafters oder daneben in der Hand der Gesellschaft und ist er zugleich deren alleiniger Geschäftsführer, so ist auf seine Rechtsgeschäfte mit der Gesellschaft § 181 des Bürgerlichen Gesetzbuchs anzuwenden. Rechtsgeschäfte zwischen ihm und der von ihm vertretenen Gesellschaft sind, auch wenn er nicht alleiniger Geschäftsführer ist, unverzüglich nach ihrer Vornahme in eine Niederschrift aufzunehmen.

§ 36 Wirkung der Vertretung

Die Gesellschaft wird durch die in ihrem Namen von den Geschäftsführern vorgenommenen Rechtsgeschäfte berechtigt und verpflichtet; es ist gleichgültig, ob das Geschäft ausdrücklich in Namen der Gesellschaft vorgenommen worden ist, oder ob die Umstände ergeben, daß es nach dem Willen der Beteiligten für die Gesellschaft vorgenommen werden sollte.

§ 37 Beschränkung der Vertretungsbefugnis

(1) Die Geschäftsführer sind der Gesellschaft gegenüber verpflichtet, die Beschränkungen einzuhalten, welche für den Umfang ihrer Befugnis, die Gesellschaft zu vertreten, durch den Gesellschaftsvertrag oder, soweit dieser nicht ein anderes bestimmt, durch die Beschlüsse der Gesellschafter festgesetzt sind.

---

* Zuletzt geändert durch das Gesetz zur Bereinigung des Umwandlungsrechts vom 28. 10. 1994, BGBl. I 1994, 3210.

(2) Gegen dritte Personen hat eine Beschränkung der Befugnis der Geschäftsführer, die Gesellschaft zu vertreten, keine rechtliche Wirkung. Dies gilt insbesondere für den Fall, daß die Vertretung sich nur auf gewisse Geschäfte oder Arten von Geschäften erstrecken oder nur unter gewissen Umständen oder für eine gewisse Zeit oder an einzelnen Ort stattfinden soll, oder daß die Zustimmung der Gesellschafter oder eines Organs der Gesellschaft für einzelne Geschäfte erforderlich ist.

§ 38 Widerruf der Bestellung

(1) Die Bestellung der Geschäftsführer ist zu jeder Zeit widerruflich, unbeschadet der Entschädigungsansprüche aus bestehenden Verträgen.

(2) Im Gesellschaftsvertrag kann die Zulässigkeit des Widerrufs auf den Fall beschränkt werden, daß wichtige Gründe denselben notwendig machen. Als solche Gründe sind insbesondere grobe Pflichtverletzung oder Unfähigkeit zur ordnungsmäßigen Geschäftsführung anzusehen.

§ 39 Anmeldung der Geschäftsführer

(1) Jede Änderung in den Personen der Geschäftsführer sowie die Beendigung der Vertretungsbefugnis eines Geschäftsführers ist zur Eintragung in das Handelsregister anzumelden.

(2) Der Anmeldung sind die Urkunden über die Bestellung der Geschäftsführer oder über die Beendigung der Vertretungsbefugnis in Urschrift oder öffentlich beglaubigter Abschrift für das Gericht des Sitzes der Gesellschaft beizufügen.

(3) Die neuen Geschäftsführer haben in der Anmeldung zu versichern, daß keine Umstände vorliegen, die ihrer Bestellung nach § 6 Abs. 2 Satz 3 und 4 entgegenstehen und daß sie über ihre unbeschränkte Auskunftspflicht gegenüber dem Gericht belehrt worden sind. § 8 Abs. 3 Satz 2 ist anzuwenden.

(4) Die Geschäftsführer haben ihre Unterschrift zur Aufbewahrung bei dem Gericht zu zeichnen.

§ 41 Buchführung; Bilanzpflicht

(1) Die Geschäftsführer sind verpflichtet, für die ordnungsmäßige Buchführung der Gesellschaft zu sorgen.

(2)–(4) aufgehoben

§ 43 Haftung der Geschäftsführer

(1) Die Geschäftsführer haben in den Angelegenheiten der Gesellschaft die Sorgfalt eines ordentlichen Geschäftsmannes anzuwenden.

(2) Geschäftsführer, welche ihre Obliegenheiten verletzen, haften der Gesellschaft solidarisch für den entstandenen Schaden.

(3) Insbesondere sind sie zum Ersatz verpflichtet, wenn den Bestimmungen des § 30 zuwider Zahlungen aus dem zur Erhaltung des Stammkapitals erforderlichen Vermögen der Gesellschaft gemacht oder den Bestimmungen des § 33 zuwider eigene Geschäftsanteile der Gesellschaft erworben worden sind. Auf den Ersatzanspruch finden die Bestimmungen in § 9b Abs. 2 entsprechende Anwendung. Soweit der Ersatz zur Befriedigung der Gläubiger der Gesellschaft erforderlich ist, wird die Verpflichtung der Geschäftsführer dadurch nicht aufgehoben, daß dieselben in Befolgung eines Beschlusses der Gesellschafter gehandelt haben.

(4) Die Ansprüche aufgrund der vorstehenden Bestimmungen verjähren in fünf Jahren.

§ 44 Stellvertreter von Geschäftsführern

Die für die Geschäftsführer gegebenen Vorschriften gelten auch für Stellvertreter von Geschäftsführern.

§ 45 Rechte der Gesellschafter im allgemeinen

(1) Die Rechte, welche den Gesellschaftern in den Angelegenheiten der Gesellschaft, insbesondere in bezug auf die Führung der Geschäfte zustehen, sowie die Ausübung derselben bestimmen sich, soweit nicht gesetzliche Vorschriften entgegenstehen, nach dem Gesellschaftsvertrag.

(2) In Ermangelung besonderer Bestimmungen des Gesellschaftsvertrages finden die Vorschriften der §§ 46 bis 51 Anwendung.

§ 46 Gegenstand der Gesellschafterbeschlüsse

Der Bestimmung der Gesellschafter unterliegen:

1. die Feststellung des Jahresabschlusses und die Verwendung des Ergebnisses;
2. die Einforderung von Einzahlungen auf die Stammeinlagen:
3. die Rückzahlung von Nachschüssen;
4. die Teilung sowie die Einziehung von Geschäftsanteilen;

5. die Bestellung und die Abberufung von Geschäftsführern sowie die Entlastung derselben;

6. die Maßregeln zur Prüfung und Überwachung der Geschäftsführung;

7. die Bestellung von Prokuristen und von Handlungsbevollmächtigten zum gesamten Geschäftsbetrieb;

8. die Geltendmachung von Ersatzansprüchen, welche der Gesellschaft aus der Gründung oder Geschäftsführung gegen Geschäftsführer oder Gesellschafter zustehen, sowie die Vertretung der Gesellschaft in Prozessen, welche sie gegen die Geschäftsführer zu führen hat.

§ 47 Stimmrecht

(1) Die von den Gesellschaftern in den Angelegenheiten der Gesellschaft zu treffenden Bestimmungen erfolgen durch Beschlußfassung nach der Mehrheit der abgegebenen Stimmen.

(2) Jede hundert Deutsche Mark eines Geschäftsanteils gewähren eine Stimme.

(3) Vollmachten bedürfen zu ihrer Gültigkeit der schriftlichen Form.

(4) Ein Gesellschafter, welcher durch die Beschlußfassung entlastet oder von einer Verbindlichkeit befreit werden soll, hat hierbei kein Stimmrecht und darf ein solches auch nicht für andere ausüben. Dasselbe gilt von einer Beschlußfassung, welche die Vornahme eines Rechtsgeschäfts oder die Einleitung oder Erledigung eines Rechtsstreits gegenüber einem Gesellschafter betrifft.

§ 48 Gesellschafterversammlung

(1) Die Beschlüsse der Gesellschafter werden in Versammlungen gefaßt.

(2) Der Abhaltung einer Versammlung bedarf es nicht, wenn sämtliche Gesellschafter schriftlich mit der zu treffenden Bestimmung oder mit der schriftlichen Abgabe der Stimmen sich einverstanden erklären.

(3) Befinden sich alle Geschäftsanteile der Gesellschaft in der Hand eines Gesellschafters oder daneben in der Hand der Gesellschaft, so hat er unverzüglich nach der Beschlußfassung eine Niederschrift aufzunehmen und zu unterschreiben.

§ 49 Einberufung der Gesellschafterversammlung

(1) Die Versammlung der Gesellschafter wird durch die Geschäftsführer berufen.

(2) Sie ist außer den ausdrücklich bestimmten Fällen zu berufen, wenn es im Interesse der Gesellschaft erforderlich erscheint.

(3) Insbesondere muß die Versammlung unverzüglich berufen werden, wenn aus der Jahresbilanz oder aus einer im Laufe des Geschäftsjahres aufgestellten Bilanz sich ergibt, daß die Hälfte des Stammkapitals verloren ist.

§ 50 Minderheitsrechte

(1) Gesellschafter, deren Geschäftsanteile zusammen mindestens dem zehnten Teil des Stammkapitals entsprechen, sind berechtigt, unter Angabe des Zwecks und der Gründe die Berufung der Versammlung zu verlangen.

(2) In gleicher Weise haben die Gesellschafter das Recht zu verlangen, daß Gegenstände zur Beschlußfassung der Versammlung angekündigt werden.

(3) Wird dem Verlangen nicht entsprochen oder sind Personen, an welche dasselbe zu richten wäre, nicht vorhanden, so können die in Absatz 1 bezeichneten Gesellschafter unter Mitteilung des Sachverhältnisses die Berufung oder Ankündigung selbst bewirken. Die Versammlung beschließt, ob die entstandenen Kosten von der Gesellschaft zu tragen sind.

§ 51 Form der Einberufung

(1) Die Berufung der Versammlung erfolgt durch Einladung der Gesellschafter mittels eingeschriebener Briefe. Sie ist mit einer Frist von mindestens einer Woche zu bewirken.

(2) Der Zweck der Versammlung soll jederzeit bei der Berufung angekündigt werden.

(3) Ist die Versammlung nicht ordnungsmäßig berufen, so können Beschlüsse nur gefaßt werden, wenn sämtliche Gesellschafter anwesend sind.

(4) Das gleiche gilt in bezug auf Beschlüsse über Gegenstände, welche nicht wenigstens drei Tage vor der Versammlung in der für die Berufung vorgeschriebenen Weise angekündigt worden sind.

§ 51a Auskunfts- und Einsichtsrecht des einzelnen Gesellschafters

(1) Die Geschäftsführer haben jedem Gesellschafter auf Verlangen unverzüglich Auskunft über die Angelegenheiten der Gesellschaft zu geben und die Einsicht der Bücher und Schriften zu gestatten.

(2) Die Geschäftsführer dürfen die Auskunft und die Einsicht verweigern, wenn zu besorgen ist, daß der Gesellschafter sie zu gesellschaftsfremden Zwecken verwenden und dadurch der Gesellschaft oder einem verbundenen Unternehmen einen nicht unerheblichen Nachteil zufügen wird. Die Verweigerung bedarf eines Beschlusses der Gesellschafter.

(3) Von diesen Vorschriften kann im Gesellschaftsvertrag nicht abgewichen werden.

§ 51b Gerichtliche Entscheidung über das Auskunfts- und Einsichtsrecht

Für die gerichtliche Entscheidung über das Auskunfts- und Einsichtsrecht findet § 132 Abs. 1, 3 bis 5 des Aktiengesetzes entsprechende Anwendung. Antragsberechtigt ist jeder Gesellschafter, dem die verlangte Auskunft nicht gegeben oder die verlangte Einsicht nicht gestattet worden ist.

§ 52 Aufsichtsrat

(1) Ist nach dem Gesellschaftsvertrag ein Aufsichtsrat zu bestellen, so sind § 90 Abs. 3, 4, 5 Satz 1 und 2, § 95 Satz 1, § 100 Abs. 1 und 2 Nr. 2, § 101 Abs. 1 Satz 1, § 103 Abs. 1 Satz 1 und 2, §§ 105, 110 bis 114, 116 des Aktiengesetzes in Verbindung mit § 93 Abs. 1 und 2 des Aktiengesetzes, §§ 170, 171, 337 des Aktiengesetzes entsprechend anzuwenden, soweit nicht im Gesellschaftsvertrag ein anderes bestimmt ist.

(2) Werden die Mitglieder des Aufsichtsrats vor der Eintragung der Gesellschaft in das Handelsregister bestellt, gelten § 37 Abs. 4 Nr. 3, § 40 Abs. 1 Nr. 4 des Aktiengesetzes entsprechend. Jede spätere Bestellung sowie jeden Wechsel von Aufsichtsratsmitgliedern haben die Geschäftsführer unverzüglich durch den Bundesanzeiger und die im Gesellschaftsvertrag für die Bekanntmachungen der Gesellschaft bestimmten anderen öffentlichen Blätter bekanntzumachen und die Bekanntmachung zum Handelsregister einzureichen.

(3) Schadensersatzansprüche gegen die Mitglieder des Aufsichtsrats wegen Verletzung ihrer Obliegenheiten verjähren in fünf Jahren.

§ 53 Form der Satzungsänderung

(1) Eine Abänderung des Gesellschaftsvertrages kann nur durch Beschluß der Gesellschafter erfolgen.

(2) Der Beschluß muß notariell beurkundet werden, derselbe bedarf einer Mehrheit von drei Vierteilen der abgegebenen Stimmen. Der Gesellschaftsvertrag kann noch andere Erfordernisse aufstellen.

§ 64 Konkursantragspflicht

(1) Wird die Gesellschaft zahlungsunfähig, so haben die Geschäftsführer ohne schuldhaftes Zögern, spätestens aber drei Wochen nach Eintritt der Zahlungsunfähigkeit, die Eröffnung des Konkursverfahrens oder die Eröffnung des gerichtlichen Vergleichsverfahrens zu beantragen. Dies gilt sinngemäß, wenn das Vermögen der Gesellschaft nicht mehr die Schulden deckt. Eine schuldhafte Verzögerung des Antrags liegt nicht vor, wenn die Geschäftsführer die Eröffnung des gerichtlichen Vergleichsverfahrens mit der Sorgfalt eines ordentlichen Geschäftsmanns betreiben.

(2) Die Geschäftsführer sind der Gesellschaft zum Ersatz von Zahlungen verpflichtet, die nach Eintritt der Zahlungsunfähigkeit der Gesellschaft oder nach Feststellung ihrer Überschuldung geleistet werden. Dies gilt nicht von Zahlungen, die auch nach diesem Zeitpunkt mit der Sorgfalt eines ordentlichen Geschäftsmanns vereinbar sind. Auf den Ersatzanspruch finden die Bestimmungen in § 43 Abs. 3 und 4 entsprechende Anwendung.

§ 84 Pflichtverletzung bei Verlust, Überschuldung oder Zahlungsunfähigkeit

(1) Mit Freiheitsstrafe bis zu drei Jahren oder mit Geldstrafe wird bestraft, wer es

1. als Geschäftsführer unterläßt, den Gesellschaftern einen Verlust in Höhe der Hälfte des Stammkapitals anzuzeigen, oder
2. als Geschäftsführer entgegen § 64 Abs. 1 oder als Liquidator entgegen § 71 Abs. 4 unterläßt, bei Zahlungsunfähigkeit oder Überschuldung die Eröffnung des Konkursverfahrens oder des gerichtlichen Vergleichsverfahrens zu beantragen.

(2) Handelt der Täter fahrlässig, so ist die Strafe Freiheitsstrafe bis zu einem Jahr oder Geldstrafe.

§ 85 Verletzung von Geheimhaltungspflichten

(1) Mit Freiheitsstrafe bis zu einem Jahr oder mit Geldstrafe wird bestraft, wer ein Geheimnis der Gesellschaft, namentlich ein Betriebs- oder Geschäftsgeheimnis, das ihm in seiner Eigenschaft als Geschäftsführer, Mitglied des Aufsichtsrats oder Liquidator bekanntgeworden ist, unbefugt offenbart.

(2) Handelt der Täter gegen Entgelt oder in der Absicht, sich oder einen anderen zu bereichern oder einen anderen zu schädigen, so ist die Strafe

Freiheitsstrafe bis zu zwei Jahren oder Geldstrafe. Ebenso wird bestraft, wer ein Geheimnis der in Absatz 1 bezeichneten Art, namentlich ein Betriebs- oder Geschäftsgeheimnis, das ihm unter den Voraussetzungen des Absatzes 1 bekanntgeworden ist, unbefugt verwertet.

(3) Die Tat wird nur auf Antrag der Gesellschaft verfolgt. Hat ein Geschäftsführer oder ein Liquidator die Tat begangen, so sind der Aufsichtsrat und, wenn kein Aufsichtsrat vorhanden ist, von den Gesellschaftern bestellte besondere Vertreter antragsberechtigt. Hat ein Mitglied des Aufsichtsrats die Tat begangen, so sind die Geschäftsführer oder die Liquidatoren antragsberechtigt.

2. Auszug aus dem Aktiengesetz vom 6. September 1965*

Die im folgenden aufgeführten Paragraphen des Aktiengesetzes ergeben sich aus § 52 GmbHG und der Begrenzung ihrer Anwendung auf den Aufsichtsrat der GmbH.

§ 90 Berichte an den Aufsichtsrat

. . .

(3) Der Aufsichtsrat kann vom Vorstand jederzeit einen Bericht verlangen über Angelegenheiten der Gesellschaft, über ihre rechtlichen und geschäftlichen Beziehungen zu verbundenen Unternehmen sowie über geschäftliche Vorgänge bei diesen Unternehmen, die auf die Lage der Gesellschaft von erheblichem Einfluß sein können. Auch ein einzelnes Mitglied kann einen Bericht, jedoch nur an den Aufsichtsrat, verlangen; lehnt der Vorstand die Berichterstattung ab, so kann der Bericht nur verlangt werden, wenn ein anderes Aufsichtsratsmitglied das Verlangen unterstützt.

(4) Die Berichte haben den Grundsätzen einer gewissenhaften und getreuen Rechenschaft zu entsprechen.

(5) Jedes Aufsichtsratsmitglied hat das Recht, von den Berichten Kenntnis zu nehmen.

. . .

§ 93 Sorgfaltspflicht und Verantwortlichkeit der Vorstandsmitglieder

(1) Die Vorstandsmitglieder haben bei ihrer Geschäftsführung die Sorgfalt eines ordentlichen und gewissenhaften Geschäftsleiters anzuwenden.

* Zuletzt geändert durch das Gesetz zur Bereinigung des Umwandlungsrechts vom 28. 10. 1994, BGBl. I 1994, 3210.

Über vertrauliche Angaben und Geheimnisse der Gesellschaft, namentlich Betriebs- oder Geschäftsgeheimnisse, die ihnen durch ihre Tätigkeit im Vorstand bekanntgeworden sind, haben sie Stillschweigen zu bewahren.

(2) Vorstandsmitglieder, die ihre Pflichten verletzen, sind der Gesellschaft zum Ersatz des daraus entstehenden Schadens als Gesamtschuldner verpflichtet. Ist streitig, ob sie die Sorgfalt eines ordentlichen und gewissenhaften Geschäftsleiters angewandt haben, so trifft sie die Beweislast.

. . .

(6) Die Ansprüche aus diesen Vorschriften verjähren in fünf Jahren.

§ 95 Zahl der Aufsichtsratsmitglieder

Der Aufsichtsrat besteht aus drei Mitgliedern. Die Satzung kann eine bestimmte höhere Zahl festsetzen.

. . .

§ 100 Persönliche Voraussetzungen für Aufsichtsratsmitglieder

(1) Mitglied des Aufsichtsrats kann nur eine natürliche, unbeschränkt geschäftsfähige Person sein. Ein Betreuer, der bei der Besorgung seiner Vermögensangelegenheiten ganz oder teilweise einem Einwilligungsvorbehalt (§ 1903 des Bürgerlichen Gesetzbuchs) unterliegt, kann nicht Mitglied des Aufsichtsrats sein.

(2) Mitglied des Aufsichtsrats kann nicht sein, wer

. . .

§ 105 Unvereinbarkeit der Zugehörigkeit zum Vorstand und zum Aufsichtsrat

(1) Ein Aufsichtsratsmitglied kann nicht zugleich Vorstandsmitglied, dauernd Stellvertreter von Vorstandsmitgliedern, Prokurist oder zum gesamten Geschäftsbetrieb ermächtigter Handlungsbevollmächtigter der Gesellschaft sein.

(2) Nur für einen im voraus begrenzten Zeitraum, höchstens für ein Jahr, kann der Aufsichtsrat einzelne seiner Mitglieder zu Stellvertretern von fehlenden oder behinderten Vorstandsmitgliedern bestellen. Eine wiederholte Bestellung oder Verlängerung der Amtszeit ist zulässig, wenn dadurch die Amtszeit insgesamt ein Jahr nicht übersteigt. Während ihrer

Amtszeit als Stellvertreter von Vorstandsmitgliedern können die Aufsichtsratsmitglieder keine Tätigkeit als Aufsichtsratsmitglied ausüben. Das Wettbewerbsverbot des § 88 gilt für sie nicht.

§ 110 Einberufung des Aufsichtsrats

(1) Jedes Aufsichtsratsmitglied oder der Vorstand kann unter Angabe des Zwecks und der Gründe verlangen, daß der Vorsitzende des Aufsichtsrats unverzüglich den Aufsichtsrat einberuft. Die Sitzung muß binnen zwei Wochen nach der Einberufung stattfinden.

(2) Wird ein Verlangen, das von mindestens zwei Aufsichtsratsmitgliedern oder vom Vorstand geäußert ist, nicht entsprochen, so können die Antragsteller unter Mitteilung des Sachverhalts selbst den Aufsichtsrat einberufen.

(3) Der Aufsichtsrat soll in der Regel einmal im Kalendervierteljahr, er muß einmal im Kalenderjahr einberufen werden.

§ 111 Aufgaben und Rechte des Aufsichtsrats

(1) Der Aufsichtsrat hat die Geschäftsführung zu überwachen.

(2) Der Aufsichtsrat kann die Bücher und Schriften der Gesellschaft sowie die Vermögensgegenstände, namentlich die Geschäftskasse und die Bestände an Wertpapieren und Waren, einsehen und prüfen. Er kann damit auch einzelne Mitglieder oder für bestimmte Aufgaben besondere Sachverständige beauftragen.

(3) Der Aufsichtsrat hat eine Hauptversammlung einzuberufen, wenn das Wohl der Gesellschaft es fordert. Für den Beschluß genügt die einfache Mehrheit.

(4) Maßnahmen der Geschäftsführung können dem Aufsichtsrat nicht übertragen werden. Die Satzung oder der Aufsichtsrat kann jedoch bestimmen, daß bestimmte Arten von Geschäften nur mit seiner Zustimmung vorgenommen werden dürfen. Verweigert der Aufsichtsrat seine Zustimmung, so kann der Vorstand verlangen, daß die Hauptversammlung über die Zustimmung beschließt. Der Beschluß, durch den die Hauptversammlung zustimmt, bedarf einer Mehrheit, die mindestens drei Viertel der abgegebenen Stimmen umfaßt. Die Satzung kann weder eine andere Mehrheit noch weitere Erfordernisse bestimmen.

(5) Die Aufsichtsratsmitglieder können ihre Aufgaben nicht durch andere wahrnehmen lassen.

§ 112 Vertretung der Gesellschaft gegenüber Vorstandsmitgliedern

Vorstandsmitgliedern gegenüber vertritt der Aufsichtsrat die Gesellschaft gerichtlich und außergerichtlich.

§ 113 Vergütung der Aufsichtsratsmitglieder

(1) Den Aufsichtsratsmitgliedern kann für ihre Tätigkeit eine Vergütung gewährt werden. Sie kann in der Satzung festgesetzt oder von der Hauptversammlung bewilligt werden. Sie soll in einem angemessenen Verhältnis zu den Aufgaben der Aufsichtsratsmitglieder und zur Lage der Gesellschaft stehen. Ist die Vergütung in der Satzung festgesetzt, so kann die Hauptversammlung eine Satzungsänderung, durch welche die Vergütung herabgesetzt wird, mit einfacher Stimmenmehrheit beschließen.

(2) Den Mitgliedern des ersten Aufsichtsrats kann nur die Hauptversammlung eine Vergütung für ihre Tätigkeit bewilligen. Der Beschluß kann erst in der Hauptversammlung gefaßt werden, die über die Entlastung der Mitglieder des ersten Aufsichtsrats beschließt.

(3) Wird den Aufsichtsratsmitgliedern ein Anteil am Jahresgewinn der Gesellschaft gewährt, so berechnet sich der Anteil nach dem Bilanzgewinn, vermindert um einen Betrag von mindestens vier vom Hundert der auf den Nennbetrag der Aktien geleisteten Einlagen. Entgegenstehende Festsetzungen sind nichtig.

§ 114 Verträge mit Aufsichtsratsmitgliedern

(1) Verpflichtet sich ein Aufsichtsratsmitglied außerhalb seiner Tätigkeit im Aufsichtsrat durch einen Dienstvertrag, durch den ein Arbeitsverhältnis nicht begründet wird, oder durch einen Werkvertrag gegenüber der Gesellschaft zu einer Tätigkeit höherer Art, so hängt die Wirksamkeit des Vertrags von der Zustimmung des Aufsichtsrats ab.

(2) Gewährt die Gesellschaft aufgrund eines solchen Vertrags dem Aufsichtsratsmitglied eine Vergütung, ohne daß der Aufsichtsrat dem Vertrag zugestimmt hat, so hat das Aufsichtsratsmitglied die Vergütung zurückzugewähren, es sei denn, daß der Aufsichtsrat den Vertrag genehmigt. Ein Anspruch des Aufsichtsratsmitglieds gegen die Gesellschaft auf Herausgabe der durch die geleistete Tätigkeit erlangten Bereicherung bleibt unberührt; der Anspruch kann jedoch nicht gegen den Rückgewähranspruch aufgerechnet werden.

§ 116 Sorgfaltspflicht und Verantwortlichkeit der Aufsichtsratsmitglieder

Für die Sorgfaltspflicht und Verantwortlichkeit der Aufsichtsratsmitglieder gilt § 93 über die Sorgfaltspflicht und Verantwortlichkeit der Vorstandsmitglieder sinngemäß.

Sachverzeichnis

Tillmann / Winter

GmbH-Praktikum

Gründung · Gestaltung · Führung · Beendigung im Gesellschafts- und Steuerrecht

Von RA Prof. Dr. *Bert Tillmann*, Fachanwalt für Steuerrecht und RegDir. *Willi Winter*. 370 Seiten Lexikonformat, 1995, brosch. 68,– DM; Sonderpreis für Mitglieder der Centrale für GmbH 54,– DM. ISBN 3 504 32161 X

Ziel dieses ausschließlich an der Praxis orientierten Praktikums ist es, den steuerberatenden Beruf mit dem GmbH-Gesellschaftsrecht und den Rechtsberater mit dem Steuerrecht der GmbH und ihrer Gesellschafter vertraut zu machen.

Dem „Leben" der GmbH von der Gründung über die Modalitäten des GmbH-Alltags bis zu ihrer Beendigung folgend, machen erfahrene Praktiker die vielfältigen Abhängigkeiten und Verzahnungen der beiden Rechtsgebiete deutlich.

Wichtige Kernaussagen und beachtenswerte Empfehlungen werden in Hinweiskästen hervorgehoben, so daß sich auch der unter Zeitdruck stehende Berater schnell orientieren kann.

Centrale für GmbH Dr. Otto Schmidt